人民·联盟文库

中国经学史

吴雁南　秦学颀　李禹阶 主编

福建人民出版社

人民出版社

图书在版编目（CIP）数据

中国经学史/吴雁南，秦学顼，李禹阶主编. —北京：人民出版社，
2010
（人民·联盟文库）
ISBN　978-7-01-008629-3

I. 中…　Ⅱ.①吴…②秦…③李…　Ⅲ. 经学－历史－中国　Ⅳ. Z126

中国版本图书馆 CIP 数据核字（2010）第 002971 号

中国经学史
ZHONGGUO JINGXUESHI

吴雁南　秦学顼　李禹阶　主编

责任编辑：祝闽影　佘　娟
封扉设计：曹　春
出版发行：人民出版社
　　　　　北京朝阳门内大街 166 号　邮编：100706
网　　址：http://www.peoplepress.net
邮购电话：(010) 65250042/65289539
经　　销：新华书店
印　　刷：三河市顺兴印刷厂
版　　次：2010 年 1 月第 1 版　　2010 年 1 月北京第 1 次印刷
开　　本：710 毫米×1000 毫米　1/16
印　　张：41.25
字　　数：514 千字
书　　号：ISBN　978-7-01-008629-3
定　　价：77.00 元

出版说明

　　人民出版社及全国各省市自治区人民出版社是我们党和国家创建的最重要的出版机构。几十年来，伴随着共和国的发展与脚步，他们在宣传马克思列宁主义、毛泽东思想、邓小平理论、"三个代表"重要思想，深入贯彻落实科学发展观，坚持走有中国特色社会主义道路方面，出版了大量的各种类型的优秀出版物，为丰富人民群众的学习、文化需求作出了不可磨灭的贡献，发挥了不可替代的作用。但由于环境、地域及发行渠道等诸多原因，许多精品图书并不为广大读者所知晓。为了有效地利用和二次开发全国人民出版社及其他成员社的优秀出版资源，向广大读者提供更多更好的精品佳作，也为了提升人民出版社市场联盟的整体形象，人民出版社市场联盟决定，在全国各成员社已出版的数十万个品种中，精心筛选出具有理论性、学术性、创新性、前沿性及可读性的优秀图书，辑编成《人民·联盟文库》，分批分次陆续出版，以飨读者。

　　《人民·联盟文库》的编选原则：1. 充分体现人民出版社的政治、学术水平和出版风格；2. 展示出各地人民出版社及其他成员社的特色；3. 图书主题应是民族的，而不是地区性的；4. 注重市场价值，要为读者所喜爱；5. 译著要具有经典性或重要影响；6. 内容不受时间变化之影响，可供读者长期阅读和收藏。基于上述原则，《人民·联盟文库》未收入以下图书：1. 套书、丛书类图书；2. 偏重于地方的政治类、经济类图书；3. 旅游、休闲、生活类图书；4. 个人的文集、年谱；5. 工具书、辞书。

《人民·联盟文库》分政治、哲学、历史、文化、人物、译著六大类。由于所选原书出版于不同的年代、不同的出版单位，在封面、开本、版式、材料、装帧设计等方面都不尽一致，我们此次编选，为便宜读者阅读，全部予以统一，并在封面上以颜色作不同类别的区分，以利读者的选购。

人民出版社市场联盟委托人民出版社具体操作《人民·联盟文库》的出版和发行工作，所选图书出版采用联合署名的方式，即人民出版社与原书所属出版社共同署名，版权仍归原出版单位。《人民·联盟文库》在编选过程中，得到了人民出版社市场联盟成员社的大力支持与帮助，部分专家学者及发行界行家们也提出了很多建设性的意见，在此一并表示诚挚的感谢！

《人民·联盟文库》编辑委员会

目　录

前　言 ………………………………………………………………… 1

导　论 ………………………………………………………………… 1

　一、孔子与六经　　　　　　　　　　　　　　　　　　　　　　1

　　诸子与经籍　　　　　　　　　　　　　　　　　　　　　　　1

　　孔门对六经的传习　　　　　　　　　　　　　　　　　　　　3

　二、经学的特点　　　　　　　　　　　　　　　　　　　　　　7

　三、经学在中国传统文化中的地位和作用　　　　　　　　　　　15

　　经学与中国传统政治　　　　　　　　　　　　　　　　　　　15

　　经学在中国文化教育中的主导地位　　　　　　　　　　　　　19

　　经学与中华民族精神　　　　　　　　　　　　　　　　　　　24

第一章　西汉的今文经学 …………………………………………… 37

　第一节　汉初的经学思潮　　　　　　　　　　　　　　　　　　37

　　一、"过秦"　　　　　　　　　　　　　　　　　　　　　　37

　　二、儒家学派的复兴　　　　　　　　　　　　　　　　　　　42

　　三、汉初儒经的传习　　　　　　　　　　　　　　　　　　　46

第二节　今文经学的形成　　　　　　　　　　53

　　一、从儒道互黜到独尊儒术　　　　　　　53

　　二、一代儒宗董仲舒　　　　　　　　　　56

　　三、春秋公羊学派　　　　　　　　　　　62

　　四、五经博士　　　　　　　　　　　　　66

　　五、汉代训诂学的价值　　　　　　　　　73

　　六、汉武帝以后的诸子之学　　　　　　　79

第三节　今文经学的嬗变　　　　　　　　　　83

　　一、霸王道政治向儒家政治的转化　　　　83

　　二、石渠阁会议——齐学向鲁学的转化　　85

　　三、谶纬——今文经学的神学化　　　　　89

第二章　东汉今古文经学之争　………………　95

第一节　古文经学的兴起　　　　　　　　　　95

　　一、古文经的来源　　　　　　　　　　　95

　　二、今古文经学的异同　　　　　　　　　99

　　三、古文经学的兴起　　　　　　　　　　104

第二节　今古文经学之争　　　　　　　　　　107

　　一、对谶纬之学的批判　　　　　　　　　107

　　二、今古文经学派的两军对垒　　　　　　116

　　三、《白虎通德论》　　　　　　　　　　121

第三节　汉末经学的统一　　　　　　　　　　124

　　一、东汉后期政局的紊乱　　　　　　　　124

　　二、今文经学的衰亡　　　　　　　　　　127

　　三、郑学的小一统　　　　　　　　　　　132

附　录　经学与汉代社会　　　　　　　　　　　139

　　一、经学的昌盛　　　　　　　　　　　　139

　　二、汉代的经学教育　　　　　　　　　　143

　　三、以经义决狱　　　　　　　　　　　　147

　　四、汉代经学的救世良方　　　　　　　　153

　　五、经学与社会生活　　　　　　　　　　159

第三章　魏晋南北朝经学的多元倾向　·········　165

　第一节　三国西晋经学的衰落　　　　　　　165

　　一、王学与郑学之争　　　　　　　　　　165

　　二、儒学式微与玄学兴起　　　　　　　　168

　　三、衰落中的经学　　　　　　　　　　　172

　第二节　东晋南朝经学的变化　　　　　　　179

　　一、经学的转机　　　　　　　　　　　　179

　　二、经学的玄化　　　　　　　　　　　　185

　　三、经学的佛化　　　　　　　　　　　　188

　第三节　北学与南学　　　　　　　　　　　191

　　一、十六国、北朝经学的复兴　　　　　　191

　　二、南北经学的异同　　　　　　　　　　199

　　三、魏晋南北朝经学的地位　　　　　　　208

第四章　隋唐经学的统一和变异　·········　215

　第一节　经学的统一　　　　　　　　　　　215

　　一、隋唐大统一与三教并立格局　　　　　215

　　二、刘焯、刘炫的学兼南北　　　　　　　221

　　三、陆德明的《经典释文》　　　　　　　223

　　四、《五经正义》与“九经注疏”　　　　226

第二节　经学思想的活跃 237

　　一、王通的"儒风变古" 237

　　二、唐代学人对《五经正义》的驳议 242

　　三、刘知几的经学思想 243

　　四、啖助、赵匡、陆淳的驳诘三《传》 247

第三节　中唐以后的经学新风 250

　　一、韩愈的"道统说" 250

　　二、李翱的《复性书》 253

　　三、五代经学的低落 255

第五章　宋代经世致用的功利派经学 …………………………… 257

第一节　经学复兴 257

　　一、中央集权与祀孔崇经 257

　　二、宋初三先生 262

　　三、宋学之兴 267

第二节　疑古辨经 272

　　一、经世致用与解经新风 272

　　二、文士解经 276

　　三、总论群经 283

第三节　新学、朔学、蜀学与事功之学 287

　　一、变法运动与经学流变 287

　　二、荆公新学 289

　　三、温公朔学 293

　　四、苏氏蜀学 298

　　五、事功之学 303

第六章　宋代经学的性理阐释 ·· 309

　第一节　经学与理学 309

　　一、理学——"诂经之说" 309

　　二、理学家的依经明理、依经明道 317

　　三、理学家解经特点及对经义的改造 325

　第二节　理学解经源流 334

　　一、理学家解经溯源 335

　　二、二程洛学 346

　第三节　理学体系的确立 354

　　一、朱熹集理学大成 356

　　二、陆氏心学 369

　附　录　经学与宋代社会 376

　　一、学术风气 377

　　二、书院与科举 378

　　三、婚姻 383

　　四、重建宗法制度 385

第七章　元明时期理学的衰微和心学的兴起 ············· 391

　第一节　北方少数民族政权的经学 391

　　一、崇儒尊经的文教政策 391

　　二、金元之际的经学 397

　　三、理学在北方的传播 403

　　四、许谦与吴澄 408

　第二节　明代理学的式微 412

　　一、程朱理学官学地位的确立 412

　　二、明代理学的衰微 417

三、心学的兴起 423

第三节 风靡百年的王学 427

一、"经学即心学" 427

二、王门后学 441

第八章 清代前期经学的异彩 447

第一节 明末清初的思想解放潮流 447

一、经世致用的实学思潮 447

二、清初王门后学的崇实经世思想 453

三、王夫之、颜元等对理学的全面清算 459

第二节 理学的务实倾向 465

一、程朱理学的复起 465

二、官方正学的确立 469

第三节 汉学的发端 476

一、顾炎武、黄宗羲的汉宋兼采 476

二、阎若璩、胡渭等的考据学 484

第九章 乾嘉时期经学的兴盛 493

第一节 汉学的形成 493

一、汉学形成的条件 493

二、惠栋与汉学的奠基 496

三、吴派其他学者 499

第二节 汉学的鼎盛 503

一、江永——开皖派经学研究风气之先 504

二、戴震——汉学之集大成者 506

三、戴震的后继者 512

四、朱筠、纪昀及其他汉学家 518

第三节　今文经学的崛起　　　　　　　　　　　522

　　一、今文经学复兴的原因　　　　　　　　　522

　　二、常州学派的崛起　　　　　　　　　　　526

第四节　理学的衰落　　　　　　　　　　　　　534

　　一、乾嘉理学的特点　　　　　　　　　　　534

　　二、翁方纲、姚鼐的"义理、考据、辞章"之学　　536

　　三、唐鉴、方东树的固守门户　　　　　　　540

　　四、许宗彦的兼长宋、汉　　　　　　　　　543

第十章　晚清的正统经学与经学异端…………………547

第一节　今文经学的兴盛　　　　　　　　　　　547

　　一、龚自珍与魏源　　　　　　　　　　　　547

　　二、今文经学的兴盛及延续　　　　　　　　559

第二节　康有为的"托古改制"　　　　　　　　572

　　一、康有为与今文经学　　　　　　　　　　572

　　二、《新学伪经考》与《孔子改制考》　　　576

　　三、《大同书》　　　　　　　　　　　　　584

第三节　汉学的衰落和异端的突起　　　　　　　590

　　一、汉学的延续与衰落　　　　　　　　　　590

　　二、汉学异端的突起　　　　　　　　　　　600

　　三、章太炎与刘师培的汉学　　　　　　　　609

第四节　理学的复兴与异端的萌发　　　　　　　620

　　一、曾国藩与湖湘学派　　　　　　　　　　620

　　二、湖湘以外的理学家　　　　　　　　　　630

　　三、理学异端与清末政潮　　　　　　　　　634

前　言

　　本书系贵州师范大学吴雁南教授主编的国家"七五"期间哲学社会科学研究项目"陆王心学对中国社会的影响"课题的基础研究项目。"陆王心学对中国社会的影响"课题的最终成果《心学与中国社会》一书已于1994年1月正式出版。作为其基础研究的《中国经学史》的出版却迟迟落在它的后面，其主要原因是《中国经学史》涉及范围非常广泛，难度很大。周予同说：经学是"中国学术分类法没有发达以前之一部分学术综合的名称"。它的内容涉及中国传统文化各个领域和层面，并居于主导地位。作为中国传统文化的主体和封建社会的正宗学术思想，经学对中国社会发生了很深远的影响。如何在马克思主义的指导下研究中国经学，撰著一部具有一定规模的学术专著，对我们来说，尚属一个新问题。本着弘扬中华文化、繁荣学术、增强中华民族凝聚力的热忱，为了把这项具有开拓意义的工作做得好一些，我们对《中国经学史》一书的书稿作了多次修改。此书的撰写工作大致经历了九个春秋。起初，我同西南师范大学历史系涂鸣皋教授策划此书的编撰工作，并邀请对中国经学史有较多研究的李禹阶、秦学颀等几位中青年教授、副教授参加编委会并撰写书稿。由吴雁南、李禹阶两位同志主持编委会工作，并聘请戴逸同志为本书顾问。书稿撰写的分工如下：

吴雁南　导论、第九章第四节。

秦学颀　第一章、第二章、第七章第一、第二节。

孔　毅　第三章。

戴继华　第四章。

郝明工　第五章。

李禹阶　第六章第一、第三节，李禹阶、郝明工第六章第二节。

陈前进　第七章第三节。

徐洪火　第八章。

李茂康　第九章。

许增纮、涂鸣桌、吴雁南、闫明恕、梁家贵　第十章。

书稿经吴雁南、秦学颀、李禹阶三位同志审读，由秦学颀统稿，并对不少章节作了大幅度修改和补充，负责全书的定稿工作。吴雁南、秦学颀、李禹阶任本书主编。

本书的撰著工作得到了贵州师范大学科研处和图书馆、西南师范大学科研处和图书馆、重庆师范学院科研处和图书馆及以上三所院校有关领导的关怀和热情支持，得到戴逸、蔡美彪、李瑞良、祝闽影、章权才等同志的指导和帮助。特别值得一提的是，在当前学术专著出版难的情况下，福建人民出版社多次出版我们撰著的书，有关编辑为本书的出版付出了辛勤劳动，这种精神是非常可贵的。在此，谨向关心、支持、指导和帮助我们的同志们、朋友们致以衷心的感谢。

由于我们的水平有限，在撰著本书的过程中，多有力不从心之感，深感有的问题有待进一步探索，其中不够成熟以至处理不当之处，恳请学界同仁和读者不吝赐教，使本书再版时成熟一些，完善一些。

吴雁南

2000 年 12 月 18 日

导　论

一、孔子与六经

诸子与经籍

经学是解释、阐明和研究儒家经典的学问。中国经学，从西汉武帝独尊儒术、立五经博士算起，距今已有二千多年。有关经籍著述之多可谓汗牛充栋，仅据《四库全书总目》经部著录，即达一千七百七十三部、二万零四百二十七卷。

什么是"经"？按其本意讲，乃纵丝之意，引申为书籍之称谓。章太炎曾谓："案经者，编丝缀属之称，……亦犹浮屠书称修多罗。修多罗者，直译为线，译义为经。盖彼以贝叶成书，故用线连贯也；此以竹简成书，亦编丝缀属也。"① 按章氏的意思，中国古书以丝线编结竹简成册，人们即以此编织竹简的纵丝——"经"作为群书的通称。在春秋战国时期，诸子百家书中，道家有《道德经》②，墨家的《墨子》有

----

① 章太炎：《国故论衡》卷中，《文学总略》。
② 史学界一般认为《道德经》为战国作品，《荀子》一书曾引《道经》，证实了道家之经籍《道德经》在战国已问世。

《经上》、《经下》篇，医家有《黄帝内经》。据知，当时的兵书、法令、历史、地志等著作中，均有称做"经"的。而《诗》、《书》、《礼》、《乐》、《易》、《春秋》似乎是当时人们所认同的"经"。在《庄子》一书里，有这样两段话：

> 孔子谓老聃曰："丘治《诗》、《书》、《礼》、《乐》、《易》、《春秋》六经，自以为久矣……"老子曰："……夫六经，先王之陈迹也，岂其所以迹哉！……"①
>
> 古之人其备乎！……其明而在数度者，旧法、世传之史尚多有之。其在于《诗》、《书》、《礼》、《乐》者，邹鲁之士、搢绅先生多能明之。《诗》以道志，《书》以道事，《礼》以道行，《乐》以道和，《易》以道阴阳，《春秋》以道名分。②

以上两段引文，虽同出《庄子》一书，但老、庄对六经的评价则不相同：老子明确指出，六经乃是先王留下来的陈迹，却不是先王陈迹的本原；庄子对六经则十分肯定，认为保存了古代圣哲的观点及其指导下形成的典规法度。而有一点却是相同的，即无论老子或庄子，都没有把六经视作儒家一派学人的经典，均认为它是有关古圣先贤的经籍。蒋伯潜称六经为"古代道术之总汇，非儒家之所得而私之也。"③ 道家如此评价六经，似乎即是这个原因。

尽管我们能够举出不少的诸子百家书在春秋战国时期称做"经"的，同时又会发现还有不少的诸子百家书并未称"经"，如人所熟知的《论语》、《孟子》等即是很明显的事例。因此，说"经"是当时书籍的通称，又未免过于广泛。刘师培则对"经"的范围即有所缩小，说

---

① 《庄子·天运》。
② 《庄子·天下》。
③ 蒋伯潜：《十三经概论》，上海古籍出版社1983年版，第7页。

"经"是"群书之用文言者。"① 单从文字上立说，似亦缺乏说服力。因为，《墨子》、《管子·经言》、《黄帝内经》等书的文字，与《论语》、《孟子》等书的文字，似乎没有多大差别，并非用"文言"写成。所谓"经"，仍是官府重要典籍和各学派的重要著述的称谓。因此，经书简册大于一般的书，据说六经为特大号版本，长二尺四寸，《孝经》减半，一尺二寸，《论语》在当时不称为"经"，只长八寸。

可见，有人将"经"视作先秦的官书，或孔子著作的专名，都是同先秦的历史实际不符的；所谓的"经"，只是先秦各家各派以及官府的重要著述与典籍而已。

孔门对六经的传习

孔子（前551—前479年），名丘，字仲尼，春秋时代鲁国陬邑（今山东曲阜东南）人，曾做大司寇。他是我国古代伟大的思想家、政治家、教育家。他"博于诗书，察于礼乐，详于万物"，② 为当时所公认的大学问家。据说他不到二十岁就开始收弟子创办私学。③ 在古代奴隶社会的漫长岁月中，奴隶主贵族垄断了教育权。所谓"学在官府"，学校教育是为贵族子弟服务的，平民没有受教育的。而孔子却以"有教无类"相标尚，许多出身贫贱的子弟得以投奔他的门下，成为他的高足。他"学而不厌，诲人不倦"，几十年如一日，始终把自己开创的私学当作毕生的大事业，不论在鲁国任大司寇，还是周游列国的时候，他都坚持不懈地进行教育活动。先后聚集他门下的弟子，据说达三千之众，其中身通六艺者七十多人。其所创的私学，成为学术下移民间的标志。

---

① 刘师培：《经学教科书·经学之定义》，《刘申叔先生遗书》第六十六册。
② 《墨子·公孟》。
③ 孔子何时开始收弟子，说法不一，此处采《史记·孔子世家》的说法。

孔子的时代，凡欲参与贵族政治而取得一定地位的，都得学习礼、乐、射、御、书、数和《诗》、《书》、《礼》、《乐》、《易》、《春秋》等六种典籍。匡亚明在《孔子评传》一书里写道：

> 周代贵族教育，是随着人的年龄的上升而循序渐进的。幼年时在小学里学习认字、写字、算术、音乐、唱歌、舞蹈和射箭、驾车等，这些就是六种技艺性的"小艺"。成年以后，进"大学"学习上述六种高级的典籍即《诗》、《书》、《礼》、《乐》、《易》、《春秋》，使人的知识由知其然进而知其所以然，从而提高学业和道德水平。这就是周代对贵族子弟由简单到复杂、由初级到高级的教学过程，这些早在孔子以前就已经实行了。①

孔子开创私学，自然也沿袭着当时官府之学的教学内容。他的一些学生不仅"大艺"《诗》、《书》、《礼》、《乐》、《易》、《春秋》学得很好，而且"小艺"礼、乐、射、御、书、数也很出色，能文能武。当时人们把"小艺"、"大艺"，都分别称做"六艺"，又把重要的典籍和各家重要的著述称做"经"，因此，在一个很长的历史时期内，《诗》、《书》、《礼》、《乐》、《易》、《春秋》等六种典籍，乃是"六艺"与"六经"并称。②

　　但是，六经与孔子的关系仍是聚讼纷纭。按司马迁的说法，六经都曾经孔子之手。孔子编次了《书》，删订了《诗》，编定或修订了《礼》、《乐》，作了《易》的一部分和《春秋》的全部。司马迁提供的材料，值得重视，但他对六经与孔子的关系的看法，显然受到董仲舒的影响，因

---

① 《孔子评传》，南京大学出版社 1990 年版，第 337 页。
② 前引《庄子·天运》中，称《诗》、《书》、《礼》、《乐》、《易》、《春秋》为"六经"，这是在春秋战国的著作首次称其为"经"的。但至西汉，《史记》仍称其为"六艺"。

而后来的经学家并不都认为他的说法可靠。① 清末以来，关于孔子与六经之关系，更是议论纷纭。其中有两种极端的意见：一种以皮锡瑞、康有为为代表，认为六经皆孔子所著；② 一种以钱玄同的看法为代表，全盘否定孔子与六经的关系，认为孔子根本没有整理过六经。③ 其论点虽非无一可取之处，但都失于偏颇。

我们大体同意上文所引匡氏之说，在孔子之前即已有《诗》、《书》、《礼》、《乐》、《易》、《春秋》，而后世所传之六经却多经过孔子整理或编订。理由是：

（一）从大量记载看，六经有过长久的形成过程，并非成于一时、出于一人之手。如《诗经》一书，大抵是周初至春秋中叶的作品，反映了西周至春秋中叶五百年间社会的各个方面，其产生的地域，包括今陕西、山西、河北、山东、湖北及甘肃的南部。《诗经》分"风"、"雅"、"颂"三大类。其中以"风"诗的内容最为丰富，为周统治者派遣輶轩使者采集、整理的民间诗歌的精品。不言而喻，这些精品是从一代又一代人所采集的不可胜数的民间诗歌中筛选出来的。公元前544年，吴公子季札至鲁观乐，鲁使乐工为之歌《周南》、《召南》、《邶》、《鄘》、《卫》、《王》、《郑》、《齐》、《豳》、《秦》、《魏》、《唐》、《陈》、《小雅》、《大雅》、《颂》等诗歌，季札叹为"观止"。④ 其编次章目略异于今本《诗经》。⑤ 此时孔子还不到十岁，断无删订《诗经》之力。足见，早在

① 参见朱维铮编：《周予同经学史论著选集》，上海人民出版社1983年版，第795—796页。
② 参见皮锡瑞：《经学历史》，中华书局1959年版，第1—2页；康有为：《孔子改制考》卷一，吴熙钊、邓中好校点：《康南海先生口说》，中山大学出版社1985年版，第15—16页。
③ 参见钱玄同《答顾颉刚先生书》，顾颉刚编著：《古史辨》（一），上海古籍出版社1982年版，第69—70页。
④ 《左传·襄公二十九年》。
⑤ 《左传》提及的"风"诗，比今本《诗经》只少《桧风》、《曹风》。其云："自郐以下无讥焉"，杜注曰："言季子闻此二国歌（即桧、曹二风），不复讥论之，以其微也。"可见当时的"风"诗，原本是有《桧风》、《曹风》的（按：《左传》"桧"作"郐"），只是季子因二国衰微，不予"讥论"而已。

孔子之前，《诗》已有了一种以上的本子。据载，孔子四十八岁那年（鲁定公五年），因不满于"鲁自大夫以下皆僭离于正道"，不仕，退而修《诗》、《书》、《礼》、《乐》。而在此之前，他问礼于老聃，即提到六经。老聃称其为"先王之陈迹"。《庄子》一书并对六经的社会功能给予充分肯定。在此，进一步说明了：不仅是《诗》，而且整个六经，在孔子之前，早已有一种以上的本子。

（二）孔子创办私学，长期以《诗》、《书》、《礼》、《乐》、《易》、《春秋》等典籍作为教材，即使在此之前有一些传本，也不可能完全符合其教学的需要。因而，按其教育的指导思想，对上述六种典籍进行整理、编订，是很容易理解的，犹如今天编讲义或课本一样。事实上，六经在孔子之前不仅可能经多次改编，即使在孔子本人几十年的教育生涯中，也可能多次变动六经的教学内容。在《史记·孔子世家》的记载里，除上文提到他四十八岁时退而治《诗》、《书》、《礼》、《乐》外，还在六十八至七十一岁四年间治六经。他至少是两次集中力量对六经进行研究或整理。

范文澜说：孔子"整理六经有三个准绳：一个是'述而不作'，保持原来的文辞；一个是'不语怪、力、乱、神'（《论语·述而篇》），删去芜杂妄诞的篇章；一个是'攻（治）乎异端（杂学），斯害也已，（《为政篇》），排斥一切反中庸之道的议论。"[①] 他删《诗》、《书》，订《礼》、《乐》，用鲁史官所记《春秋》"整齐书法"，阐释《易》学，大体遵循以上原则。孔子整理六经，虽于编、选、删、订中注入了自己的思想但因坚持"述而不作"的原则，保持了原有的文字，包括原来的史实内容和表达风格。因此六经在春秋战国时期，成为人们公认的宝典。

孔子开创私学和整理六经，对中国古代文化的发展作出了很伟大的贡献。他所整理的经籍成为儒学最重要的经典。汉代开始，将《诗》、《书》、《易》、《礼》、《春秋》称为"五经"（当时"六经"中的《乐》已

---

① 范文澜：《中国通史》第一册，人民出版社1978年版，第120页。

失传）。其后，儒学经典不断增加，遂有"七经"、"九经"、"十经"、"十二经"、"十三经"之称。集中记述孔、孟言论的《论语》、《孟子》均列入儒家经典。但无论儒学经典如何演变增益，孔子整理的经籍始终居于主导地位。

二、经学的特点

中国的经学形成于西汉。其孕育阶段可以追溯到春秋战国时期，但六经作为中国封建社会所独尊的经典，却是西汉武帝罢黜百家、独尊儒术以后之事。虽然，汉初已立有治儒经的博士，但其所治之经，却与诸子学并立，在本质上与先秦诸儒传授六经无多大差异。从汉初到武帝时期，似可视作经学的酝酿阶段。公元前 141 年，汉武帝即位后，为适应大一统的政治局面与加强中央集权专制主义统治，实行学术统一，独尊儒术，势在必行。他首先批准丞相卫绾罢斥"治申、商、韩非、苏秦、张仪之言"① 的贤良文学；继置五经博士；一俟好黄老之术的窦太后死去，立即"绌黄老、刑名百家之言，延文学儒者数百人，而公孙弘以《春秋》白衣为天子三公，封以平津侯。天下之学士靡然乡风矣。"② 儒学独尊，其经籍《诗》、《书》、《礼》、《易》、《春秋》完全超出了一般典籍的地位，成为神圣的法定经典。即所谓"先圣所以明天道，正人伦，致至治之成法也"③。西汉儒家经典成为中国封建文化正统之后的两千年间，经学的分合、演变，往往与当时的经济、政治相关联，并形成自己的特点。简言之，中国经学的特点有以下诸端：

---

① 《汉书》卷六，《武帝本纪》。
② 《史记》卷一二一，《儒林列传》。
③ 《汉书》卷八八，《儒林传序》。

（一）相对独立的经学形式及其在不同的历史发展阶段所出现的变化的时代特点和阶级性，都很突出。

从经学的演变看，在历史上曾出现今文经学、古文经学、宋学三大派别。这三大派别的兴衰更替及至清代之三大派的并起，勾画出两千年间经学演变的极为粗略的轮廓。经学经过长期的酝酿，形成了一种自成体系的学术，在其相对独立的行程中，表现出它的特定内容、形式和演变规律。这就是经学的所谓"继承性"。但是，观念性的东西不过是在人们头脑中变位易形的物质性的东西，在注意其继承性时，还应引向深层次的研究，进一步考察造成经学在各历史阶段的演变、发展以至衰落的根本原因。众所周知，西汉今文经学的兴盛，就是因为它提倡《春秋公羊传》，其中"大一统"、"正名分"的"微言大义"适合封建统治的需要。开始兴起于西汉末年的古文经学，至东汉名儒辈出。作为今文经学的对立面的古文经学，同今文经学展开斗争。这种"经学上的派别争斗，如果当作一种隐微的折光来看，今文经学反映统治阶级内部有一部分人在政治上得势，古文经学反映别有一部分人企图在政治上得势，争斗的结果，由于得势部分的腐朽无能崩溃下去了，原来不得势的部分一方面与某些崩溃中的得势部分相混合，一方面取得了胜利成为得势者。"①唐太宗令孔颖达撰《五经正义》，结束东汉魏晋南北朝历代相沿的经学内部宗派林立的局面，统于一尊，主要是适应政治上大一统的需要。北宋统一以后，鉴于五代的篡弑剧烈，君臣一伦遭受严重挑战，为了强化封建统治的需要，提倡忠、孝、节、烈，强调"存理灭欲"，将封建伦常置于特殊重要地位，成为宋学的重要特征。宋学在发展中分成两大派，程、朱一派强调理的绝对性，陆、王心学则强调理在心中。及至清代，古文经学、今文经学、宋学三派并起，对垒与融合相交错，经学进入总结阶段。经学各派之间的斗争，都是围绕着对儒家经典的阐释

---

① 范文澜：《中国通史》第二册，人民出版社1978年版，第294页。

和议论展开的，是历代封建士子和官僚以经学为依据发挥自己思想进行斗争的一种表现。由于他们的阶级局限，不论如何争论，却基本上都是为封建统治阶级服务的。周予同在《"经"、"经学"、"经学史"》一文里说："历代的封建专制政府，对待'经学'问题，有时让大家争论，因为争论的范围局限于'法定'的'经典'之内；更重要的，是统一'经学'思想，以利于统一思想，巩固统治。"①

（二）儒家经典为古代道术的总汇，具有多面性，经学的一些思想主张，不但为统治者所利用，而且为被统治者所接受。

众所周知，儒家的主要经典，定型于我国奴隶制向封建社会过渡的时代，颇具适应历史潮流的特点。《周易》的变易观和朴素的辩证法思想，《尚书》的民本思想，《论语》、《孟子》的"仁道"，以及经学中对理想人格与太平世的阐说，等等，均为古代文化遗产的精华。无论是今文经学、古文经学，抑或是宋学，无不标尚尧舜之世、三代之治，追求圣贤气象。历代封建统治者或励精图治求其统治之长治久安，或欺骗群众，缓和阶级矛盾，无不以德治、仁政相标尚。当然就封建地主阶级而论，其最有兴趣的热点则是封建的伦理纲常，要求广大劳动群众绝对服从封建的专制主义的统治。即使如此，广大劳动群众大体上亦有可能接受，不过被统治者更加关注德治、仁政、安定的社会生活、好皇帝、清官。由于广大农民用不自觉的宗法式的态度来观察社会问题和政权问题，"他们的代表一定要同时是他们的主宰，是高高站在他们上面的权威，是不受限制的政府权力，这种权力保护他们不受其他阶级侵犯，并从上面赐给他们雨水和阳光。所以，归根到底，小农的政治影响表现为行政权力支配社会。"② 只是当封建统治者为桀为纣，不顾群众死活，

---

① 《周予同经学史论著选集》，第659页。
② 马克思：《路易·波拿巴雾月十八日》，《马克思恩格斯选集》第一卷，人民出版社1995年版，第677—678页。

背弃儒家经典所标尚的德治、仁政时，广大群众挺身而起，指斥皇帝无道，要求以"真命天子"来代替"假天命天子"。范文澜说："任何一个有阶级的社会，总是由两个主要的敌对阶级构成的，总是依照对立统一的法则而存在并发展的。两大敌对阶级在相互关系上，如果说，只有一个斗争性，或者说，只有一个同一性，那么，这个社会就根本不会存在。"① 根据儒家经典所阐释的德治、仁政等思想主张，"在一定范围内、一定程度上和谐整个社会不同利益集团之间的关系"，② 正是这种同一性的表现。

经学的内容十分庞杂，是中国特有的一种学问。周予同称经学是"中国学术分类法没有发达以前之一部分学术综合的名称"③，多少有些道理。它同政治史、哲学史、思想史、文化史、历史学、社会史有着密切的联系，又不同于政治史、哲学史、思想史、文化史、历史学、社会史，更不能用政治史、哲学史、思想史、文化史、历史学、社会史来概括它。其经典在一定意义上讲，可称为古代哲学社会科学思想文化的宝库。经学作为儒学的核心，为历代统治阶级利用来维护封建统治，是有明显的阶级性的；但是，并不排除其中的一些内容并没有明显的政治倾向，如儒经中的变易损益观、大同学说、某些伦理观念，等等，因而，具有广泛的适应性。

（三）求是、疑古、考证之风的兴盛。

中国经学，固然有武断、盲从以至信仰主义的情绪，但同时又有一种求是的传统。据载，西汉河间献王笃好古文，以"实事求是"相标尚。"从民得善书，必为好写与之，留其真，加金帛赐以招之。由是四方道术之人不远千里，或有先祖旧书，多奉以奏献王者。故得书多，与

---

① 范文澜：《中国通史》第二册，第154页。
② 赵吉惠、郭厚安等主编：《中国儒学史》，中州古籍出版社1993年版，第847页。
③ 《怎样研究经学》，《周予同经学史论著选集》，第627页。

汉朝等。……献王所得书皆古文先秦旧书，《周官》、《尚书》、《礼》、《礼记》、《孟子》、《老子》之属，皆经传说记，七十子之徒所论。其学举六艺，立《毛氏诗》、《左氏春秋》博士。修礼乐，被服儒术，造次必于儒者。山东诸儒多从而游。"汉武帝时辞世，朝廷称其"身端行治，温仁恭俭，笃敬爱下，明知深察，惠于鳏寡。"① 可谓"笃道行仁"的为政者，这同他"实事求是"的思想作风是一致的。河间献王刘德虽非古文经学家，却开了两汉古文经学好古求是的先河。东汉郑玄，兼综诸家，考定是非，择善而从，用训诂、校勘、考据方法，整理经籍，注解经典，集经学之大成。不仅为当时"天下所宗"，而其治学原则尤为清代古文经学家所推崇。郑玄之所以能够取得如此成就，就是因为他以求是为宗旨，不受家法束缚，广采众说，自具新意。及至唐代后期，经师啖助、赵匡、陆淳等人不顾经学家法，舍传求经，贬抑《左传》，开宋儒疑经、议经之端绪。至北宋庆历年间，刘敞的《七经小传》、王安石的《三经新义》，以己意说经，标新立异，力破传统，欧阳修、苏轼、苏辙、司马光、李觏、晁说之等名儒学士，对儒家经典亦皆有排、毁、讥、黜之言。疑经议经自此成为一种风潮。至朱熹而集其大成。继吴棫之后对《古文尚书》的真伪提出疑义，并斥《尚书》孔安国《传》为伪书，实开明清辨伪之端绪。疑经议经思潮的兴起，必然影响到经学的中心人物孔子及其所整理的五经的权威性。王安石的"三不怕"，② 陆九渊、王阳明一派人进一步声称不以孔子之是非为是非，"六经皆我注脚"③。就这样，孔子及其所订的五经的灵光开始在减退。然而，经学至此还远没有走到它的尽头。就宋学而论，无论是程、朱理学，还是陆王心学，他们要求打破传统经学的束缚，疑经议经，在一定意义上说具

① 《汉书》卷五三，《景十三王传·河间献王刘德》。
② 指他所谓的"天命不足畏，祖宗不足法，人言不足恤。"（《宋史》卷三二七《王安石列传》）。
③ 《陆九渊集》卷三四，《语录上》。

有思想解放的意义；然而却以树立本学派的绝对权威为己任，在某种意义上又以一种新的信仰主义代替传统经学的绝对权威。清初学者提倡实事求是，以崇实通经相标尚，注重经训，务求得其源头。他们继承宋学的疑古精神，更远绍古文经学的求是学风，把疑古与求是相结合，立即在经学史上卷起阵阵狂澜。阎若璩在前人研究的基础上著《古文尚书疏证》，彻底戳穿东晋梅赜（按：《世说新语》作梅颐）伪造《古文尚书》真相。胡渭著《易图明辨》，指出《易图》乃五代道士陈抟所伪造，杂入《易经》。《古文尚书疏证》告诉人们，有的儒家经典完全是冒牌货；《易图明辨》告诉人们，有人在历代所遵奉的经典中掺了假货。这不仅给人们以极大震动，而且启迪士人的疑古求是精神。以戴震为代表的清代古文经学家，不仅信古，且亦疑古，敢于突破古说，实事求是，断以己见。由于清代古文经学家的考证方法坚持无征不信、实事求是的精神，因而取得了不小成就。虽然，他们治学存在烦琐、支离破碎、见木见林、脱离实际等弊端，这种反对迷信、盲从、武断的精神却是十分可贵的。自阎、胡之后，疑古求是的精神日渐发扬。大凡做学问，首先要留心观察，找出疑点，发现问题，提出问题，才有可能顺藤摸瓜，去调查研究，分析问题，解决问题。萧一山对清代疑经之风作了很高的评价。他写道：

> 试遍观清初之著述，几无一不"多少"带有怀疑之精神，怀疑之成为风气者，以此时为最著。夫全盛时期（按：指乾嘉时期——引者）学者所以破出传注重围，而别自创说者，乃此怀疑之解放也。今文学家之要点，亦在一"疑"字，其精神亦即导源于是时也。夫有怀疑而后有思想，有思想而后有建树。古今中外，一切学术之革新，未有不自"疑"字始者也。①

---

① 《清代通史》卷上第一册，中华书局 1985 年影印本，第 948 页。

清代学者这种怀疑与考证、求是相表里的学风，无疑有利于人们从传统经学中解放出来。终至在清末学潮中激荡起狂飙，而有以今文经学为外衣的康有为对古文经学进行总攻击。

事情是那么矛盾，自东汉以来的经学演变的漫长过程中，古文经学代替今文经学，宋学代替汉唐的古文经学，清代古文经学的崛起，晚清今文经学对古文经学的总攻击，在形式上充满着经学各派的争斗，而其要求解除旧的束缚以求新的发展或解放，则颇具共同之处；更为引人瞩目的是，这种从旧的经学学派解放出来的斗争，不仅一浪高过一浪，而其求是、疑古之风却是一脉相承。

（四）从对垒、融合到经学总结阶段的异端突起。

经学作为封建社会的精神支柱，具有一定的封闭性。但许多经学大师却具有"通儒"气质，融合、吸取各家之说，具有开放性。西汉今文经学的创始人董仲舒，外融墨家和黄老刑名之学，内而调和统一孟、荀两派，自汉武帝到西汉灭亡，百余年间，经学大盛。西汉末和东汉时期古文经学同今文经学两派之间的对立与斗争，结果却是杂糅今古文经学的郑学取得胜利。郑学虽以古文经学称尚于世，而同时又是今文经学大师。郑学的胜利，并不意味今文经学精神的泯灭，而是与古文经学融合为一体。如果说，董仲舒创立今文经学，兼融儒家以外各派之说，统一学术；那么，郑玄创立郑学，则是以古文经学为基点，融合今古文经学为一体。从对垒到融合，在经学发展演变的行程中，成为颇具规律性的特征。董仲舒创造了兼融百家的模式，郑玄创造了兼融经学内部派别的模式，因而都成为一代巨儒。其后，经学在佛道的冲击下，儒、佛、道在长期对垒中，又相互渗透、融合。经学兼融佛、道的某些内容，到两宋时期，形成了富于哲理性的宋学。及至清代，经学进入了总结阶段，今文经学、古文经学、宋学三大派别，都得到一定的发展。不论是今文经学，或古文经学，还是宋学，都不是历史上某一学派的简单重复，而是在清代这一特定历史条件下先后复兴，取前此两千年学术"倒卷而缫演之"，出现了历史上经学各派并显于世的局面；另一方面，各派既互相对垒，又相互融合。① 更重要的是 1840 年鸦片战争后，西学东渐，对中国的传统学术特别是经学进行了猛烈的冲击，卷起了一浪高过一浪的学习西方的浪潮。经学又一次表现出接纳、兼容外来文化的传统，卷入了清末的政潮、学潮。康有为一派今文经学家，为了把封建君主专制主义的中国改造成为具有资本主义民主主义的君主立宪国家，鼓吹孔子托古改制说，使得大成殿"圣学"的神圣光圈黯然失色。既然孔子所述的尧舜禹汤文武周公的"圣迹"，都是因政治上的某种需要所假托，则儒家所谓的道统势必视作虚构，这对传统经学无疑是一个巨大的冲击。国学大师章太炎以推翻清朝统治为己任，成为孙中山革命事业的重要的支持者。他继承和发扬清初以来古文经学派传统，论诸子学而指斥孔子。孔子乃经学的中心人物，章氏猛烈地攻击孔子，不言而喻，这是对经学的莫大打击。此外，不论是维新派人物，抑或是革命派士子，都曾利用宋学，或推动维新运动，或呼唤革命。在两千年的漫长岁月里，经学从总体上是维护封建专制主义的精神支柱；及至清末，一批有志于改造中国的士人手中的经学，却走向了它的反面，成为经学的异端。这种异端的出现，给思想文化界很大的震动。从此，资产阶级民主主义代替封建专制主义的运动，在全国范围内展开。经学异端的出现，自然根植于社会经济的变化与新的阶级关系的变化；但从文化史的角度特别是经学的传统来审视，这与中国经学的开放性、宽容性有着密切关系。所不同的是：从汉末到隋唐两宋时期，经学融合外来文化佛学，曾促进了经学的哲理化，连经学的中心人物也被宋儒描绘成哲学家；而清末则由于近代民族资本主义工业的产生与初步发展，阶级关系的新变化，经学在一些志士仁人手中则被改造成为鼓吹改良和革命的学理，成为经学的异端，并导致经学的终结。

---

① 参见吴雁南：《清代经学史通论》，云南大学出版社 1993 年版，第 26—27 页。

三、经学在中国传统文化中的地位和作用

自汉武帝独尊儒术以后，儒学定于一尊。在儒家经典的基础上建立起来的经学，在古代中国传统文化中长期居于主导地位，对中国的政治、学术、文化教育、民族精神和社会风貌都产生了深远的影响。

经学与中国传统政治

在中国历史上，经学同中国政治结下了不解之缘，经学在长达两千多年的中国社会中，成为传统政治的指导思想。其理论和思想主张，直接切入政治，对封建时代中国政治的影响尤深。主要表现在以下诸方面：

（一）德治与王道三纲互为表里

早在春秋战国时期，德治、仁政、民本等思潮，随着社会大变革的潮流勃然兴起，与君尊臣卑的观念奇异地结合在一起。在儒家经典中，不乏这方面的言论。

"民为邦本"，这是儒家经典中的一个基本观念，要求统治者重视民众力量，巩固国家的根基，因而必须恤民力，使民众在相对安定的局面下生活下去，于是以德治天下、力行仁政的思想主张成为儒家经籍中的一个基本点。在漫长的中国封建社会中，无论是有作为的皇帝，抑或是暴虐无道之君，无不以德治、仁政相标尚。这说明，即使是独夫民贼也是不敢公开抛弃德治、仁政这面旗帜。西汉大儒董仲舒在君尊臣卑的基础上倡言王道三纲，与所谓的德治、仁政、民本思想相表里。儒学经典以"君为臣纲"来规范君主与臣民的关系，为君主专制主义制度提供理论依据；另一方面，从维护统治阶级的长治久安出发，又强调民众与社稷的利益均重于君主的利益，君主必须以德治天下，以道治国，勤政爱

民。如果君主的举措违背天意，上天即出灾害予以警告，使其改正错误，仁政恤民。在经学的典籍中，不仅要求做君主的要以尧、舜、禹、汤、文、武为榜样，而且要求做臣子的要敢于以往古圣君名王之德行仁政为准则来要求君主，犯颜直谏，绳过纠错，格君之"非心"。孟子谓："惟大人能格君心之非。君仁，莫不仁；君义，莫不义；君正，莫不正。一正君而国定矣。"① 在这种理论的指导下，以理抗势、冒死进谏之士代有其人。当然，无论是天谴论，抑或是格君之"非心"说，都不可能阻止独夫民贼的倒行逆施。但这种力图制约君权的思想在封建时代确乎是可贵的。

（二）加强皇权与大一统

春秋战国时期，商品经济的活跃，城市的繁荣，交通的发展，大国争战最后形成七雄对峙的局面，国家的统一成为历史发展的必然趋势。在这种情况下出现了大一统的思潮。在《孟子》一书中，记载了孟轲述其同梁襄王的一段对话：

> 孟子见梁襄王，出，语人曰："望之不似人君，就之而不见所畏焉。卒然问曰："天下恶乎定？"
> 吾对曰："定于一。"
> "孰能一之？"
> 对曰："不嗜杀人者能一之。"
> "孰能与之？"
> 对曰："天下莫不与也。……今夫天下之人牧，未有不嗜杀人者也。如有不嗜杀人者，则天下之民皆引领而望之矣。诚

---

① 《孟子·离娄上》。革君之"非心"的观点，最早见于《周书·冏命》（《尚书正义》卷一九）。

如是也，民归之，由水之就下，沛然谁能御之？"①

这种"定于一"的思想主张，同《荀子·王制》篇的"四海之内若一家"、《春秋公羊传》的"大一统"之义，汇成引人瞩目的大一统思潮。秦始皇顺应历史潮流，统一全国，车同轨，书同文，行同伦。汉武帝在"文景之治"的基础上开展文治武功，强化中央集权的大一统政治。董仲舒在此情况下倡言君权神授，以树立君的神圣地位和绝对权威，加强皇权。在答汉武帝的策问中，他援引《春秋公羊传》之义，振振有词地说：

　　臣谨案《春秋》谓一元之意，一者万物之所从始也，元者，辞之所谓大也，谓一为元者，视大始而欲正本也。②

在他看来，君主乃天下之本，只要君主以尧、舜之心为心，以德王天下，即为举国上下的中心和天下之本，享有御群臣、服万民、统治四方的绝对权威。他强调："《春秋》大一统者，天地之常经，古今之通谊也。"③ 为了维护统一的中央集权制国家，申明法度，就必须"罢黜百家，独尊儒术"，统一思想，并以儒术论证大一统的中央集权国家的统治的合理性。这种加强中央集权与大一统思想主张，对中国政治产生了深远的影响。

（三）变革、更化、维新与因循守旧并存

　　经学有其因循守旧的一面，同时又有着变革、损益、维新的内容。众所周知，六经之首的《周易》就是一部讲"变易"与"不易"之书。

---

① 《孟子·梁惠王上》。
② 《汉书》卷五六，《董仲舒传》贤良对策第一策。
③ 《汉书》卷五六，《董仲舒传》贤良对策第三策。

郑玄《易赞》及《易论》谓："《易》一名而含三义：易简，一也；变易，二也；不易，三也。"这一解释，反映了《周易》一书的特色。但该书之所以以"易"相标尚，则是以言变易为主题歌，所谓"夫易者变化之总名，改换之殊称"，即指此也①。该书明确宣示《周易》的原则是："穷则变，变则通，通则久。"② 强调依时变革，就能使天地常新。改革得当，就会使隐伏的灾祸消除。"汤、武革命，顺乎天而应乎人。"③ 从《周易》的作者看来，为了天下国家的长治久安，除旧布新，改制革命，是完全必要的。是以《周易·革卦》以事物矛盾着的双方力图克制对方的普遍性论证改制革命之义，说明去故维新是大道理，是客观规律。在此之前这种去故维新思想即已萌发。《尚书》中即有盘庚引用古贤迟任的名言："人惟求旧；器非求旧，惟新。"④ 等语。及至春秋战国时期，孔孟一派学人大力宣扬这种改制革命思想，并形成一股社会思潮。孔子谓："殷因于夏礼，所损益，可知也；周因于殷礼，所损益，可知也；其或继周者，虽百世，可知也。"⑤ 在此，阐明了王朝更替、制度因革损益的思想观念。如果说，处于春秋战国社会历史大变革开端的孔老夫子，其改制革新的言论还比较克制的话，而处于社会动荡、变革大潮中的孟子，则综论三代之兴衰更替而无所顾忌，他说：

> 三代之得天下也以仁，其失天下也以不仁。国之所以废兴存亡者亦然。天子不仁，不保四海；诸侯不仁，不保社稷；卿大夫不仁，不保宗庙；士庶人不仁，不保四体。⑥

---

① 以上均见《论易之三名》，《周易正义》卷首。
② 《周易正义》卷八，《系辞下》。
③ 《周易正义》卷五《革卦》。
④ 《尚书正义》卷九，《商书·盘庚上》。
⑤ 《论语·为政》。
⑥ 《孟子·离娄上》。

进而宣称："贼仁者谓之'贼'，贼义者谓之'残'。残贼之人谓之'一夫'。闻诛一夫纣矣，未闻弑君也。"① 他斩钉截铁地把殷纣王钉在耻辱柱上，论证汤、武革命的正义性，否定了汤、武犯上作乱的观点。西汉董仲舒在对汉武帝策问中，发挥上述观点，倡言："继治世者其道同，继乱世者其道变。"②"今汉继秦之后，如朽木粪墙矣，虽欲善治之，亡可奈何。法出而奸生，令下而诈起，如以汤止沸，抱薪救火，愈甚亡益也。窃譬之琴瑟不调，甚者必解而更张之，乃可鼓也；为政而不行，甚者必变而更化之，乃可理也。当更张而不更张，虽有良工不能善调也；当更化而不更化，虽有大贤不能善治也。"③ 在此，他要求变治道，以仁德代替严刑，以儒家学说代替法家学说，以昭尧舜至治之道。经学这种变革、更化、改制、维新的思想，在中国政治史上有较大影响，在历史上具有积极的进步的意义。

此外，选贤与唯亲思想、人治思想，等等，都对传统政治产生极大影响。由于经学在漫长的中国封建社会中成为治世的指导思想，中国传统的政治文化同经学结下了不解之缘。

经学在中国文化教育中的主导地位

经学作为中国传统文化的主体，其内容涵盖中国传统文化各个领域和层面，并居于主导地位。中国文化教育以至自然科学无不同经学有着密切的联系。

（一）经学与哲学社会科学

中国文化在长期发展过程中，形成了反映其基本特征的中国传统哲学。尽管中国哲学受到佛、道思想的较大影响，但它却深深地打上了经

---

① 《孟子·梁惠王下》。
② 《汉书》卷五六，《董仲舒传》贤良对策第三策。
③ 《汉书》卷五六，《董仲舒传》贤良对策第一策。

学的烙印。自西汉"独尊儒术"以后，许多哲学家、思想家都是经学家。其哲学思想和政治思想往往通过对儒家经典的阐释和发挥，其著述多为经学著作。在不少中国思想史论著中对此多有论列，恕不赘述。

周予同说："所谓'经学'，一般说来，就是历代封建地主阶级知识分子和官僚对上述'经典'（按：指《十三经》。——引者）著述的阐发和议论。""基本上是统治阶级内部各阶层随着中国社会、经济、政治情况的发展而展开思想斗争的一种形式，是历代地主阶级知识分子和官僚披着'经学'外衣发挥自己思想进行斗争的一种表现。""正是由于孔子为代表的儒家学说含有多面性，它总能适合整个封建时代各个时期的统治阶级的需求，所以，不管他们如何争论，却是基本上都为封建统治服务的。"① 不言而喻，经学在封建时代成为人们立论的法定依据，经邦济世、从政立法的指南。儒经的伦理纲常成为政治生活中之根本。为了天下国家的长治久安，在维护大一统的君主集权专制制度的基础上，经学倡言德治、仁政、爱民、重民，并力图对违背天下国家整体利益的君主和权贵势力加以约束。上述思想主张构成了中国传统经邦济世、政治文化的主体和重要特征。

经学作为传统文化法定的正统，居于意识形态的主导地位，社会科学的其他各个领域亦无不与经学息息相关。众所周知，《春秋》笔法在长达两千多年的传统史学中成为治史的准则。即使被班固、裴骃等斥为"是非颇谬于圣人"② 的《史记》，亦将《春秋》奉为无上准则。司马迁在《太史公自序》中写道：

> 夫《春秋》上明三王之道，下辨人事之纪，别嫌疑，明是非，定犹豫，善善恶恶，贤贤贱不肖，存亡国，继绝世，补敝

---

① 周予同：《"经"、"经学"、"经学史"》，《周予同经学史论著选集》，第656—657页。
② 裴骃：《〈史记集解〉序》。

起废，王道之大者也。……夫不通礼义之旨，至于君不君，臣
不臣，父不父，子不子。夫君不君则犯，臣不臣则诛，父不父
则无道，子不子则不孝。此四行者，天下之大过也。以天下之
大过予之，则受而弗敢辞。故《春秋》者，礼义之大宗也。

并以"绍明世，正《易传》，继《春秋》，本《诗》、《书》、《礼》、《乐》"①
为已任。这表明，即使是像《史记》那样的被人们称之为富有人民性的
古代历史巨著，亦是以经学所阐发的君臣大义为指导原则。就传统史学
而论，无论其体裁如何，一般均以帝王将相为历史活动的中心，以经学
的思想原则为指导。

（二）经学与文学艺术

经学所阐发的文学艺术观和价值观，如以仁为本、"民胞物与"
精神，尚伦理，重教化，以善为美的文学艺术理论，文学艺术为政教
服务，等等，都对文学艺术的发展产生了很大的影响。中国文学艺术
在其发展的长河中产生许多富有思想内容的不朽之作，这同经学以善
为美的文学艺术观和以仁为本、爱人、尊重人的精神，不能说没有关
系。众所周知，《诗经》作为中国古代最早的一部诗歌总集，其中充
满了自然的情爱的描写和对政事的讥刺；有的揭露统治阶级残酷剥
削，有的反抗压迫，有的反对行役，有的反对婚姻之不自由，有的抒
发反战思想，有的反映人民的劳动生活，总之，多方面地描写现实生
活，表现了不同阶级和阶层的人在现实生活中的感受。② 其"对当时
之社会政治，有所赞美，或有所讽刺，则于发抒感情之外，恒带有评
论事理之性质。三百篇之《诗》，以东周前后之作品为中坚；此一时
期，周王室正日渐陵夷，诸国之纷争，政治之黑暗，社会之变动，已

---

① 《史记》卷一三〇，《太史公自序》。
② 参见《诗经全译·前言》，贵州人民出版社1981年版，第4—9页。

开春秋战国之局。故此时期之诗，讽刺之作，多于赞美。"① 该书经孔子删定，后来列为儒家经典。孔子肯定其为："《诗》三百，一言以蔽之，曰：'思无邪'。"② 说明这位处于春秋时期社会变革之际的孔子是有革新精神的，他大胆地肯定了《诗经》中富有人民性的内容，并作为孔门的教本。并对学生说："小子何莫学乎《诗》?《诗》，可以兴，可以观，可以群，可以怨。迩之事父，远之事君；多识于鸟兽草木之名。"③ 在此，他指出了《诗》在学术、文学以至文字学上的意义和人伦、从政的意义。但他作为一代伟大的政治思想家，当然更多地从政治上着眼。在他看来，通过诵《诗》，特别是其中的美刺政事之作，可使学人了解社会各阶层人们的心态，借以练达人情，明白做人、从政治国的道理；并长于辞令，使于四方，应对诸侯。他说："诵《诗》三百，授之以政，不达；使于四方，不能专对；虽多，亦奚以为?"④ 可见，当孔子删定《诗经》时虽然把思想内容作为衡量文学作品的重要标准，却还重视其文学特征及其价值。他把尽善尽美作为其衡量文学和艺术的标尺，具体表现在对《韶》、《武》两首乐曲的不同评价上："子谓《韶》：'尽美矣，又尽善也。'谓《武》：'尽美矣，未尽善也。'"⑤ 相传《韶》乐为舜时所作，《武》乐为周武王时所作。孔子之所以对《韶》、《武》二曲的评价不同，是因为舜有天下是尧禅让的；周武王之得天下则是由征诛而来的。虽然，他把思想内容放在很重要的地位，但对《武》乐仍然持肯定态度。就此而论，孔子的文学艺术观仍然是坚持思想与文学艺术的统一、善与美的统一的。随着中国封建专制主义统治的加强，西汉以后一些经学家从一个侧面强调思想内容的重要性，于是有"文以载道"的理

① 蒋伯潜：《十三经概论》，第 227 页。
② 《论语·为政》。
③ 《论语·阳货》。
④ 《论语·子路》。
⑤ 《论语·八佾》。

论。及至宋朝，朱熹在注解孔子上述对《韶》、《武》二乐曲评价关于善与美的标准时，则肆意发挥，宣称："善者，美之实也。"① 这即是说，美只是善的外在"声容"的表现，这样一来，孔子关于在文学艺术评论上的思想内容与文学艺术价值、善与美的统一论，即被朱熹以善统美或以善代美论所取代。

经学之所以对传统文化艺术的影响甚大，首先是因为经学在封建时代是法定的指导思想；其次还在于一些儒家经典，如《诗经》、《左传》、《论语》、《孟子》等，从文学的角度看，价值很高，成为文学的珍品；加之历史上一些有名的文学家均通经学或者本身就是经学家。因此，经学对中国文学艺术的发展起着主导作用。

（三）经学对传统教育的巨大影响

在文化领域内，经学对教育的切入最为直接，对其影响在一定意义上也可说是最大的。

早在春秋战国时期，孔子开创私学，以六经为主要教材，打破了"学在官府"的局面，对中国教育的发展作出了伟大贡献。他的教育思想及其所创造的教育模式和格局，对中国教育的发展发生了深远影响。西汉经学大师董仲舒继承了儒家重德教、轻刑罚的治国思想，系统论述了重教化的理论。他认为治国莫大于崇本，提出了天、地、人"三本"一体、不可缺一的理论，即"天生之以孝悌，地养之以衣食，人成之以礼乐"②；他主张开设学校，"修孝悌敬让，明以教化，感以礼乐，所以奉人本也"③，把教育纳入天人相与的神圣轨道。"汉武帝罢黜百家，表章六经，专设五经博士，作为朝廷权威的学术官员和最高学府——太学的教师，从而使经学成为封建王朝的官方学术、选士的主要衡量标准和教育的基本内容，有力地促进了经学的发展。……

---

① 朱熹：《四书章句集注》，中华书局 1986 年版，第 68 页。
②③ 《春秋繁露》卷六，《立元神》。

学术界则有汉代儒学即为经学，汉代教育即为经学教育的概括。"① 自此之后，西汉思想家、学问家几乎众口一词地将六经视作为学、教化之"大本"。匡衡曾谓：

> 六经者，圣人所以统天地之心，著善恶之归，明吉凶之分，通人道之正，使不悖于其本性者也。故审六艺之指，则天人之理可得而和，草木昆虫可得而育，此永永不易之道也。②

不言而喻，儒家经典成为学校教育和社会教化的主体内容。汉儒治经，侧重名物训诂；宋儒治经，则以阐释义理、兼谈性命为主，故称理学。自宋末理学确立为官学后，程朱理学即成为学校和科举的内容与标准。原有的儒家经典虽然仍作为学校教育和社会教化的内容，但已退居次要地位。二程治学，"以《大学》、《语》、《孟》、《中庸》为标指，而达于六经。"③ 朱熹的《四书集注》刊行后，地位扶摇直上，其影响逐渐超过五经，成为我国封建社会后期最有影响的经学注释著作。由此可见，经学直接切入了教育，把教育、学术、政治融为一体，"以明道、明理为教育目的，通过求仁、明人伦的教育，培养人才，'学而优则仕'，使之参与政权"④，按经学阐发的思想主张和准则治理国家，这就使经学的影响远远超出教育领域而至于整个社会。

经学与中华民族精神

所谓民族精神，乃民族文化心态的集中体现。经学在中华传统文化中

---

① 赵家骥、俞启定、张汝珍：《中国教育思想通史》第二卷，湖南教育出版社 1994 年版，第 119—120 页。
② 《汉书》卷八一，《匡衡传》。
③ 《宋史》卷四二七，《程颐传》。
④ 蔡方鹿：《华夏圣学——儒学与中国文化》，四川人民出版社 1995 年版，第 169 页。

居于主导地位，在一定意义上对社会文化心态起着决定性的影响，对中华民族精神的形成自然具有重要意义，概括地说，有以下五个方面：

（一）崇尚理想人格，以天下国家为己任，讲求节操

在儒家的经典中，将以仁为本，追求理想社会，同成圣成贤的理想人格紧密地结合起来。孔门弟子子路问何以为君子？孔子回答说："修己以安人。"① 孟子更以天下为己任，声言："君子之守，修其身而天下平。"② "天下有道，以道殉身；天下无道，以身殉道。"③ 在他看来，无论贵富贱贫其禀赋是相同的，即其所谓的"圣人与我同类者"；④ 只要以圣贤为榜样，努力去做，就可以成圣成贤。有个叫做曹交的人问孟子："人皆可以为尧舜，有诸？"孟子毫不迟疑地回答道："然。"⑤ 他强调圣人是为人的准则，不论是为君还是做臣的，都要以尧、舜的言行为准则。也就是说，做君主的要像传说中的尧那样行仁政，做臣子的要像舜事尧那样事其君。上述记载于儒家经典中的孔、孟之言，为后世经学家、思想家和政治家所标尚。他们称颂三代王道之治，追寻大同理想，以天下国家为己任，以民族、社会、国家群体利益为重，崇尚气节，讲求操守，等等，都对中华民族精神的形成产生了巨大而深刻的影响。

（二）开拓进取，倡言维新，自强不息

儒家经典中有封闭、守旧、无所作为的消极一面。但由于六经、《论语》、《孟子》等典籍形成的时间甚长，古涵盖了远古至战国的思想、学术、文化的许多重要内容。在这漫长的时代，不仅有王朝的兴衰、朝代的鼎革，而且经历着社会制度的大变革；不仅在黄河、长江两大流域

---

① 《论语·宪问》。
② 《孟子·尽心下》。
③ 《孟子·尽心上》。
④ 《孟子·告子上》。
⑤ 《孟子·告子下》。

多元文化互相渗透、融合的基础上形成了华夏文化，而且在此基础上出现了建立统一的大帝国的要求，特别是在战国时期华夏族的许多诸侯国虽各据一方，却都力图以统一天下为己任。[①] 就宏观而论，尽管这一时期有其阴暗的一面，从其发展趋势看，开拓进取，变革维新，自强不息，却是这一时代的主流。形成于这一时期的儒家经典，即在内容上反映了这个时代的精神。

前面已经讲到，《易经》即是一部以讲变易为主题的书。它以推究过去，探求未来作为它的本质特征。其法则即是不断的变化。将所谓的"穷神知化"视作最伟大的德行，倡言要顺应时势进行变革维新，天下国家才会长治久安。[②] 在《大学》一书里引经据典地论说只有不断维新，才能着力于理想人格和理想社会的追求。

> 汤之《盘铭》曰："苟日新，日日新，又日新。"《康诰》曰："作新民。"《诗》曰："周虽旧邦，其命维新。"是故君子无所不用其极。[③]

这就是说，在儒家的经典中，无论是《周易》、《诗经》、《尚书》，还是《论语》、《孟子》、《大学》，无不以一"新"字作为追求完善境界的伟大品格和原则。值得注意的是，儒家经典把这种变革维新的思想原则同进取开拓联结在一起。在《孟子》一书里不乏汤、文行仁政以一弹丸小国而有天下的论述。在《中庸》里，更直截了当地称颂文、武说：

> 子曰："无忧者，其惟文王乎！以王季为父，以武王为子。

---

① 关于华夏族的概念，参考了刘先照：《中华各民族的个性和共性的特征及其演变》，见费孝通主编：《中华民族形成新探索》，中国社会科学出版社1991年版，第38—41页。
② 参见《周易正义》卷八，《系辞下》。
③ 《四书章句集注·大学》。

父作之，子述之。武王缵大王、王季、文王之绪，壹戎衣而有天下。身不失天下之显名。尊为天子，富有四海之内，宗庙飨之，子孙保之。"①

儒家经典中的上述言论正是在各族大融合、走向大统一的时代，孔学传人竭力鼓吹行仁政一统天下，赞颂秉承祖业的开拓精神。"壹戎衣而有天下"的周武王，无疑是鼓动人们发扬这种精神，开创中国历史上封建大一统的新局面。在《周易》一书的开头，不仅称颂上天的开创之功，而且要人们效法天道的刚健，运行不已，做到"自强不息"②。《孟子》有句名言："天将降大任于是人也，必先苦其心志，劳其筋骨，饿其体肤，空乏其身，行拂乱其所为，所以动心忍性，曾益其所不能。"③ 儒家经典中这种把开拓、革新同奋进向上、自强不息、坚韧不拔精神相结合，为天下国家作贡献的思想，千百年来，激励着一代又一代的中华儿女，为中华民族的繁荣昌盛，国家的富强，以至世界文明作出贡献，夙夜匪懈，奋斗不已，在历史上谱写了一页页极其光辉的篇章。

（三）尚道德，崇礼义，重修身

道德观念的萌发，远比文字的产生要早得多，至于儒经中讲到道德、礼义及个人修养的文字，所占比重可以说是相当大的。殷、周统治者即有不少谈论道德、礼义、修身的言论，并对道德的本质、义利关系、道德原则与规范等方面的问题进行深入的探讨，对道德的社会功能有了进一步认识。④ 春秋时期的进步思想家一般不讳言利，但是他们更

---

① 《四书章句集注·中庸》。
② 《周易上经·乾卦》。
③ 《孟子·告子下》。
④ 参见李奇主编：《道德学说》，中国社会科学出版社1989年版，第65—68页。

强调为公，认为德、义是"利之本"，要"居利思义"。① 至战国时期，孟子发展了上述重义思想。他有一句人所熟知的话："鱼我所欲也，熊掌亦我所欲也；二者不可得兼，舍鱼而取熊掌者也。生亦我所欲也，义亦我所欲也，二者不可得兼，舍生而取义者也。"②，尽管在道德规范方面孔、孟有种种论说，但最重要的却都是义与仁。他们认为人同禽兽所不同的即在于知仁义，否则即与禽兽无别。仁讲的是人与人相处之道，即是要在尊重人、爱人的原则下处理好人与人的关系。义讲的是处理一切问题是否合乎真理，是否适宜。陈立夫谓："孔子言仁，孟子言仁义。义者仁之见诸于行，其意仍同；其认为生存本能之一亦同。惟仁义之重要，则远胜于一己之生命。盖不得食、色，则仅一己之生命无法持续；不得仁义，则人类全体将趋灭绝，更无光大生命之可言。是以在仁义与个人生命二者不可得兼时，应牺牲一己之生命以成仁取义。"③ 此语对《论语》、《孟子》诸书中所言仁义的阐发堪称精辟。在春秋战国时期倡言道德的思潮中，多半有一种利他思想。孔、孟的所谓仁义，亦即"凡遇有利益时，先为他人着想，再为自己着想，则未有不合乎道。"③墨家主张"兼爱"，后期墨家则进一步提倡泛爱主义，其"衡量的标准就是利，就是能否给别人、给社会带来多少利益和好处"④。当然，《墨子》一书从未沾儒经的边，在此只借以说明：在那个历史时代，并非只有孔、孟倡言利他；"为他人着想"的思想实为当时的一种社会思潮，成为中国传统道德思想的重要论题实非偶然。在此基础上产生的重群体、克己奉公、以天下国家的整体利益为重、以和为贵等等观念，莫不是世代相传，深入人心。

　　上文已经讲到，以农立国的中国古代社会，宗法思想不仅是统治阶

---

① 《左传·昭公二十八年》。
② 《孟子·告子上》。
③③　陈立夫：《四书道贯》，中国友谊出版公司1991年版，第87—88、103页。
④　李奇主编：《道德学说》，第95页。

级的统治思想的重要组成部分，而且亦为一般农民所接受。作为与仁义相辅而行的礼，即是宗法等级社会的制度、规范。虽然，在儒家的言论中不乏君主应当尊重臣的言论[①]，但就其本质而言，礼是维护宗法等级制度的，强调的是尊卑长幼之序，是具有不同名分的人之间的区别与对立。"从社会政治方面看，如果只有礼而没有仁，那就会加深对立，导致矛盾激化，造成社会危机。如果只有仁而没有礼，就产生没有差等的仁爱，以至模糊上下尊卑的界限。"用仁和礼相互制约、相互辅佐，从而达到一种等级与仁爱对立与和谐统一，至于长治久安的小康王道之治世[②]。尽管礼之主旨在于维护宗法等级制度，然而却在客观上有利于形成一种注重道德行为规范的优良传统。因此，中华民族不仅以文明古国著称于世，而且亦以礼仪之邦闻名于世界。

儒家经典重群体，尚人伦，强调内在的自觉和道德自律，就必然把修身视为万事之本。早在传说时代，据说舜的大臣皋陶同禹谈论政事时，即将修身视作治国平天下之本。他说："都，慎厥身，修思永。惇叙九族，庶明励翼，迩可远，在兹。"[③] 到春秋战国时期，以《大学》为代表，则进一步系统地论述了修身的重要性。强调自修身以至平天下，莫不本于大公，发于至诚，归于求仁而成于力行，把伦理道德和政治有机地统一起来，把个人理想人格的追求与理想政治的实现有机地结合起来。其影响可谓经久不衰。伟大革命家孙中山曾谓："夫国者人之积也，人者心之器也，而国事者一人群心理之现象也。是故政治之隆污，系乎人心之振靡。"[④] 因而提出人人要从自己的方寸之地做起——"正心"，为公为革命的要求，

---

① 《孟子·离娄下》谓："君之视臣如手足，则臣视君如腹心；君之视臣如犬马，则臣视君如国人；君之视臣如土芥，则臣视君如寇雠。"甚至认为，对于桀、纣那样的暴君，可以取而代之。在此突出强调了君应尊重臣的道理。

② 匡亚明：《孔子评传》，第195页。

③ 《尚书正义》卷四，《虞书·皋陶谟》。

④ 《孙文学说——行易知难〈心理建设〉》，《孙中山全集》第六卷，中华书局1985年版，第158页。

深深打上了他所盛赞的《大学》一书"家齐"、"国治"、"平天下"、"壹是皆以修身为本"① 的烙印。其影响之深远，即此可见一斑。

（四）勤劳、勇敢、大无畏精神

在《尚书》里，即强调"业广惟勤"②。在该书中相当多的篇章无不以勤政爱民相标尚。如果说，《尚书》所谈的"勤"多以统治阶级上层为对象，那么，孔、孟强调"勤"则扩大到民间，主张士子必须刻苦磨炼，方能有成。孔子有谓："爱之，能勿劳乎？""士而怀居，不足以为士矣。"③ 并以"发愤忘食"自诩。自此勤劳视为一种美德。

中华民族素以勤劳勇敢著称于世。按儒家经典的说法，其所谓的"勇"，主要是"大勇"，而非匹夫之勇。对此，孟子同齐宣王有一段生动谈论。齐宣王对孟子说，"寡人好勇。"孟子回应说：

> 王请无好小勇。夫抚剑疾视，曰："彼恶敢当我哉？"此匹夫之勇，敌一人者也。王请大之！《诗》云："王赫斯怒，爰整其旅，以遏徂莒，以笃周祜，以对于天下。"此文王之勇也。文王一怒而安天下之民。……一人衡行于天下，武王耻之。此武王之勇也。而武王亦一怒而安天下之民。今王亦一怒而安天下之民，民惟恐王之不好勇也。④

这种"一怒而安天下之民"的思想，不仅为后世统治阶级改朝换代提供理论基础，而且为后世被统治者在反抗斗争中以"替天行道"的形式所一再吸取。当然，孟子之所谓"大勇"并非仅仅限于以有道伐无道，其主旨实在于为行天下之大道，要有一种坚持原则而无所顾忌的大无畏精

---

① 《四书章句集注·大学》。
② 《尚书正义》卷一八，《周书·周官》。
③ 《论语·宪问》。
④ 《孟子·梁惠王下》。

神。为此，他反对乡愿；他倡言要不畏权势，"说大人，则藐之，勿视其巍巍然"①；他主张解放思想，不要迷信古代典籍，"尽信《书》，则不如无《书》"②；他倡言以"舍我其谁"的气概，"居天下之广居，立天下之正位，行天下之大道。得志，与民由之；不得志，独行其道。富贵不能淫，贫贱不能移，威武不能屈"③。为天下国家奋斗不已，刚毅果敢，甚至不惜牺牲个人的生命。

（五）爱国精神

爱国精神是传统文化中最闪光的部分之一，也是经学重要的思想内容。应当看到儒家经籍的爱国思想和民族精神，不仅对汉族具有很大影响，而且对中国各族都产生深刻的影响。儒家经籍严华夷之别，内诸夏而外夷狄，从孔子称赞管仲"如其仁"看，其民族精神一是保卫家国和华夏文明；二是将严华夷之别同尊王的大一统观念相结合。④ 从儒家经典所反映出的这种民族观看，种族歧视的色彩并不浓郁。《尚书》记载，商汤在征战中，颇得"夷人"的拥护。所谓"东征，西夷怨；南征，北夷怨，曰：'奚独后予？'"⑤ 周武王伐纣亦是"华夏蛮貊，罔不率俾"⑥，"四夷咸宾"⑦。商、周统治者对于华夷族众似亦一体看待，周武王宣称他之所以出征乃是吊民伐罪，"宁尔也，非敌百姓也"⑧。至战国时期，孟子则公开宣称儒家视为圣君的舜是"东夷之人"，周文王为"西夷之人"，"得志行乎中国，若合符节"⑨。在他看来，夷狄之人若接纳华夏文明，亦可行仁道于中国，成为圣君。他强调说："吾闻用夏变夷者，

---

①②⑧ 《孟子·尽心下》。

③ 《孟子·滕文公下》。

④ 参见《论语·宪问》。

⑤ 《尚书正义》卷八，《商书·仲虺之诰》。

⑥ 《尚书正义》卷一一，《周书·武成》。

⑦ 《尚书正义》卷一三，《周书·旅獒》。

⑨ 《孟子·离娄下》。

未闻变于夷者也。"① 即是说要用中原先进的华夏文化去改变那落后的"蛮夷"文化；而不能后退，为"蛮夷"文化所改变。他虽然也曾引用《诗经·鲁颂·閟宫》语："戎狄是膺，荆舒是惩"②，肯定周公对"夷狄"的征伐，但就其总的思想倾向看，他并不主张随意动武，而是要以汤、文之道促其归服，"近悦远来"。孔子所谓的"素夷狄，行乎夷狄"③，表明他反对"以夷变夏"，却不急于要"用夏变夷"，因此叫那些处在夷狄地位之人就行那夷狄的事。儒家经典中的上述思想有利于各民族之间的融合，有利于华夏文化多元一体之形成，有利于中华民族大家庭的一体意识的形成与发展。在这种思想影响下，两汉以后，中国古代民族同源异流思想即已形成④。既然在神州大地各族大都同一始祖，那么，谁在一定程度上接纳先进文化，有可能问鼎中原，即以正统自居。如十六国前秦苻坚统一北方后即大会群臣，宣称："吾承业垂三十载，四方略定，唯东南一隅未沾王化。……吾欲自将以讨之。"⑤ 北魏孝文帝迁都洛阳后，即以"中国"之正统"荡一六合"为己任，称南朝为"南寇"⑥。此种情况，在历史上屡见不鲜，不仅像元、清等朝代的开创者如此，即使像西夏那样力量尚不足以问鼎中原的掌权者，有时亦自称西夏为"中国"，甚至称宋朝为"南服"，以"万国"之主自居。直至西夏灭亡后，其后裔仍然把西夏视作中国前代王朝之后续。这都说明，中国各族（包括汉族和少数民族）作为中华民族大家庭的一员，其一体意识十分强烈。这种一体意识对民族大联合、大一统国家的形成，无疑是重要的决定性条件之一。上文已经讲到，儒家经典提倡理想人格的追求，把国家民族利益摆在首要地位，以天下国家为己任，克己为

---

① ② 《孟子·滕文公上》。

③ 《四书章句集注·中庸》。

④ 参见徐亦亭：《汉代南蛮和中国南方少数民族文化》，《民大史学》，中央民族大学出版社1996年版，第137—140页。

⑤ 《通鉴纪事本末》卷一六，《慕容叛秦复燕》。

⑥ 参见《通鉴纪事本末》卷二一，《元魏寇齐》。

公，注重培养人们的群体意识，强调个人对群体、国家、民族乃至人类社会的贡献，这使得中华民族具有强大的向心力和凝聚力。在民族危急关头，无数志士仁人和广大人民为保卫人民的生命财产，保卫民族文化，保卫国家、民族的主权，抛头颅，洒热血，宁死不屈，表现强烈的爱国精神。特别是近代中国各族人民在反对外国帝国主义侵略斗争中，前仆后继，不屈不挠，表现出无比的英雄气概，尤其令人赞叹不已。这种爱国主义和献身精神，成为中华民族赖以自存、自强和振兴的精神支柱，最可宝贵的优秀遗产。

经学萌发于以农立国的宗法制下的古老中国，其经典为古代中国道术之总汇，突出地表现其学说、理论和思想主张的两重性：既讲因革变易，又标尚平衡、折中与不变；既提倡独立思考，倡说对经书《尚书》不能尽信，① 要敢于藐视不遵礼义的大人物，又宣称"君子有三畏：畏天命，畏大人，畏圣人之言"②；既标尚忠信，又谓"大人者，言不必信，行不必果，惟义所在"③，为一些侈谈大方向正确而违背道德准则之徒提供理论依据；既标榜尚汤、武革命，除暴安民，又倡言事君必忠，不许造反；既倡言以天下国家为己任，又谓："君子思不出其位"④；既要人们立大志，声言"士而怀居，不足以为士矣"⑤，又谓"父母在，不远游"；⑥ 既标尚君子儒，倡言以身殉道，又谓君子可为免于贫困致死而仕，⑦ 以至去讨好声名不佳的女人企图谋求一定的职位，如此等等。孔、孟言论的两重性的产生，有着多方面的原因，其中最根本的因素，实深深植根于农业社会的经济之中和春秋战国时期社会大变

---

① 参见《孟子·尽心下》。
② 《论语·季氏》。
③ 《孟子·离娄下》。
④⑤ 《论语·宪问》。
⑥ 《论语·里仁》。
⑦ 参见《孟子·告子下》。

革的诸种因素。西汉以后，儒家经典与经学的这种两重性、多面性更为庞杂，因为在其经典之外又加上代表不同阶层利益的士人、官僚以己意说经，其基本立场虽然都是为统治阶级利益服务，其说则是纷纭歧异，甚至各执一端争斗不休。

就儒家经典和经学的影响而论，有积极一面，也有消极一面，正面、负面统于一体；在两千多年的漫长岁月中，在辽阔广大、社会发展很不平衡的中华大地上，在不同时间、不同地域，其所产生的影响就不尽相同，甚至大相径庭。众所熟知，儒家经典及经学在我国封建制的确立及封建社会的上升时期，曾有过相当大的积极影响。其后，我国中原地区封建制的腐朽性暴露无遗，而一些离中心地区甚远的地带尚处于奴隶制向封建制过渡阶段，甚或从氏族社会而奴隶制而封建制的迅速飞跃，这样，儒经和经学在这些地区的影响同在中心地区就极不相同。虽然如此，就其总体而论，还是能够评定的。儒家经典和经学虽对中国社会不乏积极影响，但其维护封建专制统治是起了巨大作用的。虽然经学倡言德治、仁政，但历代封建统治者都以封建伦理纲常为依据，建立专制主义统治。随着封建社会的发展，阶级矛盾的深化，专制主义统治愈益加强，儒家经典与经学中对统治阶级上层特别是君主制约的理论，几乎成为一纸空文。而一些经学家为了适应封建统治者的需要亦摇唇鼓舌，为进一步扩大君权、族权、夫权制造舆论。北宋以降理学家以理说经，在这方面的消极作用非常明显。由于经学居于中华文化的主导地位，曾渗透于中国社会各个领域的各层面，不言而喻，人们自然从不同角度阐发经义，为其服务。随着封建统治阶级趋于保守、落后以至于反动，其官僚、士大夫及其所属的士人，则竞相以经论政、论学，抒发因循守旧、反对改革、维护封建统治的言论，并将其扩大到社会的各个角落。特别是通过教育与科举考试扩大其影响。

人们研究儒家经典与经学的消极影响，往往着重其"糟粕"方面去分析、批判，这固然有充足的理由，但是也应看到精华与糟粕在某种情况下有时就像藤缠树、树缠藤一样，有的思想主张看起来是精华，然而以这种思想主张出台的政策或制定的制度却产生了负面作用。如中国古代的推举和考试制度，其指导思想颇与选贤与能的思想有关，但实行的结果：一是钳制了士人的思想，影响中国思想文化的发展；二是通过推举考试，使统治者能从广大士人中选拔一批人才，从而充实和扩大其统治基础。这些都使中国封建社会得以延长。

至若经学中的消极因素同封建统治阶级落后、腐败、反动相结合，统治阶级口谈仁义而心怀鬼蜮，对广大劳动群众巧取豪夺，造成社会生产大破坏，使广大群众陷入水深火热之中，给国家民族带来巨大灾难。然而，经学又有为破败的封建社会复苏的理论，即其所谓的更化、革命、维新之说。它给新王朝的开国之君以"奉天承运"的"真命天子"的桂冠，赋予再造新王朝的使命，对广大群众实行某种仁政，缓和社会矛盾，使濒于危机的封建制社会得到复苏、发展以至于繁荣。封建王朝兴替、更化的历史，构成了中国封建社会从危机到复苏、繁荣的一种模式。当然，每循环往复一次，社会都有若干进步和发展。毫无疑问，这种更化、革命、维新的思想主张是经学中的珍品。但它同封建统治者所利用的经学中的消极因素亦相联系，并相辅相成，所构成的上述模式，一方面有利于中国封建社会的高度发展；另一方面又对中国长期停滞于以农立国的落后社会形态产生了一定影响。其结果都是延长了中国封建社会的寿命。对经学的作用如何评价，很需要进一步做深层次的研究和探讨。

就总体而论，经学在我国封建社会上升阶段，对中国社会的积极影响是主要的；在封建社会下行阶段，其积极影响则日渐减弱，而其消极影响日益增大。诚然，历史的万花筒本身就是非常复杂多变的，即使是在封建社会下行阶段的明、清两个朝代的开国之君，都曾受经学的政治学说的影响，轻徭薄赋，实行缓和社会矛盾的政策，对社会发展起了积极影响；又如明清之际一些有识之士通过阐释经义抒发具有某种近代意义的民主思想，等等，但从整体看，在封建社会的下行阶段，经学对中国社会消极影响的逐渐增大则是一种趋势。

因此，评价经学对中国社会的影响，必须坚持辩证唯物主义与历史唯物主义，运用科学方法对具体问题具体分析，实事求是。

如何对经学的历史作出科学的阐述，正确评价其历史地位和对中国社会的影响，弘扬中华文化的优良传统，这显然是个巨大工程和历史任务。我们经过多年努力，撰著《中国经学史》一书，以期抛砖引玉，并求教于各位师友。祈不吝赐教。

第一章
西汉的今文经学

第一节　汉初的经学思潮

一、"过秦"

　　气象恢弘的西汉是继秦以后又一个大一统的封建王朝。西汉政权同秦王朝一样，是战国以来封建地主制经济及其上层建筑历史发展的产物；同秦王朝比较起来，它又具有更为广泛、更为深厚的基础。因此，西汉政权建立后，一方面承袭秦制，重建了大一统中央集权专制主义的封建国家；另一方面又对秦制进行改造，使封建制度更加完善。西汉政权对秦制的改造主要表现在以下四个方面：一是实行郡国并行制，即在中央直接控制的中心区域实行郡县制，而在原来六国地区实行分封制，建立刘姓诸侯王国，定"磐石之宗"①，以藩卫京师；二是杂采周、秦、楚的古礼和乐舞，制定王朝的礼仪制度和宗庙乐舞；三是用黄老之学取代法家学说；四是革除秦王朝的暴政，实行约法省禁、轻徭薄赋的宽松政策。西汉建立后，在政治上废除了秦王朝

_____

① 《汉书》卷四，《文帝纪》。

的苛暴统治，在思想文化方面也抛弃了秦王朝以法家为一统、禁绝百家的专制统治思想，对各种学术思想采取兼容并包的态度。惠帝四年（前191年），正式废除了"挟书律"①，并"大收篇籍，广开献书之路"②。于是民间隐藏的先秦典籍纷纷出世，一些口授之学也开始著于竹帛，广布流传。各家学术思想非常活跃，他们相互论难，为大一统封建王朝献计献策，出现了百家争鸣的局面。

在西汉前期的百家争鸣中，最活跃的是儒家学派。他们吸收各家学说之长，为汉王朝提供了一套长治久安的政治理论和意识形态。作为汉初无为而治指导思想的黄老之学，由于其本身的特点，在王朝统一以后，特别强调清静无为，逐渐向老庄消极、保守的一面复归，成为汉初军功地主集团维护既得利益的理论和护身符，因而不能从社会发展的角度去审视秦王朝的统治政策，并对秦汉之际的历史变革作出顺乎时代要求的回答。这样，总结秦汉之际嬗替的历史经验这一任务便落在了儒家学派的肩上。秦王朝统治时，儒学站在关东古典文化的立场上，对秦的统治政策进行猛烈的抨击，结果遭到残酷镇压，导致了"焚书坑儒"的惨剧。秦王朝被推翻以后，作为被压迫者的儒家学派自然获得了解放；汉初无为而治的统治方针更造成了儒家思想大发展的机会。他们纷纷著书立说，批判秦政，形成了一股强大的"过秦"思潮。

西汉前期思想界的"过秦"是一场深刻的文化反省思潮。当时，"人人争言秦汉间事"，探讨秦二世而亡的教训，总结古今成败治乱的规律。在这场"过秦"文化反省思潮中，最具有代表性的人物就是儒家"三贾"——陆贾、贾山、贾谊。

首先起来批判秦政的是楚地儒生陆贾。陆贾（约前240—前170

---

① 《汉书》卷二，《惠帝纪》。
② 《汉书》卷三〇，《艺文志》。

年），楚人，汉初儒家学派的代表人物。他跟从高祖平定天下，是有名的辩士。西汉王朝建立后，拜为太中大夫。据《史记·陆贾列传》载：西汉建立后，"陆生时时前说称《诗》、《书》。高帝骂之曰：'乃公居马上而得之，安事《诗》、《书》！'陆生曰：'居马上得之，宁可以马上治之乎？且汤武逆取而以顺守之，文武并用，长久之术也。昔者吴王夫差、智伯极武而亡；秦任刑法不变，卒灭赵氏（《集解》曰："赵氏，秦姓也。"）。向使秦已并天下，行仁义，法先圣，陛下安得而有之？'高帝不怿而有惭色，乃谓陆生曰：'试为我著秦所以失天下，吾所以得之者何，及古今成败之国。'陆生乃粗述存亡之征，凡著十二篇。每奏一篇，高帝未尝不称善，左右呼万岁，号其书曰《新语》。"《汉书·艺文志》载有儒家陆贾二十七篇。① 《四库全书总目提要》评论说：《新语》的"大旨皆崇王道，黜霸术，归本于修身用人。""以孔氏为宗，所援据多《春秋》、《论语》之文。汉儒自董仲舒外，未有如是之醇正也。"

陆贾对于秦政的批判，着重于秦统一天下后不"行仁义，法先王"，任法不变，以至于极武而亡。他认为，秦王朝最大的失误就在于"举措暴众，而用刑太极"；他指出："秦始皇帝设为车裂之诛，以敛奸邪"，"李斯治法于内"，结果却是"事逾烦天下逾乱，法逾滋而奸逾炽"②，最后终于被推翻。由此提出了"逆取顺守，文武并用"的统治方针，并批评了汉高祖"马上得天下，马上治天下"的武夫治国论。

陆贾是秦王朝焚书坑儒以后复兴儒学的第一人。他以儒学为基本立场，充分吸收各家之长，提出"□德为上，行以仁义为本"③，以及"尚贤"、"教化"等主张，不仅为后来董仲舒的政治学说作了理论准备，

① 今存《新语》为二卷十二篇。《四库全书总目》认为，《汉志》"盖兼他所论述计之"。今存本"似为旧本"。今人罗根泽著《陆贾〈新语〉考证》，确证今本《新语》之为真本，已毋庸置疑。
② 《新语·无为》。
③ 《新语·本行》。

而且也开启了汉代儒学顺应时事、容纳百家的先河。陆贾在汉代儒学发展史上的地位和作用，可以借用宋代学者叶适的话："儒术赖以粗传"①，应该是符合实际的。

贾山，颍川（今河南禹州市）人，生卒年不详。祖父贾祛是战国时魏国的博士弟子。贾山承传家学，涉猎广博，并不是一位纯儒。文帝时，他著《至言》，以秦为喻而言治乱之道。他从三个方面批判了秦王朝和法家思想的失误：其一，赋敛苛重而急促，人民不堪忍受，以致"赭衣半道，群盗满山，使天下之人戴目而视，倾耳而听"②。其二，秦始皇奴役天下之民以供奉其荒淫无耻的生活：宫室之丽，"使其后世曾不得聚庐而托处"；修驰道之丽，"使其后世曾不得邪径而托足"；葬埋之侈丽，"使其后世曾不得蓬颗蔽冢而托葬。"其三，虎狼之心，不笃仁义，恣行暴虐，恶闻其过，退诽谤之人，杀直谏之士。以至于秦王朝无辅弼之臣，无进谏之士。贾山尖锐地指出，秦始皇在世之时，天下就已崩坏而不自知。所以秦始皇"身死才数月耳，天下四面而攻之，宗庙灭绝矣。"他在总结了秦王朝灭亡的历史教训以后，向汉文帝提出了以仁义治国的基本原则。首先，君主要善于"养士"，国家设太学以尊养三老；其次，访求贤明正直之士，"开道而求谏，和颜色而受之"；第三，躬行仁政，如"振贫民"、"礼高年"，"赦罪人"、"平狱缓刑"，"厉行节俭"、"宽缓民力"，等等。

贾谊（前200—前168年），洛阳（今河南洛阳）人。"年十八，以能诵诗书属文称于郡中。"③ 颇通诸家之书，文帝召以为博士。一年后任为太中大夫。贾谊受到文帝信任，欲尽展其才学，锐意改革。他向文帝建议"改正朔，易服色制度，定官名，兴礼乐"。文帝打算重用贾谊，任以公卿之位，却遭到了大臣周勃、灌婴等人的诋毁和排挤。他们攻击

---

① 《习学记言序目》卷二〇。
② 《汉书》卷五一，《贾山传》。以下所引本传，不再注明出处。
③ 《汉书》卷四八，《贾谊传》。以下所引本传，不再注明出处。

贾谊"年少初学，专欲擅权，纷乱诸事"①。文帝终于疏远了他，放出京师，任为长沙王太傅。后改任梁怀王太傅。梁怀王坠马而死，贾谊以失职自伤，哭泣至死，终年三十三岁。他留下的著述计有《新书》十卷五十八篇，另有赋、疏和一些佚文。现辑为《贾谊集》出版。

　　贾谊是西汉前期最具卓识的思想家。对秦王朝二世而亡的历史教训的总结也最为全面而深刻。他在著名的《过秦论》中，通过对秦王朝全部历史发展的考察后指出，秦在统一以后，人民盼望安宁与和平，归顺秦王朝的统治。秦统治者若能"论上世之事，并殷周之迹，以制御其政，后虽有淫骄之主，犹未有倾危之患也。"可惜秦王朝不能适时地改变政策，而且一次又一次失去了调整政策的机会。秦统治者"先诈力而后仁义，以暴虐为天下始"。"废先王之道，燔百家之言，以愚黔首，堕名城，杀豪俊"，"繁刑严诛，吏治深刻，赏罚不当，赋敛无度"，"而天下苦之，自群卿以下，至于众庶，人怀自危之心，亲处穷苦之实，咸不安其位"。秦王朝统治的根基彻底动摇了。因此他认为，秦王朝命祚短促的根本原因就在于"仁心不施而攻守之势异也"。他由此总结出了"攻守异势"、"取与守不同术"、"牧民之以道，务在安之而已"、"轻赋少事"、"约法省刑"等一系列治国的基本原则②。

　　三贾对秦政的批评，都立足于汉代政治的现实，总结历史经验，考察盛衰之理，审度权势之宜，探讨国家长治久安之术。他们还针对汉王朝政治的弊端予以针砭，提出了一系列富有建设性的意见。儒家学者在"过秦"运动中都很重视历史文化传统。他们认为应该把"先王之道"和现实政治结合起来，"论上世之事，并殷周之迹，以制御其政"。这表明西汉王朝建立后，一些儒家学者就开始自觉地把古典文化传统与时代精神结合起来。他们满怀热情，积极地探索大一统王朝的治国方略，他

---

① 　《汉书》卷四八，《贾谊传》。以下所引本传，不再注明出处。
② 　贾谊：《新书·过秦论》。

们有着与时推移的现实主义精神，与那些不达时变的"腐儒"有天壤之别。如果说叔孙通以这种现实的态度为汉王朝制定了一整套礼仪制度的话，那么三贾则企图从更高的层次上为大一统中央集权的封建帝国建构一个理论体系。当然，他们还只是勾画出了这一理论体系的轮廓，还有待其后继者去建构它，并进一步完善和充实它。

二、儒家学派的复兴

如导论所述，儒家思想产生于社会急剧变动的春秋时代。孔子以礼为基础，以仁为中心，建立了一个以宗法血缘的"亲亲"原则和大一统的"尊尊"等级原则相结合的价值体系。战国时期，儒学因时代和地域的不同而分为八派，他们分别从不同的立场和角度去解释孔子的学说，发展孔子的思想，进一步探寻周代文化与现实的结合。其中最突出的是思孟之儒和荀卿之儒。思孟一派坚守孔学立场，同时又吸收阴阳五行学说以充实儒学的哲学体系。他们在政治学方面，提出了"民贵君轻"的民本主义和"仁政王道"理论；在个人的修养方面，更注重存心养性的内省工夫，以培养"内圣外王"的浩然之气。荀卿一派则进一步顺应时代潮流，吸收各家之长，特别是以法入儒，把仁义礼乐与刑法结合起来，提出"刑德相养"，"以刑辅德"，倡教化，贵改作，显示了儒法合流的历史趋势。

儒家思想所赖以存在和发展的社会基础，乃在于具有自然经济特色的农耕文明和以血缘宗法家族为基础的等级结构。这一社会结构在经过春秋战国的剧烈震荡以后，又在封建地主制经济及其上层建筑的新的历史条件下复趋于稳态。这是儒家思想在汉代社会得以复兴的社会基础。另一方面，经过战国秦汉之际的巨大嬗变，儒家思想也在不断地进行自我调整和发展。他们在二百多年的与世推移中，经过艰苦的探索，为大一统的封建社会提供了一套完备的社会群体和谐秩序的理论。随着封建大一统社会的建立和发展，不仅社会需要秩序，人们在精神上也需要一个信仰体系和权威体系。这是儒家思想在西汉前期迅速发展的思想基础。儒家以孝为本、以忠为归宿的政治伦理学说，具有浓郁的宗法人伦温馨。在汉初思想界对法家"绝仁寡义"极端专制思想的批判中，儒家的"仁义"伦理、"礼德"观念和"王道政治"等重现了它自身的价值，引起了社会的重视。儒学所醉心的周代礼乐政治也日益作为"王道政治"的楷模而为社会所普遍承认，到汉景帝时，"汉家法周"① 已经形成社会心理气候，它作为一种群体效应，影响着个人对社会的认识和评价。

作为儒家思想创始者的孔子，生活于王纲解体、礼崩乐坏的春秋时代。他痛恨统治者的横征暴敛和贪得无厌，痛恨强凌弱、众暴寡、富欺贫的残酷现实，崇尚周代文化，希望为社会提供一套尊卑有序的群体和谐的社会政治理论和伦理道德学说。但是，当时的历史任务在于扫荡腐朽的旧制度，历史还没有提出建设新的社会秩序的任务。所以，作为超越时代的思想家，孔子在那时是非常孤独的。然而孔子是一位热忱的思想家。他不怨天，不尤人，他不仅四处宣传并实践自己的主张，更广招弟子，传授自己的学说，为社会培养了一批具有深厚文化修养的新型人才。孔子具有优秀的品格。他是一位"学而不厌，诲人不倦"，"发愤忘食，乐以忘忧，不知老之将至"② 的学者和师长，深受弟子们的敬仰。孔子死后，儒家弟子及鲁国人在曲阜阙里为他守坟，世代相传，香烟不绝。

总之，孔子是一位具有创造精神的哲人。他的优秀品格使他具有令人心悦诚服的魅力。越到后来，这一魅力越大。在汉初批判秦政的思潮中，孔子及其学说日益受到社会的普遍重视和尊崇。赵地的《诗》学大师韩婴就由衷地歌颂孔子说：

---

① 《史记》卷五八，《梁孝王世家》。
② 《论语·述而》。

> 孔子抱圣人之心，彷徨乎道德之域，逍遥乎无形之乡，倚天理，观人情，明终始，知得失。故兴仁义，厌势利，以持养之。于时周室微，王道绝，诸侯力政，强劫弱，众暴寡，百姓靡安，莫之纪纲，礼仪废坏，人伦不理。于是孔子自东自西，自南自北，匍匐救之。①

另一位学者壶遂也说：

> 孔子之时，上无明君，下不得任用，故作《春秋》，垂空文以断礼义，当一王之法。②

董仲舒更是把孔子描绘成一位"为汉制法"的圣人。他说：

> 周道衰废，孔子为鲁司寇，诸侯害之，大夫壅之。孔子知言之不用，道之不行也，是非二百四十二年之中，以为天下仪表，贬天子，退诸侯，讨大夫，以达王事而已矣。③

著名史学家司马迁对孔子也是极其崇敬的。他破例把孔子列入《史记》的"世家"之中，详述其一生事迹，处处洋溢着对他的赞美之辞。他评论孔子说："《诗》有之：'高山仰止，景行行止'。虽不能至，然心向往之。余读孔氏书，想见其为人。适鲁，观仲尼庙堂车服礼器，诸生以时习礼其家，余祗回留之不能去云。天下君王至于贤人众矣，当时则荣，没则已焉。孔子布衣，传十余世，学者宗之。自天子王侯，中国言六艺者折中于夫子，可谓至圣矣！"④

---

① 《韩诗外传》卷五。
②③ 《史记》卷一三〇，《太史公自序》。
④ 《史记》卷四七，《孔子世家》。

随着对孔子的圣化乃至神化，孔子所整理的文化典籍《诗》、《书》、《礼》、《易》、《春秋》的地位也越来越高。这些典籍经过汉初儒家学者们的阐释，成为了社会秩序的基本原则和社会价值的中心，而具有了至高无上的权威，因而很快上升到"经"的地位，凌驾于其他典籍之上。特别是《春秋》一书，更是成了圣人治理乱世的公理和典训。董仲舒说："孔子立新王之道"。"《春秋》论十二世之事，人道浃而王道备，法布二百四十二年之中，相为左右，以成文采，其居参错，非袭古也。是故论《春秋》者，合而通之，缘而求之，伍其比，偶其类，览其绪，屠其赘，是以人道浃而王法立"。①

西汉初年儒学的复兴，思想界的弃法从儒、推尊儒术固然是一个重要原因，但如果儒学不与汉王朝的政治结合起来，为巩固新政权服务，并为当权派所接纳，要很快复兴起来，恐怕也不容易。儒学是一个政治色彩十分浓厚的学派，它关注社会，关注人生，为社会的稳定与和谐的群体秩序提供了一套完整的理论。如果说这一理论在夺取天下的过程中尚不能显示其作用，那么在天下统一以后，其功能便日益显现出来。事实上，西汉之初，一些儒生就开始运用儒学理论为巩固新政权而出谋划策。其中最著名的就是陆贾和叔孙通。陆贾的事迹已如前述，我们这里谈谈叔孙通的情况。

叔孙通，生卒年不详，薛地（今山东滕县）人。秦王朝时以文学征为待诏博士。陈涉起兵反秦后，他逃出京城，回到薛地，参加了项梁的义军。不久，他又带领着百余名儒生弟子投到汉王刘邦的麾下。叔孙通见刘邦讨厌他身穿儒服，便脱去儒服，改穿楚地的短衣，以讨汉王的欢喜。在楚汉战争期间，叔孙通向汉王举荐的都是善于攻城略地的"群盗壮士"，而对自己的百余名儒生弟子则"无所言进"②。刘

---

① 《春秋繁露》卷一，《玉杯》。
② 《史记》卷九九，《叔孙通列传》。以下所引本传，不再注明出处。

邦统一天下后，跟随他的那一班军功大臣在朝廷上饮酒狂呼，拔剑击柱，很不成体统。刘邦虽然厌烦，却也无可奈何。叔孙通见时机成熟，便向刘邦奏道："夫儒者难与进取，可与守成。臣愿征鲁诸生，与臣弟子共起朝仪。"刘邦准其奏。礼仪制定好以后，满朝文武大臣依礼仪朝会，按部就班，无敢喧哗失礼者。汉高祖非常满意，高兴地说："吾乃今日知为皇帝之贵也"。于是拜叔孙通为太常，位居朝廷九卿之列，其儒生弟子们也全部任为郎官。从此，儒家学派在西汉政权中也有了一席之地，这就为儒学的复兴奠定了政治基础。《汉书·儒林传》指出："叔孙通作汉礼仪，因为奉常，诸弟子共定者，咸为选首，然后喟然兴于学。"

叔孙通最大的特点是"知当世之要务"，不拘泥于古制成法，能顺应世事人情和历史潮流。他到鲁地征聘儒生共制礼仪时，有两位儒生认为"礼乐所由起，积德百年而后可兴"，批评叔孙通"所为不合古"，不肯前往。叔孙通对礼仪的认识正好相反，他认为"五帝异乐，三王不同礼。礼者，因时世人情为之节文者也。故夏、殷、周之礼所因损益可知者，谓不相复也"，他嘲笑那两位儒生："若真鄙儒也，不知时变。"叔孙通的个人品质我们姑且不论，但他这种顺应时世的现实态度，却反映了儒家学派中有一批人，在战国秦汉之际巨大的历史嬗变中，能够与世推移，努力寻求原始儒学与大一统中央集权的封建政治的结合点，在古典文化与时代精神之间架起一道桥梁。陆贾和叔孙通正是从政治上对二者进行沟通的人物，他们是政治家而不是学者。而从学术上把原始儒学与时代精神予以沟通的任务是由景武时期的董仲舒完成的。

三、汉初儒经的传习

秦王朝焚书坑儒，儒家学派遭到沉重的打击，儒学的传习处于委顿状态。秦灭亡以后，儒生们逐渐恢复被秦王朝禁绝的经艺。当时，儒学的中心在齐鲁。特别是鲁地，乃"圣人遗化，好学之国"①，儒学传统最为悠久。刘邦消灭项羽以后，引兵围鲁，"欲屠之"②。但鲁中儒生旁若无人，依旧"讲诵习礼，弦歌之音不绝"③。经学之盛，由此可见一斑。因此，西汉的经学大都渊源于齐鲁之地。传《易》的田何，传《尚书》的伏胜，传《诗》与《春秋》的浮丘伯，都是齐人；传《礼》的高堂伯是鲁人；而《诗》有齐、鲁、韩、毛四家；《春秋》则有出于齐地的《公羊传》和出于鲁地的《谷梁传》。现将汉初经学的传习情况简述如下。

1.《诗经》

自从孔子把《诗经》删为三百十一篇④以后，《诗经》的流传最为广泛。由于《诗》是入乐的歌诗，口耳相传，"以其讽诵，不独在竹帛"⑤，故虽遭秦焚书之祸，而《诗经》犹得以保全。汉兴，传《诗》者共有四家：鲁人申培、齐人辕固、燕人韩婴和赵人毛公。申培的《诗》学出于荀卿的弟子浮丘伯。秦汉之际，申培与楚元王刘交、鲁人穆生、白生俱受《诗》于浮丘伯。申培习《诗》最精，为《诗》作传，号为《鲁诗》。文帝时，申培被朝廷任命为《诗》博士。他曾到楚国，楚王刘郢客任命他为中大夫，为太子刘戊之师。刘戊不好学，嗣位为王后，更是暴淫无度，虐待师傅。申培愤而去楚，回到鲁地教授《诗》，终身不复出家门。从各地来受业的弟子多达千余人。齐人辕固也是汉初的《诗》学大师，齐地学《诗》的儒生都是他的弟子。他为人清廉正直，守道不阿。曾在景帝面前与黄生争论汤武伐桀纣的问题。后又因直言得罪窦太后，差点丢了命。在燕赵之间传授《诗经》的儒学大师是韩婴。他推阐诗人之意而作《诗内外传》。其内容与齐鲁所传颇为不同。孝文

---

①③　《汉书》卷八八，《儒林传》。

②　《汉书》卷一，《高帝纪》。

④　毛公为《诗故训传》时已亡六篇，故《汉书·艺文志》说《诗》只有三百零五篇。

⑤　《汉书》卷三〇，《艺文志》。

帝时为博士，景帝时任常山王太傅。首传《毛诗》者为毛公。关于《毛诗》的传授源流有两种说法：一为"子夏授高行子。高行子授薛仓子。薛仓子授帛妙子。帛妙子授河间人大毛公。毛公为《诗故训传》于家，以授于小毛公。小毛公为河间献王博士，以不在汉朝，故不列于学"。二为"子夏传曾申，申传魏人李克，克传鲁人孟仲子。孟仲子传根牟子。根牟子传赵人孙卿子，孙卿子传鲁人大毛公"。①

2.《尚书》

汉初传《尚书》者为济南人伏胜。伏胜原是秦王朝的《书》博士。秦始皇焚书时，他把《尚书》藏于墙壁之中，后因战乱流亡在外。西汉建立后，他回到故乡，家室已遭毁坏。寻其书，已亡佚数十篇，于是便以所剩二十九篇《尚书》教授于齐鲁之间。此即《今文尚书》。文帝时，朝廷在全国征集能通《尚书》的学者。听说伏胜最为著名，欲召至京中，但当时伏胜已是九十多岁的高龄了，不能应召，于是太常派晁错前往受业。伏氏《尚书》由此传入官府。伏胜弟子中最为知名者为济南张生和千乘欧阳生。后来传《今文尚书》的欧阳、大小夏侯三家都出于张生和欧阳生。《汉书·艺文志》录有伏胜《尚书大传》四十一篇。②

3.《礼》

据说西周盛时，礼仪三百，威仪三千。春秋以降，礼崩乐坏，有关典籍损毁甚多。秦政焚书，《礼》的损毁也最为严重。唯有鲁地一直承袭着孔子所传的礼乐。据《史记·孔子世家》载，孔子死后，"而诸儒亦讲礼乡饮大射于孔子冢。……故所居堂、弟子内，后世因庙藏孔子

---

① 《经典释文》卷一，《序录》。吴承仕认为，毛公作《诗故训传》正当秦汉之际。"毛公为孙卿弟子，孙卿卒于秦始皇之世，时适相应。"（《经典释文叙录疏证》，中华书局1984年版）

② 《四库简目》云：据郑玄序文，"乃胜之遗说，而张生、欧阳生等录之也"。《四库全书总目提要》认为"此《传》乃张生、欧阳生所述，特源出于胜尔，非胜自撰也。"

衣、冠、琴、车、书，至于汉二百余年不绝"。刘邦"引兵围鲁，鲁中诸儒尚讲诵习乐，弦歌之音不绝"①。故西汉之初，鲁人高堂伯传《士礼》十七篇，此即后世之《仪礼》。鲁地另一位儒者徐生擅长"颂"。所谓"颂"，据颜师古的注，应该为"容"，即行礼时的动作姿态，容貌威仪。当时各郡国的礼官都到鲁地向徐生学习礼容。文帝时，徐生任朝廷的礼官大夫，世传礼学。其子孙及弟子们大都以礼学为官。其中最为著名者为瑕丘萧奋。其后的大小戴和庆氏之学均出于萧氏。

4.《易经》

《易》为卜筮之书，不在秦朝焚绝之列。秦汉时期，《易》学一直传授不绝。当时最著名的《易》学大师是田何。他是齐国贵族。公元前201年，汉高祖下令将关东六国旧贵族迁徙关中。田何徙于杜陵，人称为杜田生。惠帝时，田何年老，居家教授。虽然家贫，却守道不仕。惠帝慕其名，曾亲临其家听讲《易》学。田何的弟子很多，著名的有王同、周王孙、丁宽、服生等，皆著有《易传》。丁宽是田何最得意的弟子，字子襄，梁国人。最初梁国项生在田何门下受《易》。丁宽是项生的随从。但他天资聪颖，读《易》精绝，胜过项生。田何便破格收录他为弟子。丁宽学成东归，田何对门生们说："《易》以东矣。"② 丁宽到洛阳，又向周王孙学古《易》。这时，吴楚七国反叛中央，丁宽为梁国将军，率军拒吴、楚，人称为丁将军。丁宽作《易说》三万言，教于梁地。后来《易》学的施、孟、梁丘之学皆出于丁宽。

5.《春秋》

西汉前期，《春秋》最为兴盛，有公羊、谷梁、左氏、邹氏、夹氏五家之学。邹氏无师，夹氏有录无书。左氏学为张苍所传，授与贾谊。

---

① 《汉书》卷八八，《儒林传》。
② 《全汉文》卷一。

贾谊作《左氏传》训诂，世传其学，以为宗业。西汉前期在社会上最为
兴盛的是公羊、谷梁二家。公羊氏为齐人，世传其学。文景时，公羊寿
传与弟子胡毋氏。胡毋子都将世传口授之学著于竹帛，在齐地教授。景
帝时，胡毋子都为博士。齐地学《春秋》者皆宗师胡毋氏。赵人董仲舒
也是当时著名的《公羊春秋》学大师。他从小治《公羊》学，非常刻
苦。据说他曾三年不出户庭，终于成为一代儒学宗师。汉初，浮丘伯在
长安传授《谷梁春秋》。申培、刘郢客等都在浮丘伯门下学习《诗》与
《春秋》。申培将《谷梁春秋》传暇丘江公。鲁地诸生所习《春秋》大都
为谷梁之学。

　　随着经学思潮的兴起和发展，学习儒经的人越来越多，读经逐渐成
为风气。汉高祖晚年写有一篇《手敕太子》文，说："吾遭乱世，当秦
禁学，自喜，谓读书无益。泊践祚以来，时方省书，乃使人知作者之
意。追思昔所行，多不是"①。足以说明当时研习经学之风的影响之广。
文帝时，贾谊建议为太子和诸侯王设置太傅，对他们进行儒经教育，使
他们具备"圣人之德"，掌握为君之道。汉统治者基本上采纳了贾谊的
建议。贾谊就先后担任过长沙王太傅和梁怀王太傅。景武时期，太子和
诸侯王大都设有师傅。他们在儒家思想的熏陶下，不仅提高了文化修
养，而且对汉代统治思想的转换，为儒家思想定于一尊，都产生了不可
估量的影响。

　　文帝时，蜀郡守文翁在成都办起了全国第一所郡属官学，以儒家典
籍教育蜀中弟子。文翁名党，庐江舒城人，从小好学，通《春秋》。他
任蜀守时，见蜀地僻陋，决心改变这里文化落后的状况，便挑选了十几
名聪敏而有一定文化素养的青少年，亲自教授经学。不久，他把这些人
送到京师学习。几年后，张叔等十余人学成归来，文翁一一量材录用。
文翁又在成都修建官学，招收学官弟子，并免除他们的更役，使他们得

————————————

① 《全汉文》卷一。

以安心学习。诸生成绩优异的补为郡县吏，稍次者为孝悌力田。几年之后，蜀地大化，研习经学蔚然成风，几可与齐鲁媲美。

随着儒学地位的提高以及经学传习的普及和发展，社会上对经书的需求也增大了。为了满足人们学习儒经的需要，前此口授之学这时都著于竹帛，广布流传。经师们也纷纷著书立说，他们或是对儒经进行疏通训解，或对经典的微言大义进行阐述发挥。这些释经之书同经典一样，都是人们学习的主要内容。景武时期，朝廷"广开献书之路"、"建藏书之策，置写书之官"①，大规模在民间收求古籍，于是民间藏书纷纷出世，献于朝廷，地方诸侯王也积极收寻网罗儒家典籍，甚至不惜用重金购求。

在这些新出的儒家经典中，有不少已被当时的人加以改造，增添了一些适合大汉帝国需要，反映时代要求的内容。比如《尚书》中的《尧典》篇，主要记载了尧、舜的传说。所反映的基本历史事实应该是有根据的，但所表达的主题思想却反映了战国以降特别是秦汉时期的时代特征。该篇的雏形肯定在先秦即已奠定，但在后来陆续有所增补。每一次增补都露出了该时代的痕迹。特别是在汉初迅速而广泛的流传过程中，更是被儒家学者进行了改造。② 文中提到的"岁二月东巡守"、"五月南巡守"、"五载一巡守"、"协时月正日"，以及"旸谷"、"南交"、"朔方"、"幽都"、"同律度量衡"等，很明显是秦汉以后才出现的。"朔方"更是汉武帝对匈奴战争以后才设置的郡名。顾颉刚先生曾据此断定《尧典》产生于武帝时期。这一论断虽不无偏颇之处，但至少可以说明《尧典》确实经过了汉代经师的改写。《公羊春秋》也是如此。《汉书·艺文志》认为此书作者是"公羊子，齐人"。颜师古注据《春秋纬说题辞》认为就是公羊高。徐彦《公羊传疏》引戴弘《序》："子夏传《春秋》与公羊高。公羊氏相传五代至公

① 《汉书》卷三〇，《艺文志》。
② 李民：《尚书与古史研究》（增订本），中州书画社 1983 年版，第 26—27 页。

羊寿。至汉景帝时，公羊寿与弟子胡毋子都著于竹帛。"《公羊春秋》
可以肯定不是子夏所传，崔适在《春秋复始》中早已辨明。现在一般
认为，该书非成于一人之手，在景帝以前一直口耳相传，直到景帝时
才著于竹帛。该书内容所反映的主题思想，完全是景帝时期汉帝国所
需要的社会政治学说。其他如《谷梁》、《礼记》、《易传》中的《说
卦》、《序卦》、《杂卦》等，都存在这种情况。特别是《礼记》一书，
原是礼学家研习礼的成果，有的专门解释《礼经》，有的泛说礼义，
统称为《礼记》。作者既不是一个，也不出于一个时代，从先秦一直
到西汉昭帝时都陆续有撰著。任继愈先生引《经义考》曰："《礼记》
杂出于汉儒"，"杂记先王之法言，而多汉儒附会之疵"，而得出结论
说：《礼记》"以汉初儒家作品比例最大"，是西汉前期经学思潮泛滥
的产物。① 如《礼记》中的《王制》，就是汉文帝命博士诸生采六经大
义而作。

　　由于伪造、改造经典容易露出马脚，招致人们的非议②，所以这
一时期的儒家学者主要采用对先秦儒家经典的训解而使它们符合时代
的需要，具有时代意义。通过解经，以表达儒学群体的主体意识和历
史责任；通过解经，形成新的解释系统，把古典文化和汉文化结合起
来，而解决这一历史课题的最重要的手段就是训诂章句。经学的本质
就在于：它是儒家学者在当代文化背景下研究先贤圣哲们的修齐治平
体系以及他们对这一体系的主观认识和评价；通过训解，阐发经典的
微言大义和旨趣，为大一统中央集权的封建专制制度提供哲学和历史
的依据。这是西汉经学思潮的主要特点，也是它得以迅速发展的根本
原因所在。

---

① 参见任继愈主编：《中国哲学史》（秦汉），人民出版社1985年版，第164页。
② 在经学史上，这方面的事例随处可见，不胜枚举。

第二节　今文经学的形成

一、从儒道互黜到独尊儒术

儒家与道家都是先秦时期影响极大的学派。儒道两家的学术思想有着完全不同的旨趣，并长期展开争论。西汉王朝建立后，究竟应该采取什么样的统治思想和政策，儒道之间存在着重大的分歧，他们相互论难，互诘互黜。这样，在西汉前期的思想界，随着"过秦"的发展和深入，儒家与黄老道家之间也展开了热烈的争论。司马迁说："世之学老子者则绌儒学，儒学亦绌老子。'道不同不相为谋'，岂谓是耶？"[①]

西汉初年的黄老道家之学，反映了当时"反秦之敝，与民休息"的客观要求，所以能为社会各阶级接受。随着时间的推移，军功贵族以及宗室、诸侯王、外戚的势力急剧膨胀，而中央集权统治则日益削弱。黄老之学逐渐演变成功臣列侯和诸侯王为代表的贵族势力对抗中央集权的理论支柱。景武时期，社会问题日益严重。"当是之时，网疏而民富，役财骄溢，或至兼并豪党之徒，以武断于乡曲。宗室有土，公卿大夫以下，争于奢侈，室庐舆服僭于上，无限度。"[②] 此外，北方的匈奴经常入侵，攻城屠邑，抢掠畜产。严峻的现实，使西汉统治者认识到，必须改变统治政策，实行"外攘夷狄，内兴功业"的"有为"政治。因此，他们越来越感到"无为而治"的黄老之学不利于封建王朝的统治，而儒学所主张的"大一统"、"尊君抑臣"、"改制"、"更化"的理论则代表着国家和地主阶级的整体利益，于是开始转向以儒学作为维护大一统皇权统治的指导思想。但当时王朝内部，"窦太后好黄帝、老子言，（景）帝

---

① 《史记》卷六三，《老子韩非列传》。
② 《史记》卷三〇，《平准书》。

及太子、诸窦不得不读《黄帝》、《老子》，尊其术"①。以窦太后为首的贵族集团因循守旧，反对改革。这样，主张积极有为的儒学，便与窦太后为首的黄老之学之间，展开了针锋相对的斗争，并由学术之争演化为对政权的争夺。

景帝中元三年（前147年），《齐诗》学大师辕固与黄老学者黄生在景帝面前辩论汤、武受命的问题。黄生曰："汤、武非受命，乃弑也。"辕固反驳道："不然，夫桀、纣虐乱，天下之心皆归汤、武。汤、武与天下之心而诛桀、纣，桀、纣之民不为之使而归汤、武，汤、武不得已而立，非受命而何？"黄生说："冠虽敝，必加于首；履虽新，必关于足。何者？上下之分也。今桀、纣虽失道，然君上者也；汤、武虽圣，臣下也。夫主有失行，臣下不能正言匡过以尊天子，反因过而诛之，代立践南面，非弑而何也？"辕固回答说："必若所云，是高帝代秦即天子之位，非耶？"景帝遂出面调停："食肉不食马肝，不为不知味；言学者无言汤、武受命，不为愚。"②此次争论惹恼了窦太后，她召问辕固：《老子》书如何？窦太后明知辕固不喜《老子》，如此发问，无非想使他当众难堪。谁知辕固却顶撞她："此是家人言耳。"窦太后大怒，说："安得司空城旦书乎？"当即命令辕固与野猪搏杀。幸亏窦太后是个瞎老太婆，景帝递给辕固一把利刃，刺死了野猪。太后只得作罢。

这时，儒学的势力有了很大的发展，在社会上已经占据优势。"汉家法周"的经学思潮已成为时代的主流。所以年轻气盛的汉武帝一即位，就任命儒家学者卫绾为丞相，贬抑黄老道家，尊崇儒家学说，并大力提拔儒家学者，推行有为政治。建元元年（前140年）冬十月，他下诏"举贤良方正直言极谏之士。"但各地所推举的贤良中

---

① 《史记》卷四九，《外戚世家》。
② 《史记》卷一二一，《儒林列传》。

有不少是治"申、商、韩非、苏秦、张仪之言"的人。丞相卫绾奏
道，这些人"乱国政，请皆罢"。汉武帝批准了卫绾的奏章。① 这是第
一次罢黜百家。

　　不久，汉武帝又任命外戚窦婴、田蚡为丞相、太尉。窦婴、田蚡俱
好儒术。他们执政以后，便立即采取一系列措施，"隆推儒术，贬道家
言"②。首先，推荐儒家学者赵绾为御史大夫、王臧为郎中令，控制了
朝廷重要职务。其次，派使者以"安车蒲轮、束帛加璧"，把赵绾、王
臧的老师——《鲁诗》学者申培公迎接到长安，"议立明堂"③，"以礼
为服制，以兴太平"④。第三，令列侯一律返回各自封邑，不得留居京
城，干预朝政。第四，把窦氏外戚和宗室子弟中品行恶劣者"除其籍
属"，不得入宫⑤。

　　窦婴、田蚡的这些措施对朝中的保守势力是一次沉重的打击。以窦
太后为首的保守派非常仇视这一批以儒家学者为核心的改革派。武帝即
位时，年仅十六岁，不到亲政年龄，由窦太后和武帝母亲王太后临朝称
制，凡朝中大事俱要奏请二位太后。特别是窦氏历两朝太后，权势最
大。武帝虽"已自躬省万机"，却处处受到窦太后的掣肘。建元二年
（前139年），赵绾奏请"毋奏事东宫"，废除太后临朝称制，企图把大
权完全从窦太后手里夺过来。窦太后得知消息后，先发制人，突然发动
宫廷政变，"罢逐赵绾、王臧，而免丞相婴、太尉蚡，以柏至侯许昌为
丞相，武疆侯庄青翟为御史大夫。婴、蚡以侯家居"。⑥赵绾、王臧等
"皆自杀"、"因废明堂事"、"申公亦疾免以归"⑦。这一次政变中断了汉
武帝的改革大业，儒家学派也受到严重挫折。在其后四年之中，朝廷大
权基本上控制在以窦太后为首的保守派手中。

　　但是，窦太后的政变不过是黄老之学退出政治舞台前的回光返

---

① ③　《汉书》卷六，《武帝纪》。
② ④ ⑤ ⑥　《汉书》卷五二，《窦婴田蚡传》。
⑦　《史记》卷一二一，《儒林列传》。

照，历史车轮正以不可阻挡之势把儒学推上汉代思想统治的宝座。建元六年（前135年）五月窦太后一死，六天以后，武帝就罢免了由她任命的丞相许昌和御史大夫庄青翟，又任命田蚡为丞相。第二年（元光元年）五月，汉武帝采纳了《公羊春秋》学大师董仲舒的建议，"卓然罢黜百家，表章六经"①，定儒学于一尊。元朔五年（前124年），丞相公孙弘奏请建立博士弟子制度，"为博士官置弟子五十人，复其身。太常择民年十八已上，仪状端正者，补博士弟子"。"一岁皆辄试，能通一艺以上，补文学掌故缺；其高弟可以为郎中者，太常籍奏"。② 从此以后，儒家思想成为官方正宗的学术思想，并以经学的形式登上了统治思想的宝座。儒家经典垄断了教育，成为人们必读的教科书。朝廷取士也以"明经术"为首要标准，这样一来，"公卿大夫士吏斌斌多文学之士矣。"③

二、一代儒宗董仲舒

董仲舒是西汉前期经学思潮中最著名的儒学大师。他推阐《公羊春秋》学，提出了一个完整的"奉天法古"的哲学体系和大一统皇权统治的政治理论，成为一代儒宗。

董仲舒（前179—104年），广川（今河北枣强县）人。他从少年时代即开始治《春秋》之学。神志专一，异常刻苦，据说他三年之间未曾窥视过园圃。他廉直清正，品格高尚，"进退容止，非礼不行，学士皆师尊之"④。汉景帝时任为博士，讲授儒学经典。他的教学有一个特点，即"下帷讲诵，弟子传以久次相授业，或莫见其面"。汉武帝即位以后，下诏策问贤良文学之士，"欲闻大道之要，至论之极"。董仲舒上"天人

① 《汉书》卷六，《武帝纪》赞。
②③ 《史记》卷一二一，《儒林列传》。
④ 《汉书》卷五六，《董仲舒传》。以下引本传，不再注明出处。

三策"，很受汉武帝欣赏①。随即任命他为江都相，事易王。易王乃武帝之兄，骄悍而好勇，但董仲舒常以礼义匡正，颇受易王的敬重。

　　董仲舒在治理诸侯国的政治实践中，以《春秋》灾异之变推断阴

---

① 董仲舒上"天人三策"是经学史上的一件大事。但其"对策"时间由于文献记载不一，且互有抵牾，虽经众多学者详加考证，至今仍然是一个悬而未决的问题。《汉书·武帝记》把"对策"时间系于元光元年五月。司马光《资治通鉴考异》根据汉举孝廉在元光元年十一月和辽东高庙、长陵高园火灾在建元六年，因而把"对策"之年定在建元元年冬十月。这两种说法进行了长期争论。后来更有人提出"对策"在建元五年、元光二年、元朔五年等说。我们比较了各种说法，认为元光元年之说较为可取。其一，《汉书·武帝记》有明确记载，贸然推翻汉人旧说，未免流于穿凿。其二，"对策"中有"今临政而愿治七十余岁矣"之文。清人齐召南说："汉初至建元三年为七十岁，若在建元元年，不得云七十余岁"。（王先谦《汉书补注》）从汉兴到元光元年七十四年，正与董言相符。至于有人说"七十余岁"几字有衍文、错文，因无版本依据，难以为信。其三，《汉书·礼乐志》云："至武帝即位，进用英隽，议立明堂，制礼服，以兴太平。会窦太后好黄老言，不说儒术，其事又废。后董仲舒对策言……"这里也明确谈到董仲舒"对策"是在窦太后建元二年废"立明堂、制礼服"等事以后，而所引"对策"之言即《董仲舒传》所载第一次"对策"文。这是"对策"不可能在建元元年的确证。宋洪迈《容斋续笔》卷六《汉举贤良》根据武帝策问中云"朕亲耕籍田，劝孝悌，崇有德，使者冠盖相望，问勤劳，恤孤独，尽思极神；对策曰：阴阳错缪，氛气充塞，群生害逯，黎民未济，必非即位之始年也"，而把"对策"定在元光元年。其四，《汉书·儒林传》曰："及窦太后崩，武安君田蚡为丞相，黜黄老、刑名百家之言，延文学儒者以百数"。可见罢黜百家乃在窦太后死，田蚡为相以后。窦太后死于建元六年五月，田蚡任丞相在六月，又据《汉书·董仲舒传》："推明孔氏，抑黜百家，皆自仲舒发之"，说明"黜黄老、刑名百家之言"的建议是由董仲舒提出的。而《汉书·武帝纪》元光元年五月诏贤良对策，然后说："于是董仲舒、公孙弘等出焉。"说明董仲舒的"对策"乃在元光元年。总之，窦太后死，田蚡为相，诏贤良对策，抑黜百家，这几件事相互关联，史有明文。正如我们前面所指出的，建元二年窦氏政变后，朝政大权基本控制在保守派手中。武帝迫于窦氏的挟制，虽贵为皇帝，犹不得志，心中甚为郁闷，于是常微行出游，又筑上林苑，无意于国事。武帝尚且如此，儒家学者更是无所作为。窦太后死后，朝中政局陡然剧变，此时汉武帝在政治上已经成熟，决定以理论为先导，于是有策问之言对建元政治的批评；于是有董仲舒的对策；于是有罢黜黄老刑名、表章六经之举；于是有改制度、伐匈奴、征南越、开拓边陲之功。有人根据建元五年设置五经博士的记载，从而断定"对策"在建元五年。其实，设置五经博士并非罢黜百家之果，二者没有必然的因果关系。经学博士从文帝以来一直存在，博士多至七十余人。文帝时，申培以《鲁诗》精绝而为博士。景帝时，齐、鲁、韩三家《诗》皆为博士。《公羊春秋》也立为博士。可见，以窦太后为首的黄老当权派并不反对为儒经设立博士。建元五年设置五经博士乃是文景二帝为儒经设立博士政策的继续，所以并不能由此证明董仲舒"对策"在建元五年之前。

阳，而采取相应的措施。据说"行之一国，未尝不得所欲"。时有辽东高庙、长陵高园殿发生火灾。董仲舒在家中推说其意蕴。其文稿被主父偃窃去，上奏武帝，被认为大逆不道，差点丢了性命，被废为中大夫。此后，董仲舒再不敢放言灾异了。不久，又任为胶西王相。胶西王虽然"大善待之"，但董仲舒恐日久获罪，便告病归家，"以修学著书为事"。董仲舒的著述很多，据载："仲舒所著，皆明经术之意，及上疏条教，凡百二十三篇，而说《春秋》事得失，《闻举》、《玉杯》、《蕃露》、《清明》、《竹林》之属，复数十篇，十余万言，皆传于后世"。其流传至今的，只有《春秋繁露》十七卷，以及保存在《汉书》本传中的"天人三策"。另外在《汉书·食货志》、《匈奴传》、《五行志》和其他一些古籍中也保存了一些他的论述。

董仲舒的经学理论，可以归纳为以下三方面的内容。

第一，"奉天法古"。秦汉时期的思想界和学术领域有两大理论问题一直在困扰着人们，这就是"天人之际"和"古今之变"。"天人之际"既是哲学问题，又是宗教问题，它不仅要探讨天的本体及其演化规律，更要从天人关系上去寻求大一统中央集权专制统治的神学背景及其存在的根据，并对殷周以来的天命观予以总结和再造。"古今之变"在于总结五帝三王以来的嬗变之迹，探寻历史发展、王朝更迭的规律以及汉帝国在历史承传中的合理性和正统地位。汉武帝对董仲舒的策问，也是紧紧围绕这两大问题，而"欲闻大道之要，至论之极"。董仲舒立足于汉帝国的现实，把"天人之际"与"古今之变"结合起来，以当时的自然科学成就为依据，把春秋战国以来甚为流行的阴阳五行的理论纳入儒学之中，全面地总结了当时"天人感应"和"汉家法周"的社会思潮，并以推阐《公羊春秋》的形式，建构了一个宏大的熔自然哲学和历史哲学为一炉的理论体系，并给出了一个明确的答案："奉天而法古。""奉天"是对"天人之际"的回答；"法古"是对"古今之变"的回答。他指出："天人之征，古今之道也。孔子作《春秋》，上揆之天道，下质诸人情，参之于古，考之于今"。明确提出"天人之征"就是"古今之道"；《春秋》便是孔子通于天人、考验古今、为后世提供的不易之道。董仲舒在"天人三策"和《春秋繁露》中对"天人之际"和"古今之变"的问题进行了详尽的阐述。他以主观类比的方法，一方面把自然现象拟人化，赋予自然现象以道德的属性，把自然法则与伦理法则相混同，从而把自然界的一切都看成是天有意识有目的的安排；另一方面又把社会关系神秘化，赋予社会现象以神学的含义，把封建等级秩序和大一统皇权专制统治看成是天意的表现。由此他提出了"天不变道亦不变"的理论，并以此解释社会历史的演变，而发展成独具一格的历史哲学和政治哲学。

董仲舒"奉天法古"理论中最具特色的是灾异学说。他指出："国家将有失道之败，而天乃先出灾害以谴告之；不知自省，又出怪异以警惧之；尚不知变，而伤败乃至。"把灾异的产生归结为政治"失道"的结果。"道"是什么？董仲舒说，道是达到天下大治之路，而仁义礼乐就是道的体现。遵循道，天下就大治；违背了道，天下就大乱。周道衰于幽厉，不是道亡，而是幽厉不遵循道。宣王时，思先王之德，兴滞补弊，明文、武之功业，于是周道粲然复兴。可见治乱兴废的关键在于人主是否遵循天道。总之，董仲舒的"奉天法古"理论既为汉帝国的存在提供了神学依据，确立了在历史承传中的正统地位，同时又以灾异论约束皇权政治，把儒家提高到天道的神圣地位，使之成为封建王朝的正统理论。正是在这一意义上，儒学才变成了经学。

第二，"春秋大一统"。这是董仲舒从《春秋公羊传》中阐发的最重要的政治理论。战国秦汉时期历史发展的主要趋势是由分裂走向统一，由分权发展为集权，由大夫主政、处士横议发展到皇权专制。"春秋大一统"便是这一历史发展的主旋律在理论形态上的反映。《公羊传》里反复强调了尊重王权，抑臣尊君，贬损诸侯的义理。这一学说对于景武时期外有强藩擅制、内有权臣骄溢的现实具有十分重要的意义。董仲舒在《春秋繁露》里对"大一统"理论作了充分的发挥，他说：

《春秋》立义，……有天子在，诸侯不得专地，不得专封，不得专执；天子之大夫不得舞天子之乐，不得致天子之赋，不得适天子之贵。君亲无将，将而诛。……大夫不得废置君命，立适以长不以贤，立子以贵不以长。……由此观之，未有去人君之权能制其势者也；未有贵贱无差能全其位者也。故君子慎之。①

立义以明尊卑之分，强干弱枝以明大小之职；别嫌疑之行，以明正世之义；采摭托意，以矫失礼。善无小而不举，恶无小而不去，以纯其美；别贤不肖以明其尊。亲近以来远，因其国而容天下；名伦等物不失其理。公心以是非，赏善诛恶而王泽洽，始于除患，正一而万物备。②

《春秋》之法，以人随君，以君随天。……故屈民而伸君，屈君而伸天，《春秋》之大义也。③

类似的言论在《春秋繁露》里比比皆是。这些主张很明显是针对诸侯王和朝中军功大臣而言的。当时西汉王朝最大的忧患就是诸侯王“专地”、“专封”、“专执”。他们“不用汉法，出入警跸，称制，自作法令”④；“招延四方豪杰，自山东游士莫不至”，“多作兵弩弓数千万，而府库金钱且百巨万，珠玉宝器多于京师”。⑤ 文景时，贾谊、晁错等人曾建议削夺诸侯王的事权，而董仲舒则以阐发《春秋》微言大义的方式，为汉王朝加强中央集权统治提供理论依据。在当时，主张统一，反对分裂，维护中央集权，代表了封建国家的整体利益，反映了人民的愿望，是整

① 《春秋繁露》卷四，《王道》。
② 《春秋繁露》卷五，《盟会要》。
③ 《春秋繁露》卷一，《玉杯》。
④ 《汉书》卷四四，《淮南王传》。
⑤ 《汉书》卷四七，《文三王传》。

个时代的要求。正因为如此，董仲舒提出的"春秋大一统"理论很快便被朝廷采用，成为西汉最有权威的经学。

在董仲舒的"大一统"理论中，特别强调了思想的统一，他在"天人三策"中向汉武帝明确地提出了罢黜百家、独尊儒术的建议，他说：

> 《春秋》大一统者，天地之常经，古今之通谊也。今师异道，人异论，百家殊方，指意不同，是以上亡（无）以持一统，法制数变，下不知所守。臣愚以为诸不在六艺之科、孔子之术者，皆绝其道，勿使并进。邪辟之说灭息，然后统纪可一而法度可明，民知所从矣。

董仲舒用以加强对社会控制的儒家思想中，最重要的就是"三纲五常"。他把三纲五常看成是"尽取之天"①的常道，上升为封建道德的总原则，从社会伦理方面加强对社会的控制，以确定人们行为的价值导向，使之成为人们实际生活中必须认真体验并付诸实践的道德修养和行为准则。更有甚者，把它们当做个人安身立命的精神支柱乃至行为模式。

第三，"改制更化"。董仲舒极力宣扬《春秋》是孔子为后圣改制之作。董仲舒继承了贾谊的思想，极力鼓吹改制更化。他对汉武帝说："三王之道所祖不同，非其相反，将以救益扶衰，所遭之变然也。""当更化而不更化，虽有大贤不能善治也。"他甚至把改制、更化提高到神学的高度。新王朝的建立既是顺应天命的，就要改正朔，易服色，易居处，与前王朝相区别，以表明它在历史承传中的正统地位。从文帝以来，汉王朝的知识群体一直都在热烈地讨论着"改正朔，易服色"等改制大业，特别是封禅，更是他们十分醉心的大事。以董仲舒为代表的公羊学说正反映了景武时期思想界的普遍要求和知识群体的主体意识，具

---

① 《春秋繁露》卷一二，《基义》。

有深沉的社会责任感和时代使命感。当然，上述改制、更化的内容还只是神学政治的需要。董仲舒提出的改制的核心乃在于从政治、经济、文化及社会生活各个领域扫除秦王朝的遗毒余孽。政治上强干弱枝，加强中央集权，兴办太学，设置明师，以"养天下之士"，实行贤人政治；经济上强调"薄赋敛，省徭役，以宽民力"，"限民名田"以抑制兼并；在文化方面"罢黜百家，独尊儒术"等。

从上面的分析可以看出，以董仲舒为代表的《公羊春秋》学实际上就是景武时期具有时代使命感的地主阶级思想家的主张，是时代思潮的反映，是为汉王朝的大一统皇权政治服务的学说。他所提出的思想和主张不仅给汉武帝加强中央集权的大一统有为政治提供了天命攸归的理论基础，而这一主题对整个汉代社会乃至其后历史的发展都产生了极其深远的影响。董仲舒是建构这一理论体系的大师，在他身上充分体现了汉代知识群体的时代意识与创造精神。董仲舒是汉文化的精神导师，不仅在汉代享有极崇高的威望，就是在中国历史上也是一位重要的思想家。

三、春秋公羊学派

西汉的经学，最能满足时代要求，深受大一统皇权欣赏的，乃是由董仲舒为代表的一批经学大师所推阐的《公羊春秋》学。

《春秋》原是鲁国的一部史书，记载鲁国自隐公到哀公十二位国君共二百四十二年的历史，是一种大事记，非常简略。孔子对《春秋》进行改编，根据"尊天子而退诸侯"的原则，采取"笔"、"削"等手法，以一字定褒贬，表达其政治态度。这就是《春秋》的微言大义。后来，孔门弟子进一步发挥孔子的义理，形成了一些解释《春秋》的传。《春秋公羊传》便是专门阐述、解释、发挥《春秋》微言大义的。它在汉初突然出现，景帝时期著于竹帛，其学说很快便风行于思想界。

在西汉兴起的《公羊春秋》学中第一位著名的经学大师是胡毋子都，汉景帝时为博士，与董仲舒同业。年老，归于齐地，以《公羊春秋》授学。他虽为布衣，一身贫贱，然而乐义好礼，正行至死，"故天下尊其身，而慕其声，甚可荣也"。如果说胡毋子都是一位纯粹的经师和学者，那么董仲舒就是最重要的一位思想家。经过董仲舒的推阐，《公羊春秋》便同景武时期的政治紧密结合起来，成了孔子为汉代制定的一部"王道政治"的教科书。皮锡瑞说："《春秋》有大义，有微言"。"大义者，诛讨乱贼"，"微言者，改立法制"①。其实，"诛讨乱贼"与"改立法制"的微言大义主要反映的是西汉前期的政治形势。董仲舒把《春秋》中的微言大义归纳为"十指"。他说："《春秋》二百四十二年之文，天下之大，事变之博，无不有也。虽然，大略之要有十指。十指者事之所系也，王化之由得流也。"② 这"十指"就是安百姓，审得失，正事本，"强干弱枝，大本小末"以明君臣之分；"别嫌疑，异同类"以著是非；"论贤才之义，别所长之能"以序百官；"承周文而反之正"以立教化；"亲近来远，同民所欲"而达仁恩；顺阴阳四时之礼，切讥刺之所罚，考变异之所加而行天意。可见董仲舒提出的这"十指"完全是为大一统皇权政治服务的。

如果说董仲舒是一位为大一统皇权专制提供一套完整理论体系的思想家，那么，公孙弘就是把这一套理论运用于汉王朝政治运行中，使二者完满结合起来的一位政治家。

公孙弘（前 200—前 121 年），菑川薛县（今山东滕州市南）人。青年时代任过狱吏，因罪被罢免。家贫，以牧猪为业。四十余岁，始从胡毋子都学《公羊春秋》。武帝即位，广招贤良文学之士。此时公孙弘年已六十，以贤良征为博士。因出使匈奴不合武帝意，以疾病辞职告归。元光五年（前 130 年），武帝又诏举贤良文学。菑川国再次推荐他至太常。武帝策诏诸儒，对策者有百余人，太常将公孙弘的"对策"列为下等。上奏武帝，武帝却非常欣赏他的"对策"，将其改为第一名。召入

---

① 皮锡瑞：《经学通论》四，《春秋·论春秋大义在诛讨乱贼微言在改立法制孟子之言与公羊合朱子之注深得孟子之旨》。
② 《春秋繁露》卷五，《十指》。

宫，见公孙弘容貌伟丽，遂拜为博士，待诏金马门。他当即就向武帝上疏，认为当时治政的症结所在为"吏邪"、"民薄"、"政弊"、"令倦"，他很自信地说："愚心晓然见治道之可以然也"，"期年而变，臣弘尚窃迟之"。[①] 一岁中至左内史，几年后又迁升为御史大夫。元朔中，代蔡泽为丞相，封为平津侯。

元光元年（前 134 年）董仲舒的"对策"，主要从"天人之际"和"古今之变"两个方面提出了一套完整的"奉天法古"的政治哲学；元光五年（前 130 年），公孙弘的"对策"则运用《公羊春秋》的理论，回答武帝提出的"仁义礼知四者之宜，当安设施"这一问题，为汉武帝加强中央集权的有为政治提供一套切实可行的方案。他在对策中提出了八条"治民之本"："因能任官，则分职治；去无用之言，则事情得；不作无用之器，即赋敛省；不夺民时，不妨民力，则百姓富；有德者进，无德者退，则朝廷尊；有功者上，无功者下，则群臣逡；罚当罪，则奸邪止；赏当贤，则臣下劝。"他认为，老百姓各得其业就不会产生争夺之心，明白事理就无怨言，遵循礼就不暴慢；为政者体恤民情，百姓就能敬上。

公孙弘是一位生活在社会底层的知识分子，具有丰富的社会阅历，对社会的认识比较深刻。他的政治思想具有明显的儒法合流的倾向。他指出："法不远义，则民服而不离；和不远礼，则民亲而不暴。故法之所罚，义之所去也；和之所赏，礼之所取也。礼义者，民之所服也，而赏罚顺之，则民不犯禁矣。""致利除害，兼爱无私，谓之仁；明是非，立可否，谓之义；进退有度，尊卑有分，谓之礼；擅杀生之柄，通壅塞之途，权轻重之数，论得失之道，使远近情伪必见于上，谓之术。凡此四者，治之本，道之用也，皆当设施，不可废也。得其要，则天下安乐，法设而不用；不得其术，则主蔽于上，官乱于下，此事之情，属统垂业之本也。"很明显，这些论述是对孔孟仁义学说的发展或修正，特

---

① 《汉书》卷五八，《公孙弘传》。以下引本传文，不再注明出处。

别是他把法家"术"的思想与仁、义、礼并举，更显示出儒法合流的特色。不论是法家还是儒家，都是附着在封建地主阶级这张皮上的毛，都要维护大一统、中央集权、专制主义的封建制度。二者各有特色，各有短长。如果偏执一端，纯用哪一家作为统治思想，都不可能有效地维护封建的经济基础及其上层建筑；把二者结合起来，相互补充，便可以收到相得益彰的效果。汉武帝要实行"有为"政治，加强中央集权和皇权统治，改变以前无为而治，放任自流的状态，非用法家那一套强硬的治国方略不可。但同时他又必须用儒家的仁义学说去加以缘饰，极力淡化专制统治的残酷性，而为其披上一层温情脉脉的面纱。汉代内法外儒、"杂霸王道而用之"① 的统治方针是从汉武帝首开端绪的，而公孙弘则是为这一方针奠定理论基础的政治家。司马迁就非常明确地指出："自公孙弘以《春秋》之义绳臣下取汉相，张汤用峻文决理为廷尉，于是见知之法生，而废格沮诽穷治之狱用矣。"② 可以说是深刻揭示了《春秋公羊学》与大一统王权政治之间的内在关系。公孙弘执政时，"行慎厚，辩论有余，习文法吏事，缘饰以儒术"。朝廷奏事，不肯面折廷争，而是在适当的时机以合适的方式让汉武帝欣然接受他的建议。正是他的这一特点，才使汉武帝对他产生浓厚兴趣，把他从一位牧猪的学者提拔为丞相而封侯。

　　公孙弘对汉代经学的发展作出的另一贡献，就是在他执政时，向汉武帝建议"劝学修礼，崇化厉贤，以风四方"，为博士官置弟子五十人，得受业如弟子。"能通一艺以上，补文学掌故缺；其高弟可以为郎中"③。建立学校制度，以儒家经典为太学教育的基本教材，开设经艺之试，为各级行政部门提供官吏人才。这就把经学与利禄之路联系起来，为经学的发展奠定了坚实的基础。

————————

① 《汉书》卷九，《元帝纪》。
② 《史记》卷三〇，《平准书》。
③ 《史记》卷一二一，《儒林列传》。

西汉春秋公羊学派的代表人物，还有董仲舒的弟子及再传弟子褚大、东平嬴公、吕步舒、段仲及孟卿、眭弘。褚大通五经，为博士，官至梁国相。吕步舒任丞相长史。唯东平嬴公守学不失师法，为昭帝谏大夫。其弟子眭弘以明经为议郎，至符节令。昭帝元凤元年（前78年），他推《春秋》之意，以为当有从匹夫为天子者。并上书朝廷，建议汉帝择天下贤人而禅以帝位。大将军霍光以妖言惑众，大逆不道之罪将其诛杀。眭弘弟子多达百余人。最著名者为严彭祖和颜安乐。眭弘曾说："《春秋》之意，在二子矣。"眭弘死后，彭祖与安乐各专门教授，由此《公羊春秋》有严、颜二家之学。

四、五经博士

什么叫"博士"？《汉书·成帝纪》诏曰："儒林之官，四海渊源，宜皆明于古今，温故知新，通达国体，故谓之博士。"可见"博士"的本义就是博学通达之士。博士之名，始于战国之初，恐怕还不是职官名称。[①] 博士官的设置当在战国末年。齐、魏、秦三国都设有博士官。董说《七国考》引许慎《五经异义》曰："战国时齐置博士之官"。据《汉书·贾山传》，贾山祖父贾祛"故魏王时博士弟子也。"公元前221年，秦统一六国，命群臣议帝号，与议者就有博士。秦之博士官多至七十人。其职掌有三：一曰通古今，二曰辨然否，三曰典政教。他们不仅从事文化教育事业，而且还是朝廷制定政策和处理政务的顾问，与参谋议。秦王朝任博士的人，其姓名可考者，据马非百《秦集史·博士表》

---

① 《战国策·赵策三》："郑同北见赵王。赵王曰：子，南方之博士也，何以教之？"《史记·循吏列传》："公仪休者，鲁博士也。"又褚少孙补《史记·龟策列传》：宋元王时有博士卫平。故沈约《宋书·百官志》曰："六国时往往有博士。"王国维《汉魏博士考》云："公仪休即《孟子》之公仪子，缪公时为鲁相。时在战国之初。卫平在宋元王时，亦与孟子同时。疑此时未必置博士一官。《史记》所云博士者，犹言儒生耳"。（《观堂集林》卷四）

共有十七人。从学派上看，有儒家、神仙家、名家和术数方伎之士。这说明秦的博士官并不专主一家，而是诸家并立，一视同仁。

汉承秦制，也设立了博士官制度。文帝时，朝廷的博士官也恢复到秦王朝的七十余人。博士的设置，仍然沿袭秦朝旧制，包括儒家在内的诸子百家之学皆可立为博士。刘歆云：孝文皇帝时，"天下众书往往颇出，皆诸子传说，犹广立于学官，为置博士。"① 如齐人公孙臣为五行家，因上书陈终始五德传，文帝召以为博士。习申商刑名之学的晁错从伏胜受《尚书》，迁为博士。贾谊因颇通诸子百家之书，召为博士。

但是随着儒学地位日益提高，在尊古尊经的返古思潮中，越来越多的人研习儒家经典及儒家学者的论著。为了适应这种情况，朝廷博士所教授的儒家典籍也越来越多，这就有必要为儒家典籍设置博士了。东汉赵岐在《孟子题辞》中指出："孝文皇帝欲广游学之路，《论语》、《孝经》、《孟子》、《尔雅》皆置博士。"② 另据东汉翟酺云："孝文皇帝始置一经博士。"③ 此所谓"一经博士"大概是指《诗》博士。《汉书·楚元王传》曰："文帝时，闻申公为《诗》最精，以为博士。"燕人韩婴也以治《诗》为博士。景帝时，治《齐诗》的辕固，治《尚书》的张生，治《公羊春秋》的胡毋子都和董仲舒任为博士。在此基础上，汉武帝于建元五年（前136年）春"置五经博士"，正式为儒家经典《诗》、《书》、《易》、《礼》、《春秋》五经设置博士。董仲舒"对策"后，才在官学中罢黜了诸子百家之学的博士官，从而确立了五经在官学的垄断地位，博士官遂由先前诸子百家的多种成分变成只有儒学的单一成分。以后的博士就专指经学博士了。

武帝时期的五经博士共有七家，即《诗》齐、鲁、韩三家，《书》、《礼》、《易》、《春秋》各一家。其中较著名的博士有：治《鲁诗》者鲁

① 《汉书》卷三六，《楚元王传》。
② 《孟子正义》卷首。
③ 《后汉书》卷四八，《翟酺列传》。

赐、徐偃、周霸、夏宽、缪生、阙门庆忌、瑕丘江公七人，他们都是申培的弟子。治《韩诗》者韩商、蔡谊。治《齐诗》者夏侯始昌。治《书》者孔安国、欧阳高。治《易》者田王孙。治《礼》者高堂生。治《公羊春秋》者董仲舒、公孙弘。

武帝以后，经学日益兴盛，五经博士又发展出一些新的流派。宣帝"以去圣久远，学不厌博"，立施雠、孟喜二家《易》于学官。甘露三年（前51年）又于石渠阁讲五经同异，遂新立梁邱《易》、大小夏侯《尚书》、《谷梁春秋》四家博士。《易》既从田王孙分出施、孟、梁邱三家，则田氏《易》已不复存在。这样，宣帝时五经博士计有十二家：即齐、鲁、韩《诗》，欧阳、大小夏侯《尚书》，施、孟、梁邱《易》，后《礼》，公羊、谷梁《春秋》。元帝时又把京房《易》立于学官；不久即废。平帝时，王莽当权，于元始四年（公元4年）立《乐经》博士，经学博士遂由五经扩至六经；每经五博士，共三十家博士。新增立的经学博士有许多是古文经，如《古文尚书》、《毛诗》、《逸礼》、《左氏春秋》、《周官》等。东汉建立后，光武帝废除了王莽的博士制度，恢复了宣元时期的今文经学博士。《后汉书·儒林列传》曰："光武中兴，爱好经术……于是立五经博士，各以家法教授，《易》有施、孟、梁邱、京氏，《尚书》欧阳、大小夏侯，《诗》齐、鲁、韩，《礼》大、小戴，《春秋》严、颜，凡十四博士。"此十四家今文经学博士迄后汉之末，终未改变。现将西汉今文经学各家师传体系列表如下。

（一）《齐诗》的传授：

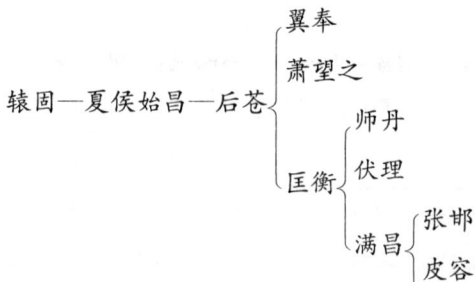

辕固—夏侯始昌—后苍
├ 翼奉
├ 萧望之
└ 匡衡
　├ 师丹
　├ 伏理
　└ 满昌
　　├ 张邯
　　└ 皮容

（二）《鲁诗》的传授：

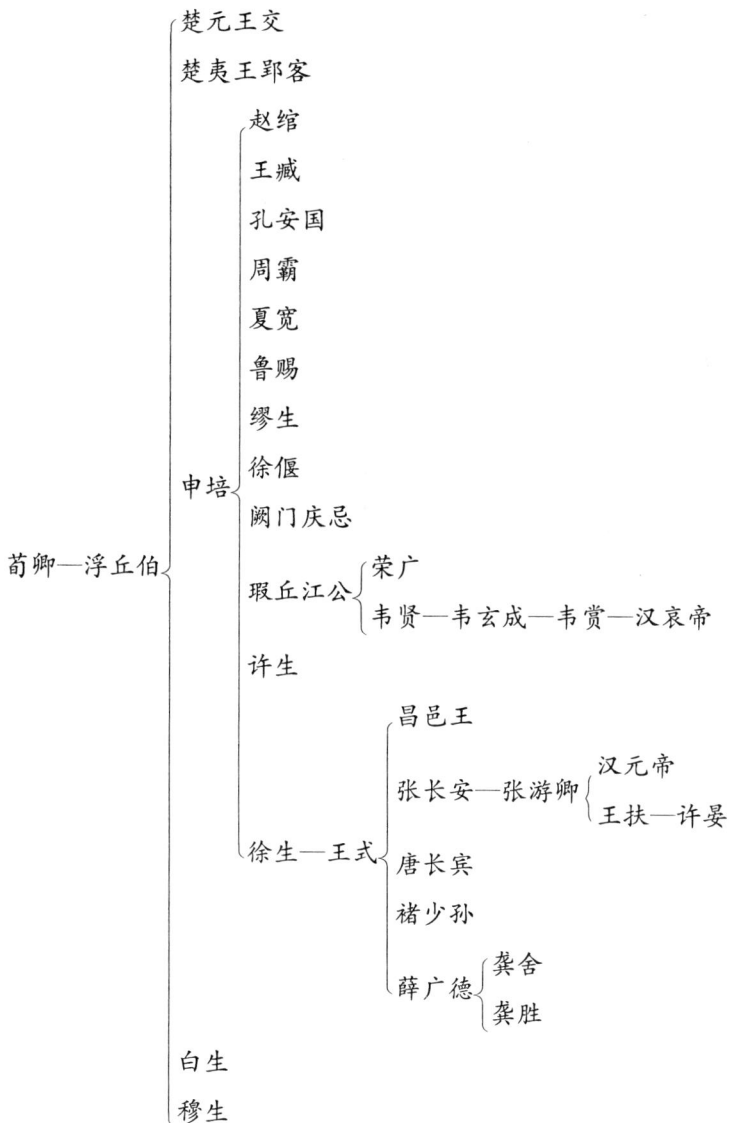

```
                       楚元王交
                       楚夷王郢客
                           赵绾
                           王臧
                           孔安国
                           周霸
                           夏宽
                           鲁赐
                           缪生
                       申培  徐偃
                           阙门庆忌
                                   荣广
荀卿—浮丘伯              瑕丘江公
                                   韦贤—韦玄成—韦赏—汉哀帝
                           许生
                                   昌邑王
                                                汉元帝
                                   张长安—张游卿
                                                王扶—许晏
                       徐生—王式  唐长宾
                                   褚少孙
                                            龚舍
                                   薛广德
                                            龚胜
                       白生
                       穆生
```

（三）《韩诗》的传授：

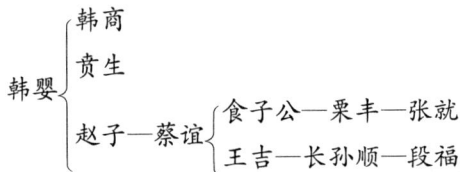

韩婴
- 韩商
- 贲生
- 赵子—蔡谊
  - 食子公—栗丰—张就
  - 王吉—长孙顺—段福

（四）《尚书》的传授：

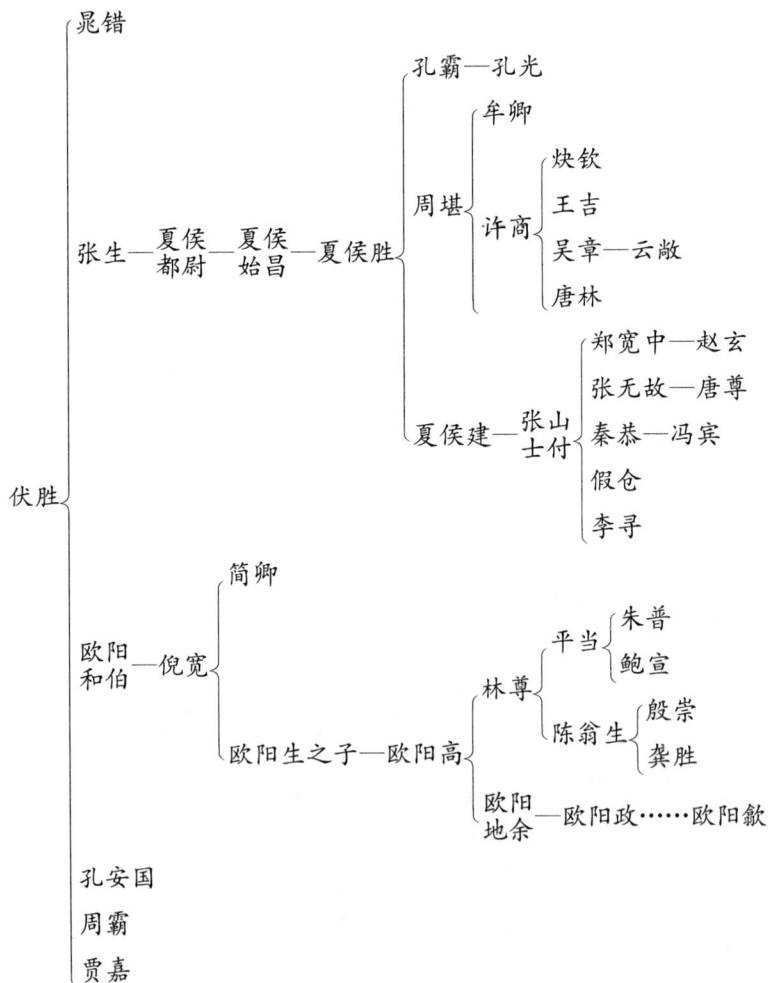

伏胜
- 晁错
- 张生—夏侯都尉—夏侯始昌—夏侯胜
  - 孔霸—孔光
  - 牟卿
  - 周堪
    - 许商
      - 炔钦
      - 王吉
      - 吴章—云敞
      - 唐林
  - 夏侯建—张山拊
    - 郑宽中—赵玄
    - 张无故—唐尊
    - 秦恭—冯宾
    - 假仓
    - 李寻
- 欧阳和伯—倪宽
  - 简卿
  - 欧阳生之子—欧阳高
    - 林尊
      - 平当
        - 朱普
        - 鲍宣
      - 陈翁生
        - 殷崇
        - 龚胜
    - 欧阳地余—欧阳政……欧阳歙
- 孔安国
- 周霸
- 贾嘉

（五）《易经》的传授：

商瞿—桥庇—馯臂—周丑—孙虞—田何（以上秦以前）

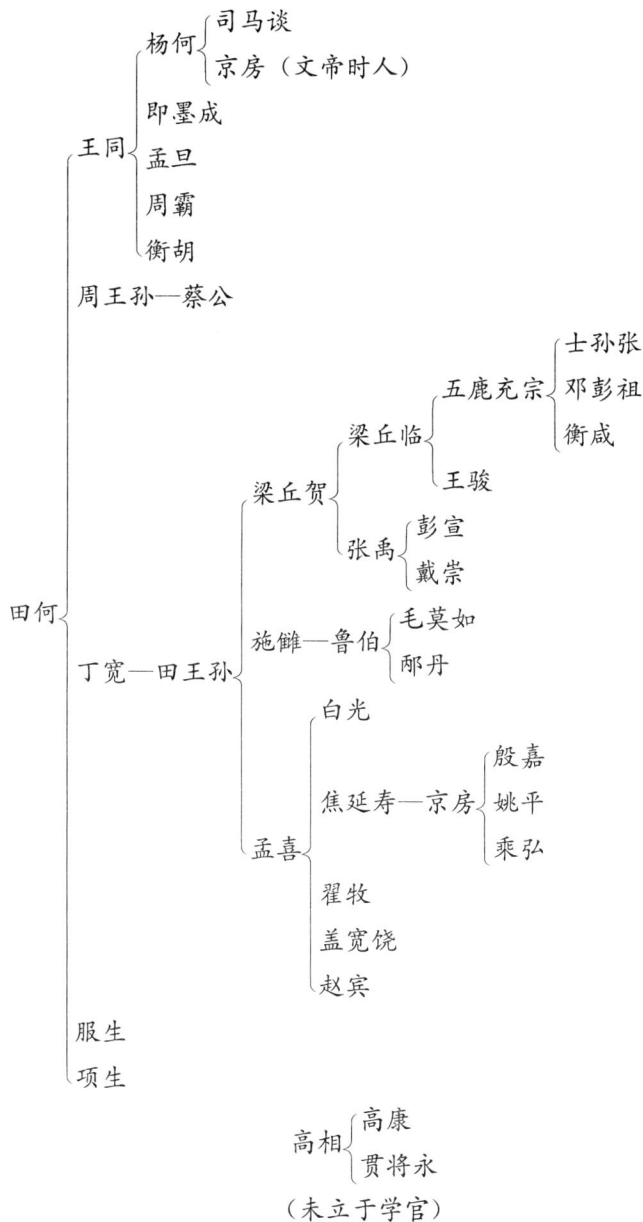

```
                    ┌ 司马谈
            ┌ 杨何 ┤
            │      └ 京房（文帝时人）
            │ 即墨成
      ┌ 王同┤ 孟旦
      │     │ 周霸
      │     └ 衡胡
      │
      │ 周王孙—蔡公
      │                                          ┌ 士孙张
      │                              ┌ 五鹿充宗 ┤ 邓彭祖
      │                    ┌ 梁丘临 ┤            └ 衡咸
      │          ┌ 梁丘贺 ┤        └ 王骏
      │          │        │        ┌ 彭宣
      │          │        └ 张禹  ┤
      │          │                 └ 戴崇
      │          │                  ┌ 毛莫如
 田何┤ 丁宽—田王孙┤ 施雠—鲁伯 ┤
      │          │                  └ 邴丹
      │          │        ┌ 白光
      │          │        │                   ┌ 殷嘉
      │          │        │ 焦延寿—京房 ┤ 姚平
      │          └ 孟喜 ┤                   └ 乘弘
      │                   │ 翟牧
      │                   │ 盖宽饶
      │                   └ 赵宾
      │ 服生
      └ 项生

                    ┌ 高康
            高相 ┤
                    └ 贯将永
            （未立于学官）
```

（六）《礼经》的传授：

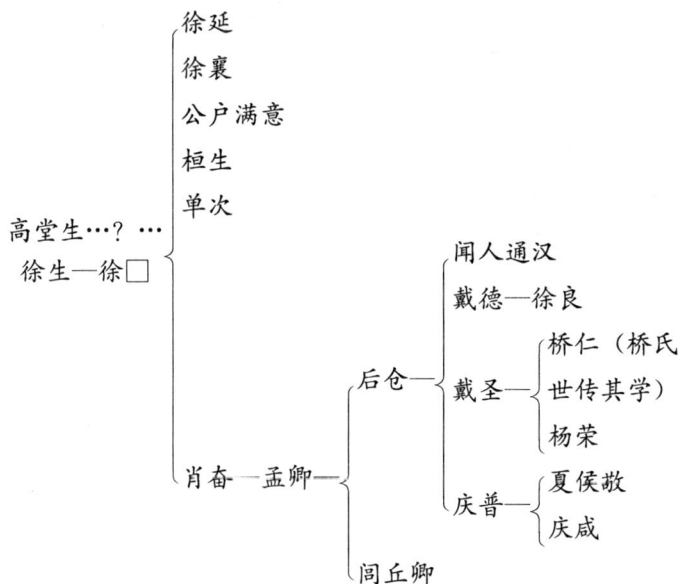

```
                    徐延
                    徐襄
                    公户满意
                    桓生
                    单次
高堂生…?…
  徐生—徐□                      闻人通汉
                              戴德—徐良
                                          桥仁（桥氏
                         后仓—  戴圣——   世传其学）
                                          杨荣
                  肖奋—孟卿—              夏侯敬
                              庆普——
                                          庆咸
                    闾丘卿
```

（七）《公羊春秋》的传授：

子夏—公羊高—公羊平—公羊敬—公羊寿—

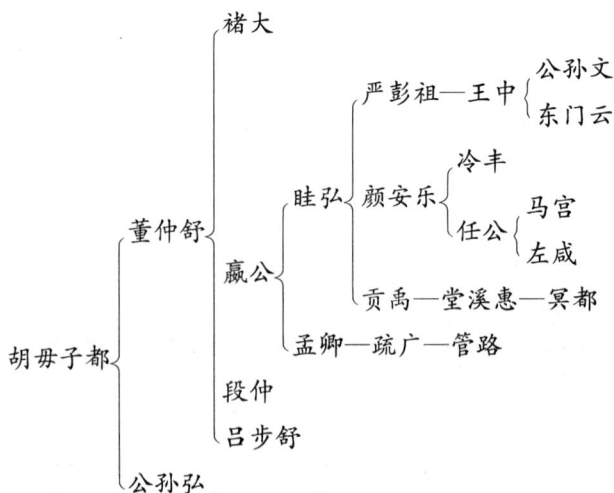

```
                    褚大
                                          公孙文
                         严彭祖—王中
                                          东门云
                                  冷丰
                    睦弘—颜安乐
                                  任公   马宫
              董仲舒              左咸
                    嬴公
                         贡禹—堂溪惠—冥都
                         孟卿—疏广—管路
胡毋子都
                    段仲
                    吕步舒
              公孙弘
```

（八）《谷梁春秋》的传授

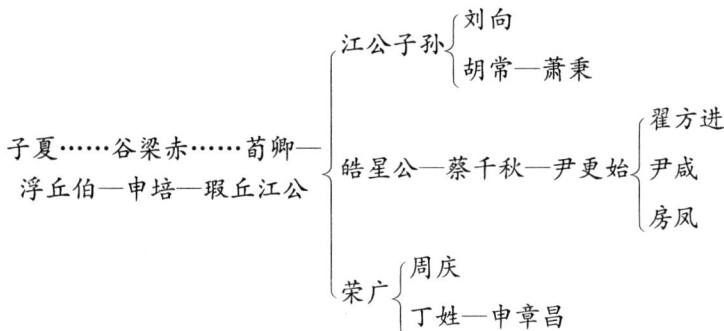

```
                              ┌─ 刘向
                      江公子孙 ┤
                              └─ 胡常—萧秉
                                              ┌─ 翟方进
子夏……谷梁赤……荀卿—                            │
浮丘伯—申培—瑕丘江公    皓星公—蔡千秋—尹更始 ┤─ 尹咸
                                              │
                                              └─ 房凤
                              ┌─ 周庆
                      荣广 ────┤
                              └─ 丁姓—申章昌
```

五、汉代训诂学的价值

从方法论的角度看，汉代经学的建构是通过训释先秦儒家经典的方式实现的。汉代的经学大师以训诂章句为手段，复兴孔子思想，继承和发扬儒家学说，即清人钱大昕说："由文字以通乎语言，由语言以通乎古圣贤之志"。"因文字而得古音，因古音而得古训，此一贯三之道，亦推一合十之道也"。① 什么叫"一贯三之道"，"推一合十之道"呢？《说文》曰："一贯三为王"，"推一合十为士"。士即儒生。可见由训诂通知经义就是王道，就是儒家之道，此种研究方法侯外庐先生名之曰"中国中世纪的经学的笺注主义"。②

对于经学来说，训诂学是经生们研究先贤圣哲的修齐治平体系以及他们对这一体系的主观认识，其任务是在当时的文化背景之下，对经书中的义理赋予新的意义。这样一来，他们对六经的解释，从总体上看，并不是客观的构拟，而是要显示他们的创造能力，显示他们对现实政治的历史责任。

"训诂"一词，在汉代一般写作"训故"，唯《毛诗故训传》作"故

---

① 《潜研堂文集》卷二四，《小学考序》。
② 侯外庐著：《中国思想通史》第二卷，人民出版社 1957 年版，第 51 页。

训"，或作"诂训"。孔颖达在《毛诗诂训传疏》中指出，"诂训"的得名有两个来源：一是"依《尔雅》训而为《诗》立传。""诂者，古也，古今异言通之使人知也；训者道也，道物之貌以告人也。""然则诂训者，通古今之异辞，辨物之形貌，则解释之义尽归于此。"二是来源于先秦典籍中的"古训"。古与故是同源字，音近义通，"故训"即"依故昔典训而为传"。所谓"故昔典训"，即"先人教言，圣王遗训"①。关于"训诂"来源的这两种意见其实是可以统一起来的。"训"释为"导"——疏导，解说；先王之遗典为故训，研习先王之遗典或以先王遗典传教后人亦可谓之故训。从汉代经学史的实际来看，汉代训诂的实质正在于通过研究先秦儒家经典的义理而构建一个在当时的文化背景下的新的解释系统。

汉代的训诂学可分为两大类：随文释义的训诂和专释语义的训诂。随文释义的训诂是汉代训诂的主流，其名称非常多，举其大者，约有传、注、说、记、微、训、故、章句、笺等。名称虽异，但就其训解的内容来看，则可概括为两种：一是解说疏通词义，二是阐发经典的微言大义。有的偏重在一种，有的则二种兼而有之。正是这些训诂、章句著作构成了汉人经学的系统。

《汉书·艺文志》的《六艺略》是西汉经学的一部总目。所谓"六艺"并非专指六经，而是指以《易》、《诗》、《书》、《礼》、《乐》、《春秋》为代表的六种学术系统。它主要由经、释经之传以及与该学术有关的著作构成；而释经之传则是其中的主体。严格说，《汉志·六艺略》中所载书目，除《易》、《书》、《诗》、《礼》、《春秋》五经以外，其余皆属于阐释经义的著作。如《易》之传有十三家，二百九十四篇；《诗》之传六家，四百一十六卷；《礼》之传十三家，五百五十五篇；《乐》六家，一百六十五篇；《春秋》二十三家，九百四十八篇；《论语》十二

---

① 《毛诗正义》卷一。

家，二百二十九篇；《孝经》十一家，五十九篇。《汉志》说：成帝时，"诏光禄大夫刘向校经传、诸子、诗赋"，所校的"经传"即为《六艺略》。因此，《六艺略》其实也可称为《经传略》。以训诂为主要形式的传、说、记、章句等既是六艺的主体，可见所谓经学，其实就是经说，就是章句之学。《吕思勉读史札记》中有《传说记》一文，专门探讨经传关系。其基本论点是，经之本文并不比传、章句等重要；如无训诂之传，经竟为无谓之书。汉世传经，精义皆存于传、说、记之中。吕氏的这一论断是很有见地的。

事实上，训诂章句所发挥的经义，在许多时候与经的本义并不吻合，甚至大相径庭。但每一位经师却都振振有词地宣称他的经说为孔门秘传，是孔子的微言大义，是经的本义。他们甚至伪造孔门传授系统，以使其经说能立于学官。其实，汉儒只是"以六艺为法"，以解说经义的形式表达其意志，显示其创造力，体现其历史责任。

大量的文献资料表明，汉人研习经学，也主要是学习经说。上自皇帝卿相、王公贵族，下至走卒狱吏、布衣庶人，都是以学习章句、杂说为主。汉代经学是非常强调师法和家法的，研习经学必须严格遵守师法和家法。但由于学者研习经学主要以经说为对象，而当某一经说能得到统治者的赞许和社会的推崇，便有可能立为学官，成为正宗的学术。因此，经师们总是不断地破坏旧的师法、家法，创立新说，以取悦时主和招徕生徒，从而建立新的家法。汉代经学就是在这一矛盾运动中不断向前发展的。

汉儒对经典的训诂，大致有四种方式：其一是根据字形结构来解释字义，此即所谓"形训"，如"止戈为武"，"人言为信"，等等。其二是"声训"，即用音同音近音转的字来解释字义。如董仲舒用"皇"、"方"、"匡"、"往"解释"王"字，用"元"、"原"、"权"、"温"、"群"解释"君"字。其三是"义训"，即直接对字所表示的内涵作出阐述或定义。如"克己复礼为仁"，"进退有度，尊卑有分谓之礼"等。以上三种方法都是通过说解字义去阐发经书的微言大义。文字之学在汉代叫小学，《汉志》将它列在六艺内，属于经学的组成部分。汉代学者之所以把文字学归在经学范围内，根本原因就在于他们认为："盖文字者，经义之本，王政之始，前人所以垂后，后人所以识古"①。汉代说解文字之风非常盛行，上至硕学宏儒，下至俗儒鄙夫，都喜欢分析文字，甚至"廷尉说律，至以字断法"②。汉代字学兴盛达到如此程度，正好说明了训诂学在汉代的价值之所在。第四种释义方式是归纳经书原则，作为人们行事的准则。此种情况在《春秋》学特别突出。汉代儒家学者认为，《春秋》一书是孔子根据一定的"义法"整理的鲁国编年史，"笔则笔，削则削"，以贬损当世王公大人，其辞"微而显，志而晦，婉而成章"，有许多微言大义，所以汉儒特别热衷于阐发《春秋》的微言大义，归纳出"春秋大义"，并用来衡量人们的言行，这些"春秋大义"甚至具有法律效力，作为量刑的标准。③

汉代经师在解释经义的过程中，不论用哪种方法，都有一个共同特点，就是断章取义。他们善于把语词在一定的语言环境中形成的偶然意义、边缘意义，当做普遍意义和主要意义加以强调。他们故意抹杀、掩盖语言体系的统一性和语境对表达式的意义的影响，而对经典中的某些语句作孤立的研究和随心所欲的阐释。

汉儒对经典的解释，既然是立足于当时的文化背景，则其所营构的解释系统的政治意义就显然可见了。我们认为，汉代训诂学的政治意义约有三个方面：一是证明刘氏皇权在历史承传中的合理性；二是阐明汉王朝大一统的必要性；三是为奠定封建统治秩序，创立礼仪制度，规定伦理道德规范提供理论根据。总之，汉代的经师们通过训诂学建立了一套自己时代的解释系统，这一系统就是，"把阴阳五行说提到神学的体系上来，把

①② 许慎：《说文解字叙》。
③ 参见本书第 154—159 页的内容。

'天'提到有意志的至上神的地位上来，把儒家伦常的父权（它作为封建秩序的表征）和宗教的神权以及统治者的皇权三位一体化"。①

由于汉代训诂学的主要意义是在政治方面，所以，汉儒多从政治和伦理方面去阐发词义，这就使得汉代的训诂学有一种把释词政治化、伦理化的倾向，很多词语都被赋予了政治、伦理、道德的意义。比如"阙"，乃是立于宫殿前的一种木构建筑，崔豹《古今注》曰："人臣将朝，至此则思其所阙多少，故谓之阙。"班固对伏羲尧舜的解释："治下伏而化之，故谓之伏羲也。""谓之尧者何？尧犹峣峣也。至高之貌，清妙高远，优游博衍，众圣之主，百王之长也。谓之舜者何？舜犹僢僢也，言能推信尧道而行之。"② 如此之例，在《白虎通德论》中俯拾即是。这种解释倾向，乃是儒家思想偏重于伦理道德在语义学上的反映。这样就造成了汉语词汇具有十分浓重的人文色彩。汉语词汇的这一特色，不仅对词义的发展有重大影响，而且对汉民族的文化心理都发挥着重要的作用。

汉代训诂学繁荣的原因，第一，从语言方面而言，是由于语言文字的变迁。汉代去古已远，先秦典籍已不能完全读懂。秦王朝实行文字统一政策，用秦篆取代六国文字；后更省减形体而创隶书。汉承秦制，隶书遂成为全国通行的字体。当时民间俗师对文字大都不能正读，于是小学兴盛起来。文字是载道的工具，研习经书，必须首先识字，了解词义，训诂便是顺应这一要求而发展起来的。

第二，儒家学派的政治思想是以"奉天法古"为其特色的。董仲舒说："《春秋》之于世事也，善复古，讥易常，欲其法先王也"。③ 阐释经义的训诂学正是这一思想特征在研究方法上的表现。

第三，汉代训诂学与儒家的正名思想有着深远的内在联系。孔子曰："名不正，则言不顺；言不顺，则事不成；事不成，则礼乐不兴；

---

① 侯外庐等：《中国思想通义》第二卷，第89页。
② 《白虎通德论》卷一，《号》。
③ 《春秋繁露》卷一，《楚庄王》。

礼乐不兴，则刑罚不中；刑罚不中，则民无所措手足。"① 孔子修《春秋》，就是实行他的正名思想。汉代经学既是以研究孔子学说为任务，就必然要研究孔子是怎样正名的。思想通过语言而表现出来，要研究孔子的思想，必须从分析语言入手。在这方面，公羊学家可说是深得孔子正名思想的精蕴。但是，汉代经学却从唯心主义方面去发展正名思想，把"先秦儒家的以道德情操为基础的正名主义庸俗化"，用训诂的方法为汉王朝的专制统治涂上一层"名正言顺"的厚重的油彩。

第四，汉代训诂学更是汉代文化政策的产物。自汉武帝罢黜百家、独尊儒术以来，"立五经博士，开弟子员，设科射策"，"一岁皆辄课，能通一艺以上，补文学掌故缺；其高第可以为郎中，太常籍奏。""自此以来，公卿大大上吏彬彬多文学之士矣。""迄于元始，百有余午，传业者寝盛，枝叶繁滋，一经说至百余万言，大师众至千余人，盖禄利之路然也。"②

第五，汉代训诂学是封建专制统治强化的结果。汉武帝即位后，不仅在政治、经济方面加强中央集权，而且在文化学术领域也一反汉初的宽松政策，实行文化专制统治：以儒家经典为指导，凡事"具以《春秋》对"，都要问"于经义何以处之"；并对儒生严加控制。在严酷的专制统治下，造就出了以公孙弘为代表的"不肯面折廷争"、"习文法吏事，缘饰以儒术"③ 的儒生的品格。他们在政治生活中奉行这样的准则："义不诎上，智不危身，故远者以义讳，近者以智畏。畏与义兼，则世愈近而言愈谨矣。"④ 班固也说："《春秋》所贬损大人当世君臣，有威权势力，其事实皆形于传，是以隐其书而不宣，所以免时难也。"⑤ 这与其说是谈孔

① 《论语·子路》
② 《汉书》卷八八，《儒林传》。
③ 《汉书》卷五八，《公孙弘传》。
④ 《春秋繁露》卷一，《楚庄王》
⑤ 《汉书》卷三〇，《艺文志》

子所处的时代，倒不如说是对汉代的影射。班固本人就因私撰国史而身陷囹圄。所以，训诂学的繁荣，既是儒学兴盛的标志之一，也是封建专制统治强化的表现。从此，以儒家学派为代表的知识分子开始了从古书中寻找出路的悲哀的历程。苦闷者，从中寻求精神上的寄托；对现实不满者，从中搜寻抨击时政的武器；希冀仕宦求荣者，从中寻找媚主的谀辞；希望医治社会痼疾者，从中寻找救世的良方。他们虽然都从所处时代对经书赋予新的意义，形成新的解释系统，但这毕竟是一种封闭的思想体系。回想战国时代，各种学说、各种思想相互激荡，俊彩星奔，是多么壮丽！孟子说："尽信《书》不如无《书》"，这是何等的气魄！而汉代的儒生却墨守成规，抱残守缺，"幼童而守一艺，百首而后能言；安其所习，毁所不见，终以自蔽"①，这又是何等的可悲。

六、汉武帝以后的诸子之学

汉武帝在罢黜百家、独尊儒术的过程中，深感"书缺简脱，礼坏乐崩"，"于是建藏书之策，置写书之官，下及诸子传说，皆充秘府"。②到汉成帝时，汉廷的藏书已堆积成山。

汉廷藏书之所有内外两个系统。据颜注《汉书》引如淳说，刘歆《七略》曰："外则有太常、太史、博士之藏；内则有延阁、广内、秘室之府。"太常、太史、博士之藏是供"文史星祝"及太学生们阅读的，属太常掌管。延阁、广内、秘室之府则是内廷秘府禁馆，外廷官吏不得入内。《汉书·艺文志》所说民间收来的"诸子传说，皆充秘府"，即指此处。

成帝时，又派遣谒者陈农在全国广求图书，并命令光禄大夫刘向等人对内外廷所藏之书进行一次全面的整理。刘向校经传、诸子、诗赋；步兵校尉任宏校兵书；太史令尹咸校数术；侍医李柱国校方伎。每校完

---

①② 《汉书》卷三〇,《艺文志》

一书，则由刘向条列篇目，"论其指归，辨其讹谬，叙而奏之"①。刘向死后，其子刘歆继承父业，将汉廷藏书分为《六艺略》、《诸子略》、《诗赋略》、《兵书略》、《数术略》和《方伎略》六类。他把刘向所论汇总起来而成一书，又论诸书之总要而成《辑略》，总名曰《七略》。

从汉武帝时开始的广收篇籍、整齐学术的工作，具有两方面的意义：一是把民间的诸子百家之书收集起来，"皆充秘府"，不让诸子著作在民间流传；二是以经学为标准对所有的学术进行整理，论其指归，辨其讹谬，以"厥协六经异传"。②

汉武帝以后，不仅儒家经典垄断了官学，朝廷也禁止民间公开研习诸子之学。由于朝廷广收书籍，诸子百家之书也收于国家馆藏，民间再也不能像西汉前期那样可以自由讲习诸子之学了。即使是贵族、官僚，朝廷也限制他们研究诸子之学。成帝时，东平思王刘宇曾上疏朝廷，请求成帝准允他阅读诸子及《太史公书》。成帝问大将军王凤。王凤回答说："诸子书或反经术，非圣人，或明鬼神，信物怪；《太史公书》有战国纵横权谲之谋，汉兴之初谋臣奇策，天官灾异，地形阨塞：皆不宜在诸侯王。不可予。"于是成帝训斥东平王道："五经圣人所制，万事靡不毕载。王审乐道，傅、相皆儒者，旦夕讲诵，足以正身虞意。夫小辩破义，小道不通，致远恐泥，皆不足以留意。诸益于经术者，不爱于王！"③ 这一事实，充分反映了汉王朝统治者对诸子百家之学深怀恐惧之感，害怕诸侯王从诸子之学中学得权谲之谋，对中央王朝造成危害。文景之时，吴、楚、淮南之地的诸侯王，招致四方游士，阴谋叛乱，因而"淮南连山东之侠，死士盈朝"④，终于闹出了吴、楚七国之乱。汉诸帝每言及此，无不切齿愤恨，故武帝初即位时，即罢免了所举贤良中

① 《隋书》卷三二，《经籍志》。
② 《史记》卷一三〇，《太史公自序》。
③ 《汉书》卷八〇，《宣元六王传》。
④ 《汉书》卷五一，《邹阳传》。

治申、商、韩非、苏秦、张仪之言者。汉武帝之罢黜百家，独尊儒术，害怕诸子之学"乱国"是很重要的一个原因。[1]

事实上，汉武帝罢黜百家以后，诸子之学基本上处于委顿状态。从《汉书·艺文志》诸子略中所载书目来看，武帝以后，唯儒家类最多，其余九家则少得可怜。即以道家为例，道家在西汉前期势力很大，位于各家之首。《汉志》所收道家书籍共十七家九百九十三篇，多于儒家八百三十六篇。但其中武帝以后的道家著作仅有刘向《说老子》四篇，另有《老子》邻氏、傅氏、徐氏，不知其时代。有人将他们列为西汉中后期的作品，并无多大根据。即使也算上，武帝以后的道家著作也少得可怜。道家尚且如此，其余各家就可想而知了。这说明自武帝以后，各家学术处于委顿状态，著书急剧下降，远远不能与儒家相比。另外，先秦有的学派如墨家、阴阳家、名家等在历史的演进中，其思想材料逐渐被儒、道、法家等所吸收，它们作为一个学派则逐渐消失。

武帝以后，汉王朝不仅限制诸子之学的发展和传播，更重要的是从学术思想上对诸子之学进行整理，即"厥协六艺经传，整齐百家杂语"。刘向等人校书的目的即在于"论其指归，辨其讹谬"，也就是说，要指出各书的主要内容、学术流派、思想要旨，并以经学思想为标准对其进行评价，指出其讹谬；同时对各书的流传、版本、文字的讹误等一一加以考辨。刘向等人的校书工作，是中国学术史上的一件大事，对于先秦以来的学术源流进行考辨，论其指归，意义重大。但从当时校书的目的来看，则偏重于用经学思想统一学术。如刘向在《晏子书录》中对《内篇》六书的评价是："皆忠谏其君，文章可观，义理可法，皆合六经之义"[2]。又别为一篇为《外篇》，指出该篇"颇不合经术，似非晏子所言"。他评价《管子》书"务富国安民，道约言要，可以晓合经义"。对

---

[1]　《汉书》卷六，《武帝纪》。

[2]　师石山房丛书本《别录佚文》。以下所引刘向《别录》文，皆出于此。

《战国策》则指出其"谋扶急持倾，为一切之权"，"不可以临国教化"。对于《列子》，则一方面指出其"合于六经"，同时也批评其"迂诞恢诡，非君子之言"。在汉武帝以后，儒学已定于一尊，经学为正宗的学术。在这种情况下整理书籍，就必然要以经学为标准，进行学术的统一。从上面所引刘向对几部诸子之书的叙录来看，这一目的是十分显然的。

汉武帝罢黜百家以后，经学成为官方正宗的意识形态，高居于学术领域的宝座之上。在这种情况下，诸子之学不得不顺应这一形势，改变自己的形态。从武帝以后汉代学术的发展来看，有一个非常突出的特点，那就是各家学说都攀附经学，披着经学的外衣以发展自己的学术。这一特点，扬雄形象地称之为"倚孔子之墙，弦郑卫之声，诵韩庄之书"。① 也就是说，前此的诸子之学都纳入了经学的体系，各家学说都向经学靠拢。一些进步的思想家也努力从诸子之学中挖掘出合乎经义标准的义理。其实，经学的标准就是维护大一统中央集权统治，就是维护以宗法家族为基础的等级秩序。刘向、刘歆父子以此评判诸子百家，对于其中"苟有可以加乎国家"② 者则予以充分肯定。刘歆甚至把诸子之学看作是"六经之支与流裔"，不应当弃之于野，而应"舍短取长，则可以通万方之略"。③ 很明显，这是把诸子之学纳入了经学的体系。战国后期，各家学说已经开始相互吸收、融合，西汉经学便是这一过程的产物。经学形成以后，严格意义上的诸子之学已经不复存在了。这些学说中的某些成分逐渐被经学所吸收，成为经学的组成部分。唯有道家之学在东汉末年的社会危机之中逐渐向宗教转化，成为道教思想的主体内容。

---

① 《法言》卷第二，《修身》。
② 《别录·邓析子书录》。
③ 《汉书》卷三〇，《艺文志》。

第三节 今文经学的嬗变

一、霸王道政治向儒家政治的转化

汉武帝时期，经过汉初七十多年的休养生息，社会生产得到恢复和发展，封建经济达到了空前的繁荣。随着社会生产的发展，不仅地主阶级的队伍更加扩大，而且地主阶级的构成及其在社会中的地位和作用也发生了新的变化。武帝以前，地主阶级中最有实力、占统治地位的是军功地主和"素封"地主。前者是在秦汉之际政权嬗替中崛起的一批新权贵。他们担任各级官职，掌握和控制着中央、地方的政治大权。后者则是那些没有官爵而依靠经营手工业、商业或高利贷起家的大地主，他们"以末致富，用本守之"，因而"田连阡陌"。他们虽无官爵，但"千金之家比一都之君，巨万者乃与王同乐"，时人称之为"素封"。① 其势力之大，连"封君皆低首仰给"②。随着"过秦"和"汉家法家"社会思潮的发展，儒学的地位越来越高，儒生知识群体的队伍越来越壮大。他们大多出身中小地主阶层，是大一统皇权的拥护者。有强烈的参政欲望，要求在政治上取得地位。汉王朝为了改变放任自流的无为政治，加强大一统中央集权统治，也需要他们对皇权的支持。汉武帝罢黜百家以后，儒学和政治结下不解之缘，要做官必须通晓儒家经典。这样，在封建地主阶级中便逐渐发展出一批以儒学起家累世公卿的大地主，有人称之为"儒宗地主"或"士族地主"③

汉武帝以后的儒家地主具有以下几个特点：第一，在通经为官以

---

① 《史记》卷一二九，《货殖列传》。
② 《史记》卷三〇，《平准书》。
③ 参看安作璋、逢振镐：《秦汉封建地主阶级的构成及演变》（《山东师范大学学报》1983年第2期）以及余英时：《士与中国文化》中《东汉政权之建立与士族大姓之关系》一章的论述（上海人民出版社1987年版）。

后，便利用政治特权大肆兼并掠夺土地，拥有越来越大的经济实力。第二，逐渐垄断了从中央到地方的各级政权，拥有强大的政治权势。第三，垄断了文化教育事业，不论官学还是私学，皆以儒家经典为主要学习内容，而儒经传授则完全掌握在儒学经师的手中。

随着儒宗地主的形成和发展，汉王朝的统治政策在昭帝以后又出现第二次重大变化，即由对外开拓转向对内"守文"。这一政策的转变始于武帝晚年。汉武帝"外事四夷，内兴功利"的事业虽然取得了巨大的成就，却付出了惨重的代价。不仅耗尽了文、景以来蓄积的财富，加之以刑罚苛重，几十年无宁日，终使民怨沸腾，社会矛盾激化，政局动荡。武帝在死前二年对其一生的事业进行了深刻的反省。他说："朕即位以来，所为狂悖，使天下愁苦，不可追悔。自今事有伤害百姓，靡费天下者，悉罢之。"不久，又下诏"深陈既往之悔"，并明确诏告天下，"当今务在禁苛暴，止擅赋，力农本"。① 同时即敕封丞相车千秋为富民侯，"以明休息，思富养民也"②。开始把国家的政策重心从对外开边兴利转变为"思富养民"的"守文"政策。随后，武帝又选择小心谨慎的霍光为太子刘弗陵的佐命大臣，以保证调整政策得以贯彻执行。

汉昭帝始元六年（前 81 年），朝廷召开了一次重要的政策辩论会，即著名的盐铁会议。这次会议是统治阶级集团内部发生的两派不同政见之争。论争的主要内容有对匈奴的和战、盐铁官营和德治与法治三大问题，并总论武帝一代政治之得失。其核心是要不要贯彻武帝晚年提出的调整政策。以御史大夫桑弘羊等为一方，继续坚持对匈奴用兵、盐铁官营和以法治为主的"霸道"政策；以霍光支持的贤良文学为另一方，则强烈要求实行武帝晚年提出的"思富养民"的政策，与匈奴和亲，罢盐铁官营，实行以德教为主、刑罚为辅的王道"政策"。盐铁会议以后，

---

① 《资治通鉴》卷二二，汉纪十四武帝征和四年。
② 《汉书》卷九六下，《西域传》。

废止了"郡国榷酤，关内铁官"①。至始元、元凤之间，匈奴和亲，百姓充实。霍光在政治上取得了巨大的成功，确保了"轮台之诏"调整政策的继续贯彻。

宣帝即位后，继续坚持与民休息的政策。他多次减免租赋和徭役，平反冤狱，恤刑宽刑，并坚持对匈奴的和亲政策。这些政策的实行，使经济得到了发展，社会秩序稳定，政治清平，西汉王朝复臻于兴盛局面。

从总体而言，西汉一代政治基本上是刑德并施，此即汉宣帝所说："汉家自有制度，本以霸王道杂之"。② 武帝时期，为了加强大一统皇权专制统治，故偏重于"霸道"，而又能以儒术"缘饰之"。昭帝以后则开始偏重于"王道"，特别是元帝以后，儒宗地主的势力有了很大发展，权臣贵戚竞肆贪残，地主阶级的政治经济利益使其在政治思想上日益趋于保守，逐渐失去了景武时期改革更化的朝气。

二、石渠阁会议——齐学向鲁学的转化

汉武帝时期的《公羊春秋》学在学术思想上的一个重要特点就是儒法合流。董仲舒承袭荀子的学统，以法入儒，主张刑德并举，礼法相济，从理论形态上完成了儒法合流。董仲舒的弟子吕布舒"持斧钺治淮南狱，以《春秋》义专断于外"③，成功地把《公羊春秋》与汉王朝的刑法实践结合了起来。其后，公孙弘、张汤等人更用《公羊春秋》为中央集权专制统治进行辩护，文饰其酷政，使《公羊春秋》带有浓重的法家色彩。

盐铁会议以后，随着汉王朝统治政策的调整，儒家中主张仁义、王道、民本思想的孟子派开始崛起，并逐渐在宣帝以后占据了主导地位。

---

① 《盐铁论·取下》。实际上，当时关内没有设置铁官，所以废除的只是酒类专卖。
② 《汉书》卷九，《元帝纪》。
③ 《汉书》卷二七上，《五行志》。

儒学内部的这一嬗变在经学上则表现为，由崇法主变、奇险诡异的《公羊春秋》学向温柔敦厚、具有浓郁的宗法人伦温馨的《谷梁春秋》学的转变，由齐学向鲁学的转变。这一转变的标志就是宣帝甘露年间的石渠阁经学会议。

《谷梁春秋》与《公羊春秋》一样，都是阐释《春秋》义理的著作；但二者各有特点。《公羊》属齐学，尚恢奇，喜言阴阳天人之理；《谷梁》属鲁学，学风平实，不作迂怪之变。鲁学的另一特点是谙习典章制度，故汉代礼学之传，大都出于鲁人。但鲁学的弊病也正在于此：守典章之遗而不知明变，多迂谨。由于董仲舒等《公羊》学者立足于汉王朝的现实政治去阐发《公羊春秋》的微言大义，为大一统中央集权专制统治提供一套完整的理论体系，故深受武帝欣赏，因此《公羊春秋》受到特别尊重。而《谷梁》学者不能以经义附会现实政治，"不传微言但传大义"①，加以当时的《谷梁》大师瑕丘江公"讷于口"，议论不如董仲舒，故其学不显。当时，传《谷梁春秋》者只有鲁地荣广、皓星公二人。荣广学问渊博，才思敏捷。昭帝时，荣广曾与《公羊》大师眭弘等辩论，眭弘等穷屈不能应答，于是一些学者乃从荣广受学，《谷梁》学又复兴盛起来。其弟子最著名者有蔡千秋（蔡千秋又从学于皓星公）、周庆、丁姓等。

宣帝即位后，听说祖父卫太子爱好《谷梁春秋》，便问丞相韦贤、长信少府夏侯胜及侍中史高。三人皆出身鲁地。他们对宣帝说："谷梁子本鲁学，公羊氏乃齐学也，宜兴《谷梁》。"② 于是宣帝召见蔡千秋，令他与《公羊》家论说经义。宣帝善其说，遂提拔蔡为谏大夫。后来，又任命他为郎中户将，并选郎十人从其受学。蔡千秋死后，瑕丘江公之孙、刘向、周庆、丁姓等相继为师，继续教授《谷梁春秋》。经过十余

---

① 皮锡瑞：《经学通论》四《春秋·论谷梁废兴及三传分别》。
② 《汉书》卷八八，《儒林传》。

年的刻苦学习，到甘露元年（前 53 年）时，十人皆明习《谷梁春秋》。于是，宣帝下诏，令五经名儒太子太傅萧望之等大议殿中，评论《公羊》、《谷梁》异同。参加议论的《公羊》家有博士严彭祖、侍郎申挽、伊推、宋显及内侍郎许广；《谷梁》家有议郎尹更始、待诏刘向、周庆、丁姓及内中郎王亥；另有萧望之等五经名儒十一人，共二十一人。辩论三十余事，萧望之等各以经义评判，"多从《谷梁》。由此《谷梁》之学大盛"。①

在此基础上，宣帝又于甘露三年（前 51 年）三月，召集诸儒在石渠阁"讲五经同异"，"上亲称制临决焉"。② 石渠阁会议留下的文件，据《汉书·艺文志》的记载，有《书》四十二篇，《礼》三十八篇，《春秋》三十九篇，《论语》十八篇，《五经杂议》十八篇，共一百六十五篇。这些文献大都亡佚。清人马国翰《玉函山房辑佚书》通礼类辑有《石渠礼论》一卷。

石渠阁议经会议的直接结果是新立梁丘《易》、大小夏侯《尚书》、《谷梁春秋》四家经学博士。汉武帝时，五经博士中一经分为数家者唯有《诗》之齐、鲁、韩。由于儒学独尊和统治阶级的大力提倡，经学的研习和传授更加普及。昭帝以后，经学所宣扬的天人感应和灾异学说的神秘主义逐渐深入人心，成为知识结构，影响着人们的思维方式。另一方面，经术与政治的结合日益密切，统治者深感"公卿大臣当用经术明于大义"，因此更加推重经学③。到宣帝时便出现了一些世代经学之家。

---

① 《汉书》卷八八，《儒林传》。
② 《汉书》卷八，《宣帝纪》。
③ 《汉书》卷七一，《隽不疑传》。昭宣之际发生了三件事，对经学的发展起了推波助澜的作用。一是京兆尹隽不疑以《春秋》大义逮捕假卫太子，顺利地解决了一场政治危机，受到昭帝和霍光的赞赏。二是《春秋》学者眭弘推《春秋》之意，预言"当有从匹夫为天子者"，故废之家公孙氏当复兴者也"。（《汉书·眭弘传》）宣帝认为应验在自身，遂大力提倡经学。三是夏侯胜以《洪范五行传》预言"臣下有谋上者"，劝谏初立为帝的昌邑王不宜外出。当时霍光与张安世正密谋废昌邑王，闻夏侯胜之言，不胜惊讶，"以此益重经术士。"（《汉书·夏侯胜传》)

一些大师学有所得，能自成一家之言，遂开馆授徒，成为专门之学。这样一来，武帝时所立七家博士已不能适应经学发展的需要，新增经学博士已为势所必然。宣帝甘露年间的经学会议，其主要目的就在于通过各家在朝廷讲论经义，达到"扶进微学、尊广道艺"①的目的。石渠阁会议以后新立数家博士，顺应了经学急剧发展的要求，进一步促进了经学的繁荣。

石渠阁会议是历史上第一次由皇帝亲临裁决，对五经义理进行公开评论，其意义非常重大。首先，它进一步巩固了经学在官学的垄断地位，扩大了经学思想的传播；其次，它表明汉朝统治者企图统一经学的愿望，但由于经学统一的条件并不成熟，因此在此次会议中还形成了新的分歧；第三，宣帝亲临裁决，作为经学裁判的最高权威，标志着皇权对学术和思想统治的确立。

在新立的四家博士中，最重要的是《谷梁春秋》。从石渠阁会议兴起的原因和过程来看，汉宣帝为立《谷梁》进行了十多年的准备工作，然后在御前公开辩论《公羊》、《谷梁》的异同，并由此而发展到讲五经同异。

在评议的过程中，宣帝与朝廷大臣、名儒都明显地偏向《谷梁》学而贬黜《公羊春秋》。这一时期统治者之所以重视《谷梁春秋》，最根本的原因就在于，《谷梁》学所强调的内容受到了统治集团的重视和推崇。景武时期所宣扬的《公羊春秋》的宗旨是大一统学说，为加强中央集权专制和"外事四夷，内兴功业"的有为政治服务。因此，《公羊》学在实际运用中突出了法制，而儒家的礼教和德治精神则被遮掩了。这样一来，温情脉脉的宗法伦常荡然无存，骨肉恩情扫地以尽，封建等级制度的关系趋于紧张。这种情况显然不利于封建等级秩序的稳定和巩固，也

---

① 建初四年，章帝下诏曰："汉承暴秦，褒显儒术，建立五经，为置博士。其后学者精进，虽曰承师，亦别名家。孝宣皇帝以为去圣久远，学不厌博，故遂立大、小夏侯《尚书》，后又立京氏《易》。……此皆所以扶进微学，尊广道艺也。"（《后汉书》卷三，《章帝纪》）

不符合封建统治长远利益的需要。所以，从昭帝以后，随着王朝将政策从对外开拓转向对内守成，统治阶级感到需要加强礼义教化，重视宗法情谊，以协调各个集团的利益，缓和冲突。而《谷梁春秋》所强调的正是成人之美、隐恶扬善、贵义信道、重宗法人伦、父子之亲等思想，因而逐渐受到重视。另一方面，当时朝廷内外大兴稽古礼文之风。邹鲁之地为礼乐之邦，较多地保存着周代的礼乐文化。要复兴礼仪制度，势必重视谙悉典章制度的鲁地学者。因此，西汉最高统治集团才不遗余力地"扶进微学"，表扬《谷梁》，提高鲁学的地位，扩大其影响。①

三、谶纬——今文经学的神学化

以董仲舒为代表的西汉今文经学，用阴阳五行、天人感应、符命灾异等思想解释儒家经典，为封建大一统政治服务。在西汉后期社会矛盾日益尖锐的情况下，今文经学的这一特点更为突出。正统的学术思想进一步神学化，向宗教方面发展，谶纬之学大肆泛滥，成为思想领域中一股强大的思潮。

什么叫谶纬？《四库全书》认为："谶者诡为隐语，预决吉凶"，"纬者经之支流，衍及旁义"。② 可见谶与纬原本是有区别的，并非一类。谶或谶语，原本是一种托诸神灵的政治性预言或隐语，其起源很早，先秦时期即已有之。纬则是对经而言，是对经书所作的神学的解释，并把这种解释托之于孔子。汉代儒家经典有《易》、《诗》、《书》、《礼》、《乐》、《春伙》、《孝经》，于是就有相应的七纬。据《后汉书·樊英传》章怀注，这七纬是《易纬》、《稽览图》、《乾凿度》、《坤灵图》、《通卦验》、《是类谋》、《辨终备》；《书纬》、《璇机钤》、《考灵耀》、《刑德放》、《帝命验》、《运期授》；《诗纬》、《推度灾》、《记历枢》、《含神雾》；《礼

---

① 参见金春峰：《汉代思想史》，中国社会科学出版社 1987 年版，第 328—329 页。
② 《四库全书总目》卷六，《经部·易类六》"易纬坤灵图"条。

纬》、《含文嘉》、《稽命徵》、《斗威仪》；《乐纬》《动声仪》、《稽耀嘉》、《汁图徵》；《孝经纬》、《援神契》、《钩命决》；《春秋纬》《演孔图》、《元命苞》、《文耀钩》、《运斗枢》、《感精符》、《合诚图》、《考异邮》、《保乾图》、《汉含孳》、《佑助期》、《握诚图》、《潜潭巴》、《说题辞》。另外还有《河图》、《洛书》等。由于有图有书，故又有"图书"、"图纬"、"图谶"、"符命"、"谶记"等名称。

谶纬作为一种神学思潮，是西汉末年哀、平时期社会危机的产物，其后又受到东汉统治者的提倡，在明、章时期达于极盛。谶纬神学思潮的兴起主要有以下四个原因：

第一，它是董仲舒《公羊》学发展的必然产物。董仲舒所阐述的《公羊》义理，有不少是关于历代受命的符瑞、灾异变化以及天人感应等。由于这些东西大多无法在经典中找到根据，于是不得不脱离训诂，采用断章取义、主观附会的方法来编造。董仲舒的理论固然满足了汉王朝政治的需要，但随之而来的是把经学变成了神学。在其影响下，一些经师在解释经书时，"失平常之事，有怪异之说；径直之文，有曲折之义"。① 出现了一些离奇古怪、荒诞不经的说法。这一风气日益盛行，遂酿成冒孔子之名伪造微言大义的谶纬思潮。

第二，《公羊》学的符命灾异思想实际上赋予了儒学大臣假借天意批评朝政的权利。元帝以后，社会矛盾日益尖锐，汉政权陷入深刻的危机之中。于是许多人都借灾异批评朝政，其言辞之直率、激烈和尖锐，在历史上是仅见的。但当时许多讲灾异的经学家结局都很悲惨，不是被"下吏"、"囚执"，就是遭"诛戮"、"流放"。这样，经师们为形势所迫，遂改变斗争策略，不再以个人名义阐发经义，而是进行造神活动，把预言附会到孔子名下，这不仅可以提高经说的神圣性质和权威，而且也减少了获罪受害的可能。

---

① 《论衡·正说》。

第三，西汉末年，各派政治势力之间的斗争异常激烈。在当时，他们所用的思想武器舍经学义理之外而别无他求。由于谶纬可以随心所欲地伪造，自然成了各派政治力量乐于使用的法宝。他们都把本集团实际的政治利益转化为虚幻的上帝和孔子的意旨。比如忠实刘氏王朝的集团，编造谶语符命为神化刘氏皇权服务，攻击后妃主政，外戚专权，以挽救摇摇欲坠的刘汉政权。以王氏外戚为代表的豪强士族势力，则编造谶语，宣扬"汉家历运中衰，当再受命"①，渲染社会危机，蛊惑人心，为王氏取代刘汉政权大造舆论。其后，刘秀与公孙述追逐帝位，也利用谶纬展开符命之争。处在社会底层的被压迫人民除了用武器批判腐朽的政权以外，也拿起了"批判的武器"，利用谶纬和封建迷信发泄怨气，表达自己的愿望。哀帝建平四年（公元前3年）春，大旱，关东饥民传行西王母筹，经历郡国，浩浩荡荡，来到京师长安，与城中居民会聚，祭祀西王母。夜晚，人们执火把上屋，击鼓呐喊，其声势真是惊心动魄。②由此可见，正是西汉末年社会危机日益深重的政治形势，为谶纬神学思潮的兴起和泛滥提供了客观条件。

第四，战国以来流行的阴阳五行、天人感应学说发展到汉代，已经深入到各个领域，成为时代的知识结构，并渗透到人们的深层心理，成为人们认识世界、解释事物的思维方式。特别是西汉中期以后，从皇帝到大臣，从经学家到科技人士，无不以阴阳五行、天人感应为认识的基础。自然界一出现灾异，皇帝下罪己诏，大臣引咎自责，言官疏陈政事。不少人都真诚地相信，世上万物受天意支配，故对符命和灾异无比的虔诚。总之，西汉后期弥漫着浓厚的神秘主义，这是谶纬得以迅速发展的社会基础和思想根源。

谶纬之学的内容非常庞杂，既有宇宙生成演化的哲学思想，也有完整的三皇五帝系统、感生受命的传说及王朝的演进和序代，举凡儒家经

---

①② 《汉书》卷一一，《哀帝纪》。

义、礼乐制度、天官星历、灾异感应、谶语符命、驱鬼镇邪、神仙方术，乃至天文地理、风土人情、科技知识、文字训诂，无所不包。它把哲学与宗教、科学与迷信杂糅在一起，既有精致深刻的理性，又有卑劣粗俗的伪造，光怪陆离，无奇不有。这里只从经学史的角度择其数端，简述如下。

（一）神化孔子和经书。纬书把孔子说成是黑帝精裔，为汉制法的素王。《春秋纬·演孔图》说：

> 孔子母徵在游于大冢之陂，睡，梦黑帝使请己。已往，梦交。语曰："女乳必于空桑之中。"觉则若感。生丘于空桑之中，故曰玄圣。
>
> 孔子长十尺，大九围，坐如蹲龙，立如牵牛。就之如昴，望之如斗。
>
> 孔子之胸有文，曰："制作定世符应。"
>
> 得麟之后，天下血书鲁端门，曰："趋作法，孔圣没，周姬亡，慧东出，秦政起，胡破术，书记散，孔不绝。"子夏明日往视之，血书飞为赤鸟，化为白书，署曰"演孔图"，中有作图制法之状。

《春秋纬·汉含孳》：

> 孔子曰："丘览记，援引古图，推集天变，为汉帝制法，陈叙图录。"

纬书对儒家经典也极尽神化之能事，把它们说成是"陈天人之际，述天地之心，记异考符，与天地同气，为万姓犹福于皇天"的"神书"。《春秋纬·演孔图》曰："孔子作法五经，运之天地，稽之图象，质于三王，施于四海"。在五经之中，最重要的是《春秋》和《孝经》。这二书是上帝授予刘邦的宝书，是刘邦"服天下"、做皇帝、万世一系的天命之符。《孝经·右契》：

> 孔子作《春秋》，制《孝经》。既成，使七十二弟子向北辰磬而立，使曾子抱《河》、《洛》事北向。孔子斋戒，簪缥笔，衣绛单衣，向北辰而拜，告备于天，曰："《孝经》四卷，《春秋》、《河》、《洛》八十一卷，谨已备。"天乃洪郁起，白雾摩地，赤虹自上而下，化为黄玉，长三尺，上有刻文。孔子跪受而读之，曰："宝文出，刘季握，卯金刀，在轸北，字禾子，天下服。"

纬书神化孔子和儒家经典，企图把孔子尊为儒教的教主，把儒学变成宗教，把儒经尊为神学经典，这是今文经学神学化、宗教化最重要的内容。

（二）君权天授的符命论。纬书根据阴阳五行、天人感应的神学理论，认为人间帝王都是天帝的子孙，他们按照五行的次序轮流下凡登基。当他们将降人间时，"必有神灵符纪，诸神扶助"。所以君王、圣人皆"感天而生"。他们降生时必伴有象征天命的符瑞。"感生帝"和"符命"充斥于纬书，其想象力之丰富、怪诞、神奇，可谓登峰造极。如《河图·稽命征》说：

> 帝刘季，日角载北斗，胸龟背龙，身长七尺八寸，明圣而宽仁，好任主。

在西汉末年王莽代汉时，更极力利用纬书中的符命思想，为他篡汉提供神学依据，并大肆造作符命。班固认为，符命之起，始于元始五年

（公元 5 年）。有人浚井得一白石，石上有丹书，曰："告安汉公莽为皇帝"。孺子婴居摄三年（公元 8 年），宗室刘京上书言："齐郡临淄县昌兴亭长辛当一暮数梦，曰：吾天公使也。天公使我告亭长曰：'摄皇帝为真'"。又梓潼人哀章见莽居摄，即作铜匮，为两检，署其一曰"天帝行玺金匮图"，其一曰"赤帝行玺某传予黄帝金策书"。书言王莽当为真天子①。后来建立东汉的光武帝刘秀也有受命之符《赤伏符》，其文曰："刘秀发兵捕不道，四夷云集龙斗野，四七之际火为主"②。这些所谓的"符命"，都是粗俗而卑劣的伪造，稍具正常头脑的人都知其荒谬不经。

（三）五德相生的历史观。秦汉之际，儒家以"革命"理论解释历代王朝的更替，根据邹衍"五行相胜"的学说确立了汉王朝在历史承传中的正统地位。自景帝时辕固与黄生争论汤、武革命以后，"革命"问题被统治者当作"马肝"而失去了兴趣。其后，禅让之说兴起，"五德相生"取代了"五德相胜"。此说在哀、平之后极为盛行。谶纬神学以之解释人类历史的发展，编造出了一套完整的古史系统，为现实政治服务。这一政治观和历史观在东汉时期成了占支配地位的理论。

从西汉末年到东汉前期，谶纬神学成了风靡一时的思潮。不仅经学家大谈谶，而且统治阶级也用图谶决断国家大事，解决经义疑难。因此，东汉中兴以后，刘秀即"宣布图谶于天下"③。在统治阶级的提倡下，儒者也争学图纬，谶纬之学臻于极盛。在神学和巫术的笼罩之下，学术领域一片乌烟瘴气。这样，以关注社会人生、积极入世为特色的经学，已经堕落到用巫术和宗教去向统治者献媚邀宠了。

---

① 《汉书》卷九九上，《王莽传》。
② 《后汉书》卷一上，《光武帝纪》。
③ 《后汉书》卷一下，《光武帝纪》。

第二章
东汉今古文经学之争

第一节　古文经学的兴起

一、古文经的来源

古文经学兴起于西汉末年，盛行于东汉，是与今文经学相对峙的一个学派。今文经学为朝廷所承认，置于学官，设十四家博士，处于正统的官学地位；古文经学则未设置学官，处于非正统的私学地位。由于二者所凭借的经典来源不同，研究方法不同，以及思想倾向的差异，所以两派之间展开了长期的争论，其流波一直延续到清朝末年，影响至为深远。

汉代今古文经学的区别，最初起于文字之异。皮锡瑞在《经学历史》中指出：所谓今文，即汉世通行的隶书，世传的《熹平石经》及孔庙等处汉碑文字就是这种字体；古文即秦以前使用的籀书，如岐阳石鼓文及《说文》中所载古文就属于这种字体。汉人之于隶书好比今人之于楷书，人人都认识；而籀书在汉世已不通行，故当时称为古文。好比今人之于篆、隶，不能人人尽识。皮氏又说：凡文字必人人尽识，方可用以教学。孔子写定六经、伏生所藏之书都是古文。汉兴以后，经师教授生徒，为了便利学者诵习，一律改用通行之今文，故汉立博士十四，皆今文家。而当古文未兴之前，未尝别立今文之名。至西汉末年，刘歆始增置《古文尚书》、《毛诗》、《周官》、《左氏春秋》。既立学官，必创说解。后汉卫宏、贾逵、马融等又续为增补，以此大行于世，遂与今文分道扬镳。今古文经学之分，"非惟文字不同，而说解亦异矣"。①

皮氏的意见大体正确，但有不足，需加以补充。首先是"古文"的性质。皮氏认为，古文包括籀书和《说文》中所载古文，但据《汉书·艺文志》："《史籀篇》者，周时史官教学童书也，与孔氏壁中古文异体。"许慎《说文解字叙》也说："宣王太史籀著《大篆》十五篇，与古文或异。"依班固和许慎的意见，古文当在籀书之前，与籀书异体。壁中书就是孔子所书，就是殷周古文。皮氏把二者都作为古文，不知依据何在？其实，班、许、皮氏的意见都不准确。直到 20 世纪初，王国维对古文问题进行了深入的研究，才得出了正确的结论。他依据近世出土的战国时东方六国兵器、货币、印玺、陶器文字，同《说文》中所记载壁中古文与《魏石经》进行比较，发现它们为一个系统的文字；而《说文》中的籀文又自成一系。因此他认为战国时期文字分成"东西二土文字"两个系列。古文经的文字并非孔子与左丘明所写的殷周文字，而是战国时东方六国行用的文字。"壁中书与《史籀篇》文字之殊乃战国时东西二土文字之殊"。"战国时秦用籀文，六国用古文"。秦居宗周故地，故其所使用的文字（大、小篆）犹有丰、镐之遗，与殷周文字较为近似。而"六艺之书行于齐、鲁，爰及赵、魏，而罕流布于秦，其书皆以东方文字书之"。自秦灭六国，行严峻之法以同一文字，凡六国文字之存于古籍者已焚烧铲灭，而民间日用文字又非秦文不得行用，故自秦灭六国以至于汉初，六国文字遂遏而不行。②

---

① 《经学历史·经学昌明时代》。
② 《观堂集林》卷七，《战国时秦用籀文六国用古文说》。另外在《观堂集林》中的《说文所谓古文说》、《史籀篇疏证序》、《桐乡徐氏印谱序》等文中也有考证。后来，钱玄同进一步发挥王说，认为汉代古文经的古文大都是刘歆等人根据六国文字"拼合偏旁的假古字"，而真六国文字尚不到百分之一。（《古史辨》第五册《重论经今古文学问题》）这就超越真理一步而趋于谬误了。

其次，皮氏认为，汉兴以后发藏的古文经全都改成了今文，因而否认今文经与古文经的差异，这也与事实不符。秦王朝焚书之时，一些负学之士冒着生命危险把儒家典籍掩藏起来。汉王朝建立后，儒家的经艺之学又得以恢复发展。在经学思潮泛滥之时，社会上掀起了寻经的热潮。朝廷多次下令搜求经典，一些地方诸侯王也不惜用重金求购古籍，于是民间隐藏的先秦典籍纷纷出世。这些古籍由于是用先秦文字书写的，当时许多人不认识，所以就把这些经书称为古文经。当时古文经典的来源主要有以下数种。

1. 汉初，北平侯张苍献《春秋左氏传》。据《汉书·儒林传》、刘向《别录》和许慎《说文解字叙》，西汉最早习《春秋左传》者为北平侯张苍。其《左传》之学乃受于荀卿，张苍始献《左传》于朝廷。刘歆《移太常博士书》中曾说到《左氏传》在汉时藏于秘府，为他所发现，此《左传》恐怕就是张苍所献。

2. 汉景帝子鲁恭王从孔子宅壁中发掘出《尚书古文经》、《礼古经》、《春秋古经》、《论语》、《孝经》。此事见于记载的汉代文献有《史记·儒林传》，《汉书》、《鲁恭王余传》、《刘歆传》、《艺文志》，《论衡·案书》和《说文解字叙》等，而以《汉书·艺文志》的记载最为详细："《古文尚书》者，出孔子壁中。武帝末①，鲁恭王坏孔子宅，欲以广其宫，而得《古文尚书》及《礼记》、《论语》、《孝经》凡数十篇，皆古文也。恭王往入其宅，闻鼓琴瑟钟磬之音，于是惧，乃止不坏。孔安国者，孔子后也，悉得其书，以考二十九篇，得多十六篇。安国献之，遭巫蛊事，未列于学官。"《论语》"出孔子壁中"。《孝经》诸家所传，"经文皆同，唯孔氏壁中古文为异"。

3. 鲁淹中所出《礼古经》②。

---

① "武帝"乃"景帝"之误。
② 《汉书》卷三〇，《艺文志》。

4. 昭帝时，鲁三老所献古文《孝经》。许慎子许冲上书安帝说："古文《孝经》者，孝昭帝时鲁国三老所献"①。东汉光武帝时由卫宏予以校订。

5. 河间献王刘德从民间求购得《周官》、《尚书》、《礼》、《礼记》、《孟子》、《老子》等。据《汉书·河间献王德传》，刘德修学好古，实事求是，从民得善书，必为好写与之，留其真，加金帛赐以招之。由是四方道术之人不远千里，或有先祖旧书，多奉以奏献王者，故得书多，与汉朝等。河间献王所得书中有不少是古文先秦旧书。"《周官》、《尚书》、《礼》、《礼记》、《孟子》、《老子》之属，皆经传说记，七十子之徒所论。其学举六艺，立《毛氏诗》、《左氏春秋》博士。"

6. 藏于汉廷中秘的古文经典。刘向、刘歆等人校书，"陈发秘藏，校理旧文"，始发出问世。中秘古文经的来源当有二途：一是承袭秦廷所藏，即萧何"入收秦丞相、御史律令、图书藏之"②的那部分图书，其中必定有不少古文经典；二是从民间求得。武帝时，广开献书之路，"建藏书之策，置写书之官，下及诸子传说，皆充秘府"③。到西汉末，百余年之间，书积如山。前面所谈到的几种古文经，有许多都献给朝廷，藏于中秘了。

7. 民间私下传习者。古文经学兴起以前民间传习古文经者并不在少数。如张苍传《左传》于洛阳贾谊。贾谊作《左氏传训诂》，传其孙贾嘉。贾嘉授赵人贯公，为河间献王博士。司马迁也曾私习《古文尚书》和《左传》。《易》为卜筮之书，不在秦廷焚书之列，故秦汉间习《易》者较为普遍。除官学《易》外，民间尚有费、高二家之说，其中

---

① 段玉裁《说文解字注》认为，此三老所献古文《孝经》即鲁恭王坏孔子宅所出之古文《孝经》，孔安国仅把古文《尚书》献于朝廷，而《孝经》至昭帝时鲁国三老才献于朝廷。此可备一说。
② 《史记》卷五三，《萧相国世家》。
③ 《汉书》卷三〇，《艺文志》。

费氏即为古文《易》。刘向曾以中秘所藏古文《易经》校施、孟、梁丘经，或脱去"无咎"、"悔吝"，惟费氏经与古文同。《诗经》除了齐、鲁、韩三家为官学外，民间尚有传自毛公的古文《诗》①。

　　总之，古文经典在整个西汉王朝始终存在，这是一个不容争辩的事实，只不过在今文经学兴盛之时，古文经学并不为人们所注意而已。因此，在刘歆以前也没有今文经与古文经的对立，当时朝廷所立的经学，也不专名为"今文经"。刘歆治《左传》，开始"引传文以解经，转相发明，由是章句义理备焉"②。古文经学才以独立的名称出现在汉代的学术舞台上，与官方的今文经学相对峙，而今古文经学之争也就从此开启了端衅。

二、今古文经学的异同

　　古文经与今文经的区别，除了上面所说字体不同以外，篇目的多少，一篇之中文字的多少和用字也不同。以《尚书》而言，伏生所授今文《尚书》共二十九篇，而《古文尚书》多十六篇，外加孔子序一篇，共四十六卷。刘向以中秘古文《尚书》与欧阳、大小夏侯三家经文相校，今文《尚书·酒诰》篇脱一简，共二十五字；《召诰》篇脱二简，共四十四字；文字异者七百有余，脱字数十。③ 高堂生所传今文《仪礼》为十七篇，而从孔子宅中所得《礼古经》五十六篇，其中十七篇与

---

① 台湾学者徐复观在《中国经学史的基础》中认为："《毛诗》必为今文。《毛诗》入汉后并无古文本，后人常将《毛诗》与古文派并为一谈，很明显是一种错误。"（第150页）此亦可备一说。

② 《汉书》卷三六，《刘歆传》。

③ 阎若璩《尚书古文疏证》曰："盖伏生写此二篇，《酒诰》率以若干字为一简，《召诰》以若干字为一简，三家因之而不敢易也。（刘）向据中古文校外书，此之所有，知彼之所脱。窃以上下相承文理言之，则二十五字乃《酒诰》之简，二十二字乃《召诰》之简。《酒诰》脱简一，则中古文多二十五字；《召诰》脱简二，则中古文多四十四字也。"

今文《仪礼》同，而字多不同；余三十九篇古文《逸礼》，则为今文所无。① 另外，古文《礼经》中还有一部《周礼》（又名《周官》），也是今文经所没有的。关于《周礼》一书的来源，据唐朝贾公彦《周礼义疏》引《马融传》称："汉武时，始出于山崖屋壁，而又复入秘府，儒者莫得见焉。"而《隋书·经籍志》的说法则不同："汉时，有李氏得《周官》。……上于河间献王，独阙《冬官》一篇。献王购以千金不得，遂取《考工记》以补其处，合成六篇奏之。至王莽时，刘歆始置博士，以行于世。"刘歆认为，《周官》乃周公所作。周公居摄时，作六典之职，谓之《周礼》。但此说当即遭到今文博士的反对。东汉时古文家大都主周公之说，而今文家何休则斥《周礼》为战国阴谋之书。

《春秋》的今古文异同，主要在《左传》与《公羊》、《谷梁》二传的区别。其异者有三：一、《春秋》记鲁国十二国君之事。由于闵公仅在位两年就死了，故公羊、谷梁传把闵公附于庄公，仅为十一卷。其理由是"子未三年，无改于父之道"。而《左氏传》则以庄公独立一卷，共为十二卷。二、公、谷二传上起鲁隐公元年，下止鲁哀公十四年。而《左氏传》续经文至鲁哀公十六年孔子逝世，较《春秋》本经多两年；而续传至悼公四年，较《春秋》本经多十七年。三、《左传》与《春秋》经文相比，亦时有缺文，且《左传》多古字古言，也与公、谷二传不同。

《论语》在汉时就有三种：《古论》、《齐论》、《鲁论》。后两种为今文《论语》。《古论》出于孔壁，共二十一篇，篇次亦与《齐论》、《鲁论》不同。孔安国曾为《古论语》作注解，但不传于世。《齐论》为齐人之学，凡二十二篇，比《鲁论》多《问玉》、《知道》两篇。其余二十篇中文字也比《鲁论》为多。西汉末，张禹本受《鲁论》，晚年又讲

---

① 贾公彦：《仪礼疏》。此三十九篇《逸礼》因无师说，藏于秘府，因而早已失传。其亡佚之年代，现已不能考证了。

《齐论》。后合而考之，删《齐论》之《问玉》、《知道》，从《鲁论》二十篇，号《张侯论》。东汉末，郑玄又就《鲁论》篇章考之《齐论》、《古论》而为之注。此即现行《论语》之所本。

今古文经在字体、篇目及文字多少、用字等方面的不同，这是双方分歧和斗争的基础，但是今古文经学形成长期对峙的两大学派最主要的原因还不在此，而在于双方对孔子和六经的看法上，在依据的材料上，在对史实的解释上，以及在研究原则和方法上，都存在很大的分歧。

（一）对孔子的态度。今文家认为，孔子是一位哲学家、政治家、教育家，是感天而生的圣人，虽不在帝王之位，却具有帝王之德，所以他们尊孔子为"素王"，是"为汉制法"的圣人。古文家则认为，孔子是三代文化的收藏者和保存者，他总结三代文化成果，是一位"述而不作，信而好古"的圣人，他将前代文献加以整理，以传授给后人，所以孔子是古代文化传统继往开来的先圣、儒林的祖师。

（二）对六经的认识。今文家认为，"五经之本自孔子始"①，六经皆孔子所作，是孔子政治思想所托，是王道之大纲，其中有许多深奥的微言大义。孔子以六经教弟子，故六经顺序是按教育程度排列的。《诗》、《书》、《礼》、《乐》是关于文字和伦理道德方面的教育的课程，故排列在前；而《易》、《春秋》则是孔子思想精华所在，非高才不能领悟，属于高级教育课程，故排列于后。古文家则认为，六经是三代文化典章制度以及圣君贤相政治格言的忠实记录，故按六经产生时代的早晚排列顺序：《易》八卦为伏羲所画，所以列为第一位；《尚书》中最早的是《尧典》，在伏羲之后，故列为第二位；《诗经》中最早的是《商颂》，故排在第三位；《礼》、《乐》为周公所制，排列在第四、第五位；《春秋》是鲁史，经过孔子修改，所以排在最后。

对于六经的来源，今文家与古文家也存在严重分歧。今文家认为，

---

① 《后汉书》卷六六，《范升列传》。

古文经来源不明，无有本师，且改乱旧章，有作伪痕迹，疑点甚多，是异端之学；而今文经学皆出自孔子，师承关系明确，传授系统清楚，是孔学嫡传。古文家则认为，今文经秦火之余而"朽折散绝"，"学残文缺"，今文家"信口说"，"是末师"，是"抱残守缺"之学；古文经则是先秦旧藏典籍，完整无缺。他们极力强调古文经"藏于秘府，伏而未发"。直到成帝下令"陈发秘藏，校理旧文"，始得学人所重。古文经虽属"孤学"，却是"至音"、"至宝"，应当"扶进微学，增广道艺"。

（三）研究方法的不同。由于今古之学两派对孔子和六经的认识不同，因此影响到他们对经学研究的方法也各异其趣。今文家注重微言大义，所以发展为章句义理之学；古文家注重于对经文本义的疏通理解和典章制度的阐释，所以发展为名物训诂之学。本来，义理与训诂是经学研究相互依存、不可或缺的两个方面。今文家认为六经是孔子托古改制之作，故着力于阐发其中的微言大义。董仲舒说："《诗》无达诂，《易》无达占，《春秋》无达辞"，"为《春秋》者，得一端而多连之，见一空而博贯之，则天下尽矣"。[①] 乃立足汉帝国的政治，赋予先秦儒家典籍以新的价值系统。因而他们在对经典本文的解说上主要致力于阐发、揭示其中的义理，其特色为主观武断，多徒腾口说，甚至强经就我，繁杂芜蔓，把经典本文搞得支离破碎。而古文家则致力于恢复经典的本来面目，脚踏实地研究、整理古文献，注解简明，学风朴实，一反今文家破坏形体、便辞巧说、恣意说经的弊病。古文家不像今文家那样专守一经，大都博学贯通，遍习五经，羞为章句之学。

由于今古文学两派学术思想的立场、观点、方法各异，所以他们对六经的解释存在很多分歧。比如说，对于先秦的封建制、官制、宗庙祭祀、税制等方面的认识就很不相同。今文家认为周代建封地分五服，各五百里，合方五千里；爵分三等，公、侯方百里，伯方七十里，子、男

---

① 《春秋繁露》卷三，《精华》。

方五十里；王畿之内封国；天子五年一巡狩。古文家则认为地分九服，亦各方五百里，并王畿千里，合方万里；爵分五等，公方五百里，侯方四百里，伯方三百里，子方二百里，男方一百里；王畿内不封国；天子十二年一巡狩。在官制方面，今文家认为周代官制天子立三公：司徒、司马、司空，以及九卿，二十七大夫，八十一元士，凡百二十；无世卿，有选举。古文家则认为天子立三公：太师、太傅、太保，无官属；又立三少为之副：少师、少傅、少保谓之三孤；又立六卿：冢宰、司徒、宗伯、司马、司寇、司空，六卿之属大夫、士、庶人在官者凡万二千。有世卿，无选举。在宗庙祭祀方面，今文家认为周代宗庙祭祀，社稷所奉享皆无神；天子有太庙，无明堂；七庙皆时祭；禘为时祭，有祫祭。古文家则认为社稷所奉享皆人鬼；天子无太庙，有明堂；七庙祭有日、月、时之分；禘大于郊，无祫祭。在税制方面，今文家认为远近皆取十一；山泽无禁；十井出一车。古文家则认为以远近分等差；山泽皆入官；一甸出一车。另外在其他一些制度上，今文家主天子不下聘，有亲迎，古文家主天子下聘，不亲迎；今文家主刑余不为阉人，古文家主刑余为阉人；今文家主薄葬，古文家主厚葬。可以看出，两派的认识几乎处处对立。至于两派对古代一些史实及评价上的分歧和对立就更是举不胜举了。比如《鲁诗》以《关雎》篇为周康王时之刺诗，谓康王晏朝，诗人赋《关雎》以刺之；《毛传》、《郑笺》则以《关雎》为周文王时之美诗，歌后妃之德。如此等等，不一而足。

以上所述今古文学两派的分歧和对立主要是学术思想方面的表现。而两派之势不两立，形同水火的对立，主要在于二者的政治地位不同。今文学为朝廷正式承认的官学，置博士，设弟子员。博士官俸为六百石，不仅能参与朝政的议论，且内迁可为奉常、侍中，外迁可为郡国守相及诸侯王太傅，等等。弟子员年考一次，能通一经者就可以补文学、掌故的缺，优秀者可为郎中。而古文学晚出，为民间流传的私学，未得立于学官、置博士、设弟子员，利禄之路为今文家所垄断。古文争立博士，实质上是争利禄之路，争政治地位，理所当然地要遭到今文家的拼命反对了。

三、古文经学的兴起

古文经学作为经学内部的一个学派，是在西汉末年才开始兴起的。但是如前所述，西汉前期古文经典即已在社会流传，一些学者也在对古文经典进行研究。特别是汉武帝罢黜百家、独尊儒术以后，经学日益兴盛，朝廷多次下令访求天下遗书，先秦旧典不断被发掘出来，这样，社会上研习古文经典的人越来越多。在西汉前期古文经学的流传中，比较著名的人物有张苍、贾谊、孔安国、司马迁等人。

张苍曾为秦朝御史，主管四方所上文书。他明习天下图书计籍，又精于算学和律历。西汉建立后，封为北平侯，先后任计相和御史大夫。他曾从荀卿学习《春秋左传》，并将此书献于朝廷。他把《左传》传给贾谊。贾谊又传授给自己的孙子贾嘉。贾嘉传给贯公。贯公被河间献王任为博士。贯公又传给儿子贯长卿，贯长卿传张敞和张禹。张禹又传萧望之和尹更始。尹更始传儿子尹咸和翟方进。西汉末年著名的古文经学家刘歆曾从尹咸和翟方进学习《左传》。西汉时期《左传》在民间的研习较为兴盛，虽未列入学官，但其流传的线索是很明确的。

孔安国是孔子的第十一世孙，其主要活动年代在景帝、武帝时期。他曾从申公受《诗》，又从伏胜受《尚书》。武帝时以治《尚书》为博士。孔安国在汉代经学史上主要以发现古文经典而著名。景帝时，鲁恭王欲扩修孔子故居，从拆毁的墙壁中发现了一批古文经典，其中《古文尚书》四十五篇，比伏胜所传的二十九篇《今文尚书》多十六篇。这一部《古文尚书》为孔安国所得。他对《古文尚书》进行了深入的研究。武帝末年，他将《古文尚书》献于朝廷，不料正逢巫蛊之祸，未及施行。其后孔氏家族世传古文尚书，为汉代《尚书》古文学的宗主。

司马迁也是西汉前期研习古文经学的一位重要人物。据班固讲，司马迁写作《史记》就大量采用了古文经的材料。《汉书·司马迁传》曰："司马迁据《左氏》、《国语》，采《世本》、《战国策》，述《楚汉春秋》，接其后事，讫于天汉，其言秦、汉，详矣。"又《儒林传》曰："迁书载《尧典》、《禹贡》、《洪范》、《微子》、《金滕》诸篇，多古文说。"

当然，古文经学在西汉时期虽然一直在民间私下流传，但人们学习古文经学重点在通训诂。由于未立为学官，设置博士，所以不像今文经学那样受到重视。使古文经学得以大发展的重要人物是古文经学家刘歆。

刘歆（？—23年），字子骏，沛（今江苏沛县）人。为刘姓宗室楚元王刘交的后裔，家学渊源极为深厚。刘歆之父刘向"博物洽闻，通达古今"[①]。刘歆承袭家学，少年时便精通《诗》、《书》，后治《易》，善属文。曾任黄门郎、中垒校尉。向、歆父子俱好古，博闻强记，过绝于人。刘歆与王莽私交甚厚，同好古学，服膺周代的礼乐盛世和典章制度。在当时汉运将终、再受命思潮的影响下，刘歆对汉王朝已完全丧失信心。他把王莽当作再受命的新圣，并竭力为王氏代汉鼓吹呐喊。王莽为了取代刘氏政权，也利用谶纬和再受命思潮，积极抬高古文经学，把《周礼》作为代汉的理论根据和改制的蓝本。古文经学就是在这样的背景下发展起来的。

刘向、刘歆在整理中秘藏书时发现了一批古文经典，激起了他们浓厚的兴趣。刘歆特别喜爱《春秋左氏传》。当时，丞相史尹咸以治《左传》而著名。刘歆便向尹咸和丞相翟方进学习《左传》，质问大义。但那时人们认为"左氏为不传《春秋》"，只是一部历史书，与孔子并无关系；况且《左传》又无明确的师承关系，不如《公》、《谷》为孔学嫡传。刘歆研究《左传》后，一改今文家的传统见解。他认为，左丘明与孔子同时，好恶与圣人同，又亲见夫子，《左传》一定优于《公羊》、《谷梁》，因为二书在

---

① 《汉书》卷三六，《刘歆传》。以下所引本传，不再注明出处。

七十子之后，为传闻之学，不如左氏亲见孔子可信。于是他开始引传文以解《春秋》经，转相发明，这样《春秋左氏传》的义理章句就完备了。后来，刘歆受命领校经典，他向朝廷建议将《左氏春秋》、《毛诗》、《逸礼》、《古文尚书》列于学官，为置博士。哀帝令刘歆与太学博士们共同讨论设置古文经博士的问题。但是诸博士却拒绝与会，以示反对。刘歆又多次求见丞相孔光，希望能得到他的支持。孔光也拒绝表态。当时只有光禄大夫房凤、光禄勋王龚支持刘歆。于是，刘歆与房、王一起写了一篇《移让太常博士书》。在这封公开信中，他们首先陈述了儒学的发展历程：孔子之学在战国秦汉之际屡遭破灭，直到武帝建元年间，邹鲁梁赵等地才出现了几位《诗》、《礼》、《春秋》学大师，而当时经学"离于全经，固已远矣"。其后，鲁恭王拆孔子宅，发掘出一批古文经典贡献于朝廷。因遭巫蛊之难，未得立于学官。此后一直藏于秘府，直到成帝时"陈发秘藏，校理旧文"，而得《逸礼》、《古文尚书》和《春秋左氏传》三书。然后刘歆笔锋一转，严厉地批评今文博士抱残守缺，心怀妒忌，不考实情，随声附和，共同排斥古文经学；痛骂他们"专己守残，党同门，妒道真，违明诏，失圣意，以陷于文史之议"。此书言辞激切，观点鲜明，酣畅淋漓，简直就是一篇讨伐今文经学的檄文。

这一篇书信立即引起了今文经学博士和执政大臣的怨恨。最不能为他们所容忍的主要有以下几点：一、今文经典经战国离乱和秦焚书以后，已经残缺不全。"离于全经，固已远矣"，并非完美无缺；二、古文旧书乃先秦旧典，因藏于秘府，实可信赖，因此，古文经可校正今文经之讹误，补其缺脱；三、刘歆公然咒骂他们是一批"不思废绝之阙，苟因陋就寡"、抱残守缺、心怀妒忌的学阀。因此，刘歆的《移让太常博士书》一公开，就立即在汉王朝的政坛上掀起了一场轩然大波。当世名儒光禄大夫龚胜"以歆《移书》上疏深自罪责，愿乞骸骨"，以此向哀帝进行要挟。大司空师丹更是大怒，他上奏哀帝：刘歆"改乱旧章，非毁先帝所立"，欲治其罪。

　　汉哀帝也对古文经学颇感兴趣，曾下诏"试《左氏》可立不"，并令刘歆与五经博士通过讨论，达成共识，以求得统一。因此，他对于龚胜、师丹等执政大臣的态度深不以为然："歆欲广道术，亦何以为非毁哉？"并不认为刘歆有罪。但刘歆却由此得罪执政大臣，又为众儒所不容。当时王莽为避哀帝，已辞职回封邑，刘歆失却政治靠山，唯恐得罪，便求出补外职以避其祸，后又以疾病免官。

　　西汉末年，社会危机日益严重，今文经学已经开不出解决危机的灵丹妙药，今文经学的日趋烦琐和谶纬神学化，也腐蚀了自己，使其丧失了发展的能力。与此同时，古文经学在社会上已有一定程度的发展，而新发现的古文经中似乎可以找到解决现实危机的典章制度和改制模式。因此，王莽大力提倡古文经学，特别是提高《周礼》的地位，大讲周公辅佐成王、践祚称王的历史，为其摄政代汉大造舆论；鼓吹井田制，把它当作解决当时土地和奴婢问题的完美无缺的方案。哀帝去世后，王莽重掌朝政。此后，刘歆便受到重用，封为列侯、国师公，成为王氏新朝的理论大师，古文经学便借着王氏政权的势力迅速发展起来。《毛诗》、《逸礼》、《古文尚书》、《周礼》等古文经先后列为学官，设置博士。古文经学成为王氏新朝的显学。此后，古文经学便以不可遏阻的势头发展起来，其地位越来越重要，到了汉末，终于压倒了今文经学。

第二节　今古文经学之争

一、对谶纬之学的批判

　　兴起于哀、平之际的谶纬思潮，是儒学趋于宗教、今文经学沦为神学的产物。由于它与政治的关系极为密切，所以便借着政治势力而急剧发展起来。然而，谶纬在表现形态上的粗俗荒诞以及内容上的非理性色彩的弊端也是显而易见的。它的宗教神学性质，完全背离了儒学关注社会人生、罕言乱力怪神的传统。所以，就在谶纬最盛行的时候，就有一些正直的儒学之士起而对它进行批判和排斥。对谶纬之学的批判主要来自经学内部的古文经学派，其代表人物有扬雄、桓谭、郑兴、尹敏、王充、张衡等人。

扬雄（前 53—18 年），字子云，蜀郡成都（今属四川）人。他"少而好学，不为章句，训诂通而已，博览无所不见。为人简易佚荡，口吃不能剧谈，默而好深湛之思，清静亡为，少耆欲，不汲汲于富贵，不戚戚于贫贱，不修廉隅以徼名当世"①。王莽之时，俗儒争相用符命称说王莽功德而获高官显爵，扬雄却淡泊自守，不趋炎附势，仅以年资转为大夫。据《汉书》本传记载，"雄见诸子各以其知舛驰，大抵诋訾圣人，即为怪迂，析辩诡辞，以挠世事，虽小辩，终破大道而或（惑）众，使溺于所闻而不自知其非也"。于是他效《论语》而作《法言》，仿《周易》而成《太玄》，捍卫和发扬正统儒学，对当时流行的天人感应、符命图谶之说予以批判。他对谶纬神学的理论基础阴阳学说的真实性表示了极大的怀疑，认为"邹衍迂而不信"②，明确反对"象龙致雨"之类的迷信说法。他还指出，用谶去解释儒家经典，神化经学，不仅严重失实，而且用巫祝之术加以宣扬，更是一种堕落。他说："或曰：甚矣，传书之不果也。曰：不果，则不果矣，又以巫鼓。"③ "书不经，非书也；言不经，非言也；言、书不经，多多赘矣。"④ 他非常鄙薄当时俗儒的说经：他们自称仲尼，"入其门，升其堂，伏其几，袭其裳"，其实只是"羊质而虎皮"。⑤ 尤其难能可贵的是，他主张"经可损益"⑥，如

---

① 《汉书》卷八七，《扬雄传》。以下所引本传，不再注明出处。
② 《法言·五伯》。
③ 《法言·君子》。
④⑥ 《法言·问神》。
⑤ 《法言·吾子》。

果"以往圣人之法治将来，譬犹胶柱而调瑟"，"圣君少而庸君多，如独守仲尼之道，是漆也"。①

当然，扬雄的《法言》和《太玄》，主要是从正面阐述儒学，以廓清时人之谬误。但他模仿圣人作经书的做法却遭到了当时俗儒的非议。"诸儒或讥以为雄非圣人而作经，犹春秋吴楚之君僭号称王，盖诛绝之罪也。"但东汉著名的学者桓谭、王充、张衡等却对扬雄予以很高的评价。桓谭说："今扬子之书文义至深，而论不诡于圣人，若使遭遇时君，更阅贤知，为所称善，则必度越诸子矣。"② 王充也称赞扬雄是汉代第一流的学者："汉作书者多，司马子长、扬子云，河、汉也，其余泾、渭也。然而子长少臆中之说，子云无世俗之论。"③ 东汉著名的唯物主义思想家和科学家张衡对扬雄非常推崇，特别爱好《太玄》。他对崔瑗说："吾观《太玄》，方知子云妙极道数，乃与五经相拟"④。

桓谭（约前20—56年），字君山，沛国相（今安徽濉溪县西北）人。官至议郎给事中。是两汉之际力排谶纬的一位人物。他以不同的方式对谶纬迷信予以抨击。他博学多闻，遍习五经，皆诂训大义，不为章句之学。能文学，尤好古文经学，常与刘歆、扬雄一道辨析疑义。王莽篡汉，"天下之士莫不竞褒称德美，作符命以求容媚，谭独自守，默然无言"，又"喜非毁俗儒，由是多见排抵"。⑤

东汉建立之初，光武帝刘秀迷信谶纬，将图谶颁行天下以为国宪，大小事务也多以谶纬决定取舍。桓谭上疏力陈谶纬之谬：

凡人情忽于见事而贵于异闻，观先王之所记述，咸以仁义

---

① 《法言·先知》。
② 《汉书》卷八七，《扬雄传》。
③ 《论衡·案书》。
④ 《后汉书》卷五九，《张衡列传》。
⑤ 《后汉书》卷二八上，《桓谭列传》。以下所引本传，不再注明出处。

正道为本，非有奇怪虚诞之事。盖天道性命，圣人所难言也。
自子贡以下，不得而闻，况后世浅儒，能通之乎！今诸巧慧小
才伎数之人，增益图书，矫称谶记，以欺惑贪邪，诖误人主，
焉可不抑远之哉！臣谭伏闻陛下穷折方士黄白之术，甚为明
矣；而乃欲听纳谶记，又何误也！其事虽有时合，譬犹卜数只
偶之类。陛下宜垂明听，发圣意，屏群小之曲说，述五经之正
义，略雷同之俗语，详通人之雅谋。

光武帝看了桓谭的奏疏，很不高兴。不久，光武帝下诏令议灵台。他故
意问桓谭："吾欲以谶决之，何如？"桓谭沉默许久，才说："臣不读
谶。"帝问其何故，桓谭又慷慨激昂地抨击谶纬之荒谬不经。光武帝本
欲使桓谭改变主张，顺从己意，不料桓谭绝不屈服，于是大怒道："桓
谭非圣无法，将下斩之。"桓谭叩头良久才免于一死，不久即黜出朝廷，
病死于道中。

桓谭将一生之学著为《新论》。其中有不少地方都对谶纬之学予以
批判。他认为谶记、谶书都是离经叛道的虚妄之作，乃"后人妄复加增
依托，称是孔丘，误之甚也"。他批评王莽崇信符命、图谶说："王翁好
卜筮，信时日，而笃事于鬼神。……当兵入宫日，射矢交集，燔火大
起，逃渐台下，尚抱其符命书及所作威斗，可谓蔽惑之甚矣"①。王充
对桓谭给予了很高的评价。他指出：桓谭"作《新论》，论世间事，辨
照然否，虚妄之言，伪饰之辞，莫不证定。彼子长、子云说论之徒，君
山为甲"②。

郑兴（生卒年不详），字少赣，与桓谭同时。少学《公羊春秋》，后
从博士金子严习《春秋左传》，遂积精深思，洞达其旨，同学者皆以之

① 桓谭：《新论·意林》。
② 《论衡·超奇》。

为师。王莽天凤年间，他率领门人向刘歆问学，质正《左传》义理。刘歆美其才，命他撰著《左传》条例、章句、训诂及自己的《三统历》。东汉建立后，被光武帝征为太中大夫。每有书奏，多所纳用。但却因反对光武帝迷信图谶而逐渐受到冷遇。据记载："帝尝问兴郊祀事，曰：'吾欲以谶断之，何如？'兴对曰：'臣不为谶。'帝怒曰：'卿之不为谶，非之邪？'兴惶恐曰：'臣于书有所未学，而无所非也。'帝意乃解。兴数言政事，依经守义，文章温雅，然以不善谶故不能任。"[①]

郑兴雅好古文经学，尤明《左传》、《周官》，长于历数，杜林、桓谭、卫宏等著名的古文经学家无不服其义理，采纳其说。郑兴学问淹博，无所不学，唯独不学图谶，虽面对权势的高压，也不肯折节献媚，改其本志，实在难能可贵。后来遂去职，不复仕宦，客居闾乡，以授学为业，三公连辟，终不肯应。

尹敏，字幼季，也是一位力排谶纬的古文经学家。他少为诸生，初习《欧阳尚书》，后受《古文经学》，兼《毛诗》、《谷梁传》和《左传》。东汉初为郎中。光武帝以尹敏博通经记，令他校订图谶，删除王莽时所造的符命之说。尹敏对曰："谶书非圣人所作，其中多近鄙别字，颇类世俗之辞，恐疑误后生。"光武帝不纳其言，坚持要他校正图谶。尹敏见光武帝崇信谶，执迷不悟，便欲以事实感悟光武帝，便在图谶的空缺处增写了几个字："君无口，为汉辅"。光武帝见了，颇感奇怪，便召问尹敏是何缘故。尹敏回答道："臣见前人增损图书，敢不自量，窃幸万一"。[②] 光武帝气得把他大骂了一顿，虽然没有治他的罪，但从此便疏远了他。尹敏由此沉滞于仕途，终不得迁升。明帝时受连累而免官，卒于家。

王充（27—97 年），字仲任，会稽上虞（今浙江上虞市）人。王充

---

① 《后汉书》卷三六，《郑兴列传》。
② 《后汉书》卷七九上，《儒林列传》。

出身贫苦，幼年丧父，后到京师，受业于太学，师事班彪。班彪"以通儒之才，倾侧危乱之间，行不逾方，言不失正，仕不急进，贞不违人，敷文华以纬国典，守贱薄而无闷容"①。班彪的学问和为人对王充产生了极深的影响。王充经过刻苦学习，"遂博通众流百家之言"②。王充一生淡泊名利，致力于思想学术的研究。他针对今文经学的谶纬化、灾异迷信泛滥成灾的社会现实，决定摧折谬说，"乃闭门潜思，绝庆吊之礼，户牖墙壁各置刀笔，著《论衡》八十五篇，二十余万言"③，对当时占据统治地位的谶纬神学予以全面而系统的批判。王充曾明确表示写作此书的目的："是故《论衡》之造也，起众书并失实，虚妄之言胜真美也。故虚妄之语不黜，则华文不见息；华文放流，则实事不见用。故《论衡》者，所以铨轻重之言，立真伪之平，非苟调义饰辞，为奇伟之观也。其本皆起人间有非，故尽思极心，以讥世俗。世俗之性，好奇怪之语，说虚妄之文。……好谈论者，增益实事，为美盛之语；用笔墨者，造生空文，为虚妄之传。……不得已，故为《论衡》。"他反复强调，自己面对社会上种种虚妄的伪说，"疾心伤之"，"心愦涌，笔手扰"，"不得已，故为《论衡》"，以"解释世俗之疑，辨照是非之理，使后进见是非之分"。④ 从《论衡》一书的篇名来看，处处都闪耀着无畏的战斗精神，如《书虚》、《变虚》、《异虚》、《感虚》、《福虚》、《祸虚》、《龙虚》、《雷虚》、《道虚》诸篇，专就各类虚妄之言而辩驳之；《语增》、《儒增》、《艺增》诸篇，则专就经传中增饰之语而辨析之。凡当时图谶、符命、灾异、迷信之所及，几乎无一可以逃脱王充的批判。他对谶纬神学的批判主要集中在以下三个方面：

1. 破灾异谴告之说。

王充针对天有意志的谬说，详细阐述了天道自然的观点。他认为，

----

① 《后汉书》卷四〇上，《班彪列传》。

②③ 《后汉书》卷四九，《王充列传》。

④ 《论衡·对作》。

"万物之生，皆禀元气"①。"日月五星之行"，乃"施气自然"。②"天覆于上，地偃于下，下气蒸上，上气降下，万物自生其中间矣"③。肯定了自然界的物质性和自然变化的客观性，从根本上否定了天神的存在，从而也就否定了君权神授的谶纬迷信说教。他进一步运用"物生自类本种"的观点，指出帝王也是人生的，"虽贵为王侯，性不异于物"。④他对刘邦是龙子，光武帝是嘉禾、凤凰所生等谬说都痛加批驳。他还对当时极为流行的灾异谴告说进行了驳斥。他指出，"水旱之至，自有期节"⑤，"寒暑有节，不为人变改"。"人不能动地，而亦不能动天"。⑥他质问道，如果天能赏善罚恶，为何谋财害命，鱼肉百姓之徒，不但未受天罚，反而"皆得阳达，富厚安乐"?⑦为何"恶人之命不短，善人之年不长"?他深刻地指出，"祸福之庆皆天"的说法，是由于"贤圣欲劝人为善"⑧而编造出来的。他在《自然》篇中专门对"天神谴告人君"的谬说痛加挞伐，"谴告于天道尤诡，故重论之"，"谴告之言，衰乱之语也"。他在《谴告》篇中一针见血地指出："上天之心，在圣人之胸，及其谴告，在圣人之口"。所谓天神，其实就是儒家先师的化身，他们为了维护封建统治秩序，推行自己的政治主张，于是"神道设教"，假借天神而已。

2. 订鬼神禁忌之虚。

两汉是我国历史上神秘主义最浓厚的时期，而谶纬神学则为神秘主义的泛滥起了推波助澜的作用。"俗多淫祀，好卜筮"⑨，各种迷信禁忌

---

① 《论衡·言毒》。
② 《论衡·说日》。
③ 《论衡·自然》。
④ 《论衡·道虚》。
⑤ 《论衡·寒温》。
⑥ 《论衡·变动》。
⑦ 《论衡·祸虚》。
⑧ 《论衡·福虚》。
⑨ 《后汉书》卷四一，《第五伦列传》。

多如牛毛,事无巨细都要择吉日,避忌讳。王充在《论衡》中对各种鬼神迷信及其禁忌,特别是对"人死为鬼"的谬论进行了深刻的批判。他指出:"人死血脉竭,竭而精气灭,灭而形体朽,朽而成灰土,何用为鬼?"他用种种事实和譬喻论述了"死不为鬼,无知,不能害人"①的无神论主张,批判了灵魂不死的谬论。他指出,人们所祭的鬼神其实都是不存在的。"百祀无鬼,死人无知……祭之无福,不祭无祸"②。另外,王充还对各种迷信禁忌一一予以批驳,并鞭笞了各种迷信骗术。他认为,编造这些"奸书伪文"的人,都是一些"巧慧生意作知求利,惊惑愚暗,渔富偷贫"的骗子。他甚至对《尚书》所列七卜、《周易》所载八卦也予以否定,认为"从之未必有福,违之未必有祸"③。

3. 刺圣贤之非。

在儒学独尊的汉代,王充居然以《问孔》、《刺孟》名篇著文,对孔孟提出质疑,这需要何等的勇气。当然,王充并不反对孔子是圣人,也不反对儒家的伦理道德学说,他只是要破除对圣贤的迷信,追求事理的真与实。他依据历史事实和逻辑,向孔子诘问辩难二十余条。他说:"苟有不晓解之问,追难孔子,何伤于义?诚有传圣业之知,伐孔子之说,何逆于理?"④他对儒家经典的态度也是这样,本着实事求是、探求真理的精神,发现有失误之处,即予以纠正。他特别对汉儒以虚妄的神学迷信解说五经予以猛烈的抨击。他说:"儒者说五经多失其实。前儒不见本末,空生虚说,后儒信前师之言,随旧述故,滑习辞语。苟名一师之学,趋为师教授,及时早仕,汲汲竞进,不暇留精用心,考实根核。故虚说传而不绝,实事没而不见,五经并失其实。"⑤一针见血地

① 《论衡·论死》。
② 《论衡·讥日》。
③ 《论衡·辨祟》。
④ 《论衡·问孔》。
⑤ 《论衡·正说》。

指出了谶纬神学的泛滥是由于儒学与政治结缘，儒者根据统治者的意图制造符瑞，宣扬谶纬迷信，以致经说越来越虚妄失实，偏离了儒家思想的本旨。

此外，王充还对两汉之际反谶纬的代表人物扬雄、桓谭等人予以很高的评价，把他们比作周文王、周武王和周公。他认为，汉代学者无人可与扬雄、桓谭相比，充分肯定了他们不迎合时尚，敢于反谶纬迷信，坚守儒学正道的精神。

张衡是反谶纬思潮接近尾声时的一位代表人物。张衡（78—139年），字平子，河南南阳西鄂（今南阳石桥镇）人。张衡学识渊博，贯通五经六艺，尤其擅长天文历算之学。历任太史令、河间相、尚书。虽才高于世，而无骄尚之情。他特别崇拜扬雄的《太玄》，曾对好友崔瑗说："吾观《太玄》，方知子云妙极道数，乃与五经相拟，非徒传记之属，使人难论阴阳之事，汉家得天下二百岁之书也。……汉四百岁，《玄》其兴矣。"① 由于他一生致力于学术研究，对许多问题皆深思熟虑，有独到见解，对谶纬的荒诞不经具有更为深刻的认识。他曾上疏顺帝，对谶纬迷信进行系统的分析和批驳。他指出，谶纬之说不顾事实，前后颠倒。"一卷之书，互异数事，圣人之言，势无若是。殆必虚伪之徒，以要世取资"。"此皆欺世罔俗，以昧势位"。真正的科学知识与学术，他们不肯学习，"而竞称不占之书"，就好比画工不画犬马而专喜画鬼魅一样，"诚以实事难形，而虚伪不穷也"。因此他建议"宜收藏图谶，一禁绝之，则朱紫无所眩，典籍无瑕玷矣"② 。顺帝虽然没有采纳他的建议，但也不罪责他，还常常召引他，问以天下之事。

综上所述可以看出，两汉时期的古文经学家对谶纬迷信展开了全面的批判。他们否定谶纬是孔子所作，用大量事实揭露了图谶乃后世俗儒的伪造，是衰世的产物；他们贬斥谶纬的神圣性，斥之为歪门邪术，超

①② 《后汉书》卷五九，《张衡列传》。

越了最基本的经验范围的逻辑过程，是"不占"之辞。他们还立足于理性精神，从内容上反对谶纬以神学看待人事，把政治和道德建立在宗法礼教的现实基础上，批判了谶纬神道设教、天人感应的诬妄和荒谬。

由于谶纬在表现形态上的粗俗荒诞及其内容上的非理性色彩，更由于它本身是社会危机的产物，因此，当统治秩序未建立之时，固然可以利用它来蛊惑人心；但是当统治秩序建立后，这种谁都可造作和利用的隐语和预言的破坏性就大于建设性，不能有效地用来巩固统治秩序。这样，统治者一方面大力宣扬那些有利于自己的图谶，而对于异说则严令禁绝，从王莽到刘秀都是这样。他们一夺得政权，就"宣布图谶于天下"①；同时又对谶纬进行整理，"正乖谬，壹异说"②，颁布统一的标准的符命以为国宪，同时又下令不准民间习谶。魏晋以后，封建王朝对谶纬的禁绝措施越来越严厉。隋炀帝时，对谶纬进行毁灭性的打击，将谶尽行焚毁。其后，谶纬遂退出了历史舞台。

二、今古文经学派的两军对垒

严格地说来，古文经学家对谶纬神学的批判，还不是古文经学与今文经学之间的两军对垒。古文经学家对谶纬之学的批判只是以理论形态展开的，既没有针对具体的今文经学家，更没有向今文经学的官学地位提出挑战。就政治因素而言，古文经学家批判谶纬迷信，主要表现为学术与王朝的神权政治之间的矛盾。遭受迫害和打击的也只是个别经学家，而不是古文经学学派，与古文经学本身则更不相涉了。就两汉之际的最高统治者来说，他们对今文经学和古文经学并不偏执。只要对王朝有利，不论是今文还是古文，他们都予以支持。如果仅从学术而言，他们中有的人似乎对古文经学更感兴趣一些。姑且不

---

① 《后汉书》卷一下，《光武帝纪》。
② 《汉书》卷九九，《王莽传》。

论王莽出于政治原因大力推崇古文经学，就以汉哀帝而言，他在刘歆与今文经学博士们的争斗中，就公开表示支持刘歆，而对今文博士们的态度很不以为然。

自从王莽把古文经学立为学官，设置博士以后，古文经学由于其自身的优势，便在短短的十多年时间里迅速发展起来。到东汉王朝建立时，古文经学已经形成了足以同今文经学争锋的态势了。《后汉书·儒林列传》说："昔王莽、更始之际，天下散乱，礼乐分崩，典文残落。及光武中兴，爱好经术。未及下车，而先访儒雅，采求阙文，补缀漏逸。先是四方学士多怀协图书，遁逃林薮。自是莫不抱负坟策，云会京师，范升、陈元、郑兴、杜林、卫宏、刘昆、桓荣之徒，继踵而集。"在应召入京的这七位著名的经学大师中，古文经学家就占了四位，即治《左传》的陈元、郑兴，治《古文尚书》的杜林和治《毛诗》的卫宏。

当古文经学兴盛起来以后，古文经学家们自然迫切要求朝廷把古文经典列为学官，为其设置博士，成为朝廷认可的官学。这样一来，今文经学独尊的垄断地位受到了来自古文经学的挑战，为了捍卫自身的利禄之路，必然同古文经学形成两军对垒之势。于是在东汉王朝建立之初，今古文学派便在朝廷上展开了一场激烈的交锋。

建武四年（28 年）正月，古文经学家、尚书令韩歆上疏朝廷，欲为《费氏易》、《左氏春秋》设置博士。光武帝下诏，令公卿大夫、博士在云台讨论韩歆的建议。光武帝亲临大会，听取各方面的意见。今文博士范升首先表示反对意见，他说："《左氏》不祖孔子，而出于丘明，师徒相传，又无其人，且非先帝所存，无因得立。"[①] 他的论点当即遭到韩歆及太中大夫许淑等古文家的反驳，双方争持论难，直至中午方才休会。会后，范升向光武帝上了一道奏疏，从三个方面进一步阐述了反对

---

① 《后汉书》卷三六，《范升列传》。

设立《费氏易》和《左氏春秋》的意见：其一，如果《左氏春秋》、《费氏易》设置博士，那么《高氏易》、邹氏、夹氏《春秋》以及其他五经奇异者就会一哄而上，争立博士。"从之则失道，不从则失人，将恐陛下必有厌倦之听"；其二，公开指责《费氏易》和《左传》"无有本师，而多反异"，属于异端之学，不可立于学官，开启异端竞进之路；其三，目前草创天下，纲纪未定。太学虽然恢复，但学官无弟子，《诗》《书》不讲，礼乐不修，因此立《左氏春秋》、《费氏易》，并非政务之所急。并列举了《左传》的十四条谬误，予以批驳。古文经学家则以太史公司马迁在《史记》里多处引用《左传》之文进行辩解。范升又上疏，列举司马迁违背五经和孔子以及《左传》的谬误三十一条。①两家争持，可谓针尖对麦芒，互不相让。

汉光武帝把范升的奏议下发群臣，令博士们继续讨论。《春秋左传》学家陈元上疏，对范升的奏议予以批驳。他指出，范升所提四十五条，前后矛盾，小题大做，无限上纲，以"掩其弘美"。接着他又针对范升提出的"先帝不以《左氏》为经，故不置博士，后主所宜因袭"的论点，反驳道："若先帝所行而后主必行者，则盘庚不当迁于殷，周公不当营洛邑，陛下不当都山东也。往者，孝武皇帝好《公羊》，卫太子好《谷梁》，有诏诏太子受《公羊》，不得受《谷梁》。孝宣皇帝在人间时，闻卫太子好《谷梁》，于是独学之。及即位，为石渠论而《谷梁氏》兴，至今与《公羊》并存。此先帝后帝各有所立，不必其相因也。"他又进一步指出，当今战事稍息，拨乱反正，应当文武并用，留心经艺，眷顾儒雅，以网罗人才。建立《左氏》，可释先圣之积结，淘汰学者之累惑，使基业垂于万世。②

光武帝又将陈元的奏疏下发群臣讨论。陈元与范升相互论难，多达

---

① 《后汉书》卷三六，《范升列传》。
② 《后汉书》卷三六，《陈元列传》。

十余次。其实，韩歆上奏立《左传》博士，原本是得到光武帝首肯的。[1] 经过几番辩论后，光武帝终于下定决心，将《左传》立为学官，设立博士。命太常选博士四人，结果陈元名列第一。光武帝考虑到陈元与今文博士们多次辩论忿争，他们怨气尤在，乃用名列第二位的李封为《左氏春秋》博士。今文家们得知朝廷的决定，议论哗然，自公卿以下，多次在朝廷上争论。适逢李封病亡，《左氏》博士再也没有补充他人充任，事情就这样不了了之。第二年，朝廷乃正式确立了今文经十四家博士，古文经博士一个也没有。此种局面迄至东汉末一直没有改变。

　　古文经学虽然未被东汉王朝立为学官，但是人们研习古文经学的热情却日益高涨。今古文经学派之间的纷争也更趋激烈。在章帝时，两派又针对《左传》展开了两汉王朝历史上规模最大的一次辩论。章帝喜爱经学，特好《古文尚书》和《左氏传》。他即位后，即召古文学大师贾逵入讲北宫白虎观、南宫云台。章帝非常欣赏贾逵的经说，便命他阐发《左氏传》长于《公羊》、《谷梁》二传的大义。于是，贾逵从《左传》中提出三十条关于"君臣之正义，父子之纪纲"的条目，认为"《左氏》崇君父，卑臣子，强干弱枝，劝善戒恶，至明至切，至直至顺"，"《左氏》义深于君父，《公羊》多任于权变，其相殊绝，固以甚远"。[2] 贾逵在推崇《左传》时，特别利用了最高统治者迷信谶纬的心理，从《左传》中找了一些与图谶相合的例证。他说："五经家皆无以证图谶明刘氏为尧后者，而《左氏》独有明文。五经家皆言颛顼代黄帝，而尧不得为火德。《左氏》以为少昊代黄帝，即图谶所谓帝宣也。如令尧不得为

---

[1]　关于这一点，从陈元的上疏即可明白，其曰："陛下拨乱反正，文武并用，深愍经艺谬杂，真伪错乱，每临朝日，辄延群臣讲论圣道。知丘明至贤，亲受孔子，而《公羊》、《谷梁》传闻于后世，故诏立《左氏》，博问可否，示不专已，尽之群下也。"陈元明确提出，光武帝知道左丘明的《左传》亲受于孔子，而《公羊》、《谷梁》传闻于后世，不如《左传》可信，因而下诏将《左传》立为学官，置博士，广泛征询意见。如果光武帝并无此意，陈元在奏疏里断不敢作如此表述。

[2]　《后汉书》卷三六，《贾逵列传》。

火，则汉不得为赤。其所发明，补益实多。"① 当时的谶纬认为，刘汉为帝尧陶唐氏的后裔，据五德终始为火德。贾逵牵强附会引证《左传》之文，以证明刘汉王朝在历史承传中的合法地位，博取最高统治者的欢心。章帝看了贾逵的奏疏，很是高兴，赐贾逵布五百匹，衣一袭，并令贾逵从《公羊》严、颜二家诸生中选二十名高才生，教授《左传》，每人赐一套简、纸、经、传。② 当时，《公羊春秋》学博士李育认为《左传》"不得圣人深意"，"于是作《难左氏义》四十一事"。建初四年（79年），章帝下诏，令诸儒会集白虎观，辩驳五经同异，章帝亲临裁决。会上，李育"以《公羊》义难贾逵，往返皆有理证，最为通儒"③。会后，章帝命班固将今古文两家相通的论点撰集成《白虎通德论》。又令贾逵撰欧阳、大小夏侯《尚书》与古文的同异。贾逵集为三卷。章帝很满意，复令贾逵撰论齐、鲁、韩《诗》与《毛诗》异同，并作《周官解诂》。建初八年（83年），章帝下诏，诸儒各选高才生受学《左氏》、《谷梁春秋》、《古文尚书》、《毛诗》。从此，古文经学日益兴盛，逐渐压倒了今文经学。

从西汉哀帝时刘歆与今文博士的辩论，到东汉光武帝时陈元与范升，章帝时贾逵与李育之间的辩论，这是汉代三次较为著名的今古文经学的争辩。这三次争论是围绕着古文经学的地位而展开的。第一次重点在古文经的来源上，今文家认为古文经乃刘歆改乱旧章，无明确的师承关系，因而坚决反对把古文经立为学官。第二次争论则重点在古文经的内容上，今文家认为古文诸经"各有所执，乖戾分争"，并把攻击的矛头集中在《左传》上，摘出其中违背孔教的事实予以批评；古文家则针对今文家的批评进行辩驳，但双方均分散而零乱，缺乏系统的理论。第三次争论则从封建纲常的高度上分析比较今古文经的异同优劣。这说明

---

①② 《后汉书》卷三六，《贾逵列传》。
③ 《后汉书》卷七九下，《儒林列传》。

两派的斗争在不断深化，层次越来越高。双方斗争的最初动因是争立学官。到后来，由于士人入仕主要通过征辟的途径，所以争立学官的意义已不重要，而如何用经学来为封建等级秩序服务，为日益发展的士族门阀统治提供经学义理，就成为首要问题了。双方都在这方面大做文章，因此在辩论同异中得出了不少能为双方所接受的论点，这就为经学的统一准备了条件，奠定了基础。《白虎通德论》就是今古文经学走向统一的初步成果。同时，在今古文斗争的过程中，双方逐渐吸取对方的长处以补自己的不足，比如古文学逐渐由纯粹的训诂之学向义理学发展，并把二者结合起来；今文家也不再守一经，打破师法家法的藩篱，一人兼习数经，既习今文，也研究古文。这一学风的发展，就为后来郑玄融合今古文、最后统一经学创造了条件。

三、《白虎通德论》

章帝建初四年（79 年）召开的白虎观经学会议，是自汉宣帝石渠阁议经以后，又一次由皇帝亲自裁决的评议经学的重要会议。

这一次会议是由校书郎杨终向章帝建议召开的。他向章帝奏言："宣帝博征群儒，论定五经于石渠阁。方今天下少事，学者得成其业，而章句之徒，破坏大体。宜如石渠故事，永为后世则。"[①] 章帝采纳了他的建议，于冬月下诏，由太常召集大夫、博士、议郎、郎官及儒生于白虎观论定五经异同。会议由中郎将魏应主持，根据章帝的意旨"问难"，侍中淳于恭将评议情况向章帝汇报，最后由章帝"称制临决"。参加白虎议经者共有数十人，其中最著名的经学家有丁鸿、成封、桓郁、楼望、贾逵、李育、鲁恭等，会议长达一月之久。其后，章帝命班固根据诸臣的议奏撰集成《白虎通德论》，又称《白虎通义》或《白虎通》。

---

① 《后汉书》卷四八，《杨终列传》。

这次会议的目的主要解决两个问题。第一是减省章句。从武帝表章六经以来，到章帝时，经学经过两百年的发展，已达于极盛阶段。章句越来越多，"一经说至百余万言，大师众至千余人"①。刘歆曾严厉地批评今文经学的这一弊病："因陋就寡，分文析字，烦言碎辞，学者罢老且不能究其一艺。信口说而背传记，是末师而非往古，至于国家将有大事……则幽冥而莫知其原。"② 由于章句繁杂，支离破碎，不仅众说纷纭，令学者莫衷一是，而且遇到王朝有大事需要经学义理的支持时，反而不知所云了。这样，从上到下都要求削减那些严重脱离实际、废话连篇的章句。王莽时曾把五经的章句分别删节为二十万字。光武帝晚年也提出简省章句，并令钟兴定《春秋》章句，去其重复，以教授皇太子。当时不少的学者已经在删节章句。如《尚书》朱普学章句四十万言，桓荣减为二十三万言，桓郁复删节为十二万言。杨凤将《齐诗》章句减省为十五万言。明帝也自制《五家要说章句》，等等。他们都在不同程度上纠正经学烦琐支离的弊病。

第二是"共正经义"。章句之学的繁芜不仅使学人深感冗繁难学，而且也违背了维护大一统皇权统治和封建等级秩序这一经学的根本宗旨。此即杨终批评的"章句之徒，破坏大体"③。这样，经学大义被淹没在繁言碎辞之中，降低了经学的社会功能。另外，东汉政府虽然以法令形式"宣布图谶于天下"，确立了谶纬官方神学的地位，但谶纬的泛滥并不利于统治，其中许多诬妄的东西也背离了儒学传统，走到了经学的反面。对于这些东西必须进行整理，或予以剔除，或是对其粗俗卑劣的说教从义理和哲学上进行论证，披上一层"理性"的外衣。同时，古文经学的兴起和发展，形成与今文经学不同的派别，而且势力越来越大。他们对经学义理的说明在许多方面与今文经学不同，又加上争立官

---

① 《汉书》卷八八，《儒林传》。
② 《汉书》卷三六，《刘歆传》。
③ 《后汉书》卷四八，《杨终列传》。

学的斗争，双方矛盾十分尖锐。封建王朝也需要对双方进行调停，使今古文经学都能为巩固王朝的统治服务。

从留传至今的《白虎通义》来看，上述两个目的基本达到了。它以简明精确的语言集中论述了四十三个专题，几乎包括了封建社会从思想到制度的上层建筑的全部内容，而特别着重于制度方面的阐释和规定，是一部钦定的关于封建政治和意识形态的经学法典。它所正经义的核心内容就是"君臣之正义，父子之纪纲"。董仲舒的《公羊春秋》说，最先从阴阳五行方面对这一问题作了理论阐述。后来的纬书则明确提出了"君为臣纲，父为子纲，夫为妻纲"① 的三纲说。东汉的古文经学家陈元、贾逵等人也从《左传》中概括出了"崇君父，卑臣子，强干弱枝，劝善戒恶"② 的思想，认为"《左氏》义深于君父，《公羊》多任于权变"，只有《左传》阐述的才是"孔氏之正道"。《白虎通义》总结了今文经学、谶纬学和古文经学的"君父大义"，作出了具体的解释和严格的规定，从阴阳五行、天人感应、社会伦理和文字训诂等各方面论证了三纲学说的神圣性。

在白虎观会议中占支配地位的是今文经学，所以这次会议所形成的结论乃是以今文经学为基础，是今文经学的总结和集成。但是这次会议的代表性也比较广泛，经学各派都有人参加，所以其中不少观点也容纳了古文经学和谶纬学的内容。据清代经学家庄述祖的考证，《白虎通义》杂论经传，六艺并录，传以谶记，其中以今文经学的观点居多，同时也采用了《毛诗》、《古文尚书》、《周官》等古文经学的说法。③《四库全书总目》也把《白虎通义》列为杂家类。这说明《白虎通义》围绕着君臣、父子、夫妻这个封建伦常的核心，对今文经学和谶纬之学进行全面的总结，同时又博采众说，把各家各派能发挥的封建宗法思想提炼成为

---

① 《礼纬·含文嘉》。
② 《后汉书》卷三六，《贾逵列传》。
③ 《白虎通义考序》，载《珍艺宦文钞卷五》。

一部简明扼要的经学法典，在一定程度上实现了"共正经义"的目的，初步实现了经学的统一。

第三节　汉末经学的统一

一、东汉后期政局的紊乱

和帝以后，皇权的腐化，统治阶级内部的矛盾斗争，使外戚、宦官势力急剧发展，成为东汉后期政治舞台上的主要角色。

不论是外戚专权还是宦官擅政，都是宫廷阴谋政治的产物，在封建政治运行中不具有合法性，而且他们的专权也是以皇帝的存在和更替为转移，具有为时短促、暴兴暴落的特点。因此，他们一旦大权在握，便肆意妄为，寡廉鲜耻，干出许多伤天背理之事，直到把王朝拖进毁灭的深渊。他们排除异己，肆行杀虐，任人唯亲，网罗党羽，公行贿赂；他们抢劫民产，侵掠平民，奸淫妇女，滥杀无辜，极度奢侈腐化，荒淫无度。总之，外戚宦官的擅权，皇权的腐朽，已经彻底破坏了封建国家的上层建筑，使政权机关和政治丧失了正常运行的机制。王朝政治的腐败，更加深了社会生产的危机，使经济基础遭到严重的破坏。"阴阳失和，三光亏缺，怪异数至，虫蝗食稼，水旱为灾"①，士族豪强大地主肆意兼并土地，贫富分化极其严重。"百姓流亡，盗贼并起"②。东汉王朝陷入深重的社会危机之中。

皇权的腐朽，统治阶级内部为争夺政权的残杀，封建上层建筑的破坏，使经学失去了赖以发展的社会政治环境，直接导致了经学的衰亡。

---

① 《后汉书》卷四九，《仲长统列传》。
② 《后汉书》卷四六，《陈忠列传》。

一方面，经学陷入了不可克服的理论危机。本来，汉代经学最本质的特征就在于用儒家的王道政治和仁义学说为大一统中央集权的皇权统治提供一套"奉天法古"的理论体系，以维持整个社会的和谐秩序。但是，封建统治阶级内部的自相残杀，皇权的极度腐朽和异化，从根本上破除了皇权的神圣权威，以君臣为核心的等级尊卑关系和以宗法家族为基础的纲常秩序也遭到巨大冲击。这样，笼罩在他们上面的散发着浓郁的温柔敦厚的人伦温馨的经学氤氲之气荡然飘散，统治阶级和封建政治的极端腐恶的本质暴露无遗。经学义理与丑恶的现实政治形成鲜明的对比，经学义理再也不能为封建统治的一切丑恶遮掩辩护，经学府库中的理论一下子显得那样的贫乏、苍白和无力。

另一方面，深重的社会危机，造成了正直派士大夫官僚、太学诸生与宦官操纵的皇权之间尖锐的矛盾冲突，结果爆发了"党锢之祸"。"志士仁人，多填牢户；文人学士，亦干文网，固已士气颓丧而儒风寂寥矣。"① 这是导致经学衰败的政治原因。

外戚和宦官的残暴统治，加剧了统治阶级内部的混乱和矛盾，违背了整个地主阶级的利益，危及封建国家的生存，他们的悖乱之行更背离了封建伦常观念和道德标准。这一切都激起了一批正直官僚的强烈愤慨。这批人以丁鸿、杨震、陈蕃等人为代表。他们大都是著名的经师，不仅名德昭著，且为国之世臣；他们是孔孟的忠实信徒，醉心于王道政治的理想，是汉代知识群体所营造的、以经学为表现形态的价值系统所熏陶培养的；他们是汉代经学文化的化身，是汉王朝的精神支柱。他们面对黑暗、腐恶的政治局面，举大义于朝廷，坚守謇謇之节，用经学大义指责时政，抨击宦官专权，置个人安危于不顾。他们的行为、言论和处事态度都以"名节"为准绳，以"扶持王室"、"辅政济民"、"正天下风气"为己任，"以仁义携持民心"。因此，当恶秽满朝时，他们敢于挺

---

① 皮锡瑞：《经学历史·经学中衰时代》。

身而出，"裁量公卿，品核人物"，扫除淫秽，趋死不避，万死不辞，"风雪如晦，鸡鸣不已"。

在清流派抗击外戚宦官专权的运动中，太学生们站在斗争的最前列，充当了运动的先锋。他们大多是青年诸生，对政治极为敏感，富于正义感，热爱国家，忠于王室。社会危机的深重，使他们对国家的前途满怀忧虑之心，具有深沉的忧患意识。因此，他们再也不能沉心静志钻研经学，埋头于训诂章句之中。他们激于对黑暗政治的义愤，走出"精庐"书舍，浮华交会，诣阙陈辞，共抗权贵，与清流派官僚的斗争相互呼应。太学的三万余诸生在郭泰、贾彪的领导下，用"风谣"、"题目"等形式，"臧否人物，激扬名声"，抨击邪恶，"自公卿以下，莫不畏其贬议，屣履到门"。①

清流派官僚和太学诸生的斗争汇成一股强大的政治势力，反宦官的正义斗争日益高涨。"诸黄门常侍皆鞠躬屏气，休沐不敢复出宫省。"阉宦们在桓帝的支持下，对清流派官僚和太学生进行反击。桓帝永康元年（167年），他们指使党徒上书诬告李膺等"养太学游士，交结诸郡生徒，更相驱驰，共为部党，诽讪朝廷，疑乱风俗"。于是桓帝布告天下，大肆收捕党人，连及而受害者多达数百人。不久，桓帝下令将党人赦归田里，禁锢终身。灵帝建宁二年（169年），窦武、陈蕃等密谋杀宦官，因事机败露，一百多名党人惨遭杀害。其他受株连而被杀、流放、禁锢者达六七百人，这就是桓灵之际两次大规模的"党锢之祸"。"党人既诛，其高名善士多坐流废。"② 士大夫的元气受到沉重打击，太学的经艺从此委顿、衰亡。在宦官的极端专制统治下，大批士大夫官僚纷纷退隐林壑，枕藉山崖，不愿与邪恶势力为伍。他们对王朝彻底丧失信心，把对刘汉王室的关切转为对个人自身价值的关怀。险恶的政治环境也使

---

① 《后汉书》卷六七，《党锢列传》。以下所引本传，不再注明出处。
② 《后汉书》卷七九上，《儒林列传》。

人们放弃了对"帝王之门"的艳羡之情，深感名不常存，人生易灭，不如退隐山林，优游偃仰，可以自娱而乐其志。这表明一部分士大夫官僚，已开始放弃经学为代表的价值观念，而服膺于道家的超越哲学。他们引老入儒，用老庄思想阐释儒家经典，从而开启了魏晋玄学的先声。

二、今文经学的衰亡

和帝以后，雄居汉代统治思想宝座二百余年的官方正宗学术的今文经学开始走向衰亡。《后汉书·儒林列传》述其衰亡之迹曰："孝和亦数幸东观，览阅书林。及邓后称制，学者颇懈。""自安帝览政，薄于艺文，博士倚席不讲，朋徒相视怠散，学舍颓敝，鞠为园蔬，牧儿荛竖，至于薪刈其下。"桓帝以后，"章句渐疏，而多以浮华相尚，儒者之风盖衰矣。党人既诛，其高名善士多坐流废，后遂至忿争，更相言告，亦有私行金货，定兰台漆书经字，以合其私文"。可以看出，作为博士官学的今文经学在和帝以后已急剧衰微，主要表现在以下几个方面：

第一，"博士倚席不讲，朋徒相视怠散"。经学繁盛之时，讲论经义之风大盛，但和帝、安帝以后，经学已经失去了对学人士子的吸引力，特别是在太学之中，有的博士之学几乎无人传习。许多人对诵读经书、讲论经义失去兴趣，他们奔走权贵之门，行贿赂以取官。延平元年（106年），尚敏在奏陈兴广学校的奏疏中，对当时太学中经学衰微的状况曾谈道："自顷以来，五经颇废，后进之士趣于文俗，宿儒旧学无与传业。由是俗吏繁炽，儒生寡少。其在京师，不务经学，竞于人事，争于货贿。太学之中，不闻谈论之声；从横之下，不睹讲说之士。臣恐五经六艺浸以陵迟，儒林学肆于是废失。"[①] 樊准亦上疏说："今学者盖少，远方尤甚。博士倚席不讲，儒者竞论浮丽，忘謇謇之忠，习讠皮讠皮之

---

① 袁宏：《后汉纪》卷一五，《殇帝纪》。

辞。"① 邓太后也承认当时学者怠惰，六经之学，遂以陵迟的现实。《后汉书·循吏列传》记载的一个故事，很能说明当时太学诸生不修经学、竞务游谈的情况：学生仇览与同郡符融在太学中比邻而居。符融常宾客盈室，他们海阔天空，高谈阔论；仇览则自守室内，研习经学，不与诸生来往。符融对他说：现今京师英雄云集，正是志士交结之秋，虽务经学，何须固守？仇览正色回答道：天子修设太学，岂但使人游谈其中！遂高揖而去，不复言。可见，在东汉后期，像仇览那样"固守"经学的人已属少见，大多数太学生都以浮华相尚，聚会游谈，而不以经学为务。

第二，太学校舍颓废。东汉建立后，重建太学，"起太学博士舍、内外讲堂，诸生横巷，为海内所集"②，规模颇为壮观。明帝时，修建辟雍，以养三老五更，也是行礼讲学之所。当时有人认为，有了辟雍，就可以取消太学。太尉赵戒则以为太学、辟雍可以并存，因而太学的独立地位得以保存。安帝以后，社会鄙薄经学，太学校舍长久失修，逐渐倾圮毁废，野草丛生，成为牧童樵夫砍柴放牧的荒园。今文经学衰微的程度，于此可见一斑。

第三，不依章句，不修家法。章句是汉代今文经学发展的基本形式，而章句之学又是严格依照师法和家法发展的。师法与家法曾在一定程度上促进了经学的研究和教学。但是，它毕竟是一种学术宗派意识的产物，造成了汉代经学严格的门户之分。诸生各执师说，互不相让，难以通融，阻碍了学术的发展，束缚了人们的思想。另一方面，经生们为了阐发师说，对师说大加润色，"具文饰说"，这样，就使章句之学越来越烦琐芜杂，支离破碎，使师法、家法逐渐走向反面。班固指出："古之学者耕且养，三年而通一艺，存其大体，玩经文而已，是故用日少而

① 《后汉书》卷三二，《樊准列传》。
② 《后汉书》卷四八，《翟酺列传》。

蓄德多，三十而五经立也。后世经传既已乖离，博学者又不思多闻阙疑之义，而务碎义逃难，便辞巧说，破坏形体；说五字之文，至于二三万言。后进弥以驰逐，故幼童而守一艺，白首而后能言；安其所习，毁所不见，终以自蔽。"① 因此，经学的发展必然要求打破师法、家法的束缚。古文经学的兴起，更对今文经学的家法形成巨大的冲击。东汉以后，一些今文学家也不再死守家法了。如张玄少习《颜氏春秋》，兼通数家法，有人向他问难，他就陈述数家之说，令对方择善而从。他的这一套治学方法得到学者的称赞，"诸儒皆伏其多通，著录千余人"②。此种变乱家法的风气到和帝以后越演越烈，和帝时，司空徐防上疏指出："伏见太学试博士弟子，皆以意说，不修家法，私相容隐，开生奸路。每有策试，辄兴诤讼，论议纷错，互相是非。""今不依章句，妄生穿凿，以尊师为非义，意说为得理，轻侮道术，寖以成俗。"③ 不修家法、不依章句的情况越来越严重，就表明今文经学的基本发展模式已经被人们抛弃，这是今文经学衰亡的重要标志。

第四，经学错乱，典籍散落。由于今文经学说解经义随心所欲，穿凿附会，这就造成了"经传之文多无正定"④。更其甚者，一些儒学之士向兰台官员私行贿赂，更改"漆书经字，以合其私文"⑤。由于儒经文字多谬误，于是不得不花费极大的工夫以"整齐脱误，是正文字"。灵帝熹平四年（175 年），蔡邕与杨赐、马日磾等奏请正定六经文字，蔡邕乃亲自丹书于石碑，立于太学门外。后来，董卓之乱，迁都长安，收藏于辟雍、东观、兰台、石室、宣明、鸿都等处的典籍文章"竞共剖散，其缣帛图书，大则连为帷盖，小乃制为縢囊。及王允所收而西者，

---

① 《汉书》卷三〇，《艺文志》。
② 《后汉书》卷七九下，《儒林列传》。
③ 《后汉书》卷四四，《徐防列传》。
④ 《后汉书》卷八〇上，《刘珍列传》。
⑤ 《后汉书》卷七九上，《儒林列传》。

裁七十余乘，道路艰远，复弃其半矣。后长安之乱，一时焚荡，莫不泯尽焉"①。

第五，灵帝设立鸿都门学，开始犹以经术相召，其后又引诸生能为文赋者。到后来，凡"为尺牍及工书鸟篆者，皆加引召"②。而所召之人大都是出身微贱的无行趋势之徒。他们依凭世戚，附托权豪，以世俗间里趣闻讨灵帝欢心，"或献赋一篇，或鸟篆盈简，而位升郎中"，更有"笔不点牍，辞不辩心，假手请字，妖伪百品"，而蒙殊恩，待以不次之位者。③故正直的士大夫官僚皆耻以为列，议论汹汹。鸿都门学是帝王开设的一所文学艺术专门学校，它充分表明最高统治者的志趣已从经学转向文学艺术，并且以之作为取士的科目，经学的衰亡亦已甚矣。

面对今文经学的衰亡，东汉统治阶级曾尽力加以挽救，以求振兴。和帝永元十四年（102年），徐防为了纠正当时太学博士弟子考试中不修家法、不依章句、皆以意说妄生穿凿的弊端，重申以五经章句试博士弟子，设五十难题以试之。一律以家法章句为依据，解释多者，引文明确者，定为优等。五经各取六人，"若不依先师，义有相伐，皆正以为非"④。延平元年（106年），尚敏和樊准上疏，建议朝廷选拔官吏，应当录取经学者，以宠进儒学之士，"公卿各举明经及旧儒子孙，进其爵位，使缵其业"⑤。邓太后采纳了他们的建议，下令"公卿中二千石各举隐逸大儒，硕学高操，以劝后进"，使学人复趋于经学，以达到"人心专一风化可淳"的目的。⑥顺帝时，将作大臣翟酺上书，建议重修太学博士房舍，以"诱进后学"。帝感其言，乃更修校舍，建房二百四十栋，共一千八百五十室。学者感激翟酺兴学之功，为他在太学前竖立碑

① 《后汉书》卷七九上，《儒林列传》。

② 《后汉书》卷六○，《蔡邕列传》。

③ 《后汉书》卷七七，《酷吏列传》。

④ 《后汉书》卷四四，《徐防列传》。

⑤ 《后汉书》卷三二，《樊准列传》。

⑥ 袁宏：《后汉纪》卷一五，《殇帝纪》。

铭。后来，梁太后又下令大将军以下至六百石官吏，悉遣子就学，规定于每年春三月、秋九月，诸生会于太学，习乡射礼，讲论经学。于是游学之人一时大增，多达三万余人。朝廷的这一系列措施，都在一定程度上为拯救今文经学的衰亡起了一些作用。但是，由于社会政治和今文经学本身的问题，今文经学衰微的总趋势是任何人也改变不了的，桓灵以后，今文经学更如江河日下，终至衰亡。

东汉后期的今文经学家，唯一可以称述的只有何休。何休（128—182年），字邵公，任城樊县（今山东济宁市）人。他质朴口讷，而雅有心思，精研六经，博学多通，世儒无及者。党锢之祸时，何休受连累而遭废锢，乃作《春秋公羊解诂》，十七年不出门户。又注训《孝经》、《论语》等，不泥守旧说，多所发明。他根据《春秋》大义，驳汉事六百余条，深得《公羊》学之旨意。他追述《公羊》学大师李育之意，以非难《左》、《谷》二传，作《公羊墨守》、《左氏膏肓》、《谷梁废疾》。[①] 党禁解除后，朝廷公卿表奏何休道术深明，宜在朝廷，因佞臣阻挠，乃拜议郎，再迁谏议大夫。年五十四卒。

《春秋公羊解诂》乃何休一生殚精积虑之所作。何休在《序》中曾谈到他写作此书的目的："传《春秋》者非一，本据乱而作，其中多非常异义可怪之论。说者疑惑，至有倍经任意反传违戾者"。"是以治古学、贵文章者谓之俗儒，致使贾逵缘隙奋笔，以为《公羊》可夺，《左氏》可兴"。"余窃悲之久矣，往者略依胡毋生条例，多得其正，故遂隐括，使就绳墨焉。"[②] 何休的《春秋公羊解诂》，完备地总结了公羊学派的义法，他在《春秋文谥例》中归纳《春秋》的文例为"五始、三科、九旨、七等、六辅、二赞之义，以矫枉拨乱，为受命品道之端，正德之纪也"。其中尤以"三科九旨"为其主旨。何休说："三科九旨者，新周，故宋，以《春秋》

---

① 其义为《公羊》之义不可攻，如墨翟之守城，《左氏》则如人之病入膏肓，《谷梁》废如残疾。

② 何休：《春秋公羊解诂序》，见十三经注疏本。

当新王，此一科三旨也。""所见异辞，所闻异辞，所传闻异辞，二科六旨也。""内其国而外诸夏，内诸夏而外夷狄，是三科九旨也。"① 他又从"所见"、"所闻"、"所传闻"中引出"三世"之说：

> 于所传闻之世，见治起于衰乱之中，用心尚粗粗，故内其国而外诸夏；……于所闻之世，见治升平，内诸夏而外夷狄，……至所见之世，著治大平，夷狄进至于爵，天下远近小大若一，用心尤深而详。②

他把历史的发展概括为太平世、升平世、据乱世的模式。到了清朝末年，何休的三世说被康有为进一步发展，成为资产阶级改良主义的理论基础。

三、郑学的小一统

随着今文经学的日渐衰微，古文经学却日益兴盛，最后终于由郑玄以古学为宗，兼采今学，融合今古文学，使经学达到统一的局面。

终东汉一代，古文经学始终未立于学官，未置博士，但是，研习古文经学之人却遍及朝野。特别是在和帝以后，太学的博士之学废弛，而私学遍及郡国，成为东汉后期经学教育的主要阵地。私学所传授者几乎都是古文经学。

古文经学其所以能超过今文经学，吸引大批学人由今文经学转向古文经学，最重要的原因就在于今文经学发展到极盛，章句之学十分繁杂，支离散漫，毫无统绪；其说解随心所欲，自相矛盾，破绽百出；师法、家法规定极严，一经之内有数家之说，门户森严，不相沟通，严重

---

① 《春秋公羊解诂》唐徐彦疏引引何休《春秋文谥例》。
② 《春秋公羊解诂》卷一，《隐公》。

地束缚着人们的思想。因此，今文经学已经走到死胡同，再也没有生命力。而古文经学则以其简明的训诂风格为经学界带来一股清新的空气。加以古文诸经初出不久，多无师传之经说，这就为学人的研究和发挥义理提供了广阔的天地，任其驰骋。《费氏易》在顺帝以后的兴起和发展而使《京氏易》的衰亡历程，就充分证明了这一点。费氏古文《易》的特点，一是经本文字胜于施、孟、梁丘经，刘向校书已有定评；二是"亡（无）章句，徒以《彖》、《象》、《系辞》十篇文言解说上下经"①。《费氏易》兴于成、哀间，因其无章句，故不列于学官，仅在民间传习。东汉初，著名的古文经学家郑众、陈元传授《费氏易》，开始在学界产生一定影响，要求为《费氏易》立为学官的呼声越来越高。顺帝以后，外戚和宦官窃持国柄。在这种天地错位、阴阳乖谬、乾坤颠倒的政治局势下，人们已经冲破《易纬》阴阳灾异理论的庸俗说教，匹夫抗愤，处士横议，直陈大义，抨击朝政。另一方面，一些著名的学者深受权贵的嫉恨而遭排挤打击，他们"不敢复违忤势家"，甚至投靠权贵门第。这些人在生活上以"达生任性"相标榜，在思想上向老庄复归，以道入儒，研习《老》、《易》自娱，遂开注《老》、《易》之风气。而《费氏易》无章句的特点，正可大加利用以充分发挥自己的学术见解。这种风尚始于马融。其后，郑玄、荀爽、王肃、王弼等，俱以《费氏易》经本作注。他们的《易注》颇多异说，在内容上已开始发生新的变化，显示出以《老》解《易》的端绪。这表明以象数学为主要内容的汉《易》已走到尽头，开始向玄理《易》学转变了。

东汉一代，古文经学大师辈出，如杜林、郑兴、郑众、卫宏、贾逵、许慎、马融、服虔、卢植、郑玄等。他们学问淹通，著述丰硕，为学界所景仰，声望极高。杜林、郑兴、卫宏、贾逵等人，前面已作介绍。这里再把许慎、马融、服虔、卢植、郑玄的情况予以评述。

---

① 《汉书》卷八八，《儒林传》。

许慎（约58—约147年），字叔重，汝南召陵（今河南郾城县）人。许慎性情淳厚，师事贾逵，博学经籍，受到马融的敬重。时人以"五经无双许叔重"褒称他。许慎"以五经传说臧否不同，于是撰为《五经异义》，又作《说文解字》十四篇，皆传于世"①。《说文解字》一书，乃积汉代古文经学训诂之大成，共收字九千三百五十三，又重文一千一百六十三。按文字形体及偏旁构造分为五百四十部，字体以小篆为主；有古文，籀文等异体，则列为重文。本书对后世影响极大，是中国文字学研究的重要根据。

马融（79—166年），字季长，右扶风茂陵（今陕西兴平市东北）人。初事京兆名儒挚恂，从其游学，博通经籍。恂奇其才，以女妻之。马融一生仕途坎坷，颇不得意，但在经学研究上却很有成就。他才高博洽，世称"通儒"，教养诸生，常有千数。卢植、郑玄等皆出其门下。他为人达生任性，不拘儒者之节，居室器服，多存侈饰。他在教学方面颇有创新，在讲堂前"施绛纱帐，前授生徒，后列女乐"，每讲完一段落，则奏乐助兴，以调剂精神。

马融以其精博之学，遍注《孝经》、《论语》、《诗》、《易》、三《礼》、《尚书》、《列女传》、《老子》、《淮南子》、《离骚》。他本欲为《左氏春秋》作注，但见了贾逵和郑众的注以后，乃曰："贾君精而不博，郑君博而不精。既精既博，吾何加焉。"②于是只著《三传异同说》。经注专主古文，不用今文之说，壁垒分明。马融的撰著，标志着古文经学已达到了成熟的境地。除上述注作外，另有赋、颂、碑、谏、书、记、表、奏、七言诗、琴歌、对策、遗令凡二十一篇。

服虔，字子慎，河南荥阳（今河南荥阳东北）人，生卒年代不详，其活动年代大约与何休、郑玄相当。他少以清苦建志，入太学受业。举

---

① 《后汉书》卷七九下，《儒林列传》。许氏的《五经异义》已佚，清人陈寿祺辑有《五经异义疏证》可供参考。
② 《后汉书》卷六○上，《马融列传》。

孝廉，灵帝中平末年，官九江太守。服虔颇有才气，善著文论，撰《春秋左氏传解》。又以《左传》批驳何休之所驳汉事六十条。他的《春秋左氏传解》成就最高，对后世颇有影响。据《世说新语·文学》记载，郑玄欲注《春秋》，后得知服注之意多与己同，遂尽以己注与服虔。此书在汉、魏之世甚为流行。东晋元帝时，服氏《左传》之学曾立博士。南北朝时，《左传》之学北方用服虔注，南方用杜预注。

卢植（？—192年），字子干，涿郡涿（今河北涿州市）人。少与郑玄俱事马融，能通古今学，好研精而不守章句。学毕辞归，以教授为业。卢植身材伟岸，声如洪钟，性刚毅而有大节，常怀济世之志，不好辞赋；兼文武之才，历任九江、庐江太守，后拜北中郎将。曾率兵破黄巾军。其经学著作有《尚书章句》和《三礼解诂》。灵帝时在太学立石经，以正五经文字。卢植上书，请求将《毛诗》、《左传》、《周礼》设置博士，为立学官。其后又与马日磾、蔡邕、杨彪、韩说等在东观校正五经传记，并补续《汉纪》。后来，曹操称颂他"名著海内，学为儒宗，士之楷模，国之桢干也"①。

东汉古文经学的集大成者是郑玄。郑玄（127—200年），字康成，北海高密（今山东高密市西南）人。少年时喜爱经学，对于时人趋之若鹜的"美服盛饰"，他"独然如不及"，曰："此非我志，不在所愿。"②遂入太学受业，师事第五元先，始通《京氏易》、《公羊春秋》、《三统历》、《九章算术》。又从张恭祖学习《周官》、《礼记》、《左氏春秋》、《韩诗》、《古文尚书》。以山东无足问者，乃西入关师事马融。郑玄在马融门下，三年时间，未得见马融一面，但他日夜诵习，未尝怠倦。有一天，马融会集诸生考论图纬，听说郑玄擅长算术，便召见他。郑玄乘此时将平时所集的疑难问题求教于马融。质问疑义毕，遂辞别东归。马融

---

① 《后汉书》卷六四，《卢植列传》。
② 《后汉书》卷三五，《郑玄列传》注引《郑玄别传》。

对门人说："郑生今去，吾道东矣。"① 不久，党锢之祸起，郑玄也在禁锢之列，遂隐居乡里，以授学与著述为业。后来，虽然朝廷和地方州郡辟命交至，他均婉词谢绝，杜门不出。他针对何休所著《公羊墨守》、《左氏膏肓》、《谷梁废疾》，著《发公羊墨守》、《箴左氏膏肓》、《起谷梁废疾》，一一加以批驳。何休见郑玄之书，不由叹道："康成入吾室，操吾矛，以伐我乎！"此后，古文经学遂压倒今文经学，而雄擅学坛。

灵帝末，党禁解除，郑玄在乡里教授经学，弟子自四方来者多至数千人。郑玄以"述先圣之元意，思整百家之不齐"为己任，遂遍注群经，对今、古文经学进行全面总结，自成一家之言。"凡玄所注《周易》、《尚书》、《毛诗》、《仪礼》、《礼记》、《论语》、《孝经》、《尚书大传》、《中候》、《乾象历》，又著《天文七政论》、《鲁礼禘祫义》、《六艺论》、《毛诗谱》、《驳许慎五经异义》、《答临孝存周礼难》，凡百余万言。"②

郑玄的学问极为广博，大至天文历象，小至草木虫鱼，举凡社会政治制度、礼乐兵刑、文教赋税、酒膳饮食、宫室衣服、农商医卜等，无不了然于胸，而又能融会贯通。他不囿于学术宗派的偏见，虽以古文经学为其基本立场，但又能吸收今文经学中的优长，故其经注能"括囊大典，网罗众家"，并断以己意，因此无不精审允当，不仅在当时能为各家所接受，而且更能经受历史的检验。在流传至今的《十三经注疏》中，直接取用郑玄之笺注的就有四种，间接取用郑玄之注者亦有两三种，特别是郑注三《礼》，更为历代注解家所依重。他们大多以郑注为本而为之疏通。清代学者胡培翚著《仪礼正义》四十卷，他自述其例有四："曰补注，补郑君注所未备也；曰申注，申郑君注义也；曰附注，

---

① 《后汉书》卷三五，《郑玄列传》。
② 《后汉书》卷三五，《郑玄列传》。郑玄书现存者有《毛诗笺》、《仪礼注》、《礼记注》、《周礼注》四种。《乾象历》、《七政论》二书亡佚，今已完全不可考，其余诸书多已残缺。宋王应麟、清惠栋、袁钧、马国翰、严可均等人有辑本，可参看。

近儒所说，虽异郑旨义可旁通，附而存之，广异闻佉专已也；曰订注，郑君注义，偶有违失，详为辨正，别是非明折衷也。"① 字里行间，充分表明了对郑玄的高度尊崇。

郑玄治经，态度谨严，学风淳厚，实事求是，无征不信，故能超过前人。郑玄注经有以下几个特点：

第一，打破今、古文经学的门户之见，出入今古学，杂糅诸家。他虽然以古文经学为宗，却也充分吸收今文经学的研究成果，纳入自己的经注之中，自成一家之学。比如他笺《诗》，虽以古文《毛诗》为主，同时也用齐、鲁、韩三家今文《诗》改易《毛诗》。他注《仪礼》，"并存今古文，从今文则注内叠出古文，从古文则注内叠出今文"。注《论语》，则"就《鲁论》篇章，参之《齐》、《古》，为之注，云：'《鲁》读某为某，今从古。'"②

第二，用考据的方法对儒家经典进行整理，校勘文字，刊改漏失。他参校诸本，考订是非，择善而从，为后学提供正确的版本。

第三，删裁今文经学繁杂诬妄的章句，以简明精审的训诂而备受学者们的推崇。

第四，不囿于文字形体，而是"就其原文字之声类，考训诂，捃秘逸"③，就其音而易其字，以阐释本义，开创了"因声求义"的训诂方法。

第五，郑玄对经学的研究，于三《礼》之学用力最深，故其对三《礼》的注释特别精湛，使礼学在魏晋南北朝隋唐时期成为专门之学，其影响至为深远。

《后汉书》作者范晔评论说："自秦焚六经，圣文埃灭。汉兴，诸儒颇修艺文；及东京，学者亦各名家。而守文之徒，滞固所禀，异端纷

---

① 《皇清经解续编》卷六八九。
② 皮锡瑞：《经学历史·经学中衰时代》。
③ 《后汉书》卷三五，《郑玄列传论》。

纭，互相诡激，遂令经有数家，家有数说，章句多者或乃百余万言，学徒劳而少功，后生疑而莫正。郑玄括囊大典，网罗众家，删裁繁诬，刊改漏失，自是学者略知所归。"① 自郑学出，从学者无不仰望，如万流之归东海，王粲称伊洛以东，淮、汉以北，唯康成一人而已。

郑学的兴盛，不仅标志着汉代今古文经学之争的终结，达到了经学的统一，同时也标志着汉代经学的衰亡。皮锡瑞指出："汉时经有数家，家有数说，学者莫知所从。郑君兼通今古文，沟合为一，于是经生皆从郑氏，不必更求各家。郑学之盛在此，汉学之衰亦在此。"② 皮氏所谓"汉学"就是十四博士今文经学，乃两汉王朝正宗的官方学术。前已指出，今文经学发展的基本模式是章句，而章句必须严格按照师法和家法。所以今文经学重在专门一家之学，不容他说掺杂其间，以纯正为高。西汉末年，刘歆创通古文。其后，卫宏、贾逵、马融、许慎等推演其说，遂与今文经学成对峙之局。然而今学守今学门户，古学守古学门户，相攻如仇，不相混合。如杜子春、郑兴、郑众、贾逵、马融为《周礼》作注，绝不采今文家说，而何休注《公羊传》，也不引《周礼》一字；许慎的《五经异义》也严格区分今文说和古文说。郑玄则不然，他先学今文，后习古文，博学多师，广集众说，贯通今古之学，自成一家之言。郑氏经学以其闳通博大、简明义精、不囿于门户陋见的特点而深受学者的欢迎。"众论翕然归之，不复舍此趋彼。于是郑《易注》行而施、孟、梁丘、京之《易》不行矣；郑《书注》行而欧阳、大小夏侯之《书》不行矣；郑《诗笺》行而鲁、齐、韩之《诗》不行矣；郑《礼注》行而大、小戴之《礼》不行矣；郑《论语注》行而齐、鲁《论语》不行矣。"总之，郑学出而两汉今文经学遂告终结，"郑君徒党遍天下。即经学论，可谓小统一时代"。③

---

① 《后汉书》卷三五，《郑玄列传论》。
②③ 皮锡瑞：《经学历史·经学中衰时代》。

附　录　经学与汉代社会

一、经学的昌盛

汉武帝罢黜百家，表章六经，定儒学为一尊，这是汉代文化发展史上的一个重要转折点。设置五经博士，废黜诸子博士，使儒学以经学的形态居于独尊地位，儒家经典成为不容置疑的最具权威的理论形态，唯有读经才是学人获得"修齐治平"一整套"内圣外王"之道的正途。太学的兴办，博士弟子员的设置，则把这一知识价值观同功名利禄紧密结合起来，为经生儒士开辟了一条晋身入仕、抱紫握朱的金光大道。牧猪学者公孙弘因明习经学，由布衣而至公卿、封侯拜相的历程激起了人们对经学的极大兴趣；汉宣帝鼓励经说，增设施、孟、梁丘《易》、大小夏侯《尚书》和《谷梁春秋》博士的措施，更使以经学为表现形态的文化事业获得空前的发展。自此以后，直到东汉中叶，经学达于极盛，出现了繁荣昌盛的局面。

汉代经学的繁荣主要表现在以下几个方面：

第一，朝野内外诵读儒经蔚然成风。西汉之初，皇帝、太子、后宫对儒经是不感兴趣的。文帝好刑名之学，景帝不任儒，窦太后也好黄老术，故宗室、后宫及窦氏外戚不得不读《老子》。经学大兴之后，此种情况陡然改变，宫闱之内无不诵读儒经。武帝好《公羊》，昭帝传《孝经》、《论语》、《尚书》，宣帝受《诗》、《谷梁》，元帝十二岁通《论语》、《孝经》，哀帝诵《诗》。东汉光武帝受《尚书》，即使在戎马倥偬之际，也"投戈讲艺，息马论道"。明帝通《春秋》、《尚书》。章帝垂意儒术，受《尚书》于汝南张酺。顺帝即位，召桓焉授经于禁中。皇后明习经学者，在西汉有昭帝上官后、成帝赵皇后，东汉有明德马后、和熹邓后、顺烈梁后等。特别是和帝皇后邓绥，六岁能《史书》，十二通《诗》、《论语》，昼修妇业，暮诵经典，家人号曰"诸生"。她入宫为皇后，又

"从曹大家（即班固之妹班昭）受经书，兼天文、算数。昼省王政，夜则诵读。而患其谬误，惧乖典章，乃博选诸儒刘珍等及博士、议郎、四府掾史五十余人，诣东观雠校传记。事毕奏御，赐葛布各有差。又诏中官近臣于东观受读经传，以教授宫人，左右习诵，朝夕济济"①。东汉朝廷还特为外戚勋臣子弟开设学校，置五经师。

宫廷之中如此，社会上习经之风更盛。韦贤、韦玄成父子"以明经历位至丞相"，对邹鲁之地的学人以极大鼓舞。当地流传着这样一句谚语："遗子黄金满籯，不如一经。"② 经学一旦与利禄之路结合，便具有无比的吸引力。一些经学大师也常常以此鼓励诱劝诸生。夏侯胜每讲经义时，总是教训诸生说："士病不明经术，经术苟明，其取青紫如俯拾地芥耳。"③ 光武帝拜《尚书》博士桓荣为太子少傅，并赐以辎车乘马。桓荣大会诸生，陈列车马印绶，对诸生说："今日所蒙，稽古之力也，可不勉哉！"④ 他们自身的经历是经生们很好的榜样。在他们的教导和鼓励下，诸生们习经非常刻苦，像朱买臣"担束薪，行且诵书"⑤、倪宽"带经而锄，休息辄读诵"⑥ 的事例在两汉史籍中俯拾即是。

汉人诵经的情况在汉画像砖上也有反映。成都市郊出土的《传经讲学》画像砖就活现了汉人传习经学的情景。画面共七人，经师高冠长服，坐于左方榻上，正在讲经传学。六人为门生，环坐于下面席上，身着冠服，手捧简册，虔诚肃穆，凝神倾听。

第二，经师人数众多。两汉时期载于史籍的经师非常多，其中贯通五经者就有董仲舒、刘向、贾逵等三十余人。此外，刘歆、何休治六经，郑玄、马融通十经，最为通儒。至于一师兼通三经、四经者更是不

---

① 《后汉书》卷一〇上，《皇后纪》。
② 《汉书》卷四三，《韦贤传》。
③ 《汉书》卷七五，《夏侯胜传》。
④ 《后汉书》卷三七，《桓荣列传》。
⑤ 《汉书》卷六四上，《朱买臣传》。
⑥ 《汉书》卷五八，《倪宽传》。

计其数。他们注解经书，阐释经义，发挥义理，对经学普及、提高和发展作出了巨大的贡献。

第三，经师备受尊重，享有崇高的社会地位。在汉代，不论出身贵贱，只要精通一经，便可入朝做官，显著者还可晋身卿相。因此，经学大师极受人尊敬，社会地位很高。夏侯胜精研《尚书》，成一家之学，宣帝任命他为太子太傅。又受诏撰《尚书》、《论语》说，赐黄金百斤。夏侯胜死后，皇帝亲赐茔冢，太后赐钱二百万，并为他素服五日，以报师傅之恩。明帝对老师桓荣也非常敬重。他驾临桓府，请桓荣上坐，自己同桓荣的弟子门生数百人一样亲执弟子礼。桓荣也因帝师而封为关内侯。类似夏侯胜和桓荣的事例在两汉较为普遍。

第四，讲论经义之风大盛。这是汉代经学发展很具特色的一种形式。不仅经师与弟子之间把讲论经义、相互论难作为研习经学的重要方法，经师之间也采取此种方式发展各家经说，以争雄长，决优劣。这样，随着经学的发展，讲论经义之风日益兴盛。这种形式更得到了皇帝的支持和鼓励。他们经常举行讲经活动，并亲临称制，评判优劣。有的皇帝还登上讲台，亲自讲经。两汉时由朝廷召开的讲经大会，见于史籍记载的共有七次：

1. 甘露元年（前53年），宣帝召五经诸儒于殿中评《公羊》、《谷梁》之异同；

2. 甘露三年（前51年），宣帝又召集诸儒于石渠阁讲议五经同异；

3. 元帝时，五鹿充宗与诸《易》家论梁丘《易》与诸《易》之异同；

4. 光武帝建武四年（28年），范升与韩歆、许淑、陈元等争论《费氏易》和《左传》立学官的问题；

5. 永平二年（59年），明帝亲临辟雍，行养老礼，然后升堂正坐，开讲经义，诸儒执经问难，"冠带缙绅之人，圜桥门而观听者盖亿万计"[1]；

---

① 《后汉书》卷七九上，《儒林列传》。

6. 章帝建初四年（79年），召诸儒会白虎观议五经同异；

7. 永元十一年（99年），和帝朝会，召见诸儒，令鲁丕与贾逵、黄香相互论难。帝善丕说，特赐帻履袜衣一袭。

有时，朝廷甚至把讲论经义作为一种娱乐活动。据《后汉书·儒林列传》载，光武帝时，正旦朝会，百官大臣贺礼完毕，帝令群臣能说经者相互论难，义有不通，辄夺其席以予胜者。侍中戴凭善于辩说，摧折众口，"遂重坐五十余席"。讲论经义之风的盛行，促进了经学的发展，同时也是经学繁荣昌盛的表现。

第五，经学成为指导国家政治的理论依据。自汉武帝独尊儒术以后，儒经在汉人心目中无比神圣，具有至高无上的权威。匡衡对成帝说："臣闻六经者，圣人所以统天地之心，著善恶之归，明吉凶之分，通人道之正，使不悖于其本性者也。故审六艺之指，则人天之理可得而和，草木昆虫可得而育，此永永不易之道也。"[1] 因此，经学成为汉代占统治地位的意识形态，对国家政治的指导作用日益增强。清人皮锡瑞说：汉王朝"议礼、制度、考文，皆以经义为本"[2]。皇帝诏书，群臣奏议，无不引证经典作为依据，凡国家大事，疑而难决的问题，都援引经义以折中是非，决定取舍。如张汤为廷尉，每决大狱，欲从经典中找到根据，便请治《尚书》、《春秋》的博士弟子补廷尉史，决疑奏谳。张敞为京兆尹，每当朝廷大议，他引经议论，公卿皆服其是。以经义议政是武帝以后汉代政治中较有特色的制度。他们所引的经义，既有往古的历史经验和教训，亦有先贤圣哲的古训格言。他们以此为借鉴，对当时的政事确实起了指导作用，此即后人所称道的"通经致用"。

经学在汉代所以如此繁荣昌盛，最根本的原因就在于经学适应了大一统封建王朝的需要，是为中央集权专制统治服务的思想体系，因此封

---

① 《汉书》卷八一，《匡衡传》。
② 《经学历史·经学极盛时代》。

建统治者大力提倡经学，采取种种措施促进经学的发展。经学与政治的结合，经学与利禄之路的结合，不仅为经学造成了崇高的社会声望，更造成了儒宗地主这样一个特殊的阶层，这就使经学的发展有着广阔的社会背景和深厚的阶级基础。不论是刘汉王室还是新莽政权，他们在政治上都要竭尽一切力量以争取这个阶层的支持。儒宗大地主集官僚、经师为一体，世代传习经学，使经学得以连绵发展；而师法与家法的传经制度，也保证了经师们经说的流传以及把经学研究的成果积累起来，为经学的发展提供了丰厚坚实的基础。另外，古文经学的崛起，今古文经学之间的颉颃争辩也在经学内部形成竞争机制，这对经学的发展也起了一定的促进作用。

二、汉代的经学教育

礼教和德治是儒家思想的重要内容，而实行礼教和德治的重要途径是教育；教育的主要内容则是儒家经典《诗》、《书》、《礼》、《易》、《乐》、《春秋》。因此，汉儒在政治上的一个重要主张，就是通过兴办学校，以儒家经典教育民众，使天下达于大治。在他们看来，兴办和发展教育，自古以来就是圣王的业绩。汉武帝罢黜百家、独尊儒术、置五经博士以后，为了适应经学发展的需要，采纳了董仲舒"兴太学，置明师，以养天下之士"[①] 的建议，在京师建立了太学。其后，各种类型的学校也相继出现。汉代的学校主要有太学、宫邸学和私学等类型。[②]

太学是由中央政府直接在京师兴办的官学。元朔五年（前 124 年），丞相公孙弘向汉武帝提出兴办太学的具体方案：

---

① 《汉书》卷五六，《董仲舒传》。
② 另外，汉灵帝于光和元年（128 年）创立了鸿都门学。这是一所专门的文学艺术学校，是经学衰亡的产物，故不列于本节叙述。

为博士官置弟子五十人，复其身，太常择民年十八以上仪
状端正者，补博士弟子。郡国县官有好文学，敬长上，肃政
教，顺乡里，出入不悖，所闻，令相长丞上属所二千石。二千
石谨察可者，常与计偕，诣太常，得受业如弟子。一岁皆辄
课，能通一艺以上，补文学掌故缺；其高第可以为郎中，太常
籍奏。即有秀才异等，辄以名闻。其不事学若下材，及不能通
一艺，辄罢之，而请诸能称者。①

这是我国历史上第一篇建立国家教育制度的文献。汉武帝批准了这一文
件。从此汉王朝就开始了由国家兴办的正规的学校教育。太学的学生称
博士弟子，东汉称太学生。入学的资格，一是由太常选拔十八岁以上仪
容端正者；二是由郡县举荐"好文学，敬长上，肃政教，顺乡里，出入
不悖"者。博士弟子的名额最初只有五十名，后来不断增加，昭帝时博
士弟子员满百人，宣帝末又增至二百人，元帝时设员千人，成帝末一度
增弟子员三千。王莽执政时，为笼络士人，曾"为学者筑舍万区"。东
汉时，太学生人数继续增加，最多时竟达三万人。

宫邸学是政府专门为皇室及贵胄子弟创办的贵族学校。汉代王侯可
以世袭，公卿子弟亦可通过"任子"制入仕，所以他们无须"养于太
学"，去谋求进身之阶。王朝为宗室子弟设有专门的师傅和宗师对他们
进行教育，而官僚贵族则大多以家学的形式教育子弟。正规的宫邸学创
立于东汉明帝时。永平九年（66 年），明帝特为外戚樊氏、郭氏、阴
氏、马氏"四姓小侯开立学校，置五经师"②，任命著名的经学大师张
酺出任教席。后来，招生对象很快扩大到功臣子弟，甚至匈奴亦遣子入
学。汉安帝时，邓太后又为济北王、河间王的子弟年五岁以上四十余人

---

① 《汉书》卷八八，《儒林传》。
② 《后汉书》卷二，《明帝纪》。

以及邓氏子孙三十余人"开邸第，教学经书，躬自监试"①。宫邸之学是皇室贵族和公卿官僚的特权在学校教育上的反映。

官学在地方分学、校、庠、序四级，即"郡国曰学，县、道、邑、侯国曰校。校、学置经师一人。乡曰庠，聚曰序。序、庠置《孝经》师一人"②。地方官学的开设始于景武时蜀郡守文翁。武帝将蜀郡办学的经验推广全国。此后，地方官学教育日臻完善，至东汉中期，已是"四海之内，学校林立"了。很多郡守、县令都把修乡校、教生徒、崇尚教化、移风易俗当作为政的大事，他们往往亲自任教授学。

汉代的私学教育非常发达。私人开门办学创始于春秋时代，具有悠久的传统。诸子百家讲论争鸣都具有私学的性质。秦王朝禁绝私学，私学教育受到沉重打击。汉王朝建立后，儒家经师又恢复了私人讲学的活动。随着经学的发展，读经之人日益增多。由于官学名额有限，远不能满足人们的需要，所以私学日益兴盛。古文经学不立于学官，其发展主要是通过私学教育；同时它也以私学形式与官学对抗。东汉时期，私学教育远比官学发达，其影响也比官学大。私学经师多为当世名儒，他们的弟子、门生往往数百、上千人，甚至数千人，最多者可达万人。据初步统计，自西汉末年至东汉，私人讲学的经师，史有明载者一百零三人，遍及当时二十八郡。《后汉书·儒林列传》在评论东汉私学时指出："其服儒衣，称先王，游庠序，聚横塾者，盖布之于邦域矣。若乃经生所处，不远万里之路，精庐暂建，赢粮动有千百，其著名高义开门受徒者，编牒不下万人"。

汉代的经学教育从内容上可分为三个层次（或三阶段）。第一层次为蒙学教育，学习内容主要是识字习字。蒙学之所名曰"书馆"，其师名曰"书师"，其书用《仓颉》、《凡将》、《急就》等篇。第二层次主要

---

① 《后汉书》卷一〇上，《皇后纪》。
② 《汉书》卷二二，《平帝纪》。

学习《孝经》、《论语》。第三层次为专习五经。王国维在《汉魏博士考》中指出,六艺、《论语》、《孝经》与小学三目"皆汉时学校诵习之书。以后世之制明之,小学诸书者,汉小学之科目;《论语》、《孝经》者,汉中学之科目;而六艺则大学之科目也"①。

在汉代的经学教育中,最讲究师法和家法。俞启定在《先秦两汉儒家教育》一书中认为,师法就是以宗师为源、以弟子的逐代相传为流而形成的经学各派内部固有的传授体系。所以师法不是指经说本身,而在辨明师承渊源和师传关系。所谓家法,就是在经学研究和传授过程中,一些有造诣的经师创立了自己的一家之说,并为学术界所承认,形成有专门的经籍内容和固定的说经方式及风格的学派。所以家法侧重于经师的学说本身。家法在内容上的体现就是章句。其经说内容、方式风格及主要原则均包括在章句之中。西汉是经学初步发展的时期,师承关系比较清楚,所以西汉重视师法。《汉书·儒林传》在叙述各家经学的发展沿革时,能著明各经的师承源流,脉络分明。东汉以后,经学的发展以学派为主,师承关系已繁杂难辨,故重家法。故范晔著《儒林列传》时已不能像前汉那样按师传体系分,而只能按各家学派分门叙述。

师法与家法虽然有别,但都有一个共同点,即对先师所传经文和经说都奉为楷模。所以师法与家法从实质上讲是很难截然分开的。汉人习经,不论是官学还是私学,都非常重视师承,恪守师道,学有所本。朝廷也以师法和家法作为衡量士子经学是否纯正的标准。朝廷的博士之学规定必须以家法教授,选举孝廉,考试诸生也以家法章句为主。不遵守家法者则摈而不用。

在汉代的经学教育中,师法和家法曾经起过积极的作用。首先,师法、家法体现了经学发展的继承性,为经籍得以真实无误的流传提供了保证;同时也促进了各经学流派通过家学和师承的方式如接力式的定向

---

① 《观堂集林》卷四。

发展，为后人的研究提供了便利条件。其次，恪守师法体现了学有所本、实事求是的严谨学风。《四库全书总目·经部总叙》在评论汉代经学时便指出了师法、家法的这一优点："其初专门授受，递禀师承，非惟训诂相传，莫敢同异，即篇章字句，亦恪守所闻。其学笃实谨严"。第三，师法、家法又是联系师生之间的纽带，开创了求师问学和尊师重道的风气。东汉中叶以后，经师与弟子门生之间的关系更进一步发展，在政治上相互依存，经师得志，弟子门生均受提拔；经师一旦获罪，弟子们也要受到株连，可谓一荣俱荣，一损俱损，祸福相依，荣辱与共。

三、以经义决狱

"以经义决狱"，是汉代经学与王朝政治相结合，并以经学大义指导王朝政治的一个很重要的内容。自汉武帝独尊儒术、表彰经学以后，一大批儒家知识分子由经学而入仕，掌握了从中央到地方的各级政权。他们以经义作为平决狱刑的指导思想，从此，经学便与刑法结下了不解之缘。

以经义决狱，主要是以《春秋》决狱。《春秋》及《公羊传》所阐述的"春秋大义"在汉代具有法律效力，可作为处理刑法案件的依据。因此，当时的文吏都必须学习《春秋》。两汉时期的经学大师和文吏们归纳了许多的春秋大义，史籍所载，触目皆是。在刑法方面用得最为广泛的《春秋》大义主要有"责知诛率"、"诛首恶"、"原心定罪"、"原情定过，赦事诛意"、"原父子之亲"、"子为父隐"、"优礼大臣"、"则天行刑"，等等。

《潜夫论·断讼》曰："《春秋》之义，责知诛率"。"责知"，即对于知情不报者与同犯论处。武帝时，张汤、赵禹定律法，便制定了"见知之法"，规定"吏见知不举劾为故纵"。[①] 对于什么是知情，《汉律》也

————————

① 《汉书》卷二四上，《食货志》注引张晏语。

有具体规定："与罪人交关三日已上皆应知情"①。"诛率"，就是犯罪的首恶分子要从重处罚。汉人对"首恶"最一般的解释就是犯罪的主谋和首犯。但是在实际狱案中，另外两种情况也视为"首恶"，要处以重刑。一种情况是，如果某一行为的后果是因某人而起，虽然此人并非犯罪行为的主体，也被认为是首恶。主父偃就是因此而受诛的。齐王与其姊通奸，武帝任命主父偃为齐相治齐。主父偃使人劝告齐王，齐王恐惧，遂自杀而死。公孙弘以《春秋》之义指控主父偃说："齐王自杀无后，国除为郡，入汉。偃本首恶，非诛偃无以谢天下。"结果族诛了主父偃。②这完全是公孙弘借经义制造的一个冤案。另一种情况是，庶民及吏员犯罪，其主任官员以失职而被认为是首恶。《盐铁论·疾贪》曰："贤良曰：骊马不驯，御者之过也；百姓不给，有司之罪也。《春秋》刺讥不及庶人，责其率也。"成帝鸿嘉年间，广汉发生群盗，太守扈商不能平息寇盗。孙宝任益州刺史，他亲入山谷，谕告群盗，非有意为盗贼，渠首皆可悔过而归田里。然后他上奏朝廷，自劾擅放群盗归家，并弹劾扈商不任职，以致出现盗贼，实"为乱首，《春秋》之义，诛首恶而已"。扈商也劾奏孙宝"所纵或有渠率当坐者"。结果扈商被捕下狱治罪，孙宝也被免官。③

"原心定罪"是汉代处理刑事案件中一条很重要的"春秋大义"。董仲舒说："《春秋》之听狱也，必本其事而原其志。志邪者不待成，首恶者罪特重，本直者其论轻。"④董仲舒认为，在处理案件时，要根据犯人的本性是善或恶而定罪。本心正直，可从轻处理；本心邪恶，即使不是首恶，也要处以重刑。这是汉代"原心定罪"的基本精神。这一原则来源于儒家"诛心"的理论，即把动机作为量刑的标准。霍谞曰："谞

---

① 《后汉书》卷七〇，《孔融列传》。
② 《汉书》卷六四上，《主父偃传》。
③ 《汉书》卷七七，《孙宝传》。
④ 《春秋繁露》卷三，《精华》。

闻《春秋》之义，原情定过，赦事诛意，故许止虽弑君而不罪，赵盾以纵贼而见书。此仲尼所以垂王法，汉世所宜遵前修也。"① 即使有功劳，如果本人是邪恶的，也免不了刑事处分，具体事情可以不论，邪念是必定要诛伐的。此即"《春秋》之义，意恶功遂，不免于诛"②。董仲舒举了一个案例：齐桓晋文"擅封，致天子，诛绝，继绝存亡，侵伐会同"，僭越了这些本来属于周王的权利，应当受到批判，但他们在礼崩乐坏的乱世，"牧诸侯奉献天子而复周室"，又是值得称道的，所以《春秋》称他们为"伯"，"诛意不诛辞之谓也"③。

汉代统治者标榜以孝治天下，把《孝经》一书说成是孔子为曾参讲述孝道的记录，可为汉代之法。因此，汉代经学把孝道引入刑法，以《孝经》的"亲亲"原则作为处理狱案的依据。宣帝在一道诏书中指出："父子之亲，夫妇之道，天性也。虽有患祸，犹蒙死而存之。诚爱结于心，仁厚之至也"。"自今子首匿父母，妻匿夫，孙匿大父母，皆勿坐。其父母匿子，夫匿妻，大父母匿孙，罪殊死，皆上请廷尉以闻。"④ 这条规定后来一直具有法律效力。

汉代法律根据"原父子之亲"的经义，规定子女可以代父受刑。文帝十三年（前167年），齐国的淳于公有罪当判刑，并押解长安。淳于公的幼女淳于缇萦随父亲到长安，向朝廷上书，"愿没入为官婢，以赎父刑罪"⑤。和帝永元六年（94年），廷尉陈宠依据经学大义校订法律条令，重申了上述原则："母子兄弟相代死，听，赦所代者"⑥。另外，丈夫服刑，也准许"妻、子自随"⑦。

---

① 《后汉书》卷四八，《霍谞列传》。
② 《汉书》卷八三，《薛宣传》。
③ 《春秋繁露》卷四，《王道》。
④ 《汉书》卷八，《宣帝纪》。
⑤ 《汉书》卷二三，《刑法志》。
⑥ 《后汉书》卷四六，《陈宠列传》。
⑦ 《后汉书》卷三，《章帝纪》。

秦汉时期的刑法，对于不孝不悌者，视为大逆不道，要处以重刑。云梦秦简的《法律答问》中便有这样的法律："免老告人以为不孝，谒杀，当三环之不？不当环，亟执勿失。"即"老人控告不孝，要求判以死刑，应否经过三次原宥的手续？不应原宥，要立即拘捕，勿令逃走"。另外，"子盗父母，父母擅杀、刑、髡子及奴妾"，也不为罪，官府可不受理控告。① 汉代在这方面的刑法比秦法要严厉得多。儿子控告父亲，要处死刑。淮南王刘赐的儿子刘爽控告父亲谋反。刘赐知事败，自杀而死。刘爽也以控告父王为不孝的罪名而处弃市之刑。② 据宣帝时丞相魏相的统计，元康中一年所处理的子弟杀父兄、妻杀夫的刑事案件即达二百三十二人次。③ 可见汉代统治者是很重视此类违背三纲礼法的案件的。《孝经》说："五刑之属三千，而罪莫大于不孝"。对于这种"无亲"的"大乱之道"，根据《春秋》大义，是"常刑不舍"④ 的。

春秋以前的刑法，对贵族有各种优待。儒家也主张"刑不上大夫，礼不下庶人"。战国以来，法家主张刑法不分等级贵贱，百官大臣及庶民百姓在刑法面前都是平等的。在西汉前期崛起的经学思潮中，汉代学者对这种"以法为教"、"不避亲疏"的刑法理论进行了批判，古代的充满了宗法人伦温馨的儒家刑法理论又复活了。在新的时代条件下，儒法两家的刑法理论相互补充，而以经学的面貌出现，使古老的"刑不上大夫"的理论，变成了维护以宗法家族制为基础的封建等级制度的工具。

首先倡导在刑法上礼待大臣的是贾谊。他向文帝建议，对犯罪的大臣不可束缚之而遭小吏詈骂、榜笞，要礼待大臣，以厉其节。文帝完全采纳了贾谊的建议。"是后大臣有罪，皆自杀，不受刑。"⑤ 武帝时，狱

---

① 睡虎地秦墓竹简整理小组编：《睡虎地秦墓竹简》，文物出版社1978年版，第195页。
② 参见《汉书》卷四四，《衡山王传》。
③ 《汉书》卷七四，《魏相传》。
④ 《汉书》卷八三，《朱博传》。
⑤ 《汉书》卷四八，《贾谊传》。

刑繁滋，又对廷臣实行刑杀。但总的说来，在两汉时期，大臣有罪，不对陈廷狱，"遂以成俗"①。大臣犯了死罪，皇帝下诏赐予酒牛，大臣便须在家自裁而死。如果"有不肯自杀，愿就狱对簿者，转以为违制拒命"②。

"则天行刑"也是两汉时期以经义决狱的重要原则。秦为虐政，四时行刑，弄得人人自危，略无宁日。西汉初立，刑法改从简易。萧何制律，即规定一年之中于秋季论囚。其后，若非重大、特殊狱案，一般都从秋季开始行刑，到冬十二月为止。地方羁押的犯人，也都在冬月总集于郡府判罪。③京兆尹张敞被弹劾当免官。贼捕掾絮舜认为张敞最多还能当五日京兆尹，因而拒绝完成张敞交给他的一件事，擅自跑回家去。张敞知道后，立即把絮舜逮捕起来。当时正是冬月下旬，还有五天，这一年就完了，张敞命令狱吏日夜验治，在年终之前把絮舜治成死罪。行刑之日，张敞派人教训絮舜："五日京兆竟何如？冬月已尽，延命乎？"④

汉代秋冬行刑的规定，本源于战国秦汉之际阴阳家的理论。阴阳家认为，国家的政治行为应当顺应四时月令。秋冬行刑的理论就是从这里来的。汉代统治者很相信这一套，他们极力鼓吹"王者生杀，宜顺时气"⑤。春季，便下诏不得"覆案小罪，征召罪案"⑥，"罪非殊死，且弗案验，皆须麦秋"⑦。立春日，朝廷即下令"理冤狱"，并派博士、大夫等任冤狱使者出巡，朝廷并下宽大赦免诏书。如果在春夏治狱，便要受到非议。

章帝以前，治狱以冬十二月为断，元和二年（85 年）七月，改用冬初十月断刑。章帝之诏曰："律，十二月立春，不以报囚。《月令》：

---

① 《后汉书》卷四九，《仲长统列传》。
② 赵翼：《廿二史札记》卷二。
③ 《汉书》卷九〇，《酷吏传》。
④ 《汉书》卷七六，《张敞传》。
⑤ 《后汉书》卷三，《章帝纪》。
⑥ 《汉书》卷九，《元帝纪》。
⑦ 《后汉书》志第四，《礼仪上》。

冬至之后，有顺阳助生之文，而无鞠狱断刑之政。朕咨访儒雅，稽之典籍，以为王者生杀，宜顺时气。其定律，无以十一月、十二月报囚"。①出身律令世家的陈宠对这一改制作了更详尽的理论阐述②。他所依据的理论，就是普遍流行于汉代的天人合一的宇宙模式论，无非是证明汉代是"则天行刑"，为刑法涂上一层"奉天法古"的油彩。

以经义决狱是经学对战国以来之刑法进行改造的一种形式。两汉时期的刑法条文虽然基本保持了秦律的内容，但是在具体实践中，不仅以经学入仕的官僚们，即使具有法家传统的刑法之吏，也无不以反映汉代意识形态的经学对刑法条文进行解释。这种解释及决事比具有很高的法律效力。以经义决狱在汉代的广泛运用，说明了经学对刑法的改造是成功的。同时也要看到，以经义决狱，要求狱吏明习经学，这样可以提高文吏的文化素质，使狱案的处理增加了理性化。特别是一些儒家学者关于"恤刑"、"刑中"的呐喊，以及循吏们以"刑德相养"的刑法实践，对于封建社会的酷吏政治无疑是一个调剂。

汉代统治者集儒法为一体，杂霸王道而用之。国家虽然有许多法律，但法律本身并不具权威性，它的权威要依赖于经学义理。当经义与刑法不一致时，不惜以刑法屈从经义，使刑法成为专制统治随心所欲的工具。比如，汉代刑法有"见知"之律："吏见知不举劾为故纵"，是要治罪的。但是依据《春秋》大义，"父为子隐，子为父隐"，被认为是仁厚之至，当然不能治罪。经义既有"意恶功遂，不免于诛"，同时又有"以功覆过"的规定。像这种相互矛盾的律令并不少见。这种矛盾可以用汉代经学的"经权"关系解释。董仲舒说："《春秋》固有常义，又有应变"③，"《春秋》有经礼，有变礼"，"权虽反经，亦必在可以然之域。

---

① 《后汉书》卷三，《章帝纪》。
② 参见《后汉书》卷四六，《陈宠列传》。
③ 《春秋繁露》卷三，《精华》。

不在可以然之域，故虽死亡，终弗为也"。① 经就是原则性，权就是"在可以然之域"的灵活性②。维护以宗法制为基础的大一统封建王朝统治，这是不可改变的原则，为了达到这一目的，至于采用什么方法则是可以灵活运用的。因此，同一个罪名，在不同情况下，可以根据经义作出截然不同的处理。刑法简直成了经学的婢女。谁的经义讲得通，谁就在狱案上占优势。这种情况一直影响着后来的刑法。中国封建社会没有法制观念，法律也具有极大的随意性，它可以随权势、地位、好恶、人情关系等而借用经学的名义堂而皇之地任意改变。法无定法，法律依于经学，乃是中国古代刑法的一个特点，一直贯穿于汉代以后的封建社会。

四、汉代经学的救世良方

汉代是我国封建经济大发展的时期。但是封建经济的大发展所带来的必然结果之一，就是土地兼并，贫富两极分化，"富者田连阡陌，贫者无立锥之地"③。这种状况引起了汉代经学家们的高度关注，他们通过阐述周代井田制的方式，提出了一系列解决现实土地问题的原则和方案。

井田制是商周时期基本的土地所有制形态。春秋以后，井田制逐渐瓦解。战国时期，封建土地所有制关系基本确立，夏商周三代的井田制很快就在一般人心目中淡忘了。大国的争霸和战争连绵不断，强凌弱，众暴寡，富劫贫，贵傲贱，诈欺愚，"贵诈力而贱仁义，先富有而后礼让"④。土地私有制的发展造成了土地的兼并，大批自耕农失去土地，社会动荡不安。在这种情况下，孟子根据古代井田制朦胧的轮廓，结合现时的社会经济条件和他自己的理想，描绘了一幅个体小农经济的土地

---

① 《春秋繁露》卷三，《玉英》。
② 李泽厚：《秦汉思想简议》，《中国古代思想史论》，人民出版社1985年版，第57页。
③ 《汉书》卷五六，《董仲舒传》。
④ 《汉书》卷二四上，《食货志》。

所有制形式以及物质资料的生产、分配形式和社会生活的组织形式的蓝图。

孟子对井田制的论述主要是在《滕文公》上篇中答毕战问井田时提出来的，其内容如下：

> 夫仁政，必自经界始。经界不正，井地不钧，谷禄不平，是故暴君污吏必慢其经界。经界既正，分田制禄可坐而定也。夫滕，壤地褊小，将为君子焉，将为野人焉。无君子，莫治野人；无野人，莫养君子。请野九一而助，国中什一使自赋。卿以下必有圭田，圭田五十亩；余夫二十五亩。死徙无出乡，乡田同井，出入相友，守望相助，疾病相扶持，则百姓亲睦。方里而井，井九百亩，其中为公田，八家皆私百亩，同养公田；公事毕，然后敢治私事，所以别野人也。此其大略也；若夫润泽之，则在君与子矣。

汉代经学家对井田制的论述，集中在对这一段话的阐释和发挥，见之于文献的主要有韩婴的《韩诗外传》、《春秋谷梁传》、《汉书》的《王莽传》、《食货志》，赵岐《孟子注》，何休《公羊春秋解诂》，以及郑玄在对儒经训诂中的零碎议论。

汉代学者几乎是众口一词地称颂井田制是上古圣人最完美最理想的土地制度。汉哀帝时的执政大臣师丹说："古之圣王莫不设井田，然后治乃可平"[1]。王莽在颁布实行王田制的诏书中也指出："古者设庐井八家，一夫一妇田百亩，什一而税，则国给民富而颂声作。此唐虞之道，三代所遵行也。"[2]

---

① 《汉书》卷二四上，《食货志》。
② 《汉书》卷九九中，《王莽传》。

在他们看来，古代的井田制不仅是一种完美的土地分配制度，而且还是国家在地方的行政管理制度和教育制度，同时也是编户齐民社会生活的标准模式。班固在《汉书·食货志》中，何休在《春秋公羊解诂》中，都对此作了详尽的论述。何休总结了汉代学者对井田制的论述，认为井田制有五大优点："井田之义，一曰无泄地气，二曰无贵一家，三曰同风俗，四曰合巧拙，五曰通财货"。总之，他认为，在井田制下，男耕女织，日出而作，日入而息，人不分贵贱，财不论多寡，民众安居乐业，死徙无出乡，风俗淳朴，彬彬有礼。这岂不是恬静安谧、闲适平和的人间天堂！

井田制既然是一种理想的社会经济制度，所以经学家们几乎都对井田制的瓦解流露出十分惋惜的情绪，而对商鞅"坏圣制、废井田"进行激烈的批判。首先提出这一论点的是《春秋公羊》学大师董仲舒。他说：自秦"用商鞅之法，改帝王之制，除井田，民得卖买，富者田连阡陌，贫者无立锥之地。又颛川泽之利，管山林之饶，荒淫越制，逾侈以相高。邑有人君之尊，里有公侯之富，小民安得不困"[①]。其后，王莽、班固、崔寔、仲长统等人在批判社会土地兼并、贫富极端不均的根源时，也都把罪责归于秦对井田制的破坏。因此他们认为，要根除土地兼并、贫富不均的现象，只有恢复井田制或仿照井田之法，对土地的占有加以限制。这是汉代经学家们所梦寐以求的解决土地问题的灵丹妙药。为了实现土地平均分配以抑制兼并的仁政理想，他们不断地提出解决土地问题的方案。所有这些方案无一不以孟子的井田制思想为其理论根据。归纳这些方案，大致不外乎以下两种类型。

第一种类型，是主张取消土地私有制，把土地全部收归国有，完全恢复井田制。这方面最典型的代表是王莽。王莽十分醉心于儒家的仁政学说，向往三代的井田制度。他取代刘汉王朝以后，便运用国家行政力

----

① 《汉书》卷二四上，《食货志》。

量全面推行井田制，下令"更名天下田曰'王田'，奴婢曰'私属'，皆不得卖买"。"今当受田者，如制度。敢有非井田圣制，无法惑众者，投诸四裔，以御魑魅"。① 当然，王莽的"王田制"改革由于违背了封建经济发展的客观规律，加以"制度不定，吏缘为奸"等弊端，所以不久就被迫取消了。

王莽恢复井田制的改革虽然遭到了彻底破产，但东汉仍有一些学者主张恢复井田制以解决土地兼并问题。仲长统在《昌言》中说："井田之变，豪人货殖，馆舍布于州郡，田亩连于方国。……虽亦由网禁疏阔，盖分田无限使之然也。今欲张太平之纪纲，立至化之基趾，齐民财之丰寡，正风俗之奢俭，非井田实莫由也。此变有所败，而宜复者也。"②

东汉末年，荀悦认真总结了西汉以来抑制土地兼并的经验，他得出的结论是：要恢复井田制必须具备两个条件，一是"田广人寡"，二是无豪强"土田布列"。③ 只有在两汉立国之初具备了这两个条件。那时未实行井田制，其他时间就更不行了。荀悦本人并不主张完全恢复井田制，但他提出的实行井田制的两个条件却对后来产生了很大影响。三国时，曹操手下的司空掾属司马朗针对当时"承大乱之后，民人分散，土业无主"的现实，便根据荀悦的这一理论向曹操建议恢复井田制，"皆为公田"。④ 其后，凡是主张井田制的思想家大都把"田广人寡"、"土业无主"作为实行井田制的必要条件。特别是在一个王朝之初，经过战乱以后，地旷人稀，无主的荒地较多，总有一些人向政府建议实行井田制。

第二种类型，是认为井田制虽好，无奈废之已久，难以完全恢复，

---

① 《汉书》卷九九中，《王莽传》。
② 《后汉书》卷四九，《仲长统列传》。
③ 《通典》卷一，《食货一》。
④ 《三国志》卷一五，《魏书·司马朗传》。

应当依照井田制的精神，结合现实条件，实行变通的办法。在汉代学者提出的解决土地问题的方案中，比较突出的是"限田"论和"徙民"论。最先提出限田论主张的是董仲舒。他对汉武帝说："古井田法虽难卒行，宜少近古，限民名田，以澹不足，塞并兼之路。……然后可善治也。"① 当时正是土地兼并的高潮时期，他的限田论如同投进湍流的小石，没有激起一点反响。西汉末年，土地兼并更为剧烈，执政大臣师丹、孔光、何武等重提限田论，并拟订了贵族、官僚占田限额的具体规定，颁布施行。由于汉哀帝带头破坏，这一限田法令形同虚设，寝而不行。

东汉以后，大地主土地所有制急剧发展，社会矛盾十分尖锐。崔寔、荀悦等人都根据当时的实际情况提出了一些抑制土地兼并的主张。崔寔提出："今青、徐、兖、冀，人稠土狭，不足相供，而三辅左右及凉、幽州内附近郡，皆土旷人稀，厥田宜稼，悉不肯垦"，主张"徙贫人不能自业者于宽地，此亦开草辟土振人之术也"。② 仲长统说："今者土广民稀，中地未垦。虽然，犹当限以大家，勿令过制。其地有草者，尽曰官田，力堪农事，乃听受之。若听其自取，后必为奸也。"③ 也就是说，即使是未开垦的荒地，也要由国家控制起来，不让民"自取"。"力堪农事者"，乃授以田。另外，他也像崔寔一样，主张把民户由狭乡徙往偏远的宽乡。他说："远州县界至数千，而诸夏有十亩共桑之迫，远州有旷野不发之田，代俗安土，有死无去，君长不使，谁能自往缘边之地。"④

在汉代学者的限田论中，以荀悦的主张最为完善。他在提出实行井田制的两个条件以后，接着便依据当时的社会情况，认为当时并不具备井田制的条件，因而提出"古今异制，损益随时"的原则，主张："宜

---

① 《汉书》卷二四上，《食货志》。
② 《通典》卷一，《食货一》。
③ 《后汉书》卷四九，《仲长统列传》。
④ 《通典》卷一，《食货一》。

以口数占田，为之立限，人得耕种，不得卖买，以赡贫弱，以防兼并，且为制度张本，不亦宜乎!"民户按家庭人口从国家领取土地，其占田的数量以每户一百亩为限，农民对土地有耕种权，没有所有权，不得买卖，这样一来，就可以避免土地兼并了。所以荀悦不无自豪地说，"以口数占田"，虽与古代的井田制不同，"然纪纲大略其致一也"。① 荀悦的主张可以说是汉代限田论的最高成果，对后世的影响也很大。

在汉代士大夫关于井田制的论述，以及在他们制定的解决土地问题的方案中，始终贯穿着一个基本的思想，那就是"均平"的思想。他们认为，井田制最根本的原则就是"财均力平"②。韩婴说：在井田制下，"八家相保，出入更守，疾病相忧，患难相救，有无相贷，饮食相招，嫁娶相谋，渔猎分得，仁恩施行，是以其民和亲而相好"③。班固在《汉书·食货志》中认为，殷周兴盛繁荣的关键就在于"圣王域民"，"制庐井以均之"，"民是以和睦而教化齐同，力役生产可得而平也"。崔寔也指出："昔圣人分口耕耨地，各相副适，使人饥饱不变，劳逸齐均，富者不足僭差，贫者无所企慕。"④总之，只要实行了井田制，就可以消除土地兼并，达到"财均力平"、贫富无差的大同境界了。

我们知道，"均平"乃是儒家经济思想的核心，是仁政学说在经济上的体现。孔子说："丘也闻，有国有家者，不患贫而患不均，不患寡而患不安。盖均无贫，和无寡，安无倾。"⑤孟子在井田制的论述中进一步发展了孔子的均平思想，提出通过"正经界"，使民众保有一定的"恒产"，从而达到土地均、谷禄平和抑制兼并的目的。

据现代学者们的研究，井田制的原初形态乃是原始社会末期农村公社时期的土地制度。其特点是土地定期实行平均分配，并有一定的公共

---

① ④ 《通典》卷一，《食货一》。
② 何休：《春秋公羊解诂》卷一五，鲁宣公十五年。
③ 《韩诗外传》卷四第十三章。
⑤ 《论语·季氏》。

份地作为公社集体所有。它体现了原始社会的平均主义和团结互助的和谐精神。这种土地制度以及与之相适应的宗族组织和家族制度，并未随着原始社会的瓦解而解体，而是以其衍生的形态在很大程度上保留下来了。经过漫长岁月的积淀，它成为一种文化传统存留在人们的意识之中。春秋以后，以孔子为代表的儒家学者对这一笔文化遗产予以总结，发扬光大，而形成了儒家"均平"的经济思想。因此，作为儒家经济思想原初模型的井田制自然成了汉代经学家们十分醉心并梦寐以求的王道大纲。他们的慕古情怀在井田制问题上可说是得到了充分的展现和尽情的宣泄。

另一方面，经学家们所极力主张的"均平"原则，也是他们对土地兼并、两极分化、阶级矛盾尖锐的现实社会所发出的抗议。在两汉时期，土地兼并的狂潮一浪高过一浪，不可遏阻。失去土地的农民或者沦落为流民，成为社会动荡的因素；或者铤而走险，揭竿起义，走上武装反抗的道路；或者成为豪强地主的依附农民，增强了豪强地主的势力，削弱中央集权，造成封建国家分裂的趋势。无论是哪种情况，都会危及封建国家的统治。正因为如此，汉代的经学家们才极力推崇孔孟的"均平"主张，把孟子的井田制当作三代圣王的样板而提供给当时的统治者。总之，理想与现实的矛盾，小农经济结构本身的要求，使他们一再地追求那短暂即永恒的梦幻，于是井田制这个充满了均平与和谐的似醒非醒的梦，便被他们无限放大，苦苦地寻觅，苦苦地追求！

五、经学与社会生活

经学成为占统治地位的意识形态以后，不仅在王朝的政治、经济政策和措施中发挥着指导思想的作用，而且也渗透到社会生活的各个领域，使汉人的物质生活、精神生活以及社会风俗等都浸润着经学的馨馥。下面，仅从孝道、婚姻与家庭、复仇之风以及文学艺术等方面，谈一谈经学对汉代社会生活的影响。

（一）孝道

汉王朝每每"以孝治天下"相标榜，认为孝是"百行之首，众善之始"，因此，《孝经》一书在汉代，特别是在东汉地位非常重要，它是研习五经的基础，是每一个经生必读的经典。汉代经学从五行和天人合德上论证了汉"以孝治天下"的根据。荀爽说："臣闻之于师曰：汉为火德，火生于木，木盛于火，故其德为孝。其象在《周易》之《离》。夫在地为火，在天为日，在天者用其精，在地者用其形。夏则火王，其精在天，温暖之气，养生百木，是其孝也。""故汉制使天下皆诵《孝经》，选吏举孝廉。盖以孝为务也。"① 汉王朝对于恪守孝道的人总是大加褒赏，并通过举孝廉提拔他们出任吏职。这一措施，对于孝道的提倡起了很大的推动作用。另外，不少的官吏在治理地方政务，处理民事时，实行道德教化。"其无孝义者，皆感悟之革"，使风气为之大变。

汉王朝经常下诏尊礼老年人，抚恤鳏寡孤独，派使慰问，并赐以帛米。由于政府的提倡，汉代形成了尊敬老人的良好社会风气。按照汉人的看法，"丧亲自尽，孝之终也"②。汉人特别重视丧葬，把它看作是子女对先辈最后所尽的孝道。汉代厚葬之风越演越烈，特别是王公贵族、达官贵人，更是竞相侈靡，不惜花费巨资，以为夸耀。

（二）婚姻与家庭

在汉代社会生活中，婚姻与家庭所受经学影响也极深。经学认为："夫妇之际，人道之大伦也。礼之用，唯姻婚为兢兢。"③ 婚姻的主要功能在于"上以继宗庙，下以继后世"④，"重人伦，广继嗣"⑤，从属于家族的繁衍兴盛这一目的。这就决定了婚姻不可能以爱情为基础，不是男

---

① ② 《全后汉文》卷六七，荀爽：《延熹九年举至孝对策陈便宜》。
③ 《汉书》卷九七上，《外戚传》。
④ 《礼记·昏义》。
⑤ 《白虎通义·嫁娶》。

女自由恋爱的结合，因此，父母之命，媒妁之言，乃是汉代经学所规定的婚姻大法。《白虎通义·嫁娶》篇说："男不自专娶，女不自专嫁，必由父母，须媒妁。"

西汉末年，刘歆根据《仪礼·士昏礼》的原则制定婚仪，规定百官家属"皆以礼娶"①。从此，儒家婚姻六礼——纳采、问名、纳吉、纳徵、请期、亲迎正式在统治阶级中推行。汉平帝娶王莽之女为皇后，就是严格按照六礼进行的。后来《白虎通义》便将六礼作为封建礼法正式规定下来了。

在男女双方的关系和地位上，汉代经学根据阴阳五行学说鼓吹"男尊女卑，夫义妻柔"。《白虎通义·嫁娶》曰："夫者，扶也，扶以人道者也。妇者，服也，服于家事，事人者也。""女者，如也，从如人也。在家从父母，既嫁从夫，夫没从子也。传曰：妇人有三从之义也。"在家庭中，丈夫对妻始终处于支配的地位，还表现在离婚也是男子的特权。《大戴礼记·本命》谓："妇有七去：不顺父母去；无子去；淫去；妒去；有恶疾去；多言去；盗窃去"。这七出之律后来一直成为整个封建社会男子休妻的条件，具有法律效力。男子可以任意休妻，可以广蓄妻妾；但汉代经学却竭力鼓吹女子从一而终，"贞女不更二夫"。刘向撰《列女传》大肆宣扬"妇人一醮不改"、"妇人以专一为贞"的经学大义。民间有贞妇，便受到统治者的大力褒扬。班昭作《女诫》，对妇女应恪守之道作了严格的规定。提出"《礼》，夫有再娶之义，妇无二适之文。故曰夫者天也，天固不可逃，夫固不可离也。"② 东汉与西汉相比，经学义理对妇女的影响至深，妇女的地位更为低下，甚至发生地震也要归咎于妇女。③

家庭也是汉代经学特别重视的一个主题。因此，经学非常注意"齐

———————————————

① 《汉书》卷一二，《平帝纪》。

② 《后汉书》卷八四，《列女传》。

③ 参见《后汉书》卷五四，《杨震列传》。

家"的问题，认为齐家是治国家的基础，主张通过在家庭中维护封建宗法关系，保证纲常伦理的遵守，以维护整个封建统治秩序。匡衡对元帝说："室家之道修，则天下之理得"。"福之兴莫不本乎室家，道之衰莫不始乎梱内"。① 而家庭中最基本、最重要的原则就是"父为子纲，夫为妻纲"。这是家庭中一切关系的核心。这一伦常关系，突出表现了父家长的神圣权威和妇女受压迫居于从属地位的特征。

（三）复仇之风

汉代复仇的风气很盛。究其原因，诸如历史传统与社会政治、经济因素都起了重要作用，而经学对复仇的鼓励和支持也是很重要的因素。经学充分肯定复仇的合理性和正当性。《礼记·曲礼》："父之仇弗与共戴天，兄弟之仇不反兵，交游之仇不同国"。《春秋公羊传》对复仇的态度尤为强烈，它一再鼓吹："父不受诛，子复仇可也；父受诛，子复仇，推刃之道也"。"不复仇非子也"。② "九世犹可以复仇乎？虽百世可也"③。经学所鼓吹子为父复仇的思想与汉崇尚孝道是一致的。经学的鼓吹对于煽动人们的复仇欲望产生了强烈的影响。汉武帝在晚年时便以《公羊》学"复九世仇"的经义为其伐匈奴的战争进行辩护。最高统治者是这样，一般民众更是如此。在复仇之风的影响下，就连纤弱的女子也要手刃父仇。酒泉赵娥之父为人所杀，赵娥胸怀感愤，常备刀刃以候仇家十余年，终于刺杀仇人。然后她到县衙自首。县长感其义，不但不治其罪，甚至欲解印绶与之俱逃亡。赵娥不肯，后来遇赦得免。此事上闻于州郡和朝廷后，州郡旌表其闾，太常也赐帛予以表扬。但是，复仇之风的盛行，公然无视国家的权威和法制。一些人不分是非善恶，唯以复仇为务，徇朋友私情，置国家法制于不顾，好苟难，务欲绝出流辈，

---

① 《汉书》卷八一，《匡衡传》。
② 《春秋公羊传》隐公十一年。
③ 《春秋公羊传》庄公四年。

成卓特之行。如此发展下去，也不利于社会的安宁。因此，汉王朝对复仇者一般也要予以法律的制裁。但在具体狱案的处置上，为父报仇者，往往受到宽宥。《白虎通义》对为父复仇也是予以肯定的。这样，就暴露出了理论与现实的两难境地："不许复仇，则伤孝子之心，而乖先王之训；许复仇，人将依法专杀，无以禁止其端矣。"

（四）文学艺术

汉代文学艺术的总体特征是奢华繁富，夸诞艳丽，充分反映了汉王朝的大一统和蓬勃的生气。自经学形成后，儒家的文艺观和艺术精神逐渐渗透到文艺创作和审美活动之中。汉代经学认为，文艺的功能有二：一为"经夫妇，成孝敬，厚人伦，美教化，移风俗"①；二为"观风俗，知得失，自考正"②。这二者的结合，就是"宣上德而尽忠孝，抒下情而通讽谕"的所谓"美刺"文学观。在艺术风格上则提倡"思无邪"，"温柔敦厚"，"中和闲雅"，"委婉含蓄"，"怨而不怒"，"发乎情，止乎礼义"。这一文艺价值观把文学艺术变成了政教的工具，而否定了文艺的审美价值和作用，把文艺的创作和欣赏纳入到社会政治和政教伦理之中，强调文艺必须从属于政治，为政治服务。

从汉代的艺术作品来看，它们在内容上所表现的主题大都是汉王朝的大一统气象，亲亲尊尊、功臣、烈女、贞妇、孝子、贤妃、忠勇之士以及历代圣贤，用生动形象的艺术形式对人们进行封建伦理道德的教育。

总之，经学对汉代社会生活的渗透和影响是深刻而广泛的，以上仅从四个方面作了极为简略的叙述，而且很不全面。其他如提倡名节、崇尚节俭、尊师重道、推恩报德、礼让谦恭，等等，无不散发着经学义理的精神。还有一点需要提及的是，儒家学说中重视社会群体和谐秩序，

---

① 《诗大序》。
② 《汉书》卷三〇，《艺文志》。

以及在社会群体中实现个体人身价值的思想，在汉代由于知识分子的躬身实践，成为中国传统文化中一笔十分宝贵的财富。在中国古代史上，汉代知识群体的社会责任感和忧患意识非常突出。特别是在东汉，注重名节，褒崇节义，朝野上下形成一股婞直的风气，出现了一大批爱国爱民、守正不阿、不畏邪恶、舍生赴义的忠义慷慨之士。他们"以遁世为非义，故屡退而不去；以仁心为己任，虽道远而弥厉"，"其信义足以携持民心"。① 顾炎武称"三代以下，风俗之淳美，无尚于东京者"。② 即是据此而言的。范晔《后汉书·儒林列传》中有一段议论，充分说明了儒术之兴与风俗淳美之间的关系。他说："然所谈者仁义，所传者圣法也。故人识君臣父子之纲，家知违邪归正之路。自桓、灵之间，君道秕僻，朝纲日陵，国隙屡启，自中智以下，靡不审其崩离；而权强之臣，息其窥盗之谋，豪俊之夫，屈于鄙生之议者，人诵先王言也，下畏逆顺势也。……故先师垂典文，褒励学者之功，笃矣切矣。"这说明经学影响之深、作用之大。经学对汉代社会生活的深刻影响，对于汉民族形成具有共同文化特征的生活方式和文化心理，都起了不可估量的作用。随着经学的普及和发展，原来存在着较大差别的各地的生活方式和风俗逐渐趋于统一，显现出"天下为一，万里同风"的大趋势。

---

① 《后汉书》卷六六，《陈番列传》。
② 《日知录》卷一三，《两汉风俗》。

第三章
魏晋南北朝经学的多元倾向

第一节　三国西晋经学的衰落

一、王学与郑学之争

东汉后期，外戚宦官交替专权，政治腐败，社会黑暗，阶级矛盾十分尖锐。张角以"苍天已死，黄天当立"为号召，发动了黄巾起义。黄巾军摧枯拉朽，沉重地打击了东汉王朝的黑暗统治，不少世家大族的庄园经济也被摧毁。既而东汉政局进入更为混乱无序的群雄割据时期。东汉王朝经此大动乱，社会经济一片凋敝，初步发展的商品经济完全处于萎缩状态。面对残破凄凉的社会，曹操曾施行一系列政策，意在限制豪强兼并，扶持自耕农，恢复和发展社会经济。曹丕上台后，为谋夺汉政权，获取世家大族的支持，不但取消了其父抑制豪强的方针，而且还赋予世家大族免役免税的特权，于是世家大族的势力复又发展起来。在此情况下，屯田制逐渐破坏，土地兼并愈加剧烈，自耕农纷纷破产，沦为世族豪强的依附人口，人身依附关系强化。由于三国并立，各地区的经济发展极不平衡，相互之间的联系削弱，闭塞性增强，体现出鲜明的自然经济和地域特色。这种经济格局的出现，对儒家的大一统思想无疑是一个严峻的挑战，也是东汉以后经学诸变化的基本缘由。

豪强割据和土地兼并的加剧，使自耕农民无法生存，纷纷逃往世家大族庄园以求荫蔽。他们不上户籍，自然也不向国家纳税服役，而受世家大族的剥削。官品占田、荫客和荫亲属制确立，乡党宗族关系强化，大土地所有制开始发展起来。生产关系的变化，导致阶级关系的变化：一方面，农民阶级在经济上紧紧依附地主阶级，政治上毫无人身自由；又由于庄园内部具有相对良好的生产秩序，封建宗族血缘关系在一定程度上调和着地主和农民的矛盾，加之各地区的经济联系日益削弱，大规模的农民革命不易爆发。另一方面，世家大族在曹魏时，通过九品中正制逐渐获得了政治上的特权，又通过给客制开始获得经济上的特权，门阀制度开始确立。因此，社会矛盾突出地、集中地表现为统治阶级内部的矛盾，而统治阶级内部的矛盾，在经学内部则表现为诸多派别的纷争。

东汉末年以来，经学界的最高权威是郑玄。郑玄弟子遍于朝野，其自成体系的一家之言，即是经学发展史上的"郑学"。郑玄兼通经今、古文，集两汉经学的大成，于是当时学者靡然向风，皆从"郑学"。到三国时期，"郑学"面临着以王肃为代表的"王学"的挑战，由此，经学内部引发了一场激烈的纷争。由于这场纷争有着现实政治斗争的背景，故而更显得复杂化。

王肃（195—256 年），字子雍，三国魏经学家，东海（郡治今山东郯城西南人）。父王朗，以通经入仕，是著名的经学大师。王肃年十八，便从宋忠读《太玄》。王肃政治上党附司马氏，对于曹爽专权、任用何晏等人，他常加指斥。在学术上，王肃善贾逵、马融的古文经学，而不好郑学。郑学杂糅今古文的古文经学，自然不及贾、马古文经学那么纯粹，故郑学与贾、马之学的差异的确存在。王肃之善贾、马之学，从学术上看并无可非议，它不过是马、郑之争的继续罢了。当时，乐安人孙叔然受学于郑玄，征为秘书监，不就。著有《周易》、《春秋例》、《毛诗》、《礼记》、《春秋三传》、《国语》、《尔雅》诸注，又注书十余篇，人称"东州大儒"。王肃撰《圣证论》等文，讥刺郑玄，孙叔然驳而释之，开展了与王肃的论战。为取代郑学的地位，王肃常常在自己的著述中与郑玄的解释和说法针锋相对。凡是郑注中不同于贾逵、马融旧说之处，王肃多采贾、马之说来驳难郑玄，并提出一些独创的见解。于是，在经学内部，除贾、马、郑三家之外，又产生了一个"王学"。

王学初兴时，其势力难以与郑学抗衡，于是王肃就伪造一些古书来证明自己的正确，由此蒙蔽了一些学者。加之时处魏晋之交，曹魏集团与司马氏集团的权力之争达到白热化程度，而王肃是司马昭的岳父，故王学获得了司马氏的扶持。随着司马氏代曹即成定局，王肃亦成了经学权威。他注解过的《尚书》、《诗》、《论语》、三《礼》、《左氏》，及撰定父亲王朗所作的《易传》，皆列为学官；其所论驳朝廷典制、郊祀、宗庙、丧纪、轻重，凡百余篇。王肃弟子也遍布朝野，遂与郑学形成分庭抗礼之势。① 如果纯粹是学术之争，它是有利于经学的完善和发展的，因为郑学并非十全十美，但王肃的作伪却不值得肯定，因为它对经学的发展产生了不利的影响。

王、郑之争，除学术派别的不同之外，还因政治派别不同而具有了政治斗争意味。高贵乡公曹髦在政治上不甘为司马氏的傀儡，学术上兼通郑、王之学。甘露元年（256 年），曹髦亲临太学，与博士们辩论经书。出于政治派系的原因，曹髦依据郑学阐释经文，有意驳难王肃的一些说法。而那些依附司马氏的博士们则以王学驳斥郑学。在辩论到《尚书》有关问题时，曹髦问博士们："郑玄曰：'稽古同天，言尧同于天也'。王肃云：'尧顺考古道而行之'。二义不同，何者为是？"博士庾峻对曰："先儒所执，各有乖异，臣不足以定之。然《洪范》称：'三人

---

① 参见《三国志》卷一三，《魏书·王肃传》。

占，从二人之言'。贾、马及肃皆以为'顺考古道'。以《洪范》言之，肃义为长。"曹髦不以为然，反驳说："仲尼言：'唯天为大，唯尧则之'。尧之大美，在乎则天，顺考古道，非其至也。今发篇开义以明圣德，而舍其大，更称其细，岂作者之意邪？"庾峻只得退步说："臣奉遵师说，未喻大义，至于折中，裁之圣思。"接着，曹髦又与庾峻往来辩驳经书，言辞更为尖锐，直至庾峻认输，说曹髦所论"非臣愚见所能逮及"。经学内部的这种纷争，实际上已大大超出了学术范围，它是现实中曹魏集团和司马氏集团激烈政争的反映。不久，司马氏以"肆行不轨，几危社稷"[①] 的罪名，除掉曹髦，并进一步代魏而建晋，王学终于占据了经学的统治地位，大行于西晋之初。但是，郑学与王学的纷争仍未停息，只是没有了政治意味罢了。当时，孔晁、孙毓等主王学以驳难郑学，孙炎、马昭等又依郑学攻击王学，互相攻讦，纠缠不清，完全丧失了学术争论应有的氛围。

王学与郑学的纷争及其结果，表明了晋代对王学的认可和推崇，说明新政权需要新的学术权威以号令经学界；但这种不正常的学术之争却使两汉专门之学无人问津，这既削弱了经学阵营的力量，亦败坏了经学的名声，遂使经学开始出现危机。

二、儒学式微与玄学兴起

汉魏之际，经学出现了信仰危机，异端力量乘势而起。经学，特别是今文经学，包含着极其复杂的谶纬迷信成分。章帝主持召开的白虎观会议，以法律的形式确立了今文经学的统治地位，谶纬神学的迷雾进而笼罩了整个学术界。由于今文经学立足于维护封建大一统的政治格局，为封建社会的合理性作论证，故具有很大的实用性和稳定性。可是，一旦乱世来临，这种实用性便不复存在，而稳定的基础也势必动摇。所

---

① 《三国志》卷四，《魏书·三少帝纪·高贵乡公髦》。

以，在汉魏之际社会大动荡的时代里，经学越来越难以起到对社会各阶层的思想统治的作用了。加之经学发展至东汉，说经愈加泛滥，不仅使士人易生厌烦之心，也影响了它作为统治思想的普及，有识之士不能不对经学与政治的关系、理想与现实的差距进行深刻的反思，以谋别开生面，寻找新的适合社会现状的统治思想和治世良策。东汉一些政论家如王充、桓谭、仲长统等，他们都精通经学，但皆对今文经学大加抨击，他们成了经学内部的异端力量。这种力量的兴起，表明儒学独尊的地位开始动摇。

东汉末年宦官专权，政治黑暗腐败。对于无数靠经书入仕的儒生学子们来说，宦官专权无疑堵塞了他们的进身之阶，儒生与宦官的矛盾加深。在皇权与宦官勾结所酿成的"党锢之祸"中，这些饱读经书之士或身陷囹圄，不得再为官；或流放他乡，不得再讲学；或惨遭屠戮，殃及亲友门生。统治者此举虽意不在打击经学，但经学却因此遭大劫，元气大伤。加以接踵而来的社会动乱，于是学业沉陨，通经人才严重不足。据《三国志·魏书·王肃传》注引《魏略》序云：

> 从初平之元（190年）至建安之末（219年），天下分崩，人怀苟且，纲纪既衰，儒道尤甚。至（魏文帝）黄初元年（220年）之后，新主乃复，始扫除太学之灰炭，补旧石碑之缺坏，备博士之员录，依汉甲乙以考课。申告州郡，有欲学者，皆遣诣太学。太学始开，有弟子数百人。至太和（227—233年）、青龙（233—237年）中，中外多事，人怀避就。虽性非解学，多求诣太学。太学诸生有千数，而诸博士率皆粗疏，无以教弟子。弟子本亦避役，竟无能习学，冬来春去，岁岁如是。又虽有精者，而台阁举格太高，加不念统其大义，而问字指墨法点注之间，百人同试，度者未十。是以志学之士，遂复陵迟，而末求浮虚者各竞逐也。正始中（240—249年），

有诏议圆丘，普延学士。是时郎官及司徒领吏二万余人，虽复
分布，见在京师者尚且万人，而应书与议者略无几人。又是时
朝堂公卿以下四百余人，其能操笔者未有十人，多皆相从饱食
而退。

这种状况与两汉经学之盛相比，反差多么强烈！

汉魏之际，社会动荡，兵革四起，经书损毁十分严重。京都洛阳是
当时图书文物荟萃之地，以其数计，当可载六千余乘。然遭董卓之乱，
洛阳文物书籍惨遭厄运，两汉数百年聚书之功毁于一旦。[①] "是则东汉
诸帝之所藏，班固、崔寔之所校，凡缔聚于百年者，皆荡扫于一时
矣。"[②] 经籍损毁如此，其广泛传播的物质条件业已丧失，要重振已非
一日之功了。

经学衰微在汉魏之际产生了一个重大的后果，即统治阶级不能不在
今文经学之外另求统治工具和思想武器。这种寻求，伴随着经学的衰
落，在东汉末年就开始了。

东汉统治者提倡经学，致力于以代表封建等级制度的名教治理天
下。而汉末时世剧变，要继续推行封建的纲常名教，就必须用新的理论
和思想为其注入新的活力。在时代的呼唤之下，人们开始对先秦诸子百
家的名、法、阴阳、道、兵家重新加以认识和研讨，促使学术思想领域
内又一次"百家争鸣"局面的到来。在这探索新思想的激荡潮流中，出
现了对《庄子》、《老子》、《周易》的研究热潮。时代的要求，统治阶级
的需要，和以何晏、王弼为首的正始名士通力合作，将道家思想引入儒
学，以玄谈容止代替讲经习礼，以思辨义理代替章句之学，跳出皓首穷
经的圈子，而另寻精神上的超越和玄远的本体世界，最终导致魏晋玄学

---

① 《后汉书》卷七九，《儒林传序》。
② 陈登原：《古今典籍聚散考》卷二，《兵燹卷》。

的产生。魏晋玄学所探讨的中心问题仍是儒家所关切的"天人关系"问题，但它以其思辨哲理，从新的视角去审视和论证"天人关系"，从而赋予这个老生常谈的问题以新的内涵。其次，魏晋玄学在治学方式上一反两汉经学家烦琐论证，并扬弃两汉神学目的论，而以道家思想的义理去阐释经学的微言大义，使经学的学风和内涵都为之巨变。

作为新一代士人的何晏，雅尚《易》、《老》，作《论语集注》。王弼又注《老子》、《周易》，作《周易略例》、《论语释疑》，他们均以道家学说阐释儒家经典，对汉代以来烦琐的经学，进行了精心的玄学改造，别树义理，标新立异。他们重新解释"天道自然"，提出"贵无论"。其立论以为："天地万物皆以无为本。无也者，开物成务，无往不存者也。阴阳恃以化生，万物恃以成形，贤者恃以成德，不肖恃以免身。故无之为用，无爵而贵矣。"①。即是说，万物的本体是"无"，它不具有物质的性质，而有神秘的特性。"有"是从"无"中派生出来的，万"有"皆以"无"为本。这就将汉代天人感应神学目的论，改造为"有无本末之辨"的玄学本体论。依据这种理论，在名教与自然的关系上，他们认为，自然是本，名教是末，因而"名教本于自然"。

"正始之变"以后，司马氏完全控制了曹魏政权。以嵇康、阮籍为代表的"竹林名士"，不满于司马氏打着名教的旗号诛杀异己，改朝换代，因而处处与司马氏作对。他们在行为上不守礼法，旷达不羁；理论上诋毁名教，师法老庄，倡言"越名教而任自然"，将名教与自然尖锐地对立起来，又对儒家的圣人尧舜周公孔子诸人进行了辛辣的讽刺和激烈的抨击，进一步冲击了儒家学说。

西晋代魏而兴，门阀制度业已确立。玄学家向秀作《庄子注》，郭象据此发挥，进一步振起玄风。他们发展了何晏、王弼"贵无论"思想，创立"独化论"，认为"生物者无物，而物自生"。同时，提出了

---

① 《晋书》卷四三，《王衍传》。

"名教即自然"的理论，倡言"圣人虽在庙堂之上，然其无异于山林之中"。① 这种论调，立足于为门阀制度的合理性作论证，为门阀士族的执政与享乐找借口，因而得到了官方的欣赏和提倡，魏晋玄学开始兴盛。

魏晋玄学兴起于经学衰落之际，又进一步加剧了经学衰微之势，因而儒学独尊的地位从此丧失，玄学成为魏晋时代的主要社会思潮。

三、衰落中的经学

虽然儒学独尊的地位不复存在，但经学仍在衰势中艰难地维持着。三国西晋时期，经学都有所恢复，只是与两汉经学的盛况相比，不免黯然失色。

（一）经术的恢复

魏文帝曹丕黄初元年（220 年），开始恢复太学，修复熹平石经。又采缀遗亡书籍，藏在秘书中外。秘书郎郑默开始将这些书籍整理分类，称为《中经》。曹丕爱好文学，以著述为务，又使诸儒撰集经传，随类相从，凡千余篇，号曰《皇览》。黄初三年（222 年），又下诏"其令郡国所选，勿拘老幼，儒通经术，吏达文法，到皆试用"。黄初五年（224 年），又颁布了五经课试法，并设置《春秋》、《谷梁》博士。② 魏明帝时，又下诏称："尊儒贵学，王教之本也。"并令各郡国，"贡士以经学为先"。到太和四年（231 年），明帝又下诏曰："兵乱以来，经学废绝，后生进趣，不由典谟。岂训导未洽，将进用者不以德显乎？其郎吏学通一经，才任牧民，博士课试，擢其高第者，亟用。"③ 经过一段时间，经学出现了恢复气象。一时之间，出现了一些专门的治经者。不

---

① 郭象：《庄子注·逍遥游》。
② 《三国志》卷二，《魏书·文帝纪》。
③ 《三国志》卷三，《魏书·明帝纪》。

少学子纷纷来到洛阳求学。到魏明帝青龙年间（233—237 年），太学诸生已增至一千余人。齐王曹芳爱好《论语》，多次令太常以太牢祭孔子于辟雍，以颜渊配祀。在曹芳正始年间（240—249 年），刻了一次石经，用先秦古文、秦小篆和隶书三种字体，将各经重写了一遍，称为《魏石经》，又称《三体石经》或《正始石经》。这部《三体石经》保存下来的残字，是研究汉魏时期经学、特别是古文《尚书》的宝贵资料。

　　蜀汉初建，"承丧乱历纪，学业衰废，乃鸠合典籍，沙汰众学"①。设有太学、博士，各州还有典学从事。不过蜀为三国之中最为弱小者，因而无多少精力物力致力于学术。值得一述的，倒是蜀地涌现出一批精通经书的学者。如许慈善郑学，治《尚书》、《易》、《论语》、《毛诗》、三《礼》，极为博学。胡潜治《丧服》。来敏善《左氏春秋》，尤精《仓颉》、《尔雅》训诂，为蜀汉典学校尉。孟光长于汉家旧典，好《公羊春秋》而讥诃《左氏》，每与来敏争论不已。尹默通诸经史，又专精《左氏春秋》，"自刘歆条例，郑众、贾逵父子、陈元、服虔注说，咸略诵述，不复按本。先主定益州，领牧，以为劝学从事。及立太子，以默为仆，以《左氏传》授后主"②。李𫮃博览五经、诸子，著古文《易》、《尚书》、《毛诗》、三《礼》、《左氏传》、《太玄指归》，皆依准贾、马，异于郑玄。谯周精研六经，撰定《法训》、《五经论》、《古史考》等著述百余篇。

　　孙吴也有重视学业之举。黄龙二年（230 年），下诏立都讲祭酒，以教学诸子。孙休时曾提出要恢复两汉旧制，置学官，立五经博士，"核取应选，加其宠禄；科见史之中及将吏子弟有志好者，各令就业。一岁课试，差其品第，加以位赏"③。至于是否实行，难以稽考。但当时一些中原人士避乱江东，在辅佐孙吴政权的同时，也传播经学。如张

① 《三国志》卷四二，《蜀书·许慈传》。
② 《三国志》卷四二，《蜀书·尹默传》。
③ 《三国志》卷四八，《吴书·孙休传》。

昭通《左氏春秋》，著有《春秋左氏传解》、《论语注》；程秉著《周易摘》、《尚书驳》、《论语弼》；诸葛瑾治《毛诗》、《尚书》、《左氏春秋》。在中原学者的影响之下，江南也出现了一些精通经学的人。最著名者如阚泽，家世农夫，刻苦自学，"究览群籍，兼通历数，由是显名。……泽以经传文多，难得尽用，乃斟酌诸家，刊约《礼》文及诸注说以授二宫，为制行出入及见宾仪。又著《乾象历注》以正时日。每朝廷大议，经典所疑，辄咨访之。以儒学勤劳，封都乡侯"①。阚泽的同乡先辈唐固也修身积学，称为儒者，著《国语》、《公羊》、《谷梁传》注，讲授常数十人。

西晋司马氏本以经学世家立国，服膺名教，倡导儒学。初建国，便"经始明堂，营建辟雍，告朔班政，乡饮大射。西阁东序，河图秘书禁籍。台省有宗庙太府金墉故事，太学有石经古文先儒典训。贾、马、郑、杜、服、孔、王、何、颜、尹之徒，章句传注众家之学，置博士十九人。九州之中，师徒相传，学士如林"②。泰始八年（273年），太学生有七千余人，及咸宁四年（278年），又立国子学，定置国子祭酒、博士各一人，助教十五人，以教生徒。博士皆取履行清淳、通明典义者。不过此时玄风始遒，经学仍未小昌。加以西晋末年永嘉之乱，经学又遭劫难。《易》亡梁丘、施氏、高氏，《书》亡欧阳、大小夏侯，《齐诗》在魏已亡，《鲁诗》不传东晋，《韩诗》虽存，无传之者，孟、京、费《易》亦无传人，《公》、《谷》虽在，殆无师说。③

（二）经传的注解

三国西晋时期，经学虽呈衰落之势，但仍有不少经传注解涌现于世。现择其大要列举如下：

---

① 《三国志》卷五三，《吴书·阚泽传》。
② 《晋书》卷七五，《荀崧传》。
③ 参见《隋书》卷三二，《经籍志》；陆德明：《经典释文》卷一，《序录》。

《诗》：王肃注《毛诗》二十卷、《毛诗义驳》八卷、《毛诗奏事》一卷。自郑玄为《毛诗》作笺，齐、鲁、韩三家《诗》浸微。王肃虽与郑学对抗，也是据毛以难郑，非据三家以驳毛。此外，刘桢《毛诗义问》十卷，谢沈注《毛诗》二十卷，江熙注《毛诗》二十卷，陆玑《毛诗草木鸟兽虫鱼疏》二卷。整个魏晋南北朝时期，皆以《毛诗郑笺》为盛。《韩诗》虽最后亡，持其业者盖寡。唯杜琼著《韩诗章句》十余万言，其余治《韩诗》者成就不多。

《书》：王肃注《尚书》九卷，谢沈注《尚书》十卷，范宁注《古文尚书舜典》一卷。

《易》：王肃注《周易》十卷，荀辉注《周易》十卷，钟会著《周易尽神论》一卷，陆绩注《周易》十五卷，虞翻注《周易》十卷，王弼注《周易》十卷。其中尤以王弼《周易注》成就最大，影响最大。

王弼《周易注》，只为《易经》的六十四卦作注，没有给《易传》作注，故其注只有六卷，或加上《周易略例》一卷，统称为《王弼注》七卷。王弼死后，晋人韩康伯继为《易传》作注三卷，即今传十卷本。王弼《周易注》的突出特点是跳出了汉儒用"象数"宗教迷信和谶纬神学说《易》的圈子，而代之以思辨义理释《易》，这是经学的重大变革。盖玄学以《易》为发挥资料之一，故此时期对《周易》的研究颇为热门，而以道释经则是此时期《周易》研究的特色。

汤一介先生《郭象与魏晋玄学》曾对王弼对儒家经典改造的成果进行了概括：其一，论老不及圣，即老子不及孔子。他认为，孔子才是真正体会了"无"，而"无"作为"万有"的本体，是难以用语言加以说明的。所以孔子不说"无"而说"有"，因为孔子把"无"和"有"视为一体，"体用如一"，"本末不二"。而老子不懂得天地万物的本体，因而把"无"看成认识的对象，是和"有"对立的另一个东西，即以"本末为二"了，故老不及圣。这种"本末不二"的思想，实际上促成了魏晋玄学"名教即自然"理论的形成。

其二，论"圣人有情"。何晏曾认为圣人无喜怒哀乐怨之情感。其论甚精，钟会等承袭此论。王弼则不同意何晏的观点，认为圣人与凡人相同，俱有五情，只是圣人无累于情而已。这种"有情"的圣人人格，在现实中更符合新贵族的口味，同时也符合"名教即自然"的原则。

其三，述大衍义。王弼注《易》，颍川人荀融用《周易》"大衍之数"难之，王弼复信予以答复，作了解释。他说："演天地之数，所赖者五十也。其用四十有九，……数之极也。夫无不可以无明，必因于有，故常于有物之极，而必明其所由之宗也。"① 这里，王弼以"一"与"多"的关系，来说明"无"与"有"的关系，所谓"不用之一"即指"太极"，也作为天地万物本体的"无"。而"太极"不是说在万物之外另有实体，照王弼看，它是包蕴万理，孕育万物者；"一"（不用之一）即"四十有九"之体，"无"即"有无之极"之本，要想了解天地万物种种现象，必须了解其本体（所由之宗），所谓"知其母而执其子"也。这就是王弼著名的"体用如一"、"本末不二"的观点，它第一次在中国哲学史上，将体、用作为一对哲学范畴提出来，并为魏晋玄学本体论的建立构建了重要的理论基石。

此外，王弼以义理析经，首唱"得意忘言"，以《庄子》"言不尽意"之论以解《易》，作《易略例·明象章》。从此，"得意忘言"成为魏晋南朝学者们的一个重要方法论，它有力地冲击了烦琐僵化的经学传统，廓清汉《易》象数之学，由此奠定了魏晋玄学的思想基础。魏晋经学家将此方法用于解经，讲求会通其义而不拘泥于文字，从而开启一代解经新风。

《礼》：王肃注《周官礼》十二卷、《仪礼》十七卷、《丧服经传》一卷、《礼记》三十卷，蒋琬著《丧服要纪》一卷，卫瓘作《丧服仪》一卷，孙炎注《礼记》三十卷，郑小同作《礼记要钞》十卷。魏晋之际，

---

① 《周易正义》卷七，《系辞上》。

三《礼》之学有郑玄、王肃二家，郑、王二家，义多有异，如郊丘、帝祫之事，二家各持己议。此后郑玄义专行于南北。

《乐》：魏代僧人撰《乐元》一卷、《当管七声》，何晏等撰议《乐悬》一卷。

《春秋》：魏文帝时立《谷梁》博士，孙吴唐固著《谷梁传注》，曹魏糜信注《谷梁》十二卷。范宁以《春秋谷梁氏》未有善解，遂沉思积年，为之集解。其义精审，为世所重。其后《公羊》用何休注，《谷梁》则用范宁注。但《谷梁》学始终未能兴盛。士燮著《春秋经》十一卷，王朗撰《春秋左氏传》十二卷，孙毓著《春秋左氏传贾服异同略》五卷，嵇康作《春秋左氏传音》三卷，王肃著《春秋外传章句》一卷，孔晁撰《春秋外传国语》二十卷。尤其重要的是，杜预作《春秋左氏经传集解》三十卷，名为《集解》者，分经之年与传相附，各随而解之，故名《经传集解》。又参考众家谱第，谓之《春秋释例》十五卷，又作《春秋左氏传评》二卷。当时论者以为杜预文义直质，不予重视。唯秘书监挚虞十分赞赏，评论说："左丘明本为《春秋》作传，而《左传》遂自孤行。《释例》本为《传》设，而所发明何但《左传》，故亦孤行。"杜预自称有"《左传》癖"，故于《左传》用力尤勤。[①] 自杜预注行，则以杜《注》与王肃《左传注》并立，故魏晋之际，《左传》孤行。

《孝经》：王肃解《孝经》一卷，何晏注《孝经》一卷，刘劭注《孝经》一卷。

《论语》：王肃、虞翻、谯周注《论语》各十卷，王弼著《论语释疑》三卷，王肃解《孔子家语》二十一卷、《圣证论》十二卷、《论语释驳》三卷，何晏《论语集解》十卷。其中，何晏《论语集解》是经学史上影响较大的一部书，它收集了汉以来《鲁论》的包咸、周氏、孔安国、马融、郑玄、陈群、王肃、周生列八家之说和参照了孙邕、郑同、

---

① 《晋书》卷三四，《杜预传》。

曹羲、荀岂诸家训解而成。其后有梁皇侃、宋邢昺为之作疏，就是宋朱熹也用此书为底本，足见其影响之大。

与王弼《周易注》一样，何晏也致力于以道解儒，师心自用，并下己意而为《论语集注》。例如，在《述而》章注"志于道"时说："志，慕也。道不可体，故志之而已。"注"据于德"时说："据，杖也。德有成形，故可据。"这就将儒家的"道"和"德"替换为道家的"道"和"德"，即"有"和"无"。在《先进》章注"如用之，则吾从先进"时说："将移风易俗，归之淳素。先进，犹近古风，故从之。"这就将道家"返璞归真"的理想，强加于孔子的入世哲学。在《雍也》章注"有颜回者好学，不迁怒，不贰过"时说："凡人任情，喜怒违礼；颜回任道，怒不过分。迁者，移也。怒其当礼，不移易也。不贰过者，有不善，未尝复行。"于是儒家的好学而温柔敦厚的贤人，一变而为道家任道而行的智者。在《公冶长》章注："夫子之言性与天道，不可得而闻也"时说："性者，人之所受以生也；天道者，元亨日新之道，深微，故不可得而闻也。"于是，孔子的学问，又变成了道家"元亨日新"之道，且深微莫测，玄之又玄。由此可见，何晏解经的基本出发点是以道解儒，把儒家思想道家化，从而导致魏晋经学"儒道兼综"思想格局的形成。故"自何氏《集解》以讫陈、梁之间，说《论语》者，义有多家，大抵承正始之遗风，标玄儒之远致，辞旨华妙，不守故常，不独汉师家法荡无复存，亦与何氏所集者异趣矣。"[1]

（三）关于"前伪《孔传》"

魏末晋初，出现了一部孔安国《古文尚书》，并带有孔安国《传》。有的作者认为它即今所见的伪《孔传古文尚书》，作伪者是王肃。[2] 有的学者认为，这部伪书和后出的伪《孔传古文尚书》不是一回事，故称

---

① 吴承仕：《经典释文序录疏证》，第146页。
② 参见朱自清：《经典常谈》，三联书店1980年版，第25—26页。

之为"前伪《孔传》";认为其作伪者是司马氏所授意的某个(或某些)学者,不一定是王肃。[1]

"前伪《孔传》"出笼后,很快就流行开来,并在晋初立为学官,与《尚书》贾逵、马融、郑玄、王肃四派并行。西晋末年永嘉之乱后,西汉初年出现的《今文尚书》全部丧失,唯一剩下的即汉代古文《尚书》家传下来的那三十四篇。到东晋列为学官的《尚书》,一是郑玄学派,一是"前伪《孔传》"。到南朝齐时,"前伪《孔传》"失传,仅郑注独行。关于这部伪书争论很多,目前尚无定论。

第二节　东晋南朝经学的变化

一、经学的转机

晋室南渡,偏安江左。士族名士开始对"永嘉之乱"和"五胡乱华"的惨痛教训加以反思,对西晋时期自上而下的政治腐败、士风沦丧和清谈玄风加以抨击。在这种氛围中,玄风独扇之势有所抑制。统治阶级又将儒学从久违了的高阁中请出,欲对时政和世风加以整饬,于是衰微中的经学在东晋出现转机。

永嘉之乱对经学的破坏首先表现在对学校教育的破坏上。"自丧乱以来,儒学尤寡,今处学则阙朝廷之秀,仕朝则废儒学之俊"[2]。因此,要复兴经学,首先就必须恢复学校教育。

早在晋元帝尚未登基之前,骠骑将军兼中书监王导就上书,说明西晋败亡之由在于"皇纲失统,颂声不兴",建议恢复太学,"诚宜经纶稽

---

[1]　参见马雍:《尚书史话》,中华书局1982年版,第39—40页。
[2]　《晋书》卷七五,《荀崧传》。

古，建明学业，以训后生，渐之教义，使文武之道坠而复兴，俎豆之仪幽而更彰"，并择朝之子弟入学，选明傅修礼之士为师。① 其他一些官员如应詹、贺循、荀崧等人，也上书要求恢复学校，振兴儒学教育。于是在元帝建武元年（317 年）十一月，令置史官，立太学。到晋成帝咸康三年（337 年），批准国子祭酒袁环所议，重立国子学，征集生徒。只是当时玄风未衰，世尚老庄，莫肯用心儒训。晋孝武帝时，由于淝水大捷，东晋外部局势稍微稳定了一些。太元九年（384 年），增置太学生百人。次年二月，又立国子学，增造房舍一百五十间，增置太学生百人，损国子助教为十人，分掌十经。太元十年（385 年）十月，在国子学就读的士族骄纵任诞，子弟因风放火取乐，竟烧毁绝大多数房舍，学校损失惨重。风纪败坏如此，故东晋国家教育始终不能昌盛。

东晋王朝在恢复太学的同时，也恢复了两汉的经学博士制度。

太兴年间（318—322 年），晋元帝置《周易》王氏、《尚书》郑氏、《古文尚书》孔氏、《毛诗》郑氏、《周官》、《礼记》郑氏、《春秋左传》杜氏、服氏，《论语》、《孝经》郑氏博士各一人。其《仪礼》、《公羊》、《谷梁》及郑《易》皆省不置。荀崧以为不可，上疏说宜再增置四博士，即为郑《易》置博士一人，郑《仪礼》博士一人，《春秋公羊》博士一人，《谷梁》博士一人。后元帝下令群儒讨论，结果是除"谷梁肤浅，不足置博士，余如奏"。以上各书共置博士十一人，后又增为十六人，不复分掌五经，而谓之太学博士。② 只是由于东晋初年内外交困，学校虽建，博士虽立，却是有名无实而已。故《晋书·儒林传序》说元帝"虽尊儒劝学，亟降于纶言，东序西胶未闻于弦诵"，终不能抓住经学的转机，致其昌盛。

但东晋时期也涌现了一批经学家，其中较著名的有虞喜、徐邈、孙

----

① 《晋书》卷六五，《王导传》。
② 《晋书》卷七五，《荀崧传》。

衍、范宣、范宁、干宝等。他们大都不满于当时玄风炽扇、儒学陵替的状况。他们以恢复儒学为己任，重操两汉旧业，为经书作注解，代表了当时经学发展的水平。

虞喜（281—356 年），字仲宁，会稽余姚（今属浙江）人。少立操行，博学好古。晋明帝太宁（323—326 年）中，以博士征，不就。他对西晋以来玄风炽扇尤其愤恨，痛惜"儒雅陵夷，每览《子衿》之诗，未尝不慨然"。晋成帝咸和（326—334 年）末，太常华恒举喜为贤良。虞喜"专心经传，兼览谶纬"，其治学路数是经今古文兼治。撰有释《毛诗略》，注《孝经》，为《志林》三十篇，凡所注述数十万言。①

范宁（339—401 年），字武子，南阳顺阳（今河南淅川县东南）人。少笃学，多所通览。尤恨王弼、何晏扇起玄风，致使儒雅日替。他认为何、王二人之罪"深于桀、纣"，一生以恢复儒学为己任。为余杭令时，兴学校，养生徒，自东晋建国以来，"崇学敦教，未有如宁者也"。"时更营新庙，博求辟雍、明堂之制，宁据经传奏上，皆有典证"。后任豫章太守时，"在郡又大设庠序，遣人往交州采磐石，以供学用，改革旧制，不拘常宪。远近至者千余人，资给众费，一出私禄。并取郡四姓子弟，皆充学生，课读五经。又起学台，功用弥广"。以至于江州刺史王凝之批评他"肆其奢浊，所为狼籍"，竟因而获罪。只是因皇帝认为"宁所务惟学，事久不判。会赦，免"。既免官，家于丹阳，犹勤经学，终年不辍。积思沉年，为《春秋谷梁氏》作集解，共十二卷，为世所重。② 范宁对《春秋》三传皆有不满，认为"《左氏》艳而富，其失也巫；《谷梁》清而婉，其失也短；《公羊》辩而裁，其失也俗。"③ 皮锡瑞《经学历史》说："范宁《谷梁集解》，虽存《谷梁》旧说，而不专主一家。序于三传皆加诋谋，宋人谓其最公。此与宋人门径合耳。"

---

① 《晋书》卷九一，《儒林·虞喜传》。
② 《晋书》卷七五，《范宁传》。
③ 范宁：《春秋谷梁传序》。

　　此外，还有干宝在贾逵、马融、郑玄、王肃等人所注《周礼》的基础上作《周礼注》十三卷。孙毓作《诗同异评》十卷，其论毛公、郑玄、王肃三家注之优劣，而以王注为优。江熙以郑玄、何晏、卫瓘所注《论语》为参照，著《论语集解》十卷。李充有《尚书注》、《周易旨》六篇。孙盛作《易象妙于见形论》。王愆期作《春秋公羊经传》十三卷，而郭璞作《尔雅注》三卷，洽闻强识，详悉古今，最为后人称道。此外，东晋为门阀制度的鼎盛时期，世家大族格外看重门第，讲究礼法，故这一时期注经的一个显著特点就是为三《礼》作注者众多，尤以儒宗贺循著述最多，计有《仪礼·丧服要》六卷、《丧服要记》十卷、《丧服谱》一卷、《葬礼》一卷等。

　　这一时期，经学中有一件学案，即伪《孔传古文尚书》的出现。这部书既与当时流行的郑玄注本不同，也与魏末晋初出现的"前伪《孔传》"有异。关于这部伪书的作者，前人或认为是王肃，或认为是郑冲，或认为是梅赜，众说纷纭而无定论。传统的说法是：晋元帝建武元年（317 年），豫章内史梅赜曾将一部用隶书写成的新的《尚书》献给朝廷。不久，豫章太守范宁因感隶书传授不便，就改用当时流行的楷书重写。这部《尚书》经文共五十八篇，其中三十四篇的篇名与郑注本不同，其余多出的二十四篇篇名是：舜典、大禹谟、益稷、五子之歌、胤征、仲虺之诰、汤诰、伊训、太甲上、太甲中、太甲下、咸有一德、说命上、说命中、说命下、武成、旅獒、微子之命、蔡仲之命、周官、君陈、毕命、君牙、冏命，通过范宁撰《尚书集解》十卷，谢沈注《尚书》十五卷，李颙注《尚书》十卷，这部书在东晋流传开来。此后，历经南朝宋姜道盛、梁费甝分别作《尚书》十卷、《尚书义疏》十卷，至唐代孔颖达奉诏撰《尚书正义》时，仍然以此本为底本。直到明代梅鷟、清代阎若璩等人时，才认定此书为西晋皇甫谧或东晋梅颐所伪造，这差不多已成定论。不过，郑注《尚书》已不再称《古文尚书》，而学郑注本的人也少了，只有《孔传古文尚书》才专称古文尚书，它已逐渐取代了原来的今文本和古文本，并成为今天《十三经注疏》中的《尚书》本。①

经学发展至南朝宋、齐年间，已呈衰势。"国学时或开置，而劝课未博，建之不能十年，盖取文具而已。是时乡里莫或开馆，公卿罕通经术，朝廷大儒，独学而弗肯养众，后生孤陋，拥经而无所讲习"②。这种情况，到梁武帝时才稍有好转。梁武帝起自诸生，雅好经史，建梁后大兴文教，弘扬学术。但时承丧乱，典籍凋零，特别是南齐永元末，后宫失火，延烧秘书，图书散乱殆尽。于是梁朝布告天下，广集图书，经过一段时期的努力，图书聚集渐盛。又组织一批硕学高才，校订典籍。与此同时，私人也有不少聚书者和校书者，如王筠，躬自抄录《左氏春秋》、《周官》、《仪礼》、《国语》、《尔雅》、《山海经》、《本草》等经史子集，大小百余卷。在公私聚书校书的同时，学校教育也恢复和发展起来。天监四年（506年），下诏建立国学，总以五经教授，置五经博士各一人。明山宾、陆琏、沈峻、严植之、贺玚补博士，各主一馆，馆有学生数百，给其饩廪，"其射策通明经者，即除为吏，于是怀经负笈者云会矣"。又选学生遣就云门山，受业于当时大儒何胤。又分遣博士、祭酒到州郡立学。天监七年（509年），又诏皇太子、宗室、王侯始就学受业，梁武帝"亲屈舆驾，释奠于先师先圣，申之以燕语，劳之以束帛"。及陈武帝创业，"时经丧乱，衣冠殄瘁，寇贼未宁，敦奖之方，所未遑也。天嘉（560—566年）以后，稍置学官，虽博延生徒，成业盖寡"。

这一时期，以传统经学为业的学者主要有顾越、王元规等。顾越，吴郡盐官人。吴郡顾氏世习儒学，而越以勤苦自立，说《毛氏诗》，旁通异义，于义理精明，尤善持论。在梁为五经博士，又迁国子博士。陈

① 参见罗宏曾：《魏晋南北朝文化史》，四川人民出版社1988年版，第40—41页。
② 《南史》卷七一，《儒林传》。以下所引本传，不再注明出处。

时又领国子博士，侍读如故。著有《丧服》、《毛诗》、《老子》、《孝经》、《论语》等义疏四十余卷。

王元规，太原晋阳人。少好学，从吴兴沈文阿受业，十八岁即通《春秋左氏》、《孝经》、《论语》、《丧服》。梁中大通元年（529 年），诏策《春秋》，举高第，时名儒咸称赏之。陈后主在东宫，引元规为学士，亲受《礼记》、《左传》、《丧服》等义。迁国子祭酒。新安王伯固启请元规执经讲学，时论以为荣。"自梁代诸儒相传为《左氏》学者，皆以贾逵、服虔之义难驳杜预，凡一百八十条，元规引证通析，无复疑滞。每国家议吉凶大礼，常参预焉。"著有《春秋发题辞》及《义记》十一卷、《续经典大义》十四卷、《孝经义记》二卷、《左传音》三卷、《礼记音》二卷。

另外，南朝为门阀制度衰落时代，世家大族极力维系门第，森严礼仪，以阻止门阀制度的衰势。所以当时三《礼》成为经学中最热门的学问。大批治《礼》者及《礼》学著作涌现于世，为南朝治经的又一大特色。如戚衮，受三《礼》于国子助教刘文绍。年十九，梁武帝敕策《孔子正言》，并《周礼义》、《礼记义》，衮对高第。撰有《三礼义记》。郑灼，"性精勤，尤明三《礼》"。张崖，"广沈文阿《仪注》，撰《五礼》"。陆诩，少习崔灵恩《三礼义宗》，梁时百济国表求讲礼博士，诏令诩行。沈德威，侍陈太子讲《礼》、《传》，寻受太学博士，转国子助教。"每自学还私室讲授，道俗受业数百人"。寻迁太常丞，兼五礼学士。贺德基，世传《礼》学，"于《礼记》称为精明"，居以教授。沈不害，治经术，善属文，著有《五礼仪》一百卷、《文集》十四卷。此外，还有贺玚撰《丧服义疏》二卷、《礼论要钞》一百卷，何佟之撰《丧服经传义疏》一卷、《礼答问》十卷、《礼杂问答钞》一卷，裴子野撰《丧服传》一卷，褚晖撰《礼记文外大义》二卷，周舍撰《礼疑义》五十二卷，崔灵恩撰《三礼义宗》三十卷，陶弘景撰《三礼目录注》一卷，元延明撰《三礼宗略》二十卷。

二、经学的玄化

尽管东晋初年兴起批评玄学的思潮，经学出现了转机，但是，一方面，永嘉之乱给经学造成的严重损失难以弥补，经书损毁，经学人才或死于战火，或辗转漂泊，经学失去了顺利传播和复兴的物质条件；另一方面，"过江诸人"素习玄学。以王导为首的执政者虽于表面上有崇儒之举，但实际上对儒学的兴趣只限于等级秩序而已，其内心深处仍孜孜于"名士风度"，沉醉于"正始之音"不能自拔，故玄学仍是官方哲学。这种情形，正如《晋书·儒林传序》云：

> 有晋始自中朝，迄于江左，莫不崇饰华竞，祖述虚玄，摈阙里之典经，习正始之余论，指礼法为流俗，目纵诞以清高，遂使宪章弛废，名教颓毁。

在新的条件下，经学要继续生存和发展，就不得不以玄学来丰富和改造自己。儒玄理论和旨趣及儒家与玄学家的好尚和治学方式虽不尽同，但两晋玄学家一致认为：名教本于自然，名教即自然。所以儒、道在他们看来并不矛盾。而所谓玄学的理论不过都是以道释儒、以儒释道而已，这就使儒家的名教与道家的自然在一定程度上结合起来，经学朝着玄学化的方向发展。

在东晋经学玄化的趋势下，经学家治学的主要特征是"儒玄并综"、"儒玄双修"。如江惇，"性好学，儒玄并综。每以为君子立行，应依礼而动，虽隐显殊途，未有不傍礼教者也。若乃放达不羁，以肆纵为贵者，非但动违礼法，亦道之所弃也"[1]。即是说，无论人们身居高位还是无名于世，都遵循礼法，奉行名教。虽然儒家和道家所奉行和倡导的

---

① 《晋书》卷五六，《江惇传》。

各有不同，但都必须不违礼法，放达肆纵者均为儒家和道家所不容。又有太学博士曹毗，著《对儒》，极力阐述儒玄各有妙用的观点。他说："在儒亦儒，在道亦道，运屈则纡其清晖，时申则散其龙藻。……故五典克明于百揆，虞音齐响于五弦，安期解褐于秀林，渔父摆钩于长川。如斯则化无不融，道无不延，风澄于俗，波清于川，……何有违理之患，累真之嫌!"① 即是说，儒玄各臻其妙，只要用得适时恰当，就既不违背儒家的理论，也不悖离玄学的旨趣。李充，著《学箴》，称："圣教救其末，老庄明其本，本末之途殊而为教一也。……道不可以一日废，亦不可以一朝拟，礼不可以千载制，亦不可以当年止"②。东晋学者的这种儒玄兼综的治学方式，既是经学玄化的原因，又是经学玄化的表现。

从当时经学家对儒家经典的注疏来看，汉儒师传及章句之学已不为人重视，《易学》郑注浸微，王弼《周易注》独尊。而王弼注又是魏晋玄学理论之一。所以当时孙盛著论云："《易》之为书，穷神知化，非天下之至精，其孰能与于此? 世之注解，殆皆妄也。况弼以傅会之辩而欲笼统玄旨者乎? 故其叙浮义则丽辞溢目，造阴阳则妙赜无间，至于六爻变化，群象所效，日时岁月，五气相推，弼皆摈落，多所不关。虽有可观者焉，恐将泥夫大道。"③ 认为王弼注《易》未及《易》之精华，徒以玄学家的穿凿附会、浮辞丽藻释《易》，即有可观者，恐与儒学的经典之说相悖。然而当时众名士儒者如谢安弟谢万、桓玄、韩康伯诸人，均注《易·系辞》，皆祖述王弼，谈玄析理。又有张璠作《周易集解》，亦根据西晋玄学家钟会、向秀、阮咸、王济、卫瓘诸人之说，引玄入儒，与汉儒说经的体例和内容大相径庭。故自西晋起，经学就与汉儒学问有异，到东晋时，经学的玄化趋势更为明显，以至于在儒林中，完全

---

① 《晋书》卷九二，《文苑·曹毗传》。
② 《晋书》卷九二，《文苑·李充传》。
③ 《三国志》卷二八，《魏书·钟会传》注引。

没有玄学气息的纯儒少之又少，而经学的玄化因之更盛。即使最少沾染玄风的《尚书》之业，也有"辞富而备，义弘而雅，复而不厌，久而愈亮"的玄学风气。

受玄学"得意忘言"思想的影响，东晋经学家的解经态度均尚清通简要，融会内外，通其大义，不愿执著文句而自害其义，因而给东晋经学带来了一些新气象。

南朝时期，儒学的独尊地位受到严重冲击，经学的玄化趋势进一步加剧，形成了经学与玄学并立的局面。刘宋元嘉十五年（438 年），文帝刘义隆征儒者雷次宗至京师，于鸡笼山开置学馆，朱膺之、庾蔚之等"并以儒学兼总诸生"。又令何尚之立玄学、何承天立史学、谢元立文学，与儒学并立，可见并未以儒学独尊。而玄学与儒学并立，说明二者地位相当。到宋明帝泰始六年（470 年），"以国学废，初置总明观，玄、儒、文、史四科，科置学士各十人"。此时玄学的位置不仅列于儒学之前，而且与儒学学士人数一样，说明儒学原来"监总诸生"的地位已不复存在。

儒玄地位的这种变化，势必加剧经学玄化的趋势。南朝时有不少兼通经学和《老》、《庄》，成为玄学化的经学家。他们大都兼善《老》、《易》，相与玄谈，弥日不懈。如徐嗣伯善清言。柳世隆更以清谈自诩，自云为南朝第二。王玄载好玄言。张充通达《老》、《易》，亦善清言。张绪以《周易》见长，言理精奥，为一时宗主。全缓为梁代国子助教，专讲《诗》、《易》，又兼治《老》、《庄》。经学玄言为同一学问，经师儒生莫不兼学。梁武帝萧衍通儒达玄，而以玄学尤佳。他曾与东魏儒者李业兴辩论"儒玄之中，何所通达"，而以李业兴承认"素不玄学，何敢辄酬"而告终。[1] 梁武帝又好著述，遍注群经，于玄学论著亦有《周易大义》、《周易系辞义疏》、《周易讲疏》、《老子讲疏》等。简文帝萧纲亦博

---

① 《魏书》卷八四，《儒林·李业兴传》。

综经书，善言玄理，其所著有《老子义》、《庄子义》等。梁代统治者的推波助澜，愈使经学成为玄言清谈之资。如清人赵翼所说："当时虽从事于经义，亦皆口耳之学，开堂升座，以才辩相争胜，与晋人清谈无异，特所谈者不同耳。"① 简文帝时，曾置宴集玄儒之士，先命二者互相质难，又令中庶子徐摛"驰骋大义，间以剧谈"。摛"辞辩纵横，难以答抗，诸人慑气，皆失次序"。唯有儒者戚衮说"朝骋义，摛与往复，衮精采自若，对答如流，简文帝深加叹赏"。② 这条史料足为赵翼之论的旁证。陈代学业不振，其经师多为梁之遗儒，故经学仍杂以清言。这种以玄入经、徒以炫博斗辩的风气直到隋平陈以后，始扫除之。

三、经学的佛化

佛教在魏晋南北朝时期获得了迅猛发展。在经学日趋玄化的同时，受玄佛合流思潮的影响，东晋经学也开始佛化。

佛教是一种外来的宗教和出世哲学，与儒家学说有着尖锐的冲突。但在冲突中，这两种异质学说又开始互相渗透和影响。一方面，佛教徒为使佛教立足于中华，便有意识地调和儒佛矛盾，缩小儒佛差距。例如，宣传佛教有"敷导民俗"的作用，并不"伤治害政"；"因果报应"说与儒家孝悌仁义教义并不矛盾；"三世轮回"说可以补充儒家"祸福"只限一世之不足；"沙门"虽不敬"王者"，但并不违反封建伦常，而佛教之禁戒，又有助于王化，劝民为善；佛法虽自西来，但"佛遣三弟子震旦教化，儒童菩萨，彼称孔丘；净光菩萨，彼称颜回；摩诃迦叶，彼称老子"③，因而佛教自来与儒学有着密切的关系；等等。另一方面，佛教徒努力钻研儒学，以佛理向儒学渗透。如东晋名僧道安，出自书香

---

① 《廿二史札记》卷八，《六朝清谈之习》。
② 《陈书》卷三三，《儒林·戚衮传》。
③ 《清净法行经》。

门第，十五岁即通达文义。慧远"博综六经"，尤明三《礼》、《毛诗》。僧肇少以佣书为业，遂得历观经籍。他们都是东晋著名的高僧。同时，东晋学者也开始研习佛学。如殷浩以玄谈著称，尤精《四本论》，当时无人能敌。后因故被贬，"大读佛经，皆精解"。其所通者还有《维摩诘》、《般若波罗密》、《小品》等。① 这些研习佛学的人，欲借佛教补充和丰富玄学和经学。如孙绰作《喻道论》，极力证明儒佛一致，强调"周孔救时弊，佛教明其本耳"。在儒佛士僧双方的努力下，经学佛化加剧。前已述及，曹魏正始年间，何晏、王弼曾辩圣人有情无情，这是正始之音的主要内容之一。到东晋，名僧致力于经学佛化，以佛家身不离世俗亦要修炼得道之说，赞同王弼"圣人有情"说。② 又如东晋名僧支道林，精通儒经，"每标举会宗，而不留心象喻，解释章句，或有所漏，文字之徒，多以为疑。谢安石闻而善之，曰：此九方皋之相马也，略其玄黄而取其俊逸"③，完全是东晋经学家"得意忘言"的解经方法。东晋名僧通《易》者多，如慧远年少时即精研《易》学。殷仲堪曾问慧远："《易》以何为体？"答曰："《易》以感为体。"④ 即指由感应而彻悟佛理，此即以佛家之理以解《易》之义，经学之佛化由此可见一斑。

佛教在南朝得到进一步发展而至繁盛。由于统治者的大力扶持，南朝诸帝大都崇信佛教，大臣及一般文人学士也信奉佛教。他们认为佛教有益于政治教化，可使风俗淳厚。君臣学者互相探讨佛义，乃至于形成热潮。南方佛教因受玄风感染，比较注重自身的改造以适应中国国情，提出了顿悟成佛说，从而为各阶层的人们提供了成佛的可能性，使佛教成为一种普遍的社会信仰。因此，南朝经学的佛化更甚于东晋。

南朝各代统治者都提倡佛教，研习佛理。宋文帝曾邀请天竺名僧求那跋摩居氏洹寺讲《法华经》，亲率群臣听讲。名士范泰、王弘、颜延

---

① ② ④ 《世说新语·文学》。

③ 余嘉锡：《世说新语笺疏》引《支遁传》，中华书局1983年版，第843页。

之等人，皆向名僧竺道生求学问道。齐竟陵王萧子良尤笃信佛教，在鸡
笼山开西邸，与范云、萧琛、任昉、王融、萧衍、谢朓、沈约、陆倕等
"八友"，招揽名僧，"讲语佛法，造经呗新声，道俗之盛，江左未有
也"①。又有文惠太子萧长懋，与萧子良俱好释氏。永明五年（485 年），
太子临国学，亲自策试诸生。萧长懋、萧子良与王俭、张绪诸臣子及诸
学生讨论"孝"的含义。这次讨论的结果，被王俭评为"去圣转远"、
"人轻道废"。② 以此推论，这次君臣学生之间的讨论，不过以玄言佛理
杂糅经义而已。梁武帝萧衍更是精通儒玄，"兼笃信正法，尤长释典，
制《涅槃》、《大品》、《净名》、《三慧》诸经义记"，还多次"舍身"佛
寺，以示崇佛，同时也是为佛寺募集钱财。天监三年（504 年），梁武
帝颁布敕令："唯佛一道，是为正道。""公卿、百官、侯王、宗族，宜
反伪就直，舍邪入正"。③ 佛教成了国教。梁武帝还提倡"三教同源"
说，把孔子、周公、老子都说成是"如来弟子"，即意味着儒道二教都
来源于佛，并以佛教为中心。这样一来，经学反倒要借助佛教而求生存
和发展了，因而其佛化的趋势势必愈演愈烈。所以赵翼总结南朝经学玄
化与佛化的情况说："梁时所谈，亦不专讲五经。……五经之外，仍不
废《老》、《庄》，且又增佛义。"④

　　在南朝经学玄化和佛化的趋势下，兼通儒、释、玄是经学家和经学
研究著述的特色。见之于南朝史籍的儒者经师多非纯儒。如皇侃，明三
《礼》、《孝经》、《论语》，兼国子助教，听讲学者常数百人。侃笃信佛
教，"常日限诵《孝经》二十遍，以拟《观世音经》"⑤，完全将儒经与
佛经等量齐观。撰有《论语义》、《礼记义》，见重于世，为学者传诵。

---

① 《南齐书》卷四〇，《武十七王·竟陵文宣王子良传》。
② 《南齐书》卷二一，《文惠太子传》。
③ 《广弘明集》卷二九。
④ 《廿二史札记》卷八，《六朝清谈之习》。
⑤ 《南史》卷七一，《儒林传》。

张讥，年十四，通《孝经》、《论语》，笃好玄言。受学于汝南周弘正。
每有新意，为先辈所推服。简文帝在东宫，"出士林馆，发《孝经》题，
讥论议往复，甚见嗟赏。自是每有讲集，必遣使诏讥。及侯景寇逆，于
围城之中，犹侍哀太子于武德后殿讲《老》、《庄》"①。陈后主时，仍令
于温文殿讲《庄》、《老》。讥于其所居之处，以三玄《周易》、《老子》、
《庄子》教授弟子，吴郡陆元明、朱孟博、一乘寺沙门法才、法云寺沙
门慧休、至真观道士姚绥，皆传其业。由是可见，张讥的学问，同为
儒、释、道三家所重，其讲学处几乎成了三教合流的一个缩影。

第三节 北学与南学

一、十六国、北朝经学的复兴

中国北方自晋末永嘉之乱后，"二都鞠为茂草，儒生罕有或存，坟
典灭而莫纪，经沦学废，奄若秦皇"②。经学沦丧可谓十分惨重。而十
六国、北朝以来，书籍渐聚，学校恢复，经学昌盛，乃至于形成颇具特
色的"北学"，而与江南"南学"并立，共同构成了南北朝经学的整体
格局。

十六国、北朝诸政权绝大多数为北方少数民族所建，何以对汉族的
经籍发生兴趣并加以重视呢？这自有其历史的必然性。

中国北方自东汉末年以来就形成了华戎杂居的局面。其时统治者均
欲以华夏正统自居。然而要获得广大汉族人民的认同，就不得不实行文
治。而汉族的文治的主要依据即是儒学，儒学的学问又是以经书为基础

---

① 《陈书》卷三三，《儒林传》。
② 《晋书》卷一一三，《苻坚载记》。

的。故那些留在北方的汉族儒者，在受到十六国、北朝统治者礼用的同时，常常要向他们建议搜集和整理经籍。如北魏道武帝初建国，即问博士李先："天下何书最善，可以益人神智？"李先答曰："唯有经书，三皇五帝治化之典，可以补王者神智。"又问："天下书籍，凡有几何？朕欲集之，如何可备？"对曰："伏羲创制，帝王相承，以至于今，世传国记，天文秘纬，不可计数。陛下诚欲集之，严制天下诸州郡县搜索备送，主之所好，集亦不难。"于是道武帝乃班制天下，经籍稍集。① 这样，在南方士族大扇玄风，玄佛合流，经学玄化和佛化的同时，北方却复兴汉魏以来的经学，弦歌之音，不绝于北土。

前赵刘曜，立太学于长乐宫东，立小学于未央宫西，简选百姓年二十五以下十三以上神志可教者千五百人，选朝贤宿儒明经笃学者以教之。②

后赵石勒，增置文宣、宣教、崇儒、崇训十余小学于襄国四门，简将左豪右子弟百余人以教之。又亲临太小学，考诸学生经义，尤高者赏帛有差。又置大小学博士。到石虎时，下书令诸郡国立五经博士，又复置国子博士、助教。遣国子博士到洛阳去摹写石经，校中经于秘书。国子祭酒聂熊注《谷梁春秋》，列于学官。③

前燕慕容廆引精通儒学的刘瓒为东庠祭酒。其世子皝率国胄束脩受业。他曾亲监东庠考试学生，其经通秀异者，擢充近侍。④

成汉李雄，兴学校，置史官，听览之暇，研读经书，手不释卷。李寿时又广起太学，起燕殿。⑤

前秦苻坚，"外修兵革，内崇儒学"，"广修学官，召郡国学生通一

<hr />

① 《魏书》卷三三，《李先传》。
② 《晋书》卷一〇三，《刘曜载记》。
③ 《晋书》卷一〇六，《石季龙载记》。
④ 《晋书》卷一〇八，《慕容廆载记》；卷一〇九，《慕容皝载记》。
⑤ 《晋书》卷一二一，《李雄载记》、《李寿载记》。

经以上充之，公卿已下子孙并遣受业"。①

后秦姚苌于长安称帝以后，下书令留台诸镇各置学官，勿有所废，考试优劣，随才擢叙。到姚兴时，一批经明行修的硕儒，各有门徒数百，教授长安，诸生自远而至者数千人。兴每于听政之暇，引名儒于东堂，讲论道艺，错综名理，于是"学者咸劝，儒风盛焉"。②

南燕慕容德称帝不久，便下令建立学官，简公卿以下子弟及二品士门二百人为太学生，又大集诸生，亲临策试。③

北魏道武帝初定中原，"虽日不暇给，始建都邑，便以经术为先，立太学，置五经博士生员千有余人"④。后又增置国子太学生员至三千人。明元帝时，改国子为中书学，立教授博士。太武帝时，别起太学于城东。后征大儒卢玄、高允等，而令州郡各举才学，于是经学转兴。献文帝时，诏立乡学，郡置博士二人，助教二人，学生六十人。后诏大郡立博士二人，助教四人，学生一百人；次郡立博士二人，助教二人，学生八十人；中郡立博士一人，助教二人，学生六十人；下郡立博士一人，助教一人，学生四十人。孝文帝时，改中书学为国子学，建明堂、辟雍，又开皇子之学。及迁都洛阳，诏立国子太学、四门小学。孝文帝本人精通儒经，崇尊儒士，为一代文治明君。在北魏各代国君的扶持下，北方经学开始出现了兴盛现象，于是"斯文郁然，比隆周汉"。宣武帝时，复诏营国子学，树小学于四门，大选儒生以为小学博士，员四十人。"时天下承平，学业大盛，故燕、齐、赵、魏之间，横经著录，不可胜数。大者千余人，小者犹数百。州举茂异，郡贡孝廉，对扬王庭，每年逾众。"明帝时，又释奠于国学，命祭酒崔光讲《孝经》，始置国子生三十六人。孝武帝时，复释奠于国学，又于显阳殿诏祭酒刘钦讲

---

① 《晋书》卷一一三，《苻坚载记》。
② 《晋书》卷一一六，《姚苌载记》；卷一一七，《姚兴载记》。
③ 《晋书》卷一二七，《慕容德载记》。
④ 《魏书》卷八四，《儒林传序》。以下所引，不再注明出处。

《孝经》，黄门李郁说《礼记》，中书舍人卢景宣讲《大戴礼》、《夏小正》，复置生七十二人。

北魏分裂以后，生于北方边镇的东魏高欢、西魏宇文泰，仍能在各自的境内不同程度地礼尊儒者、兴复儒学。高欢迁魏帝都于邺城，国子置生三十六人。又置儒者卢景裕于宾馆，以经术教授子弟，及景裕卒，又以李同轨继之。同轨卒，又征张雕、李铉、刁柔等。及高洋、高湛、高纬诸朝，均引进当时名儒授皇太子、诸王经术。一时之间，"横经受业之侣，遍于乡邑；负笈从宦之徒，不远千里。伏膺无怠，善诱不倦"。诸郡并立学，置博士、助教授经。诸郡俱得察孝廉，其博士、助教、游学之徒通经者，推择充举。射策十条，通八条以上，听九品出身；其尤异者亦蒙抽擢。①

西魏宇文泰更是"雅好经术"，政治上托《周礼》改革中央官制，文书诏告以《尚书》文笔为准则，引进大儒修五礼之缺，正六乐之坏，于是朝章渐备，学者向风。周武帝亦"重道尊儒"，保定三年（563年），乃下诏尊太傅燕公为三老。并"服衮冕，乘碧辂，陈文物，备礼容，清跸而临太学"，以视对儒学的重视。其后又重礼以聘南朝经师沈重来周，亲临北齐大儒熊安生家以示尊敬。"是以天下慕向，文教远覃。衣儒者之服，挟先王之道，开黉舍延学徒者比肩；励从师之志，守专门之业，辞亲戚甘勤苦者成市"。周武帝还大集僧俗朝士，辩论儒、释、道三教，最后钦定以儒教为先。②

经学的复兴，造就了十六国、北朝经学大师辈出以及经学研究著述的不断涌现。然而由于重南轻北的倾向，史家对此记载颇略，特别是对十六国有关情况的记载更为简略，现考述如下：

（一）十六国时期

崔游，上党（今山西长治市）人。少好学，儒术甄明。年七十余，

---

① 《北齐书》卷四四，《儒林传序》。
② 《周书》卷四五，《儒林传序》。

犹敦学不倦。撰有《丧服图》行于世。

范隆，雁门（今山西代县）人。博通经籍，无所不览。著《春秋三传》，撰《三礼吉凶宗纪》，甚有条义。后依刘渊，渊以隆为大鸿胪，封公。

董景道，弘农（今河南灵宝市）人。少而好学，千里追师。明《春秋三传》、《京氏易》、《马氏尚书》、《韩诗》，皆精究大义。其三《礼》之义，专遵郑氏。著《礼通论》非驳诸儒，演广郑旨。

续咸，上党人。师事京兆杜预，专《春秋》、《郑氏易》，教授众人。又修杜律，明达刑书。著《远游志》、《异物志》、《汲冢古文释》皆十卷，行于世。

韦谀，京兆（今陕西西安市）人。雅好儒学，善著述。著有《伏林》三千余言，遂演为《典林》二十三篇。凡所著作及集记世事数十万言，皆深博有才义。

王欢，乐陵（今山东乐陵市）人。专精耽学，常乞食诵诗，遂为通儒。慕容暐时署为国子博士，亲就受经。①

（二）北朝时期

陈奇，河北人。“爱玩经典，常非郑玄、马融解经失旨”，注有《孝经》、《论语》，颇传于世，“为缙绅所称”。② 其所注书多与郑玄有异，乃至于与服膺马、郑的秘书监游雅因见解不合而发生口角，游雅因此不录用陈奇为秘书，后竟因故害奇。奇于《易》尤长，在狱曾自筮卦，谓来年冬季必死，后果如其言。奇所注《论语》未能行于世，其义多异郑玄，往往与司徒崔浩意同，实为北学系统中一特殊经师。

常爽，河内温（今河南温县）人。笃志好学，“博闻强识，明习纬候，五经百家多所研综”。太武帝时，拜爽爵六品，宣威将军。是时北

① 以上均见《晋书》卷九一，《儒林传》。

② 《北史》卷八一，《儒林·陈奇传》。

魏常以征伐为事，军事行动频繁，因而贵族子弟未遑学术。爽"置馆温水之右，教授门徒七百余人，京师学业，翕然复兴"。又以教授学生的闲暇时间，著述《六经略注》，"以广制作，甚有条贯"，行于当世。爽讲肄经典二十余年，北魏贵戚子弟、当朝大臣多是其学生，人号为"儒林先生"。①

刘献之，博陵饶阳（今河北饶阳县）人。善《春秋》、《毛诗》。时北魏承丧乱之后，五经大义虽有师说，而海内诸生多有疑滞，自是咸决于献之。献之讲学也颇有特色，如每讲《左氏》，讲到隐公八年便止，云义例已了，不需复解。由是弟子不能究竟其说。献之于"六艺之文，虽不悉注，然所标宗旨，颇异旧义"。海内称他与张吾贵同为"儒宗"。②可是吾贵每一讲经，门徒以千数，但其行业可称道者寡；而献之著录的学生，虽只有数百人，但却都是通经之士。于是有识者辨其优劣。其经学研究著述有《三礼大义》四卷、《三传略例》三卷、《注毛诗序义》一卷、《章句疏》三卷，行于世。

孙惠蔚，武邑武遂（今河北武强县北）人。家世儒学。年十三，便粗通《诗》、《书》及《孝经》、《论语》；年十八，师董道季讲《易》；年十九，师程玄读《礼经》及《春秋》三传。"周流儒肆，有名于冀方"。孝文帝时，郡举孝廉，对策于中书省。中书省高闾称其"英辩"，荐为中书博士。转皇宗博士。高闾受敕厘定雅乐，惠蔚参与其事。宣武帝即位后，仍在左右敷训经典。惠蔚既入东观，得以观看国家所藏图书。他见"观、阁旧典，先无定目，新故杂糅，首尾不全。有者累帙数十，无者旷年不写。或篇第褫落，始末沦残；或文坏字误，谬烂相属。篇目虽多，全定者少"，便依"前丞臣卢昶所撰《甲乙新录》，欲裨残补阙，损并有无，校练句读，以为定本，次第均写，永为常式。其省先无本者，

---

① 《魏书》卷八四，《儒林·常爽传》。
② 《魏书》卷八四，《儒林·刘献之传》。

广加推寻，搜求令足"。鉴于工程浩大，惠蔚建议国家"今求令四门博士及在京儒生四十人，在秘书省专精校考，参定字义"，以求"典文允正，群书大集"，诏许之。因而惠蔚于北魏典籍的整理尤其有功。①

　　徐遵明，华阴（今陕西华阴县）人。先后师事王聪、张吾贵、孙买德等儒师，受《毛诗》、《尚书》、《礼记》，又自学《孝经》、《论语》、《毛诗》、《尚书》、三《礼》，足不出门院，凡经六年。又知阳平馆陶赵世业家有《服氏春秋》，是晋世永嘉时期的旧本，乃往读之。复经数载，因手撰《春秋义章》三十卷。是后教授，门徒盖寡，久之乃盛。遵明讲学于外二十余年，"海内莫不宗仰"。"每临讲坐，必持经执疏，然后敷陈"。② 这种讲学方法为他的弟子所继承，竟以成俗。

　　卢景裕，范阳（今河北涿州市）人。少聪敏，专经为学。又避地大宁山，不营世事，居无所业，唯在注解。前废帝时，除国子博士，参议正声。北齐献武王闻景裕经明行著，驿马特征，既而舍之，使教诸子。在馆十日一归家，随以鼎食。先是景裕注《周易》、《尚书》、《孝经》、《论语》、《礼记》、《老子》，其《毛诗》、《春秋左氏》未讫。齐文襄王入相，于第开讲，招延时俊，令景裕解所注《易》。景裕"理义精微，吐发闲雅"。由是士君子嗟美之。景裕虽不聚徒教授，所注《易》大行于世。③

　　李铉，渤海南皮（今河北宁津县）人。先后就学于李周仁，受《毛诗》、《尚书》；于刘子猛，受《礼记》；于房纠，受《周官》和《仪礼》；于鲜于灵馥，受《左氏春秋》。后居徐遵明门下五年，为徐门高第。年二十三，"便自潜居，讨论是非"。撰有《孝经义疏》、《论语义疏》、《毛诗义疏》、《三礼义疏》、《三传异同》、《周易义例》共三十余卷。又教授乡里，"生徒恒至数百。燕、赵间能言经者，多出其门"。州举秀才，除

———————————

① 《魏书》卷八四，《儒林·孙惠蔚传》。

② 《魏书》卷八四，《儒林·徐遵明传》。

③ 《魏书》卷八四，《儒林·卢景裕传》。

太学博士。孝文帝令元怿在京妙简硕学，以教诸子，元怿以铉应旨。"铉以去圣久远，文字多有乖谬，感孔子'必也正名'之言，乃喟然有刊正之意。于讲授之暇，遂览《说文》，爰及《仓》、《雅》，删正六艺经注中谬字，名曰《字辨》"。东魏时，与殿中尚书邢邵、中书令魏收等参议礼律，仍兼国子博士。①

樊深，河东猗氏（今山西临猗县）人。"弱冠好学，负书从师于三河，讲习五经，昼夜不倦"。西魏宇文泰置学东馆，以深为博士。深"经学通赡，每解书，尝多引汉、魏以来诸家义而说之"，虽有不能晓悟者，"然儒者推其博物"。后除国子博士。宇文泰据《周礼》建六官，拜樊深太学助教，迁博士。深"既专经，又读诸史及《苍》、《雅》、篆籀、阴阳、卜筮之书"，博学多通。撰有《孝经问疑》、《丧服问疑》各一卷，又撰《七经异同》三卷，《义经略论》并《月录》三十一卷，并行于世。②

熊安生，长乐阜城（今河北阜城县）人。先后从师于陈达受三《传》，从房纠受《周礼》，后事徐遵明数年，东魏时又受礼于李宝鼎，遂博通五经，然专以三《礼》教授，是有名的治《周礼》专家，弟子自远方而至者千余人。乃"讨论图纬，捃摭异闻，先儒所未悟者，皆发明之"。为国子博士。时北周既行《周礼》，公卿以下多习其业，有疑滞者数十条，反复讨论，皆不能详辨。而熊安生此时在北齐，与国人谈到《周礼》有关问题时，无人能应对。北周使节兵部尹公正前往北齐，齐帝令熊安生至宾馆与公正讨论《周礼》有关问题，公正于是具问周人所疑，安生皆为一一演说，公正深所嗟服。公正还，具言之于周武帝宇文邕，宇文邕大钦重之。及北周平北齐，宇文邕幸其第，执其手而引与同坐。诏给安车驷马，随驾入朝。敕令安生于大乘佛寺参议五礼。后又拜露门学博士，下大夫，时年已八十余。③

---

① 《北齐书》卷四四，《儒林·李铉传》。
② 《周书》卷四五，《儒林·樊深传》。
③ 《周书》卷四五，《儒林·熊安生传》。

乐逊，河东猗氏（今山西临猗县）人。北魏末年，往就徐遵明学《孝经》、《丧服》、《论语》、《诗》、《书》、《礼》、《易》、《左氏春秋》大义。西魏时，在学馆讲《孝经》、《论语》、《毛诗》及服虔所注《春秋左氏传》，授太学助教，后治太学博士，为露门博士等。逊以经术教授，甚有训导之方。所著《孝经序论》、《论语序论》、《毛诗序论》、《左氏春秋序论》十余篇。又著《春秋序义》，通服、贾之说，发杜氏之微，辞理并可观。

沈重，吴兴武康（今浙江德清县）人。专心儒学，博览群书，尤明《诗》及《左氏春秋》。梁武帝时，为五经博士。周武帝闻其大名，聘至长安，诏令讨论五经，并校订钟律。沈重为当世儒宗，"阴阳图纬，道经释典，靡不毕综"。他著作繁富，撰有《周礼义》三十一卷、《仪礼义》三十五卷、《礼记义》三十卷、《毛诗义》二十八卷、《丧服经义》五卷、《周礼音》一卷、《仪礼音》一卷、《礼记音》二卷、《毛诗音》二卷。[①]

二、南北经学的异同

《北史·儒林传》云：

> 大抵南北所为章句，好尚互有不同。江左，《周易》则王辅嗣，《尚书》则孔安国，《左传》则杜元凯。河洛，《左传》则服子慎，《尚书》、《周易》则郑康成。《诗》则并主于毛公，《礼》则同遵于郑氏。南人简约，得其精华；北学深芜，穷其枝叶。

这段话往往被用来作为论证南北朝时南北学风差异的注脚。虽然其

---

① 《周书》卷四五，《儒林·沈重传》。

中也谈到南北治经相同的地方，但着重于谈二者的不同之处，而其对南北学风差异的论断也有可补充之处。我们认为，南学、北学有异有同，也各有得失。重南轻北，乃唐人受门阀士族观念影响的偏见，不可为据。

（一）南学、北学的差异

南学和北学，即指东晋南北朝时期的南方经学和北方经学，虽然同是对儒经的研究，但因其学风等等的不同和差异，各自显示出较为突出的特色，故经学史上称为南学和北学。为什么会产生这种差异呢？首先，二者所赖以兴起的地域政治背景大不相同。从地域方面看，各区域的人们在不同的自然地理环境中，按照自己的方式创造文化，因而使各地域的文化互相区别，并带上鲜明的地域特征。

江南自然地理条件优裕，物产丰富，谋生容易，故民众不喜竞争，安于享乐，生活富于浪漫情调。先秦时有《老子》"天道自然无为"的学说产生于其间，有屈原瑰丽新奇的《天问》、《九歌》出于其地，学术风气有自由争奇的传统；而魏晋玄风的扇起，也与汉末荆州学派有着直接的渊源关系。

江之北，关中自古为西周故地，人民长期受礼乐文明教化的熏陶，民风敦厚淳朴。三河地区（河东、河内、河南）、邹鲁地区、冀州地区，自然条件参差不齐，水旱不时，土地肥瘠不一，地少人多，求生不易。故北人看重实际，重农勤业，节俭重积蓄，好侠任气。所以，儒家的修齐治平的入世哲学，墨家的吃苦耐劳和坚韧不拔的教义，法家的重刑法及重农耕的治国方略，均得以行于此地。唯有齐地因濒临大海，有渔盐之利，经济的富裕同于南方，故齐人阔大不经，志度疏缓，好尚质疑争辩，如稷下学派之自由讨论的学术风气则在此地盛行，这种学风庶几近于南方。

不同的地理民俗自然会孕育出不同的学术风气。然而在南北政治统一、地域沟通、经济文化双向传播的时代，南北学风的一致尚无横亘不拔的障碍，而一旦南北政治对峙，地域隔绝，门户封闭，那么文化的地域特色必然会顽强而鲜明地表现出来。

从政治方面看，自西晋末年永嘉之乱后，晋室南渡，偏安江左，号曰东晋。以后又演变为南朝宋、齐、梁、陈四代。与此同时，北方进入了十六国、北朝之北魏、东魏、北齐、北周时期。南北分裂数百年，不仅造成政治格局的剧变，亦使得南北地域相对封闭，经济文化方面的交流受阻，学术风气呈现出明显的地域特征，南学、北学遂兴焉。

南渡而来的世家大族，受魏晋玄学的熏陶极深。伴随着他们的到来，这种文化习俗也进入江南。在如前所述江南的优裕地理环境和温润恬和的民风的滋润下，在执政者"网漏吞舟"的宽松放纵的政治空气中，玄学进一步成长起来，有力地影响着南渡经学之士和江南儒者的治经学风，经学开始演变为玄学化的经学。又受玄佛合流思潮的影响，玄学化经学又渗入佛学义理，经学又演变为佛学化的经学。经学的玄化和佛化，标志着南学的形成。

留在中原的经学世家和名门望族，虽也受过魏晋玄风的熏陶，但其世代秉承的儒学并未断绝。加之身处"五胡"境内，"寄人国土"，辗转于沟壑，艰难困苦备尝之。在新的政治环境压力之下，魏晋以来那种手持麈尾、谈玄析理的优游风尚已无从温习和仿效，于是崇实避虚、敦厚笃实的研习经书的学风开始恢复。这样一来，北方学者世代相习的即是未染清谈之俗的汉儒经学了。此外，当时统治北方的十六国北朝统治者，虽是文化低浅的"五胡"武夫，但他们一旦要以华夏正统政权自居去统治北方汉族人民，就不得不以汉族传统的儒学为治世工具，加之儒学还含有"夷狄"若能按礼行事即可拥戴为君主的观念，可作为非华夏族亦可受命而王天下的理论依据，于是他们无不大力提倡儒学，尊孔读经，礼用儒者，北学遂得以在此环境下形成。

北学与南学的差异主要表现在以下方面：

首先，章句好尚不同。

南学方面，永嘉之乱给经学造成惨重损失，两汉专门之学既经魏晋玄学的冲击，又遭晋末战火的洗劫，到东晋南朝已是完全衰败了。

《周易》：东晋初年唯置王弼《周易注》为博士，后太常荀崧奏请置郑玄所注《易》为博士，诏虽许之，但时值王敦之乱，不果立。王氏《易》大行于江南，郑氏《易注》浸微。王弼注《易》，摒弃象数，发挥义理，引《老》、《庄》入《易》，不守家法，师心自用。"《易》学至此，汉人旧说乃见衰颓，魏晋新学乃可兴起也"①。故王注《易》实为魏晋玄学的代表作。南方经学尚王氏《易》，其学风可得而知。

《尚书》：永嘉之乱，《书》亡欧阳、大小夏侯，贾逵、马融、王肃诸人《书》学亦不时兴了，仅伪《孔传古文尚书》和郑玄《书》立为博士，而郑学仍不景气。当《孔传古文尚书》在江南流传开来以后，一时之间，范宁、谢沈、李　诸儒纷纷为之注解，姜道盛、费魁又为其作义疏。于是郑氏《书》学被束之高阁。这部伪书，多拾取旧闻，又兼采贾、马、郑、王各家说义，然其风格"辞富而备，义弘而雅，复而不厌，久而愈亮"②，是典型的魏晋新学特色。

《左传》：《春秋三传》中，《公羊》、《谷梁》虽存，但已无师说流传下来。当时普遍流行的是西晋杜预所撰《春秋左传集解》。杜氏《左传》，"去异端，举四家（刘歆、贾逵、许淑、颖容）之失违，明姬、孔之条贯，于是汉师怪迂之谈，亦庶几少息矣"③。可见杜预解《左传》与汉儒师说有异，而颇合晋人口味，故得盛行于江左。

《诗》：南北并以《毛诗》为宗。其主要原因在于西汉立于学官的鲁、齐、韩三家《诗》经永嘉之乱后，或衰或亡，故《毛诗》得以专行。又从《毛诗》的传授来看，自郑玄作《毛诗笺》，申明毛义以难三家，于是三家《诗》浸微。三国时王肃虽与郑学抗衡，但在《诗》学方

---

① 《汤用彤学术论文集》，中华书局1983年版，第268页。
②③　吴承仕：《经典释文序录疏证》第71、125页。

面却是述毛非郑，而非据三家《诗》以驳毛，故《毛诗》的地位始终没有动摇。

三《礼》：南北同主于郑玄。魏晋之际，三《礼》之学尚有郑玄、王肃两家。由于王肃有司马氏作后台，故西晋之初，郊庙之礼皆用王氏，不用郑义。随着时间的推移，郑学与王学的门户之争已偃旗息鼓，而郑学集三《礼》学之大成，最为习礼者所推崇，故在东晋被立于学官。加之东晋南朝门第等级森严，世家大族讲究礼法，不容稍有越轨，在其他学问方面尽可别出新意，自由发挥，标新立异，但在礼仪制度方面却讲求严格遵守古制，不得信口雌黄。故南学于三《礼》只得以汉学正宗郑氏《礼》学为主。

《论语》：秉承何平叔。何晏与王弼同为玄学领袖。其代表作《论语集解》以道释儒，阐发义理，一反汉儒烦琐考证僵死教条的解经方法，而求助于逻辑论证，注重理论思维，开创一代学术新风。魏晋以来学者均受此种学风的洗礼。故何晏《论语集解》在玄风独扇的东晋乃至南朝大行于世毫不奇怪。梁、陈时，唯郑、何二家立为国学，相形之下，郑氏黯然失色。在何氏风气的影响之下，南学治《论语》多杂玄言。如名儒皇侃的《论语义疏》即是"名物制度，略而弗讲，多以老、庄之旨，发为骈俪之文，与汉人说经相去悬绝"[1]。由此可见南学治《论语》的特色之一斑。

北学方面，治经沿袭汉儒传统。因郑学集今古文经学之大成，博大精深，不偏不倚，故天下学者靡然向风，择善而从。又因郑玄是东汉人，故郑学成了汉儒学风的代表，汉学"赖郑注得略考见。今古之学若无郑注，学者欲治汉学，更无从措手矣"[2]。故北学继承汉儒学风，章句多以郑氏为宗。

---

① 皮锡瑞：《经学历史·经学分立时代》。
② 皮锡瑞：《经学历史·经学中衰时代》。

《周易》：主郑玄。郑氏注《易》，秉之于马融，"以乾坤十二爻论消息，以人道政治议卦爻"，又传费氏《易》学，"合之以爻辰"，"约之以《周礼》"，"令学者寻省易了"。① 故郑氏《易》学，与王弼治《易》摒弃比附爻象、不拘泥于章句和阴阳灾变学说的学风，大相径庭，故特为北方学者所重。青、徐间亦讲王弼《易》注，但师训盖寡。

《尚书》：亦主郑玄。东汉末年以后，盛行的主要是古文《尚书》中郑玄一家。虽然以后有王肃一派的反对，王学一度压倒了郑学，但到东晋南北朝时期，王学亦衰。北方学者皆宗郑氏《书》学，南方则行伪《孔传古文尚书》。到北朝末期，北方学者始见南人费𩰚所作的伪孔传《义疏》，始对其稍加留意。

《左传》：主服虔。《公羊》、《谷梁》不为北方儒者重视。杜预的《春秋左传集解》仅在齐地流行，其余各地通《春秋》者，皆服虔《左氏》注。因服说多本郑义，故北方学者多习之。

《论语》、《孝经》：亦以郑玄注为宗，而北方儒者多自出义疏，然亦似沿袭郑学。

其次，学术传播渠道不同。

南方政治上等级森严，学术上却颇为宽松自由。南学深受魏晋玄风的浸润，打破汉儒死守家法、严遵师传的学术传播方式，突破不同学术流派的藩篱，没有严格的师传系统可循，没有公认的治经学术权威，没有哪一种治学方式可供效法，因而学术传播渠道各异，方法新鲜活泼。无论国君大臣、高门寒庶、前辈后生、老师学生、僧俗道儒，都可以在同一场所或一定范围内高谈阔论，切磋学问，一展风度。没有权威，没有条框，各自师心独见，以理服人。学者们谈无定格，论无定处，或泛泛而谈，或专题讨论，或济济一堂，或曲水流觞，或鸿篇巨制，或只言片语，学术交流不拘一格，治学思想不执著于一说，其义理精微，推论

---

① 吴承仕：《经典释文序录疏证》第37、38页。

雄辩，思维敏捷，概念深邃，往往令人耳目一新。南学的这些特色是魏晋以来儒学式微、思想解放、文化开放的产物。

北学的学术传播渠道继承汉儒传统，经师口授微言，开馆讲学；学子负笈从师，笃守师说，师生传授颇有系统可循。徐遵明乃北方大儒、经学之宗师，经师大都出于其门下。如徐遵明传《周易》于卢景裕，卢景裕传权会、郭茂。河北诸生能言《易》者多出郭茂之门。徐遵明传《尚书》于李周仁、张文敬、李铉、权会；传三《礼》于熊安生，其后诸生能通三《礼》者，多是安生之门人。

第三，治学方式不同。

南方学者受玄学和佛学的影响，治经既习正始之余论，又纳释家之义理；既能基本解释经书原意，又不迂腐比附拘泥保守；既博取众家之长，又标新立异，以"言约旨远"为基本的治学方式。反映出理论思维能力和哲学思辨水平的提高，故李延寿评曰：南人简约，得其精华。

北学受汉儒学风长期熏陶，且染北方游牧民族质朴尚实的风尚，治经沿袭汉儒烦琐旧注，以章句训诂为宗，严遵师传不敢有所超越。如汉儒"一经说至百余万言"，"说五字之文，至于二三万言"[①]，与他们比起来，北儒也毫不逊色。如颜之推所说："末俗已来，……空守章句，但诵师言，……问一言辄酬数百，责其指归，或无要会。邺下谚云：'博士买驴，书券三纸，未有驴字。'……'居'即须两纸疏义。"[②] 这种治学方法，虽曰博赡严谨，却食古不化，抱残守缺。故李延寿论之曰：北学深芜，穷其枝叶。

以上所述不过南北治学方式的整体风貌而已，实际上南方学者也有穷守章句者，北方儒者也有不持章句、非议郑学的人。到西魏北周时，这种治学不持章句而讲求实际功用、兼达政术的儒者还相当多。如博陵

---

① 《汉书》卷八八，《儒林传》；卷三〇，《艺文志》。
② 《颜氏家训·勉学》。

崔谦，"历观经史，不持章句，志在博闻而已"①。乐运"少好学，涉猎经史，而不持章句"②。不过不能因这些少数事例而以偏赅全罢了。

（二）南学、北学相同之处

其一，南学、北学皆以治经为本，都是在两汉经学的基础上形成的经学流派。北学秉承郑学，是当然的汉学系统，这无须多论。且就南学来看，同样是汉学的分支。学术的延续既有承袭又有创新。前已言及，汉末三国出现以王肃为代表的王学与郑学的对立，但这个王学与魏晋玄学乃至南学都有着十分密切的联系。王肃是东海郯（今山东郯城西南）人，生于南土会稽（今浙江绍兴市），其父因东汉末避乱来到荆州。时荆州牧刘表招纳文士，整理六经，遂形成荆州学术集团。王肃在荆州跟宋忠治《易》及读《太玄》，习染新学风。然王肃亦善贾逵、马融的古文经学，他不满郑玄融会今古文经的学说，于是以贾、马之说与郑学抗衡，凡郑注中不同于贾、马旧说之处，王肃多采贾、马旧说来驳难郑学；马与郑相同者则背马而自述其义。故王学并非是一种全新的学说，而与汉学亦有紧密的关系。

王肃与玄学创立者王弼的关系也至为密切。王弼是否到过荆州，又是否向王肃学过《易》，史无明载。但王弼的祖父王凯是刘表的女婿，同是荆州学术圈子中人。王弼不能不受到荆州学风的影响。且史载王弼治《易》，在义理上秉承王肃，特去其比附爻象而已。故汤用彤、任继愈先生说："由宋忠到王肃，再到王弼，其间思想传授的关系是值得注意的。"③ 而且无论是南学还是北学，都既有承袭两汉经学的一面，亦有独辟蹊径的一面。如南北诸儒皆重《三礼》，而南人皇侃治《礼》，"章句详正，微嫌繁广"④；雷次宗治《礼》，亦"说礼谨严，引证翔实，

① 《周书》卷三五，《崔谦传》。
② 《周书》卷四〇，《乐运传》。
③ 《魏晋玄学中的社会政治思想略论》，上海人民出版社1956年版，第10页。
④ 吴承仕：《经典释文序录疏证》，第111页。

有汉石渠、虎观遗风"①；沈文阿"研精章句"；崔灵恩治《左传》，"每文句常申服以难杜"。② 这些都是南学承袭汉学的一面。北人卢光"精于三《礼》……又好玄言"；③ 熊安生治《礼》，则"违背本经，多引外义"；陈奇治经，"常非马融、郑玄解经失旨"；刘献之注经"所标宗旨，颇异旧义"。张吾贵讲《左传》，"义例无穷，皆多新异"，"其所解说，不本先儒之旨；刘兰"排毁《公羊》，又非董仲舒"。④ 这些都是北学异于汉学的一面。所以南北经学在两汉经学的基础上，均有继承和扬弃、因袭和创新。

其二，南北诸儒均自出义疏。受当时阐释佛教经典的方式的影响，南北诸儒一变汉儒明经之风，盛为义疏之学。义疏系对经注而言，注以释经文，疏则演注义。南北诸儒治经能自出义疏者比比皆是，如前所述的南北经学研究著述中已列举了不少。皮锡瑞论曰："夫汉学重在明经，唐学重在疏注；当汉学已往，唐学未来，绝续之交，诸儒倡为义疏之学，有功于后世甚大。……唐人五经之疏未必无本于诸家者。"所以南北义疏于唐代经学有筚路蓝缕之功，⑤对汉代经学向唐代经学乃至宋学的转化，起了承先启后的作用。

其三，南学、北学都有得失。如前所述，从宏观上审视，南学因受玄学和佛学的影响，治经阐发义理，兼采众说，别开生面。其得在于思辨性强，逻辑严密，言约旨远；其失在于任意发挥，欠缺翔实。如伏曼容"倜傥好大言"，徐摛"驰骋大义，间以剧谈"等，皆有此弊。⑥

北学固守汉儒师说，以章句训诂为事，摒弃魏晋清谈之习、浮华之风。其优在于兼通博考，笃实敦厚；其失在于抱残守缺，烦琐拘泥，以致

---

①⑤　皮锡瑞：《经学历史·经学分立时代》。

②　以上均见《南史》卷七一，《儒林传》。

③　《周书》卷四五，《儒林·卢光传》。

④　以上均见《北史》卷八一、卷八二，《儒林传》。

⑥　《南史》卷七一，《儒林传》。

不得经书要义，呆板而无所创新。如西魏博士樊深，"经学通赡，每解书，尝多引汉、魏以来诸家义而说之。故后生听其言者，不能晓悟"①。

南北学的这些得失互补，共同构成了东晋南北朝经学的整体格局。所以李延寿评南北学的断语，不免带有唐初人士重南轻北的偏颇；而清代今文学者皮锡瑞斥南学"与郑学枘凿，亦与汉儒背驰。乃使泾、渭混流，薰莸同器"。皮氏对李延寿也极其不满，驳之曰："若唐人谓南人约简得其英华，不过名言霏屑，骋挥麈之清谈；属词尚腴，侈雕虫之余技"；而北学"未染清言之风、浮华之习，故能专宗郑、服，不为伪孔、王、杜所惑。此北学所以纯正胜南也"。② 这些评论亦带有皮氏自己的好尚，它与李氏对南学的评论一样，均各执一端，而未见公允。

南北经学的异同，产生于南北政治分裂、地域相对隔绝的特殊时代。而一旦分裂局面结束，天下复归统一，南北经学融合的时代亦到来。唐高宗永徽四年（654年）颁行孔颖达所撰《五经正义》于天下，标志着经学南北的统一。

三、魏晋南北朝经学的地位

魏晋南北朝时期在政治上长达四百年的分裂割据，导致了思想、学术、文化上的多元走向。作为大一统皇权政治之意识形态的经学在这一时期理所当然地走向衰落。该时代价值观念的变化、各政权的对峙、南北地域文化的差异，也使经学家们解经态度和治经方式发生了变化，形成了有别于汉代的经学风尚，并对该时代的政治思想和文化产生了独特的作用。因此，魏晋南北朝经学在经学史上自有其重要的地位。

（一）魏晋南北朝经学构成了唐代经学的基础

魏晋南北朝经学在经学史上起了承先启后的桥梁作用。这个承先，

---

① 《周书》卷四五，《儒林·樊深传》。
② 《经学历史·经学分立时代》。

既有承袭两汉经学的一面，又有别出新意的一面。这个启后，即是开启了唐代经学的统一和繁盛的局面。而《五经正义》正是这个局面的成果，其基础即是南北学的融合。

皮锡瑞认为："天下统一，南并于北，而经学统一，北学反并于南"，"故天下统一后，经学亦统一，而北学从此绝矣"。① 刘师培亦云："及贞观定五经义疏，南学盛行而北学遂湮没不彰矣，悲夫。"② 这些看法均有失察之嫌。自然，要将风格有所差异的南北学加以统一，必然会有所取舍，但不能因此就认为北学被摒弃在经学统一的圈子之外了，不然，何以为"统一"呢？事实上，孔颖达的《五经正义》，虽有某种程度上的重南轻北倾向，但并非专主南学，而是折中于南北学。其《易》主王弼，《书》主伪《孔传》，《左传》主杜预，《诗》、《礼》皆从郑玄，其中融合南北学的痕迹是很明显的。孔氏所作的义疏，也多据南北诸儒所作的义疏，并无新说。如他撰《礼记正义》时，只看到南朝皇侃和北朝熊安生二家《礼》学，故乃"据皇氏以为本，其有不备，以熊氏补焉"③。而皇氏《礼》学亦有汉儒遗风，熊氏《礼》学则反倒有违背汉儒说经之嫌。由此可见，孔氏《五经正义》是兼采南北学，相互补足。况且《五经正义》从学风上讲，"墨守注文，是严格的汉学系统"④，这似乎更接近北学的特征。故云经学统一后，北学亦绝，是不符合实际的。只能说，所谓经学的统一是南北经学的融合，而南北学的融合是唐代经学统一的基础。

（二）在"三教"中的主体地位

南北朝时期，儒学、道教、佛教被称为"三教"。这一时期"三教"都有了很大的发展。如前所述，东汉末年以后，儒学独尊的地位受到动

---

① 《经学历史·经学分立时代》。
② 《南北学派不同论·南北经学不同论》，《刘申叔先生遗书》第十五册。
③ 孔颖达：《礼记正义序》。
④ 范文澜：《中国通史简编》修订本第三编第二册，人民出版社 1965 年版，第 643 页。

摇。在思想界对新思想探索的潮流中，玄学兴起并炽盛，一时成为一股强劲的社会思潮。佛教自西汉传入中土以后，就开始了其中国化的历程。东汉多视佛教为神仙方术的同类，佛祖释迦牟尼为"蹈火不烧，履刃不伤"的神人、至人。到东晋时，佛教依附玄学求生存，谋发展，名士名僧好尚趋同，佛教般若学成为玄学家清谈的资借，玄佛趋向于合流。玄学的独立地位丧失，佛学走上了独立发展的道路，并日益中国化。到南朝梁代，佛教被宣布为国教。在北方，十六国、北朝各政权都好尚佛法，大修寺庙，佛教得到了长足的发展。与此同时，道教也找到了自己的出路，经过对自身的一系列改造，道教成了糅合佛、儒二家经义的士族化的宗教，拥有一大批各层次的信奉者。虽然佛、道二教在魏晋南北朝时期都获得了空前的发展，儒学虽受各种思潮的冲击，不能再垄断思想界了，然而作为统治阶级实用的思想武器，儒学在"三教"中仍保持着主导地位。

首先，魏晋南北朝时期的儒学是在与佛教和道教的尖锐冲突过程中发展起来的。由于儒学是以纲常名教为核心的入世学说，虽然在哲学思辨方面不及玄学和佛道二教，但它是有关国家治乱兴衰的政治思想，又符合古代中国人的伦理道德观念，因而无论是治世还是乱世，其特殊的功用都使历史上任何一个政权不能加以漠视。统治者尽可以倾慕新潮，追逐玄、佛、道，然而朝中议政，典章制度，仍莫不以儒家学说为准则，从而在事实上，儒学占据了"三教"中的主导地位。

其次，在"三教"的冲突中，实际上往往是佛教与道教的激烈冲突。佛、道二教从未诋毁过儒家的地位，相反，它们都极力证实自己与儒学的一致性，都将自己的学说与儒学牵强附会，都欲借助儒学的力量打击和削弱对方。如佛教徒认为"因果报应"和儒家的仁义孝悌有相同之处；"三世轮回"说又可补充儒家只限于一世的"祸福说"的不足，以此可以调和佛教教义与儒家纲常名教的矛盾。梁代高僧释慧远即说："如来之与周孔，发致虽殊，潜相影响，出处成异，终朝必同，故虽曰道殊，所归一也。"① 佛教调和儒、佛的目的，在于借助儒学打击道教，以争取中土士庶的认同，从而获得立足的一席之地。

同样，道教在这一时期也开始援儒家伦理纲常思想入道，以儒家礼法为准则来改造原始道教，对所谓"三张伪法"进行了清理整饬，并与儒家结成反佛的微弱同盟。佛、道中的这种冲突与互相诋毁，无形中抬高了儒学的地位，使儒学始终得以在"三教"中占据主导地位。

（三）对社会政治的重大影响

魏晋南北朝时期的经学虽然在学术上丧失了独尊地位，然而在政治生活中，其重大作用仍是不可忽视的。

曹魏统治集团虽出自寒族，重视法术，但自曹丕上台后，便开始拉拢豪门士族，思想倾向于以儒术治天下。魏明帝时期的打击"浮华交会之徒"，更可以看到这种倾向。

建立西晋的司马氏出自经学世家，其治国的旗号即是儒家的"孝"。西晋所谓"三大孝"王祥、何曾、荀颉都出自经学世家，并在咸熙元年（264 年）三月同日被拜为三公，成为西晋政权的核心人物。在这一时期，司马氏极为讲究礼法孝道，诏令文诰动辄引经据典。在"以孝治天下"的幌子下，阮籍"非礼"行迹而为何曾痛恨，必欲置之死地而后快；嵇康因"不孝"罪名而被处死于东市。儒学成了西晋统治者打击异己、巩固统治的工具。

西晋灭亡后，北方处于十六国时期。这一时期，佛教得到了各国的提倡因而广为传播。但是，如前所述的原因，"五胡"统治者不得不与留在北方的世家大族合作，引用儒者参与政权，利用儒学巩固统治。加之北方少数民族文化低浅，淳朴尚实，对玄学虚无玄远的学问不感兴趣，而儒学的经世致用学说颇合他们的民族特性，因而他们提倡儒学，礼用儒者，经学在此环境下得以复兴，并对十六国及北朝诸政权的封建

---

① 慧皎：《高僧传》卷六，《释慧远》。

化进程和北方各民族大融合都产生了重大影响。

在东晋，思想学术界的主潮是玄佛合流，但在政治生活中，无论是玄学还是佛教、道教都在为儒家的名教论证、辩护和阐述，出现了不少兼通儒、玄、道、释各家学问的人，而儒学也在与各家的交流和融合中，丰富了自己的内容，使自己更适合统治阶级的需要，更好地为现实政治服务。

到南北朝，佛教虽进入鼎盛时期，但经学仍然受到重视。以佞佛闻名于史的梁武帝萧衍本人即精通经学，并设置五经博士，多次临朝讲述儒经，还撰有大量的经学著述。梁朝学术兴盛、经学昌明是与梁武帝的大力提倡和身体力行分不开的，对当时政治时局也造成了很大的影响。东魏高洋曾说："江东复有一吴儿老翁萧衍者，专事衣冠礼乐，中原士大夫望之以为正朔所在。"① 不仅说明梁武帝提倡儒学在南北汉族人士心目中造成的重大影响，还透露出这样一个信息，即正统的政权总是以是否实行儒家思想治国为准则，这也是我们理解为什么十六国北朝诸政权都要以儒学为统治武器、兴复经学的原因。梁武帝之尊儒，增强了南朝的政治优势和文化优势，起到了维系南北士人正统观念、震慑"五胡"的作用。

经学对北朝社会和政治进步所起的推动作用，又是其他学术思想所不能比拟的。入主中原的经济文化相对落后的少数民族，正是经过学习儒家经典，熟悉和接受了儒家文化，从而走上了与汉族融合的顺应历史潮流的光明大道，为中华民族的繁荣和发展作出了巨大的贡献。可以说，魏晋南北朝作为中国历史上又一个民族融合的伟大时代正是这种文化氛围的产物。

经学对北朝政治的进步作用是通过经学之士的活动体现出来的。

首先，儒者们用儒家思想培养统治集团及其弟子，帮助他们尽快地

---

① 《北齐书》卷二四，《杜弼传》。

熟悉和接受汉文化，掌握封建统治阶级的思想武器，从而"以夏变夷"，"致君尧舜"。大批饱读经书的儒者纷纷被礼用，或为太学博士，或侍读东宫，或讲学帝室。在儒者们的勤奋教诲之下，北朝统治者儒化加深。如北魏明元帝拓跋嗣博学众经，且能著书立说，撰有《新集》三十篇，"采诸经史，该洽古义"①。太武帝长子拓跋晃在硕儒高允的教授下，好读经史，皆通大义。孝文帝元宏更算得上是一个儒化皇帝。他"雅好读书，手不释卷。五经之义，览之便讲，学不师受，探其精奥。史传百家，无不该涉"②，已是彻头彻尾地汉化了。这就不难理解他之所以用铁腕手段推行汉化政策的原因。又如北周明帝宇文毓自幼好学，博览群书。武帝宇文邕曾受《诗经》、《左传》，"咸综机要，得其指归"③。他在执政期间，打击佛教，排定"三教"座次，而以儒家为首。经过长期的发展，到北朝末年，北方少数民族与汉族在政治、经济、文化乃至社会习俗方面已经混同为一，从而奠定了隋代北方统一南方的基础。经学对北朝社会政治的进步作用和民族融合所作的贡献由此显示出来。隋唐在政治上完全继承北朝传统，也即是儒家思想在政治上的弘扬时期。

　　其次，北朝政权的国政大纲、典章制度、施政方针为经学之士帮助创立和制定。拓跋鲜卑来自辽远的漠北，对中原文物制度一窍不通，为了实现其"光宅中原"的理想，不得不倚重精习此道的儒者。北朝儒者于是有了用武之地。他们以毕生所学的经书为准则，为北朝政权运筹帷幄。拓跋珪称帝，许谦劝进尊号，"帝始建天子旌旗，出入警跸"④。又采用崔玄伯的建议，称国号为魏，"从土德，数用五，服尚黄"⑤。北魏的统治机构、政治经济制度、礼乐和刑法制度等，都是在儒者的帮助下建立和制定的。

① 《魏书》卷三，《太宗纪》。
② 《魏书》卷七，《高祖纪》。
③ 《周书》卷一三，《文闵明武宣诸子传》。
④ 《魏书》卷二，《太祖纪》。
⑤ 《魏书》卷二四，《崔玄伯传》。

西魏时，宇文氏初入关陇，朝廷草创，典章多阙。在苏绰、卢辩等人帮助下，托《周礼》以改制，"依《周礼》建六官，置公、卿、大夫、士，并撰次朝仪，车服器用，多依古礼"①。苏绰还制定了《六条诏书》，即治心与治身、敦教化、尽地利、擢贤良、恤狱讼、均赋役，以此作为西魏北周的施政大纲。而《六条诏书》的内容和实质都渗透着强烈的儒家精神。

东魏北齐时期，鲜汉矛盾虽较为尖锐，但仍能用儒者参政治国。如杨愔自幼学经史，一门四世同居，就学者三十余人，实为一经学世家。文宣帝高洋野蛮残暴，却能委朝章国政于杨愔，使"内外清谧，朝野晏安，各得其所，物无异议"②。

再次，北朝通六艺之士，大多兼达政术，这既不同于仅靠经术以教授徒弟而致公卿的两汉儒者，也不同于"因家世余绪，得一阶半级，便自为足，全忘修学"的江左贵游子弟。③ 他们临人治术，有循吏之美；被甲执兵，有猛士雄风；历仕台辅，有当官之誉，从而在各方面弘扬了儒家文化，使经学的内涵和功能进一步扩展和充实，充分显示了经学经世致用的功效和不断自我调整的活力。

综上所述，魏晋南北朝时期经学的发展和变化，经学家解经态度及治学方式的改变，不仅给经学注入了新的活力，而且也为经学由汉学向唐学乃至宋学的发展架起了一座桥梁。

---

① 《周书》卷二四，《卢辩传》。
② 《颜氏家训·慕贤》。
③ 《颜氏家训·勉学》。

第四章
隋唐经学的统一和变异

第一节　经学的统一

一、隋唐大统一与三教并立格局

隋唐时期，由长期分裂割据、南北对峙，进入四海混一的大一统时代。这样，经济、政治和意识形态等都发生了变化，意识形态领域引人注目的是出现儒、道、佛三教并立的格局。

佛教自东汉传入中国，经魏晋南北朝的发展扩张，十分兴盛，大有凌驾儒、道之上，跃居思想统治地位之势，这就不可避免地与中国传统的儒家和道教发生尖锐矛盾。三教相互排斥，公开攻击，加之当权统治者不时掺和进来，三教争斗难解难分，高低胜负各有千秋。隋唐时期，尽管三教争斗激烈，但在相互排斥中又有所吸收的共存局面初步形成，出现了不少三教兼通的学者，社会上也流行着三教讲辩的风气。

南齐张融临终时，遗令"左手执《孝经》、《老子》，右手执《小品》、《法华经》"①。顾欢"虽同二法，而意党道教"②。北周卢光"精于

---

① 《南齐书》卷四一，《张融传》。
② 《南史》卷七五，《隐逸上·顾欢传》。

三《礼》，善阴阳，解钟律，又好玄言"，"性崇佛道，至诚信敬"①。"保定末，（沈）重至于京师。诏令讨论五经，并校定钟律。天和（566—569年）中，复于紫极殿讲三教义。朝士、儒生、桑门、道士至者二千余人。重辞义优洽，枢机明辩，凡所解释，咸为诸儒所推。"②

　　唐朝更为时尚。武德二年（619年），唐高祖"幸国子学，亲临释奠。引道士、沙门有学业者，与博士杂相驳难，久之乃罢"③。"高祖亲临释奠，时徐文远讲《孝经》、沙门惠乘讲《波若经》、道士刘进喜讲《老子》，（陆）德明难此三人，各因宗指，随端立义，众皆为之屈。"④孙思邈"善谈庄、老及百家之说，兼好释典"⑤。萧瑀"好佛道"，曾得唐太宗亲赐释像、佛经及袈裟。⑥唐高宗屡召李玄植与道士、沙门在御前讲说新义。"有道士尹崇，通三教，积儒书万卷。"⑦房琯与刘秩、李揖、何忌等人"高谈虚论，说释氏因果、老子虚无"⑧。杨绾对"往哲微言，五经奥义，先儒未悟者，……一览究其精理。雅尚玄言，宗释道二教。……凡所知友，皆一时名流"⑨。永泰二年（766年），唐代宗在国子学"集诸儒、道、僧，质问竟日"⑩。这种三教共存现象的出现，主要有以下几方面原因。

　　首先，初唐王朝正处于封建社会鼎盛时期，统治阶级的自信力极强；同时，唐疆域广大，一些少数民族处于与汉民族的融合之中。唐在对外经济文化交流中也取积极进取、向外拓展的态度和行动；整个社会呈开放态势，这就使初唐思想文化具有综合与开阔的特征。在这种客观

---

① 《周书》卷四五，《儒林·卢光传》。
② 《周书》卷四五，《儒林·沈重传》。
③⑩ 《旧唐书》卷二四，《礼仪四》。
④ 《旧唐书》卷一八九，《儒学上·陆德明传》。
⑤ 《旧唐书》卷一九一，《方伎·孙思邈传》。
⑥ 《旧唐书》卷六三，《萧瑀传》。
⑦ 《唐会要》卷五〇，《观》。
⑧ 《旧唐书》卷一一一，《房琯传》。
⑨ 《旧唐书》卷一一九，《杨绾传》。

条件下，统治者较为大度，在一定程度上（即以不危害封建政治统治为限）对佛道等采取较为现实的宽容态度，其中，一些有识之士遂对各种思想兼收并蓄。

其次，从思想发展阶段看，隋唐处于玄学化儒学向宋代理学转化的过渡阶段。思想发展的相对独立性决定了一种社会主导思想的形成有一个长期的过程，如同从先秦诸子的百家争鸣到西汉武帝的独尊儒术，时间也是几百年。隋唐时期，思想材料的积累极大地丰富起来，从而决定了当时的首要任务是对儒、道、佛三家的学术思想以大唐帝国的需要而进行筛选取舍，并对众说不一的玄学和繁杂为患的经学进行清理。这是一项长期艰巨的工作，否则难奏"冰冻三尺"之效。当时，佛道势力强大，此消彼长的斗争激烈。三教互相渗透，你中有我，我中有你，关系错综复杂。隋唐思想既不同于汉代经学，也有别于魏晋南北朝玄佛化经学，又异于以后"三教归一"的宋明理学。作为盛世的初唐乃至有唐一代没有出现与其时代相称的思想代表作和思想家，是唐代处于思想转化和过渡阶段所决定的。

再次，自魏晋以来当权的门阀士族地主逐渐衰颓，隋唐统治阶级内部一些新的集团、阶层，或因文略武功，或因皇亲国戚的血缘关系等形成和发展起来，政治权力的重新分配和组合，引发了激烈而残酷的斗争。如从唐高宗永隆元年（680 年）至玄宗开元初年（713 年）三十年间，就发生宫廷政变四五次，李唐皇室集团与武后、韦后诸集团进行了生死搏斗。统治阶级内部的生死贵贱，升降浮沉，令人炫目。安史之乱后，中央与地方割据势力、皇帝与宦官、朝官与宦官、朝官内部的党争等等矛盾与斗争交织一起，愈演愈烈，力量耗尽，唐朝灭亡。统治阶级内部的剧烈倾轧，使他们无暇对学术思想领域进行干预和控制，更遑论进行卓有成效的思想建设，这就使三教并立具有适宜的外部条件。

最后，唐代皇帝和众多士大夫不同程度的佞佛崇道，对三教并立更有推波助澜的作用。唐初，道教徒积极参加灭隋建唐的政治活动。武德八年（625 年），唐高祖明令：道教为首，佛教居末。唐太宗宣布太上老君的地位在释迦牟尼之上，又大力倡导和尊崇儒学，明确宣称："朕所好者，唯尧、舜、周、孔之道，以为如鸟有翼，如鱼有水，失之则死，不可暂无耳。"① 贞观十四年（640 年），"诏以梁皇侃、褚仲都，周熊安生、沈重，陈沈文阿、周弘正、张讥，隋何妥、刘焯、刘炫等前代名儒，学徒多行其义，命求其后"。贞观二十一年（647 年），"诏以左丘明、卜子夏、公羊高、谷梁赤、伏胜、高堂生、戴圣、毛苌、孔安国、刘向、郑众、杜子春、马融、卢植、郑康成、服子慎、何休、王肃、王辅嗣、杜元凯、范宁等二十一人，代用其书，垂于国胄，自今有事于太学，并命配享宣尼庙堂"。② 同时，对玄奘大师礼遇甚隆，下诏立寺度僧，开馆译经，并亲自为佛经撰写序文，颂扬佛法无边，可以救助万民治理天下。正是在唐太宗时期，基本确立了儒、佛、道三教并立的政策。唐高宗对佛道取宽容态度。乾封元年（666 年），高宗封禅泰山。"兖州界置紫云、仙鹤、万岁观，封峦、非烟、重轮三寺。天下诸州置观、寺一所。""次曲阜县，幸孔子庙，追赠太师，增修祠宇，以少牢致祭。其褒圣侯德伦子孙，并免赋役。""次亳州，幸老君庙，追号曰太上玄元皇帝，创造祠堂；其庙置令、丞各一员。改谷阳县为真源县，县内宗姓特给复一年。"③ 武则天为了称帝，也充分利用佛教，大肆笼络佛教徒。载初元年（689 年），"有沙门十人伪撰《大云经》，表上之，盛言神皇受命之事。制颁于天下，令诸州各置大云寺，总度僧千人。"僧人也审时度势，投机取巧，为武则天代唐建周称帝提供宗教依据。第二年，"令释教在道法之上，僧尼处道士女冠之前"④。唐睿宗、玄宗父子肆意抬高道教，令佛道二教地位又重新颠倒，儒家圣人孔子亦降为老

① 《资治通鉴》卷一九二，唐纪八，太宗贞观二年。
② 《旧唐书》卷三，《太宗纪下》。
③ 《旧唐书》卷五，《高宗纪下》。
④ 《旧唐书》卷六，《则天皇后》。

子学生，处于陪侍老子的地位。在这种情况下，如要在统治阶级圈子内如鱼得水，左右逢源，士大夫们必须兼通三教，此亦利禄之路使然。

三教并立，传统经学发生严重危机，已经到非作自身改造不能继续下去的地步。自魏晋以后，经学分为南北之学，要么拘守章句，不知变通；要么穿凿附会，汗漫无归；理论上不及佛道有力量，也缺乏实践方面的意义。如道教强调清心寡欲，有益于个人的修身养性；佛学中的哲学思辨及轮回报应等，使之争取到越来越多的对现实生活失去信心的信奉者。二者使东汉以来的谶纬迷信、玄学化儒学以及传统经学相形见绌。经学内部派别杂，分歧大，争论多，也损害了自身的地位、功用，削弱了对抗佛道的力量，难以适应大一统隋唐统治阶级的政治需求。

隋唐时期，中央集权有了进一步发展，九品以上官员的选拔与任命统归中央吏部或皇帝。为改变武将文化素质浅陋而导致行政水平低下和失控的局面，选拔一大批地主阶级知识分子进入各级政权，提高官员队伍的素质，成为当务之急。而封建社会的选官对象，在正常情况下和大多数时间，始终是以饱受诗书浸润的儒生为主体，经书作为通用的教学书籍，经书内容作为有效的考试和选拔标准的意义就可想而知了。但当时的实际却令统治者十分头痛。隋高祖"令国子生通一经者，并悉荐举，将擢用之。既策问讫，博士不能时定臧否。祭酒元善怪问之，（房）晖远曰：'江南、河北，义例不同，博士不能遍涉。学生皆持其所短，称已所长，博士各各自疑，所以久而不决也。'"① 创立于隋朝的科举制度发展到唐朝日趋完善，分科考试选拔官员已成为主流。唐代科举科目有秀才、明经、进士、俊士、开元礼等，而明经又有五经、三经，学究一经、三《礼》、三《传》等之别，因此，科举能否顺利进行的首要前提就是经书在文字和内容上要统一，具有通用性。唐朝统治者及经学家们为此作了相应的努力。孔颖达等撰《五经正义》，颜师古等又成"五

① 《隋书》卷七五，《儒林·房晖远传》。

经定本"，但效果不甚理想。直至唐文宗太和七年（833 年），"敕于国子监讲论堂两廊，创立'石壁九经'，并《孝经》、《论语》、《尔雅》，共一百五十九卷，字样四十卷"①。尽管只是文字上的统一，仍对社会各阶层人士的学习、科举取士提供了一个统一而规范的文本，具有一定的积极意义。

自魏晋南北朝以来，礼一直是经学研究的重点。其内容主要包括政治制度、伦理道德方面的许多规范以及风俗习惯和法律等，在封建政治中有至关重要的作用。经南北朝礼制混乱之后，唐若不加厘正，也难以有效地利用，所以，唐初三《礼》之学比南北朝更趋活跃。据清人赵翼统计："今诸儒论著见于新、旧（唐）书者，如王方庆、张齐贤论每月皆告朔之说。王玄感三年之丧以二十七月，张柬之以二十五月，一本郑康成说，一本王肃说也。史玄灿议禘袷三年五年之别，朱子奢议七庙九庙之制，韦万石、沈伯仪、元万顷、范履冰等议郊丘明堂之配，皆各有据依，不同剿说。其据以论列时政者，如卢履冰、元行冲论父在为母三年服之非，彭景直论陵庙日祭之非，康子元驳许敬宗先燔柴而后祭之非，黎幹驳归崇敬请以景皇帝配天地之非，唐绍、蒋钦绪、褚无量驳祝钦明皇后助祭郊天之非，陈贞节论隐、章怀、懿德、节愍四太子庙四时祭享之非，皆见各本传。李淳风辨太微之神不可为天，见萧德言传。韦述议堂姨舅不宜服，见韦缥传。"②

但习礼学者固执己见，各持一端，永无休止的争论，非但不利于维护封建皇权，反而有损于统治阶级的威严，也削弱了礼制的维系作用。贞观五年（631 年），唐太宗命议明堂之制。孔颖达、魏征意见相左，

① 《唐会要》卷六六，《东都国子监》。又《旧唐书》卷一七下《文宗纪下》记：开成二年冬十二月，"宰臣判国子祭酒郑覃进'石壁九经'一百六十卷。时上好文，郑覃以经义启导，稍折文章之士，遂奏置五经博士，依后汉蔡伯喈刊碑列于太学，创立'石壁九经'，诸儒校正讹谬。上又令翰林勒字官唐玄度复校字体，又乖师法，故石经立后数十年，名儒皆不窥之，以为芜累甚矣"。

② 赵翼：《廿二史札记》卷二〇，《唐初三礼汉书文选之学》。

结果"议犹未决"。高宗永徽二年（651 年）又讨论之，"太常博士柳宣依郑玄义，以为明堂之制，当为五室。内直丞孔志约据《大戴礼》及卢植、蔡邕等义，以为九室。曹王友赵慈皓、秘书郎薛文思等各造明堂图。诸儒纷争，互有不同"。"此后，群儒纷竞，各执异议"。高宗又令人造五室、九室模型图，"上以五室为便，议又不定，由是且止"。① 贞观十一年（637 年），唐太宗欲行封禅之礼，"国子博士刘伯庄、睦州刺史徐令言等，各上封祀之事，互设疑议，所见不同。……太宗敕秘书少监颜师古、谏议大夫朱子奢等，与四方名儒博物之士参议得失。议者数十家，递相驳难，纷纭久不决"②。

明堂是皇帝宣明政教的地方，凡朝会及祭祀、庆赏、选士、养老、教学等大典，均于其中举行。封禅即皇帝到泰山祭祀，以显示王朝是顺应天命而兴，以证明政权的合法性。皇帝登泰山筑坛祭天曰"封"，在山南梁父山上辟基祭地曰"禅"。皇帝祖庙中的位次排列及谁应在祖庙占一席之地，自武则天后，至唐末，迁进迁出，难以为定。③ 对这些问题争论不决，是统治阶级不能容忍但又不得不容忍的。

礼的争论与封建政治现实需要的差距，给经学的改造提出了紧迫的课题，用比较统一的内容来弥缝经学内部分歧，使之更合用，成为隋和唐初经学发展的重要课题。

二、刘焯、刘炫的学兼南北

刘焯、刘炫是隋代著名经学家，因二人学术相近，关系密切，时人称为"二刘"。刘焯（544—608 年），字士元，信都昌亭（今属河北冀州）人。刘炫，字光伯，河间景城（今河北献县东北）人，大约与刘焯

---

① 《旧唐书》卷二二，《礼仪二》。
② 《旧唐书》卷二三，《礼仪三》。
③ 《旧唐书》卷二五，《礼仪五》。

同时。他们都是北魏经学家刘献之的三传弟子。刘焯撰有《五经述议》等，刘炫著有《尚书述义》、《春秋攻昧》、《五经正名》、《毛诗述义》诸书。二刘的著作因多种原因均已散佚，清代学者马国翰《玉函山房辑佚书》有辑录。

二刘在经学上开始冲破一家之说的樊篱，对南学、北学作了某些折中、调和。据史书记载，他们年少时"结盟为友，同受《诗》于同郡刘轨思，受《左传》于广平郭懋当，问《礼》于阜城熊安生，皆不卒业而去"。正是他们不拘守一家之说，成为"博学通儒"。《隋书》作者评说其在隋朝经学中的地位："二刘拔萃出类，学通南北，博极今古，后生钻仰，莫之能测。所制诸经义疏，缙绅咸师宗之。"①

二刘学兼南北，表现之一是，刘焯对"贾、马、王、郑所传章句，多所是非"。刘炫于"《周礼》、《礼记》、《毛诗》、《尚书》、《公羊》、《左传》、《孝经》、《论语》孔、郑、王、何、服、杜等注，凡十三家，虽义有精粗，并堪讲授"②。表现之二是，二刘虽为北朝学者，但不抱门户之见，于南学北学均有所批评。这样就有利于沟通学术，取长补短，对学术的精进显然是有益处的。孔颖达《尚书正义序》说：

> 近至隋初，始流河朔，其为《正义》者，蔡大宝、巢猗、费甝、顾彪、刘焯、刘炫等，其诸公旨趣多或因循，帖释注文，义皆浅略，惟刘焯、刘炫最为详雅。然焯乃织综经文，穿凿孔穴，诡其新见，异彼前儒，非险而更为险，无义而更生义。窃以古人言语，惟在达情，虽复时或取象，不必辞皆有意。若其言必托数，经悉对文，斯乃鼓怒浪于平流，震惊飙于静树，使教者烦而多惑，学者劳而少功，过犹不及，良为此也。炫嫌焯之烦杂，就而删焉。虽复微稍省要，又好改张前义，义更太略，辞

---

① ② 《隋书》卷七五，《儒林列传》。

又过华，虽为文笔之善，乃非开奖之路。义既无义，文又非文，
欲使后生若为领袖，此乃炫之所失，未为得也。

又《春秋正义序》说：刘炫于《春秋左传》的讨究，"聪惠辩博固
亦罕俦，而探赜钩深未能致远。其经注易者，必具饰以文辞；其理致难
者，乃不入其根节。又意在矜伐，性好非毁，规杜氏之失凡一百五十余
条。……虽规杜过，义又浅近"。孔颖达批评刘炫"尚妄说"，常出新
见，改张旧说，与前儒相异。此处暂且不论刘、孔之是非，但孔颖达的
批评，的确揭示了二刘学兼南北的经学特点。

三、陆德明的《经典释文》

陆德明（约 550—630 年），名元朗，以字行，苏州吴（今江苏吴
县）人。隋唐之际著名的经学家和训诂学家。隋炀帝时，擢秘书学士，
迁国子助教。入唐，任太学博士，贞观中，拜国子博士。陆德明学识宏
博，其对三教的理解和辩说，往往使众人折服。秦汉以后，"经传既已
乖离，传学者又不思多闻阙疑之义，而务碎义逃难，便词巧说，安其所
习，毁所不见，终以自弊，此学者之大患也"①。有鉴于此，陆德明在
陈至德初年（583 年）②，采集汉、魏、六朝音切凡二百三十余家；又兼

---

① 《经典释文》卷一，《序录》引班固言。
② 陆德明撰《经典释文》年代，唐李焘认为在贞观年间。对此清代学者多有辩驳，以钱
　大昕的"陈至德初年说"最为有力。《十驾斋养新录》卷二〇《陆德明》："陆德明《经
　典释文自序》，粤以癸卯之岁，承乏上庠。或谓癸卯为唐太宗贞观十七年。今考《唐
　书》本传，但云高祖释奠，赐帛五十四，迁国子博士，封吴县男，卒。又云后太宗阅
　其书，嘉德明博辩，以布帛二百段赐其家。是元朗卒高祖朝，不及事太宗也。元朗尝
　从学于周宏正，宏正卒于陈高宗太建六年甲午，至后主至德元年癸卯，相距十载，元
　朗年当在三十左右，若贞观癸卯尚存，则耄耋颓龄，恐不能著书矣。又此书所录注解
　传述人多是南士，沈重晚虽仕周，其书久行江左，此外北方学者，绝不齿及，可证元
　朗著此书，在陈而不在隋唐也。"清末吴承仕著《经典释文序录疏证》，特就钱说，详
　加阐发，尤为明晰，因其文繁，不复引述。

采诸儒训诂，考证各本异同，撰成《经典释文》，"示传一家之学，用贻后嗣"①。

《经典释文》的主要内容虽在于考证字音，但也兼及字义辨释，惜为后人删掉不少，如宋代陈鄂枝勘《经典释文》时，把《尚书音义》中只载形义而不载音的注文多加芟剃，其音义兼载的，往往存音去义。据今所见敦煌残写本《尚书·尧典释文》，"毡"字条以下有一百五十条，而今本"毡"字下裁有七十二条，可知宋以后传本被删汰的颇多。② 陆德明自言其书，"古今并录，括其枢要，经注毕详，训义兼辩"③。尽管有删汰的遗憾，但通过对其编排体例及字音的考察，《经典释文》已开经学统一的先声。

《经典释文》所释有：《周易》一卷，《古文尚书》二卷，《毛诗》三卷，《周礼》二卷，《仪礼》一卷，《礼记》四卷，《春秋左氏》六卷，《公羊》、《谷梁》、《孝经》、《论语》、《老子》各一卷，《庄子》三卷，《尔雅》二卷，加第一卷《序录》，共三十卷。这是一个奇怪的又具独立见解的体例编排。

首先，既依经典所载内容的时间先后为序，又加以变通。他说："如《礼记经解》之说：以《诗》为首，《七略》、《艺文志》所记，用《易》居前，阮孝绪《七录》亦同此次，而王俭《七志》，《孝经》为初。原其后前，义各有旨。今欲以著述早晚，经义总别以成次第。"他又具体指出："《孝经》专是夫子之意，故宜在《春秋》之后，《七志》以《孝经》居《易》之首，今所不同。"《论语》"是门徒所记，故次《孝经》，《艺文志》及《七录》以《论语》在《孝经》前，今不同此次"。"众家皆以《尔雅》居经典之后，在诸子之前，今微为异。"④ 这种经典次序的排列，基本上是站在古文经学的立场。陆德明不取今文经学《礼

①③④ 《经典释文》卷一，《序录》。
② 黄焯：《经典释文·前言》，《经典释文》，中华书局1983年版。

记·经解》之说，而归宗于班固《六艺略》，只是把《论语》和《孝经》掉换了位置，与《汉志》略异。

其次，以《老》、《庄》为经。在魏晋以前，唐宋以后，儒家经典中绝对容纳不下《老》、《庄》，而隋唐人普遍认为儒家经典可与《老子》、《庄子》结合。如陆德明"善言玄理"，"太宗后尝阅德明《经典释文》，甚嘉之，赐其家束帛二百段"。① 当然，《老》、《庄》已不像以往显赫一时了，《老子》"虽人不在末，而众家皆以为子书，在经典之后，故次于《论语》。"②

第三，考证并统一经典中的字音。"近代学徒，好生异见，改音易字，皆采杂书，唯止信其所闻，不复考其本末。""方言差别，固自不同，河北江南，最为钜异，或失在浮清，或滞于沈浊，今之去取，冀祛兹弊。"③

第四，建立了"会理合时"的标准，开始跳出汉代专守师法、家法和魏晋南北朝偏执"南学"、"北学"一端的窠臼。"文字音训，今古不同，前儒作音，多不依注，注者自读，亦未兼通。今之所撰，微加斟酌，若典籍常用，会理合时，便即遵承，标之于首。其音堪互用，义可并行，或字存多音，众家别读，苟有所取，靡不毕书，各题氏姓，以相甄识。义乖于经，亦不悉记。"凡有同异，"皆斟酌折衷，务使得宜"。若有他经别本，则录而存之，"示博异闻"。④ 这表明，陆德明是一位实事求是的学者，他订出的标准，成为后来校勘训诂普遍遵循的原则。

《经典释文》对经书释义的统一有直接的启迪作用，为《五经正义》的产生和经学统一提供了必要的条件。

---

① 《旧唐书》卷一八九，《儒学上·陆德明传》。
②③④ 《经典释文》卷一，《序录》。

四、《五经正义》与"九经注疏"

唐朝建立后，从政治制度的建设，科举选士的急需，以及增强对抗佛道的力量等出发，迫切需要对经学进行统一。唐太宗以儒学多门，章句繁杂，诏孔颖达、颜师古等撰定五经义训，"凡一百七十卷，名曰《五经正义》"。① 可以说，唐初经学的统一，以孔颖达、颜师古二人贡献最大。

孔颖达（574—648 年），字冲远（一作仲达），冀州衡水（今河北衡水县）人。幼年聪慧，长而通经学，兼善历算。隋大业初，举明经高第，授河内郡博士。他与国子秘书学士论难，虽最为年少而居其冠。入唐，先为秦王府文学馆学士，贞观时，封曲阜县男，拜国子祭酒。贞观七年（633 年），他与魏征撰成《隋书》。又受诏与颜师古撰五经义训。他博综古今，义理该洽，考前儒之异说，包贯异家，可谓详博。

颜师古（581—645 年），字籀，京兆万年（今陕西西安市）人。祖之推，为北朝著名学者，父思鲁，亦以学艺著称于世。师古少承家学，博览群书，尤精于训诂。贞观中，累官至秘书监弘文馆学士。"专典刊正，所有奇书难字，众所共惑者，随疑剖析，曲尽其源"②。唐太宗以经籍去圣久远，文字多讹谬，遂令师古考定五经。师古不负所托，对经书多所厘正，"既成，奏之。太宗复遣诸儒重加详议，于时诸儒传习已久，皆共非之。师古辄引晋、宋已来古今本，随言晓答，援据详明，皆出其意表，诸儒莫不叹服"。太宗遂"颁其所定之书于天下，令学者习焉"。③颜师古对五经文字的正定，乃是经学统一的第一步。由于其深厚的文字训诂功力，赢得了当时学者的信服，这就为其后《五经正义》的撰定奠定了坚实的基础。范文澜指出："唐太宗令孔颖达撰《五经正

---

① 《旧唐书》卷一八九，《儒学传序》。按《贞观政要·崇儒》篇，《五经正义》为一百八十卷。据各书卷数统计，当以一百八十卷为是。

②③ 《旧唐书》卷七三，《颜师古传》。

义》，颜师古定《五经定本》，对儒学的影响，与汉武帝罢黜百家独尊儒学有同样重大的意义。"[1] 由于《五经正义》引起争论，唐高宗"永徽二年（651年），诏中书门下与国子三馆博士、弘文馆学士考正之，于是尚书左仆射于志宁、右仆射张行成、侍中高季辅就加增损"[2]。四年，"颁孔颖达《五经正义》于天下，每年明经令依此考试"[3]。

现将《五经正义》的情况略述如下。

《周易正义》十四卷，[4] 国子祭酒孔颖达、颜师古、司马才章、王恭，太学博士马嘉运，太学助教赵乾叶、王琰、于志宁等奉诏撰，四门博士苏德融、赵弘智复审。

《尚书正义》二十卷，孔颖达、王德韶、李子云等奉诏撰，朱长才、苏德融、隋德素、王士雄、赵弘智复审，长孙无忌、李勣、于志宁、张行成、高季辅、褚遂良、柳奭、谷那律、刘伯庄、贾公彦、范义頵、齐威、柳士宣、孔志约、赵君赞、薛伯珍、史士弘、郑祖玄、周玄达、李玄植、王真儒、王德韶、隋德素等刊定。

《毛诗正义》四十卷，孔颖达、王德韶、齐威等奉诏撰，赵乾叶、贾普曜、赵弘智等复正。

《礼记正义》七十卷，[5] 孔颖达、朱子奢、李善信、贾公彦、柳士宣、范义頵、张权等奉诏撰，周玄达、赵君赞、王士雄、赵弘智复审。

《春秋正义》三十六卷，孔颖达、杨士勋、朱长才奉诏撰，马嘉运、王德韶、苏德融、隋德素复审。

《五经正义》最为后人所诟病的就是"疏不驳注"。所谓"疏不驳注"就是专为传注而作的疏解，"所宗之注不同，所撰之疏亦异"[6]。也

---

[1]　《中国通史》第四册，人民出版社1978年版，第243页。

[2]　《新唐书》卷一九八，《孔颖达传》。

[3]　《旧唐书》卷四，《高宗纪上》。

[4]　《正义序》作十四卷，《唐书·艺文志》作十八卷，《四库全书》作十卷。

[5]　《四库全书》作六十三卷。

[6]　皮锡瑞：《经学历史·经学统一时代》。

就是说，一旦选定了某一注本，就必须维护原注，哪怕是原注解释错了，也不加纠正，而是百般为之辩解，曲徇注文；另一方面，在经说中仅仅随文释义，没有统一的原则和标准，各经之间，甚至一经之内，常常彼此互异，相互矛盾。在这里我们着重谈一谈"疏不驳注"的问题。

唐代的"疏不驳注"实际上是汉代经学的传统。汉代经学讲究师法和家法，朝廷明令，凡违背师法、家法者，不得立为博士。后汉郑玄笺《诗》，即以《毛诗训故传》为宗，"发明毛义，自命曰笺"。这一传统在魏晋南北朝直到隋唐依然保持，其表现就是义疏之学。但是郑玄笺毛传，并不是一味盲从。他在《六艺论》中说："注诗宗毛为主，其义若隐略，则更表明，如有不同，即下己意，使可识别。"① 故郑笺与毛传对诗的解释时有不同。隋朝著名经学家刘焯、刘炫治经，开始具有超越汉代师法、家法传统的倾向。他们杂采众家，综合南北，欲对魏晋以来的经学作一疏理，统一经学。如刘炫治《春秋左传》，以杜预《集解》为本，但却摘出杜氏之失一百五十余条，予以驳正。可见刘炫治经学，思想比较解放，已开始突破传统的治经方法。然而唐代经学并没有沿着刘炫的方向继续前进，而是倒退到汉代，坚持汉代经学师法、家法的传统。因此，孔颖达在主持纂修《五经正义》时提出了"疏不驳注"的原则，并始终不渝地恪守这一原则。

唐代经学坚持"疏不驳注"的原则，是由撰修《五经正义》的目的决定的。据《旧唐书·儒学传》载："太宗又以经籍去圣久远，文字多讹谬，诏前中书侍郎颜师古考定五经，颁于天下，命学者习焉。又以儒学多门，章句繁杂，诏国子祭酒孔颖达与诸儒撰定五经义疏，凡一百七十卷，名曰《五经正义》，令天下传习。"② 可见《五经正义》的撰写是为了统一经学，解决"文字多讹谬"、"儒学多门，章句繁杂"的问题。

---

① 转引自《毛诗正义》卷一。
② 参见《旧唐书》卷七三，《颜师古传》。

统一的第一步，是确立一个标准的规范的经学文本。这一工作是由颜师古负责完成的。第二步则由孔颖达撰定《五经正义》，从内容上对经学进行统一。魏晋南北朝以来，王朝播迁，朝代更迭，南北分裂，儒家经学的研习也各自为政，互不相同，不仅南北异趣，就是南学和北学内部，也各有师承。隋代虽然已经开始对南北经学进行统一的工作，由于王朝短祚，这一工作并没有来得及完成，因此到了唐代，"儒学多门"和"章句繁杂"的情况仍然比较严重，令学者无所适从。这种情况显然与唐王朝大一统的政治局面很不协调，这样，对经学进行统一就成了唐王朝亟待解决的问题。

解决"儒学多门"的问题，可以有两种方法，一是综合诸家，自创新义，成一家之说，由朝廷颁行天下，如汉武帝时由董仲舒所创立的《公羊春秋》学；二是精选一家，以为正宗，排除异说。从唐朝前期的实际情况来看，统一经学的首要目的是为科举考试确定一个统一的版本和经义。因此，无论是颜师古的厘定经学文本，还是孔颖达撰《五经正义》，最直接的目的就是为科举考试定出一个统一的文本和经义；而解决这一问题最简捷的办法，只需要对前此的各种文本进行清理，择善而从就行了。由此可见，唐朝前期解决"儒学多门"的问题，只能精选一家以为正宗，通过"疏不驳注"以实现对经学的统一。在这里，精选注家和"疏不驳注"二者相互依存，密不可分。精选注家是"疏不驳注"的首要条件，"疏不驳注"则是维系注家权威的重要保证。

为了确保《正义》的权威性，编撰时集中了当时最著名的经学家，由国子祭酒孔颖达负责并总其成。从贞观四年（630年）开始纂定"五经定本"到贞观十六年（642年）《五经正义》的完成，前后共十二年时间。《五经正义》编成以后，还有不少人予以批评、辩驳。直到高宗永徽四年（653年）才由朝廷正式颁布天下。前后总计二十七年，纂修时间之长在历史上也是比较罕见的。

《五经正义》的"疏不驳注"由三个紧密相连的环节构成。

首先，对注家的选择经过了严格的筛选和比较。《周易正义》以王弼注为主。孔颖达在序中指出："传《易》者，西都则有丁、孟、京、田，东都则有荀、刘、马、郑，大体更相祖述，非有绝伦，唯魏世王辅嗣之注，独冠古今，所以江左诸儒并传其学，河北学者罕能及之。"①

《尚书》则宗孔安国传。《尚书正义》以孔安国注《伪古文尚书》为本，自宋以下，即遭严厉批评。然以孔安国注《伪古文尚书》为本并不始于孔颖达，乃始于陆德明《经典释文》。陆氏认为，孔安国注《古文尚书》，因遭巫蛊之祸，遂寝而不用，历及魏晋，方始稍兴。晋豫章内史梅赜始奏于朝廷。"故马、郑诸儒，莫睹其学，所注经传，时或异同；晋世皇甫谧独得其书，载于帝纪，其后传授乃可详焉。"古文经虽然早出，晚始得行，但"其辞富而备，其义弘而雅，故复而不厌，久而逾亮。江左学者，咸悉祖焉。近至隋初，始流河朔。"故《四库全书总目》认为："梅赜之时，去古未远，其传实据王肃之注而附益以旧训，故《释文》称：王肃亦注今文，所解大与古文相类。或肃私见孔传而秘之乎？此虽以末为本，未免倒置，亦足见其根据古义，非尽无稽矣。"

东汉郑玄博通今古文，遍注六经，他以简明精赅的训诂而压倒诸家，形成了郑学小一统的局面。魏晋南北朝时期，无论南学还是北学，郑玄之注都具有很大的权威性。故《正义》中的《毛诗》和《礼记》都以郑玄注为本。

《春秋左传》以杜预《集解》为宗。西汉时传《春秋左传》的有张仓、贾谊、尹咸、刘歆，后汉有郑众、贾逵、服虔、许惠卿之等各为训诂。但孔颖达认为他们"杂取公羊、谷梁以释左氏，此乃以冠双履，将丝综麻，方凿圆枘"。西晋时杜预作《左氏集解》，"专取丘明之传以释孔氏之经。所谓子应乎母，以胶投漆，虽欲勿合，其可离乎？今校先儒优劣，杜为甲矣。故晋宋传授以至于今"。《正义》所选

---

① 以下所引孔颖达《五经正义》各序，皆见于［清］阮元《十三经注疏》本。

择的各经注本，除孔注《伪古文尚书》以外，其余的应该说都是该经中最好的注本。

其次，严肃认真和审慎地选择义疏。南朝时期，为王弼《周易注》作义疏的有十余家，但孔颖达认为他们"皆辞尚虚玄，义多浮诞"，甚至"义涉于释氏，非为教于孔门也。既背其本，又违于注"。如巽卦，诸儒同于郑氏之说，"王氏注意本不如此，而又不顾其注，妄作异端"。因此《周易正义》于诸家义疏皆无所取。南北朝时为《尚书》作正义者有蔡大宝、巢猗、费甝、顾彪、刘焯、刘炫等。孔颖达认为"诸公旨趣多或因循，帖释注文，义皆浅略，惟刘焯、刘炫最为详雅。"故《尚书》义疏以二刘为本。南北朝时为《毛诗》作义疏者有全缓、何胤、舒瑗、刘轨思、刘丑、刘焯、刘炫等。《毛诗正义》以刘焯、刘炫之疏为本。孔颖达序曰："焯、炫并聪颖特达，文而又儒，擢秀干于一时，骋绝辔于千里，固诸儒之所揖让，日下之无双。于其所作疏内特为殊绝。今奉敕删定，故据以为本。"从晋宋以来直到周隋，为《礼记》作义疏的，南人有贺循、贺玚、庾蔚、崔灵恩、沈重、皇侃等，北人有徐遵明、李业兴、李宝鼎、侯聪、熊安生等。其中较为突出并为世人所称道者，只有皇、熊二家而已。《礼记》义疏"仍据皇氏以为本，其有不备，以熊氏补焉"。南北朝时为杜预《集解》作义疏者则有沈文阿、苏宽、刘炫。"然沈氏于义例粗可，于经传极疏。苏氏则全不体本文，惟旁攻贾、服，使后之学者钻仰无成。刘炫于数君之内实为翘楚。"因此《春秋左传集解正义》以刘炫的义疏为本。可以看出，孔颖达等人对义疏的选择并不是随心所欲的，而是非常严肃认真和审慎的。

最后，在选定了注本和义疏本以后，就根据"疏不驳注"的原则来处理二者之间的关系，以注为宗，严格维护注的权威。凡是疏与注矛盾的，必须以疏服从注，甚至不惜曲徇注文。因此，《周易正义》或偏袒王弼义，或王弼所未注者，亦委屈旁引以就之。"其事必以仲尼为宗；义理可诠，先以辅嗣为本。"《尚书正义》虽以二刘为本，"然焯乃织综经文，穿凿孔穴，诡其新见，异彼前儒，非险而更为险，无义而更生义"。乃对二刘的义疏"存其是而去其非，削其烦而增其简"。对于刘焯、刘炫的《毛诗疏》和《左传疏》，孔颖达也提出了严厉的批评，认为他们"负恃才气，轻鄙先达，同其所异，异其所同；或应略而反详，或宜详而更略。准其绳墨，差忒未免，勘其会同，时有颠踬"。"其经注易者，必具饰以文辞，其理致难者，乃不入其根节；又意在矜伐，性好非毁，规杜氏之失凡一百五十余条。习杜义而攻杜氏，犹蠹生于木而还食其木，非其理也。虽规杜过，义又浅近，所谓捕鸣蝉于前，不知黄雀在其后。"于是综合诸家，定以己意以为取舍。而其取舍的标准则以是否合乎杜预的《集解》，凡刘炫所驳正之处，孔疏皆以为非，而大都不阐明理由。《礼记》虽以皇、熊为本，但同样也以郑注为标准，指出二人的乖误："熊则违背本经，多引外义，犹之楚而北行，马虽疾而去愈远矣；又欲释经文，唯聚难义，犹治丝而棼之，手虽繁而丝益乱也。皇氏虽章句详正，微稍繁广；又既遵郑氏，乃时乖郑义，此是木落不归其本，狐死不首其丘。此皆二家之弊，未为得也。然以熊比皇，皇氏胜矣。"

《五经正义》严格遵循"疏不驳注"的原则，对汉魏六朝以来的经学进行了初步的清理，实现了从文本到经义的统一。皮锡瑞在《经学历史》中指出："永徽四年，颁孔颖达《五经正义》于天下，每年明经依此考试。自唐至宋，明经取士，皆遵此本。夫汉帝称制临决，尚未定为全书；博士分门授经，亦非止一家数；以经学论，未有统一若此之大且久矣。"我们认为，《五经正义》贯彻"疏不驳注"的原则对经学的统一具有下面几个特点：

第一，以南学为本，兼取南北之长，形成一个南学北学共存的体系。《五经正义》中，《易》、《书》、《春秋左传》以南学为本，《诗》、《礼记》则以北学为本。但对它们的义疏则以注本为宗，杂采南北，兼综诸家，根据"疏不驳注"的原则决定去取。如王弼注《易》，本属清言，是为南学，故王注不行于河北。孔疏以王注为本，是以南学为宗。孔疏明确指出："江南义疏十有余家，皆辞尚虚玄，义多浮浅"，对江南义疏虚玄浮浅之病提出了批评。但《周易正义》仍不免于浮虚的弊端，究其原因，就在于它以王注为本，"疏不驳注"所致。《礼记》用郑注，是为北学；但皇侃是北学，熊安生为南学，孔疏融合三者为一炉，体现了综合和统一的趋势。唐朝前期统治者在思想文化方面采取兼容并包的政策，这一点在《五经正义》中也充分体现出来了。

第二，《正义》对繁杂冗蔓的章句予以淘汰、省简，"去其华而取其实，欲使信而有征，其文简，其理约，寡而制众，变而能通"①。为士子传习经学提供了一个简明的文本，实现了解决章句繁杂的问题。

第三，在义疏中对义理也有所取舍，"惟意存于曲直，非有心于爱憎"②"存其是而去其非"，"必取文证详悉，义理精审；翦其繁芜，撮其机要"。③ 此即"正义"。孔颖达指出："窃以古人言诰，惟在达情，虽复时或取象，不必辞皆有意。若其言必托数，经悉对文，斯乃鼓怒浪于平流，震惊飙于静树，使教者烦而多惑，学者劳而少功，过犹不及，良为此也。炫嫌焯之烦杂，就而删焉。虽复微稍省要，又好改张前义，义更太略，辞又过华，虽为文笔之善，乃非开奖之路。义既无义，文又非文，欲使后生若为领袖，此乃炫之所失，未为得也。"因此"览古人之传记，质近代之异同，存其是而去起非，削其烦而增其简。此亦非敢臆说，必据旧闻"。④

但从总体而言，《五经正义》的注疏包括了从汉代到南北朝隋唐时期不同派别的思想材料，内容十分庞杂。《正义》把它们拼凑在一起，形成南学北学共存体系，这说明唐朝前期的经学仅仅对汉魏六朝的经学

---

① 《周易正义序》。
② 《毛诗正义序》。
③ 《礼记正义序》。
④ 《尚书正义序》。

进行了初步的清理，还不能对这些材料加以认真的吸收、消化，自成一家之言。由于《五经正义》杂出众手，诸儒分治一经，缺乏贯穿各经的统一的指导思想以及取舍的标准，因此内容上显得支离破碎，彼此互异。"同是一个人的疏义，可以在《诗》、《礼》的正义中发挥谶纬的学说，在《易》、《书》的正义中则排斥谶纬。"① 就以著书体例而言，有些地方也疏失过甚。如《尚书·舜典》疏："鞭刑，……大隋造律，方始废之。"《吕刑》疏："大隋开皇之初，始除男子宫刑。"唐人著书而称"大隋"，这显然是照抄二刘旧文。难怪皮锡瑞批评说："疏失可嗤，不能为诸儒解矣。"② 正因为《五经正义》有这些弊端，故其成书以后就引起争议，并遭到当时学者的批判。在这种情况下，唐高宗永徽二年（651 年），"诏中书门下与国子三馆博士、弘文馆学士考证之……就加增损"③。

四库馆臣认为："疏家之体，主于诠解注文，不欲有所出入。""其墨守专门，固通例然也。"皮锡瑞在《经学历史》中也指出："著书之例，注不驳经，疏不驳注；不取异议，专宗一家；曲徇注文，未足为病。"他们为"疏不驳注"进行辩解当然是不足取的，但他们指出"疏不驳注"是当时的著书体例，则不是没有道理的。我们认为，《五经正义》的"疏不驳注"确实反映了孔颖达等经学家思想的保守，但仅仅指出这一点是远不够的。在唐王朝的极盛时期，由一批著名的经学家经过二十多年时间，以"疏不驳注"的原则编纂的《五经正义》，乃是唐朝前期学术的时代性质所决定的。从中国古代思想史的发展历程来看，唐代正处在由魏晋玄学向宋代理学转化的过渡时期，因此唐朝前期并不具备综合创新的条件。从魏晋南北朝以来，儒学衰微，经学备受冷落。而佛教和道教的兴起，逐渐形成了三教并立的格局。在不同的时期、不同

① 杨向奎：《唐宋时代的经学思想》，《文史哲》1958 年第 5 期。
② 皮锡瑞：《经学历史·经学统一时代》。
③ 《新唐书》卷一九八，《孔颖达传》。

的王朝、不同的统治者，对儒、佛、道采取的态度和立场是不同的：或抑此而尊彼，或尊此而抑彼，或兼容并包而无所抑尊。唐朝建立后，在思想学术领域实行三教并立的政策，确立了道、儒、佛的次序。学术思想呈现出多元格局。从理论上来说，儒学显然不如佛学那样精致，因此唐初统治者虽然以儒学为治国的指导思想，主要是利用汉代经学所阐述的三纲五常之道，以维系封建等级制度。这只需要发明汉代经学大义就行了。另一方面，经过魏晋南北朝的分裂割据以后，天下一统，政治稳定，社会恢复了秩序，人们生活比较安定。一般来说，一种影响深远的理论体系大都是在社会的转型期以及动荡的社会中建构的；当一个社会的系统出现了问题，特别是在文化方面发生危机时，一些知识精英受此危机之压迫，怀着深沉的历史意识和文化责任感，于是对宇宙、社会、人生等问题进行深刻反思，从而构建起一代理论体系。唐朝前期还不是历史的转型期，它的历史任务主要在于对魏晋以来的学术思想进行疏理、消化，然后再以此为基础进行融会、综合和创新的工作。这一工作是从中唐以后才开始的。

我们认为，唐代前期经学所关注的主要问题，同汉代一样，仍然是从制度和规范层面维系封建统治，达到社会的和谐，因此它仍属于汉代经学的系统。汉代经学已经提出了一整套系统的理论，成为占统治地位的学术思想，并经过了两汉政治实践的检验。东汉末年以来，经学虽然遭到冷落，但六朝时期的统治者并没有放弃经学，也没有忽略经学在维护封建统治中的重要作用。所以唐朝前期经学的"疏不驳注"就是在经过魏晋南北朝佛、道对儒学的冲击后，对汉代经学的重新认同。在不具备创建新理论的条件下，唐王朝重振经学，恢复汉代经学的传统，重新肯定儒学的价值系统，应该说是唐朝前期思想界乃至于统治者的必然选择。以"疏不驳注"为特色的《五经正义》是一个自我封闭的系统，因此，它虽然实现了对经学的统一，但同时也就标志着汉代经学系统的终结。

除上述五经之外，尚有《周礼》、《仪礼》、《公羊传》、《谷梁传》，均是汉魏以来士子研习的对象，历代传习不绝，传注丛出。自唐太宗敕令纂集《五经正义》后，五经便成了"明经"考试的定本。唐玄宗开元八年（720 年），国子司业李元瓘建议明经考试增加《周礼》、《仪礼》、《公羊传》和《谷梁传》。他说："三《礼》、三《传》及《毛诗》、《尚书》、《周易》等，并圣贤微旨，生徒教业，必事资经远，则斯道不坠。今明经所习，务在出身，咸以《礼记》文少，人皆竞读。《周礼》经邦之轨则，《仪礼》庄敬之楷模，《公羊》、《谷梁》，历代崇习。今两监及州县以独学无友，四经殆绝，事资训诱，不可因循。其学生请停各量配作业，并贡人参试之日，凡习《周礼》、《仪礼》、《公羊》、《谷梁》，并请帖十通五，许其入第。以此开劝，即望四海均习，九经该备。"诏令从之。① 开元十六年（728 年），国子祭酒杨玚又奏请，对传习《周礼》、《仪礼》、《公羊》、《谷梁》四经的士子"量加优奖"②。可见，在唐玄宗时，明经考试已由五经增至九经。

新增的四经中，《周礼》、《仪礼》用贾公彦疏，《公羊传》用徐彦疏，《谷梁传》用杨士勋疏。贾公彦，生卒年不详，洛州永年（今河北永年县）人，其主要活动年代在太宗、高宗时期。孔颖达撰《礼记正义》，他曾参与其事，又独立撰著《周礼注疏》和《仪礼注疏》各五十卷。《周礼注疏》以郑玄注为本，阐发郑学，极为博洽。朱熹称《周礼注疏》在五经中是最好的，清人孙诒让也对贾疏《周礼》极尽颂赞之辞。三《礼》之中，《仪礼》一书，最为难读。郑玄之前，绝无注本，郑注以后，魏晋南北朝曾有一些学者为郑注作义疏。贾公彦以北齐黄庆、隋李孟悊二家疏为定本，二家之疏互有长短，贾公彦融二家之学为一体，取长补短，以成一家之学。徐彦其人，史传无载，清人怀疑徐彦为徐遵明，亦无定论。徐疏《公羊

---

① 杜佑：《通典》卷一五，《选举三》。
② 《旧唐书》卷一八五下，《杨玚传》。

传》以何休《解诂》为本，疏中所引资料颇为丰富，为后人研究《公羊》一书，提供了极为宝贵的资料。杨士勋也不见于正史，由孔颖达《春秋正义序》，知其为贞观时四门博士，曾参与《春秋左传正义》的编撰工作。他的《春秋谷梁传疏》乃以范宁《集解》为本，详加解说，"分肌擘理，为《谷梁》学者未有能过之者也"①。

第二节　经学思想的活跃

一、王通的"儒风变古"

王通（584—617 年），字仲淹，绛州龙门（今山西河津县）人。曾任隋蜀郡司户书佐。大业末年弃官归家，以著书讲学为业。他依《春秋》体例，自获麟后历秦汉至于后魏，著纪年之书，谓之《元经》；又依孔子《家语》、扬雄《法言》例，为客主对答之说，号曰《中说》，皆为儒士所称。他逝世后，门人薛收等追谥曰"文中子"。②

由于正史未给王通立传，又其传世著作存在某些方面的缺陷，因此对王通其人及著作真伪，历来众说纷纭。有一种观点完全否定王通的存在，认为其书为后人伪作。而四库馆臣则通过考订，认为"文中子者，实有其人"；《中说》"实有其书"。"大旨要不甚悖于理"。③ 尤其是尹协理、魏明二先生《王通论》一书④，不吝篇幅，广征博引，缜密考证，精心梳理，肯定了王通的存在，指出《中说》大致体现了王通的基本思想，并进而肯定了王通的思想贡献，确定了其学术地位。其结论是可以接受的。

---

① 阮元：《春秋谷梁传注疏校勘记序》，见《十三经注疏》本。
② 《旧唐书》卷一九〇上，《王勃传》。
③ 《四库全书总目》卷九一，《子部·儒家类一》。
④ 中国社会科学出版社 1984 年版。

　　《中说》在王通门人记录和后人追记的基础上整理而成。其中程元、仇璋、董常和薛收出力最多。"夫子得程、仇、董、薛而六经益明。对问之作，四生之力也。董、仇早殁，而程、薛继殂，文中子之教其未作矣。"①《中说》共有十篇，末附序文一篇及杜淹所撰《文中子世家》一篇，王通子王福畤录唐太宗与房、魏论礼乐事一篇，王通弟王绩与陈叔达书一篇，又录关子明事一篇。卷末有阮逸序，又有王福畤贞观二十三年序。

　　今本《中说》共十卷。文体模仿《论语》。"且摹拟圣人之语言自扬雄始，犹未敢冒其名。摹拟圣人之事迹则自通始，乃并其名而僭之。……录而存之，亦足见儒风变古，其所由来者渐也。"②

　　魏晋以来，社会混乱，王道沦丧，儒学式微。王通对此感触极深。他生活在时代思潮变化的起始点上，具有见微知著的敏锐和感悟。他效法孔子讲学传道，以提倡王道、恢复儒家正宗地位为己任。因此，强调经书对时政的重要功用，以期统治阶级给予经书应有的重视，是王通"一以贯之"的思想。他说："《书》以辩事，《诗》以正性，《礼》以制行，《乐》以和德，《春秋》、《元经》以举往，《易》以知来，先王之蕴尽矣。"③但仅仅照搬以往是远远不够的，如何将儒学与正在发生明显变化的现实结合起来，加以变通，才能顺应时代潮流。王通对此把握得很有分寸。其书"大旨要不甚悖于理"；又相机作了必要的变革，即四库馆臣评曰"儒风变古"，可谓一针见血之论。

　　王通儒风变古的贡献之一，是提出了儒、佛、道"三教于是乎可一"的主张，企图从理论上调和三教，为经学的改造和振兴指明方向。他认为，儒、佛、道三教都是十分有用的统治工具，国家的灭亡是因为统治中人没有真正掌握三教中可用来辅政的实质性内容。"《诗》、《书》

---

① 《中说·关朗》。
② 《四库全书总目》卷九一，《子部·儒家类一》。
③ 《中说·魏相》。

盛而秦世灭，非仲尼之罪也。虚玄长而晋室乱，非老庄之罪也。斋戒修而梁国亡，非释迦之罪也。《易》不云乎，苟非其人，道不虚行。"[①] 如何才能做到"三教可一"，王通主张三教应互相吸收，取长补短，不要走极端，不要互相攻讦，而应互相接近，为了"使民不倦"这个目的而统一起来。

王通以孔子自任，希望儒学保持统治地位，但是他重在调和，而没有提出与佛、道二教相抗衡、巩固儒学统治地位的措施。"三教可一"的提出有助于改变以往儒道凭借本土文化反对外来佛教，把佛教与封建忠孝思想绝对对立起来，只看到其对现实政治的某种不利等偏颇思想及主张，为封建统治阶级，尤其是儒家士大夫们部分接纳和吸收佛教思想解开一顽结。

儒风变古的贡献之二，是恢复王道之志。魏晋南北朝政治黑暗，统治阶级束手无策，在寻找各种思想"良药"失败之后，转向儒家，为儒学的重振提供了良好契机；隋统一王朝也需要倡导王道。在王通看来，王道就是井然有序的等级社会。"子游孔子之庙，出而歌曰：'大哉乎！君君臣臣、父父子子、兄兄弟弟、夫夫妇妇，夫子之力也。其与太极合德，神道并行乎！'"[②] "不以伊尹、周公之道康其国，非大臣也。不以霍光、诸葛亮之心事其君者，皆具臣也。"[③] "子曰：王猛有君子之德三焉，其事上也密，其接下也温，其临事也断。"[④] 这是对魏晋以来门阀士族逞威、权臣武将把持朝政、封建政治秩序混乱的指斥，也是利用经学支持中央集权和皇帝权威，顺应大一统潮流的思想。

王通坚信孔子的学说一定会大行天下，而现实生活则决定封建士大夫应当具备有道则藏、无道而彰的态度。他说："'天下有道，圣人藏

---

① 《中说·周公》。
② 《中说·王道》。
③ 《中说·立命》。
④ 《中说·天地》。

焉；天下无道，圣人彰焉。'董常曰：'愿闻其说。'子曰：'反一无迹，庸非藏乎？因贰以济，能无彰乎？如有用我者，当处于泰山矣。'"① 王通颇为自负地以"绍宣尼之业"为自己的使命，即以著述和讲学来阐释和弘扬王道。"吾视千载已上，圣人在上者，未有若周公焉，其道则一，而经制大备，后之为政有所持循。吾视千载而下，未有若仲尼焉，其道则一，而述作大明，后之修文者有所折中矣。千载而下，有申周公之事者，吾不得而见也。千载而下，有绍宣尼之业者，吾不得而让也。"②

儒风变古的贡献之三，是提出了"穷理尽性"论。王通与中国历史上大多数思想家一样，有较丰富的伦理思想。他力图"上明三纲，下达五常。"③尤其在对"五常"的探讨中表现了与前人不同的思想。王通认为，仁、义、礼、智、信五常的根本是"性"。"薛收问仁。子曰：'五常之始也。'问性。子曰：'五常之本也。'"④对于人性，王通跳出了传统的泛泛而论善恶的圈子，追溯人们善恶行为的内心根源。他认为人的心有两种不同的表现，一为"人心"，一为"道心"，二者之间是对立的。历史多次证明，如果人心占了上风，就会抑制道心的发挥，因而"道"就很难前进，社会就会混乱。他说："人心惟危，道心惟微，言道之难进也，故君子思过而预防之，所以有诚也。"⑤ 怎样才能使人做到"思过而预防之"？王通以为关键在"以性制情"，从而光大"道心"，遏制"人心"。他说："以性制情者鲜矣。我未见处歧路而不迟回者。《易》曰：直方大，不习，无不利。则不疑其所行也。"⑥ 王通对"人心"和"道心"的思考以及思考中所包含的新因素，"对于唐宋意识形态上的变化，对于理学的产生，显然具有开创性的意义"⑦。

---

① ④ 《中说·述史》。
② ③ 《中说·天地》。
⑤ 《中说·问易》。
⑥ 《中说·立命》。
⑦ 尹协理、魏明：《王通论》，第205页。

　　"穷理尽性"理论也是王通关于道德修养的重要方法。"子谓周公之道，曲而当，私而恕，其穷理尽性以至于命乎！"① "乐天知命，吾何忧？穷理尽性，吾何疑？"② 他设计的具体步骤为：知命、穷理、尽性。《中说》载姚义转述王通的话说："姚义曰：'尝闻诸夫子矣，……《易》以穷理，知命而后及也。……不学《易》，无以通理，……非具体不能及，故圣人后之，……知命则申之以《易》，于是乎可与尽性。若……骤而语《易》，则玩神。……先成诸己，然后备诸物；先济乎近，然后形乎远。'"③ 这一道德修养过程产生出"成诸己"、"备诸物"的结果，即人人都修养好了，就会出现天下太平局面。

　　儒风变古的贡献之四，是主张存道寡欲。王通认为，作为封建地主阶级的伦理道德规范的"道"与人们追求物质享受和精神享受的欲望是对立的。他说："古之仕也以行其道，今之仕也以逞其欲，难矣乎！"④ 他对那些重道义而轻外物的人大加推尊。"或问：'志意修，骄富贵；道义重，轻王侯，如何？'子曰：'彼有以自守也。'"⑤ 为此，他宁愿承受他人视之为"诈"的讥贬而身体力行"道"。他说："恶衣薄食，少思寡欲，今人以为诈，我则好诈焉。"⑥

　　王通认为，存道寡欲的最高要求就是要"遗身"。"夫能遗其身，然后能无私。无私，然后能至公。至公，然后以天下为心矣，道可行矣。"⑦ 所谓"遗身"，就是抛弃一己的私欲利害，这样才能做到无私，达于至公，而以天下为心，使王道得以恢复，乃至盛行。这与后来宋明理学"存天理，灭人欲"的提法几近一致。可以说，理学的"存天理，灭人欲"，就是王通存道寡欲思想的发展。我们知道，"存天理，灭人

---

① 《中说·周公》。
②⑤ 《中说·问易》。
③ 《中说·立命》。
④⑥ 《中说·事君》。
⑦ 《中说·魏相》。

欲"是理学的核心，关于这个核心的理论，在王通这里已粗具规模。这是值得重视的。[①]

二、唐代学人对《五经正义》的驳议

《五经正义》存在实质上的不足，即繁杂与矛盾。因此，是书一成，就有不少学者加以驳议或自创新说。如参加修撰的马嘉运"以颖达所撰《正义》颇多繁杂，每掎摭之，诸儒亦称为允当"[②]。崔义玄"少爱章句之学。《五经》大义，先儒所疑及音韵不明者，兼采众家，皆为释解，旁引证据，各有条疏。至是，高宗令义玄讨定《五经正义》，与诸博士等详定是非，事竟不就"[③]。长安三年（703 年），"四门博士王玄感，表上《尚书纠谬》十卷，《春秋振滞》二十卷，《礼记绳衍》三十卷。……弘文馆学士祝钦明，崇文馆学士李宪、赵元亨，成均博士郭山恽，皆专守先儒章句，深讯玄感掎摭旧义。玄感随方应答，竟不之屈。唯凤阁舍人魏知古，司封郎中徐坚，左史刘知几，右司张思敬，雅好异闻，每为玄感申理其义。由是擢拜太子司议郎"[④]。王氏敢于批驳前人旧义，自创新意，反映了《五经正义》"一尊"地位已严重动摇，否则王氏就很难"纠谬"、"振滞"、"绳衍"，并上于朝廷，引起争论了。

从总体上看，在唐玄宗以前，对经学的讨论和变革仍在经书注疏范围内打圈子。要么又以多家注疏的综合而成书，要么又撇开前人注疏而成编。前者如李鼎祚的著述活动。李鼎祚，资州（今四川资阳市）人，《唐书》无传，据四库馆臣考证，约生活在玄宗天宝以后，其他事迹已不可考。他撰有《周易集解》十七卷，书内采子夏、孟喜、焦赣、京房、马融、荀爽、郑玄、刘表、何晏、宋衷、虞翻、陆绩、干宝、王

---

① 尹协理、魏明：《王通论》，第 205 页。
② 《旧唐书》卷七三，《马嘉运传》。
③ 《旧唐书》卷七七，《崔义玄传》。
④ 《唐会要》卷七七，《论经义》。

肃、王弼、姚信、王廙、张璠、向秀、王凯冲、侯果、蜀才、翟元、韩康伯、刘巘、何妥、崔憬、沈骅士、卢氏、崔觐、伏曼容、孔颖达、姚规、朱仰之、蔡景君等三十五家之说。① 后者如开元十四年（726 年），元行冲撰成《礼记疏》，因张说被沮。他"恚诸儒排己"，退而著《释疑》，指出变易先儒章句有五难：一、众非难正；二、反对章句内学是危身之道；三、会犯忤大臣，负谤于时；四、为了回答攻击者，疲于岁时；五、许多人抱有把自己师说之外的人视为仇人的顽固态度。② 像这样抨击章句腐儒，并剖析思想僵化原因，在封建社会还是不多见的，反映了他力求冲决经学旧樊篱的要求，实在难能可贵。但元行冲对孔子及经典本身存在的问题还不敢正面接触，难以把经学推上一个新的高度。唐代众多经学家的实践已充分证明：仅在注疏上做文章，对经学的改造、完善和发展是不够的，这就促使一些有识之士把眼光转移到新的经学领域去开辟通道了。唐代经学的重大突破已现端倪。

三、刘知几的经学思想

刘知几（661—721 年），字子玄，彭城（今江苏徐州市）人。少以词学知名，弱冠登进士第，尤深于史学，又兼领史职近三十年，故能贯穿古今，洞悉利病，凡所撰述，甚为当时所称。其著作大都佚亡，今存有《史通》二十卷。全书既评论以前历史著作的优劣得失，更总结而提出以后史家的任务及要求，是中国古代史部要籍之一。其中丰富的经学思想也为历代所注重。

（一）《疑古》与《惑经》

《史通》中有《疑古》、《惑经》二文，对儒家经典中的《尚书》、《论语》、《春秋》进行了大胆尖锐的批驳，在封建社会中实属罕见。

---

① 参见《四库全书总目》卷一，《经部·易类一》"周易集解"条。
② 参见《旧唐书》卷一〇二，《元行冲传》。

刘知几在《疑古》篇中指出，《尚书》、《论语》为孔子所作，而所记之事有十条是虚假的。他以《逸周书》、《墨子》的记载来揭露《尚书·汤誓》所述"灭汤之过，增桀之恶"的虚构不实；通过子贡、刘向之说揭露儒家经典片面夸大姬周威德和殷纣罪恶的虚谬不可信；援引《吕氏春秋》、《左传》诸书所叙太伯让国给季历事，证明太伯让国乃系迫于处境而非出于真诚；对于历朝统治者尊为忠臣典范的周公旦，他认为周公辅佐幼主成王时确有觊觎王位的野心。其中最具批判精神的是对传习已久的二帝三王禅让之说的否定（在这里我们暂且不论此说是否符合古史中所记禅让的实际）：刘知几援引《汲冢琐语》、《山海经》所述尧、丹朱和舜之间的倾轧斗争，以驳斥《尧典》孔安国《注》尧、舜尊贤禅让之说；又以形式逻辑推理方法推论舜死苍梧乃系被禹篡位放逐，南巡则为淆乱事实；再以《竹书纪年》为证，以揭露儒书所述尧、舜、禹传贤禅让的虚谬不实。最后，他把古今联系起来议论说："观近有奸雄奋发，自号霸王，或废父而立其子，或黜兄而奉其弟，始则示相推戴，终亦成其篡夺。求诸历代，往往而有。必以古方今，千载一揆。斯则尧之授舜，其事难明，谓之让国，徒虚语耳。"由此推而广之，认为"远古之书，其妄甚矣"。

在《惑经》篇中，刘知几提出《春秋》有"十二未谕"，即十二处使人难以理解和明白的地方，其中根本的在记事缺乏周密，评论出于一己之心，当讳而不讳，当耻而不耻。如赵盾、许止本与谋杀君主无涉，却被加以弑君之名；至于郑子驷、楚公子围、齐陈乞公然弑君，却只书君卒。又，公元前660年，狄人攻灭卫国；前632年，晋楚城濮之战，晋的霸业如日中天，周襄王被召至践土，命晋侯为侯伯，《春秋》却记为"狄人入卫"、"天王狩于河阳"，这种为尊者讳的笔法严重违背了据实直书的原则。除"十二未谕"外，还有"五虚美"，即后学孟子、左丘明、司马迁和班固为推尊孔子脱离事实，"谈过其实"的穿凿附会之论。刘知几不仅揭露了经书中有关历史内容的真伪莫辨，记事与评论是非颠倒、黑白混淆，其思想理论方面的意义却更大更深远：它极大地震动了那些盲信经书的学人，剥去了长时期笼罩在圣人及其经典上的光环，使之走下神坛。这也是刘知几在封建社会中不为许多经学家和史学家所宽恕的重要缘由。宋代诸儒对经书的疑惑等与此不可谓没有渊源关系。

（二）三《传》的比较

《左传》、《公羊传》和《谷梁传》均与《春秋》关系密切，为历代经学家所注目，以至议论纷纭，莫衷一是。三《传》中，《公羊传》、《谷梁传》因分别"善于谶"、"善于经"，① 十分方便改头换面地发挥《春秋》的"微言大义"，得到官方认可而立于学官。而《左传》虽经学者们加以表彰，却一直未得到统治阶级的相应重视，"竟不列学官"。刘知几撇开以往专注三《传》章句训诂或恣意发挥的不同，另辟新径，从史学角度衡论三《传》的优劣得失，使治经治史者耳目一新。

刘知几将《左传》归纳为三个优点：第一，发凡起例精核。"《春秋》之作，始自姬旦，成于仲尼。丘明之《传》，所有笔削及发凡例，皆得周典，传孔子教，故能成不刊之书，著将来之法。"第二，材料丰富。"其时于鲁文籍最备。丘明既躬为太史，博总群书，至如梼杌、纪年之流，《郑书》、《晋志》之类，凡此诸籍，莫不毕睹。其《传》广包它国，每事皆详。"第三，左丘明亲受经义于孔门，应是正宗传人，更能信赖。"《论语》子曰：'左丘明耻之，某亦耻之。'夫以同圣之才，而膺授经之托，加以达者七十，弟子三千，远自四方，同在一国，于是上询夫子，下访其徒，凡所采摭，实广闻见。"相反，公、谷二《传》却有缺点五：其一，作者"生于异国，长自后来，语地则与鲁产相违，论时则与宣尼不接。安得以传闻之说，与亲见者争先者乎"？其二，载"录人言，语乃龃龉，文皆琐碎。夫如是者何哉？盖彼得史官之简书，

① 王应麟：《困学纪闻》卷六。

此传流俗之口说，故使隆促各异，丰俭不同"。其三，"如二《传》者，记言载事，失彼菁华；寻源讨本，取诸胸臆。夫自我作故，无所准绳，故理甚迂僻，言多鄙野，比诸《左氏》不可同年"。其四，"公、谷作《传》，重述经文，无所发明，依违而已"。其五，"《公羊》释义，……是违夫子之教，失圣人之旨，奖进恶徒，疑误后学"。"然设使世人习《春秋》而唯取两《传》也，则当其时二百四十年行事茫然阙如，俾后来学者，兀成聋聩者矣。"经此对比，刘知几对三《传》记事内容与名教关系等，"定是非，明真伪"，并进而使"三《传》之优劣见矣"。① 这对中唐以后学人驳诘三《传》无疑有启迪之功。

（三）《孝经》的辩论

《孝经》是论述封建孝道、宣传宗法思想的儒家经典之一，为孔门后学所作，对封建社会人们的文化心态和价值取向的形成产生过极为深远的影响。唐朝统治者从现实政治出发，重视《孝经》尤具意义。唐太宗就明确指出：行《孝经》之道，"足以事父兄，为臣子矣"②。武则天当政，也不遗余力地强调忠孝。

《孝经》一书自西汉就有今古文之分。今古文在章数、注解和文字上都有所差异。③ 古文《孝经》孔氏一篇，二十二章，今文《孝经》一篇，十八章。古文《孝经》为孔安国注，今文本为郑玄注。经长期流传，孔、郑二注，"其中旨趣，颇多踳驳，精义妙理，若无所归，作业用心，复何所适"。唐玄宗试图亲注《孝经》，就必须先解决今古文经的问题。开元七年（719 年）三月敕："诸儒并访后进达解者，质定奏闻。"由此引起关于《孝经》的辩论。刘知几提出十二条证据，指出郑注《孝经》"不可示彼后来，传诸不朽"，主张"行孔废郑"。国子祭酒

---

① 《史通·申左》。
② 《旧唐书》卷四，《高宗上》。
③ 参见蒋伯潜：《十三经概论》第五编第三章《孝经尔雅解题》。

司马贞虽在字里行间倾向郑注，但在最后取舍方面采用折中态度，建议："《孝经》郑注，与孔传依旧俱行。"① 这次辩论为唐玄宗亲注《孝经》作了必要准备。开元十年（722 年），"上注《孝经》，颁于天下及国子学。至天宝二年（743 年）……上重注，亦颁于天下"②。直至南宋初，"古文《孝经》二十二章，世不复行，只用郑注十八章本"③。

四、啖助、赵匡、陆淳的驳诘三《传》

中唐以后，唐王朝开始衰落，中央政府与地方藩镇势力之间、中央内部之间、唐与周边少数民族之间的矛盾交织在一起，日益尖锐。在此情势下，思想领域也呈活跃之势，经学研究开始跳出义疏的范围。啖助、赵匡、陆淳冲决樊篱，荡弃家法，凭己意解经，借以针砭时弊，其中突出表现为对三《传》的驳诘，极力挣脱两汉经学对思想的束缚。

啖助（724—770 年），字叔佐，赵州（今河北赵县）人。他长于《春秋》之学，撰有《春秋集传》，考核三《传》。"爱公、谷二家，以左氏解义多谬，其书乃出于孔氏门人。"④ 他对三《传》的研讨"多异先儒"。对三《传》首次从总体上加以比较与把握。"啖助斟酌三《传》，各取其长。云左氏叙事尤备，能令百代之下，颇见本末，因以求意，经文可知。二《传》传经，密于左氏，《谷梁》意深，《公羊》辞辨。"⑤ 其次提出"《左传》非丘明所作，《汉书》丘明授鲁曾申，申传吴起，自起六传至贾谊等说，亦皆附会。公羊名高，谷梁名赤，未必是实。又云，《春秋》之文简易，先儒各守一《传》，不肯相通，互相弹射，其弊滋

---

① 《唐会要》卷七七，《论经义》。
② 《唐会要》卷三六，《修撰》。
③ 《容斋四笔》卷二，《诸家经学兴废》。
④ 《新唐书》卷二〇〇，《啖助传》。
⑤ 皮锡瑞：《经学通论》四《春秋·论公谷传义左氏传事其事亦有不可据者不得以亲见国史而尽信之》。

甚。《左传》序周、晋、齐、宋、楚、郑之事独详，乃后代学者因师授衍而通之，编次年月，以为传记。又杂采各国诸卿家传及卜书、梦书、占书、纵横小说，故序事虽多，释经殊少，犹不如公、谷之于经为密。其论未免一偏。故欧阳修、晁公武诸人皆不满之，而程子则称其绝出诸家，有攘异端开正途之功。盖舍传求经，实导宋人之先路。生臆断之弊，其过不可掩；破附会之失，其功亦不可没也。"①

赵匡，生卒年不详，字伯循，河东（今山西永济市浦州镇）人。曾补订啖助所撰《春秋集传》，自撰《春秋阐微纂类义疏》。他以为《春秋》文字隐讳，不易明了，乃举例阐释，发挥"微言"；又怀疑《春秋》经文有缺误；对于左丘明，啖助承袭刘歆的观点："以为左丘明好恶与圣人同，亲见夫子，始以作传之左氏，为《论语》之丘明。""赵匡始辨之曰，啖氏依旧说，以左氏为丘明，受经于仲尼。今观左氏解经，浅于公、谷，诬谬实繁，若丘明才实过人，岂宜若此。推类而言，皆孔门后之门人。但公、谷守经，左氏通史，故其体异耳。丘明者，盖夫子以前贤人，如史佚、迟任之流，见称于当时耳。"② 这就开了宋代学者怀疑经传的风气。

陆淳（？—805 年），字伯冲，因避唐宪宗名讳，曾改名质，吴郡（今江苏苏州市）人。他综合啖助、赵匡之说，曾撰有关《春秋》的著作多种。

《春秋集传纂例》十卷，该书主要阐释其师啖助并赵匡之"春秋经传"之说。

《春秋微旨》三卷，"先列三《传》异同，参以啖、赵之说而断其是非。自序谓事或反经而志协乎道，迹虽近义而意实蕴奸，或本正而末邪，或始非而终是，介于疑似之间者，并委曲发明，故曰微旨"③。

《春秋集传辨疑》十卷，"淳所述纂例一书，盖啖助排比科条，自发

---

① 《四库全书总目》卷二六，《经部·春秋类一》"春秋集传纂例"条。
② 皮锡瑞：《经学通论》四《春秋·论赵匡郑樵辨左氏非丘明左氏传文实有后人附益》。
③ 《四库全书总目》卷二六，《经部·春秋类一》"春秋微旨"条。

笔削之旨。其攻击三《传》，总举大意而已。此书乃举传文之不入纂例者，缕列其失，一字一句而诘之，故曰辨疑。所述赵说为多，啖说次之。冠以凡例一篇，计十七条，但明所以删节经文传文之故。其去取之义，则仍经文年月以次说之。中如郑伯克段传，啖氏谓郑伯必不因母，殊嫌臆断。以是为例，岂复有可信之史，况大隧故迹，《水经注》具有明文，安得指为左氏之虚撰。如斯之类，不免过于疑古。又如齐卫胥命传，其说与荀子相符。当时去圣未远，必有所受，而赵氏以为讥其无礼。如斯之类，多未免有意求瑕。又如叔姬归于纪传，谷梁以为不言逆，逆之道微。淳则谓不言逆者，皆夫自逆。夫礼闻送媵，不闻逆媵，《传》固失之。礼闻亲迎妻，不闻亲迎娣姪，淳说亦未为得。如斯之类，亦不免愈辨而愈非。"① 四库馆臣的批评，足以说明啖助、赵匡、陆淳不囿于成说、敢于自创新意的解经特点。具体而言，有以下二端：

其一，变专门为通学。"合三《传》为一书者，自唐陆淳《春秋纂例》始。淳本啖助、赵匡之说，杂采三《传》，以意去取，合为一书，变专门为通学，是《春秋》经学一大变。宋儒治《春秋》者，皆此一派，如孙复、孙觉、刘敞、崔子方、叶梦得、吕本中、胡安国、高闶、吕祖谦、张洽、程公说、吕大圭、家铉翁，皆其著者。"②

其二，综合各传，注重从经书中去阐发义理。"自汉以后，六朝及唐皆好尚文辞，不重经术，故《左氏传》专行于世，《春秋》经义，委之榛芜。啖、赵、陆始兼采三《传》，不专主左氏，推明孔子褒贬之例，不以凡例属周公，虽未能上窥微言，而视杜预、孔颖达，以《春秋》为录成文而无关系者，所见固已卓矣。"③

① 《四库全书总目》卷二六，《经部·春秋类一》"春秋微旨"条。
② 皮锡瑞：《经学通论》四《春秋·论啖赵陆不守家法未尝无扶微学之功宋儒治春秋者皆此一派》。
③ 皮锡瑞：《经学通论》四《春秋·论杜预专主左氏似乎春秋全无关系无用处不如啖赵陆胡说春秋尚有见解》。

第三节　中唐以后的经学新风

中唐以后，社会黑暗，政治腐败，风俗浇薄而颓靡，民生艰难。大唐帝国的根基正在摇动。而以《五经正义》为代表的传统经学远离于社会现实，通经致用的儒学传统荡弃泯灭，儒生们不究旨义，唯事浮艳，逐渐走入死胡同。在这种情况下，一批忧国忧民的儒学之士挺身而出，力求振兴儒道以拯救生灵。这一学风逐渐鼓荡，终于成为一股强大的学术思潮，为宋代理学的产生奠定了坚实的思想基础。韩愈和李翱就是这一承前启后转折点的关键人物。

一、韩愈的"道统说"

韩愈（768—824 年），字退之，河南南阳（今河南孟县）人。唐代著名的文学家和古文运动的领导者。自谓郡望昌黎，世称韩昌黎。韩愈未满三岁，就失去父母，由长兄韩会、长嫂郑氏抚养。年纪稍长，刻苦自学，"十三而能文"。唐德宗贞元八年（792 年）考中进士，任监察御史，因"上疏极论宫市"和论关中旱饥，被贬为连州阳山县令。永贞元年（805 年）赦还后，曾任国子博士、刑部侍郎等职。元和十四年（819 年），因谏阻宪宗迎佛骨，远贬至潮州为刺史。后官至吏部侍郎。卒后谥"文"，世称"韩文公"。

韩愈是一位忠诚的儒学卫道士。他在贞元十一年（795 年）《上宰相书》中自称平日所读"皆圣人之书"，所歌颂"皆尧舜之道"，所著述"皆约六经之旨而成文"，"学圣人之道以修其身"，不接触"杨、墨、释、老之学"，所以能分清"邪与正"，"辨时俗之所惑"。① 正是有坚定的信念和对儒家思想真谛的孜孜不倦的追求，加之反对佛教的现实需

---

① 《昌黎文集》卷一六，《上宰相书》。

要，韩愈发展了儒家理论。其贡献主要有三：

其一，在思想上尊儒排佛，强调自尧舜至孔孟一脉相传的道统，维护儒家的传统地位。韩愈提出的"道"，指儒家学说。"博爱之谓仁，行而宜之之谓义，由是而之焉之谓道，足乎己无待于外之谓德。仁与义为定名，道与德为虚位。"他特别强调他的道德与老子的道德不同。"凡吾所谓道德云者，合仁与义言之也，天下之公言也。老子之所谓道德云者，去仁与义言之也，一人之私言也。"① 对于儒家的传道世系，他指出："尧以是传之舜，舜以是传之禹，禹以是传之汤，汤以是传之文、武、周公，文、武、周公传之孔子，孔子传之孟轲。轲之死，不得其传焉。"② 对于中断的传道世系，韩愈认为应由他自己继续并发扬光大。他说："释老之害过于杨墨，韩愈之贤不及孟子。孟子不能救之于未亡之前，而韩愈乃欲全之于已坏之后。呜呼，某亦不量其力，且见其身之危莫之救以死也！虽然，使其道由愈以粗传，虽灭死万万无恨。"③

其二，道统说对恢复儒家的正统地位至少有三个作用：一是用儒家道统对抗佛教的法统；二是认为儒家道统起自尧舜，比佛教道统起自释迦牟尼，更加源远流长；三是儒家道统是中国的正统，佛教是自"西夷"传入的。④ 经过老祖宗的寻找，传授关系的傅会，粗浅的论说，光大了儒家门面，扩大了影响，并为以后理学家继承发展、成为理学学说的一个组成部分做了必要的铺垫。

其三，对儒家经籍，韩愈尊崇《大学》、《中庸》，把它看作是与《孟子》、《易经》同样重要的经书，提高了其在经书中的地位。这个事实表明，自韩愈始，汉代以来传统的经书范围有了变动、扩大。这为以后《四书》地位的形成、巩固，并夺取五经在教育中的垄断地位拉开了帷幕，是封建社会后期学术思想史上的一件大事。

---

①② 《昌黎文集》卷一一，《原道》。
③ 《昌黎文集》卷一八，《与孟尚书书》。
④ 尹协理、魏明：《王通论》，第262页。

　　《礼记》是秦汉以前各种礼仪论著的选集。《大学》、《中庸》是其中的两篇文章，专讲儒家所倡导的伦理、道德行为，有较普遍的适用性。在韩愈以前，二文未曾得到应有重视。中唐以后，随着封建社会危机的逐渐加深，统治者在加强集权专制统治措施的同时，更要求加强伦理道德的束缚力量。韩愈正是处在这一转型期的思想家，具有见微知著的敏感和深沉的忧患意识。他第一次将《大学》中的"正、诚、修、齐、治、平"理论提炼出来，作为道德修养的程序。他指出："《传》曰：古之欲明明德于天下者，先治其国；欲治其国者，先齐其家；欲齐其家者，先修其身；欲修其身者，先正其心；欲正其心者，先诚其意。"接着还指出："古之所谓正心而诚其意者，将以有为也。"① 他的所谓"有为"，即提倡个人修养、洁身自好和正人、治身与治国相联系，这就与佛道那种脱离现实的修身养性有了重要区别。

　　《中庸》是一篇集中讲述性与情以及封建道德修养的著作。韩愈积极阐扬《中庸》思想。"夫圣人抱神明之正性，根中庸之至德，苟发诸中，形诸外者，不由思虑，莫匪规矩，不善之心，无自入焉。"② 在人性论问题上，韩愈主张"性三品说"，对孟子的"性善说"、荀子的"性恶说"、扬雄的"善恶混说"等人性论都有所补充和修正。他提出人性有上、中、下三品之分，上品的人天生是善的，下品的人天生是恶的，中品的人可引导到善或恶。这就是说，圣人天生品性纯正，其言行自然符合封建礼法，对不善的东西有天然的抵抗力。而圣人以外的人，在确定"中庸"为道德行为的最高标准时，必须经过学习教育，去把握和认识"中庸"要义，坚守勿失，防止重犯错误或杜绝错误。他又说："《中庸》曰：'自诚明，谓之性；自明诚，谓之教。'自诚明者，不勉而中，不思而得，从容中道，圣人也，无过者也。自明诚者，'择善而固执之

① 《昌黎文集》卷一一，《原道》。
② 《昌黎文集》卷一四，《省试颜子不贰过论》。

者也，不勉则不中，不思则不得'，不贰过者也。故夫子之言曰：'回之为人也，择乎中庸，得一善则拳拳服膺而不失之矣。'"①

韩愈对《大学》、《中庸》思想的提炼发挥，已经跳出了对以往经书只是拘泥章句、讲求注疏的圈子，而是侧重义理，在思想上开拓阐扬，这就为宋代经学家治经在内容、形式和方法上开辟了新途径。

二、李翱的《复性书》

李翱（772—841年），字习之，陇西成纪（今甘肃秦安县）人，一说赵郡人。他少年时"勤于儒学，博雅好古，为文尚气质"。唐德宗贞元十四年（798年），登进士第，授校书郎。"三迁至京兆府司录参军。元和初，转国子博士、史馆修撰。"由于他"性刚急，论议无所避。执政虽重其学，而恶其激讦，故久次不迁"。后官至山南东道节度使。会昌中（841年），卒于镇。谥曰"文"。②

李翱的经学思想和言行与韩愈有很深的渊源关系。韩愈《送孟东野序》："从吾游者，李翱、张籍其尤也。"李翱对韩愈所取得的多方面成就作了高度的评价。

《复性书》分上、中、下三篇，是李翱的主要经学著作。他进一步发挥《中庸》的思想，探寻人由情恶变为性善的途径，对韩愈的人性论多有补充、发展。

韩愈提出"性三品说"，但没有从理论上阐释并明确得出性善说的结论，难以给人指明"人皆可为尧舜"的必然性。李翱在继承孟子"人皆可为尧舜"和韩愈学说时，提出"性善情恶"的人性论观点。他说："人之所以为圣人者，性也；人之所以惑其性者，情也。喜、怒、哀、惧、爱、恶、欲七者，皆情之所为也。情既昏，性斯匿矣。非性之过

---

① 《昌黎文集》卷一四，《省试颜子不贰过论》。
② 《旧唐书》卷一六〇，《李翱传》。

也，七者循环而交来，故性不能充也。"① 就是说，每一个人的性天生是完美无缺的，而每个人都可成为圣人。而情有善有不善，它不断从各方面干扰人的本性，如若人不能扩充和坚守其性，自然就会受七情的诱惑，不能成为圣人。这是一个发展。

韩愈说性、情关系比较模糊，李翱明确指出："性与情不相无也。虽然，无性则情无所生矣，是情由性而生。"② 这就是说，性是基本的，并支配制约情。这又是一个发展。

关于如何复性。他说："《大学》曰：'致知在格物。'……物者，万物也。格者，来也，至也。物至之时，其心昭昭然，明辨焉而不应于物者，是致知也，是知之至也。知至故意诚，意诚故心正，心正故身修，身修而家齐，家齐而国理，国理而天下平，此所以能参天地者也。"③ 韩愈未提出"格物致知"的范畴，李翱则强调之，并且将格物致知与正心诚意、道德修身、究理尽性联系起来。这更是一个发展。"他认为封建地主阶级的治国平天下，《大学》的格物致知，圣人的制礼作乐，是复性的途径，他的人性论和庄、列、老、释的人性论的区别就在此。"④

李翱的《复性书》以《中庸》、《易传》为纲，并充分吸收佛教的理论，以儒统佛，援佛入儒，重建和复兴了儒学的心性理论，开启了宋代理学的先河。他与韩愈一道成为由汉唐经学转向宋代理学的关键人物。在对儒家经典的研究方面，韩、李二人扭转了汉唐以来以五经为中心进行注疏训诂的风气，提高了《孟子》、《大学》和《中庸》在儒家经典中的地位，这对于宋代《四书》的形成并凌驾于五经之上，也开启了先河。

---

①② 《李文公集》卷二，《复性书上》。
③ 《李文公集》卷二，《复性书中》。
④ 任继愈主编：《中国哲学史》第三册，人民出版社1964年版，第141页。

三、五代经学的低落

唐末五代，社会纷乱，局势动荡，政权更迭，转如飞蓬。士大夫消极颓废，皈依佛教，斋僧礼佛，谈玄玩性，以求精神之解脱。佛教的盛行，经学自然备受冷落。后唐天成五年（930 年），礼部贡院奏："近代已来，此道稍坠，今且上从元辅，下及庶僚，虽百艺者极多，能明经者甚少。"① 封建政治和行政需要通过科举考试选拔士人进入政权，经学在很大程度上赖此而存在。据《五代会要》卷二十三记载：科举科目除制举、宏词拔萃、进士外，还有五经、九经、明经、三礼（三传附）、开元礼等。而经学取士因其简单易行，又成为重要科目。"三礼、三传、学究、明经诸科，唐虽有之，然每科所取甚少，而五代自晋、汉以来，明经诸科中选者，动以百人计。盖帖书、墨义，承平之时，士鄙其学而不习，国家亦贱其科而不取，故惟以攻诗赋中进士举者为贵。丧乱以来，文学废坠，为士者往往从事乎帖诵之末习，而举笔能文者固罕见之，国家亦姑以是为士子进取之途，故其所取反数倍于盛唐之时也。"② 但是，读书人一旦借助经书敲开科举大门后，多有兼杂佛教。此类人物，五代时期所在多有。他们既"通五经大义"，又"信浮屠之教"。③ "性儒雅，好释氏"④。有人嘲笑马裔孙："公生平以傅奕、韩愈为高识，何前倨而后恭，是佛佞公耶？公佞佛耶？"他笑而答曰："佛佞予则多矣。"⑤ 这种出入佛儒、亦佛亦儒、援佛解儒的士林新风，到宋代而愈演愈炽，这无疑是宋代理学产生的社会基础。

另外，五代雕版印刷术的出现也是经学史上一件大事。它极大地方便了经书的刻印、流传，有利于经学的传播和普及。后唐长兴三年

① 《五代会要》卷二二，《进士》。
② 《文献通考》卷三○，《选举考三》。
③ 《旧五代史》卷一二八，《司徒诩传》。
④ 《旧五代史》卷一三一，《张沆传》。
⑤ 《旧五代史》卷一二七，《马裔孙传》。

（932 年），朝廷依石经文字刻九经印板，由"国子监集博士儒徒，将西京石经本各以所业本经句度抄写注出，仔细看读，然后顾召能雕字匠人，各部随帙刻印板，广颁天下。如诸色人要写经书，并须依所印敕本，不得更便杂本交错"。汉乾祐元年（948 年），又对《周礼》、《仪礼》、《公羊》、《谷梁》四经文字镂板予以校勘。周广顺六年（953 年），"田敏进印板九经书，《五经文字》、《九经字样》各二部，共一百三十册"。显德二年（955 年），又"校勘《经典释文》三十卷，雕造印板"①。这些都是由王朝统一进行的工作。经书的雕版印刷是一项基础性的工作，主要在于为国学监生和士人习经提供一个定本，只是作了简单的文字校勘工作，没有对经书进行系统的整理，更缺乏对经书进行全新的诠释以形成一个崭新的解释系统的必要条件。这一任务只好由宋人来完成了。

---

① 《五代会要》卷八，《经籍》。

第五章
宋代经世致用的功利派经学

第一节　经学复兴

一、中央集权与祀孔崇经

唐王朝土崩瓦解，形成了五代十国南北割据的格局。公元 960 年，宋王朝重建封建大一统政权。宋王朝的出现，表明中国封建社会进入了新的巩固发展的时期，由此构成封建社会后期中央集权专制主义统治的基本特征，从中央到地方权力系统的重新建立，成为帝国政治发展的现实前提；封建伦理纲常的重振，成为皇权思想统治强化的现实手段。

由唐入宋，社会关系进行了新的调整。这一过程分别表现在三个方面。首先，主户与客户的出现，打破了人身依附的宗法关系，开始向以土地占有的经济关系过渡。主户分五等，有上户（地主）与下户（自耕农）之别，再加上实为佃户的客户，这样就打破了宋初有户无口的记录，从建隆元年（960 年）左右的"户九十六万七千三百五十三"，激增到元祐元年（1086 年）的"天下主客户一千七百九十五万七千九十二，口四千七万二千六百六"。① 其次，官户与乡户的并立，打破了门

---

① 《宋史》卷八五，《地理一》。

阀森严的等级制度，《士族谱》为《百家姓》所代替，官宦人家与耕读之家之间出现了双向的升降运动。① 这使政权由士族地主向庶族地主开放，从而形成了中央集权统治的牢固社会基础。不可否认，向庶族地主开放政权的结果，是促使他们积极参与国家事务，使社会政治出现了新的取向。如范仲淹、欧阳修、王安石等都出身贫穷微末之家，一旦为官，即勤于王事，推行新政。最后，以工商业者为主的"坊廊户"与自由职业者手工工匠"募工"的存在与发展，给自然经济注入了商品经济的某些因素。坊廊户中有商人，还有从事各种制造业的作坊主，如丝织业的"机户"、瓷器业的"窑户"等等。经编户成民，他们的子弟可以应试入仕。"募工"作为独立出卖劳动力的工匠，除开官营作坊中手背上刺字的"和雇匠"之外，私营作坊中的受募工匠则拥有自己的行会组织，据有一定的社会和政治地位，亦可入仕做官，如李邦彦本系银匠的儿子，应科举而为宰相。② 由此可见，宋代中央集权逐渐形成了广泛的、现实的、稳定的社会基础。

有鉴于安史之乱的流弊，宋代建立了文官制度，形成较为开明的政治风气，"君臣之间，两无猜疑，上下相安"③。这就为进一步的兵制、官制改革奠定了基础。宋太祖"收四方劲兵，列营京畿"，将精锐之师牢牢控制在皇帝的直接指挥下。其后定兵制："天子之卫兵，以守京师、备征戍，曰禁军；诸州之镇兵，以分给役使，曰厢军；选于户籍或应募，使之团结训练，以为在所防守，则曰乡兵"，乡兵中"具籍塞下"者则称为蕃兵。④ 为确保皇帝对军队的控制，一方面定"更戍法"，派禁军定期轮换屯泊戍边和屯驻要地，以示威慑；另一方面以文臣为帅，使武将"不得专其兵"，以提高文官的地位。甚至禁军作战，也由皇帝

---

① 参见石训等著《北宋哲学史》上卷，河南人民出版社1987年版，第56页。
② 《宋史》卷三五二，《李邦彦传》。
③ 《宋史纪事本末》卷一，《收兵权》。
④ 《宋史》卷一八七，《兵一》。

亲自制定方略乃至阵图，以示天子征伐之意。改革后的兵制，有效地防止了武人割据之祸，对社会秩序的稳定起了积极的作用，但也造成对外来侵略被动应付的流弊。① 如果说兵制的改革有利于中央集权的切实可行，那么官制的改革则使中央集权制度化，从而形成以文臣治国的文官制度。官制的改革，"盖欲以名器事功甄别能否，又使不肖者绝年劳序迁之觊觎"，扩大了皇权统治的政治基础；从而使"居位任事者，不限资格，使得自竭其所长，以为治效"，有利于皇帝对国家事务进行有效管理。皇帝牢牢控制国家权力，对官员使用"受授之别，则有官、有职、有差遣。官以寓禄秩、叙位著，职以待文学之选，而别为差遣以治内外事"，有实权的即授以"差遣"之任，故而"以差遣要剧为贵途"，以保证中央统治的可行性与有效性。其负面效应是造成宋代官僚机构庞大。宋代文官制度从宋太祖承袭唐制，经神宗时重校《唐六典》，直至宋末，"或始创而终罢，或欲革而犹因，则有各当其可者焉"。②

重振王纲，需要高张皇权意识，既要通过政治行政的手段来予以强化，又要求成为日益扩大的自觉意识，而将这两者统一起来的最好办法就是通过"学而优则仕"。所以，有必要从科目设置与学校体系这两方面来考察作为"选举"标准的考试之学和教育之学。科举之兴，固然是为了使统治者能"博求俊彦"，并以其为"致治之具"，但实际上又推动了统治阶级意识形态的普遍倡扬，从而成为推行伦理纲常的有效手段。因此，"宋之科目，有进士，有诸科，有武举。常选之外，又有制科，有童子举，而进士得人为盛。神宗始罢诸科，而分经义、诗赋以取进士，其后遵行，未之有改"。凡贡举均要在群经中分别选择，以便考试。即便是诗赋进士，其考经的顺序由最后一场而调到首场。诚如司马光所说："取士之道，当先德行，后文学；就文学言之，经术又当先于词采。

---

① 参见蔡美彪等著：《中国通史》第五册，人民出版社1978年版，第21—24页。
② 《宋史》卷一六一，《职官一》。

神宗专用经义、论策取士，此乃复先王令典，百王不易之法。"同时，尚书省又规定"解经通用先儒传注及己说"。① 由此可见，经学在科目设置中占有主导地位。正如科举中弃"公荐"之法而不分士庶一样，官学中的太学生的数量则远远超过国子生达十余倍："凡学皆隶国子监。国子生，以京朝七品以上子孙为之，初无定员，后以二百人为额。太学生，以八品以下子弟若庶人之俊异者为之。及三舍法行，则太学始定置外舍生二千人，内舍生三百人，上舍生百人。"② 各州县也皆设学校，形成官学体系，以培养品学皆优的儒生，即所谓"儒者通天、地、人之理，明古今治乱之原，可谓博矣"，群经之重要由此可见一斑。特别是"神宗尤垂意儒学，自京师至郡县，既皆有学。岁时月各有试，程其艺能，以差次升舍，其最优者为上舍，免发解及礼部试而特赐之第"，将"学而优则仕"制度化，消除"谈经者人人殊"的现象。③ 此外，官学之外的私学以书院的形式林立全国，延续有宋一代，倡读经而兴儒学，"相与讲明正学，自拔于尘俗之中"④。书院所培养出来的大批"宿学有道业者"，多被选为各级官学的教授，进一步推动了官学的扩展，将讲经的活动推广到全国。如皇帝以胡瑗进天章阁侍讲之职，就是因为"世方尚词赋，湖学独立经义治事斋，以敦实学"⑤，倡一代学风之变。

　　中央集权下的思想大一统，导致宋代经学的复兴，即通过对群经的阐释而形成统治阶级的意识形态。这一过程最初始于宋代统治者祀孔崇经的活动。

　　陈桥驿兵变，宋太祖代"周统"而得天下。为表示宋祚为众望所归的正统，宋代统治者一反后周崇尚法家的成法，三至文庙祭孔，并亲自撰写《先圣亚圣赞》，由此倾向"克己复礼"追效三代的儒家学说。宋

---

① 《宋史》卷一五五，《选举一》。
②③⑤ 《宋史》卷一五七，《选举一》。
④ 《宋元学案》卷三，《高平学案·庆历五先生书院记》。

太宗也曾经"三谒庙"，并"置官讲说及赐九经书"。① 社稷元臣赵普因
"少习吏事，寡学术，及为相，太祖常劝以读书"，赵普手不释卷，"则
《论语》二十篇也"，② 遂有"半部《论语》治天下"之说。又选取"能
明天文者"为官，凡事遵天意而行，于是乎"中和"之乐，"通礼"之
仪，俨然以三皇五帝之姿态凌驾于臣民之上。"以宽仁为治，故立法之
制严，而用法之情恕"，坚持德主刑辅的孔子之教。③ 同时，"君汲汲于
道艺，辅治之臣莫不以经术为先务"④。由是读经之风始盛。宋真宗即
位之初，便下诏访孔子嫡孙，后又亲至曲阜谒孔子庙，追尊孔子为玄圣
文宣王；又"诏南宫北宅大将军以下，各勤讲肄，诸子十岁以上并受经
学书，勿令废惰"，由此掀起尊孔读经的热潮。⑤

　　邢昺承宋真宗旨意，主持校订群经义疏。邢昺解经虽仍遵循"君臣
父子之道"，但在讲经过程中，除了根据群经中已有的传疏进行解说外，
主要是用时事为例来讽喻经义，其中已经开始透露出不泥于经的意向。
仅以邢昺的《论语正义》为例，就可以看出他注经不再停留于训诂章
句，解说经义不再笃守师法，而是陈述己意。《论语·阳货》中孔子说：
"天何言哉！四时行焉，百物生焉，天何言哉！"邢昺疏解为："此孔子
举天亦不言而令行以为譬也。天何尝有言语哉！而四时之令递行焉，百
物皆依时而生焉，天何尝有言语教命哉。"表明他已经开始跳出"微言
大义"的束缚。与邢昺同校群经义疏的孙奭，也用夫子"天何言哉"之
教，对一再出现的"天书"事件进行迎头痛击。针对以"经义左右附
和"而形成的"天下争言祥瑞"、不从"二帝三王"之政的风气，他在
痛心疾首之余屡加反对，甚至引《春秋传》中"国将兴，听于民，将

---

① 《宋史》卷一〇五，《礼八》。
② 《宋史》卷二五六，《赵普传》。
③ 《宋史》卷一九九，《刑法一》。
④ 《宋史》卷二〇二，《艺文一》。
⑤ 《宋史》卷七，《真宗二》。

亡，听于神"① 进行直谏。足见孙奭解经是坚持"援古救正"的原则，显示了他读经以致用的积极入世态度。正是这种不拘泥于古圣贤"微言大义"的举动和读经以致用的态度，走出了宋代经学发展的第一步，昭示了宋代经学复兴的时代特色和发展趋势。

二、宋初三先生

"宋初三先生"即胡瑗、孙复、石介，他们通过援旧说而"开伊洛之先"，时人称为"理学先驱"。② 不过，在对经义进行研究的范围和程度上，三先生与二程有所不同：三先生主旨在倡扬经学的教化作用，而理学则为穷究性命义理。因此，在对经学的态度上，前者以儒家原典为独尊，而后者以道统接续为己任；在价值取向上，前者"外王"优于"内圣"，而后者"内圣"超过"外王"；在阐释形式上，前者意在阐明六经之义，而后者专在探究"性"、"道"、"教"之理。故由此可见三先生"开伊洛之先"，实际是为理学建立提供了解经的参照系，故史家将之入"儒林"，不归入"道学"。然而，正是在光大经学上，三先生声名远播，对一代学人影响巨大。

胡瑗（993—1059 年），字翼之，泰州如皋（今江苏泰州市）人。七岁善属文，十三岁通五经，即以圣贤自期许。青年时，与孙复、石介同在泰山苦读，以长于经术出名。后为苏州、湖州两州学教授。创"苏州教法"，设"经义"、"治事"两斋，按学生资质分科教学，或"讲明'六经'"，或"各治一事又兼摄一事"，培养经生和军事、水利、数学等专门人才，充分体现了胡瑗治经与治世相一致的治学思想。③ 他所著的《易》、《书》、《中庸义》、《景祐乐议》虽均亡佚难考，但仅从胡瑗应诏

---

① 《春秋左传》庄公三十二年。
② 参见侯外庐主编：《宋明理学史》上卷，人民出版社 1984 年版，第 31 页。
③ 《宋元学案》卷一，《安定学案》。

制乐一事，足以见其行事不循古制的作风。胡瑗重视推诚相见。他告诫弟子们，不可盲从前人对圣人及其道的看法，应该效法圣人专心致力于学，使其道可明，经义可求。

胡瑗对五经的解说，由弟子们记录下来，是为《胡氏口义》。在《洪范口义》中，胡瑗提出"有阴阳然后有五行"的命题，并在《周易口义·系辞上》中展开讨论。他认为，宇宙是客观的实体，有形有象，可观可感，这与其后的理学家们把"理"作为天的本体毫无一致之处。他又提出天人均有体，人之用类似于天之用：政教礼义与五常百行互为表里，皆为人之用。因此，民生在勤，勤则不匮，社会中人作为现实存在的个性实体，当自强不息。胡瑗认为：学以致用为探求经义的第一准则。所以他讲《易》，"每讲罢或引当世之事予以说明"。胡瑗反复强调，解经作为对圣人之道的追寻，也应像圣人求全德那样，首先要广博其学，还要具备辨疑的精神和宽容的胸怀；其次要立道为体，然后用之，并严于律己，而后再行倡导。在此反对"耻于下问而又躁妄以求其进"①的作风。总之，胡瑗的解经乃立足于效法圣人体用一致，从实际出发而学以致用，博学善疑而又身体力行。其门人中被称为"知其说"的唯一弟子徐积，也用"修齐治平"之说解《诗》，称《诗》为"人文化成"的"四始"，略见胡瑗影响之一斑。②诚如宋神宗所赞："经义治事，以适士用；议礼定乐，崇尚本实，还隆古之淳风；倡明正道，开来学之颛蒙。"③胡瑗解经正表现出明道崇实的体用意识。

孙复（992—1057 年），字明复，晋州平阳（今山西临汾市）人。四举开封府籍进士不第，退居泰山，学《春秋》。虽于泰山聚徒讲学，仍著书明志，石介称赞他是一位"非独善一身而兼利天下"的"明隐"。④后被范仲淹等荐为国子监直讲，因人言其讲经多异于先儒而罢官。孙复

---

① 《周易口义》卷一，《乾》。
②③ 《宋元学案》卷一，《安定学案》。
④ 《徂徕石先生文集》卷九，《明隐》。

著有《春秋尊王发微》十二卷、《春秋总论》三卷，又有《睢阳子》十卷、《易说》六十四篇等。

如果说，胡瑗的"口义"中以《周易口义》为代表，着重于解经的取向与形式，那么，孙复《春秋尊王发微》的特点是"不惑传注，其言简易，得经之本义"①，注重经的层面选择，专讲尊王。孙复在《春秋总论》中提出："《春秋》始隐者，天下无复有王也"，乃《春秋》的总命题，是孔子微言大义的核心。他对此反复进行论证。其一，认为孔子作《春秋》，是因为天下无王，并非为隐公而作。无王，则礼崩乐坏，诸侯称霸，大夫专权，周天子为一傀儡。由此反推出他所谓的"有王"，就必须自"尊王"始。其二，认为欲治其末，必先治其本。他认为《春秋》之开始于"隐元年，春正月"，就是为了端本末，正始终。可见他正是以王道为体来作为端正的依据，据王道而用之，以明惩恶赏善之行，并用以正名分。② 当然，孙复对《春秋》的发微，主要是通过对《春秋》中孔子笔法的阐发来传达尊王的信念。他对"隐二年，公会戎于潜"解说曰："诸侯非有天子之事，不得出会诸侯。凡书'会'，皆恶之也。"以此说明孔子作《春秋》的情感态度，也表明自己的爱憎之心。他对"桓十年春王正月"条解说曰："此年书'王'者，王无十年不书也。十年无王，则人道灭矣。"由此揭示了孔子的无奈与企盼，在"人道"（亦即圣道，王道）与王的关系上，他认为，为王应行王道，否则"即为无王"。因此，尊王的前提是辨清王之有无，明王道之体，然后用"大中之法"正名。王之责任在施行"大中之法"，儒者的本分则在制定"大中之法"，因而尊王必定崇儒。所以，孙复称赞董仲舒"推明孔子，抑黜百家，诸不在六艺之科者，皆绝其道，勿使并进，斯可谓尽心于圣人之道者也"。同时，他又大谈"儒者之辱，始于战国。杨墨乱之于前，

① 《四库全书总目》卷二六，《经部·春秋类一》。
② 《春秋尊王发微》卷一。

申韩杂之于后。汉魏而下，则又甚焉，佛老之徒横于中国"，"去君臣之礼，绝父子之戚，灭夫妇之义。儒者不以仁义礼乐为心则已，若以为心，得不鸣鼓而攻之乎"?① 于深恶痛绝之中坚持崇儒必须剪除佛老之学，由此足见其与理学家们之间的重大区别。难怪石介会作出这样高的评价："自周以上观之，圣人之穷者唯孔子；自周以下观之，贤人之穷者唯泰山明复先生。"② 虽有溢美之处，然而却表明了孙复尊王崇儒的解经态度和倡道济世的体用精神。

石介（1005—1045 年），字守道，兖州奉符（今山东泰安市东南）人。进士及第，历郓州、南京推官。笃学有志尚，乐善疾恶，喜声名，遇事奋然敢为。而后以丁忧归耕徂徕山下，于家中聚徒教授，人称"徂徕先生"。在泰州求学时，曾师事孙复，"为文有气，尝患文章之弊、佛老为蠹，著《怪说》、《中国论》，言去此三者，乃可以有为。又著《唐鉴》以戒奸臣、宦官、宫女，指切当时，无所讳忌"③。石介积极参与政治活动，尤以《庆历圣德诗》褒忠贬奸而声名大著。然而，却如其师孙复所言"子祸始于此矣"。果然，在他死后，因被人陷害险遭发棺之祸。石介著有《易解》五卷、《易口义》十卷、《唐鉴》六卷、《政范》一卷、《三朝对政录》四卷、《徂徕石先生文集》二十卷等。

石介在崇儒斥佛老的同时，极为重视载道之"文"的问题。他说："尧、舜、禹、汤、文王、武王、周公之道，万世常行不可易之道也。佛、老以妖妄怪诞之教坏乱之，杨亿以淫巧浮伪之言破碎之。"④ 将靡浮之文与佛老等同视为三害。他以文能载道自许，认为自己的文字虽不足动人，然而心志却专于正道，不敢半步违背圣人，故文章绝无悖理害教之处。他又提出载道之文当如孔子之《易》、《春秋》和韩愈诸论，可

---

① 《宋元学案》卷二，《泰山学案·睢阳子集补》。
② 《徂徕石先生文集》卷一五，《与祖择之书》。
③ 《宋史》卷四三二，《儒林二·石介传》。
④ 《徂徕石先生文集》卷五，《怪说下》。

见他所赏识的载道之文正是"文起八代之衰"的古文。在讨论了载道之文以后，又提出了道之体用问题。指出道之体（即"本"）的特点是万世不改，道之用（即"中"）的特点是灵活多样而万世可行。① 石介认为，凡圣人之起，皆有制度，并非只救一时之乱，而是要重万古千秋，为历代所遵循，道之体不因时而变。但是当历史发展到汉代，毕竟与三代不同，又不可完全拘泥于三王之道，需要根据变化了的时代，用圣人之道的原则去处理具体的问题，这就是道之用。道之用可因时而为，于是自然会使体与用臻于一致。可见他比较注重根据经义而结合现实以抒发己意，循道而言却又能切中时弊。石介曾慨叹："道大坏，由一人存之；天下国家大乱，由一人扶之"②；又曾自誉："吾勇固如是，吾勇过孟轲矣。"③ 石介关于体、用、文的思考已经具备了一定的理论体系建构的意味。这与他的笃学与敢为的求实精神是分不开的。

胡瑗精于《易》，孙复长于《春秋》，而石介勇于卫道，都是以崇儒斥佛老为前提，以尊王为鹄的，而不囿于注疏陈说，分别从体、用、文的高度，或极力倡明正道，或欲成大中之法，或自守圣人之经。他们共同具有以下两个特点：首先，针对六经中传统的权威注疏，大胆指出它们都未能真正阐明经义："专守王弼、韩康伯之说而求于《大易》，吾未见其能尽于《大易》也。专守左氏、公羊、谷梁、杜、何、范氏之说而求于《春秋》，吾未见其能尽于《春秋》也。专守毛苌、郑康成之说而求于《诗》，吾未见其能尽于《诗》也。专守孔氏之说而求于《书》，吾未见其能尽于《书》也。"④ 因此，不应该迷信解经成说，更不应该盲从而不去探求经义。这些认识产生的影响是非常深远的：从怀疑经义被前人误解，到企图对经义进行改正，最后发展到对经学文本的修订，甚

---

① 参见《徂徕石先生文集》卷一九，《青州州学公田记》。
② 《徂徕石先生文集》卷八，《救说》。
③ 《宋元学案》卷二，《泰山学案》。
④ 《宋元学案》卷二，《泰山学案·与范天章书》。

至斥之为伪作，构成宋代经学发展的轨迹。

其次，对如何弘扬儒家之道，则要求立足于体、用、文一致，这成为他们解经过程中的共识。"圣人之道，有体、有用、有文。君臣父子、仁义礼乐，历世不可变者，其体也；诗书史传子集，垂法后世者，其文也；举而措之天下，能润泽斯民，归于皇极者，其用也。"同时，又指出了宋王朝不遵循体、用、文三位一体的恶果："国家累朝取士，不以体用为本，而尚声律浮华之词，是以风俗偷薄。"① 这样，对儒家经典的阐释就更加强调自觉把握体、用、文，有利于消除索解经义过程中依赖直感和语焉不详的现象，从而提供了把握经义时变与不变、文与质的双重矛盾的准则。其所带来的收获是十分丰厚的：解经方式的多样化，经学流派的涌现，经学思想的交锋，从而成为推动有宋一代经学发展的直接动力。尽管有失之古板、功利、偏激之讥，然而宋初三先生不愧为有宋一代经学发展的承上启下者，对宋代经学的发展起着重要的作用。

三、宋学之兴

"宋学"在经学史上是相对"汉学"而言的，是经学衰落之后的再度复兴。就这个意义上讲，宋学亦即宋代经学的简称。不过，正如汉学具有今文经学与古文经学两种解经方式一样，宋学在经学复兴中不仅发展了汉学的解经方式，而且也生成了新的解经方式。诚如周予同所指出的："今文学以孔子为政治家，以六经为孔子致治之说，所以偏重于'微言大义'，其特色为功利的，而其流弊为狂妄。古文学以孔子为史学家，以六经为孔子整理古代史料之书，所以偏重于'名物训诂'，其特色为考证的，而其流弊为烦琐。宋学以孔子为哲学家，以六经为孔子载

---

① 《宋元学案》卷一，《安定学案·附录》。宋神宗要求胡瑗的高足刘彝比较其师与王安石"孰优"。刘彝借此说明"道"与"体、用、文"的关系，随即得出结论："故今学者明夫圣人体用，以为政教之本，皆臣师之功，非安石比也。"其扬扬自得中虽有门户之见，倒也不乏说论。

道之具，所以偏重于心性理气，其特色为玄想的，而其流弊为空疏。"①
自宋三先生及刘敞、苏洵以来，宋代经学形成了不同的文化层面、价值
取向，并形成了解经的多样性特点。这种新的解经方式，不但呈现出由
汉学向宋学发展的阶段性过程，而且也改造与包容汉代经学方式，成为
有宋一代儒家经典解读的主要手段，形成了不同的经学流派。

这样，宋学既具有广义上的作为经学史的涵义，又有狭义上的解经
的含义。广义上的"宋学"，指宋代经学发展过程包括经学内容、价值
取向、解经方式等。史称的"道学"则与广义宋学相一致，兼容义理、
解经各方面，鼓吹重光道统与确立学统，提出由经穷理的口号，把儒家
经典的再阐释提升到哲学的层面，直接推动了儒家思想的发展，进而对
宋代以后的经学发展起着至关重要的作用。"道学盛于宋，宋弗究于用，
甚至有厉禁焉。后之时君世主，欲复天德王道之治，必来此取法矣。"②

宋代经学复兴适应了社会的需要，形成了疑经、变经、易经的学术
空气，而上述经学家们打破门户成见的求真态度和极富理论色彩的解经
构想，对宋代经学及解经特征的形成起了极其重要的作用。

宋学的形成，使经学具有新的现实与历史的双重意义，其现实意义
在于：从时势角度探讨与把握经义，有助于经世致用；对经义的选择性
解释，有助于封建皇权大一统意识形态的形成。其历史意义在于：从论
证与辩难角度把握经义，以区分儒家经典中的历史性、政治性、哲学
性、文化性诸方面内容；对经义的学理化阐释，则使儒家经典中的内容
成为不同解经流派的研究对象。

这一历史与现实意义的具体表现，则是宋代诸多经学流派的出现及
其经典的阐释："古之学者一，今之学者三，异端不与焉。一曰文章之
学，二曰训诂之学，三曰儒者之学。欲趋道，舍儒者之学不可。"③ 这

① 周予同：《经学历史·序言》，见皮锡瑞《经学历史》中华书局1959年版，第3页。
② 《宋史》卷四二七，《道学传》。
③ 《河南程氏遗书》卷一八，《二程集》中华书局1981年版，第187页。

表明，儒学虽然随世势变化而发生古今之变，其正宗地位却只能借助经学而日趋巩固，佛老之说终为异端而难与争锋。然而，能够延续儒学正统的不是文章之学、训诂之学，而仅是以"知道者"自命的"儒者之学"，这就不能不带上几分偏颇：文士、经师这类"后之儒者，莫不以为文章、治经术为务。文章则华靡其词，新奇其意，取悦人耳目而已。经术则解释辞训，较先儒短长，立异说以为己工而已。如是之学，果可至于道乎？"① 在宋人看来，所谓文章之学与训诂之学不过是汉学两家之流变，无论是新奇其意还是较先儒短长，都难以表达圣人之道，唯有儒者之学可以明道知经，由经穷理。这就与"依经明理"的经学思想、"文以载道"的治经主流相映成趣。不过，"文以载道"者，讲体用，贵经世，力尊王，其解经与汉学两家一脉相承；"依经以明理"者，究心理，反功利，尚诚心，其解经则于宋学一家独出蹊径。在这个基础上，形成北宋经学四大家到南宋经学两大派：北宋四大家是荆公新学、温公朔学、苏氏蜀学、二程洛学；南宋两大派是朱陆道（理）学派与浙东事功学派。荆公新学、温公朔学、苏氏蜀学与浙东事功学派属于经世致用的功利之学；而二程洛学与朱、陆道学则属于依经明理的性理之学。但无论何派，都分别体现出"文以载道"与"依经明理"的治经意识。

　　有宋一代的功利之学在经学复兴中坚持通经致用的解经主张，适应了巩固中央集权的皇权统治的迫切需要，无论是变法还是"一道德"，都要求通过对儒家原典的再阐释来建构一个具有规范性和可行性的意识体系。随着疑经、变经、易经之风的兴起，最终出现官修群经文本，从而使这一经学体系成为教化与治世的有力工具，并使经学发展显示出世俗化的趋向。而性理之学则由经穷理而回到原儒思想，其经学意义在宋代确实远逊于其儒学意义，通过义理之思将对原儒思想的阐发提升到了哲理高度，赋予经学以哲学化的特质，对于宋代之后以程朱理学为正宗

————————————

① 《河南程氏文集》卷八，《二程集》，第 580 页。

的经学发展无疑是至关重要的。

就儒家经典的阐释而言，到唐代已经确立了十二经的经学地位，但《孟子》能否入经，在有宋一代则经过了斥孟疑孟与宗孟尊孟的反复较量，而《孟子》在宋末终能入经而确立十三经，充分显现出宋代经学功利学派在潜移默化中开始向性理之学转移，即"四书"的地位已经超过了"五经"。这一转移，导致了宋代释经前后不同的时代特点：北宋解经以进行新政改革的功利派为经学主流；① 南宋经学阐释则以"依经""明理"的程朱性理之学为经学主流。② 这是因为，北宋地主与农民的冲突以及地主阶级内部的冲突渐趋尖锐，必须从政治制度及意识形态上来缓和乃至解决这些主要的社会矛盾，因而经学发展中复兴经世致用的传统正是为了满足统治者的这一功利性需要。南宋时期所面临的最大威胁除了上述矛盾外，还有异族的入侵，要求作夷夏之辨的文化心态促使了对于儒家经典阐释的深化，因而南宋经学发展中主体反思的色彩特别浓郁。

两宋异流的经学阐释的差别，主要表现在两个方面：其一，北宋经学阐释中，功利派主要是从政治层面上把握经义，更注重于"用"的考察而且崇尚"变"，对于"体"的思考往往止步于崇古。无论是托古改制的新党，还是要求复古救正的旧党都是如此。其结果是重于事功而轻于人心。南宋经学阐释的性理派，吸取北宋功利派教训，主要是从哲学层面上解释经义，更注重于"体"的阐发，而对"用"的施行认为是"末"，持消极的态度，于是要求明天理，重人欲，多次出现了"心性"

---

① 所谓功利派，循经世致用的经学传统，倡言功利，反对空谈，为富国强兵而进行改革，即"变法"。参见杨幼炯《中国政治思想史》，商务印书馆 1937 年版，第 225、226 页；萧公权《中国政治思想史》（一），商务印书馆 1949 年版，第 143、145 页。

② 道学在南宋末始获统治者认可，列为学官，这与宋理宗本人非宗室近支而为权臣废太子拥立为帝相关。他在心理上更欣赏"正心诚意"的性理之学，以确保其政治地位。至于元、明、清三代以程朱理学为经学正宗，自然也有其复杂的文化顺应的历史背景。参见《宋史纪事本末》卷八八，《史弥远废立》。

之争、"义利"之争。其二，北宋功利派由于现实政治的需要，在崇儒的同时，极为注重"文以载道"。唐宋八大家中除韩、柳之外，均为北宋前期人物。他们的文风使其经学思想得以成功地传播，收到良好的教化效果。性理派出于理念体系的建构，以儒道释为一体，"依经以明理"，其著作多用"老庄体"、"禅语体"、"语录体"，造成经义的支离与文风的驳杂，成为人们接受的障碍。性理派在宋代的不得意，除了政治上的原因之外，文风也是原因之一。

要之，北宋经学发展表现出于世可行的政治化的特点，使儒家学说规范化、制度化，成为教化与治世的有力工具。而南宋经学发展体现了一以贯之的哲学化的特点，使儒家学说哲理化、体系化，终于在宋末走上官方哲学的宝座，成为元、明、清三代思想统治的法宝。

由宋初三先生尊王崇经始，继之范仲淹、欧阳修、李觏、刘敞、苏洵诸人为代表的"文以载道"传统，致使文士解经成为宋代经学复兴中的主导倾向，显示出文士解经强调经学发展与社会需要的一致性。无论是进行政治性解读以利"变法"，还是进行历史性索解以助"资政"，实际上都是为了适应中央集权对于统一意识形态的迫切要求。与此同时，儒学不得不采用经学的形式，同时又在历史进程中逐渐超越经学阐释的传统约束，体现出经学阐释的时代特点。

宋代经学四大家：以王安石为首的荆公新学，以司马光为首的温公朔学，以三苏父子为首的苏氏蜀学，以陈亮、叶适为代表的浙学，都属于"文以载道"的功利派，他们在通经致用的前提下，分别表现出依经诠义、通经溯义、明经达义的差异。这四大家的阐释差异，取决于社会政治追求、地域文化影响、治经达旨途径、个体人格构成诸多因素。这些因素直接决定着经学流派在宋代的实际作用和社会地位，同时也影响着后世之人对其经学地位与儒学价值的不断再评估。

第二节　疑古辨经

一、经世致用与解经新风

从宋太祖至宋仁宗时，边患与内忧此伏彼起，土地兼并日益严重。在外忧内患双重压力下，宋仁宗"锐意太平"，改弦更张，以求政治上的出路。庆历三年（1043 年），任用范仲淹为参知政事，富弼、韩琦为枢密副使，欧阳修为谏官，共商国是，实行新法，此即历史上所称"庆历新政"。与此同时，随着宋初三先生对传统经学的重新阐释，在社会上兴起一股疑经之风。参知政事范仲淹认为"久安之弊，非朝夕可革"，于是上书十事："明黜陟"、"抑侥幸"、"精贡举"、"择长官"、"均公田"、"厚农桑"、"修武备"、"推恩信"、"重命令"、"减徭役"，大力整顿官制，以保证国家权力机构的正常运转，振兴农业，重修武备，推行法令，使"民无重困之忧"。① 他强调根据"周制，三公分兼六官之职"，以及汉唐两代的具体做法，要求仿前代而委辅臣以"专任"，并言"臣请自领兵赋之职，如其无补，请先黜降"。② 同时，范仲淹意欲复古劝学，又上本数言兴办学校，促使宋仁宗下诏"建学兴善以尊大夫之行，更制革弊以尽学者之才"，于是州县立学，行科举新法，③ 整顿官制，专任辅臣。从范仲淹所行新政来看，的确是"贯通经术，明达政体，凡所论者，一一皆有本之言"；"行求无愧于圣贤，学求有济于天下。古之所谓大儒者，有体有用，不过如此"。④ 可见范仲淹的新政，是与他的经学思想分不开的。

宋初文坛最为风行的是以"西昆体"为代表的粉饰太平的侈靡风

---

① ② 《宋史》卷三一四，《范仲淹传》。
③ 《宋史纪事本末》卷九，《学校科举之制》。
④ 《四库全书总目》卷一五二，《集部·别集类五》"文正集"条。

气，与"文以载道"相号召的古文运动针锋相对。而"文以载道"这一口号的提出，与其说是文学上的言必秦汉，不如说是经学上的圣人之思，并直接与科举考试这一选官制度休戚相关。

宋初科举考试沿袭唐制，士人最看重偏于诗文的进士科，而阐发经义的明经科则备受冷落。加之当局规定进士、明经诸科考试之中，解读经义必须严守官定注疏，结果，宋初士人研习经学只能墨守汉唐以来的章句注疏之学，进而使经学成为入仕之途的工具，这对于经学的衰微之势无异于又人为推进。

庆历新政中官制改革"精贡举"一事，提出了选官之要在于重振经学之衰微。范仲淹指出："今士材之间，患不稽古，委先王之典，宗叔世之文，词多纤秽，士惟偷浅，言不及道，心无存诚，暨于入官，鲜于致化"①。为改变鄙弃经学的陋习，决定废止以诗赋定去留的科场旧制，实行先策论，后诗赋，以三场考试的成绩及考生操守为进士科录取标准，而明经科则废除考试中"帖经略义"旧制，不再以章句注疏为学，而专在经旨的阐发，要求通其大义即可，不必"专于记诵"。经学考试内容以策论为要，以示考生是否"留心于治乱"之道。欧阳修甚至提出："已经策论，粗有学问，理识不至乖诞"，"纵使诗赋不工，亦可以中选"②。于是，经学从选官之学扩张为治乱之学，进而成为统治之学。

这样，经世致用的儒家传统在经学复兴中得到认同，时势之变更促成了整个社会、特别是士人对于儒家经典与原儒思想予以重新阐释的强烈要求，因而"疑古辨经"在所难免。在这里，"疑古"主要是指怀疑旧有章句注疏之学是否合符圣人之道，而"辨经"则在于通过对儒家经典文本的辨正而论辩其经义之真伪。但是宋代毕竟不同于汉代。宋代经学各派均能在吸取汉代经学成果的前提下，直逼经典而梳耙经义，要求

---

① 《范文正集》卷八，《上执政书》。
② 《文献通考》卷三一，《选举考四》。

以个人致思来解读经书，在经义的发微中深入把握圣人之道。这就必然要求抛弃以谶纬解经的神学式探究，开创出一代解经新风。

范仲淹在解经过程中强调体、用、文必须一致，表现出济世务实而不泥古的解经态度，直接激发了人们去积极把握经义，倡导了文士解经的独特新风。欧阳修以己说疑经，重视经的文本而不惑于前人传注，开创了立意求经新格调。李觏在反对谬托圣人以妄说经义的同时，坚持体道之本，遵经而行，实为依经求经新格调的率先身体力行者。解经新风固然与政局的变化有着特定的联系，更为重要的是经世致用的现实需要最终导致了解经方式的变化。"文以载道"的功利派与"依经明理"的性理派之间的分歧在一定程度上也是两种解经风格的不同，而从李觏的"斥孟"到司马光的"疑经"，正是崇尚功利的典型表现。

李觏基于"周礼致太平"的认识而主张"斥孟"。虽然李觏受《荀子》的影响颇深，但是他并非纯然苟同于《荀子》，而是自有其"人道之准"，提出"性之品三，而人之类五"的主张：上智"善"与下愚"恶"为人性的两极，需要以礼节制者恰好为"善恶混"之中人；中人又分为三，或升上，或堕下，或持中。① 以此为基点，李觏分别作"义利之辨"和"王霸之辨"，对《孟子》进行驳斥。李觏畅言功利，意在矫正俗儒以言利为耻的崇孟习气。他指出：言利就是倡导发展经济以治国，所以"人非利不生"，只要能用礼来加以节制，利与欲都可以大谈特谈，否则就是"贼人之生，反人之情。世俗之不喜儒以此。孟子谓'何必曰利'，激也。焉有仁义而不利者乎"?② 可见，李觏在此根据经义批驳了《孟子》中讲仁义而不言功利的倾向，以之为过激之说。

李觏由倡言功利更进一步作王霸之辨。尽管《荀子》、《孟子》诸书均称圣人之徒不言霸，但李觏指出，在《春秋》、《诗》、《论语》中，

---

① 《李觏集》卷二，《礼论第四》。
② 《李觏集》卷二九，《原文》。

"仲尼亟言之，其徒虽不道，无歉也"①。他首先将圣人与圣人之徒分开，从经义中寻求言霸的根据。然后又论及霸道的必要性："儒生之论，但恨不及王道耳，而不知霸也，强国也，岂易可及哉?"② 通过历史与现实的反复比较，强调霸道是强国之路，内忧外患非行霸道而不得解除。在这一前提下，李觏探究前人谬分王霸之失，认为先是天子称王，而诸侯称霸，本为名号之别，而"世俗见古之王者粹，则诸侯而粹者亦曰行王道；见古之霸者驳，则天子而驳者亦曰行霸道，悖矣"③。故后世俗儒作王霸之分，以王道为行仁义，而以霸道为求功利，实与王霸之义相去甚远，因此，孟子曰"王霸者，三王之罪人也"，李觏则直指孟子为五霸之罪人。"五霸率诸侯事天子，孟子劝诸侯为天子。苟有人性者，必知其逆顺耳矣。"④ 可见，李觏正是从"正名"的高度来作义利、王霸之辨的，其要在于他认为天下无《孟子》可也，不可无"六经"；无王道可也，不可无天子。

　　比李觏稍后的司马光主张"疑孟"，其疑孟主张导源于王安石变法。在变法运动中，司马光以"君子和而不同"的诤友姿态告诫王安石切勿用心太过，称"光虽未晓《孟子》，至于义利之说，殊为明白，介甫或更有他解，亦恐用心太过也"。⑤ 显然，司马光作《疑孟》，固有借古讽今晓谕王安石的一面，但更为重要的是，司马光"疑孟"的前提是《孟子》此时尚未列为学官，故欲从学理上辨经，借以进一步成为崇道遵经的"纯儒"。因此，司马光以《孟子》为东汉伪书而提出质疑。

　　首先，司马光提出《孟子》之说往往过甚其辞，而难以传孔子之道，反倒成为那些自以为"王者师"的人挟道自持的托辞。其次，司马

---

① 《李觏集》卷三二，《常语上》。
② 《李觏集》卷二七，《寄上范参政书》。
③ 《李觏集》卷三四，《常语下》。
④ 《李觏集》附录一，《常语》。
⑤ 《司马温公文集》卷一，《与王介甫第二书》。

光提出，"君子之责人，当探其情"，仁者宜躬身行道而不是坐而论道，指出《孟子》之说往往会使自矜仁义者行不仁不义之事，这样，《孟子》之言不是"格骄君之非"，反而成为"篡乱之资"了。第三，司马光指出，《孟子》之说会影响求仁者对于去留的选择，难免用先王之道"以售其身"。至此，司马光得出的结论就是：《孟子》之说乃街谈巷议之言，并非出于孟子。很显然，对《孟子》的证伪，在很大程度上是为现实政治斗争服务的，具有明显的功利性。他的"疑孟"，无疑使孟子本人失去其在经学上的地位。正因为如此，道学中人要大声疾呼："孟子固尝以百世之师许之矣，虑后之学者慕其清和而失之偏，于是立言深救清和之弊，大有功于名教。疑之者误矣。"①

二、文士解经

范仲淹（989—1052 年），字希文，苏州吴县（今江苏苏州市）人。少孤贫而有志操，勉力从学，在佛寺中过着断齑画粥的苦读生活。他为秀才时便以天下为己任，曾言"士当以先天下之忧而忧，后天下之乐而乐"。② 因此，他力行圣道，"居庙堂之高，则忧其民，处江湖之远，则忧其君"。③ 这种士大夫的自觉意识也贯穿于他的经学研究之中。他在解经时，既注重体、用、文的区分，又注重它们的一致：一方面深入探讨原典的深义，另一方面又从社会现实的需要出发，从原典中挖掘出能解决现实问题的新意来。这一解经特点，充分反映了他"体道"的自我性、明道的可行性以及倡道的功利性。下面仅以其所擅长的解《易》为例予以说明。

范仲淹在解《易》时，首先提出"通彼天地人谓之易"的总命题，

---

① 《宋元学案》卷七，《涑水学案·温公疑孟》。
② 《范文正集补编》卷二，《宋太师中书令兼尚书令魏国公文正公传》。
③ 《范文正集》卷七，《岳阳楼记》。

然后层层展开论述。他指出，上古圣人"观天之道，察地之纪，取人于斯，成卦于彼。将以尽变化云为之义，将以存洁静精微之理"。在他看来，圣人建大易之旨，主要是借观察天地之道来说明人之道，"上以统百王之业，下以断万物之疑"。① 一方面，天道是居常不变的，天尊地卑，君处上，臣处下，男在外，女在内，这些都是永恒的，用"天尊地卑"来证明社会关系中君臣、男女尊卑等级的永恒，各居其位，不得变易。但另一方面，天道在一定的条件下是可以变而通之的。"天地动而万物生，日月动而昼夜成，圣贤动而天下亨"，"时止则止，时行则行，动静不失其时，其道光明"。② 天地、君臣、男女都应该根据时势的变化而加以变通。很显然，他是借《周易》的变通思想来为其推行新政而阐发理论。

其次，他总结历史经验，将周秦汉唐之兴衰的教训来印证变通的必要。他说："然否极者泰，泰极者否，天下之理，如循环焉。唯圣人设卦观象，穷则变，变则通，通则久，非知变者，其能久乎？此圣人作《易》之大旨，以授于理天下者也。"③ 范仲淹正是据此来作为革新政治的思想武器。因此，他一方面告诫统治者要"非礼弗履，以保其壮"。④ 另一方面，他认为"益之为道大矣哉"！"损上则益下，益下则固其本"，反之"益上则损下，损下则伤其本"。⑤ 也就是说，要通过"节威"、"损上"的方式来进行革新，以避免过度恐民损民而成为暴君之治。

第三，他认为《易》的意蕴体大思精，包容天地之气，出入宇宙万物，故而人之喜怒哀乐，美之阳刚阴柔，俱可包括在内。卷舒变化，可

① 《范文正集·别集》卷三，《易兼三材赋》。
② 《范文正集》卷五，《易义·艮》。
③ 《范文正集·文集》卷八，《上执政书》。
④ 《范文正集》卷五，《易义·大壮》。
⑤ 《范文正集》卷五，《易义·益》。

化腐朽为神奇。不过，《易》的根本意蕴却是存在着圣道，使社会蒙教化之声，呈仁义之醇，君臣合德，民风淳朴，皆与时消息而不失其正。他说："阳正于外，阴正于内，阴阳正而男女得位，君子理家之时也。明乎其内，礼则著焉，顺乎其外，孝悌形焉。礼则著而家道正，孝悌形而家道成。""圣人将成其国，必正其家。一人之家正，然后天下之家正；天下之家正，然后孝悌大兴焉，何不定之！"① 范仲淹以生动鲜明的语言，通俗形象地说明了圣道，寓经于形。他对于道之用也不乏精彩的比喻："地中生木，其道上行，君子位以德升之时也。夫高以下为基，木始生于地中，其举远矣。圣人日跻其德而至于大宝，贤者日崇其业而至于公圭。以顺而升，物不距矣。"② 于是，道之体、用、文为一，范仲淹的通经，"固非虚饰词藻者所能，亦非高谈心性者所及"③。

不过，范仲淹的解经具有明显的功利性和实用性，他对经的诠释专在撷取能为其所用之理，而较少经文原本意义的挖掘。他不是一位泥古的腐儒，也不是一位雕虫的学究，完全从济世务实出发，通过儒经抒发自己的见解。因此，范仲淹治经的重要特点，主要是"体道"的自我性，以己意解经；明道的可行性，注重文以载道；倡道的功利性，行仁义之大利。由于范仲淹等人的提倡，使经世致用的求实精神逐渐成为北宋经学发展的重要特征之一。

欧阳修（1007—1072 年），字叔永，吉州庐陵（今江西吉水县）人。四岁而孤。他敏悟过人，所读之书，都能熟记于心。他曾得到一部韩愈的旧稿，读而心慕。及冠之年，即巍然有声，名动学界。举进士，居南宫第一，擢为甲科。官至枢密副使，参知政事。庆历中，积极参与范仲淹的新政，被保守派诬为"朋党"。他著《朋党论》，论述"惟君子则有朋"而"小人无朋"的道理，并以周、汉、唐以来的历史事实，阐述

---

① 《范文正集》卷五，《易义·家人》。
② 《范文正集》卷五，《易义·升》。
③ 《四库全书总目》卷一五二，《集部·别集类五》"文正集"条。

"退小人之伪朋，用君子之真朋，则天下治"的道理。嘉祐二年（1057年），主持贡举考试。当时士子崇尚"太学体"。欧阳修倡导诗文革新运动，对当时学风痛加排抑，凡为"太学体"之文者，一律黜退。就在这一年，曾巩、苏轼、苏辙、张载、程颢等人被他录取，同科进士及第。考试完毕后，落榜者在街头把他拦住，进行围攻谩骂。但他仍坚持自己的做法，"场屋之习，从是遂变"①。他还先后结识了王安石与苏洵，反对浮靡侈丽的"西昆体"与险怪奇涩的"太学体"，提倡平实朴素的文风。古文运动的展开，有力地推动了宋代经学的发展。

欧阳修的经学思想直接师承韩愈宗经明道的传统，主张体、用、文三者合而为一，不可偏废。他说："为道必求知古，知古明道而后履之以身，施之于事，而又见于文章而发之以信后世。"② 故《宋史》本传把他同韩愈并称，认为他"挽百川之颓波，息千古之邪说，使斯文之正气，可以羽翼大道，扶持人心。"③

在读经中，欧阳修认识到，妙论精言，不以多为贵，圣人作六经以简要达其旨义，而佛书数十万却妄称欲晓众人。因此他不但通过儒佛经典简繁之对比，表达了他尊儒斥佛的一贯态度，而且还指出体道明道应超越注疏而直接把握经义，予以意赅言简的阐发。为此，欧阳修在《论经学札子》中提出："悉取九经之疏，删去谶纬之文，使学者不为怪异之言惑乱，然后经义统一，无所驳杂，其用功甚少，其为益则多。"这一主张与孙复要求重为六经注解的看法是一致的。

欧阳修对传统的儒家经典大胆怀疑。他认为，不但《易》的《系辞》非圣人之作，"《文言》、《说卦》而下，皆非圣人之作，而众说淆乱，亦非一人之言"，结果《十翼》之中仅存十分之一纯为圣人之作。他说："若余者，可谓不量力矣，邈然远出诸儒之后，而学无师授之传，

---

① ③ 《宋史》卷三一九，《欧阳修传》。
② 《文忠集·与张秀才棐第二书》。

其勇于敢为而决于不疑者，以圣人之经尚在，可以质也。"① 欧阳修论
《易》较之前人有很大的差别，除了这种"质诸圣"的大无畏精神外，
还表现在他常常联系现实，借《易》阴阳变化之要理来表达自己的思
想。欧阳修从认定《系辞》"非圣之作"推而广之，指出圣贤之意虽非
一人一世所能完全阐明，但只要把握住六经的要理，就能对圣贤之意进
行真正的阐发，"何必汲汲转是非于一世哉"。②

欧阳修在《春秋论》中提出："孔子圣人也，万世取信一人而已。
若公羊高、谷梁赤、左丘明三子者，博学而多闻矣，其传不能无失者
也。孔子之于经，三子之于传，有所不同。则学者宁舍经而从传，不信
孔子而信三子，甚哉其惑也。"再次强调了经作为圣人之言的至高无上
的地位，直截了当地判定，"妄意圣人而惑学者，三子之过也"。③ 在这
里，欧阳修要求宗经，正是为了效法圣人修《春秋》，正名定分，求情
责实，别是非，明善恶。他修《新五代史》，就完全采取这种春秋笔法，
褒贬人事，大发议论。

当时一般人认为，《易》与《春秋》难通，而《诗经》易解。欧阳
修针对这一说法，提出经都是圣人之言，本无所谓难易，主要在人们读
经的心得有深有浅。心得深者谓之易，浅者则谓之难。基于这一认识，
他进而说明毛、郑二人的解诗不合乎经义的地方比比皆是，故此倡言：
"予欲志郑学之妄，益毛氏疏略而不至者，合之于经。"④ 因而作《毛诗
本义》，其中批驳毛、郑，阐发新颖之说者触处即是。四库馆臣曾评议
该书说："自唐以来，说《诗》者莫敢议毛、郑，虽老师宿儒，亦谨守
《小序》。至宋而新义日增，旧说几废，推原所始，实发于修。"⑤ 总之，

---

① 《易童子问》卷三。
② 《文忠集•试笔》《系辞说》。
③ 《居士集》卷一八，《春秋论上》。
④ 《毛诗本义》卷一五，《诗解统序》。
⑤ 《四库全书总目》卷一五，《经部•诗类一》"毛诗本义"条。

欧阳修解经较注重体道的自我性与明道的可行性，并注重两者的结合，故"其所发明多古人所未见"①。

　　李觏（1009—1059 年），字泰伯，建昌军南城（今江西南城县）人。俊辩能文，早有"康国济民"之志，重视义理，提倡学以致用。举茂才异等不中，遂以教授自资，学者常数十百人，学者称"旴江先生"，亦称"直讲先生"。

　　他心怀济民救世之念而著述，因此，经世致用乃是他经学研究的基本立场。他慨叹孔子之道不行，乃积极倡言儒道，痛斥佛、老对儒学的危害，列举其十大害处，将排除佛老之教上升为国富民安的万世良策。在王霸之辨中，他放言功利，力主霸道，驳斥《孟子》禁谈利欲的道德观念。

　　为了挽救北宋王朝积贫积弱的局面，他比较注重对《周礼》的研究，企图从中寻找解除社会痼疾的良方。他说："夫礼，人道之准，世教之主也。圣人之所以治天下国家，修身正心，无他，一于礼而已矣。"②把礼看作是治理国家、修身正心的根本，是"天下大法"，因此，以贵贱之差来判断礼之有无显然是不合于道的。所谓"礼不下庶人"的说法，乃是后学无知者对经义的妄解。李觏对庶人之礼的高度重视，乃是其经学思想的精华所在。在他看来，使民众获得福祉，就是礼的实践过程。他在《周礼致太平论》中针对当时贫富不均的社会现象，指出其原因即在土田不均。他说："言井田之善者，皆以均则无贫，各自足也。此知其一，未知其二。必也，人无遗力，地无遗利，一手一足无不耕，一步一亩无不稼，谷出多而民用富，民用富而邦财丰者乎！"③仿《周礼》均田，最根本的目的在于发展生产，以收民富国强之效。他一方面提出"凡其一赋之出，则给一事之费，费之多少，一以式法。如

────────────

① 《文忠集·附录》卷三，《神道碑》。
② 《李觏集》卷二，《礼论第一》。
③ 《李觏集》卷六，《国用第四》。

是，而国安财阜，非偶然也"①；另一方面又反对"天子有私财"②。统治者聚万金为私藏，这是衰乱之俗，非先王之善法。

李觏治《易》也抛弃汉唐荒诞谩谬之说，以平凡实际的人事进行解释。他说："圣人作《易》，本以教人，而世之鄙儒，忽其常道，竞习异端。"③ 因此，他对刘牧所作《易数钩隐图》大加删定，认为它"矫举经籍，以缘饰邪说，谓存亡得丧，一出自然，其听之者亦已荒矣"④。并根据王弼的《易》注而作《易论》十三篇，从论"为君之道"始，论"任官"之急，论"为臣之道"，论"治身"与"治家"，论"遇于人"，论"动而无悔"，论"因人"与"应变"，论"常"与"变"，论"慎祸福"，论"招患与免患"，论"心一与迹殊"，论"卦时"，最后论"以事明卦象"，均为"修人事"而作。⑤ 凡此种种都是为了经世致用而讨论《易》之真义，绝不空谈天命之理。

四库馆臣评论说："觏文格次于欧、曾，其论治体，悉可见于实用。故朱子谓觏文实有得于经。不喜《孟子》，特偶然偏见，与欧阳修不喜《系辞》同，可以置而不论。"⑥ 欧阳修和李觏都以己意阐明经义。不过，欧阳修不受注疏的束缚而追求文以明道，而李觏却"于注疏则不异"，"于词句则不奇"，⑦ 所谓"为学必欲见根本，为文必欲先义理"⑧。由此而形成两种解经的格调：立意求经和依经求经。不过，它们都属于文士解经，而与知道者以经求经大不一样。文士解经专在求经之意义，而知道者解经务在绳经以性理。

---

① 《李觏集》卷六，《国用第一》。
② 《李觏集》卷六，《国用第二》。
③ 《李觏集》卷三，《易论第一》。
④ 《李觏集》卷四，《删定易图序论六》。
⑤ 参见《李觏集》卷三，《易论》。
⑥ 《四库全书总目》卷一五三，《集部·别集类六》"盱江集"条。
⑦ 《李觏集》卷二六，《寄周礼致太平论上诸公启》。
⑧ 《李觏集》卷二七，《上叶学士书》。

三、总论群经

刘敞（1019—1068 年），字原父，临江新喻（今江西新余市）人。举庆历进士，廷试第一。编排官王尧臣乃其内兄，恐受亲戚之嫌，乃列刘敞为第二名。刘敞于书无所不读，"学问渊博，尤笃志经学，长于经术。其家以取决焉"①。当时名儒皆心折于他。他自己也自负独步，虎视一时。据说，以当代韩愈著称的欧阳修也以不读书为其所讥诮，而欧公竟不敢怨之。

他治经不拘传注，著《七经小传》，评论《尚书》、《毛诗》、《周礼》、《仪礼》、《礼记》、《公羊传》、《论语》，敢于疑经、变经、易经，不囿于前人旧说，标新立异以求发明经义。吴曾《能改斋漫录》曰："庆历以前，多尊章句注疏之学，至刘原甫为《七经小传》，始异诸儒之说。"四库馆臣也说："盖好以己意改经，变先儒淳实之风者，实自敞始。""说经开南宋臆断之弊，敞不得辞。"② 因此，《七经小传》在宋代经学发展中成为一代学风转变的标志。

刘敞论《尚书》的特点在于深究经义而抨击谬误，敢于对当时立为官学的《尚书孔氏传》开刀。其评论主要从三方面着手：一是指出文本因脱字、错字而造成的经义误解；二是针对孔安国注经的舛误予以纠正；三是细读文本，以己意解经。他解《皋陶谟》的"都亦行有九德"曰："亦言其人有德，此说性善也。行有九德者言人之性固有九德也"；"言性虽有德，犹待其人之有德乃成"；"于九德之中能一德有常，则可谓士矣"，这就提出了人皆有德而性善，即使有全德与一德的差别，但圣人与士同为有德之人，是量的差异，不是质的不同。③ 他论《毛诗》，认为《诗序》中称子夏的变风变雅之说是"横生分别，不与二雅同，又

---

① 《宋元学案》卷四，《庐陵学案》。
② 《四库全书总目》卷三三，《经部·五经总义类》"七经小传"条。
③ 《七经小传》卷上，《尚书》。

褒贬错谬实无文可据，未足以传信也"；对《卷耳》序称此诗为表后妃进贤之志的说法，则通过"验大姒大任等亦但治内事，无求贤审官之美，审知此诗序之误也"；再《伐木》一诗为"三章，章十二句"，"今《毛诗》断六句为一章，盖误矣"。① 这就分别从经义、德行、文本三个方面对《毛诗》进行了批驳。他论三礼，特别注意到礼为"成德"之途："使民尊师贵儒而友贤"；"分别嫡庶异其仪"；"施则必报，是以不可无礼也"。② 刘敞评说《论语》，常采取"直书经文而夹注句下如注疏体"③ 的方法，如"礼之用和为贵"条，即夹注为"君所谓可而有否焉，君所谓否而有可焉，此之谓和"。"和"即"可"与"否"的统一，守常与变通的统一，足见其不囿成说。又采取直接释句用己意以抒经义，如"克己复礼为仁"条，即阐发为"克者，胜也。胜己而返于礼，是为仁，此中道也。上焉者，不待于礼，然后不得不为礼；下焉者，不及于礼，然后不敢不为礼"。④ 借此以说明尽管人以九德之有无多寡而分上中下，但无不遵礼而行，这与刘敞要求处世读经都"不可无礼"的一贯主张是相吻合的。

从《七经小传》中刘敞所论，推而广之，"敞之谈经，虽好与先儒立异，而淹通典籍，具由心得，究非南宋诸家游谈无根者比"⑤。《七经小传》中《公羊》仅有一条，非是刘敞不擅《春秋》，反是刘敞于群经中攻《春秋》最力。刘敞本欲作《七经传》，但《春秋》先成，凡所札记，汇总而成《春秋五书》⑥。刘敞认为历来解《春秋》者，总是"注

① 《七经小传》卷上，《毛诗》。
② 《七经小传》卷中，《周礼》、《仪礼》、《礼记》。
③ 《四库全书总目》卷三三，《经部·五经总义类》"七经小传"条。
④ 《七经小传》卷下，《论语》。
⑤ 《四库全书总目》卷一五三，《集部·别集类六》"公是集"条。
⑥ 其《春秋五书》为：《春秋权衡》十七卷，《春秋传》十五卷，《春秋意林》二卷，《春秋传说例》一卷，《七经小传·公羊》。

与传违，传与经违，非深知《春秋》之情者，不能考也"①。所谓深知，具有两方面的含义：一是唯有不盲从三家《传》说及历代注疏，而去权衡其得失是非，直接解读《春秋》，方能把握经义；二是应遍习群经以作指导，广考诸子以作参照，不以己意独断而依经立意。所以，刘敞在解读《春秋》的过程中，力辟传注而又依礼而行。虽然人称"宋代改经之例，敞导其先"，但刘敞解《春秋》新意迭出，"得经意者为多",②因而欧阳修撰《新五代史》、《新唐书》时，据说凡例曾多次征询于刘敞，其影响之大由此可见一斑。

苏洵（1009—1066 年），字明允，眉州眉山（今四川眉山县）人。年二十七始发愤为学，岁余举进士，又举茂才异等，皆不中。乃将平素所作文章悉数焚毁，闭户读书，励志苦学，遂通六经、百家之说，下笔顷刻数千言。至和、嘉祐间，与其二子轼、辙皆至东京，翰林学士欧阳修上其所著书二十二篇。既出，士大夫争传之，"一时学者竞效苏氏为文章"③。苏洵于科场失意后取圣人贤人之文，"而兀然端坐终日以读之者，七八年矣。方其始也，入其中而惶然，博观于其外，而骇然以惊。及其久也，读之益精，而其胸中豁然以明，若人之言固当然者。然犹未敢自出其言也。时既久，胸中之言益多，不能自制，试出而书之，已而再三读之，浑浑乎觉其来之易矣"，将读圣贤之书的心境三部曲抒发得淋漓尽致。④

苏洵对经义的阐发多从社会文化心态着眼，与刘敞依经立义大不相同。他以此特点作《六经论》总论群经。在《易论》中，他一开始就提出"圣人之道，得礼而信，得《易》而尊"，认为圣人制礼是使天下之民明白贵贱尊卑长幼之分，拥戴君王而守礼法，于是圣人之道就不可

---

① 《春秋权衡》卷一。
② 《四库全书》卷二六，《经部·春秋类一》"春秋传"条。
③ 《宋史》卷四四三，《文苑五·苏洵传》。
④ 《上欧阳内翰书》，《唐宋文举要》甲编卷八。

废；然而圣人作《易》，是要使天下之民沉溺于天地阴阳鬼神之幻，穷
一生而终不能究其源，故不敢废圣人之道。"不敢废"较之"不可废"，
显然更多地求助于因"神化"而恐惧的社会集体无意识，使天下之民盲
从"神人"之教，所谓的"尊"不过是恐惧心理的外化，不敢不遵守那
圣人之道，故而其道不废。同时，礼的制度化是为了保障礼与秩序，所
以要求天下之民必须信守。要使圣人之道不废，必须强制性的灌输与盲
目性的崇拜交相运用。为了保证礼法的可信度，必须借助《易》来使礼
法神秘化，让天下之民时时心怀恐惧，小心翼翼地遵行礼法，以免遭天
谴。于是，由《易》而及六经，都可以让"圣人用其机权，以持天下之
心"。① 苏洵总结说："礼之权穷于易达，而有《易》焉；穷于后世之不
信，而有《乐》焉；穷于强人，而有《诗》焉。吁！圣人之虑事也盖
详。"② 可见，苏洵心中的圣人作经，的确是考虑到天下之民的心理承
受能力的。所以，一部《春秋》证明，"周之衰也，位不在夫子而道在
焉"，然位公道私，道不胜位，孔夫子的"吾从周"，不仅是盼望周礼的
复归，在其内心深处恐怕也是欲效法周公之位道俱备，而后行赏罚是非
之权以约束天下之民吧。③

　　苏洵总论群经，总是以圣人之道为前提，着眼于《易》之"幽"，
以明礼为线索，而遍求六经之义，然后断诸己意，"以雄迈之气，坚老
之笔，而发为汪洋恣肆之文，上之究极天人，次之修明经术"。④

　　刘敞与苏洵同论群经，虽均出己意，但刘敞注重依经立义，所以无
论是文本的完整，还是传注的得失，都是他解经时所必定要加以考虑
的，然后再屡出新意；而苏洵不去寻求文本的完整，也不去权衡传注之
说的偏颇，而在寻求圣人之道的大命题下直抒己意。尽管他们在总论群

---

① 《嘉祐集》卷六，《易论》。
② 《嘉祐集》卷六，《诗论》。
③ 《嘉祐集》卷六，《春秋论》。
④ 邵仁泓：《苏老泉先生全集序》。

经时都非常强调圣人所制之礼，但刘敞以礼为道之本，成为他论群经的意识中心，而苏洵则以礼为道之用，并以之为论群经的贯通线索。同时，《易论》是苏洵《六经论》的焦点，反之，刘敞《七经小传》中却没有论及群经之首的《易》，这不能不算是一个遗憾。这样，刘敞论群经较之苏洵论群经，在总体上虽然稍有不足，但《七经小传》在经学史上的地位与影响却远非《六经论》可比，其主要原因就在于刘敞依经求经，专在对儒家经典的训诂阐释，较之苏洵立意求经更加具有经学的意味。

第三节　新学、朔学、蜀学与事功之学

一、变法运动与经学流变

宋代立国近百年，外患内忧使皇权统治不断削弱。庆历新政试图就某些制度进行改革，以收国泰民安之效，但因损害大地主、官僚的利益而受其阻挠，最终宣告失败。庆历新政的教训给予其后变法者以重要启示：即改革必须抓住根本，态度坚决，措施果断，以进行全面的变法，否则就会因循守旧而无所作为。因此，以王安石为首的变法，作为地主阶级自救运动，在其发展过程中，显示出统治阶级内部权力消长对变法运动兴衰的直接影响。正是在这样的前提下，可以说有宋一代的变法运动与最高统治者的政治意向密切相关。变法运动势必引发统治阶级内部的矛盾，形成政治上的不同派别冲突，产生了所谓的新党和旧党之间的反复斗争。政治上的派别也促成了思想意识上的分野：荆公新学与朔、洛、蜀三学的对立导致了经学的分化，对南宋时期的经学思想产生了深远的影响。

王安石立意变法，其主张早在《上仁宗皇帝言事书》中以洋洋万言

予以阐发，其要旨在"天下之财力日以困穷，而风俗日以衰坏"，"患在不知法度"，"方今之法度，多不合乎先王之政"，从而提出了要从财力到风俗进行全面整顿，以确立良好的政治程序。王安石为了确保变法的实施，非常重视人才培养，强调"在位之人既不足用，而闾巷草野之间亦少可用之才"，因而当务之急是改革科举学校制度。熙宁期间，更订科举法，又立太学三舍法，罢诗赋及明经诸科，专以经义论策取士，以广泛选拔培养人才。同时，王安石指出："法先王之政者，法其意而已。法其意，则吾所改易更革不至乎倾骇天下之耳目，嚣天下之口，而固已合先王之政矣。"① "法先王"即"法其意"，不但是王安石变法的指导思想，而且也是王安石阐释群经的指导思想，使他能够不囿于成说，依经义直抒己意，这就是所谓的托古改制。然而，托古改制既需要意志的统一，又需要学术的一统，因此，重新阐释各经成为王安石等人"一道德"的关键环节，解经因而成为思想大一统的必要前提和重要手段。

熙宁期间的变法运动，对宋代经学的发展起着直接推动的作用。王安石的《三经新义》是由官方设经义局重新进行注释，并列于学官成为取士考试的必读科目，在有宋一代的经学发展中占有重要的地位。同时，从经学自身的发展来看，则更应认识到王安石亲自撰写《周官新义》的两重性。一方面，"安石之意，本以宋当积弱之后，而欲济之以富强。又惧富强之说必为儒者所排击，于是附会经义以钳儒者之口，实非真信周礼为可行。迨其后用之不得其人，行之不得其道，百弊丛生，而宋以大坏，其弊亦非真缘周礼以致误"。另一方面，尽管从宋代至清代，都以王安石为乱宋罪臣，但是也终于不得不承认"安石解经之说，则与所立新法各为一事"，的确是做到了"依经诠义"，而"无所谓舞文害道之处"。② 可见，政治经济利益的纷争与经学阐发的异同，虽然有

---

① 《临川文集》卷三九。
② 《四库全书总目》卷一九，《经部·礼类一》"周官新义"条。

着直接相关的一面，但毕竟是不同层面的现实活动。因而荆公新学从解经方面讲，与司马光、苏轼等人的解经也确实是"言各有当"，共同推动着宋代经学的发展。即便是构成变法运动之逆流的朔、洛、蜀三党，由于它们彼此之间的政治纷争与地域文化的区别，其解经趋向也不一致。朔学恪守圣人之义而依经阐释，洛学借释道之说而穷究性理，蜀学引庄禅入经而专抒己意，他们都为宋代经学的发展作出了贡献。面对着经学发展汹涌澎湃的新态势，刘敞曾托名弟子作《公是先生弟子记》，对荆公新学与司马光诸人之说都各下针砭，企图"发明正学"而"预杜后来狂禅之弊"，"故讲学家视为异党，抑之不称耳"。① 所谓王安石解经的"杂"与司马光解经的"不杂"，不过是他们在解经过程中选取了不同的角度与理论参照系。王安石遍析诸子以发掘经义，司马光以经为据而推古及今，二苏究心体经故畅论人事，形成了异彩纷呈的经学思想。这些融不同文化层面、价值取向、阐释形式为一体的各具特色的解经实践，同样促进了宋代经学流派分化及解经方式的多样化趋势。

二、荆公新学

王安石（1021—1086 年），字介甫，抚州临川（今江西抚州临川市）人，少时好读书，一过目终身不忘。善属文，动笔如飞，见者皆服其精妙。欧阳修为之延誉。擢进士上第，签书淮南判官。王安石屡受诏赴京而屡辞不就，在地方为官几近二十余年。庆历新政的失败与多年的为官体会，促使王安石立意变法，"议论高奇，能以辨博济其说，果于自用，慨然有矫世变俗之志"②。在《上仁宗皇帝言事书》中他正式提出法先王之意进行改易更革的主张。神宗时奉诏入京，他在《本朝百年无事札子》中指出须革除累世因循末俗之弊，就必须讨论先王之法，以

---

① 《四库全书总目》卷九二，《子部·儒家类二》"公是先生弟子记"条。
② 《宋史》卷三二七，《王安石传》。

措之天下，进行全面的变法。所谓的熙宁新法即由此应运而生，形成轰轰烈烈的变法运动，而王安石的政治生命及其新学的盛衰，也直接与之密切相关。王安石著有《王文公集》一百卷、《周官新义》十六卷（又附《考工记解》二卷）、《字说》二十四卷、《老子注》二卷及《楞严经疏解》等。①

王安石研读经学，目的在于追求古代治理天下的真理，一心追求圣贤之道，绝不愿意媚世从俗；同时也寻求学术的同道。他之取友并不仅仅在于文章，而是由其文而得其志向之所在，不但了解其学业的志趣，更注重德行的相投，交友唯以"有道与艺"为标准。这里特别需要提到的是曾巩，王安石引以为友，是认为他"勇于适道，殆不可以刑祸利禄动也"；而曾巩则赞同法先王之意进行变法，虽然在做法上与王安石不尽相同。更重要的是，曾巩作为李觏的高足，通过他作为中介，使王安石直接受到了李觏的思想影响。王、李二人在学识上意气相投，特别是在"周礼致太平"这一认识上达到高度的一致，以至胡适要说李觏是"一个不曾得君行道的王安石"②。王安石与曾巩相互推崇，使时贤与君王均以为得人，但彼此并不附从援引为党，可见他们的关系的确是建立在对于道与艺的共同追求上的。

为了把握经义，王安石还认识到，"读经"囿于传注，不足以达到"知经"的目的。因此，除了传注章句之外，他还广泛阅读"百家诸子之书，至于《难经》、《素问》、《本草》、诸小说，无所不读；农夫女工，无所不问，然后于经为能知其大体而无疑"③。通过博览群书，就能够贯穿六艺，出入诸子百家而断以己意。王安石正是从诸子之学中加深了对儒经的理解，解开了许多疑难问题；同时也参照诸子之说来阐明孔子

---

① 据《宋元学案》卷九八《荆公新学略》中冯云濠案，王安石还著有《易义》二十卷、《左氏解》一卷、《礼记要义》二卷、《孝经义》一卷、《论语解》十卷、《孟子解》十四卷。
② 《胡适文存》二集第一卷，《记李觏的学说》。
③ 《临川文集》卷七三，《答曾子固书》。

之道，并以孔子之道为标准，对诸子百家之学进行评论。他通过对老庄学说得失的辨别，认识到体、用、文的一致对于阐明圣人之道的极端重要性，有助于实现"善读"；而通过阅读诸子，则解决了怎样读经以达经旨的难题。在王安石眼中，孔子实为由古至今的圣人。还有孟子，王安石亦称之为圣人。王安石吸取庆历新政失败的教训，为了使变法不至于倾骇天下之耳目，故提出了法先王之意的主张，为其变法找到了法先王之意而变易先王之制的理论依据，也为以己意解经提供了体、用、文三位一体的前提。

王安石以为诸经中《易》与《春秋》最为难知，原因在于，一般人解《易》，大都自以为如此，而《春秋》三传则概不足信。所以王安石解此二经尤为慎重，坚持"意诚而心正"的准则，力求做到"无所为而不正"。他作《易泛论》、《九卦论》、《卦名解》诸篇，阐述孔子"作《易》者其有忧患乎"的论点，充分显示了他对《易》理把握之深刻与精到。

王安石主张，习经解经应由易及难，由近及远。他说："学者求经，当自近者始，学得《诗》，然后学《书》；学得《书》，然后学《礼》。三者备，《春秋》其通矣。"①《诗》、《书》、《礼》三经可以培养出学有成就的优秀文士，最为重要；三经学好了，《春秋》自然就能贯通了。这说明王安石非常注意把经学与现实政治斗争需要紧密联系在一起，用经学培养一批革新派人士。因此他主持《三经新义》的编撰，并亲自撰写了《周官新义》。他编撰《三经新义》的另一个目的就是把他的变法理论作为正宗的思想，通过官方正学的形式推广到全国去，为变法鸣锣开道。他在《诗义序》中说："上通乎道德，下止乎礼义，考其言之文，君以兴焉。循其道之序，圣人以成焉"，强调了以《诗》造士的重要性。王

---

① 陆佃：《答崔子方秀才书》，转引自柯昌颐：《王安石评传》，商务印书馆1993年版，第230页。

安石为了一统《诗》义，肯定《诗》之序是"达先王之法言"，"故其言约而明，肆而深，要当精思而孰讲之尔，不当疑其有失也"。这种较同时代人为保守的解《诗》态度，既是王安石遵循孔子"思无邪"的表现，又是他以《诗》"救乱"的现实需要。因此，王安石认为，"圣人之于《诗》，既取其合于礼义之言以为经，又以序天子诸侯之善恶而重万世之法"。他从这一认识出发，以圣人教化的深浅与歌者言志的远近，而分国风为"圣人之风"和"贤人之风"；他又以王侯名分先后与德政得失而作"美"、"刺"之别。二者之中，他特别推崇"圣人之风"的《周南》，把它视为"王者之治"的典范。

王安石在《周官新义·自序》中自称"实懂《周官》"，而三经之中，王安石最看重《周礼》，对《周礼》的研究也最为精深。他认为，《周官》所载，乃国家政事的根本原则，其法可施于后世。若行其道，"其人足以任官，任官足以行法。"《周礼》一书，不仅文词艰奥难懂，由于散佚，已"无复全经"。在这种情况下，他一方面用《字说》进行训诂，另一方面则以己意"训而发之"；但更为重要的是，他依据现实政治以"托古改制"，将《周官新义》的撰写与变法运动直接联系起来。《周官新义》一书，固然有训诂用《字说》，多牵强附会的弊病，但"依经诠义"，"具有发明，无所谓舞文害道之处"，则是其主要成就，对后世注疏《周官》者影响颇巨。[①]《周官新义》中对《周官》以"天、地、春、夏、秋、冬"为"官府之六属"作了这样的阐释："天地四时之官，各以象类名之，其义甚众，非言之所能尽。观乎天地四时，是知名官之意矣。盖治所不能及，然后教；教所不能化，然后礼；礼所不能服，然后政；政所不能正，然后刑；刑所不能胜，则有事焉；刑之而能胜，则无事焉。事终则有始，不可穷也，故以邦事终焉。"[②] 这说明，王安石

---

① 《四库全书总目》卷一九，《经部·礼类一》"周官新义"条。
② 《周官新义》卷二，《天官二》。

已经认识到为政的基础在于邦治与邦教如天地之不可变，而邦礼、邦政、邦刑、邦事如一年四季循环，成为调节邦治使之成为始终相续的运转循环，而其中邦礼是最为重要的手段；以权力制度与意识形态的确立为"正名分"的必要前提，以伦理教化为"德主刑辅"的手段。王安石之说虽有牵合之嫌，但毕竟作出了独有创意的阐发，确实颇具新意。王安石的经学思想正是从孔子之道出发，通过凭己意依经诠解，并结合现实的变法而形成的。

王安石自言其《字说》与其经学思想的关系，就是据许慎《说文》而广之，"以与门人所推经义附之"，"故其教学必自此始。能知此者，则于道德之意已十九矣"。[①] 而朔学中人刘挚却称"王安石经训，视诸儒义说，得圣贤之意为多"，"而安石晚年《字说》，溺于释典"。[②]《字说》作为王安石穷一生之精力的著作，该书强并许慎"六书"为"象形"与"会意"，难免为人所讥刺；另一方面又附会佛典，直引佛语释字，更多穿凿之说。但由此也可看出王安石的参禅入经，主要在于他认识到佛学在认识论上体验明理的冷静客观的学风与儒学的"诚心正意"颇有相通之处，故而王安石很注重解经的体系性与整体性。《周官新义》将这一主张体系化，展示了天地春夏秋冬六官的整体有序运动。他对于六经的难易和远近之分也莫不如是。足见王安石引禅入经与他遍读诸子，都是作为参照系，以利于孔子之道的阐发。

三、温公朔学

司马光（1019—1086 年），字君实，陕州夏县（今山西夏县）人。七岁时便凛然如成人。听人讲《左氏春秋》，甚为喜爱，回家为家人讲解，即明其大旨。自此手不释书，不知饥渴寒暑。仁宗宝元初（1038

---

① 《临川文集》卷八四，《熙宁字说》。《字说》今佚。
② 《宋元学案》卷九八，《荆公新学略·记荆公三经新义事》。

年），中进士甲科。司马光读书作文，多从历史的角度思考道与政的关系，并以孔子之道权衡历代哲人豪士，由此确立了忠奸之辨要立足于道的史识。他一生自持颇严，不喜奢靡浮华，不作妄语，好学深思，惟不喜释、老。因祖籍夏县涑水乡，故世称"涑水先生"。其著作有《温公易说》六卷、《潜虚》一卷、《资治通鉴》二百九十四卷、《稽古录》二十卷、《涑水纪闻》十六卷、《家范》十卷、《书仪》十卷、《古文孝经指解》一卷、《切韵指掌图》二卷、《传家集》八十卷等二十余种。

司马光自入仕途，无论是进谏，还是修史，都坚持"以礼乐正天下"的原则。他非常赞赏谏官，认为谏官与宰相等，认为谏官是道正的象征，因而他屡辞他官而独不辞谏官。司马光认为"治乱之原，古今同体，载在方册，不可不思"①。自《史记》、《汉书》以来，史籍浩繁，"自布衣之士，读之不遍，况于人主，日有万几，何暇周览"，"欲删削冗长，举撮机要，专取关国家兴衰，系生民休戚，善可为法，恶可为戒者，为编年一书。使先后有伦，精粗不杂"。② 这样，他修史的目的在修史的过程中逐渐明朗：为人君立资治之鉴，为天下兴纲纪之法，其用心可谓良苦。司马光进谏与修史的指向是一致的，无论是据道以弹今，还是参道而鉴古，都是为了追求正道，道之正与否，成为他政治与学术的安身立命之处。

在变法运动中，司马光开始以"君子和而不同"的诤友姿态，几次写信给王安石，告诫他不要"用心太过，自信太厚"③，要求他在变法中不要尽变旧法，不要所用非人，不得尽弃天下之人言而独行己志。由于道不同不相为谋，司马光学君子行事，退居洛阳十五年，入"耆英会"、"真率会"、"同甲会"以求"贤者"与"仁者"，联络感情，针砭时政，被人称为"真宰相"。又建"独乐园"，自言"独乐"当为"非愚者所及"的"圣贤之乐"，而孟子所说"与人乐"和"与众乐"不过是

---

① 《司马温公文集》卷一，《进通志表》。
② 《司马温公文集》卷一，《进资治通鉴表》。
③ 《司马温公文集》卷一〇，《与王介甫书》。

"王公大人之乐"。① 司马光作诗自誓："吾爱董仲舒，穷经守幽独。所居虽有园，三年不游目。邪说远去耳，圣言饱充腹。发策登汉庭，百家始消伏。"② 果然，在元祐更化之时，司马光尽废新法而独尊自家之言，即如苏轼，也因其过于偏执而呼之为"司马牛"。足见司马光当权之后与王安石别无二致。

司马光从嘉祐二年（1057 年）自称"迂夫"始作《迂书》，直至元丰八年（1085 年）以"迂叟"自命而完成《迂书》，二十多年如一日。《迂书》是司马光究心求理的精粹之作。他提出儒于圣人之道当究心求理而力行之，"迂"是见义而忘利的求道态度，"庸"是天不变道亦不变的体道意识：惟儒能"迂"，故"其道闳大"，"其志邃奥"，"其言崇高"；惟儒能"庸"，故"孝慈仁义忠信礼乐，自生民以来谈之至今矣"。③ 他说，道如山，愈升愈高，如路，愈行愈远。因此司马光提出"小人治迹，君子治心"④，而以"去恶而从善，舍非而从是"为治心的途径，又以"静而思之，在我而已"为治心的形式，⑤ 以达到君子之学为治心的目标。在司马光看来，君子治心当使体、用、文融为一体，而其最高境界是孔子所称道的"毋意"、"毋固"、"毋必"、"毋我"。与圣人"绝四"之境相对峙的正是贪暴之人欲。由此可略见"存天理，灭人欲"之说源流之一斑。⑥ 司马光曾作"无为赞"曰："治心以正，保躬以静；进退有义，得失有命；守道在己，成功则天；夫复何为，莫非自然"⑦。这正是司马光经学思想的核心。

---

① 《司马温公文集》卷一三，《独乐园记》。
② 《司马温公文集》卷一二，《独乐园咏·读书堂》。
③ 《司马温公文集》卷一四，《释迂》、《辨庸》。
④ 《宋元学案》卷七，《涑水学案上·治心》。
⑤ 《宋元学案》卷七，《涑水学案上·回心》。
⑥ 《宋元学案》卷七，《涑水学案上》。《涑水学案表》中列二程为"涑水讲友"实出有因，而全祖望在案语中称"小程子谓：'闽人多矣，不杂者，司马、邵、张三人耳！'"
⑦ 《司马温公文集》卷一四，《无为赞》。

司马光在《进修心治国之要札子》中，重申数十年如一日的主张："夫治乱安危存亡之本源，皆在人君之心。仁、明、武，所出于内者也；用人、赏功、罚罪，所施于外者也"。因此，人君修心以养德，据德而行以治国，所谓"好学则知所宜从，力行则光美日新矣"。① 修心是治国的前提，而好学是修心的主要方式；孝是修心之本，亦为治国之法，德与礼由此合二而一。司马光屡进《古文孝经指解》，以助人君修心治国。有宋一代，取古文《孝经》而非今文《孝经》者，由司马光始。古文与今文之争，不过在章句之分合，字数之多寡，而于经义则无不同。司马光自己也引用唐玄宗今文经注于古文经句下。但是，《古文孝经指解》对其后的经学发展是有其直接影响的："注《孝经》者，驳今文而遵古文，自此书始；五六百年门户相持，则自朱子用此本作刊误始。"②

司马光虽自述经术素浅，尤所不通《春秋》，却欲效孔子作《春秋》意，稽古而正名分，使人君师古而治天下。他作《稽古录》、《资治通鉴》、《涑水纪闻》，贯通古今历史，意在使人君明天子之职，振纲纪，正名分，使"贵以临贱，贱以承贵"，"然后能上下相保而国家治安"。③由此可见司马光史学的根底在经学。

为便于读经求学，司马光又作《切韵指掌图》。这是他在审订官修《类篇》稿后，根据《集韵》及《类篇》所增新韵，"以三十六字母科别清浊，为二十图"，完善反切之法，有双声叠韵，凭切凭韵，"其有成书传世者，惟光此书为最古"，简要易行，"宋人用为定韵之祖"。④

---

① 《司马温公文集》卷一七。又参见卷二，《陈三德上殿札子》、《言御臣上殿札子》、卷三《进五规状》。
② 《四库全书总目》卷三二，《经部·孝经类》"古文孝经指解"条。
③ 《资治通鉴》卷一。
④ 《四库全书总目》卷四二，《经部·小学类三》"切韵指掌图"条。一说非司马光所作，参见《辞海》第1323页（上海辞书出版社1999年版）。《类篇》不是司马光所作，参见《四库全书总目·经部》"类篇"条。

　　司马光在《论风俗札子》中指出，世人常读经未尽而非经，废注疏而穿凿臆说。为了不至贻误后学，于是作《法言集注》与《太玄注》，企图效法扬雄，重光《论语》与《易》。他又更进一步仿《太玄》而作《潜虚》，以之作为解《易》的阶梯。

　　《潜虚》涉及到"气"的概念。"气"即"自然之象与自然之数"。①因此，要不蔽于物，必须"格物"以致知。司马光作气、体、性、名、行、变、解、命诸图，构筑了一个象数学体系："五行在天地之间，可以开物成务，冒天下以道者也。政用各有五，终于五十五名。其修之为序，可以治性，可以修身，可以齐家，可以治国，可以平天下"。《潜虚》因此而成为与"笔学"的《资治通鉴》相对应的"心学"。不过，《潜虚》当属"格物之未精"之作，其意颇晦涩，而其旨在人事，故析理未得邃密。

　　司马光作《温公易说》，以十二音律与历数配六爻说明人事。司马光指出："易者，道也。道者，万物所由之途也"②，强调了循道而行的必然性。司马光认为《易》之体用在于"治心"。所以，他以乾坤泰否之象施诸人事："君仁而臣忠，父慈而子孝，兄爱而弟恭，皆泰也"，"泰则上下之情通，内外之志和，国以之治，家以之安"。反之则为否，"否则上下之情塞，内外之志乖，国以之乱，家以之危"。故治乱安危之分，"在于审察否泰之端而已矣"。③ 司马光极为重视泰否的转化："君降心以访问，臣竭诚以献替，则庶政修治，邦家乂安"，"自生民以来，未有不由斯道者也"。④ 他认为，"君子之志"，不在"以力致"，也不在"以数求"，而在于治心，形成治国的人文气氛，以抓住治乱的良机。可见《温公易说》也当为"正心"之学。

---

① 《宋元学案》卷八，《涑水学案下·温公潜虚·张敦实曰》。
② 《温公易说》卷一。
③ 《司马温公文集》卷四，《上两宫疏》。
④ 《司马温公文集》卷七，《乞开言路札子》。

司马光排佛道，斥老庄，据道以古贯今，俨然一"不杂"之"纯儒"，在穷究经义的过程中，探索了解经的种种可能性，开始论及理、性、命、欲、气等范畴，并且注重治心与格物之说，对"心学"中人产生了程度不等的影响，同时也预示着经学主流将由功利派向性理派过渡。

四、苏氏蜀学

苏轼（1036—1101 年），字子瞻，眉州眉山（今四川眉山县）人。少承家学，素有大志。弱冠之年，即博通经史，属文日数千言。嘉祐二年（1057 年）进士。苏辙（1039—1112 年），字子由。年十九，与兄同登进士科，又同等制举。苏氏兄弟"器识之闳伟，议论之卓荦，文章之雄隽，政事之精明，四者皆能以特立之志为之主，而以迈往之气辅之。故意之所向，言足以达其有猷，行足以遂其有为。至于祸患之来，节义足以固其有守，皆志与气所为也"[①]。兄弟二人进退出处，无不相同，患难之中，友爱弥笃，无少怨尤。苏轼的著作有《东坡易传》九卷、《书传》十三卷、《论语说》五卷、《广成子解》一卷、《仇池笔记》二卷、《东坡全集》一百十一五卷等。苏辙的著作有《诗集传》二十卷、《春秋集解》十二卷、《古史》六十卷、《论语拾遗》一卷、《孟子解》一卷、《老子解》二卷、《栾城集》九十六卷等。

地灵人杰，蜀地自古以来文风之盛可拟孔孟之乡。到了唐朝，又有"天下诗人皆入蜀"之称，苏轼所谓"吾州之俗有近古者三：其士大夫贵经术而重氏族，其民尊吏而畏法，其农夫合耦以相助。盖有三代之遗风，而他郡之后莫及也"。正是这种独特的人文环境，使苏氏兄弟与宋代解经新风的发展与古文运动的兴旺直接联系起来，从而能够体道宗经、致用重文臻于一体化，促使北宋经学呈现出崭新的面貌。唐宋八大

---

① 《宋史》卷三三八，《苏轼传论》。

家的出现，不仅应从文学史的角度来看，更应从经学史的立场予以重新评价。①

　　家学渊源，苏氏兄弟在政治上的成熟与学业上的成功，与其父母的言传身教是分不开的。正是在这样的文化背景与亲情关注下，苏氏兄弟养成了坚持独立见解、不随波逐流但亦不通达权变的人格意识。他们在仁宗时代于所上策论中提出的革新主张，较之同一时期王安石的"万言书"更为具体而深入。在神宗时代之所以成为变法运动的反对者，只是因为他们认为革新是渐变的过程，而理财之要在于节用，为政之道应斥独断。哲宗时代的所谓元祐更化中，他们不赞成司马光全面否定新法的作为，主张要根据实际而有所取舍。这种维护纲纪而不党附的行为，使他们处于所谓新党与旧党夹击的尴尬境地，也给他们带来了仕途坎坷、命运多舛的后果。

　　这一人格意识更深刻地体现在他们的治学活动之中，尤见其特立之志和迈往之气，形成蜀学所特具的超越世俗的批判精神和通万理而无私的求道意识。正是这种批判精神和求道意识，使他们能够不泥古而发经义，凭己意而达经旨，从而形成了不同于王安石、司马光诸人的解经风格。然而，政治现实与明理求道往往会纠缠在一起。学识之争逐渐演变为党派纠纷，蜀学与洛学的门户之见，最终表现为蜀党与洛党的政治纷争，以至苏轼说："臣又素疾程颐之奸，未尝假以色词，故颐之党人无不侧目。"② 所谓道不同不相与谋，故朱熹自来将苏轼与王安石相提并论："二公之学皆不正"，进而有"东坡初年若得用，未必其患不甚于荆公"的断语。③ 由此可见蜀洛双方在治学与政治上迥然相异的立场。

－－－－－－－－－－

① 这样，不仅是八大家中北宋就有六大家，其中苏氏一家就占了三人，即如司马光，苏轼称其"文辞淳深，有西汉风"，王安石也认为"君实之文，西汉之文"。联想到司马光以董仲舒自视，足以证明在解经过程中，体、用、文的一致性是不可忽视的。从这个意义上看，所谓唐宋两代的古文运动，实际上与经学发展有着更为现实与紧密的联系。
② 《东坡奏议》卷九，《杭州召还乞郡状》。参见《宋史纪事本末》卷四五，《洛蜀党议》。
③ 黎靖德编：《朱子语类》卷一三〇，《本朝四》，中华书局 1986 年版，第 3100 页。

宦海风波的险恶，加之士大夫至以佛老为圣人的世风的影响，使苏氏兄弟产生了引佛老入经的倾向。但是，他们的引佛老入经的前提是借用佛老之说来填补其政治失意所产生的意识空缺，故其主要形式是以佛老之意来附会儒家之说。苏轼认为依黄老之教而治，则"清心省事，薄敛缓狱，不言兵而天下富"，推崇"其道以清净无为为宗，以虚明应物为用，以慈俭不争为行，合于《周易》'何思何虑'、《论语》'仁者静寿'之说"。① 同时还认为，"儒释不谋而同"，"相反而相为用"；"宰官行世间法，沙门行出世间法，世间即出世间，等无有二"。② 于是，他视佛即出世之儒，儒为入世之佛，以表其归诚佛僧的真心即在于行"法"。然而，苏氏兄弟之于佛老，更多的是用以自我调适和调整个人与社会的关系。苏辙扬言："夫多病则与学道者宜，多难则与学禅者宜"。"于是吐故纳新，引挽屈伸，而病以少安。照了诸妄，还复本性，而忧以自去。洒然不知网罟之在前与桎梏之在身"。③

然而，苏氏兄弟并不因此而沉溺于佛老，而是保持着清醒的头脑。当他们面对现实世界时，念念不忘的是通过读经以求圣人之道。这一解读是有广度的，附会佛老只是其中微不足道的部分。苏氏蜀学正是在"通经"的基础上"学古"，以己意阐发经义。特别需要指出的是，他们所解各经大多经过整整一代人，有的甚至是两代人的精心把握并反复修正。苏氏蜀学正是承袭了"老苏"《六经论》，执著于群经的新解而发展起来的。

苏轼认为，孔子的"述而不作"的意义在于"非有意于为文"，因而提出"夫子之道，可由而不可知，可言而不可议"。他指出，夫子之道晦而不明的原因，固然是由于诸子私说纷纭"以攻乎其外"，也是孔门弟子好为文喜立论而"内自相攻"所致。于是，夫子后学"为论不求

① 《东坡后集》卷一五，《上清储祥宫碑》。
② 《东坡后集》卷二○，《南华长老题名记》。
③ 《栾城集》卷二三，《筠州圣寿院法堂记》。

其精，而务以为异于人，则纷纷之说，未可以知其所止"。① 苏轼本此作《论语说》以不废夫子之道。虽然《论语说》已佚，但仅从苏辙《论语拾遗》中就孔子因"陈恒弑其君，请讨之"② 所言，即可见兄弟二人把握夫子之道的"精"与"至当"：苏轼以张公室而安君臣之分为孔子之志，而苏辙则以君妄臣骄而大义不明为孔子之忧。他们分别从"礼"与"义"的角度阐明了各自的见解，相互质之而相得益彰。总之，苏氏兄弟解经虽以己意出之，但绝不故作惊人之论，而是立足于对经义的阐发。尽管难免文人解经随意性的不足，却也没有染上"患在好使人同"的官方色彩。

苏辙晚年自认"父兄之学，皆以古今成败为议论之要"，高度的历史意识与积极的现实态度相结合，成为苏氏蜀学的主要特点之一。从早年到晚年，苏氏兄弟在以文驰名于世的同时，也纵论历代，臧否古人，表现出执著于人生的入世态度。这一自得表现为诗意的创造和史识的升华，进而统一体现在他们的解经中。从孔子的"兴观群怨"说出发，苏轼将教化与文艺的转化关系发挥得非常具体：在"无所不至"的审美愉悦和审美自由里去体味圣人之道，就可能贯通圣人之知与不知，做到"不失正"于"歌舞佚乐"之中。苏辙也认为《诗》"无所不具"而"入于仁义"，进而强调比与兴的不同审美功能。苏辙在《诗集传》中又提出毛诗序过于繁复，反使《诗》之旨难明，从而降低了《诗》的魅力。于是他考证参阅有关诗序的历代各家论说，结合自己读《诗》的体会，对毛诗序"独采其可者见于今传，其尤不可者皆明著其失"，表现出持论公允的治经态度。特别是他仅取诗之小序的首句为该诗之"正"，以引导读者的审美活动。在这个意义上讲，苏辙的《诗集传》的确是有开创之功的。

---

① 《东坡应诏集》卷八，《子思论》。
② 《栾城三集》卷七。

苏辙自言："吾为《春秋集传》，乃平生事业。"早年与苏轼同治《春秋》时，曾作《春秋说》，"解注以公、谷、左氏、孙复"，后潜心稽考，老而著述大成。苏轼晚年就盛称"《春秋集传》皆古人未至"。① 苏辙作《春秋论》称："若夫《春秋》二百四十二年之间，天下之是非杂然而触乎其心，见恶而怒，见善而喜，则夫是非之际，又可以求诸其言之喜怒之间矣"，一言以蔽之曰"《春秋》者，亦人之言而已"。② 苏辙抱此初衷，经过几近二十年的长期写作和不断修改，以为无憾方定稿，"其说以左氏为主。左氏之说不可通，乃取公、谷、啖、赵诸家以足之。盖以左氏有国史之可据，而公、谷以下则皆意测者也"③。可见苏辙之传《春秋》既重史实人言，又能广采博取。

苏轼最后居海南，作《书传》。《东坡书传》从总体上具有"明于事势，又长于议论，于治乱兴亡披抉明畅"的特点，表现出高度的历史感、现实感以及文以传道的简朴文风。且其具体解经中又常发前人之所未见，从而启后人之议。即如朱熹，虽因蜀洛之争而存门户之见，也不得不称《东坡书传》甚合于理，是当时《书》解中"最好"者。④

苏洵曾自许如其《易传》完成，当为空前之作，惜乎未成，遗作成为其二子传《易》的基础。所以，《东坡易传》"实苏氏父子兄弟合力为之。题曰轼撰，要其成耳"⑤。苏辙称"夫《易》本于卜筮，而圣人阔言于其间，以尽天下之人情"，因为"圣人之道，存乎其爻之辞，而不在其数，数非圣人之所尽心也"，所以"不可强以为说"。⑥ 于是，《东坡易传》从爻辞处探求经义，于阐发中"尽天下之人情"。其论义与利

---

① 《栾城集·附录三·栾城先生遗言》。无独有偶，苏轼也曾读《春秋》而评三传，表现出与苏辙相一致的解经态度。参见《东坡续集》卷九，《南省说书》。
② 《栾城集·应诏集》卷四，《春秋论》。
③ 《四库全书总目》卷二六，《经部·春秋类一》"春秋集解"条。
④ 《四库全书总目》卷一一，《经部·书类一》"东坡书传"条。
⑤ 《四库全书总目》卷二，《经部·易类二》"东坡易传"条。
⑥ 《栾城集·应诏集》卷四，《易论》。

的关系曰：“义非利，则惨洌而不和”①，强调利的不可忽视及其重要性，冲击了以利义分别小人与君子的陈说，从而表现出“多切人事”的价值取向。

虽叶适称“以文为论，自苏氏始，而科举希世之学，烂漫放逸，无复实理，不可收拾”②。但苏氏因时因事因人而立意求经，故多发明，且以其文采灿烂益增传道之力，打破了尚同的解经风气。从这个意义上讲，正是蜀学直接推动着经学复兴中多元格局的形成。

五、事功之学

北宋经世致用的解经传统，在南宋由号称“浙学”的事功学派所继承。宋室南迁，偏安一隅，经济重心与政治、文化重心的南移，不仅使江浙成为人文荟萃之地，也使不少深明民族大义之士通过事功之学而阐发振国兴邦之主张。浙学代表学派有永嘉学派与永康学派。“永嘉以经制言事功”，“永康则专言事功而无所承”。③永康学派与永嘉学派尽管地望不一，学统有别，但都坚持“外王”之学而放言义利王霸，成为与力主“内圣”之学而一意格物致知的理学家在经学阐释上的另一派别。其中，陈亮为永康学派的开创者，而叶适为永嘉学派的集大成者，他们均为事功之学的代表人物。

陈亮（1143—1194 年），字同甫，号龙川，婺州永康（今浙江金华市）人。出身寒庶之家，“生而目光有芒，为人才气超迈，喜谈兵，议论风生，下笔数千言立就”。年未冠，著《酌古录》，以为恢复中原之镜鉴。其后上《中兴五论》，“奏入不报。已而退修于家，学者多归之，益力学著书者十年”，故学者称为“龙川先生”。隆兴初（1163 年），陈亮

---

① 《东坡易传》卷一，《乾卦·文言》。
② 《宋元学案》卷九九，《苏氏蜀学略·附录·习学记言》。
③ 《宋元学案》卷五六，《龙川学案》序录。

更名同，诣阙上书，陈国家立政之本末。书奏，"孝宗赫然震动"，欲委任以官职，陈亮曰："吾欲为社稷开数百年之基，宁用以博一官乎！"因渡江而归。陈亮归家益励志读书，所学益博。孝宗内禅光宗，"光宗策进士，先生以君道师道对"。"光宗谓其善处父子之间，擢为第一"，授签建康府判官厅公事。未赴任而卒。后谥"文毅"。①

陈亮之学虽被认为师有所承，但敢以"异端"自视，称"口诵墨翟之言，身从杨朱之道，外有子贡之形，内居原宪之实"，② 不拘泥于固有经说，而参以诸家之说并以己意阐发经义。陈亮主张"义利双行，王霸并用"，认为："夫盈宇宙者，无非物；日用之间，无非事"，要求以事物为道之所存；③ 他还指出："夫道，非出于形气之表，而常行于事物之间者也"，要求倡事功为道之所行，从而提出在道之体用一致的基础上去把握经义，"夫渊源正大之理，不于事物而达之，则孔孟之学真迂阔矣"，由此显示出事功之学的特出之处。④ 陈亮在《上孝宗皇帝第一书》中称："始悟今世之儒士，自以为得正心诚意之学者，皆风痹不知痛痒之人也。举一世安于君父之仇，而方低头拱手以谈性命，不知何者谓之性命乎！"⑤ 这不仅表明了陈亮开创事功之学的思想渊源，而且也证实了陈亮与理学派论战的必然性。

陈亮的事功思想主要体现在两个方面：一是对于历史的考察；二是对于程朱理学，尤其是朱熹经学思想的批判。这两者在学术论战和经学思想阐发中相辅相成，在放言义利王霸之中同时进行。首先，针对朱熹所谓"三代专以天理行，汉唐专以人欲行"之说，陈亮指出："天地之间，何物非道？赫日当空，处处光明，闭眼之人，开眼即是"，以批驳

① 《宋元学案》卷五六，《龙川学案》。
② 《龙川集》卷二○，《又甲辰答书》。
③ 《龙川集》卷一○，《经书发题·书经》。
④ 《龙川集》卷九，《勉强行道大有功》。
⑤ 《龙川集》卷一。

朱熹对于历史发展的偏见。① 故陈亮以为："汉唐之君本领非不洪大开廓，故能以其国与天地并立，而人物赖以生息。""诸儒自处者曰义曰王，汉唐做得成者曰利曰霸。一头自如此说，一头自如彼做，说得虽甚好，做得亦不恶，如此却是义利双行，王霸并用。"学者欲为成人，必须二者兼顾，不得偏废。儒虽为一大门户，然以行事脱节，毕竟只是鄙儒。然而朱熹却"不教以成人之道，而教以醇儒自律"，而强作天理人欲之分。② 其次，陈亮强调："为士者必以文章行义自名，居官者必以政事书判自显，各务其实而极其所至。人各有能有不能，卒亦不敢强也。"并以此事功之思反对道德性命之说，认为此说"一兴，而寻常烂熟、无所能解之人自托于其间，以端悫静深为体，以徐行缓语为用，务为不可穷测以盖其所无，一艺一能皆以为不足自通于圣人之道也。"其后果就是："为士者耻言文章、行义，而曰'尽心知性'；居官者耻言政事、书判，而曰'学道爱人'。相蒙相欺以尽废天下之实，则亦终于百事不理而已。"③ 可以说，陈亮之言的确切中道学之流弊。

如果说陈亮自立学统与道学相抗，那么叶适更是以背离道学而自申事功之学，故全祖望说："永嘉功利之说，至水心始一洗之。然水心天资高，放言砭古人多过情，其自曾子、子思而下皆不免，不仅如象山之诋伊川也。要亦有卓然不经人道者，未可以方隅之见弃之。"④

叶适（1150—1223 年），字正则，温州永嘉（今浙江温州市）人。出身于贫匮三世的寒士之家，自幼即以"经济自负"，又屡以大仇未复而主张抗金。孝宗时，擢淳熙五年（1178 年）进士第二，历任太学正、兵部侍郎、工部侍郎等职，后被夺职，定居永嘉城外水心村，专心著

---

① 《龙川集》卷二〇，《乙巳答朱元晦书》。

② 《龙川集》卷二〇，《甲辰答朱元晦书》。

③ 《龙川集》卷一五，《送吴允成运干序》。

④ 《宋元学案》卷五四，《水心学案·序录》。

述，学者称"水心先生"。谥"忠定"。① 其著作有《水心集》、《水心别集》、《习学记言序目》等。

叶适在《总述讲学大旨》中指出："周道即坏，上世所存皆放失。诸子辩士，人各为家。孔子搜补遗文坠典，《诗》、《书》、《礼》、《乐》、《春秋》有述无作，惟《易》著《彖》、《象》。旧传删《诗》、定《书》、作《春秋》，予考详，始明其不然。然后唐、虞、三代之道赖以有传。"他认为《论语》亦有不可信之处，他说："子罕言利与命仁，而考孔子言仁多于他语，岂有不获闻者，故以为罕邪？"他进而对儒者所传的道统之说提出质疑："言孔子传曾子，曾子传子思，必有谬误"，"世以孟子传孔子"，而"学者趋新逐奇，忽亡本统，使道不完而有迹"。而他最后的落脚点则是否定周、张、二程诸人之学"非孔门学统，不足以入尧、舜之道"。② 叶适通过对于群经的考察，不仅推重五经而贬抑《四书》，更要求重新确认孔子所立道统而否认孟子乃至二程诸人传孔子之道的成说，把道学排摒于孔门之外。由此可见叶适反对程朱理学的态度是何等坚决。当然，他反对道学纯是从学术上立言，与当权者在政治上迫害朱熹具有不同的性质。叶适被罢官归水心村讲学之前，曾反对在政治上迫害朱熹，并因此而列名于"伪学党籍"中而被免职。③ 但是，这并不妨碍叶适在经学上与道学的不同立场。叶适指出："程氏诲学者必以敬为始，予谓学必始于复礼，礼复而后能敬"。两者的论学宗旨差异最终还是源于学统的不同："垂谕道学名实真伪之说，古人以学致道，不以道致学。道学之名，起于近世儒者，其意曰'举天下之学，不足以致道，独我能致之'云尔。其本少差，其末大弊。"④ 所以，黄宗羲在关于水心《习学记言》的案语中称：有人认为叶适"根柢六经，折衷诸子"而有违程氏之学，"其传之久且不废者，直文而已，学固勿与焉"，

①② 《宋元学案》卷五四，《水心学案上》。
③ 参见《宋元学案》卷五四，《水心学案上》；《宋元学案》卷九七，《庆元党案》。
④ 《宋元学案》卷五五，《水心学案下·水心文集·与吴明辅》。

不过是"直目水心为文士。以余论之，水心异识超旷，不假梯级，谓'洙泗所讲，前世帝王之典籍赖以存，开物成务之伦纪赖以著'；'《易象》、《象》，夫子亲笔也，《十翼》则讹矣'；'《诗》、《书》，义理所聚也，《中庸》、《大学》则后矣'；'曾子不在四科之目，曰参也鲁'，'以孟子能嗣孔子，未为过也；舍孔子而宗孟子，则于本统离矣。其意欲废后儒之浮论，所言不无过高，以言乎疵则有之，若云其概无所闻，则亦堕于浮论矣"。①

《习学记言序目》凡五十卷，其中说经者十四卷。叶适遍考群经，认为"古诗作者，无不以一物立义，物之所在，道则在焉，非知道者不能该物，非知物者不能至道"。所以，"虽《书》尧、舜时亦已言道，及孔子言道尤著明，然终的不言明道是何物"；"而《易传》及子思、孟子亦争言道，皆定为某物，故后世之于道，始有异说，而又益以庄、列、西方之学，愈乖离矣。今且当以《周礼》二言为证"，"儒以道得民"，"至德以为道本"，"庶学者无畔援之患，而不失古人之统"。故全祖望认为："此永嘉以经制言学之大旨"，叶适批判道学家"正谊不谋利，明道不计功"的言论"初看极好，细看全疏阔。古人以利与人，而不自居其功，故道义光明。既无功利，则道义乃无用之虚语耳"。② 由此可见，叶适正是立足于"道存于物"而斥道学倡功利，从而与陈亮共创事功之学。

---

① 《宋元学案》卷五四，《水心学案上》。
② 《宋元学案》卷五四，《水心学案上·水心习学记言》。

第六章
宋代经学的性理阐释

第一节　经学与理学

一、理学——"诂经之说"

宋人解经诸派中，有一个以"理"（"道"）"性"（"心"）为最高本体范畴的学派，这就是理学。理学在治经典籍、解经方法、阐经内容上与以前的经学都有重要区别，它一改传统经学直观与简陋的解经方式与哲学思辨内容，通过探求经书中"性"、"理"的奥秘，并将佛、道思想融入阐经中，使宋代经学具有新的风格和高度哲理性思辨的特点。

理学是宋代社会政治、经济、文化发展的产物。赵宋是继唐末五代后长期混乱的局面而建立的。王纲的急遽更替，士风的日下，"以仁义忠信为学，享人之禄，任人之国者，不顾其存亡，皆恬然以苟生为得，非徒不知愧，而反以其得为荣"①。因此，宋建国后，表彰忠孝节义之士，企图重振纲常，恢复封建伦理秩序。而从汉代之后，历经魏晋隋唐，崇尚纲常伦理的儒家学说虽有所发展，但支离蔓衍的释经形式，粗

---

① 《新五代史》卷三三，《死事传》序。

糙的"天道与人"的阐经内容,不能适应已变化的社会形势和承担重振纲常的使命。同时,中唐以后疑古惑经风气的盛行,使汉代章句注疏之学和恪守师说的家法束缚渐遭破坏,"疏不破注"的注经方法渐被怀疑、冲决。疑古惑经,舍传求经,以己意解经,使传统的注疏形式受到严重挑战。陆游曾谈及说:"唐及国初,学者不敢议孔安国、郑康成,况圣人乎?自庆历后,诸儒发明经旨,非前人所及。然排《系辞》,毁《周礼》,疑《孟子》,讥《书》之《胤征》、《顾命》,黜《诗》之序,不难于议经,况传注乎!"①

这种新风,使宋儒从冲决"疏不破注"到"舍传求经",再到"疑经改经","视汉儒之学若土梗"②。但就宋代文士解经者如范仲淹、欧阳修、李觏,或是荆公新学、温公朔学、苏氏蜀学,其阐经、解经仍遵循以"外王"为主、"内圣"为辅而通经致用的路子,不论从概念体系到逻辑思辨形式,都未超越传统经学的窠臼。这就不能满足有宋一代统治者重振纲常、"收拾人心"的目的。适应这种形势而产生的理学,援佛、道入儒,通过哲理思辨,将儒学从形式到内容提高到一个新的层次。因此,它一经产生,就表现出强大的生命力,对经学的更新发展有重要的意义。

理学在理论形式上是对传统经籍的"诂经之说"。"自汉京以后垂二千年,儒者沿波,学凡六变","要其归宿,则不过汉学、宋学两家"③。从《四库全书总目·经部总叙》所说来看,"宋学"区别于"汉学",不是汉宋朝代的区别,而是两种解经方式、阐经义理的不同。一般而言,"汉学"重"疏不破注",而"宋学"则重变经、易经乃至以《四书》凌驾于《五经》之上。在训释经义上,"宋学"尤重义理,引天理、性命为说,并杂佛道解经。但是"宋学"并不等于理学。宋代经学各派中,

---

① ② 《困学纪闻》卷八,《经说》。
③ 《四库全书总目·经部总叙》。

二程洛学、朱、陆理（心）学，与荆公新学、温公朔学、苏氏蜀学、浙东事功学派有重要区别。马宗霍在《中国经学史》中称宋代诸儒解经的一般特点为："或折衷古训；或独抒别裁；或以议论相高，或以综比矜富；或陈往以讽今；或明体而达用；既异汉唐之诂训，复殊道学之义理；斯又极宋学之变，而不相统摄者也。"认为宋代经学解经途径颇多，许多文人学士解经"既异汉唐之诂训"，有敢于标新立异的勇气；又"复殊道学之义理"，有重经世致用的一面，这是符合实际的。一般而言，宋代以儒者称的政治家、哲学家、文学家，如范仲淹、王安石、欧阳修、司马光、苏氏父子等，也借经阐发己见，利用经书进行政治上、思想上、文学上的变革，并在北宋中叶形成了疑古惑经、舍传求经乃至以己意改经的学术风尚。但从总的思想内容上看，欧、王、苏等人与汉唐诸子还未有清楚的界限。例如表现在政治意识形态上，他们强调以外在的三纲五常、伦理规范及国家专制机器来桎梏民众的身心，强调人格化的"天"、"帝"及相应的"君权神授"观念，从根本上说是续公孙弘、董仲舒之儒的"外王"类型。其次，他们虽也排佛斥老，但对于儒佛之本质及高下并不如理学家那么清醒，往往以佛论儒，或以儒说佛，在学术上独标己见，而流于博杂散乱，没有完整的哲学思想体系，可以说既未脱出旧经学的窠臼，又未真正出入佛老，辨清儒佛异同。朱熹对此曾有一番评说："欧阳、司马之学，其于圣贤之高致，固非末学所敢议者，然其所存所守，皆不失儒者之旧，特恐有所未尽耳。至于王氏、苏氏，则皆以佛老为圣人，既不纯乎儒者之学矣。"① "苏学邪正之辨，……而流于屑淫邪遁之域，……其始之辟禅学也，岂能明天人之蕴，推性命之原，以破其荒诞浮虚之说而反之正哉？"②朱熹的话虽有偏激之处，但大致是可信的。

宋代理学家们不仅套用经学形式进行理学义理的阐发，更重要的是

————————

① ② 《朱文公文集》卷三〇，《答江尚书》。

在阐发中以"天理"为中心，上升为最高本体范畴，对经籍原典的选择、注释形式，到哲学思辨的层次，都有着自己的东西。正因如此，北宋、南宋经学诸派，凡以"道"、"理"为最高本体，并一脉相承而有相同认识论（格物致知）、道德论等特点的，人们习称为理学诸派。

理学自北宋产生后，迅速发展并成长为颇有影响的解经流派，是与其"经以载道"和重新光大儒家道统的宗旨分不开的，也是与宋代党争密切相关的。道统之说，倡言于唐代古文运动中的韩愈与柳宗元。然而，促使古文运动发展的重要因素不是文学，而是经学。早在六朝时，刘勰在骈文鼎盛而经学衰微的齐梁时期，于《文心雕龙》中就首先指出"宗经"、"征圣""厚道"的极端重要性，所谓"迈德树声，莫不师圣；而建言修辞，鲜克宗经。是以楚艳汉侈，流弊不还；正末归本，不其懿欤"！① 强调以六经为作文风骨与楷模，主张"人文之元，肇自太极，幽赞神明，《易》象惟先"②。因此，尽管深受佛学及其致思方式的影响，但以六经原典思想为主的文论思想却显而易见。柳宗元虽认为"浮图诚有不可斥者，往往与《易》、《论语》合"，但又坚持以孔子之道来"通而同之"佛老诸说。③ 韩愈则大力斥佛，作《原道》，提出尧、舜、禹、汤、文、武、周公至孔、孟的"道统"，与佛统相对抗。同时，极为推重《论》、《孟》、《大学》、《中庸》中"正心诚意"之说，将"仁、义、礼、智"的"先王之教"视为儒学根柢。这就开宋代"道统"说和文人解经之先河。北宋理学家周敦颐进一步发展和改造了韩愈理论，提出虚文而倡德之说："文所以载道也。轮辕饰而弗用，徒饰也，况虚车乎！文辞，艺也；道德，实也。笃其实，而艺者书之，美则爱，爱则传焉。贤者得以学而至之，是为教。故曰：'言之不文，行之不远。'然不贤者虽又史临之，师保勉之，不学也；强之，不从也。不知务道德，而

---

① 《文心雕龙·宗经》。
② 《文心雕龙·原道》。
③ 《柳河东集》卷二五，《送僧浩初序》、《送元十八山人南游序》。

第以文辞为能者，艺焉而已。噫，弊已久矣！"① 这就改变了传统"文以载道"的理论，将通过读圣贤原典直达道德作为治学一途。其后二程兄弟则提出"经以载道"的理论，指出："今之学者有三弊：一溺于文章，二牵于训诂，三惑于异端。苟无此三者，则将何归？必趋于道矣。"② 要光大孔孟道统，恢复道德礼义，必须防止溺于文辞、陷于注疏、惑于佛老的异途，而通过读经籍原典直接接受圣贤之道。于是"经以载道"就成为理学家所重视的治学途径，解经成为重要的释"理"手段。"经所以载道也，器所以适用也。学经而不知道，治器而不适用，奚益哉？"③ "今之学者，歧而为三：能文者谓之文士，谈经者泥为讲师，惟知道者乃儒学也。"④ 由此将依经明理、治经倡道作为理学家"性理"之辨的重要一途。

固然，理学家主张读先圣原典经籍以明"天理"、"道德"，并非是简单地对原典的传统阐释，而是有其自身对原典的选择，即主要通过对孔孟以来"尽其心知其性，知其性则知天"的内圣之说的格物致知，达到"明天理，窒人欲"。但这种"以经载道"的思想，却鼓励着理学家及门人、弟子去读经、解经，以己意释经，以语录说经，而摆脱了汉以来"一经说至百万言"的皓首穷经的烦琐训诂，使经学具备一种新的活力，成为具有现实意义的封建统治思想的重要内容，也使"依经明理"成为一种风尚。同时，理学家们所恢复、倡扬的是自孟子以来的"失传"之道，复兴人们理想化的文、武、周公三代之道，由此否定了汉唐经学，使经学与道统相续。在解经、释经中重新光大儒家道统，又在重光儒家道统中进一步确定宋代经学对经义阐释的新路子，将《大学》、《中庸》等作为重新光大儒家道统的规范性典籍，从而确立了宋学的历史进程。虽然周、张、邵、二程、朱、陆并未十分有系统及有序地遍解

---

① 《通书·文辞》第二十八章。
② 《河南程氏遗书》卷一八，《刘元承手编》，《二程集》第 187 页。
③④ 《河南程氏遗书》卷六，《二程集》第 95 页。

全经，但是，他们对经典的选择，对经义的思辨，对经说的界定，对经理的阐释，都自成一体，精深博大，导致宋代经学的中兴。因此，以理学为宋代对经学贡献最大、最有系统性的一派"诂经之说"，是不为过的。

从经学史的发展来看，理学成为颇有影响的解经流派，还与宋代朝廷政治斗争分不开。随着阶级矛盾和民族矛盾的日益尖锐，封建统治面临严峻挑战，须适时变易不适应历史发展的各种政治、经济、思想文化制度。在这种变革中，意识形态往往处于先行的地位，经学作为封建意识形态主体，在变革思潮中自然首当其冲。以范仲淹、王安石等为代表的改革派，倡扬经世致用的儒学传统，强调体、用、文的一致和济世务实、不泥古的解经方式，并把自己的政治举措与经学义理结合，借以为变法改制创造理论依据。范仲淹"庆历新政"，以解《易》论革故鼎新，以倡明《周礼》来任人选官，推行政治上的改革。而王安石荆公新学，则以阐明《诗》、《书》、《礼》以选官造士，亲自动手撰写《周官新义》来作为改革政治的依据。而当时反对纯粹以经世致用、变法图强来促进社会发展的理学家们，则也以阐明经术来作为论证武器。如二程反对王安石新法，数月之间，连上十几道章奏。这些章奏，大都以区分王霸义理、陈明古先哲圣言为自己张目。元祐时，高太皇太后执政，旧党起复，新党贬逐。程颢授崇政殿说书。他利用为皇帝讲经书的机会，以经学来宣传自己的理学思想，要皇帝实行古制，效法古圣。程颐的《伊川易传》以及二程的《语录》、《外书》、《经说》，大都以解经形式阐明自己的观点。例如二程对《大学》、《中庸》、《论语》、《孟子》的推崇，抬高到和六经相同的地位。《宋史·程颢传》说：颐之为学，"以《大学》、《语》、《孟》、《中庸》为标指，而达于六经。"就是以《四书》秉承仁义道德的"先王之教"，而和倡导事功的新学相抗衡。朱熹倡扬理学，明确将"明经"与"一理"相等同。他说："今人为经义者，全不顾经文，务自立说，心粗胆大，敢为新奇诡异之论。方试官命此题，已欲其立奇说矣。又，出题目定不肯依经文成片段，都是断章牵合，是甚么义理。……遂使后生辈违背经旨，争为新奇。迎合主司之意，长浮竞薄，终将若何，可虑可虑。王介甫《三经义》，固非圣人意，然犹使学者知所统一。……岂若今之违经背义，恣为奇说，而无所底止哉！"① 在朱熹看来，"一学术"、"辟异端"、"明天理"，首先即是要"明经术"，懂古圣贤所造原典之义，抵制汉唐以来浮躁之风。他以多年精力集注《四书》，就是出于此目的。

在宋代，党争大都以经义之争为形式，作为获取舆论支持的理论依据，并从头至尾，贯穿着五经学术之争。从"庆历新政"开始，最后演变为"庆历党议"，对经书阐释是锐意图变，还是墨守成规；是讲求事功，还是人心道德，成为争议焦点。以致出现"四贤一不肖"的经学式评价，"请以仲淹朋党谤朝堂，戒百官越职言事者"，开皇帝钦定党争忠奸之先河。② "洛蜀党议"中，经学论争色彩更为明显。虽然洛蜀二党都不属新党，但对经义的不同看法，使二党也激化为互相倾轧关系。程颢在经筵上多用古礼，苏轼谓其不近人情，于是程氏门人假借事权以报私隙，结果因为统治者对苏轼的赏识才未酿成"党争滋炽"。全祖望在论述元祐党案中道学之争与两宋治乱的关系时说："元祐之学，二蔡、二惇禁之，中兴而丰国赵公弛之。和议起，秦桧又禁之，绍兴之末又弛之。郑丙、陈贾忌晦翁，又启之，而一变为庆元之锢籍矣。此两宋治乱存亡之所关。嘉定而后，阳崇之而阴摧之，而儒术亦渐衰矣。"③ 他将道学（理学）与两宋治乱相联系，固然有所偏颇，但也说明当时政治斗争与变法运动，大都是通过阐明经义的形式而展开，而发展。因此，宋代党议各派人物有许多都能议经，解经，或以经义明己意。理学家也充分运用了这种经学释义形式而表达自己的观点。程颢、朱熹都曾担任过

① 《朱子语类》卷一〇九《论取士》，第 2693—2694 页。
② 《宋史纪事本末》卷二九，《庆历党议》。
③ 《宗元学案》卷九六，《元祐党案》。

皇帝的经筵侍讲，为帝王讲经书，他们也正是利用了这些机会，宣扬自己的义理思想。理学的兴衰，是与其经说、经义思想的兴衰一致的，"理"与"经"可说同衰共荣，祸福与共。理学地位的最终确立，也就是其在经学史上正宗地位的确立，是与《四书》上升为经一起出现的。朱熹在世时，连遭厄运，死后葬礼也遭朝廷约束。《宋史》本传记："熹既没，将葬，言者谓：四方伪徒期会，送伪师之葬，会聚之间，非妄谈时人短长，则谬议时政得失，望令守臣约束。从之。"朱熹被称为"伪师"，其弟子被称为"伪徒"，其学被称为"伪学"，其解经诸书亦被列为禁书。并立《伪学逆党籍》，将有牵连的"伪徒"、伪友列入，计有宰执四人，侍制以上十三人，余官三十一人，武臣三人，士人八人，可见斗争之激烈、残酷。但是，在他死后没多少年，随着理学价值被封建统治者所认识，其牌位被抬入庙堂，其所注的经籍也成为统治阶级法定教科书。嘉定二年（1209 年），宋宁宗诏朱熹遗表恩泽，谥曰"文"。五年，"国子司业刘爚请以朱熹《论语孟子集注》立学，从之"。至此，《孟子》始入经，完成对《十三经》的确立。宋理宗宝庆三年（1227年），诏曰："朕观朱熹集注《大学》、《论语》、《孟子》、《中庸》，发挥圣贤蕴奥，有补治道。朕励志讲学，缅怀典刑。可特赠熹太师，追封信国公。"① 淳祐元年（1241 年），又诏曰："朕惟孔子之道，自孟轲后不得其传，至我朝周敦颐、张载、程颢、程颐，真见实践，深探圣域，千载绝学，始有指归。中兴以来，又得朱熹精思明辨，表里混融，使《大学》、《论》、《孟》、《中庸》之书，本末洞彻，孔子之道，益以大明于世。朕每观五臣论著，启沃良多。今视学有日，其令学官列诸从祀，以示崇奖之意。"②

自此，理学家以经载道和重新光大儒家道统的理想在党争中得以实

---

① 《宋史》卷四一，《理宗一》。
② 《宋史》卷四二，《理宗二》。

现，周、张、程、朱等理学家接续孔孟先秦原儒的道统被正式承认，而理学的经学正统地位也与道统一样，被朝廷正式确定。这是中国经学史上一件具有重要意义的事件。此后，在统治阶级倡扬下，以理学义理之思为解经指导思想的经学，成为中国封建社会后期解经释义的主要旨归，《四书》也与程、朱入祀学官一起，成为正统经学的主要阐释典籍。

二、理学家的依经明理、依经明道

宋代理学作为一个重要解经流派，主要通过解经、注疏和议论经义来表达己意，阐发理学微言大义。理学家们花费大量精力，注释经书，使经义注疏在宋代有很大的发展。如著名理学家周敦颐通过著《太极图说》、《易通》，表达自己的宇宙论与道德观；张载撰《横渠易说》、《经学理窟》，二程著《伊川易传》、《春秋传》，胡安国作《春秋传》，朱熹撰《诗集传》、《仪礼经传通解》、《周易本义》、《易学启蒙》来论述自己的天道观、人性论、历史观和社会政治学说。在儒家经典中，理学家阐释最多的为《论语》、《孟子》、《大学》、《中庸》。自二程以《四书》解释理学本义，朱熹作《四书章句集注》、《四书或问》，将之纳入理学体系后，《四书》便成为理学家及士人必读之经典，注释、笔记、解说、笺证层出不穷，汗牛充栋。

理学作为一个完整而富于思辨的理论体系，为什么一定要袭用解经、笺注的传统方法来表达、论述自己的思想，阐发其微言大义呢？我们认为，其中原因除了受宋代激烈党争影响外，还有着宋代特殊的政治、思想方面的原因。

首先，理学家依经明理，是中国传统思想方式制约的结果。

中国社会早在先秦时代就形成了一套完整的宗法血缘等级结构，"故天子建国，诸侯立家，卿置侧室，大夫有贰宗，士有隶子弟"①。

---

① 《春秋左传》桓公二年。

国、家、宗室成为社会组织的基本形式。与这种宗法等级制相适应，则产生出崇祖敬宗、尊先王的文化心理。这种文化心理导致人们总是把对理想社会的憧憬寄托在对祖宗、先王的崇拜上，并把记载先王先圣政治、经济、文化、哲学思想的古代典籍认定为最高法典。汉武帝独尊儒术，罢黜百家，儒经被作为官方正宗意识形态，支配着人们的日用常行，在社会生活中起着重要作用。隋唐时代，封建统治者定五经义疏，统一经学典籍，把经学作为科举考试的主要内容。设"明经"一科，"先帖文"，然后口试"经问大义十条"，①培养经学文士。宋代尽管疑古惑经之风兴起，但大多数知识分子长期受到经学思想的束缚，不仅对古圣先帝盲目尊崇，而且对古代经书仍推崇备至。相反，对于一些新思想、新内容则视为离经叛道的洪水猛兽，猛烈抨击，如当时人对三苏、王安石经学思想的批判等。因此，宋代思想家在表述自己的新观点、新思想时，为了减轻传统观念的压力，就不得不遵循长期形成的尊经崇儒文化心理，以经学形式为外衣，通过对经文的笺注阐发自己思想。二程曾十分鄙夷汉唐经学，认为只重训诂笺注，不仅发明不了圣王奥义，而且于国于家都无益处，"汉之经术安用？只是以章句训诂为事"②。可是当二程表述自己的"天理"论时，仍力图用解说五经原典来遮掩自己的新思想，用旧瓶装新酒。如在解释"理"与"性"的关系时，程颐就利用了《周易》上经乾卦来阐发："乾：元，亨，利，贞。上古圣人始画八卦，三才之道备矣！……夫天，专言之则道也，天且弗违是也；分而言之，则以形体谓之天，……以性情谓之乾。"③通过解《易》，重新解释了传统哲学中"天人合一"概念，将"天人合一"改造成"天性"（乾）与人性（性）的同一。张载反对死守经义，强调"学者当于义理中求"，"义理有疑，则濯去旧见以来新意"。可是他在阐发"新意"时，

① 《新唐书》卷四四，《选举志上》。
② 《河南程氏遗书》卷一八，《刘元承手编》，《二程集》第232页。
③ 《周易程氏传》卷一，《周易上经上》，《二程集》第695页。

仍袭用解经形式，先后写了《横渠易说》、《经学理窟》。以解经形式阐发新思想，更适合封建文人思想方式及文化心理，从感情上、心理上易为人们接受，因此，中国传统思想方式的制约，是理学家利用经学形式阐发己说的第一个重要原因。

其次，理学源于儒，又与汉代经学有着千丝万缕的联系，依经明理有着必然性。

先秦孔孟儒学经汉代经学家的改造，在形式上、内容上均发生了重大变化。理学家虽然反对秦汉儒家，认为他们丢掉了孔孟儒学原旨，但实际上，理学家自小受儒家经典的教育，深受儒学熏陶，所吸收的儒学养料主要系数百年来约定俗成的汉唐儒学思想。故理学家虽出入佛老，浏览百家，并力求改造陈腐的经学内容，但他们在人生观、价值观、处世态度、文化素养上与传统经学有千丝万缕的联系。这种联系，使他们喜欢用自己熟悉的圣王的话语；而经书中的许多现成材料，也利于他们种种新思想的发挥。朱熹的天道思想，就主要通过《易》来发挥。他说："《易》中详识物情，备极人事，都是实有此事。"[1] "《易》之卦爻，所以该尽天下之理。一爻不至于一事，而天下之理莫不具备，不要拘执著。"[2] 这实际上也与汉儒说《易》有相同之处。由于《易》自身在内涵上包容性较广，可以从不同角度，用不同方法解释、立论，这就为理学家玄妙又复杂的天道运行系统的理论阐发提供了模式。如在论证"理一分殊"上，周、邵、程、朱等人都是利用"乾道变化，各正性命"这一命题，而纳入自己的理学观念。"太极一也，不动；生二，二则神也。神生数，数生象，象则器，器则变，复归于神也。"[3] "太极之有动静，是天命之流行也。……动极而静，静极复动，一动一静，互为其根，命之所以流行不已也。动而生阳，静而生阴，分阴分阳，两仪立焉，分之

① 《朱子语类》卷七二，《易八·遯》第1823—1824页。
② 《朱子语类》卷六七，《易三·朱子本义启蒙》，第1657页。
③ 邵雍：《皇极经世·观物外篇》。

所以一定而不移也。"① "天命即天道流行而赋予物者，乃是物所以当然之故。"② 在这些理学家看来，"一理"所以分而成人、物之性，正是通过玄妙抽象的"太极"演绎而成的。没有玄而又玄的"太极"及其几何级数性质的象数变化，就没有山河大地、鸟兽鱼虫、人物百工。而《易》中的天地生物概念，正是从汉儒阐释基础上，经过理学家援佛、道入《易》，正好为理学家们的"天人合一"观念提供了很好的阐发形式与框架。

第三，理学家的依经明理，又是他们以"圣王之学"反对"异端"、排斥佛老的需要。

隋唐以后，儒、佛、道三教在各自发展中既相互排斥，又相互融合，儒家学者试图以自己为核心援佛道入儒。佛、道二教也是如此。北宋高僧契嵩，在所著《镡津集》里，反复论证儒佛"心同迹异"，佛家"五戒"即儒家"五常"，两教同有补治道。著名道士张伯端在《悟真篇》序中，也反复强调教虽为三，道乃归一。可是，三教毕竟是不同性质的学派与宗教。佛教主张"佛性"、"四大皆空"、"无君无父"，道教提出的"长生久视"、"遁世"思想，从本质上与儒家入世哲学相悖离，也是不符合封建治道的。因此，儒学一方面援佛道入儒，另一方面又猛烈抨击异端。早在唐中叶，韩愈就打出复兴儒学的旗帜，提出对佛教要"人其人，火其书，庐其居"③。自韩愈以后，反佛情绪日益强烈。"佛氏之说，虽深山穷谷之中，妇人女子皆为之惑，有沦肌浃髓牢不可解者。"④ 许多士大夫对此甚感忧虑，认为佛、道乃是"绝类"之教。"释氏自己不为君臣父子夫妇之道……若以此率人，是绝类也。"⑤ "释氏便

---

① 《周濂溪先生全书》卷一。
② 朱熹：《论语集注·为政》。
③ 《昌黎全集》卷一，《原道》。
④ 陈淳：《北溪字义》卷下，《佛老》。
⑤ 《河南程氏遗书》卷一五，《入关语录》，《二程集》第149页。

只是说空，老氏便只是说无，却不知道莫实于理。"① 他们为了反对佛、道，首先力图划清两者界限，从道统的传承上建立了以尧、舜、禹、汤、文、武、周公、孔、孟一脉相承的"心传"体系，来对抗佛、道各宗派世系和宗教法统。其次又以醇儒自诩，将先王先哲的五经原典作为传世法宝，来与异教经典对抗，标榜自己的华夏"正宗"地位。为此他们大量采用经学形式，在笺注、解说古代五经原典的过程中阐发理学思想，排斥、贬低异端学说。如朱熹推尊孔、孟之传驳斥佛氏云："释氏弃了道心，却取人心之危者而作用之，遗其精者，取其粗者以为道。如以仁义礼智为非性，而以眼前作用为性是也。此只是源头处错了。"②"人心惟危，道心惟微"源自《尚书·大禹谟》，理学家将其作为儒、佛之界标，认为"道心"即尧、舜相传之道，也是"道统"一脉相承之"心情"，故他们注重《尚书》经义的阐释。所谓"人心惟危，道心惟微，惟精惟一，允执厥中"者，"是尧舜禹汤文武相传治天下之法"。③"曰《尚书》如何看，曰：须要考历代之变，……如尧则考其所以治民，舜则考其所以事君。"④庆元四年（1198 年）戊午，朱熹年六十九，还集书传。《朱子年谱》云："按大全集，二典、禹谟、金縢、召诰、洛诰、武成诸说数篇，及亲稿百余段俱在，其他悉口授蔡沈，俾足成之。"足见他对《尚书》一经的重视。其他如《礼记》、《春秋》、《诗经》、《易》等，理学家都有大量笺注、解释。通过这种阐释，他们的理论形态就披上了"经"的外衣，有了与异端的"宗系"、"师统"相抗衡的历史权威性，确立了理学即"圣王""先哲"真传的正宗的"道统"形象。

第四，漫长封建社会中政治、经济、文化上的共通性，使古代经学思想在宋代仍具有一定现实意义，部分构成依经明理的内在理论依据。

汉宋社会虽极为不同，但封建社会的共通性使经学典籍在宋代仍具

---

① 《朱子语类》卷九五，《程子之书一》，第 2436 页。
② 《朱子语类》卷一二六，《释氏》，第 3021 页。
③④ 《朱子语类》卷七八，《尚书一》，第 2016、1983 页。

有一定理论意义。以宗法制度为例，在唐末农民战争打击下，兴于汉而盛于魏晋的门阀士族势力被消灭殆尽，退出了历史舞台，封建宗法秩序也受到严重破坏。宋代时"骤得富贵者，止能为三四十年之计，造宅一区及其所有，既死则众子分裂，未几荡尽，则家遂不存"①。这十分不利于封建统治。理学家在严重的社会危机驱使下，认为解决社会实际问题，首先必须从社会组织结构上寻找原因，即恢复以宗子为轴心的宗法制度，并利用宗法制来稳定封建专制，维系人心。理学家张载曾敏锐地看到这一点，说："管摄天下人心，收宗族，厚风俗，使人不忘本，须是明谱系世族与立宗子法。宗法不立，则人不知统系来处。""宗子之法不立，则朝廷无世臣。"② 为了建立宗子法，他们从经典中寻找依据，按照经书所述而拟定实施法则。同样是张载，他在注《左传》桓公二年"天子建国，诸侯建宗……"这一段时，描绘了这么一个天理与宗法相结合的"本大枝小"的情景："譬之于木，其上下挺立者本也，若是旁枝大段茂盛，则本自是须低摧；又譬之于河，其正流者河身，若是泾流泛滥，则自然后河身转而随泾流也。宗之相承固理也，及旁支昌大，则须是却为宗主。"③ 此外，在宗法礼仪、祭祀等问题上，张载大量从《周礼》中摄取于己有用的东西，来为重建宗法制订理论根据。

与宗法制相适应，理学家又提出"井田"思想。宋代统治者奉行"田制不立，不抑兼并"政策，允许土地自由买卖，使土地兼并日益激烈，农村中"客户"（佃农）急剧增加，阶级矛盾渐趋激烈，国家财政收入锐减。在这种情况下，理学家发出了强烈的呼吁。他们认为只有采取有力措施，才能抑制兼并，缓和阶级对立。为此，理学家从经籍中找到被儒者理想化了的井田制方案，作为解决社会问题的依据。二程在《论十事札子》中说："天生蒸民，立之君使司牧之，必制其恒产，使之

---

① 《经学理窟·宗法》，《张载集》第 259 页。
② 《经学理窟·宗法》，《张载集》第 258、259 页。
③ 《张载集》第 259—260 页。

厚生，则经界不可不正，井地不可不均，此为治之大本也。"① 朱熹注
《孟子·滕文公》，亦大声呼吁："井地，即井田也。""经界，谓治地分
田，经画其沟涂封植之界也。此法不修，则田无定分而豪强得以兼并，
故井地有不均；赋无定法而贪暴得以多取，故谷禄有不平。此欲行仁政
者之所以必从此始，而暴君污吏则必欲慢而废之也。"② 在当时的理学
家中，用井田制来解决土地问题成为一股热潮。这股热潮，导源于现实
的社会政治经济危机，而其表现形式，则是利用经书的权威性和现实有
关的理论内容，来为其封建治道服务。

　　经书中的变易思想，也为理学家建构新儒学提供了一定理论依据。
中国十一世纪中叶，改良、变易思潮风行一时。除了王安石等人的变法
外，理学家建构新儒学的活动也日盛一日。为了使新儒学的建构具有合
法依据，理学家多以《易》经为本，通过对《易》的注释来证明当时意
识形态及理论观念变革的合理性。如邵伯温《易学辩惑》、程颐《易
传》、张载《横渠易说》及其后耿南仲之《周易新讲义》、朱震之《汉上
易传》、吴沆《易璇玑》、朱熹《周易本义》、《易学启蒙》、张栻《南轩
易传》、杨简《杨氏易传》、杨万里《诚斋易传》等，都具有这种意义。
理学家以《易》为武器，来变革汉唐经学，表达政治主张。周敦颐作
《易通》，在《圣学》一章中明确提出了"明通公溥"的道理："静虚则
明，明则通，动则直公，公则溥"，认为天下公平、和睦全在于虚明、
通变。程颐在《伊川易传序》中，首开其义曰："易，变易也，随时变
易以从道也。其为书也，广大悉备，将以顺性命之理，通幽明之故，尽
事物之情，而示开物成务之道也。"认为"易"之要义，就在"随时变
易"，去顺从"道"的发展。"易"之成书，就是让人们掌握通变顺命的
道理，上通天道，下顺人道，开物成务，达到宋王朝长治久安。在周、

————————————

① 《河南程氏文集》卷一，《二程集》第 453 页。
② 《孟子集注·滕文公章句上》。

程等人看来，变易通顺，首先是理论形态及"人心"的变易。要做到这一点，就必须从穿凿经书中解放出来，循本溯源，去光大圣人之心，建立新型的"性理"哲学。

宋代理学家中还盛行着以象数解《易》的风气。象数派代表人物为邵雍、朱震。象数学是运用数字组合关系解释《易》爻、卦的形式及象征意蕴的一门学问。理学家以象数解《易》，其中一个重要原因就是借《易》爻、卦释义的多变性、随意性，将"天理"的发生、发展视为一个有序的、运动变化的过程。广而言之，社会政治、经济、思想文化也是不断变易、渐趋"通爻"的。从象数学的终极点看，事物运行过程是循环往复的；但在强调损益变革、因时变通方面，象数学却有一定的积极意义。至南宋朱熹时，将《易》与象数学相结合，提出阴阳互变、变化无穷的一套理论："易者阴阳之变，太极者其理也。""无静不成动，无动不成静。"① "天，运而不已，日往则月来，寒往则暑来……是以君子法之，自强不息。"② 这样推论下去，从天地化育万物到人类社会发展，都与损益变革有不可分割的关系。《易》也就成为理学家革新变更旧学术的重要思想武器。

由于以上原因，运用经学形式依经明理就成为理学家的共同特点。这一特点虽然使理学思想得以在经学的权威性外衣下迅速普及到广大知识分子中，但也存在着明显的弊端。首先，依经明理的解经方式，使理学思想支离破碎，零乱松散，削弱了理学的思辨性。理学家的思想均散见于各自的经注及解经说文的语录、书信之中；理学思想体系的各个环节不是依据内在的逻辑顺序及有机联系排列，而是根据经文的格式，毫无规律地排列。许多有价值或者十分重要的范畴、命题淹没在大量与之无关的言论之中，造成理论逻辑结构的无序与散乱。例如，"天理"本

---

① 《周易本义·系辞》。
② 朱熹：《论语集注·子罕》。

是理学的最高范畴，二程在阐释天理时，没有一以贯之的理论逻辑顺序，时而依据经文的注释说："理，礼也"，时而说："理，形而上之道也"，给人在理解"天理"的内涵上造成困惑，并使理学范畴带上多义性与不确定性，这是不利于理学思想的发展与传播的。其次，依经明理，给理学造就了一个封闭性的框架。尽管理学家以"六经注我"的气魄去对待传统文化典籍及其思维形式，但他们总不能过分远离传统经学模式。这种情形使他们容易养成一种依赖传统经籍，通过注经解义而发挥自己思想的习惯性思维方式，使思想理论内部自我调节及发展的能力减弱，最后使理论成为僵死的教条。中国封建社会后期近八百年来科技落后、理论僵化、创造力减弱的事实，正是其最好的注脚。

三、理学家解经特点及对经义的改造

理学家依经明理以解经，阐述自己的思想，可是由于汉宋间社会条件的剧烈变化，汉代经学与宋代理学毕竟不是同一种理论学说，因此宋代理学与汉代经学之间又有着重要的区别。宋代理学家解经主要有以下特点：

1. 理学是在援佛道入儒的基础上发展起来的新学说。它以儒学为核心，又吸收了佛、道、法、名等诸家义理，在解经上有一套独立的命题、范畴和内在逻辑结构，涉及到政治、经济、法律、道德、教育、史学、宗教各方面，在内容上比传统经学更广泛，也更具思辨色彩。其中许多命题直承思孟学派的传统，注重对人性、义理的研究。如朱熹学生陈淳在《北溪字义》中所列入的二十六个词条，卷上十四条，其序列为：命、性、心、情、才、志、意、仁义礼智信、忠信、忠恕、一贯、诚、敬、恭敬；卷下十二条，其序列为：道、理、德、太极、皇极、中和、中庸、礼乐、经权、义利、鬼神、佛老，就显示出他们注重内在心性及逻辑思辨的特色比汉儒更强，走得更远。这是株守训诂章句的汉唐儒家学者所不及的，也是宋代理学依经明理的最大特点。

2. 汉代经学讨论的中心问题是"天人合一"、"君权神授",围绕这一问题而产生出一套以人格化上帝为中心的"天人感应"、"五德终始"及谶纬神学;理学关注的中心问题是"性与天道",性指人性、人心,天道指天理或天(宇宙、自然)的规律。理学家鉴于韩愈等人排佛失败的教训,认为其失在于不知"本末"、"体用"之全体,即未能从"天道"与"性"的本体上排佛、斥佛。故他们在改造汉唐经学"天"的本体内容时,否定了其中人格化的"帝"、"天"神性,而以"无知无觉"而又无处不在之"理"代之。围绕着"性与天道"的内容,理学家将天人关系看作是一种内在的"天道"(理)与"人道"(性)的感通关系,致力于内在圣化人格的建立。通过对经典的注释,将"天理"去融会贯通自然与社会,将人类主观理性推向哲学中心,正是理学家引为自得的贡献之一。"仁者天地生物之心,而人、物所得以为心,⋯⋯窃谓正发明得天人无间断处。"[①] 这是对《易》的独特创造,也是新儒学的天人关系的基础,并由此特定内容展开其宏大的哲学逻辑结构,建立起依经明理的"理学"体系。

3. 汉代经学尽管有古今文之不同,但经学家大都笃守师说,安于训诂,不敢越雷池而阐己见,以致出现"宁道孔孟误,讳言服(虔)郑(玄)非"之现象。理学家虽以经学为形式,在经籍笺注、解义中阐发自己的思想,但他们在"疑古惑经"、"舍传疑经"风气引动下,表现出明显的以我为主的"易经"致理的倾向。从周、邵、张、程等开始,就体现出不同于汉唐经师的学术风尚。以后至胡宏、张栻、吕祖谦、朱熹、魏了翁诸人,学术论见犹如江水出峡,百川灌河,使人目不暇接,在沉寂的中国思想论坛上卷进清新的风气。特别是陆九渊"心学"一系,公开倡扬"学苟知本,六经皆我注脚",主张治学以义解、心得为要,可说是千年中国经学史和思想史上对经典神化倾向的一大变革。理

---

① 《朱文公文集》卷四〇,《答何叔京》。

学家还吸取佛氏学风，用语录体大段发挥自己的理学义理，并断章取义，惟我所用，充分表现了他们独辟蹊径、不循旧知而创新解、立新义的开拓性格。这也是汉宋间儒家学者的一大差别。

4. 更重要的是，在思想内容上，汉代经学反映了上升时期地主阶级的意识形态，因此他们倡扬周公、孔子，注重先圣微言大义的阐发，治学以"六经"政典（《尚书》、《春秋》、《周礼》）为主，主张以外在的强制手段，以人格神化的"帝"、"天"神道设教，去对付、恐吓被统治阶级，其功利性、目的性及自信心是十分明显的。宋代理学是地主阶级衰退时期的意识形态，是严重的民族、阶级危机的产物。因此，它更强调地主阶级整体利益，强调对劳动人民内在心理及思想的禁锢与统治，强调通变、公溥。它不像汉儒那样用人间善恶去机械比附自然，而是用生机、和谐、秩序、相容这样一些自然与社会共有的规律与现象（如"天地之大德曰生"）去说明自然；并对有着自然机体的人的生命价值及存在的目的也用了温情脉脉的外衣诸如"善"、"诚"、"情"等加以说明。这些解经特点，使它更抽象、更精致而具备思辨性与麻醉性。

理学家与汉代经学家以及欧、王、三苏等同时代思想家都有着重要区别。这些区别反映了他们不仅仅袭用经学外衣进行理学义理的阐发，更重要的是在阐发义理中从事对旧经义的改造，使儒学更能适应宋代社会治道的需求。这种改造是多方面的，它包括经义褒贬、经书的顺序以及经书的内容。

在传统五经中，宋儒最重《易》、《春秋》、《周礼》。《易经》道理比较抽象，为一般人所难懂，故自汉以来，历代为之注释者汗牛充栋，大致可分为象数、义理、图书三派。理学家讲《易》，主要有周敦颐、邵雍、朱震的易学象数、图书一系；二程、杨万里、张载易学义理一派；朱熹及其门人兼治图书、象数、义理一派。不论哪一派易学家，都着重从《易》中寻找与"性理"有关的哲学依据，来对抗佛、道二教哲学，完善儒家"天人"观。如"太极"概念，周敦颐援道教《上方大洞真元妙经图》中之《太极先天之图》入《易》，并对之作了图式的推理，构建出一个"太极"生化万物的宇宙模式；程颐、朱熹等人则从《易·复卦》中抽出"天地之心"概念，与孔孟"仁"相结合，建立起"太极"、"天地之心"、"仁"的天、地、人"三道"的本体范畴体系，来与佛教的"真如"、道教的"道"、"无"相对抗。佛教讲"四大皆空"，理学家则讲"天地资生之道"，将《易·坤卦》"坤厚载物，德合无疆"解释为"圣人于尊卑之辨，谨严如此，万物资乾以始，资坤以生，父母之道也"，用君臣、父子、夫妇的等级名分和"天地之德"来对抗佛之空无；佛教讲"人生至苦"，理学家则借《易》讲"仁者不忧"、"仁者至乐"的曾点之志。这些都是理学家有目的地抽取《易》的理论和内容，来加强儒学的理论思辨性。

理学家讲《易》，与汉人讲《易》又有极大区别。汉人讲《易》，着重从"天人感应"的"君权神授"及卜筮、谶纬方面去讲。理学家认为汉儒埋没了先圣作《易》之真旨，"自秦而下，盖无传矣。予生千载之后，悼斯文之湮晦，将俾后人沿流而求源"[1]。讲《易》着重从"性"方面发挥甚多。邵雍以象数释《易》，把"心"、"性"作为《易》之先天变化资生之道的本体，"《易》曰：'穷理尽性以至于命'，所以谓之理者，物之理也；所以谓之性者，天之性也"[2]，认为伏羲画八卦卦、爻，皆由"心"自然流出，故"先天之学，心法也。故图皆自中起，万化万事，先乎心也"[3]。程颐以义理释《易》，主张"有理而后有象，有象而后有数。《易》因象以明理，由象而知数。得其义，则象数在其中矣"[4]！用"理"、"性"去阐《易》，以《易》去明"理"，这是理学家与经学家的不同路数，也是理学家对五经改造之一途。

---

① 《易传序》，《二程集》第 689 页。
② 《皇极经世》卷五，《观物篇·内篇三》。
③ 《皇极经世》卷七上，《观物外篇上·先天象数第二》。
④ 《河南程氏文集》卷九，《答张闳中书》，《二程集》第 615 页。

　　《春秋》也是理学家所重视的一部经书。在汉代，今文经学家释《春秋》着重讲孔子的"微言大义"，借助孔子学说进行政治上的统一；古文经学家讲《春秋》则从文字训诂入手，阐明经义，为日益复苏的宗法政治服务。宋代理学家讲《春秋》，则多在以"事"明"国政"、"大义"、"人伦"，特别注重"千载一理"的论证。如胡安国撰《春秋传》三十卷，"事按《左氏》，义采《公羊》、《谷梁》"，并以宋儒的理论规范褒贬经文，评品人物，发《左》、《公》、《谷》之所未发。如在尊君之义上，《春秋》僖公五年与诸侯"会王世子于首止"，胡传则在此句前"公及"诸侯之"及"字上突出尊君之义曰："《春秋》传抑强臣，扶弱主，拨乱世，反之正，特书及与会者，若曰：'王世子在是，诸侯咸往会焉。'示不可得而抗也。"又如《春秋》尊王攘夷之义，胡传指出"此春秋之旨也"，并将攘夷释义为君子攘小人的义利之辨，此大大越出《公羊》、《谷梁》的义释。朱熹读《春秋》，则于义理上发挥，对《左传》大加贬斥，与今文经学家观念甚多相通处。"左氏之病，是以成败论是非，而不本于义理之正。尝谓左氏是个滑头熟事趋炎附势之人。""左氏见识甚卑，如言赵盾弑君之事，却云孔子闻之曰：'惜哉！越境乃免。'如此则专是回避占便宜者得计，圣人岂有是意。"但对《公羊》、《谷梁》以义论史，他又颇有不满：公、谷"想得皆是齐鲁间儒，其所著之书恐有所传授，但皆杂以己意，所以多差舛。其有合道理者，疑是圣人之旧"。"公羊是个村朴秀才，谷梁又狡黠得些。"[①] 朱熹用理学的"天理"论来对待《春秋》三传，主张学经主要在于"正心诚意"，"格物致知"，"存天理，窒人欲"，向内寻求圣贤达"性"、"理"之本意。这与汉儒今古文经学家的释义差别甚大。

　　《周礼》也是理学家颇为重视的一部书。宋代是积贫积弱的一个朝代，地主阶级知识分子幻想用《周礼》中所说的宗法制、井田制来改革

---

① 《朱子语类》卷八三，《春秋》第 2149、2150、2153 页。

社会，富国强兵，因此对《周礼》十分重视。张载作《经学理窟》，其中就有《周礼》、《宗法》等篇，专论其宗法、井田思想，并幻想重新实行西周分封制。朱熹则对《周礼》推崇备至，认为"唯《周礼》为周道盛时圣贤制作之书。若此类者（指《国语》等书），皆衰周末流文字……其间又自杂有一时僭窃之礼，益以秉笔者脂粉涂泽之谬词，是所以使周道日以衰下"①。朱熹社会政治思想中关于抑兼并、减赋役、开井田等，都与《周礼》有一定关系。理学家之所以重视《周礼》，不过是说明了当时土地问题的严重性以及地主阶级知识分子的改良愿望而已。

理学家还十分重视《礼记》、《仪礼》。不少理学家写了释《礼》的著作，如魏了翁《戴礼要义》五十卷、朱熹《仪礼经传通解》三十七卷、《仪礼经传通解续篇》二十九卷。理学家试图以礼来维护封建等级秩序，保持地主阶级的长治久安，故在释《礼》时往往兼之以"心"、"性"，认为"明天理"者才能循其"礼"，安其分。故他们治《礼》，以"收拾人心"及社会风俗教化的实际应用为主，而不仅在故纸堆中咬文嚼字；以"礼者，理也"的礼义普及推广为主，而不仅施于庙堂，"礼不难行于上，而欲其行于下者难也"。② 与汉儒相比，理学家治《礼》一不拘泥于古，务求适时而用之；二不喜烦琐，力求刊削简明而能行。

理学家对《尚书》、《诗经》也有不少新见。朱熹怀疑古文《尚书》的真实性，可是他又推崇《尚书·大禹谟》"人心惟危，道心惟微，惟精惟一，允执厥中"等话，认为是"尧舜相传之道"、孔门传授之心法，并说："圣人以此二者对待而言，正欲其察之精而守之一也。"③ 在释《诗》义上也是如此。他们以"天理"、"人欲"为标准，在"饿死事小，失节事大"的伦理原则下，将《卫风·木瓜》、《郑风·将仲子》、《陈风·东方之日》等二三十篇视为男女苟合浮佚之诗。朱熹门徒王柏撰

---

① 《朱文公文集》卷六三，《答余正甫》。
② 《朱文公文集》卷六九，《民臣礼仪》。
③ 《朱子语类》卷七八，《大禹谟》第 2018 页。

《诗疑》，甚至将其中三十二篇诗以"淫奔"为名删去。

除五经外，理学家还十分重视《四书》。他们将《论语》、《孟子》以及《礼记》中的《大学》、《中庸》篇抽出改正，合为《四书》。早在二程时，就以《大学》、《论语》、《孟子》、《中庸》为标指，而达于六经。其后张九成作《孟子传》二十九卷，张栻作《癸巳论语解》十卷、《癸巳孟子说》七卷，朱熹作《四书章句集注》、《四书或问》、《语孟精义》、《中庸辑略》，一步步将《四书》超子入经，抬到无以复加的高位，风行天下，作为研读五经的入门书，"学者求道之至要"。朱熹甚至将《四书》之订正作为续孔孟心传之一大贡献。"宋兴百年，河洛之间有二程先生者出，然后斯道之传有继。其于孔子、孟氏之心，盖异世而同符也。故其所以发明二书（《论语》、《孟子》）之说，言虽近而索之无穷，指虽远而操之有要。……所以兴起斯文，开悟后学，可谓至矣。"[①] 在朱熹等人看来，自孟子之后，便斯文失传，天理窒锢，汉唐专以人欲行；只有到二程先生，整理《论》、《孟》，才又接孟子之嫡，使孔门心传继续，而尧舜之旨又复光大。

理学家为何如此重视《四书》呢？正如前述，其原因在于《四书》之旨正与理学家所倡扬的"性理"暗合。自孔子以后，儒分为八，其中荀学与思孟之学最盛。荀子主张"隆礼重法"，为汉儒所直承。思孟学派则强调从人内在心性圣化的角度去把握封建三纲五常，自觉地服从于封建统治，并从"天道"的角度来论证人事，提出"天命之谓性，率性之谓道，修道之谓教"、"正心诚意，格物致知，修身齐家，治国平天下"诸说，将天性与人性、伦理与政治一体化，正好为理学家的"天理"论提供了传统的理论根据，被理学家视为重新光大儒家道统和"内王"圣化之学。其次，《四书》与五经相比，文字浅显易懂，概念可塑性大，既易为人们读通，又便于理学家牵强附会，故理学家推崇备至，

---

① 《朱文公文集》卷七五，《语孟精义序》。

认为《四书》更胜于五经，五经尚有不可晓处，而《四书》则"道理明白"，"纯是圣人做工夫处"。如《论语》，"圣人之言，大中至正之极，而万世之标准也。古之学者，其始即此以为学，且卒非离此而为道。穷理尽性，修身齐家，推而及人，内外一致，盖取诸此而无所不备，亦终吾身而已矣"。① 因此，读五经须先读《四书》，在"心中立起一个大纲"，树立遵守封建纲常的主体自觉性，再读先圣经典便不至困惑。

对于《四书》的编集成书，理学家是颇费了一番工夫的。《中庸》在汉代未受人重视，至南北朝时，因其书与佛道之义有相通处，开始引起人们注意。唐李翱辟佛言性，依据《中庸》之义而写《复性书》。宋时，周敦颐著《易通》，取《中庸》之义掺入其间，为理学家推崇《中庸》之始。其后二程受学周敦颐，对其影响最大的便是周关于《中庸》的见解，并在《中庸》的释义中将"诚"解为"天理"，用来沟通天人、上下、主观与客观，使它成为超时间的绝对。关于二程对《中庸》的释义："明道不及为书，伊川虽言已成《中庸》之书，自以不满其意，已火之矣。反复此解，其即朱子所辨蓝田吕氏讲堂之初本、改本无疑矣。"② 经过吕氏等二程门人的推波助澜，"其学布于天下"，成为理学家解释"性理"的正式教科书。

《大学》与《中庸》一样，原系《小戴礼记》中的一篇文章。唐中叶韩愈、李翱持儒说斥佛时，曾深赞《大学》"正心诚意"而治国平天下之说。二程发挥了韩、李的观念，将"简编散脱、传文颇失其次"的《大学》原文重新编次，"实始尊信此篇而表章之，既又为之次其简编，发其归趣，然后古者大学教人之法，圣经贤传之指，粲然复明于世"③。理学家认为，《大学》比《论》、《孟》更重要。"子程子曰：'《大学》，孔氏之遗书，而初学入德之门也。'于今可见古人为学次第者，独赖此

① 《朱文公文集》卷七五，《论语训蒙口义序》。
② 《河南程氏经说》卷八，《中庸解》，《二程集》第 1165 页。
③ 朱熹：《四书章句集注·大学章句序》。

篇之存，而《论》、《孟》次之。学者必由是而学焉，则庶乎其不差矣"①。由于此，二程定章句于前，朱熹整理于后，"虽以熹之不敏，亦幸私淑而与有闻焉。顾其为书犹颇放失，是以忘其固陋，采而辑之，间亦窃附己意，补其阙略，以俟后之君子"。现存《大学章句》中的"格物致知"一章，不是《大学》原文，也不是二程所辑采，而是朱熹根据理学的义理而补写并加以发挥的。其中"是以《大学》始教，必使学者即凡天下之物，莫不因其已知之理而益穷之，以求至乎其极。至于用力之久，而一旦豁然贯通焉，则众物之表里精粗无不到，而吾心之全体大用无不明矣"一句，则成为自宋以后理学家们求知问学的座右箴言，极受推崇。

《孟子》一书超子入经，则经过了思想界一番激烈的尊孟贬孟的斗争。早在中唐时，韩愈写《原道》倡儒家道统，将儒家心传从尧、舜等先王一直排到孔、孟，认为自孟子之后，儒家政治社会思想便失去真传，这就将《孟子》一书的地位大大提高。北宋时，理学家继韩愈之后，褒扬孟子，认为《孟子》"有大功于世"，"有功于圣门，不可胜言"；而李觏等一批思想家则贬抑孟子，认为孟子所倡"仁义"为诡言，无稽之谈，与纵横家、兵家、游说之士等的诈谋权术是一样的，耸人听闻却无补于"世道"，其实行结果只能是"乱天下"。二程作为理学的中坚人物，尊孟褒孟，认为《孟子》接续尧、舜真传，"孟子论四端处，则欲扩而充之，……此内外交相养之道也"。"孔、孟之分，只是要别个圣人、贤人。如孟子若为孔子事业，则尽做得"②。并将《孟子》"仁义"、"志"、"气"等概念加以发挥，演绎为理学体系中一些重要范畴，使《孟子》"内圣"思想在理学体系中得到进一步发展。二程以后，余隐之（允文）写《尊孟辩》，驳贬孟之说，使尊孟一派旗帜大张。南宋

---

① 朱熹：《四书章句集注·大学章句》。
② 《河南程氏遗书》卷二上，《元丰己未吕与叔见二先生语》，《二程集》第34、44页。

时朱熹著《读余隐之尊孟辩》，为孟子"仁义"、"性情"等思想辩护，并在晚年定下《四书章句集注》，对《孟子》详加集释。至此，贬孟与尊孟的斗争始告结束，《孟子》一书也上升成为中国儒学重要经典之一。

将《四书》抬高到与五经相同的地位，并将其作为经学的"标指"、读经解义之"入门书"、"阶梯"，是继汉以后中国经学史上的一件大事。如果说西汉董仲舒建立今文经学，并建议武帝独尊儒术，表章六经，罢黜百家，正式确立了经学在中国思想界、学术界的地位；那么宋代程朱将《四书》与五经并行，风行天下，则是使经学在经过魏晋隋唐与佛教、道教的三足鼎立之后的又一次中兴。这次中兴再次巩固了经学在中国思想界的地位，并使之成为历朝科举策士的重要内容。自此之后直到晚清，经学作为统治阶级最重要的思想武器，意识形态领域里的主导思想，影响着人们社会生活诸方面，并使中国封建社会后期的思想文化一直沿着它所规定的路径踽踽而行。

第二节　理学解经源流

理学家以经学形式阐发其"天理"观、人生观、道德论、认识论，为两宋学术的一大特点。迄北宋周、邵、张诸子开始，理学家在创立其学术的过程中，通过对经籍的不同角度的探索、阐释，并援佛、道入经，初步确立了理学家解经的基本思路。并以经学典籍为蓝本，奠定了理学家的本体论、认识论、道德思想和政治思想。此后，经二程兄弟的融会贯通，将这一思想通过解经途径而进一步上升为"天理"为核心的理学体系。南宋建立后，随着士大夫的纷纷南迁，理学亦南下倡兴于江淮及其以南地区，经朱熹、陆九渊等人的发展，使理学解经系统得以全面完成。因此，理学的发展，是同以自己的思想旨趣阐经、解经分不开

的。理学家解经源流，也同理学家学理不断发展、成熟的途径趋于
一致。

一、理学家解经溯源

朱熹曾作《六先生画赞》，其顺序为周敦颐、程颢、程颐、邵雍、
司马光、张载；而在《伊洛渊源录》中，他以司马光"格物之未精"和
邵雍"持敬之有歉"而排除之，但仍按周敦颐、程颢、程颐、张载为序
而溯理学渊源。显然，周敦颐处在所谓"理学宗主"的地位，他确立了
以"道"为基本范畴、以"易说"为理论构架的理学论，而张载则奠定
了以"理"为基本范畴、以"易"、"礼"为中心的理学气化流行论及社
会政治思想，至于邵雍则提供了以心"观物"为基本范畴的理学认识
论。他们都通过对"经"的新解，为理学的最终形成提供了经学思想基
础。除周敦颐为程氏兄弟业师之外，张载与邵雍居于师友之间，因而
周、张、邵三人之学正好通过儒道释之教的经学融合，成为促进以二程
洛学为标志的理学形成的中介。程氏兄弟指出："闻汝南周茂叔论道，
遂厌科举之业，慨然有求道之志。未知其要，泛滥于诸家，出入于老、
释者几十年，返求诸六经而后得之。明于庶物，察于人伦。知尽性至
命，必本于孝悌；穷神知化，由通于礼乐。辨异端似是之非，开百代未
明之惑，秦、汉而下，未有臻斯理也。"[①] 虽不乏溢美之词，但确实指
出了周、张在理学建构中的地位和作用。元人对此也予以充分肯定：圣
人之道不传"千有余载，至宋中叶，周敦颐出于舂陵，乃得圣贤不传之
学，作《太极图》、《通书》，推明阴阳五行之理，命于天而性于人者，
了如指掌。张载作《西铭》，又极言理一分殊之旨，然后道之大原出于
天者，灼然而无疑焉"。程氏兄弟"受业周氏，已乃扩大其所闻，表章
《大学》、《中庸》二篇，与《语》、《孟》并行，于是上自帝王传心之奥，

---

① 《河南程氏文集》卷一一，《明道先生行状》，《二程集》第638页。

下至初学入德之门，融合贯通，无复余蕴"。又认为"邵雍高明英悟，程氏实推重之"，应置于张载之后。① 因此从经学史的角度看，周敦颐、张载、邵雍三人具有开创理学的贡献。

周敦颐（1017—1073 年），字茂叔，道州营道（今湖南道县）人，原名惇实，避英宗旧讳改。父辅成，为贺州桂岭县令。少孤，养长于舅龙图阁学士郑向家。景祐三年（1036 年），由郑向推荐任洪州分宁县主簿。其后历任司理参军、县令、州判官、州通判、转运判官、知州军等职，提点刑狱，以洗冤泽物为己任。因家居庐山莲花峰下，前有溪，取营道所居濂溪以名之，后人称之"濂溪先生"。他"博学力行，著《太极图》，明天理之根源，究万物之终结"。又著《通书》四十篇，发明太极之蕴。序者谓："其言约而道大，文质而义精，得孔、孟之本源，大有功于学者也。"②

《太极图说》即《太极图》，《通书》即《易通》，这表明周敦颐的理学体系是通过对《易》的解说而建立起来的。《太极图说》是周敦颐的主要著作，是其整个思想体系的基础。朱熹称之为"粹然孔、孟渊源"，"得千圣以来不传之秘"。③ 可见其在理学中的地位。然而《太极图》非周敦颐所创，据朱震说是"陈抟以《先天图》传种放，种放传穆修，穆修传李之才，之才传邵雍"，而穆修"以《太极图》传周敦颐，敦颐传程颢、程颐。是时张载讲学于程、邵之间。故雍著《皇极经世》书"④。朱震在此不仅确认了周、张、邵、程之间由解《易》而形成的渊源关系，而且说明了《太极图》与道教中人保持有密切的关系，从而表明了周敦颐对《太极图》进行的"易说"，甚至连《易通》都或多或少地受到了道教的影响，可以说是儒家《易》说与道教《太极图》的融合。

---

① 《宋史》卷四二七，《道学传》。
② 《宋史》卷四二七，《道学一·周敦颐传》。
③ 《朱文公文集》卷三六，《答陆子静》。
④ 《宋元学案》卷三七，《汉上学案》。

　　《太极图说》主要是讲宇宙论，并以此为基础，进而讲道德论、政治论及修养方法等。周敦颐的《太极图说》虽仅有二百五十余字，但却建立了一个包罗天地人，即宇宙、社会、人生的宏大哲学体系，使他成为有宋一代理学的宗主。他认为，无极乃是宇宙的本体，由无极而生太极。"太极动而生阳；动极而静，静而生阴；静极复动。一动一静，互为其根。"阴阳通过互动而产生水火木金土五行以及春夏秋冬四时，乃至"生化万物"。在万物生长的无穷变化之中，"惟人也得其秀而最灵。形既生矣，神发知矣，五性感动而善恶分，万事出矣。圣人定之以中正仁义而主静，立人极焉"。这样，就由立天地之道的无极而推阐出"立人之道"的"人极"。"君子修之吉，小人悖之凶。"

　　《通书》与《太极图说》相互发明沟通，共同构成了周敦颐的理学体系。朱熹对此书甚为推崇。他说："（《易》）大抵推一理、二气、五行之分合，以纪纲道体之精微，决道义、文辞、利禄之取舍，以振起俗学之卑陋。至论所以入德之方，经世之具，又皆亲切简要，不为空言，顾其宏纲大用，既非秦汉以来诸儒所及；而其条理之密，意味之深，又非今世学者所能骤而窥也。"[①] 从朱熹的评论，也可见出《通书》从理、气、五行的分合上论述了纪纲体道，从道义、文辞和利禄的取舍方面以振兴风俗，最后归宿于入德之方和经世之具。可以说，《通书》是对《太极图说》的充实、发挥，使其宇宙论、道德论、政治论的理学体系更为完备。黄宗羲也在《宋元学案》中盛称《通书》为"纯粹无疵"。

　　周敦颐在《通书》中把《太极图说》中的"立人之道"归结为一个"诚"字，并对其详加阐发。他说："诚者，圣人之本。'大哉乾元，万物资始'，诚之源也。'乾道变化，各正性命'，诚斯立焉。纯粹至善者也。故曰：'一阴一阳之谓道，继之者善也，成之者性也。'元亨，诚之

---

① 《朱文公文集》卷八一，《周子通书后记》。

通；利贞，诚之复。大哉《易》也，性命之源乎！"① 把"诚"作为道德之本，性命之源。如何去把握"诚"呢，他又提出了"静"的概念，认为"诚"就是"寂然不动"，就是"无思"、"无为"；做到了"寂然不动"，就达到了"无不通"的圣人境界。其具体的修养工夫就是"慎动"。他说："动而正曰道。"如果行不仁不义，非礼、非智、非信，那就是"邪动"。"邪动，辱也；甚焉，害也。故君子慎动。"② "慎动"就是要求行事符合"仁义中正"的圣人之道，刘宗周解释说："慎动即主静也。主静则动而无动，斯为动而正矣。离几一步便是邪。"③

周敦颐的学说对程朱理学的形成产生了重大的影响。程颢、程颐兄弟少时曾在濂溪门下受业。周敦颐"出于污泥而不染"的个人品格和磊落的胸怀，使二程兄弟深受教益。周敦颐常令二程"寻孔、颜乐处，所乐何事"。程颢曾感慨说："自再见周茂叔后，吟风弄月以归，有'吾与点也'之意。"④ 其后二程之学虽多由自己体贴出来，但不可抹杀周敦颐对其"入道"的影响。

张载（1020—1077 年），字子厚，世居大梁。父张迪，仕于仁宗朝，死于涪州任上。诸子幼而失父，未能归桑梓之地，以侨寓为凤翔郿县（今陕西眉县）横渠镇人，故世称为"横渠先生"。张载少年时代喜谈兵，甚至欲联结友人收复被西夏夺占的洮西之地。二十一岁时，以兵事上书范仲淹，范仲淹接见对谈，知其为儒学之器，乃劝勉道："儒者自有名教可乐，何事于兵。"因劝其读《中庸》。张载深研是书，犹以为未足，又遍读佛、老之书，经年累月，穷究其说，仍不得要领，又反而求之六经。嘉祐初，至京师，得见表侄程颢、程颐兄弟，与之论道学之要，大为叹服，乃慨然叹道："吾道自足，何事旁求！"于是尽弃异端杂

---

① 《通书·诚上》。
② 《通书·慎动》。
③ 《宋元学案》卷一一，《濂溪学案》。
④ 《宋史》卷四二七《道学传一·周敦颐》。

学，专志于儒学。嘉祐二年（1057 年）举进士，曾任祁州司法参军、云岩令。其为政以敦本善为先务。熙宁初，宋神宗正欲革故鼎新，御史中丞吕公著进言张载深究古学，乃召见问以治道。载对曰："为治不法三代者，终苟道也。"神宗大悦，乃授以崇文院校书之职。后因与王安石政见不同，于是屏居南山下，布衣蔬食，与诸生讲学。"其学尊礼贵德，乐天知命"。以《易》为宗，以《中庸》为体，以孔孟为法，黜愚妄，辨鬼神，辟异端，倡儒术，著有《横渠易说》、《正蒙》、《经学理窟》等。特别是《经学理窟》中的《西铭》一篇文字，因阐发万物一体思想，颇受二程、朱熹的赞誉。程颢曾言："《西铭》明理一而殊，发前圣所未发，与孟子性善养气之论同功，自孟子后盖未之见。"① 后来朱熹注解《正蒙》时，特地将《西铭》分出，独立成篇，使之成为与经书相表里的理学经典。

《西铭》原本是张载铭于其书室的格言。书于东牖者曰《砭愚》，书于西牖者曰《订顽》。程颐向他建议："是起争端，不若曰《东铭》、《西铭》。"② 《西铭》把儒家《易传》的"天人合一"、《中庸》的"性"、"道"，以及《礼运》、《周礼》的"大同"、"宗法"等思想融为一体，予以理论化和系统化，把封建社会中君臣父子、忠孝节义等伦理道德原则上升为本体论，并进而论及个人的修养。《西铭》一开始就指出："乾称父，坤称母"，天地为万物之本。人为天地所生，故人与天地宇宙为一体，"天地之塞，吾其体；天地之帅，吾其性"。由此得出一个极重要的思想："民吾同胞，物吾与也"，即人人皆是我的同胞兄弟，天地万物皆是我的同伴党与。既然天地一家，人人都是天地之子，那么，君主就是"吾父母宗子"，大臣就是"宗子之家相"。我应当"尊高年"、"慈孤弱"，"凡天下疲癃残疾、茕独鳏寡，皆吾兄弟之颠连而无告者也"。因而我对他们应该同情，出以爱心抚养他们。而圣人，就是合天地之德的

---

① ② 《宋元学案》卷一七，《横渠学案上》。

人；贤人，就是天地的优秀人才。他还告诫人们："富贵福泽，将厚吾之生也；贫贱忧戚，庸玉汝于成也。"对富贵福泽和贫贱忧戚要以平常之心待之，不以物喜，不以己悲，不计得失，不忧生死，乐天知命，知足常乐，坚持自守定分的人生态度，"存吾顺事，没吾宁也"。① 《西铭》以简切明了的语言将理学的意蕴表述得非常显豁。而在论述方法上，则是通过对《易经》、《中庸》、《周礼》等经书范畴的新解，而融汇为一体，表现了封建社会中的宗法伦理道德的理论依据以及人生哲理，十分符合儒家三纲五常的基本精神。正因为如此，程颢才盛赞《西铭》"须得子厚如此笔力，他人无缘做得。孟子以后，未有人及此。得此文字，省多少言语。要之，仁孝之理备于此"。"孟子之后，只有《原道》一篇，其间言语固多病，然大要尽近理，若《西铭》，则是《原道》之宗祖也。《原道》却只说道，元未到《西铭》意思。"②

张载对《周易》的研究较深，也最有心得。他的《横渠易说》和《正蒙》就是通过解《易》阐述他的哲学思想，形成了理学的宇宙本体论，并对佛教和道教的"空"、"无"学说予以批驳。他说："气聚则离明得施而有形，气不聚则离明不得施而无形"，"故圣人仰观俯察，但云'知幽明之故'，不云'知有无之故'"。所以，"《大易》不言有无，言有无，诸子之陋也。人虽信此说，然不能知以何为有，以何谓之无"，于是"见者由明而不见者非无物也，乃是天之至处。彼异学则皆归之空虚，盖徒知乎明而已，不察夫幽，所见一边耳"，③ 从而揭示了道教以无为本的偏见。同样，"释氏语实际，乃知道者所谓诚也，天德也。其语到实际，则以人生为幻妄，以有为为疣赘，以世界为阴浊，遂厌而不有，遗而弗存"。"语虽似是，观其发本要归，与吾儒二本殊归。道一而已，此是则彼非，彼是则我非，是故不当同日而语。其言流遁失守，穷

① 《宋元学案》卷一七，《横渠学案上》。
② 《宋元学案》卷一八，《横渠学案下》。
③ 《横渠易说·系辞上》，《张载集》中华书局 1978 年版，第 182 页。

大则淫，推行则屌，致曲则邪"①，从而批驳了佛教以空为本的虚妄。这样，张载弃道、佛而入六经的意义就在于"立大本，斥异学，自孟子以来，未之有也"②，具体而言就是："若谓虚能生气，则虚无穷，气有限，体用殊绝，入老氏'有生于无'自然之论，不识所谓有无混一之常；若谓万象为太虚中所见之物，则物与虚不相资，形自形，性自性，形性、天人不相待而有，陷于浮屠以山河大地为见病之说。"③ 在这里，"气"既体现了"所谓有无混一之常"，又否认了"形性、天人不相待而有"，从而为理一而分殊提供了坚实的本体论基础。然后，张载以《易》之"变易"观考察辨析"动"与"静"、"化"与"变"，提出"专静"和"在其中"之说，"惟君子为能与时消息，顺性命，躬天德而诚行之也。"④ 这样，"屈伸顺理，则身安而德滋"⑤。然而，"理不在人，皆在物，人但物中所一物耳，如此观之方均"⑥。不过，"万物皆有理，若不知穷理，如梦过一生。释氏便不穷理，皆以为见病所致。庄生尽能明理，反至穷极，亦以为梦"⑦。由此可见，"理一"在"万物皆有理"，而"分殊"在物各有其理，而人亦各有其理。

张载进而指出天、人之气相通，气及气之动即为道及理，而道、理、性、命互相发明，从而形成理学本体论阐释中的异中有同、同中有异。这样，在"学者当须立人之性"⑧的前提下，就能辨正气质之性与天地之性的异同：气质之性有善与恶，而天地之性则纯一，"故气质之性，君子有弗性者焉"⑨。于是，学者由"知《易》之穷理"⑩

① 《横渠易说·系辞上》，《张载集》第 183 页，参见同书第 65 页。
② 《吕大临横渠先生行状》，《张载集》第 383 页。
③ 《正蒙·太和篇第一》，《张载集》第 8 页。
④ 《横渠易说·上经·乾》，《张载集》第 69、223 页。
⑤ 《正蒙·神化篇第四》，《张载集》第 17 页。
⑥ 《张子语录·语录上》，《张载集》第 313 页。
⑦⑧⑩ 《张子语录·语录中》，《张载集》第 321 页。
⑨ 《正蒙·诚明篇第六》，《张载集》第 23 页。

而进入《经学理窟》的讨论，依经明理方能够使学问达到"如天则能成性"①。"故学者先须变化气质，变化气质与虚心相表里"②；"凡未成性，须礼以持之，能守礼已不畔道矣"，结果"使动作皆中礼，则气质自然全好"，而"礼所以持性，盖本出于性，持性，反本也"③。至此，穷理的过程也就是在于气质之性"反本"于天地之性。这样，"立天理"的理学本体论建构的最根本目的就是通过理气互载而传孔孟先圣之心。

邵雍（1011—1071 年），字尧夫，其先范阳人。祖、父皆隐德不仕。雍年三十，游河南，葬其亲伊水上，遂为河南人。雍少时，从父迁共城城，"自雄其才，慷慨欲树功名"，居苏门百源，布裘蔬食，养父之余，刻苦自励者有年。已而叹曰："昔人尚友千古，而吾独未及四方。"于是济河、汾，涉淮、汉，周流齐、鲁、宋、郑之虚，久之，幡然不归，曰："道在是矣！"遂不复出。时北海李之才摄共城令，授以河图、洛书先天象数之学，雍探赜索隐，妙悟神契，洞彻蕴奥，乃成其象数之学。始至洛，蓬筚饔牖，不蔽风雨，而怡然有以自乐。富弼、司马光、吕公著诸贤退居洛中，雅敬雍，恒相从游。雍耕稼，仅给衣食，名其居曰"安乐窝"，因自号"安乐先生"。嘉祐中，诏举遗逸，留守王拱辰荐之，授试将作监主簿。不赴。其后，中丞吕诲等复荐之，补颍州团练推官，皆三辞而后受命，竟称疾不之官。程颢初侍其父识雍，议论终日，退而叹曰："尧夫，内圣外王之学也。"雍疾病，司马光、张载、程颢、程颐晨夕候之。张载在问疾时与他论命，答曰："天命则已知之。世俗所谓命，则不知也。"临终，程颐亦问："从此永诀，更有见告乎？"雍举两手示之，程颐问："何谓也？"答曰："面前路径须令宽。路窄，则自无着身处，况能使人行也！"所著书曰《皇极经世》、《观物内外篇》、《渔

---

① 《经学理窟·气质》，《张载集》第 266 页。
② 《经学理窟·义理》，《张载集》第 274 页。
③ 《经学理窟·礼乐》，《张载集》第 264、265 页。

樵问对》，诗曰《伊川击壤集》。①

《皇极经世》之书名，据邵雍之子邵伯温的解释，其含义是："至大之谓皇，至中之谓极，至正之谓经，至变之谓世"，其内容则"穷日、月、星、辰、飞、走、动、植之数以尽天地万物之理，述皇、帝、王、霸之事以明大中至正之道。阴阳之消长，古今之治乱，较然可见矣。"② 要言之，就是以数为象至推演天地万物之理，预示大中至正之道，将阴阳消长与古今治乱相互验证。因此，《四库全书总目》将《皇极经世》归入"子部·术数类"，称该书"本自道家而来"。其书以元经会，以会经运，以运经世。起于尧帝甲辰，至后周显德六年己未。凡兴亡治乱之迹，皆以卦象推之。《朱子语录》尝谓："自《易》以后，无人做得一物如此整齐，包括得尽"；又谓："康节《易》看了，都看别人的不得"，对该书甚为推崇。然《语录》又谓《易》是卜筮之书，《皇极经世》是推步之书；《经世》以十二辟卦管十二会，绷定时节，却就中推吉凶消长，与《易》自不相干。又谓"康节自是《易》外别传"，而朱子师弟对此书是否为康节所亲著亦在然疑之间。"夫以邵子之占验如神，则此书似乎可信；而此书之取象配数，又往往实不可解"。"流传既久，疑以传疑可矣。至所云学以人事为大；又云治生于乱，乱生于治，圣人贵未然之防，是谓《易》之大纲。则粹然儒者之言，非术数家所能及。斯所以得列于周、程、张、朱间欤。"③ 这就表明，邵雍著《皇极经世》虽是在模仿《易》，并受道家影响，但其仍未离《易》之大纲。该书杂糅儒道则是不容怀疑的。

《皇极经世》以"易"为本，参以道教思想，而用象数解《易》、衍《易》，由此形成理学中以象数解《易》的一个流派。他所建构的结构包括了天道、人事、时间与空间、阴阳声律动植正潜之理。在这庞大的体

---

① 《宋元学案》卷九，《百源学案上》；《宋史》卷四二七，《道学一·邵雍传》。
② 参见侯外庐：《宋明理学史》上卷，第182—195页。
③ 《四库全书总目》卷一〇八，《子部·术数类一》"皇极经世书"条。

系中，卷一、卷二论述元、会、运、世的时间流转，即以时间概念论证《易经》天地"象数"观念。卷三、卷四以"会"经"运"，以尧世至五代乱世的天下治乱过程，用"数"论之，从而以天道验人事；卷五、卷六则以"运"经"世"，从尧世至五代兴衰治乱的历史演变，以人事而验证天时之实有其"理"；卷七至卷十则以阴阳刚柔等事物对立两极属性变合之数，以论证世上万物万事之理，从而说明《易经》中"数"之通贯、包容一切事物。为了论证这些玄而又玄的道理，邵雍又作了许多图像，并进行推论演绎，其实质是将《易》中卦、爻之数与事物功能属性的"象"（阴阳刚柔）结合起来，说明宇宙的生成变化。如《经世衍易·八卦图》，图形如下：

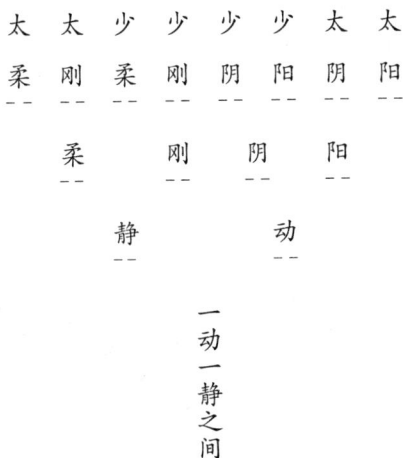

<pre>
太   太   少   少   少   少   太   太
柔   刚   柔   刚   阴   阳   阴   阳
-- --- -- --- -- --- -- ---

     柔   刚   阴   阳
     --   ---   --   ---

          静   动
          --   ---

               一
               动
               一
               静
               之
               间
</pre>

这是典型的将《易》中之数（一、二、四、八）与象（阴阳刚柔）结合而成的宇宙演化模型。所谓"衍易"，就是从《易经》中推衍出来，以《易》为本的一种宇宙生化图式。《易·系辞上》有："是故《易》有太极，是生两仪，两仪生四象，四象生八卦，八卦定吉凶，吉凶生大业。"而在邵雍看来，所谓"一动一静之间"，实则即"太极"这一最高

本体。由"一动一静之间"这一本体（太极）又生出动静两仪，再由两仪生四象（阴阳刚柔），由四象生八卦（太阳、少阳，太阴、少阴，太刚、少刚，太柔、少柔），八卦又成象于"日月星辰"，成形于"水、火、土、石"，由此而"天地之体备矣"。与《经世衍易·八卦图》相匹配的《经世天地·四象图》则明确将八卦之象与雨风露雷、夜昼、寒暑、走飞、草木、体形情性、声色味气、口鼻耳目等八种事物属性联系，说明由一而二，由二而四，由四至八，衍生万物的情形。这种衍生法并不见于《易经》、《易传》，而是仿秦汉间人以五行（木火土金水）衍生万物的图式和道家《易外别传》的理论变通而来，不过由于《易》中卦、爻的数的复杂变化，其体系更加烦琐、庞大。邵雍的目的即是将这种烦琐的象、数变化构成一个框架，来包括宇宙生化，万物发展。

由此可见，邵雍解《易》，只是依托《易》经卦爻数的变化和太极、两仪、四象的演绎而创造出一种与《易》有别的理学宇宙发生论，而这个理论又是北宋理学家最关心的天人合一本体论问题。前已论及，邵雍思想曾源自道士陈抟、穆修、李之才等人，故其援道入儒的痕迹很深。如他就将"道"作为天地本原，与"太极"并列为最高本体范畴，主张"天由道而生，地由道而生"，"太极，道之极也"，认为"太极"即"道"，"道"即"太极"。再如他提出的"环中"概念，也是来自道家思想。《观物外篇》之三有："先天图者，环中也。"把"太极"（道）阴阳变化、循环无穷看成一种固定不变的"环中"之理。此外，邵雍同其他理学家一样，在解经中大量掺入禅宗思想，以禅入儒。如他以心法起灭天地的思想，主张："天地之心者，万物之本也。"[1]"先天之学，心法也。故图皆自中起，万化万事，生乎心也。"[2] 他还吟诗云："身在天地后，心在天地前；天地自我出，自余何足言。"[3] 将心同"太极"、"道"一样，视为最高本体范

---

① 《皇极经世》卷七下，《观物外篇上·后天周易理数第六》。

② 《皇极经世》卷七上，《观物外篇上·先天象数第二》。

③ 《伊川击壤集·自余吟》。

畴。这实际上也是对禅宗以"心法"、"会众"、"含万法"思想的继承。《坛经》有："心量广大，犹如虚空，……能含万物色像，日月星宿，山河大地，泉源溪涧，草木丛林。""性能含万法是大，万法在诸人性中。"①将心、性视为万事万物变化的本源。邵雍以心法起灭天地，以"心"作为先天学之本体，正是他引禅入《易》的结果。

二、二程洛学

对于北宋的经学，朱熹特别推崇二程兄弟。他一方面承认"近世以学名家，如海陵胡先生，欧阳文忠公，王文公，司马文正公，苏编礼父子，程御史兄弟，其立言具在，二三子固尝读而诵之矣。其于先贤圣人之遗旨，孰为得其宗者耶，愿与闻之"②；一方面又指出，虽然他们崇礼义，尊经术，欲复二帝三代，已自胜如唐人，但说理未透。直至二程出，此理始说得透彻。特别强调了北宋经学四大家之一的二程洛学创立理学的中坚地位。全祖望认为："大程子之学，先儒谓其近于颜子，盖天生之完器。然哉！然哉！故世有疑小程子之言若伤我者，而独无所加于大程子"③，但是，"大程子早卒，向微小程子，则洛学之统且中衰矣"④！后人谓二程之学，"颢说简易，颐说缜密。颢说圆融，颐学笃实"，于异同之间互补而创道学一脉。⑤

程颢（1032—1085 年），字伯淳，程颐（1033—1107 年），字正叔，世居中山，后从开封徙居河南。颢举进士，曾任上元主簿、晋城令。熙宁初，由于吕公著的推荐，为太子中允、监察御史里行。神宗素知其名，多次召见，"前后进说甚多，大要以正心窒欲、求贤育材为言，务

---

① 《六祖坛经·般若品第二》。
② 《朱文公文集》卷七四，《策问》。
③ 《宋元学案》卷一三，《明道学案上》。
④ 《宋元学案》卷一五，《伊川学案上》。
⑤ 参见陈钟凡：《两宋思想述评》，东方出版社 1996 年版，第 129—130 页。

以诚意感悟主上"。王安石本与程颢友善，但当商议改革法令时，颢以为"尤非朝廷之福"而辞去言职。两人虽意见不合，安石犹敬其忠信，只是把他出为提点东西刑狱。程颢固辞，乃改签书镇宁军判官。"颢资性过人，充养有道，和粹之气，盎于面背，门人交友从之数十年，亦未尝见其忿厉之容"；十五六岁时，与弟颐闻汝南周敦颐论学，遂厌科举之习，慨然有求道之志。泛滥于诸家，出入于老、释者几十年，"返求诸六经而后得之"。教人自致知诚意至于平天下，洒扫应对至于穷理尽性，循循有序。死后文彦博采众议而表其墓曰"明道先生"。程颐十八岁时，上书阙下，欲天子以王道为心。游太学，见胡瑗问诸生以颜子所为何学，颐回答曰："学以至圣人之道也"；"然学之道，必先明诸心，知所养，然后力行以求至"；"后人不达，以谓圣本生知，非学可至，而为学之道遂失。不求诸己而求诸外，以博闻强记、巧文丽辞为工，荣华其言，鲜有至于道者"。治平、熙宁间，大臣屡荐，皆力辞不仕。不久被任为秘书省校书郎，既入见，擢为崇政殿说书。洛蜀党议起，遂出管勾西京国子监。久之，加直秘阁，再上表辞。元祐党案发生，被削籍贬至涪州。徽宗即位，徙峡州，俄复其官，崇宁时又因党祸见夺。"颐于书无所不读，其学本于诚"，以《大学》、《论语》、《孟子》、《中庸》为标指，而达于六经，"其见于言动事为之间，疏通简易，不为矫异"，"一以圣人为师"。程颢虽曾说："异日能使人尊严师道者，吾道也。若接引后学，随人才而成就之，则予不得让焉！"然程颐"平生诲人不倦，故学者出其门最多，渊源所渐，皆为名士"。淳祐元年（1241 年），封伊川伯，从祀孔子庙庭，世称为"伊川先生"。[①] 二程著作有《遗书》、《外书》、《文集》、《易传》、《经说》、《粹言》等六书，后合刊为《二程全书》。1980 年，中华书局将书名改为《二程集》出版。

---

① 《宋史》卷四二七，《道学一》；《宋元学案》卷一三，《明道学案上》；同书卷一五，《伊川学案上》。

　　二程兄弟作为一个解经流派，强调明经而达理。程颐说："道之在经，大小远近，高下精粗，森列于其中"；"为学，治经最好。苟不自得，则尽治《五经》，亦是空言"，要之，"治经，实学也"。① 故以治经来倡道为学，并且要求治经贵在自得，这就是确认依经明理以至于道。二程认为宋兴百余年来，教化不行，人情浇薄，"人执私见，家为异说，支离经训，无复统一，道之不明不行，乃在于此"。故要求"一道德以同俗"，"其要在于择善修身，至于化成天下，自乡人而可至于圣人之道，其学行皆中于是者为成德"。② 而达此化境的唯一途径就是要"陈圣学之端绪，发至道之渊微"，而他们自己就是儒家道统的继承人。"窃以圣人之学，不传久矣。臣幸得之于遗经，不自度量，以身任道"。③

　　为此，二程兄弟特别推崇孟子，认为孟子有功于孔门。"学者先须读《论》、《孟》。穷得《论》、《孟》，自有个要约处，以此观他经，甚省力。"④ 他们认为《大学》、《中庸》完全合于圣人之意，"《大学》乃孔氏遗书，须从此学则不差"⑤，"《中庸》一卷书，自至理便推之于事"⑥。这不仅为"十三经"的最终形成提供了道统之轨范，而且也将"四书"提高到学传之主科，从而在治经求道中奠定了二程洛学在北宋经学中的独立地位，从而成为"理学"的创立者。

　　他们把天下的学者分为三类："能文者谓之文士，谈经者泥为讲师，惟知道者乃儒学也。"首先是将"知道者"与"文士"、"讲师"相区别，主要着眼于明道与解经之间的关系，指出古之学者，因孔氏门人的系统传授，"由经以识义理"；而今之学者，在学统中断、道统不继的状况下，"都先须识义理，方始看得经"。故认为文士、讲师者流不可能"因

① ⑥　《河南程氏遗书》卷一，《端伯传师说》，《二程集》第2页。
②　《河南程氏文集》卷一，《请修学校尊师儒取士札子》，《二程集》第448页。
③　《河南程氏文集》卷六，《上太皇太后书》，《二程集》第546页。
④　《河南程氏遗书》卷一八，《刘元承手编》，《二程集》第205页。
⑤　《河南程氏遗书》卷二上，《元丰己未吕与叔东见二先生语》，《二程集》第18页。

经以明道"，这也是汉代以来解经者的流弊。于是他们强调知道者治经当先明古今为学的区别，"后世失其师传，故非明道，不能以知经"，因而倡导为学便是当务之急。由此，二程兄弟又提出："古之学者一，今之学者三，异端不与焉。一曰文章之学，二曰训诂之学，三曰儒者之学。欲趋道，舍儒者之学不可。"① 这就说明了以二程为代表的理学家对解经的认识：文士、讲师这类儒者虽然以文章经术为务，但其"文章则华靡其词，新奇其意，取悦人耳目而已。经术则解释辞训，较先儒短长，立异说以为己工而已。如是之学，果可至于道乎"②？所谓文章之学与训诂之学不过是汉学两家之流变，无论是新奇其意还是较先儒之短长，都难以表达圣人之道，唯有儒者之学可以明道知经，而后"由经穷理"，此即所谓"经所以载道"。③ 这自然就与唐宋以来在经学复兴中率先出现的"文以载道"为主旨的治经主流形成不同趣向："文以载道"者讲体用，贵经世，力尊王，其解经与汉学两家一脉相承；"经以载道"者穷义理，斥功利，尚诚心，其解经则以宋学一家独辟蹊径。仅就同一时期的"经以载道"的二程洛学，与"文以载道"的荆公新学、温公朔学、苏氏蜀学相较而言，在解经过程中，前者讲求由经穷理，而后三者则坚持通经致用。在理学家看来，荆公新学"只是说道"而"不知道"，温公朔学则"元不知学"，更何遑论道。但是在当时，"文以载道"者在经学复兴中坚持通经致用的解经主张适应了巩固大一统的富国强兵、改革积弊的迫切需要。他们要求通过对儒家经典的再阐释来建构一个具有规范性和可行性的理论体系，并随着疑经、变经、易经之风的兴起，最终出现官修群经文本，从而使这一理论体系成为教化与治世的有力工具，使经学发展与改良图治结合起来。这样，以二程为代表的"经以载道"者意在由经穷理就显得不合时宜，难以得到统治者的青睐。至此，

---

① 《河南程氏遗书》卷一八，《刘元承手编》，《二程集》第187页。
② 《河南程氏文集》卷八，《为家君作试汉州学策向三首》，《二程集》第580页。
③ 《河南程氏遗书》卷六，《二程集》第95页。

可以说当时二程洛学的现实经学意义确实远逊于其倡导的恢复道统、承续内圣之学的儒学意义，这也是二程强调解经中的新儒学学风的原因。然而，二程洛学作为统治阶层内非主流学派从事治经，正是希望通过义理之思将对儒家经典的再阐释提高到了哲理高度，赋予经学以哲学化的特质，这对于统治阶级的长治久安以及宋代之后经学发展以理学为正宗无疑是至关重要的。

正因如此，二程兄弟在解经中反对以文章训诂的形式，而是采用直指"理"、"性"的语录、口义形式，用经义片断阐明自己的思想。他们论道与解经多用"口义"，企图在"论语"式的传授氛围中完成圣人之道的世代承传。这就是所谓"以书传道，与口相传，煞不相干。相见而言，因事发明，则并意思一时传了；书虽言多，其实不尽"。① "以口传道"无论是从道统还是从学统，均被其视为回到"述而不作"的孔子去的主要途径。这样，即使难成圣人气象，至少也可作万世之师。值得注意的是，"口义"一旦用文字记载下来之后，脱离了话语的活泼效应，成为僵死的言语记载，难以引发对其所传之道的共鸣，必须纳入一定的阐释过程方能再现其真意。这样，以口传道需要坚持传道的连续性，众多书院的设立则从空间与时间上予以了有效的保障。

二程兄弟认为今之学者与古之学者相比，最根本的症结就是"传经为难"。他们认为，汉代经学只是以章句训诂为事，不仅"不知要"，而且更"不知道"。改变这一现状就要求致思明理，然后方可使传经不再难。故治经之要，二程洛学以为首在"识义理"，再进一步就是进行关于圣人之道的理论体系阐释了。"圣人德盛，与天为一"，故圣人之道即天之理。程氏兄弟不无自得地说："吾学虽有所受，天理二字却是自家体贴出来。"② 二程兄弟在宋代经学中的突出贡献就是首次把"理"作

---

① 《河南程氏遗书》卷二上，《元丰己未吕与叔东见二先生语》，《二程集》第26页。
② 《河南程氏外书》卷十二，《传闻杂记》，《二程集》第424页。

为其学说的最高范畴，把传统儒学建立在"天理"的基础上，确立了理学的思想体系。"上天之载，无声无臭之可闻。其体则谓之易，其理则谓之道，其命在人则谓之性，其用无穷则谓之神，一而已矣。"① 要言之，"道之外无物，物之外无道，是天地之间无适而非道也"②。而道在人类社会就体现为仁。首先是"仁者，天下之正理。失正理，则无序而不和"③。"仁"不仅是人格精神的最高境界，而且也是社会秩序的最高准则，此即所谓"仁道难名，惟公近之，非指公为仁也"④，可见"仁"确实为天下正理。其次是"诚则无不敬，未至于诚，则敬然后诚"⑤，由此而仁理自明。至此，通过对于天理的致思，进行了道归于仁的范畴体系建构，成为解经的明道基础。

"进学莫先乎致知，养心莫大乎理义"⑥。这是二程洛学关于治经途径的概述。首先，"学以知天为本"，"不知天，则于人之贤否愚智，有所不知，虽知之，有所不尽"。⑦ 故"学莫大于知本末终始。致知格物，所谓本也，始也；治天下国家，所谓末也，终也。治天下国家，必本诸身"；"格犹穷也，物犹理也，若曰穷其理云尔。穷理然后足以致知，不穷则不能致也"。简言之，致知在格物，"不知格物而欲意诚心正而后身修者，未有能中于理者也"。⑧ 由此可证，《大学》之为二程洛学所推崇的原因之一，即在提供了进学之途。其次，治学的方法在于"求于内"，"不求于内而求外，非圣人之学也"。⑨ "义有至精，理有至奥，能自得之，可谓善学矣"。由致知到养心，唯以诚一以贯之，一方面"进学不诚则学杂"，另一方面"学之而不养，养之而不存，是空言也"，故此

---

①⑦ 《河南程氏粹言》卷一，《论道篇》，《二程集》第 1170 页。
② 《河南程氏遗书》卷四，《游定夫所录》，《二程集》第 73 页。
③ 《河南程氏粹言》卷一，《论道篇》，《二程集》第 1173 页。
④ 《河南程氏粹言》卷一，《论道篇》，《二程集》第 1171 页。
⑤⑥ 《河南程氏粹言》卷一，《论学篇》，《二程集》第 1188 页。
⑧ 《河南程氏粹言》卷一，《论学篇》，《二程集》第 1197 页。
⑨ 《河南程氏粹言》卷一，《论学篇》，《二程集》第 1198 页。

"学至涵养其所得而至于乐，则清明高远矣"。[①]"《中庸》言诚便是神"，以此亦略见二程洛学善用《中庸》指导为学之一斑。[②]

二程还认为，"仁"作为儒学的普遍价值原则，是圣人之道的人文体现，故"学者须先识仁"，这对于切于人事的经学来说至关重要。以仁为核心就能将明道与为学统一起来，"仁则一，不仁则二"，"在物为理，处物为义"，[③] 从而识义理而后方治。所以，"学者识得仁体，实有诸己，只要义理栽培。如求经义，皆栽培之意"[④]。至此，二程洛学已经开出切实可行的治经路向来。

二程在释经上，认为虽然孔孟无书，所传皆口义，但"孔子言语，句句是自然；孟子言语，句句是实事"[⑤]，皆有功于圣人之道。所以二程注重《大学》、《中庸》，认为是夫子之道的真传。"《大学》之道，'在明明德'，明此理也"[⑥]；《中庸》之理，在"忠恕违道不远"，传夫子之道矣，[⑦] 从而直接促进《大学》、《中庸》最终成为《四书》中的一部分，对宋以后的经学发展产生了决定性的影响。

虽然二程兄弟通过"口义"对群经进行不同形式的解说，但其缺陷有二：一是从明道的层面上分述各经之义，较少对各经文本进行解读；二是多借答门人问来解经，留下的记录显得颇为支离与混乱，且流传范围较狭窄。这自然不利于二程的解经思想在当时的扩散，以及社会对其经学地位的广泛承认。因此，他们在治经时，也不得不借助儒经来阐发思想。下面简述之：

治群经而欲穷经旨，以何经为先？对于这一问题，二程的回答是："于《语》、《孟》二书知其要约所在，则可以观五经矣。读《语》、《孟》

---

① 《河南程氏粹言》卷一，《论学篇》，《二程集》第 1189 页。
② 《河南程氏遗书》卷一一，《师训》，《二程集》第 119 页。
③ 《河南程氏粹言》卷一，《论道篇》，《二程集》第 1175 页。
④ 《河南程氏遗书》卷二，《元丰己未吕与叔东见二先生语》，《二程集》第 15 页。
⑤ 《河南程氏遗书》卷五，《二程集》第 76 页。
⑥ 《河南程氏遗书》卷一二，《戊冬见伯淳先生洛中所闻》，《二程集》第 136 页。
⑦ 《河南程氏遗书》卷一，《端伯传师说》，《二程集》第 8 页。

而不知道，所谓'虽多亦奚以为'?"① 这样，由《论语》、《孟子》而渐及五经，就是所谓"知道者"的解经顺序，其根基依然在明理以知经。

二程《论语解》系按章句进行有选择的阐释。在《学而》一篇中，就首先指出"为仁以孝弟为本"，而"论性，则仁为孝弟之本"，"本立则其道充大"。从性与道出发，强调了以仁孝为本，又区分了仁与孝的体用关系。此外还分别涉及有关义、礼、智、信诸方面的内容，所谓"仁民"、"德容"、"民绎"和"忠信"，提出君子具诚敬之心，则"贫无谄，富无骄，能处其分也。乐与好礼，能自修也"。这就实现了"知道者"在解读《论语》中明仁理而达经义的目标。《论语解》中以后的各篇保持了这一解经的思辨意向，从而成为解读其他各经的基础。二程《孟子解》现存者皆是后人纂集《遗书》、《外书》中有关二程对经的解说，故全为"口义"。《孟子》虽无《论语》那样的"圣人气象"，但为理学—道德、明天理提供了救正养心之理，并借此作为观经的立足点。对于《周易》，程氏用力最勤，《周易程氏传》至少有四卷，但仍系"草具未成"之作。不过，"程子不信邵子之数，故邵子以数言易，而程子此传则言理"，② 同样也展示了明理而知经的治经轨迹。由《周易程氏传》看来，天理与人事也无非是圣人之道的体与用，诚所谓"天下之理，易简而已。有理而后有象，'成位乎其中'也"③。二程《书解》首先针对《尚书》中的三坟五典承认其有大道与常道之分，然后提出质疑；其次认为孔子删"书"的根据在于"旧书之过可见也，芟夷繁乱，剪截浮辞，举其宏纲，撮其机要"。《书解》中仅为《尧典》、《舜典》、《武成》作解，是因为二程认为"至尧而与世立则，著其典常，成其治道"，圣人于此始为天下立法。④《诗解》中指出孔子删诗"得三百篇，皆止于礼义，可以垂世立教"，故所解读之诗也就经

---

① 《河南程氏粹言》卷一《论书篇》，《二程集》第 1204 页。
② 《四库全书总目》卷二，《经部·易类二》。
③ 《河南程氏经说》卷一，《易说·系辞》，《二程集》第 1027 页。
④ 《河南程氏经说》卷二，《书解》，《二程集》第 1032、1033 页。

过有意选择，着眼点在"所以风化天下"以求天下之治。这样，《诗经》就成了自周文王以来人文化成之道的历史见证。《春秋传》一开始就总称："夫子之道既不行于天下，于是因《鲁春秋》立百王不易之大法"，然后选择能体现此说的有关条目作"传"，既反对将《春秋》当作历史看，又要求把握《春秋》中的"大义"，尤其是"隐义"，而认为解读《春秋》的关键在于："夫观百物然后识化工之神，聚众材然后知作室之用，于一事一义而欲窥圣人之用心，非上智不能也。故学《春秋》者，必优游涵泳，默识心通，然后能造其微也。"① 《礼序》称"礼经三百，威仪三千，皆出于性，非伪貌饰情也"。然后并不传解三《礼》，而强调圣人制礼是为了行义，"礼固行矣"。②

程氏兄弟虽然遍论各经，但基本上都未能解其全经，即使是《礼记》中的《大学》和《中庸》，对于前者也不过是两人各自单独分别进行"改正"，而对于后者两人似乎均曾为之作解，然今人终不得见。③ 当然，这并不是否认二程洛学开创理学的经学地位和经学影响。从上述解说各经的特点总起来看，可以说它是从明理以知经的哲理层面上，通过经以载道的价值取向，借助由经穷理的阐释形式，来建构一个哲学化的解经模式。

第三节　理学体系的确立

宋代理学家在阐发"天人之际"思想时，一方面重新光大韩愈等倡导的儒学道统，另一方面也为确立新的学派而作不懈的努力。光大道统既是当时儒家学者所一致倡导的新儒学理想，同时也是长期以来儒学排

---

① 《河南程氏经说》卷四，《春秋传序》，《二程集》第 1125 页。
② 《河南程氏文集·遗文·礼序》，《二程集》第 668 页。
③ 《河南程氏经说》卷五，《明道先生改正大学》、《伊川先生改正大学》，《二程集》第 1126—1132 页，参见第 1165 页。

斥佛、老异端，维护以三纲五常为核心的封建正统伦理道德的需要。从经学角度看，宋代理学家重新发扬自尧、舜、禹、汤、文、武、周公以来的儒学道统，主要是通过对五经的阐释来完成，由此给予经学新的活力，重新塑造一个以经义、原典为基础的儒学正统（宗）形象。北宋时期，二程洛学援佛、老入儒，形成疑经、改经、删经新风，形成以"内圣"为主的理学学派，就是这一努力的体现。但随着理学学派的形成，儒家经学理论开始向着更精致、更细微的思辨性方向发展。南宋时期，在理学内部，逐渐形成比较明确的两大理学学派，这就是以朱熹理学与陆九渊心学为首的两大学派。朱陆学派的形成，是宋代儒学思潮发展的结果，也是儒学理论精致化、哲理化的必然趋势。以朱熹为代表的理学阐经派，除了以"经义"释己见外，还在经义、原典上下工夫，将训诂、考证、达意相结合，形成较完备的经学构架。如朱熹在《易》学上，对历代象数、义理、图书各派均有所吸取，有所批评、取舍，既反对烦琐的咬文嚼字，又反对完全脱离文本、不着边际的阐发义理。所以朱熹解《易》兼具诸家之长，以原典为本，会通于一，吸取各派而不专主《程易》，构成其博大的易学体系。这也是朱熹经学思想的特点。而以陆氏为代表的"六经注我"派，则直承北宋以来援佛、老入儒、疑古惑经、凭己意解经的风气，主张"收拾精神，自作主宰，万物皆备于我"①，"宇宙便是吾心，吾心即是宇宙"②。其解经方法强调"六经注我"，将以己意解经阐经发展到一个高峰，故被时人称为"一味是禅"，流入禅学。朱陆两派的形成，使经学在训诂达字、文本阐释、义理分析上都表现出两种截然不同的路径与风格，并使宋代经学走向一个新的发展阶段。

---

① 《陆九渊集》卷三五，《语录下》，中华书局 1980 年版，第 455 页。
② 《陆九渊集》卷二二，《杂说》。

一、朱熹集理学大成

朱熹（1130—1200 年），字元晦，一字仲晦，号晦庵，别称紫阳，徽州婺源（今江西婺源县）人，侨寓福建建阳。父朱松，曾第进士，历官司勋、吏部郎，以不附和议得罪秦桧，后免去官位。朱熹年十四即丧父，尊父遗命师事刘致中等三人。"年十八贡于乡，中绍兴十八年（1148 年）进士第"①，时年十九岁。三年后，"主泉州同安簿，选邑秀民充弟子员，且与讲说圣贤修己治人之道，禁女妇之为僧道者。罢归请祠，监潭州南狱庙"，其间始师事李侗。孝宗即位，诏求直言，熹上书言事，提出"帝王之学不可以不熟讲"。他说："古者圣帝明王之学，必将格物致知，以极夫事物之变"，使"义理所存，纤微毕照"，"则自然意诚心正，而所以应天下之务"。②及至隆兴元年（1163 年），帝复召朱熹入对。他又奏陈"古先圣王所以强本折冲，威制远人之道"，于是"除熹武学博士，待次"。淳熙元年（1174 年），主管台州崇道观。淳熙五年（1179 年），知南康军，"兴利除害"，"间诣郡学，引进士子与之讲论。访白鹿洞书院遗址，奏复其旧，为《学规》俾守之"。后以朱熹提举浙东常平茶盐，屡进言"正心诚意"之论。宁宗即位，赵汝愚首荐朱熹及陈傅良，赴行在奏事，并任命为焕章阁待制，侍讲。当时，韩侂胄自谓有定策功，居中用事。朱熹深为不满。其后，"侂胄势益张"，遂诬朱熹之学为"伪学"。熹既没，将葬，言者谓："四方伪徒期会，送伪师之葬，会聚之间，非妄谈时人短长，则谬议时政得失，望令守臣约束。"韩侂胄死后，才诏赐熹遗表恩泽，谥曰文。寻赠中大夫，特赠宝谟阁直学士。理宗宝庆三年（1227 年），赠太师，追封信国公，改徽国。"淳祐元年（1241 年）正月，上视学，手诏以周、张、二程及熹从祀孔子庙"，因此而钦定道学为经学正宗，承认程朱理学的学统，而朱

---

① 《宋史》卷四二九，《道学三·朱熹传》。以下所引同。
② 《朱文公文集》卷一一，《壬午应诏封事》。

子理学也就俨然成为"道之正统"。①

朱熹自称:"旧时亦要无所不学。禅、道、文章、《楚辞》、《诗》、兵法,事事要学。一日忽思之曰:'且慢,我只一个浑身,如何兼得许多?'自此逐时去了。"由此而主张:"学者须是主一上做工夫。若无主一工夫,则所讲底义理无安著处,都不是自家物事。工夫到时,才主一,便觉意思好,卓然精神"。②"一念之顷必谨而察之:此为天理耶?人欲耶?果天理也,则敬以充之,而不使其少有壅淤;果人欲也,则敬以克之,而不使其少有凝滞。"所以,《宋史》称道朱熹:"其为学,大抵穷理以致其知,反躬以践其实,而以居敬为主。尝谓圣贤道统之传散在方册,圣经之旨不明,而道统之传始晦。于是竭其精力,以研究圣贤之经训。"朱熹一生著述颇丰,所著书有《周易本义》、《易学启蒙》、《诗集传》、《大学章句》、《四书或问》、《论语孟子集注》、《太极图说》、《西铭解》、《楚辞集注》、《楚辞辨证》、《韩文考异》等;所编次书有《论孟集义》、《孟子指要》、《中庸辑略》、《孝经刊误》、《小学》、《资治通鉴纲目》、《宋名臣言行录》、《家礼》、《近思录》、《河南程氏遗书》、《伊洛渊源录》等,皆行于世。朱熹死后,朝廷以其《大学》、《中庸》、《论语》、《孟子》章句集注立于学官,后又作为封建地主阶级正统意识形态,作为科举取士的内容,被法典化、原典化,朱熹也就成为封建社会后期统治阶级推崇的"圣人"。

朱熹以恢复道统正传而自居,一方面,通过对儒学理论的考究,使理学更加哲理化、思辨化;另一方面,则通过对"圣贤之书"经典的阐释来宣扬理学理论,使之广泛传播。他强调读史明经,阐经明理,将"经以载道"进一步扩充为"依经明理",将原儒之说发明扩大为对《四书》之推崇。为此,他相继校订《谢上蔡先生语录》,编次《程氏遗

---

① 《宋元学案》卷四八,《晦翁学案上》;《宋史》卷四二九,《道学三》。
② 《宋元学案》卷四八,《晦翁学案上·语要》。

书》、《程氏外书》，同时又作《西铭解》、《太极图说》、《通书解》、《四书章句集注》等，认为这些书"诚能主敬以立其本，穷理以进其知，使本立而知益明，知精而本益固"①。同时，他又编《伊洛渊源录》，"尽载周程以来诸君子行实文字"②，尤其是周、程、张"四君子之全书"，"俱初学者不知所入也"。"因共掇取其关于大体而切于日用者以为此编，总六百一十二条，分十四卷"的《近思录》，"盖凡学者所以求端用力，处己治人之要，与夫辨异端、观圣贤之大略，皆粗见其梗概"③。这就将对先圣先贤之书的传播与对儒学经典义理的"辨正"结合起来，极为迅速地扩大了理学的影响。

朱熹作为一个杰出的理学家，对理学义理有诸多创意。他在"天理"的最高层次的概念体系上，提出了"理"、"性"、"仁"、"天地之心"、"太极"、"道"等同类层次的范畴，使天理更加思辨化、哲理化；在由本体（理）到人（心）的气化流行过程中，则提出"心主性情"，"心"、"性"、"情"的三分结构；在认识论上，则将"格物致知"作为"理会"、"践行"两大内容，提出"持敬"、"主静"等思想。④ 这些思想的提出，都是对先圣原典的一种理论阐释与转化。例如"仁"、"太极"、"天地之心"、"道"，就主要是通过对《易》、《孟子》等经典而阐释出来。这是朱熹对"经"与"理"论证关系的一个基本思路。他再次对周、张等人著作作《西铭解》、《太极图说》、《通书解》等，就是希望言之有据，出之有典；同时又不囿于先儒之陈见。在朱熹看来，阐释理学义理应以圣贤原典为本。但由汉到宋，解释五经的著述汗牛充栋，各种学说杂陈。而谈经者往往把经义原本低下者拔高，原本浅近者凿之深而推之远，原本显明者反而弄得晦涩。为此，他致力于发掘"圣贤意"，

---

① 《朱文公文集》卷七五，《程氏遗书后序》。
② 《朱文公文集》卷三三，《答吕伯恭》。
③ 《朱文公文集》卷八一，《书近思录后》。
④ 参见李禹阶：《中国传统思想与思维方式论集》，西南交大出版社1994年版。

反对对经典人为的牵强附会。在解经方法上，认为读经只需据所读本文，逐句理会分明就行了，不须旁及外说，枝蔓游衍。要求在依经中明理，不以私意解经。他指出："今学者不会看文章，多是先立私意，自主张己说。只借圣人言语做起头，便自把己意接说将去。病痛专在这上，不可不戒。"① 而对于北宋以来的疑经、惑经之风，他颇不以为然，认为应当以原经为本。对于传注，他也"惟古注不作文，却好看。只随经句分说，不离经意，最好。疏亦然。今人解书，且图要作文，又加辨说，百般生疑。故其文虽可读，而经意殊远。程子《易传》亦成作文，说了又说。故今人观者，更不看本经，只读传，亦非所以使人思也"。总而言之，传注必须不脱离原经文本，不可舍经求传。"解经不可便乱说，当观前后字义"；"解经谓之解者，只要解释出来，将圣贤之语解开了，庶易读"。② 可见朱熹在解经方法上仍然坚持"随文解义"的传统。为了使学者能读懂经典原著，朱熹辑了《小学》一书，"受之童蒙，资其讲习"，"教人以洒扫应对进退之节，爱亲敬长、隆师亲友之道，皆所以为修身、齐家、治国、平天下之本"；又"与同志颇辑旧闻，为书四篇，以示初学"，而成《易学启蒙》，又作《孝经刊误》。③ 较之二程洛学的"经以载道"，朱子理学的"随文解义"更能体现出依经明理的解经特征。

朱熹之于五经最重视《易》、《礼》、《诗》。他同张载、二程等理学家一样，认为与佛、道二教抗衡，当先密构儒学之天道观和宇宙观。而旧时解《易》者，派别繁多，学说纷纭，其解经屡有差池，后人"好用自己意，解得不是"④。同时，"《易》中详识物情，务极人事，都是实有此事"，于儒学极有补益。对治《易》的图书、象数、义理各派，朱

① 《朱子语类》卷一一七，《训门人五》，第2811页。
② 《朱子语类》卷一一，《读书法下》，第193页。
③ 《朱文公文集》卷七六，《题小学》、《易学启蒙序》。
④ 《朱子语类》卷七三，《易九》，第1852页。

熹则不拘一说，有所批评、吸收、扬弃。他认为："近世学者类喜谈《易》而不察乎此，专于文义者既支离散漫而无所根着，其涉于象数者又皆牵合傅会。"① 故他杂糅百家，以成一家之言。对于《易》本义，他主张还其"卜筮"书的真面目，从卜筮出发解《易》。这实际上说出了《易》初创的性质。在这个基础上，他反对望文生义，生搬硬套，以"理"解《易》、附会《易》的做法。尤其对于程氏《伊川易传》，他认为颇具望文附会、脱离卦爻本意之嫌。他批评程颐说：程氏把《易》理推说得无穷，"只是于本义不相合。"② 他在《周易本义》、《易学启蒙》两部书的首篇都画出河图、洛书，两书里还绘有伏羲先天四图、文王后天二图，及一幅卦变图，认为"自伏羲以上，皆无文字，只有图书，最宜深玩，可见作易本原精微之意"③。

朱熹在反对仅以文字解《易》的同时，又批评专以图书、象数解《易》的诸家学派，认为易是从卜筮卦、爻中讲出天地道理、宇宙演变的经典，研究《易》不能光停留在卜筮卦、爻上，须将图书与义理结合，"理"、"象"、"辞"相互结合。明"天理"是解《易》的根本，离开这个"本"，使卦、爻之解不能上升到"理"的高度，便是违背圣人制《易》之意。因而他主张在解《易》上做"工夫"，先明"象"、"辞"，通过对"象"、"辞"的阐发而明圣人"幽微之意"："要须先以卜筮占决之意，求经文本意，而复以传释之，则其命词之意，与其所自来之故，皆可渐次而见矣！"④ 如《易》乾卦"元亨利贞"，文王重卦为"大亨利于守正"，孔子谓："元者，善之长也；亨者，嘉之会也；利者，义之和也；贞者，事之干也。"两者在词义解释上显然有别。朱熹则认为，自伏羲以来，《易》在图书、义理上都在发展，"伏羲自是伏羲

① 《朱文公文集》卷七六，《易学启蒙序》。
② 《朱子语类》卷六七，《易三》，第1651页。
③ 《易本义·卦变图后》。
④ 《朱子别集》卷三。

《易》，文王自是文王《易》，孔子自是孔子《易》"①，是在推原阴阳消息、吉凶悔吝时渐渐发展出社会道德伦理及天道人性。

他解其他诸经亦如此。如《礼》经，朱熹既反对脱离经书原意支离臆说，亦反对死守师说、泥于训诂文字而不通流变。他虽身为二程数传弟子，但在解《礼》上实事求是，不偏执师说，而以社会效用和通变为主。如于二程与司马光在家礼考订上的褒贬，他说："温公之说亦适时宜，不必过泥古礼。即且从俗，亦无甚害。且从温公说，庶几寡过。大抵今士大夫家，只当且以温公之法为定，伊川考之未详。"② 再如对《尚书》诸篇，朱熹亦博采百家，颇具慧眼，屡有新解。他认为，像《尧典》、《舜典》、《大禹谟》之类，是经史官润色的作品，既反映虞舜时代的社会情况，又包括后代儒家学者的许多构想。像《周诰》等篇，"恐只似如今榜文晓喻俗人者，方言俚语，随地随时，各自不同"③。确是一语中的。

朱熹解经博采众家之长，弃诸家之短，同时对于历代注经解经者时有评骘。如宋儒对汉代经学家往往持鄙夷态度，驳之不晓义理。朱熹则不同意当时流行的这种观点，对汉儒既不一概否定，也不盲目推崇。他认为，经学之盛自秦汉时起，"秦汉诸儒解释文义，虽未尽当，然所得亦多"④。再如对后汉郑、王诸经学大师，他认为："后汉郑玄与王肃之学互相诋訾，王肃固多非是，然亦有考援得好处。"⑤ "康成也可谓大儒。""郑康成是个好人，考礼名数大有功，事事都理会得。"⑥ 因此朱熹注经，往往兼收并蓄，择善而从，这是他与当时理学家的不同之处。

朱熹在解经上十分注重考辨，反对凭己意删经、改经或纯粹无根据

---

① 《朱子语类》卷六七，《易三》，第 1645 页。

② 《朱文公文集》卷六四，《答郭子从》。

③ 《朱子语类》卷七八，《尚书一》，第 1981 页。

④ 《朱文公文集》卷三一，《答张敬夫》。

⑤ 《朱子语类》卷八三，《春秋》，第 2171 页。

⑥ 《朱子语类》卷八七，《礼四》，第 2226 页。

的疑经。他认为自魏晋玄学始，在解经方法上就出现偏执一端的现象。"自晋以来，解经者却改变得不同，如王弼、郭象辈是也。汉儒解经，依经演绎，晋人则不然，舍经而自作文。"① 使经义真伪不可辨。为此，他提倡在解经方法上学习汉儒，先通晓经义文辞然后再演绎其义。朱熹撰《仪礼经传通解》，以《仪礼》为经，而取《礼记》及诸经史杂书所载凡及于礼者，皆以附于本经之下，具列注疏诸儒之说，至晚年仍时常修葺，定取此名。再如他撰《四书章句集注》，其引古注，有董仲舒、司马迁、扬雄、马融、郑玄、服虔、孔安国、赵岐、王肃、何晏、皇侃、陆元朗、赵伯循、韩愈等十五家，引宋人注者四十一家。他考辨经文谨慎，对不同注家的异说及经文异文往往并存之，不一意删削。如他撰《论语集注》，《雍也》篇第六有："子曰：君子博学于文，约之以礼，亦可以弗畔矣夫！"又见于《颜渊》篇第十二，唯无"君子"二字。朱熹仅于《颜渊》篇下注云："重出。"而不加以删节。再如《述而》篇，有："互乡难与言。童子见，门人惑。子曰：与其进也，不与其退也，唯何甚。人洁己以进，与其洁也，不保其往也。"朱熹注云："疑此章有错简。'人洁'至'往也'十四字，当在'与其进也'之前。洁，修治也。与，许也。往，前日也。言人洁己而来，但许其能自洁耳……'唯'字上下，疑又有阙文，大抵亦不为己甚之意！"朱熹以此文有错简缺文，但亦存其说于注中，不加臆改，说明其注解经文之严谨态度。

朱熹反对离经衍说，强调只就经义文字上翔实考证，重视训诂工夫。光宗绍熙元年（1190 年），朱熹年六十一，还刊四经四子书于漳州，其中多有心得。如对《尚书》一经，他既疑伏（生）、孔（安国）《尚书》之相异，又疑《书序》之不可信。"汉儒以伏生之书为今文，而谓安国之书为古文。以今考之，则今文多艰涩，而古文反平易。""至诸序之文，或颇与经不合，如康诰、酒诰、梓材之类。而安国之序，又绝

① 《朱子语类》卷六七，《易三》，第 1675 页。

不类西京文字。亦皆可疑。"① 在详察文字、考辨古今的基础上，朱熹提出《古文尚书》之不可信一说，破中国经学史上数百年之谜。这些贡献，均与他翔实考论、博洽通贯有紧密关系。

朱熹解五经，既博洽义理，考辨文字；又不迷信古经，对经书文字繁衍者给予考订，剥脱出义理。如他认为五经中，惟《春秋》、《周礼》皆无佐证，强说不得。若穿凿说出来，便是侮圣言。不如且研究义理。义理明，即可举一反三，融会贯通。所以朱熹依春秋大义而辑成《三朝名臣言行录》，以"国朝名臣言行之迹，多有补于世教"者，"掇取其要，聚为此录"。② 朱熹"读《尚书》，可通则通，不可通，姑置之"③。对于《易》与《诗》，朱熹有专攻。他认为："《易》与《春秋》，天人之道也。《易》以形而上者说出在那形而下者上；《春秋》以形而下者说上那形而上者去"，"《诗》、《书》、《礼》、《乐》皆是说那已有底事，惟是《易》说那未有这事"。④ 因此，《易》难解之处甚多，故不得以文义解《易》；同样，他认为《易》之象、数也不能完全说明其蕴涵之性质，因此"《易》之象理会不得"，故不得仅仅以象、数解《易》。⑤ 于是，朱熹便作《蓍卦考误》，以证《周易》"只是理会卜筮，大概只是说个阴阳。因阴阳之消长，却有些子理在其中"⑥。这样，朱熹的《周易本义》在于发明"道字宏大、理字精密"的形而上意义，能够"复先圣之旧文，破俗儒之陋见"，并经钦定进而御纂，最终成为读《易》之人的"彝训"。⑦

朱熹对于形而下之《诗》，则提出："圣人有法度之言，如《春秋》、《书》、《礼》是也，一字皆有理。如《诗》亦要逐字将理去读，便都碍

---

① 《朱文公文集》卷八二，《书临漳所刊四经后》。
② 《朱文公文集》卷七五，《三朝名臣言行录序》。
③ 《朱子语类》卷七八，《尚书一》，第1988页。
④ 《朱子语类》卷六七、七五，第1672、1922页。
⑤ 《朱子语类》卷六六，《易二》，第1641页。
⑥ 《朱子语类》卷六六，《易二》，第1623页。
⑦ 《四库全书总目》卷三，《经部·易类三》"周易本义"条。

了";"看《诗》,义理外更好看他文章",《小序》"不会宽说,每篇便求一个实事填塞了";"无证而可疑者,只当阙之,不可据《序》作证,……委曲牵合,必欲如序者之意,宁失诗人之本意不恤也。此是序者大害处"。① 然而朱熹初作《诗集传》,"其说全宗小序,后乃改从郑樵之说,是为今本"②,故其《诗集传序》过分强调"诗教",要求"章句以纲之,训诂以纪之,讽咏以昌之,涵濡以体之,察之情性隐微之间,审之言行机枢之始"③,也就有违"孔子取《诗》只取大意","不要死杀看了"的读《诗》之旨。④ 因而读《诗》之要在于:"读书之法,须识得大义,得他滋味。没要紧处,纵理会得也无益。大凡读书,多在讽诵中见义理。况《诗》又全在讽诵之功"。"某二十岁前后,已看得书大意如此,如今但较精密。日月易得,匆匆过了五十来年"。⑤ 足见朱熹对经书日趋析理精密是长期探索的结果。

朱熹还十分重视《语》、《孟》,认为:"《语》、《孟》工夫少,得效多。六经工夫多,得效少"。⑥《四书》较之五经更好,就在于它们所记载的"圣人语言甚实",且"即吾身日用常行之间可见。不必求之太高"而事半功倍。所以,"自尧舜以下,若不生个孔子,后人去何处讨分晓?孔子后若无个孟子,也未有分晓。孟子后千数载,乃始得程先生兄弟发明此理"。不过,"明道说话,亦有说过处","又其说阔,人有难晓处";"伊川较子细,说较无过,然亦有不可理会处"。⑦ 他认为,程氏解经有是有非:"程子说,或一句自有两三说,其间必有一说是,两说不是。理一而已,安有两三说皆是之理?盖其说或后尝改之,今所以与之异者,安知不曾经他改来!盖一章而众说丛然,若不平心明目,自有主张

---

① ④ 《朱子语类》卷八〇,《诗一》,第 2082、2083、2072、2077、2065、2084 页。
② 《四库全书总目》卷一五,《经部·诗类一》"诗集传"条。
③ 《朱文公文集》卷七六,《诗集传序》。
⑤ 《朱子语类》卷一〇四,《朱子一》,第 2612、2613 页。
⑥ 《朱子语类》卷一九,《语孟纲领》,第 428 页。
⑦ 《朱子语类》卷九三,《孔孟周程张子》,第 2350、2359 页。

断入一说，则必无众说皆是之理。"① 可见，朱熹解《论语》、《孟子》不仅不迷信程氏兄弟，坚持据理而定其是非；而且还不断修正己说，依理而定于一说。于是从《论语要义》到《论语训蒙口义》，而后《论孟集义》，其所辑附的解经名家有二程及张载、范氏、程氏、谢氏、游氏、杨氏、侯氏、尹氏、周氏诸家之说。最后他著《论孟集注》时，鉴于"前辈解说，恐后学难晓，故《集注》尽撮其要，已说尽了，不须更去注脚外又添一段说话"②。除了免去"看文字甚费力"之外，更可以直接"断其是非"，③ 此所谓"理一而已"。随后，朱熹又定《大学》和《中庸》章句。《四库全书总目》谓："《中庸说》二篇见《汉书·艺文志》，戴颙《中庸传》二卷、梁武帝《中庸讲疏》一卷见《隋书·经籍志》；惟《大学》自唐以前无别行之本，然《书录解题》载司马光有《大学广义》一卷、《中庸广义》一卷，已在二程以前，均不自洛、闽诸儒始为表章。特其论说之详，自二程始，定著'四书'之名则自朱子始耳。"④ 所以，《大学》一篇，经文二百零五字，传十章，宋代只见于戴氏礼书，而简编散脱，传文颇失其序，二程曾校正。朱熹以二程校本为基础，十章中一、二、三章从程氏"致正"本而增其传，四、五章为朱熹自定，六章从程氏本，七章以下并从《礼记》。而《中庸》一篇，朱熹认为："子程子以为孔门传授心法，且谓善读者得之终身用之有不能尽，是岂可以章句求哉。然又闻之，学者之于经，未有不得于辞而能通其意者，是以敢私识之，以待诵习而玩心焉。"⑤ 朱熹将《四书》置于五经之上，敢于大胆据孔孟"内圣"之意剪裁经书，这是理学能别开宋代经学生面的一个重要原因。

① 《朱子语类》卷一〇五，《论自著书》，第 2626 页。
② 《朱子语类》卷一九，《语孟纲领》，第 438 页。
③ 《朱子语类》卷一二〇，《训门人八》，第 2886 页。
④ 《四库全书总目》卷三五，《经部·四书类一》"大学章句、论语集注、孟子集注、中庸章句"条。
⑤ 《朱文公文集》卷八一，《记中庸后》。

朱熹在解经过程中认为《大学》最难。他说："某于《论》、《孟》，四十余年理会，中间逐字称等，不教偏些子。学者将注处，宜子细看。""《中庸》解每番看过，不甚有疑；《大学》则一面看，一面疑，未甚惬意，所以改削不已"。① 其原因就在于朱熹根据理学格物致知的认识论，认为"学问须以《大学》为先，次《论语》，次《孟子》，次《中庸》"；其关键在"先读《大学》，可见古人为学首末次第，且就实处理会却好，不消得专去无形影处理会"；"《中庸》工夫密，规模大"。② 尽管朱熹曾称"某《语孟集注》，添一字不得，减一字不得"，但他最终不得不说："某释经，每下一字，直是称等轻重，方敢写出"。③ 对于《大学》则慎而修之不已，以便从日用常行而推至天理处，事半功倍，举一反三，于是《四书》为五经之阶梯，而《大学》为学者解经之始基。这就是："大抵朱子平生精力，殚于《四书》，其剖析疑似，辨别毫厘，实远在《周易本义》、《诗集传》上。"④ 从经学史发展的角度来看，朱子在理学的宗主地位正是由《四书》所奠定的。

朱熹吸取各家之长而不专主一说，考辨、义理并重的思想方法，使他成为宋代经学的集大成者。皮锡瑞在《经学历史》中指出："汉学至郑君而集大成，于是郑学行数百年；宋学至朱子而集大成，于是朱学行数百年。懿彼两贤，师法百祀。"⑤ 纵观朱熹对经学的贡献，主要有以下诸方面：

1. 博涉多方，涵泳恢弘。朱熹一生于经学涉猎甚广，对《四书》、五经无所不治，且治经学、文学、史学、理学于一炉，互相发明，足堪大家。他的《诗集传》，杂采《毛诗》、《郑笺》，间用三家义，探求诗经

---

① 《朱子语类》卷六二、一九，《语孟纲领》，第437页。
② 《朱子语类》卷一四，《大学一》，第249、250页。
③ 《朱子语类》卷一九，《语孟纲领》，第437页；卷一〇五，《论自注书》，第2626页。
④ 《四库全书总目》卷三五，《经部·四书类一》"大学章句、论语集注、孟子集注、中庸章句"条。
⑤ 《经学历史·经学积衰时代》。

本义，见解与《毛诗序》多有不同；于《尚书》，他口授弟子蔡沈作《书集传》。其中二典、三谟经朱熹本人亲手点定，多述旧闻，酝酿群言而断以己意。于《易》，先后作《周易本义》（1177 年）、《易学启蒙》（1186 年）等。两书互为"体用"，旨在纠正当时学者对经书"支离散漫"、"牵合附会"之弊，推阐圣人所以观象画卦，揲著命爻，决嫌疑，定犹豫，而不迷于吉凶悔吝之蕴。于《礼》，他则作《古今家祭礼》、《仪礼经传通解》等。《仪礼经传通解》一书，凡三十七卷，续二十九卷，共六十六卷，包括《家礼》、《乡礼》、《学礼》、《邦国礼》、《王朝礼》等。该书以礼制言，古礼梗概节目完备，为研究古代礼制重要资料。于《春秋》，朱熹虽未专有撰述，但他所著《资治通鉴纲目》，以春秋义法裁定历史，辨正闰顺逆，严篡弑之诛，对《春秋》学在后代的广为流传有极重要作用。此外，朱熹于《四书》更多所论著。总之，朱熹广博的学识和深厚的学术修养，使他遍注群经，著作宏富，为经学的发展作出了极为特殊的贡献。

2. 独具慧眼，屡有创意。经学绵延至宋，已愈千年，诸家学说，真伪难辨。朱熹对六经每有独到见解，为学者所肯定。如于《易》经，他定为卜筮之作，"本只是为卜筮"①，由此否定了自汉以来《易》的神圣的圣典性质，使《易》之真面目见诸于世。对于《诗》经，朱熹突破了"《诗》三百篇，一言以蔽之，曰'思无邪'"的教条，认为"不是一部《诗》皆'思无邪'"②，譬如："圣人言'郑声淫'者，盖郑人之诗，多是言当时风俗男女淫奔，故有此等语。……《诗》辞多是出于当时乡谈鄙俚之语，杂而为之。"③ 对于《国风》诸篇，他认为不过为"民俗歌谣之诗"；至于流传千年的孔子删诗，他持怀疑态度，认为："那曾见得圣人执笔删那个，存这个！也只得就相传上说去。"④ 对于《毛诗序》，

---

① 《朱子语类》卷六六，《易二》，第 1621 页。
②④ 《朱子语类》卷八〇，《诗一》，第 2065 页。
③ 《朱子语类》卷八一，《诗二》，第 2109 页。

朱熹并提出疑问，认为不可信。所有这些，对于还《诗》之本来面目都产生了深远的影响。对于《礼》，朱熹认为应本之社会实情，斟酌采撷。"古礼繁缛，后人于礼日益疏略，然居今而欲行古礼，亦恐情文不相称。"① 主张重新整理疏通，"令人苏醒"，以便实行。他还认为三礼中，《仪礼》为主，大戴《礼》与小戴《礼》为《仪礼》之传，这也近乎历史之真实。此外，如前述怀疑《古文尚书》为伪作，为清代考据学派所肯定，成为不易之定说。总之，朱熹在治经上既以经书为本，又不迷信传统说法，通过考据、推理，作出较符合历史实际的解释，在经学的正本清源上影响至为深远。

3. 朱熹经学思想对后世影响很大，是中国经学发展史上一个里程碑。始于二程而成于朱熹的《四书章句集注》，超子入经，立于学官，风行于后世，成为封建社会后期思想界的最高经典，与五经并立甚或超越其上，是宋代以后经学的一大变化。朱熹正是这承前启后的思想巨匠。宋理宗赵昀，"每阅《四书》之奥旨，允为庶政之良规"；元仁宗复科举，诏定以朱子《四书集注》试士子；明朱元璋登极第二年，便诏天下立学，礼部传谕，立石于学，规定以朱熹等宋儒"传注为宗"，《四书》、五经等为士人读书与考试范围。明人戴铣说："三代而上，圣人叠出，至孔子删述六经遗言绪论，载于《论语》、《孝经》诸书，而后斯道大行于世；三代而下，儒贤叠出，至文公朱熹注释群经及《语》、《孟》、《学》、《庸》子史等书，而后孔子之道既明，而晦者复大昭于世。"② 清圣祖玄烨命大学士熊锡履、李光地编《朱子全书》，并亲作序称曰："至于朱夫子集大成，而绪千百年绝传之学，开愚蒙而立亿万世一定之规。"确实自宋以后经学，别开生面，重新占据思想界独尊的地位，朱熹堪与汉武帝时之董仲舒同功。

① 《朱子语类》卷八四，《礼一》，第 2177 页。
② 《婺源县志》卷六四，《优崇先祠嗣疏》。

此外，朱熹解经、注经方法及对群经别出一裁的取舍，也对明清学术界有重要影响。如对《书序》的甄微，对《诗序》及《诗经》国风的辨析等，均具有怀疑及求实精神，开创一代学风。明清士人的疑古、考据，敢于指陈得失，辨别真伪，均与有宋一代朱熹等人解、注经典学风有密切关系。总之，经学至宋代又达到一个高峰，而朱熹则是站在这一高峰之巅的学术泰斗。

二、陆氏心学

陆氏心学，是以陆九渊为主的南宋心学学派。全祖望称："三陆子之学，梭正启之，复斋昌之，象山成之"，而陆九韶、陆九龄、陆九渊三人之间且"和而不同"，由此终成陆氏心学。① 陆氏是一个大家族。父陆贺，以学问品德为里人所宗，生六子，即九思、九叙、九皋、九韶、九龄、九渊。陆九韶字子美，"其学渊粹，隐居山中"，号称梭山居士。陆九龄字子寿，"生而颖悟，能步移，则容止有法。少有大志，浩博无涯矣。尝与乡举，补入太学"，学者称复斋先生。陆九渊（1139—1193 年），字子静，自号存斋，抚州金溪（今江西临川市）人。年三四岁，问其父天地何所穷际，其父笑而不答。遂深思，至忘寝食。十三岁时，读古书至"宇宙"二字，释者曰"四方上下曰宇，往古来今曰宙"，于是大悟道："宇宙内事乃己分内事，己分内事乃宇宙内事"。后登乾道八年（1172 年）进士第。淳熙元年（1174 年）初，调隆兴府靖安县主簿，次年与朱熹论辩于鹅湖寺。淳熙九年（1182 年），"以少师史浩荐，召审祭，不赴。侍从复荐，除国子正，教诸生无异在家时。除敕令所删定官"，上朝策对，遂陈五论："一论仇耻未复，愿博求天下之俊杰，相与举论道经邦之职；二论愿致尊德乐道之诚；三论知人之难；四论事当驯致而不可骤；五论人主不当亲细事。帝称善。"每到一处城邑讲学，

---

① 《宋元学案》卷五七，《梭山复斋学案》。

环坐二三百人，至不能容。结茅象山，学徒大集。自号象山翁，学者称象山先生。死后谥"文安"。①

陆九渊平生不好著书，常说："六经注我，我注六经"；又说："学苟知本，六经皆我注脚"。② 但其解《易》、《春秋》仍有专文，而解《论语》、《孟子》、《大学》、《中庸》则文辞与口义相错综。黄宗羲在比较朱陆之学时言：

> （陆氏心学）以尊德性为宗，谓"先立乎其大，而后天之所以与我者，不为小者所夺。夫苟本体不明，而徒致功于外索，是无源之水也"。……（朱子之学）则以道问学为主，谓"格物穷理，乃吾人入圣之阶梯。夫苟信心自是，而惟从事于覃思，是师心之用也"。两家之意见既不同。③

陆九渊的思想体系中，"心"是一个根本的范畴。他从禅宗"性中万法皆见，一切法自在性"而来的"宇宙便是吾心，吾心即是宇宙"中，④ 将人的主观意识视为万物的出发点，主张"万物森然于方寸之间，满心而发，充塞宇宙，无非此理"⑤。这显然是夸大了人的主观意识的作用，将主观意识凌驾于客观物质之上。但陆九渊是否就是一个纯粹的主观唯心主义者呢？我们认为不是的。陆九渊作为南宋理学家代表人物之一，他的主要的哲学与道德的使命已不是像北宋周、邵、张、程等人一样确立"天理"的极致地位，而是从认识论和道德实践的角度解决"天理"从潜在化向外在化、从理念到行为的过渡，即如何纳入人心中，形成人们执行封建伦理道德的主动欲求与行为准则的问题。与朱熹

---

① 《陆九渊集》卷三六，《年谱》；《宋史》卷四三四，《儒林四》。
②⑤ 《陆九渊集》卷三四，《语录上》。
③ 《宋元学案》卷五八，《象山学案》。
④ 《陆九渊集》卷二二，《杂说》。

相比，这个问题十分显然。朱熹在其哲学的建构中，在其对经学原典的阐释中，着重解决的是从本体论向认识论并向道德实践论演绎的逻辑结构问题。为了解决"天理"如何由无形无状的绝对理念派生出万物，朱熹用了大量烦琐的考证，从"太极"、"天地之心"、"仁"三位一体出发，构成一个本体（天、理、性）的逻辑体系，再通过"气化流行"而达到人心性，并通过"心"的外化作用将"性"发挥出来，形成善恶分明的道德行为法则。① 这样，本体的思辨性质必然影响到对"天理"的感受性乃至外化的实践性，而构成由"自在"向"自由"的烦琐考证。而陆九渊则不同。他直承禅宗与思孟学派的思想。在当时理论发展的背景下，其出发点已不是解决道德评判与"天理"如何由"理"转化为万物的问题，而是解决北宋以来就一直深为理学家关注的道德实践问题。对于道德评判与"天理"的本体性问题，陆氏认为已是不证自明的道理，尤其自思孟之后，经籍原典中的三纲五常作为至高之理已成为不证之"公理"，无须再进行烦琐考辨。相反，应当着手的当务之急是收拾人心的直截了当的道德实践，是将人心由"外物"所引转化为"圣心"所与。因此，陆九渊特别重视认识与实践这两大问题。他认为朱熹理学虽有可取之处，但"易简工夫终久大，支离事业竟浮沉。欲知自下升高处，真伪先须辨古今"②。为此，他强调在认识上，首先要"存心"、"养心"、"求放心"，即将"天理"的存在作为一种先验的存在，培育本心之中的纯然之性。这种性不靠外物赋予，而直承人与生俱来之性，是"天性"与"人性"的合一。在这个前提下，陆氏认为："皇极之建，彝伦之叙，反是则非，终古不易。是极是彝，根乎人心，而塞乎天地。"③意思是，理（彝伦、纲常）是千古不易的，它根植于人心，而弥满天地

---

① 参见李禹阶：《朱熹对湖湘学派的批判继承》，《哲学研究》1986 年第 10 期；《朱熹"太极""仁""天地之心"范畴同异辨》，《重庆师范学院学报》1987 年第 1 期。

② 《陆九渊集》卷三四，《语录上》。

③ 《陆九渊集》卷二二，《杂说》。

宇宙，使天道、地道，人道合一，人顺乎本心，就是顺天道，合地道。关键是，这里的"人心"不是指每个人个体之"心"，而是千古不变的"圣人之心"，即已上升为地主阶级统治所需要的作为封建伦常的整体之"心"。其实质与朱熹"天理"并无二致。不同的是，陆氏主张性与心的合一，认为宇宙（整体）之心就是人（类）之心，反对在"性"（即陆氏之"心"）外，再加上一个个体之各别"人心"，强调直接由本心（即朱熹之"性"）出发，达到人伦日用之间，即心性合一。因而人的哲学使命就是识本心，从而大（扩大）而化（外化）之。"道未有外乎其心者。自'可欲之善'，至于'大而化之之圣，圣而不可知之神'，皆吾心也。"① 所谓"万物皆备于我"，"宇宙便是吾心，吾心即是宇宙"，严格讲是从认识论与道德实践意义出发，将主观之心依从于客观天理（性）。故而又将这种"理"（即陆氏之心）作为宇宙之根据。他引《孟子》说："万物皆备于我矣。反身而诚，乐莫大焉！"② 这是将禅宗本体论嫁接于思孟学派认识论的结果。从根本上说，陆九渊心学的本质不是承认万物皆由心生，而恰恰相反，他的哲学前提是承认封建制度及其理论依据"天理"是客观存在。而为了维护这个客观存在之"实"，转变不合千古彝伦、纲常之"空""虚"，他才激进地从认识论的角度出发，要求"人心自善，人心自灵，人心自明"，"人心即道"，"道遍满天下，无些小空阙，四端万善，皆天之所予，不劳人妆点"。③ "天锡之《洪范》，出于温、洛之水，则天地之心，于此甚白。而道之大原，吾于此而见之矣！"④ 所以，在他看来，"心"是弥漫宇宙的客观理念（即封建伦理），即朱熹所谓"道"、"天地之心"，最终仍是天心人心合一。这恰恰是二程、朱熹理学本体论论证的结论。不过，他是将这种结论作为前提，由

① 《陆九渊集》卷一九，《敬斋记》。
② 《陆九渊集》卷一，《与曾宅之》。
③ 《陆九渊集》卷三五，《语录下》。
④ 《陆九渊集》卷二九，《天地设位圣人成能人谋鬼谋百姓与能》。

此从人心性起始开展他的认识论体系，这就在方法论上有着与朱子不同的路数，而径入本心地开始他的"天理"外化的道德实践路程。

平心而论，理学能流传中国数百年而影响经久不衰，朱、陆均有着重大贡献。朱熹解决了理学体系的逻辑结构问题，从"本"到"末"，由"表"及"里"，确立了理学的本体论基础，也全面阐释与改变了儒家经籍原典的本体论、认识论、道德评判等重要内容。而陆九渊则从认识论为出发点，直截了当地开始由心（内）到行（外）的道德实践，对理学的平民化、普及化、简易化具有重要意义。二者相互补充，由此从理论到实践两个方面都发展、完善了理学的思想，使理学更富于思辨性与普及性。陆九渊的这种哲学思想，也直接影响到他的经学思想。他以接续子思、孟子之传自任，主张："自曾子传之子思，子思传之孟子，乃得其传者，外此则不可以言道。"①

陆氏将六经视为"理"的不同角度的显现，认为"天下有不易之理，是理有不穷之变。……被之载籍，著为典训"，"圣贤之言，布在方册，何所不备"。因此，理派生经，超越于经之上，而经典只是天理和千古圣贤之心的记载。由此他大胆主张求于己心，以千古不灭之圣贤心为标的，去贯通经典，而仅将诸经作为"存心"、"求放心"的工具。由于"求放心"、"存心"主要诉之于直觉，途径是顿悟与豁然贯通，因此，读经只求明心，是清除人心污弊、还原本心的"传道"之具。"《洪范》九畴，帝实锡之，古所谓宪章法度典则者，皆此理也。"② 五经是传道之书，其本在于"天心""人心"，"《皋陶谟》、《洪范》、《吕刑》，乃传道之书"。"有志于道者，当造次必于是，颠沛必于是。凡动容周旋，应事接物，读书考古，或动或静，莫不在时。此理塞宇宙，所谓道外无事，事外无道。"③ 因此，读经在于明理，求放心，复原心之本真。

---

① 《陆九渊集》卷一，《与李省幹（二）》。
② 《陆九渊集》卷一九，《荆国王文公祠堂记》。
③ 《陆九渊集》卷三五，《语录下》。

六经注我，而非我注六经。六经注我，亦即六经是"天心"、"人心"之注脚，是为人明天理服务的婢女，这就从根本上改变了人心（我）与六经的关系，将人的先天禀赋之心（纲常伦理）凌驾于六经之上。鉴于此，陆九渊认为，读经不须烦琐考辨，应直截了当，直指本心。复斋读《程易》，至"艮其背，不获其身；行其庭，不见其人"四句，九渊指点道："终是不直截明白。'艮其背，不获其身'，无我；'行其庭，不见其人'，无物。"① 程颐用佛学中的止观说，得出"忘我"说。陆九渊则认为，程氏仍没有一句指出要旨，读这几句《易》，根本即在"无我"、"无物"四字，意在摒弃私欲、直达天理之境。

陆九渊亦主张辨经。但这辨经不是经书文字的训诂考证，而是辨证与经书义理"天心"、"人心"所合者。例如他在谈到《易》时说：

> 此理（易）塞宇宙，谁能逃之？顺之则吉，逆之则凶。其蒙蔽则为昏愚，通彻则为明智。昏愚者不见是理，故多逆以致凶。明智者见是理，故能顺以致吉。②

将人的祸福顺逆，《易》中的吉凶阴阳与明"理"与否结合起来，把明"天理"作为《易》学的中心。他主张"人心至灵，此理至明，人皆有是心，心皆具是理"③，因此，读经、辨经，就是要知晓如何下手做工夫处。在《学说》一篇中，他说：

> 古者十五入大学。《大学》曰：'大学之道，在明明德，在新民，在止于至善。'此言大学指归。欲明明德于天下是入大学标的，格物致知是下手处。《中庸》言博学，审问、慎思、

---

① 《陆九渊集》卷三六，《年谱》。
② 《陆九渊集》卷二一，《易说》。
③ 《陆九渊集》卷二二，《杂说》。

明辨，是格物之方。读书亲师友是学，思则在己，问与辨皆须在人。①

他同其他理学家一样，强调读经在明理，辨经在收放心，于心性上下工夫。他在考辨《洪范》时，对其中"天乃锡禹《洪范》九畴"，释之曰：

> 圣天子建用皇极，亦是受天所锡，敛时五福，锡尔庶民者。即是以此心敷于教化政事，以发明尔庶民天降之衷，不令陷溺。尔庶民能保全此心，不陷邪恶，即为保极，可以报圣天子教育之恩，长享五福，更不必别求神佛也。《洪范》一篇著在《尚书》，今人多读，未必能晓大义。若其心正，其事善，虽不曾识字，亦自有读书之功。其心不正，其事不善，虽多读书，有何所用？用之不善，反增罪恶耳。②

他又认为：

> 学不亲师友，则《太玄》可使胜《易》。③

但陆九渊与二程、朱熹相比，在治经上却具有明显的特点。首先，他一扫汉唐经学家烦琐的章句、训诂和注疏之学，提倡简易的学风。皮锡瑞称宋代经学为变古时代，解经之"风气大变"，陆九渊可以说是这一特征的最重要体现者。其次，他主张读先圣经典要理解其意旨所在，反对一字一句的死背书。他认为，如果只记文义，无异于儿童之学，他

---

① 《陆九渊集》卷二一，《学说》。
② 《陆九渊集》卷二三，《荆门军上元设厅皇极讲义》。
③ 《陆九渊集》卷二二，《杂说》。

在与弟子及求学者讲论经书时，总是启发他们深思其意旨，反对"斤斤于字句之注疏"。比如他让徐仲诚思《孟子》"万物皆备于我矣，反身而诚，乐莫大焉"一章，仲诚在槐堂冥思一月整，终于悟出其意旨，受到了陆九渊的称许。① 第三，他主张读经者本身必须心田洁净，若本心不洁净，读圣贤书，则是"假寇兵而资盗粮"，就会贻害无穷。第四，他主张为学要有独立思考的精神，反对盲从书本和迷信古圣贤，认为怀疑是为学的重要条件，"为学患无疑，疑则有进"②。他正是以这种怀疑精神、独立思考的精神，创立了理学中的"心学"体系。他的学说虽然没有像朱熹的理学那样被封建统治者定为官学，甚至备受冷落，百年之间，"其说已泯然无闻"，但到明代中叶以后终于复活而成为显学，并最终走向了与陆九渊本旨完全相反的道路。这也是他不曾想到的。

附　录　经学与宋代社会

本书第二章曾经论述了经学对汉代社会的指导作用。其实，在汉代以后的各个王朝中，经学在社会生活的各个方面都占有很重要的地位。比如朝廷中的经筵传统、经学教育、以经义决狱、以经义议政等等，可以说一直贯穿于两千多年的封建社会之中。如明世宗时，朝廷大臣就常常以灾异议政，以洪范五行议政。嘉靖八年二月，户部尚书、兵部尚书、工部尚书等"以灾异自陈求退"③。而用井田思想来解决土地问题以防止两极分化，巩固封建政权，也一直是宋代以后士大夫们饶有兴趣的课题。

---

① 《陆九渊集》卷一，《与曾宅之书》。
② 《陆九渊集》卷三五，《语录下》。
③ 《明世宗实录》卷九八。

但是宋代经学与汉唐经学相比较，具有自己的特点。以理学为代表的宋代经学是我国封建社会后期别具特色的哲学思维与学术形态。以程、朱为代表的性理之学被元、明、清的统治者奉为官方哲学，治世之至理，其影响长达七八百年之久，不仅支配着封建国家的政治、经济制度及其措施，而且也渗透到社会生活的各个方面，下面我们仅从治学风气、教育、科举、婚姻、宗族几方面来谈一谈经学的作用和影响。

一、学术风气

为了顺应封建社会后期的政治经济形势，宋代儒者不重师说，不守家法，敢于疑经、改经，以己意注经，成为学术界的新风尚，从而导致了宋代以后学术思想的空前活跃与学术风气的开放。

宋代学术风气的活跃与开放，首先表现在学派林立，学者辈出，在学术思想上交相诘难，不宗一尊。自"宋初三先生"胡瑗、孙复、石介以后，宋代产生了一大批著名的儒家学者。他们一反汉唐的治学态度，一脚踢开汉唐注疏之学，甚至无视经典的权威，或以儒阐道，或以儒合佛，或援佛道以入儒，或言"天命"，或言"性"、"理"，甚至凭己意改经、解经，整个学术领域思想空前解放。南宋诗人陆游曾感叹当时学风之变异及活跃说："唐及国初，学者不敢议孔安国、郑康成，况圣人乎？自庆历后，诸儒发明经旨，非前人所及。然排《系辞》，毁《周礼》，疑《孟子》，讥《书》之《胤征》、《顾命》，黜《诗》之序，不难于议经，况传注乎？"[①] 有宋一代，学派林立，各执一说，相互辩难，创新之说迭出，百家争鸣，百花齐放，将儒学及其经典的研究推向一个新的高潮。他们推陈出新，将儒家思想与佛、道思想结合，形成以《四书》为核心、以五经为构架的新的儒学经典体系，铸成封建社会后期新的占主导地位的意识形态。

---

① 《困学纪闻》卷八，《经说》。

宋代学术风气的活跃与开放，还表现在学者们治经不囿于文义，惟在通便求用上。王安石著《三经新义》及《字说》，"务通义理，不须尽用注疏"，以此作为变法革新的理论依据，在社会上引起很大轰动，并带动了治学风气的转变。不赞成熙宁变法的二程兄弟，在治学上也是务求通变致用，有补于封建治道。程颐撰《伊川易传》，强调事物的变化发展，建构了一个包括自然哲学、政治哲学和人生哲学的思想体系。南宋吕祖谦提倡治经史以致用，主张"学者须当为有用之学"，治学要有利于国计民生，并由此形成浙东学派。全祖望认为："乾淳之际，婺学最盛。东莱（祖谦）兄弟以性命之学起，同甫（陈亮）以事功之学起，而说斋（唐仲友）则为经制之学。考当时之为经制者，无若永嘉诸子，其于东莱、同甫，皆互相讨论，臭味契合，东莱尤能并包一切。"[①] 宋儒为匡正时政，既大力主张维护君权，又主张对君主及封建统治者的权力加以适当约束。程、朱提出"以礼抗势"的主张，他们从《大学》、《中庸》、《论语》、《孟子》中找出根据，强调以天理来规范、约束皇帝的行为，限制君权与重臣势力，并以圣人之言为武器，"格君心之非"。朱熹就明确提出："辅相之职，必在乎格君心之非，然后无所不正。"[②]需要注意的是，程、朱这种"以礼抗势"的思想，实际是对古代儒家经典的变通与改造，并用来说明君臣关系，务求通过君臣的相互和谐、平衡，来达到治道的长治久安。在宋代，这种通便求实的学风蔚为风气，并培育出一大批颇有新见的儒家学者。

二、书院与科举

宋代经学对社会生活影响最大的莫过于书院和科举。

书院起与唐代，经五代至北宋初，书院逐步发展起来。书院一般建

---

① 《宋元学案》卷六〇，《说斋学案》。
② 《孟子集注》卷七，《离娄章句上》。

造在山林湖畔，其规模大约为百人左右，大的书院达数百人之多。宋代著名的书院有岳麓书院、白鹿洞书院、嵩阳书院、睢阳书院等。特别是南宋，是中国书院发展的鼎盛时期，其数目之多，规模之大，制度之完善，影响之深远，前所未有。

宋代书院之兴盛，乃当时社会发展的产物。唐代中叶以后，由于均田制的破坏，出现了大量的庶族地主。他们为了取得政治地位，要求有自己的教育组织。但是从唐朝后期到五代，战乱频仍，天下混乱，各级学校荒废，而官学以科举功名为目的的教育，本来就使得一般士子不愿意去系统地认真地研究学问，在政局不稳、社会动荡的时候，更失去了吸引力，促使了官学的腐败和衰退。在这种情况下，地主阶级中一些有学之士乃选择地僻景优之处建筑起房舍，一方面为安身藏书之地，同时也聚集士人在这里读书论学，进行传道授业的活动。此外，宋代书院的兴盛还与理学的发展密切相关。理学是一种极其深奥的哲学，在学习方法上既与汉唐的注疏之学不同，也不是官学中那种简单的教学形式所能胜任的。书院里提倡自由讲学，教师着重身教，学生以自学为主，师生共同研究讨论，切磋学问。当时一些著名的儒家学者为了传播自己的思想，往往自办书院，聚徒讲学，促进了书院的发展。如朱熹先后扩建、修复白鹿洞书院和岳麓书院，创办寒泉精舍与武夷精舍并使之成为闽学据点。湖湘学派的代表人物张栻也创办了城南书院，又长期主持岳麓书院，与朱熹在书院内相互辩论儒学义理，共同推动了理学的发展。

书院的教学目的主要不是为科举考试服务，而在于研究儒学的内圣外王之道，着重于自身道德的修养。朱熹为白鹿洞书院制定的学规就充分揭示了书院的这一学习目的：

　　　父子有亲，君臣有义，夫妇有别，长幼有序，朋友有信。
　　右五教之目。尧舜使契为司徒，敬敷五教，即此是也。学者学此而已。而其所以学之序亦有五焉，其别如左：博学之，审问之，谨思之，明辨之，笃行之。右为学之序。学、问、思、辨四者，所以穷理也。若夫笃行之事，则自修身以至于处世接物，亦各有要，其别如左：言忠信，行笃敬，惩忿窒欲，迁善改过。右修身之要。正其义不谋其利，明其道不计其功。右处事之要。己所不欲，勿施于人，行有不得，反求诸己。右接物之要。

　　熹窃观古昔圣贤所以教人为学之意，莫非使之讲明义理以修其身，然后推以及人，非徒欲其务记览、为词章，以钓声名取利禄而已。①

朱熹反对"务记览、为词章，以钓声名取利禄"的功名利禄之学，提倡"讲明义理以修其身"的为学之道。他认为这是"为学之大端"，并把它们作为学规，要求弟子们"相与讲明遵守，而责之于身"。②为了达到这一学习目的，朱熹还总结出了六条读书原则：居敬持志，循序渐进，熟读精思，虚心涵咏，切己体察，着紧用力。朱熹提出的这些原则和学习方法对后来书院的发展产生了极其深远的影响。从宋代以后直至元、明、清，书院成为研究儒学的重要场所。尽管统治者力图将书院纳入封建官方教育的范围，但书院所形成的独立思考、自由讲学之风，以及关心时事、评议时政的传统，却一直保留下来。

　　宋代的学校教育，与前代相比，从形式到内容上都有较大的变化。当时一些有识之士针对唐末以来学校教育的弊端，极力主张改革学校教育，认为培养人才要通过教育，科举应当与学校直接联系起来。宋代曾先后出现三次兴办学校的活动。第一次是在宋仁宗庆历时期由著名的经学大师胡瑗倡导的教育改革，第二次是王安石变法时期

---

①②　《朱文公文集》卷七四，《白鹿洞书院揭示》。

对教育的改革，第三次是宋徽宗时蔡京为相，继续王安石改革中的一些措施。

胡瑗是北宋前期著名的经师。宋仁宗时，他在苏州一带教授经学，为人所称道。后来，范仲淹奏请立苏州郡学，特邀胡瑗作州学教授。庆历二年滕子京又奏请立湖州州学，聘胡瑗为州学教授。胡瑗在苏、湖二州学从事教育期间，对传统教学进行了大胆改革，并取得了一定成就。庆历四年，宋仁宗下诏，在京城的太学中也采用胡瑗的教学法，后来胡瑗被调任到国子监从事教育。

胡瑗的教授法由三部分组成。首先，他提出"明体达用"作为教育的作目的和功用。所谓"体"就是封建社会道德的基本原则，"用"就是封建道德原则的运用。他把办学校作为育人才、名教化、成风俗的基地，学校教育的目的就是要培养出具有封建道德的优秀人才。其次，在教育内容上，他主张学校应该教授通经致用的实学，除了儒家经典以外，还应该教授各种实际专门的知识，如农田、水利、军事、文艺、算术等。第三，在教育制度方面实行分斋教学。他把所办的学校分成经义和治事两斋。经义斋主要研究儒学理论，治事斋主要研究实用的科目，如农田、水利、军事等。在治事斋还实行主兼制度，即以某一科为主，兼选学其他科目。这种分斋教学和主兼制度无疑是一种富有创造性的改革。第四，在教学方法上，他强调教学应当有详细周密的计划，不能盲目进行；实行按专业分组进行讨论，教师指导；重视音乐教育，经常组织学生歌诗、奏乐，调剂学生生活；强调示范，师生之间关系融洽。

王安石在变法的过程中，比较注重学校教育，把学校看成是为新法培养人才的重要阵地。为了统一思想，他领导注释了《诗经》、《尚书》和《周礼》，名曰《三经新义》，颁行全国各级学校，作为统一的教材。在学校教育中，严格选择教师，强调学校教育要讲授实际有用的知识，反对死记硬背，并主张习武。王安石对中央的太学教育制度也进行了改革，实行"三舍法"，即把太学分为外舍、内舍和上舍，外舍七百人，内舍二百人，上舍一百人。外舍成绩好的升入内舍，内舍成绩好的升入上舍，上舍成绩优良的可以直接授官。由于学生可以不通过科举考试而直接做官，因此对学生具有很大的吸引力，这样就提高了学校的地位。"三舍法"中规定了严格的考试制度。考核分操行和学业两部分，而且特别注重学生平时的考察，实行"行艺簿"制度，把学生平时的成绩和操行登记在上面。考试实行积分法，每月一次私试，由学官主持；一年一次公试，由国家主持。规定学生在科举考试中要把重点放在对经书的理解上，而不是死记经文教条。

从胡瑗和王安石的教育改革来看，他们都贯穿了讲求实用的求实精神和独立思考的治学风气，对宋代经学的发展产生了深远的影响。特别是胡瑗在长期的教育实践中总结出来的教育理论和教育方法，对宋乃至宋代以后整个封建社会后期的教育也有很大的影响。

宋初，科举考试基本沿袭唐朝以辞赋和明经取士的办法。其后，经学风气大变，王安石、二程等皆主张改革科举内容，以义理为主而达治世之效。王安石为了培育贯彻新法的人才，一方面设置经义局，用新学思想重新阐释《诗》、《书》、《周礼》三经，并编撰《字说》，使新学获得儒学经典的依据。王安石认为，用经书造士，乃圣王之事。而自秦以后，孔孟经义失其正，章句烦琐，传注陷溺人心，学术空疏而无补于世道。用新说阐释经义，就是要解除对经义的曲解，以造士正俗。另一方面，王安石改革科举制度，革除以诗赋取士和帖经、墨义的做法，用经义、论策试士，考生在《诗》、《书》、《易》、《周礼》、《礼记》中各选治一经，同时兼及《论》、《孟》，强调以通义理为标的，选拔出通经致用的人才。后来王安石改革虽然失败，新学也被朝廷禁止，但其科举考试以义理为准的指导思想却被保留下来，沿用至宋、元、明、清各朝。

宋代经学对科举考试影响最大的要数朱熹了。朱熹的学术虽然在生前被定为伪学而遭禁锢，但从南宋晚期开始，封建统治者就认识到理学是"有补于治道"之学。宋理宗就说："每曰《四书》之奥旨，允为庶政之良规"，"历万世而无弊"。① 诏令按祭祀孟子礼仪祭祀朱熹。度宗咸淳五年（1269 年），又诏朱熹故乡婺源为阙里，把朱熹抬到与孔子地位相当的地步。朱熹的《四书集注》也更为官方重视。元朝仁宗延祐年间恢复科举，即诏定以《四书集注》试士子，为科举教科书。此后延续至明、清，封建国家以明经取士，说经者以宋儒传注为宗，行文者以理学义理为主，而宋儒之书则成为士人的必读书目，理学支配着整个封建社会后期的科举考试。

三、婚姻

宋代经学对社会上的婚姻也产生了重要的影响，主要表现在以下几个方面。

1. 禁止族际婚。

魏晋以来，由于长久而广泛的民族融合，各少数民族与汉族通婚的现象十分突出。宋代，随着民族矛盾的尖锐，一些经学家极力鼓吹"严华夷之防"，这样，汉民族与少数民族之间的通婚被看成是不正常的现象而遭到反对。太宗在至道元年（995 年）八月就下诏："禁西北缘边诸州民与内属戎人婚娶。"② 其后，在周、邵、张、二程等理学家"夷夏之防"的思想影响下，朝廷上下都把族际婚看成是对汉族的羞辱而加以排斥。仁宗朝时，辽军大兵压境，声言如不"和亲"则将举兵南犯。但坚持儒家立场的朝中士大夫宁肯增加岁币，也不赞成"和亲"政策。结果达成协议，宋王朝每年给辽岁币由原来的十万两银、二十万匹绢增加到二十万两银、三十万匹绢。此后这个条约竟被宋统治者及士大夫们大肆炫耀，认为本朝既无"穷兵之急"，又无"和亲之柔"。

---

① 《婺源县志》卷四六。
② 《宋史》卷五，《太宗本纪二》。

2. 禁止收继婚。

收继婚即父死后娶其后母；兄弟死后娶其嫂、媳。魏晋时收继婚广泛存在。唐朝法律严格规定不得收继婚，但在社会生活中仍然存在。如唐太宗就收继其弟元吉之妃杨氏，唐高宗娶其父皇之妃武则天，等等。宋代立法与唐代相同，由于理学的流行，经学家们大都谴责收继婚是"闺门秽乱"，"禽兽行为"，由此形成一股强大的道德伦理的制约力量，使宋代的收继婚大为减少。终有宋一代，皇族中无收继后母、皇嫂之例。在民间则出现了"谨事嫂"的社会风气，"事继母孝"、"事寡嫂谨"成为社会尊崇的美德。

3. 士庶通婚。

隋唐以上，世家之婚姻必由于谱系；自五代以下，渐渐婚姻不问阀阅。这种情况的形成，除了社会等级地位的变动、社会风气的开放外，宋儒的提倡也是重要原因之一。宋代儒学家根据社会结构的变动，对婚姻十分重视。他们所撰《家礼》、《家训》乃至社会礼仪，大都有关于婚礼、婚姻方面的内容。他们主张婚姻不慕富贵，不贪阀阅，不图资产。如司马光撰《书仪》，其卷三《婚仪上》中要求家人"凡议婚姻"，"勿苟慕其富贵"。南宋袁采撰《袁氏世范》，在卷一《睦亲》中主张"男女议亲不可贪其阀阅之高，资产之厚"。南宋人陈元靓将该篇编入《事林广记》这部家庭日用大全式的类书中，以供人们参考。因此在宋代社会的婚姻中，不尚名族、不慕富贵比较普遍。陆游就曾写下了"寒士邀同学，单门与议婚"的诗句。

宋代士庶通婚，其主要标准便是"人物相当"。"苟人物不相当，则子女终身抱恨，况又不和而生他事者乎！""凡嫁娶因非偶而不和者，父母不审之罪也。"① 所谓人物相当，便是婚姻双方才貌、性格大体相差无多，即后世常说的郎才女貌、品德贤淑否。而宋代的"贤才"，就是

———————————

① 《袁氏世范》卷一，《睦亲》。

进士、读书人一类人物。因此，教子弟读经明礼，进取科第，就成为朝野上下共同的心愿。

4. 婚姻礼仪。

宋代社会在儒家伦理道德的熏染下，颇为讲究婚姻礼仪。司马光、二程、张载、朱熹等许多儒学大师都对婚嫁之礼仪有所论述。特别是朱熹对此最为用心。朱熹不仅编撰了《古今家祭礼》、《家礼》等书，撰写了《申严婚礼状》、《乞颁降礼书状》、《乞增修礼书状》等文，而且要求朝廷颁行《政和五礼新仪》，对皇亲贵戚、官员、庶人等不同等级的人的婚礼作了繁简有别的规定。总的来说，宋儒对婚礼的增删是删繁就简，以适应当时的社会生活。如朱熹制定家礼，将古代儒家经典中的六礼改造为纳彩、纳币、亲迎三礼，使之简便易于实行。

总之，宋代婚姻随着社会的开放、儒学的倡兴而出现新的气象。其中最重要的就是依据儒家精神，对族际婚、收继婚作了严格的限制，淡化了婚姻中的门第观念，同时，妇女再嫁，提倡中表婚，反对异辈婚，也为社会现象之一。二程虽然提出"饿死事极小，失节事极大"的理学说教，但一则由于理学之占主导地位乃是南宋以后的事，二则程朱此语并非专指妇女之贞节而言，而是泛指人们的气节，只是到了明代以后，这一句话才专指妇女的贞节。但是随着程朱理学在宋末被列为官学，经封建统治者的修订，"存天理，窒人欲"的理论及其"饿死事小，失节事大"的话语被作为封建禁欲主义的口号一再被提倡，并演变成为残酷迫害妇女的工具与绳索，即封建礼教。明清时期，很多妇女恪守"从一而终"、"男女授受不亲"的信条，为此而殉身者所在多有。

四、重建宗法制度

宗法制是中国传统政治文化的重要特点之一。宗法源于原始社会末期父系氏族公社时期按血缘继承财产的制度，进入文明社会以后，以血缘为纽带的氏族组织并没有完全解体，而是在很大程度上保留了下来。

夏、商、周三代，家族的血缘关系同时又兼有政治关系。叔伯、兄弟、甥舅等血缘关系上的亲疏远近，成为政治生活中尊卑高低等级秩序的根据。西周的宗法制度相当严密而完整。因其国家机构本是姬姓周族宗法组织的扩大，所以周王既是周氏宗族的大宗，又是号称"天子"的天下之共主。春秋战国时期，世卿世禄的贵族分封制逐步瓦解，宗法制也随之走向崩溃。秦汉以后，严格的宗法制已不复存在，宗法礼仪也受到破坏。宋人陈祥道指出："及秦用商君之法，富民有子则分居，贫民有子则出赘，由是其流及上，虽王公大人亦莫知有敬宗之道，寖淫后世，习以为俗。"① 但尽管如此，由于以专制主义为核心的父权制继续存在，宗法敬祖先、重血统的精神与自给自足的个体小农经济相结合，依然是农耕文明的基本特征，所以宗法制的精神不仅没有消失，反而在特定的时期，又重新突现为重要的社会特征。

儒学植根于以小农经济为主体的宗法血缘社会，其学说的根本就是顺应古代中国家国同构的宗法特点，强调以宗法伦理来维系国家的政治秩序。唐中期以后，均田制破坏，世族制度也陷于土崩瓦解。其后，封建土地租佃制普遍盛行起来，农民对地主的人身依附关系逐步松弛，地主和封建国家对农民的控制逐渐减弱。在这种形势下，一些地主阶级思想家和政治家们，在复兴经学的思潮中，力图寻找一种新的社会政治方案来挽救封建社会的衰退之势，达到长治久安。在这种对社会政治理想蓝图的追寻过程中，《周礼》所描述的周代社会的宗法政治结构和经济结构日益引起他们的怀念和追慕。这样，就在北宋时期兴起了一股重建宗法的思潮，从最高统治者到一般士大夫，无不对重建宗法制度表现出浓厚的兴趣。为了纠正社会上子孙别财异居的状况，宋太祖于开宝元年（968年）颁布诏令："荆蜀民祖父母、父母在者，子孙不得别财异居。"两年后又下诏："诱人子弟析家产者令所在擒捕流配。"后来又提高惩治

---

① 顾炎武：《日知录》卷一三，《分居》。

的刑律："父母在而别财异居者论死。"并正式列为法典，收入《宋律》
中。① 宋太宗对宗法制也颇为重视，他在出行中亲自接见宗族长，以示
关怀。一些官僚士大夫也热心于重建宗法制度，致力于宗族组织的建
设。仁宗皇祐二年（1050年），身为资政殿学士、尚书、礼部侍郎、知
杭州事的范仲淹创置范氏义庄，第一个从社会经济方面的变通入手重建
宗法组织，并取得了成功。他手创的范氏义庄保存了八百余年，使范氏
宗族组织在"天下之崩裂"与"流寇之祸乱"的动荡岁月，能够"绵延
不绝，贵盛甲天下"，维护了范氏家族的兴盛。② 皇祐、至和年间
（1049—1056年），欧阳修与苏洵分别编写《欧阳氏谱图》和《苏氏族
谱》，开了宗法组织私家纂谱之先河，家谱纂辑成为宗法制的重要内容
和标志。司马光留心于宗族教育，纂辑《家范》，成为封建士大夫治家
之典。一些地主阶级思想家又在理论建构上为重建宗法而努力。李觏以
《周礼》为依据，提出一个从"家道"出发、以小农经济的农村公社为
基础、以宗法组织为构架的封建社会理想模式，试图恢复宗法制度以调
整社会关系，缓和社会等级冲突。张载和程颐都把宗法提到"天理"的
高度，通过建构以"性"、"理"为本体的宇宙本体论为重建宗法提供哲
学的理论根据。朱熹撰写了《朱子家礼·通礼》，对宗法制度进行详细
而具体的设计。陆九渊的家族是一个通财共居的大家族，陆氏三兄弟亲
自对宗法伦理道德进行实践。王阳明则把践履忠孝、诚敬、礼义等封建
道德作为封建家族兴盛的必备条件。

　　理学家们的理论建树和大力提倡，对宋代及其以后平民宗法制的盛行
起到了推波助澜的作用。自宋以后，涌现出大量自发组成的父系血缘宗族
共同体，平民宗族大量增加。主要表现在以下四个方面：第一，许多民间
宗族有了自己的祠堂，如在江西，人们"聚族而居，族必有祠"。福建莆

---

① 转引自张研：《清代族田与基层社会结构》，中国人民大学出版社1991年版，第8页。
② 《福建通贤龚氏支谱》中《祠堂记》，转引自张研：《清代族田与基层社会结构》，第10页。

田县人则习惯于在建住宅前先建筑祠堂。县城里的建筑占地，有五分之一属于祠堂。广东番禺县"俗最重祭，缙绅之家多建祠堂，以壮丽相高，每千人之族，祠数十所；小姓单宗，族人不满百户者，亦有祠数所"。宗族的管理人不必尽是缙绅，也颇有平民出任的。如永福县商人鄢瑞龙，晚年被推为族长，"族人尤雅重之，出一言率皆为允服"。山阴田邦俊为一"耕氓"，晚年也被举为族长。第二，私家修族谱者逐渐兴盛，取代了往昔的官纂谱牒。自宋代以下，"著族必有谱"，族谱、宗谱、家谱、支谱一类宗法谱牒大肆泛滥起来，家谱纂辑基本成了民间的事情，是祠堂生活的重要内容和标志。第三，平民取得祭祖权。明清时期，平民也可以合法地祭祀四代祖先。清朝规定："庶人家祭，设龛正寝北，奉高、曾、祖、祢位。"祭始祖也在民间成为习惯。山东即墨杨氏的族祭法，突破不祭始祖之说，在康熙年间定出祭始祖之法，非常详细。第四，宗族的集体经济增多，族田、义庄逐渐普及。义庄历经元、明，到清代更有了发展，特别在江、浙、皖一带颇为流行。据粗略统计，从康熙皇帝到 20 世纪初的二百余年间，出现于苏、松、常三府的义庄多达二百余处。在苏州府长洲、元和、吴县三县的全部税田中，义庄占百分之一点二二，数量不小。义庄的建设者，宋、元、明时期多是官僚，到清代则很有一些是平民富人建立的，这从经济方面表明了宗族的平民化。[①]

祠堂、家谱和族田是宋代以后维系宗族制度长盛不衰的重要基础。祠堂最首要的功能就是供奉祖先的神主牌位，每逢春秋祭祀，全族成员在此隆重祭祀先祖。另外，祠堂还是向族众灌输族规和家法的场所，也是惩罚不肖子孙和解决族内矛盾的法庭。家谱的作用主要是为了防备血缘关系的紊乱，从而导致宗族的瓦解。族田则是宗族的公共财产，主要用于宗族的公益费用，是宗族制度的物质基础。

---

① 以上资料和引文均转引自冯尔康主编：《中国社会结构的演变》，河南人民出版社 1994 年版，第 134—138 页。

　　宗法制在民间的日益巩固进一步加强了封建国家对社会基层的控制，这比单纯依靠地方政权的力量更容易奏效。由于中国乡村聚族而居的传统，宗族与家族不仅是乡里制度的基础，也是构成乡里制度的不可分割的组成部分。诚如清人冯桂芬所说："牧令所不能治者，宗子能治之，牧令远而宗子近也；父兄所不能教者，宗子能教之，父兄多从宽而宗子可从严也。宗法实能弥乎牧令父兄之隙者也。"① 自宋以后，宗法制在民间的普及，使乡里制度得以利用宗族的巨大凝聚力，达到对乡里社会的有效控制。宋以后的乡里制度主要实行保甲制。宗族制与保甲制相结合，建起"保甲为经，宗族为纬"的完备控制网络，使宗族成员除了深受保甲制的地缘性网络控制外，同时也陷入宗族制的血缘性的网络之中，从而封建国家实现了对人民及基层的严厉控制。

---

① 　冯桂芬：《校邠庐抗议》下卷，《复宗法议》。

第七章
元明时期理学的衰微和心学的兴起

第一节 北方少数民族政权的经学

一、崇儒尊经的文教政策

公元936年，后唐河东节度使石敬瑭以割让燕云十六州的代价，求得契丹族的援兵，灭掉后唐，建立了后晋政权。燕云十六州地处今北京及河北、山西北部的燕山和太行山地区，历来为中原王朝抵抗北方游牧民族的一道天然军事防线，地理位置十分重要。自从石敬瑭割让燕云十六州以后，中原王朝便失去了地理上的优势，无险可恃，在其后的四百年间，一直处于北方游牧民族的压迫之下。而北方的契丹族、女真族、蒙古族等便以此为凭据，居高临下，俯冲华北平原，采取进攻的态势，把宋王朝从黄河流域赶到长江流域。在两宋时期，黄河流域先后出现了由契丹、党项羌、女真和蒙古族建立的政权；最后，由蒙古族建立的元朝把南宋小朝廷赶到海里而灭亡了，建立了大一统的全国政权。

各少数民族政权在入主中原以前，大都处于较低级的社会发展阶段，因此，当他们用武力征服了汉人，成为北方的主人以后，具有悠久历史传统的汉文化使他们十分羡慕和醉心，对汉族的典章文物制度及礼乐风俗、儒学典籍等表示出浓厚的兴趣，成为他们共同的特征。辽圣宗"好读贞观事要至太宗、明皇实录"①，并命摘录其中可以效法者奏进。西夏建国后，"渐行中国之风"②，大量翻译《论语》、《孟子》、《孝经》、《尔雅》、《四言杂字》等儒家经典和启蒙课本。女真族的先世靺鞨早在隋唐时就"悦中国风俗，请被冠带"③，"请唐官"④，采用中原制度建立政权。蒙元统治者在统一过程中及统一后，也逐渐接受汉族文化，采用封建的典章礼乐法度和三纲五常之教。

各少数民族在积极吸收汉文化、加速封建化的过程中，汉族知识分子发挥了重要作用。加入到少数民族政权中的汉族士大夫在《公羊春秋》"以夏变夷"思想的指导下，坚信进入中原地区的夷人，若能"渐以文法调驭，非久遂成汉人"⑤，因此他们常常有意识地向其统治者宣传以儒学为主体的汉文化，劝谏他们革除漠北旧制，采用"汉法"，并从理论上阐述了少数民族政权行汉法与国运久长的关系。西夏崇宗时，御史中丞薛元礼上疏，建议设立国学以教授儒学时说："士人之行，莫大乎孝廉；经国之模，莫重于儒学。昔元魏开基，周齐继统，无不尊行儒教，崇尚诗书，盖西北之遗风，不可以立教化也。"⑥ 元世祖忽必烈时的名儒许衡对这一观点阐述得更为详尽而深刻，他说：

> 自古立国，皆有规模，循而行之，则治功可期。否则心疑目眩，变易分更，未见其可也。……考之前代，北方之有中夏者，必行汉法乃可长久。故后魏、辽、金历年最多，他不能者，皆乱亡相继。史册具载，昭然可考。使国家而居朔漠，则

① 《契丹国志》卷七。
② 《续资治通鉴长编》卷五〇。
③ 《隋书》卷八一，《靺鞨传》。
④ 《新唐书》卷二一九，《渤海传》。
⑤ 《续资治通鉴长编》卷二三三。
⑥ 《西夏书事》卷三一。

无事论此也。今日之治，非此奚宜？夫陆行宜车，水行宜舟，反之则不能行；幽燕食寒，蜀汉食热，反之则必有变。以是论之，国家之当行汉法无疑也。①

二人之论，可谓将北方游牧民族入主中原必须吸收汉文化、改行汉法的道理剖析得非常明白透彻。"西北之遗风不可以立教"，不能行汉法，"皆乱亡相继"，这是历史经验的总结。因此，要让万世国俗、累朝勋旧一旦"改就亡国之俗，其势有甚难者"②，但少数民族政权中目光远大的统治者大都采纳他们的建议，积极推行"汉法"，在行政、军事、财政制度、思想文化等方面都模仿唐宋制度，进行全面的改革。通过这些改革，不仅加速了少数民族政权封建化的进程，同时也推动了民族融合，促进了中华民族的发展。

所谓"汉法"，除了指政治、经济制度以外，还包括与之相适应的意识形态，其核心便是以儒学为主体的思想文化。辽、西夏、金、元的历代统治者大都尊崇孔子，以儒学为治世之道，重视儒家经典，实行崇儒尊经的文教政策。辽太祖阿保机曾问侍臣："受命之君，当事天敬神。有大功德者，朕欲祀之，何先？"侍臣皆以佛对。太祖曰："佛非中国教。"皇太子耶律倍回答道："孔子大圣，万世所尊，宜先。"太祖大悦，即建孔子庙，诏令皇太子春秋释奠。③翌年，阿保机又亲谒孔子庙。其后各地也纷纷建立孔子庙，"以时祭先圣先师"孔子④。在辽朝的中后期，随着契丹封建制的确立和统治的需要，儒学进一步得到重视，儒家学说逐渐成为辽朝占统治地位的意识形态，上层统治集团中人也雅好儒术。圣宗时，辽廷开始仿行唐制，举行开科取士。考试科目为诗赋和经义两科。清宁元年（1055 年）十二月，道宗下诏"设学养士，颁五经

---

① ③ 《元史》卷一五八，《许衡传》。

② 《辽史》卷七二，《宗室·义宗倍传》。

④ 《辽史》卷二一，《道宗纪一》。

传疏，置博士、助教各一员"①。于是各州纷纷建立学校，"各建孔子庙，颁赐五经诸家传疏，令博士助教教之"②。并多次下诏，"谕学者当穷经明道"③。由于辽朝统治者尊崇儒学，大力提倡尊儒重道，用儒家思想为巩固其统治服务，使"部民服化"④，因而儒家思想在辽朝的政治生活和社会生活中都起着重要作用。

继辽以后，女真族的金朝与南宋对峙。此时，南宋已经确立了程朱理学的统治地位。金朝受其影响，随着女真族封建化的加深，儒家思想也逐渐成为占统治地位的思想。熙宗时，正式确定孔教为治世之道。天眷元年（1138年）五月，"诏以经义、词赋、两科取士"。三年（1140年）十一月，"以孔子四十九代孙璠袭封衍圣公"。并在上京建孔子庙。皇统元年（1141年），熙宗亲祭孔子庙。祭祀完毕后，他对侍臣说："朕幼年游侠，不知志学，岁月逾迈，深以为悔。孔子虽无位，其道可尊，使万世景仰。大凡为善，不可不勉。"自此以后，他常读《尚书》、《论语》及《五代》、《辽史》诸书，夜以继日。⑤ 同时也令宗室子弟学习儒学典籍。天眷二年（1139年），命儒者张用直充任宗室子弟的教师，并赐进士及第，除礼部郎中。完颜亮及其兄完颜充亦从之学。完颜亮篡位后，又任张用直为太子詹事，辅导太子。⑥ 世宗、章宗时，儒学更广泛发展和兴盛起来。世宗时，曾组织翻译儒家经典，《易》、《书》、《论语》、《孟子》等皆被译为女真文字，颁行于世。海陵天德三年（1151年）初置国子监，世宗大定六年（1166年）置国子太学，大定十三年（1173年）正式成立女真国子学。不久，各州和节镇也都修建孔子庙，并以之作为学校，把祭孔与讲学有机地结合起来。学校设置的课

---

① 《辽史》卷二一，《道宗纪一》。
② 《辽史拾遗》卷六，引自《宣府镇志》。
③ 《辽史》卷二五，《道宗纪五》。
④ 《辽史》卷一〇五，《能吏·大公鼎传》。
⑤ 《金史》卷四，《熙宗纪》。
⑥ 参见《金史》卷一一五，《张用直传》。

程主要有五经、《论语》、《孟子》、《孝经》、《十七史》、《老子》、《荀子》、《杨子》等，而科举考试也从上述典籍中命题。所试科目规定：词赋进士试赋、诗、策论各一道；经义进士试所治一经义、策论各一道；律科在法令内命题。会试每场十五题。后又试《论语》、《孟子》小义一道。经童或诵《论语》诸子，或诵《诗》、《书》、《易》、《礼》、《春秋左氏传》及《论语》、《孟子》。可见金朝的学校教育乃至科举考试的主要内容都是儒家经典。

元朝建立后，也自觉地利用孔子和儒学作为维护其统治的工具，极力尊孔崇儒，以争取汉族文士的拥戴。成宗时，下诏崇奉孔子。武宗时，加封孔子为大成至圣文宣王。文宗时，以宋儒周敦颐、程颢、程颐、张载、邵雍、司马光、朱熹、张栻、吕祖谦及许衡从祀孔庙。又封孟子为亚圣公。文宗对儒家经学非常感兴趣，他在大都建奎章阁学士院，以精通儒学的翰林学士为奎章阁大学士，又设授经郎二员，讲授经学。

蒙元统治者比较重视任用汉族和女真族中的儒学之士。早在成吉思汗和蒙哥汗时，他们就网罗了一大批儒学人才，如耶律楚材、王楫、李藻、郭宝玉、李国昌、元好问、郝经、姚枢、杨惟中等人。元朝建立后，统治者更自觉地提倡儒学。他们认为："明心见性，佛教为深，修身治国，儒道为切。""儒者可尚，以能维持三纲五常之道也。"① 因此，从世祖忽必烈直到仁宗诸帝，都尊崇儒学，任用儒者。元好问和张德辉曾奉予忽必烈"儒家大尊师"的封号，他欣然接受。忽必烈常常在朝开设经筵，请儒学大师窦默和姚枢讲解"三纲五常"、"正心诚意"以及治国平天下等道理。

元朝统治者在政权巩固以后，也像辽、金那样，实行科举选士制

① 《元史》卷二六，《仁宗本纪三》。

度。早在太宗时，耶律楚材就建议"用儒术选士"①。太宗从之，并制定了以"论、经义、词赋"三科考试的选举办法。由于意见不一，故未及施行。世祖、成宗、武宗时，朝廷又多次讨论，但均未及实施，直到仁宗时才正式颁行。他说："朕所愿者，安百姓以图至治，然匪用儒士，何以致此。设科取士，庶几得真儒之用，而治道可兴也。"② 皇庆二年（1131 年）十月，他命中书省议行科举事，决定明年二月在京师正式举行科举考试。

元代的科举考试，在指导思想上不同于唐宋之制。元朝统治者认为，唐宋取士重词赋，造成士习浮华之风，因此他们明确提出，"取士之法，经学实修己治人之道，词赋乃誂章绘句之学"，应该"罢诗赋，重经学，定为新制"。至仁宗延祐元年（1314 年）实施的科举法中，更明确规定了"取士以德行为本，试艺以经术为先"。而在经学考试中又以程朱的经注为考试的重要内容。据《元史·选举志》载：

> 考试程式：蒙古、色目人，第一场经问五条，《大学》、《论语》、《孟子》、《中庸》内设问，用朱氏《章句》、《集注》。其义理精明、文辞典雅者为中选。……汉人、南人，第一场明经、经疑二问，《大学》、《论语》、《孟子》、《中庸》内出题，并用朱氏《章句》、《集注》，复以己意结之，限三百字以上；经义一道，各治一经，《诗》以朱氏为主，《尚书》以蔡氏为主，《周易》以程氏、朱氏为主。已上三经，兼用古注疏。《春秋》许用三《传》及胡氏《传》，《礼记》用古注疏，限五百字以上，不拘格律。

---

① 《元史》卷八一，《选举一》。以下所引同。
② 《元史》卷二四，《仁宗本纪一》。

辽、金、元三代实行科举制度，是一项意义极为深远的文教政策。首先，科举制的实行，为广大汉族士人广开仕宦之途，把他们接纳到少数民族政权中，加强了少数民族政权与汉族地主阶级的合作，扩大了统治基础，对其政权在中原地区的稳固起了不可估量的作用。其次，科举制的实行，为各级政权培养了一批具有文化素养的官吏，通过儒学经典，吸取汉族历史上的治国之道，这为少数民族政权的统治多少增加了一些理性色彩。第三，科举制的实行，促进了北方少数民族成员研习儒学典籍，使儒家思想能够迅速而广泛的传播，这无疑推动了落后民族的发展和进步，有利于民族之间的相互了解，促进了民族融合。第四，从元代起，科举考试明确规定用朱熹的《章句》、《集注》，这就使程朱理学在元朝正式成为官方的学术。从此，理学确立了独尊的正宗地位。

二、金元之际的经学

辽朝虽崇奉儒学，设科举制度以选士，但经学方面的研究和著述以及经学大师等均无足称者。直到金仁宗以后才"儒风丕变，庠序日盛，士由科第位至宰辅者接踵"①。这一时期，北方较著名的学者有赵秉文、王若虚、郝经等。他们虽无专门名家之学，但其关于经学的论著也粲然有可观者。

赵秉文（1158—1232 年），字周臣，磁州滏阳（今河北磁县）人，自号闲闲老人，学者称"滏水先生"。登大定二十五年（1185 年）进士，历官翰林直学士、礼部尚书兼侍读学士。史称他"自幼至老，未尝一日废书"②，"其学一归诸孔孟而异端不杂"③。哀宗即位，他建言："嗣德在初，当日亲经史，以自裨益。"④乃进《贞观政要》、《申鉴》及

---

① 《金史》卷一二五，《文艺上》。
②④ 《金史》卷一一○，《赵秉文传》。
③ 《滏水集引》。

其所著《尚书·无逸直解》一篇。他一生著述甚丰，主要经学著作有《易丛说》十卷、《中庸说》一卷、《文中子类说》一卷、《论语解》、《孟子解》各十卷。所著文章号曰《滏水集》，现存《四库全书》内，共二十卷。

赵秉文的经学思想已开始受到周敦颐、二程的影响，现存《滏水集》中的《原教》、《性道教说》、《中说》、《诚说》、《庸说》、《和说》等最能反映他的理学观点。他认为，孔子之道，孟子之后不得其传。"独周、程二夫子绍千古之绝学，发前圣之秘奥"①。当时，有几位士子把二程的再传弟子张九成的著作以及张载的《东铭》、《西铭》、刘子翚的《圣传论》合编为《道学发源》。赵秉文十分高兴，撰文予以介绍，认为道学"足以启发人之善心，由之足以见圣人之蕴"。并提出为学之道，应当致知与力行并重。他说："致知、力行，犹车之二轮，鸟之双翼，阙一不可。"②

赵秉文经学思想中最突出之处，是他关于夷夏关系的论述。他在《蜀汉正名论》中指出："仲尼编《诗》，列《王》、《黍离》于《国风》，为其王室卑弱，下自同于列国也。《春秋》诸侯用夷礼则夷之，夷而进于中国则中国之。"刘备"乘中原无主，遂即尊位，以系远近之望宜矣"。当时宋朝士大夫也屡屡论及夷夏关系。但他们着重强调夷夏之防，从地理和文化两方面严华夷之别以及《公羊春秋》复仇理论，这反映了宋朝的儒学之士在北方游牧民族的进逼之下的忧患意识和民族防范心理。而生活在少数民族政权下的汉族士大夫自有另一种心态，他们宣扬《春秋公羊学》中从政治上区别夷夏的理论，王室衰微则同于列国；夷狄入主中国，用中国的礼仪就应以中国视之；相反，中原王朝衰乱，即等同蛮夷；中原无主，夷人称尊位，建国立号，如有利于大一统，有利

---

① 《滏水集》卷一，《性道教说》。
② 《滏水集》卷一五，《道学发源引》。

于民生，也应予以肯定。总之，夷狄可进而为中国，中国可以退而为夷狄。显然，这种王者无外、天下一家的思想比狭隘的民族主义更有利于民族融合和中国的统一；同时也反映了一部分士大夫为其入仕少数民族政权寻求理论上的根据，以求得心理平衡的心态。

王若虚（1174—1243 年），字从之，号慵夫，藁城（今属河北）人。心性聪明，早岁力学，以明经为承安二年（1197 年）进士，官翰林直学士。王若虚的经学著作主要有《五经辨惑》、《论语辨惑》、《孟子辨惑》。后编为《滹南遗老集》。他认为："传注，六经之蠹也，以之作《六经辨》；《论》、《孟》，圣贤之志也，以之作《论孟辨》"①。据元代学者苏天爵《安熙行状》云："国初有传朱氏《四书集注》至北方者，滹南王公雅以辨博自负，为说非之。"② 可见他的《五经辨惑》、《论语辨惑》和《孟子辨惑》是为辩驳朱熹而作的。他在《论语辨惑》自序中曾谈到他的写作宗旨："解《论语》者不知其几家，义略备矣。然旧说多失之不及，而新说每伤于太过。夫圣人之意，或不尽于言，亦不外乎言也，不尽于言而执其言以求之，宜其失之不及也；不外乎言而离其言以求之，宜其伤于太过也。盍亦揆以人情而约之中道乎？尝谓宋儒之议论不为无功，而亦不能无罪焉。彼其推明心术之微，剖析义利之辨，斟酌时中之权，委曲疏通，多先儒之所未到，斯固有功矣。至于消息过深，揄扬过侈，以为句句必涵养气象，而事事皆关造化，将以尊圣人而不免反累，名为排异端而实流于其中，亦岂为无罪也哉！"晦庵之说，"尚有不安及未尽者，窃不自揆，尝以所见正其失而补其遗"。他认为，宋儒解《论语》有"三过"：过于深也，过于高也，过于厚也。"学者求之太过，则其论虽美，而要为失其实，亦何贵乎此哉！"③ 因此他的辩驳大

---

① 《滹南遗老集引》。
② 转引自《四库全书总目》卷一六六，《集部·别集类十九》"滹南遗老集"条。
③ 《滹南遗老集》卷三，《论语辨惑》序及总论。

抵"本诸天理，质诸人情，不为孤僻崖异之论"①。虽然偏颇之处在所不免，"然金元之间学有根柢者，实无人出若虚右"②。

王若虚解经及辩驳汉宋诸儒有一个基本原则，即"质诸人情"。以"人情"解经，这是王若虚很突出的一个特点。他认为圣人造经，上本之于天理，下质诸人情，若不近人情，即非君子之道，也非经之本意。历代解经的传注大都是"诬经"的"妄意之言"。他们"以私意穿凿，诡异百端"，只是一些"陋儒"。③ 他据人情解经，辩驳诸儒，有许多精彩的议论，读来痛快无比。如：

> 《檀弓》云："穆伯之丧，敬姜昼哭；文伯之丧，昼夜哭。孔子曰：知礼矣。"郑氏曰："丧夫不夜哭，嫌思情性也。"《坊记》亦有"寡妇不夜哭"之文。注又曰："嫌思人道也。"予谓哀戚之至无暇避嫌，先王制礼亦必不委曲至此，特出于汉儒之私意耳。④
>
> 孔子言三代相因损益可知者，此专指礼而云尔。马融以所因为三纲五常，所损益为文质三统，殆是妄说。而朱氏取之，盖未当也。⑤

由此可见，王若虚解经乃受到宋代疑经思潮的影响，以己意解经，并对前人旧说提出质疑。他倡导以人情解经，应当说是一种平实的学风。宋人把儒经当作天理而失之太过，若虚驳之，切中其弊，是很有意义的。

---

① 《滹南遗老集引》。
② 《四库全书总目》卷一六六，《集部·别集类十九》"滹南遗老集"条。
③ 《滹南遗老集》卷一，《五经辨惑》。
④ 《滹南遗老集》卷二，《五经辨惑》。
⑤ 《滹南遗老集》卷四，《论语辨惑二》。

当然，王若虚之驳朱子，只是针对其偏颇，而不是反对理学体系。他也认为："宋儒发扬秘奥，使千古之绝学一朝复续，开其致知格物之端，而力明乎天理人欲之辨，始于至粗，极于至精，皆前人之所未见，然后天下释然，知所适从。"① 给予理学极高的评价。他虽不习理学，但对理学却并不抱排拒之态度。

郝经（1226—1278年），字常伯，其先潞州人，后迁至泽州之陵川，家世儒业。金亡，徙顺天。家贫，昼则负薪米为养，暮则读书。居五年，读万卷书，博览无不通。忽必烈居潜邸时，闻郝经之名，召聘他，询以经国安民之道，经条陈数十事，忽必烈大悦，遂留王府。其后郝经又多次奏陈经国方略、立政大要。忽必烈即帝位后，以经为翰林侍读学士，佩金虎符，充国信使出使宋朝，竟被宋朝扣留长达十六年。直到1277年才被礼送归国。第二年病亡，时年五十三岁。次年南宋亦亡。

郝经为人尚气节，为学务时用，志为经邦立政之方略，非一般雕虫琢句之儒可比。他在被南宋拘禁期间，思托言垂后，乃著《续后汉书》、《易春秋外传》、《太极演》、《原古录》、《通鉴书法》、《玉衡贞观》等书及文集，凡数百卷。② 现存《四库全书》之中有《陵川集》三十九卷，附录一卷。

郝经的经学思想主要反映在他的《经史论》和《五经论》中。郝经由于其本身的经历，自视为北国之臣。首先，他认为"宋祚将不久"，对南宋空言性理的道学持批评态度。他认为自汉而下，经学有三变，"训诂于汉，疏释于唐，议论于宋"③。训诂往往流于穿凿，议论则不免高远蹈空，皆不足为训。六经乃"万世常行之典"，经世之学，治经应有利于治国修身，要"不昧于邪正"。其次，他针对程朱理学以《四书》为根本，把《四书》凌驾于六经之上而大谈"天理"的治学路径，主张

---

① 《滹南遗老集》卷四四，《道学发源后序》。
② 参见《元史》卷一五七，《郝经传》。
③ 《陵川集》卷一九，《经史论》。

重六经，反对离六经而言"道"。他说：

> 天地万物者，道之形器也；六经者，圣人之形器也。道为
> 天地万物以载人，圣人著书以载道，故《易》即道之理也；
> 《书》道之辞也；《诗》道之情也；《春秋》道之政也；《礼》
> 《乐》道之用也。①

郝经把"道"与六经的关系讲得非常明白，六经就是道，"六经一理尔"
是"万世常行之典"，是"大经大法"。② 总之，道在六经，六经即道，
舍六经则无以言道。这显然与理学的治学路径有别。第三，他论述了经
与史的关系，提出"六经自有史"的论断，实开后代"六经皆史"的先
河。他在《经史论》中说：

> 古无经史之分。孔子定六经，而经之名始立，未始有史之
> 分也。六经自有史耳。故《易》即史之理也，《书》史之辞也，
> 《诗》史之政也，《春秋》史之断也，《礼》、《乐》经纬于其间
> 矣，何有于异哉！至马迁父子为《史记》，而经史始分矣。其
> 后遂有经学，有史学，学者始二矣。③

自隋唐以后，经史关系即为经学上的一个重要命题。隋王通首先涉及这
个问题。他说："圣人述史三焉，此三者（《书》、《诗》、《春秋》）……
同出于史。"④ 郝经对经史关系的论述比王通更为深入。他提出了两个
观点，其一是古无经史之分，经史分家乃自司马迁之《史记》始，其后
遂有经学有史学，学者始分治经学与治史学；其二，详细地论述了"六

---

① 《陵川集》卷一七，《道》。
②③ 《陵川集》卷一九，《经史论》。
④ 《中说·王道》。

经自有史"，并分别阐述了《易》即"史之理"、《书》为"史之辞"、
《诗》为"史之政"、《春秋》为"史之断"、《礼》、《乐》为"经纬其
间"。这一论点的提出在经学史上具有重大意义：一方面，剥开了蒙在
经学上的神圣光环，把六经作为古史资料，是"万事常行之典"，对后
世具有指导作用，充分显示出郝经治经讲求实用的特点；另一方面，把
六经当作史料，这不仅扩大了历史学的研究范围，也开阔了治史的眼
界，把治经与治史联系起来，以史学的眼光看待经学，以治经的方法从
事史学研究，使二者相辅相成，相得益彰。

　　郝经的"六经自有史"论对其后的经学研究影响极大。元代学者刘
因、明清时王阳明、李贽、章学诚等皆从其中受到启发，并以他的论述
为基础，把经史关系的研究向纵深推进。

三、理学在北方的传播

　　金朝后期，南宋的理学就逐渐传入北方。金章宗时，朝中一些士人
曾编印了一部《道学源流》，介绍理学。当时北方的学者虽已受周敦颐
及二程的影响，但由于当时宋金对峙，"南北道绝，载籍不相通"①。所
以就整体而言，北方所接触的理学较为零散，不成系统，大部分儒士所
习仍旧是章句之学，就连元初大儒许衡早年受学，也仅是金之"落第老
儒"的句读而已。

　　1235 年，忽必烈进兵南宋。当时杨惟中、姚枢等儒士奉命随军前
往，寻求南方儒、道、释、医、卜士。他们在湖北得理学老儒赵复，加
以保护，送至元大都。杨惟中与赵复议论，深感叹服，始对理学发生浓
厚兴趣。"乃与枢谋建太极书院，立周子祠，以二程、张、杨、游、朱
六君子配食，选取遗书八千余卷，请复讲授其中。"②赵复认为，周、程
以后，理学书籍广博，学者难以贯通，乃作《传道图》，从伏羲、神农、

---

①②　《元史》卷一八九，《儒学一•赵复传》。以下所引同。

尧、舜继天立极开始，列孔子、颜、孟垂世立教，直至宋代周、程、张、朱发明绍续，历述道统渊源，道学源流，而以书目条列于后。又另著《伊洛发挥》，以标其宗旨；作《师友图》，述及朱子门下五十三人的事迹和学业，以寓私淑之志；又取伊尹、颜渊言行，作《希圣录》，"使学者知所向慕，然后求端用力之方备矣"。于是学子百余人追随赵复。北方大儒许衡、姚枢、刘因、窦默等人皆得其学而尊信之。故南方理学体系传入北方，应从赵复开始。

赵复，生卒年不详，字仁甫，湖北德安（今湖北安陆市）人。原为南宋乡贡进士，入元后，学者称"江汉先生"。他虽入北方，而不忘故土。忽必烈曾询问他："我欲取宋，卿可导之乎？"他回答说："宋，吾父母国也，未有引他人以伐吾父母者。"忽必烈高其人品，因不强求其难，准其归家。

赵复为人，乐易而耿介，与人交，"尤笃分谊"，"爱人以德"，很受学人推重。其治学之方，在理学上为简易直截的路径，主张"简在心得"而鄙薄事功。他主张君子当"以自修读《易》求文王、孔子之用心"，而不当计其效果，以功利为累。赵复的这些"简易"思想，同他不愿仕元、只求独善其身的处世之道是一致的。

赵复在北方所传的经学著作中最重要的是宋朝胡安国所注的《春秋》。胡安国力主抗金，收复失地，故胡注《春秋》以宋代理学家正统观念，突出尊王攘夷的意识，力陈大义名分，乃感于时事而发，深为爱国之士所瞩目。故心存宋室的赵复在北方以胡注《春秋》传授弟子，尽发胡氏义旨，显然是颇具用心的。由于他的传授，胡氏《春秋》在元代特盛，延祐年间开科取士，即以胡注《春秋》为定本，一直延至明清两代。

许衡（1209—1281年），字平仲，金河内（今河南沁阳市）人。世为农。幼有异质。七岁入小学，授章句，能问其旨义，嗜学如饥渴。在乱世中他得《尚书》义疏和王辅嗣《易说》，夜思昼诵，身体力行。"言动必揆诸义而后发"①。年轻时曾在山东、河南等地收徒讲学，学者称之为鲁斋先生。后忽必烈擢为京兆提学、国子祭酒、左丞，位列台辅，身显廊庙。其经学著作有《小学大义》、《读易私言》等。许衡在理学上私淑朱熹，所以，许衡在元朝为理学"承流宣化"，被视为"朱子后一人"。他去世后，元朝封他为魏国公，谥"文正"，从祀孔庙。

许衡的著述和言论大都直接阐发其理学观点，而少以注疏六经，阐发经义为手段。他早年即不满北方"落第老儒"所授的"句读训解"，后因姚枢弃官隐居苏门（今河南辉县），才从姚枢那里得理学义旨，深为叹服。于是抄录《伊川易传》、朱熹《四书集注》、《小学》、《或问》，此后便开始由训诂注疏的经学研究转为以理学为指导、探求微言大义的经学研究，"而慨然以道为己任"。他常说："纲常不可一日而亡于天下，苟在上者无以任之，则在下之任也。"②许衡研究经学十分刻苦，尤其是对《小学》所下的功夫极深。《小学》是朱熹讲的关于洒扫应对的日常工夫。许衡认为这是理学的入门和要津，因而十分重视。他曾对弟子说："昔所授受，殊孟浪也，今始闻进学之序。若必欲相从，当悉弃前日所学章句之习，从事于小学洒扫应对，以为进德之基，不然，当求他师。"众弟子皆欣然从命，"遂悉取向来简帙焚之，使无大小，皆自小学入"。③许衡是元朝继赵复之后进一步推举程朱理学的人。朱学在元朝延祐年间被定为科场取士的程式，成为官学，这是许衡在经学上的主要贡献。虞集评论说："南北未一，许衡先得朱子之书，伏读而深信之，持其说以事世主。儒者之道不废，衡实启之。"④

刘因（1247—1293 年），字梦吉，保定容城（今河北徐水县）人。学者称为静修先生。他天资过人，才气超迈，欲以古之圣贤为友，而作《希圣解》。初从国子司业砚弥坚研习经学，究训诂疏释之说。后得周、

---

① ② 《元史》卷一五八，《许衡传》。
③ 《考岁略》，转引自《元朝名臣事略》卷八。
④ 《元史纪事本末》卷一六。

程、张、邵、朱、吕之书，方知圣人精义之所在，并对诸家学术之所长了然于胸。他说："邵，至大也；周，至精也；程，至正也；朱子，极其大，尽其精，而贯之以正也。"① 刘因一生处世为人极为谨严，不苟合，不妄交结，家里虽贫寒，然非其义，则一介不取。他一生不仕，隐居乡村，以教授为生。弟子造其门者，他因材施教，使学者皆有成就。欧阳玄把他比作孔子的弟子曾点和子由，称他"为往圣继绝学，为来世开太平"，给予极高的评价。其经学著作有《四书精要》三十卷和《小学四书语录》、《易系辞说》，均已亡佚。现《四库全书》中存有《静修集》三十卷，《续集》三卷。

刘因是元朝与许衡齐名的"北方两大儒"之一。如果说许衡的贡献主要在表章朱子，"兴绝学于北方"，使程朱理学立为官学的话，那么刘因则主张把汉唐的传注疏释之学与宋人的议论之学结合起来。故四库馆臣评论刘因之学为"研究经学，沈潜于周、程、张、朱之书，而通其奥奥"。由于刘因的倡导，元人在对经学进行性理阐释时，仍不废汉唐的注疏之学。这可以说是元代经学的一个突出特点。

刘因的经学思想主要反映在《叙学》② 中，这是他为诸生撰写的"读书为学之次叙"。他认为：学者当致力于六经而后及于《论语》、《孟子》。但近世学人往往以《论语》、《孟子》为问学之始，殊不知《论语》、《孟子》乃"圣贤之成终者"。因此他认为六经为根本，强调了六经的地位和作用。主张应先学六经后学《论》、《孟》。在这一点上，他的看法与郝经是一致的。在研习六经的次序上，他认为"治六经必自《诗》始"。然后次第习《书》、《礼记》、《周礼》、《春秋》。他说："本诸《诗》以求其情，本诸《书》以求其辞，本诸《礼》以求其节，本诸《春秋》以求其断，然后以《诗》、《书》、《礼》为学之体，《春秋》为学

---

① 《元史》卷一七一，《刘因传》。以下所引同。
② 《静修续集》卷三。

之用。一贯本末具举。"《五经》明，然后才能学《易》，因为《易》是"圣人所以成终而所成始也"。

在学习方法上，刘因主张："句读训诂不可不通，惟当熟读，不可强解，优游讽诵，涵泳胸中，虽不明了，以为先入之主可也。"他认为，经学的发展经历了汉代的传注、隋唐的义疏和宋代的议论三个阶段，并对其特点予以评价，阐述了他对于经学研究的主张：

> 六经自火于秦、传注于汉、疏释于唐、议论于宋，日起而日变，学者亦当知其先后，不以彼之言而变吾之良知也。近世学者往往舍传注、疏释便废（读?）诸儒之议论，盖不知议论之学自传注、疏释出，特更作正大高明之论尔。传注、疏释之于经，十得其六七；宋儒用力之勤，铲伪以真，补其三四而备之也。故必先传注而后疏释，疏释而后议论，始终原委，推索究竟，以己意体察，为之权衡，折之于天理人情之至，勿好新奇，勿好辟异，勿好诋讦，勿生穿凿。平吾心，易吾气，充周隐微，无使亏欠。

很显然，刘因充分肯定了汉唐的注疏之学，认为它们对经的解释"十得其六七"，基本上持肯定态度，而对宋代的议论之学（即理学）则提出了批评，认为它好新奇，好辟异，好诋讦，穿凿附会，不能推索出经的究竟。因而他主张治经必须从传注入手，然后再"以己意体察，为之权衡"，避免主观臆断，妄生穿凿。这一治学途径实际上已表现出杂入陆学自求本心的倾向。

他认为六经研习后，再治《论语》、《孟子》，经学研习后方治史学。这样，"先立乎其大者，小者弗能夺也。胸中有六经、《语》、《孟》为主，彼兴废之迹不吾欺也"。在经与史的关系上，他认为"古无经史之分，《诗》、《书》、《春秋》皆史也，因圣人删定笔削，立大经大典，即

为经也。"基本上是对郝经的继承，但在阐述上则更加明确地表达了
"六经皆史"的思想。

四、许谦与吴澄

元朝时期，由于南方与北方的文化环境不同，因而经学研究也表现
出明显的地域差异。北方继辽、金以后，长期杂染胡风，故其经学研究
以六经为主，注重经史结合，虽倡扬程朱理学，但仍不废汉唐注疏，具
有经世致用、平实质朴的特点；南方则直接承袭宋代经学的性理阐释。
朱熹之学的嫡传脉裔几乎都在南方。他们大都心怀故国之思，无意于仕
宦，枕藉山林，以著述讲学为业。他们或以朱子道统自许，或阐发朱子
未尽之因蕴，或攻讦异端，或辨正驳杂不纯者。元朝统治者因推尊理
学，故对他们也颇为褒崇和优礼，把他们列为理学正宗。

朱熹的门弟子中，能传其学者，主要有蔡元定、蔡沈、黄榦、陈淳
等人。特别是黄榦，乃朱熹之女婿，为朱学正宗的重要传人。朱熹曾以
"吾道之托在此，吾无憾矣"[①] 的手书付与黄榦。黄榦传朱子之学于何
基，何基传王柏，王柏传金履祥，金履祥传许谦。此四人即宋元之际传
朱熹之学的"北山四先生"。由于四人皆金华人，故又称其为金华学派。
何基、王柏、金履祥虽为朱子正传，但时值宋元之交、朝代更替之际，
故其学犹未大显。直到许谦，"而其道益著，故学者推原统绪，以为朱
熹之适"[②]。

许谦（1269—1337 年），字益之，浙江金华（今浙江金华县）人。
学者称"白云先生"。幼年时，即由生母陶氏口授《孝经》、《论语》，稍
长肆力于学，"立程以自课"，虽在病中也不废学。后受学于金履祥之
门。"于书无不读，穷探圣微，虽残文羡语，皆不敢忽。有不可通，则

---

① 《朱子实纪》卷八。
② 《元史》卷一八九，《儒学一·许谦传》。以下所引同。

不敢强；于先儒之说，有所未安，亦不苟同。"金履祥曾告诉他为学之要，曰："吾儒之学，理一而分殊，理不患其不一，所难者分殊耳。"又说："圣人之道，中而已矣。"① 故许谦的理学重在分殊上下功夫，对每事每物都去格物致知，并求其中而用之。故其为学一本于朱熹，著有《丛说》二十卷，以阐释《四书章句集注》；《名物钞》八卷，以阐释《诗集传》，"正其音释，考其名物度数，以补先儒之未备，仍存其逸义，旁采远援，而以己意终之"。他说："学以圣人为准的，然必得圣人之心，而后可学圣人之事。圣贤之心，具在《四书》，而《四书》之义，备于朱子，顾其辞约意广，读者安可以易心求之乎！"也就是说，要知道圣人之心，学习圣人之事，只需要读朱熹的《四书章句集注》就行了，用不着易心而他求。

许谦对《九经》、《仪礼》及《春秋三传》曾下过一番极为切实的功夫，具有深厚的训诂学工底。他治经，不仅从最基本的句读做起，对于错简衍文则分别用不同颜色的笔加以识别；对于经书的宏纲要领，经之旨趣，则"表而见之"。除经书以外，其他如天文、地理、典章、制度、食货、刑法、字学、音韵、医经、术数之说，释老之言，也无不该贯，洞究其蕴。他认为，学者要弘扬道学辟异端，"苟不深探其隐，而识其所以然，能辨其同异，别其是非也几希"。

皇庆二年（1313年），许谦应肃政廉访使赵宏伟之命赴金陵执教，次年即归。不久即屏迹于东阳八华山，"学者翕然从之。寻开门讲学，远而幽、冀、齐、鲁，近而荆、扬、吴、越，皆不惮百舍来受业焉"。及门之士著录者千余人。四方之士，以不及门为耻。上自朝廷公卿，下至边鄙处士，对他深加推服。"至其晚节，独以身任正学之重，远近学者，以其身之安否，为斯道之隆替焉。"他去世以后，朝廷赐谥文懿。许谦与当时北方的名儒许衡并称南北二许，为南方理学正宗的重要传人。

---

① 《宋元学案》卷八二，《北山四先生学案》。

在南方传朱子之学的另一颇具影响的重要学者是吴澄。不过吴澄的朱学已不纯粹，开始杂糅陆氏心学，显示出朱陆会合的倾向。

吴澄（1249—1333 年），字幼清，抚州崇仁（今江西崇仁县）人。学者称"草庐先生"。青年时即习通经、传，"知用力圣贤之学"。至元十三年（1276 年），他著《孝经章句》，核定《易》、《书》、《诗》、《春秋》、《仪礼》及大小《戴记》，侍御史程钜夫奏请朝廷，把吴澄所著书置于国子监，以资学者，朝廷即命有司前往吴澄家中抄录诸书奏上。

吴澄与许衡、刘因齐名。黄百家曰："有元之学者，鲁斋（许衡）、静修（刘因）、草庐（吴澄）三人耳。"① 许衡、刘因是北方两大儒，而吴澄一生的学术活动主要在南方，故有"南吴北许"之称。吴澄入元以后受人荐邀，四次到京任国子司业、国史院编修、制诏、集贤直学士，但旋进旋退，时间很短，其他岁月皆在家孜孜于理学。他早年校注五经，晚年成《五经纂言》，遗著尚有集、外集。清人合其所有文字为《草庐吴文正公全集》。

吴澄经学上的较大贡献在以接续朱熹为己任而著《五经纂言》，其中《易纂言》十卷，《书纂言》四卷，《仪礼逸经传》二卷，《礼记纂言》三十六卷，《春秋纂言》十二卷。虽然不免以己意点窜之弊二卷②，然而其"尽破传注穿凿，以发其蕴，条归纪叙，精明简洁，卓然成一家言"③。特别是五经中的三《礼》，从汉代以来因其"残篇断简，无复铨次"，在五经中十分难治，其中又以《仪礼》尤为难治。朱熹虽撷拾他经，条分胪序，编为《仪礼传序通解》，但也是只留下了"草创之心"，依然有较多缺略，尚有未尽之意有待探索。以后朱熹的弟子们虽曾用心于此，仍然没有完成。吴澄费时几十年，从年轻时开始五经校注，于晚

① 《宋元学案》卷九一，《静修学案》。
② 参见《四库全书总目》对各《纂言》所作的评述。
③ 《元史》卷一七一，《吴澄传》。

年终于编成《五经纂言》。吴澄述及他对三《礼》的编纂，谓依朱熹的端绪和规模，"以《仪礼》为纲"，"重加伦纪"。吴澄以《仪礼》十七篇为经，仿朱熹《仪礼经传通解》例，将《礼记》（大小戴记和郑注）分类编次，纂成《仪礼逸经传》二卷。另外，他还将上述《礼记》肢解，核定异同，重新编纂，经过整理，使流传千百年来十分难读的一部《仪礼》得见崖略，这是他在经学史上的一大贡献。

吴澄在编次整理的同时，还对其内容的义理加以疏解，探其大义，张大朱熹之说，摆脱汉、唐局限于文字训诂的方法，使《礼经》与其他四经一起，完成了由汉唐的训诂转入到宋元义理阐释的过程。这也是元代其他理学家们所不及的。故黄百家说："朱子门人多习成说，深通经术者甚少。草庐《五经纂言》，有功经术，接武建阳（朱熹），非北溪（陈淳）诸人可及也。"① 而其中的三《礼》，全祖望谓其"盖本朱子未竟之绪而申之，用功最勤"②。

还要指出，由朱熹完成的《易》、《诗》、《书》、《春秋》四经纂疏，与吴澄完成的三《礼》，尤其是《仪礼》经、传的纂疏，其意义还在于他们对五经的疏解中所发挥的义理，具有主观探讨的精神，而不像汉、唐那样只是作文字训诂。虽然这种主观探讨的精神仅限于封建礼教的范围，而且不免穿凿臆断，横发议论，为后来那些固守汉、唐训诂的经生们所訾议，但比起汉、唐拘泥于名物制度的训诂来说，毕竟还是具有思想解放的一面，因而它促进了宋代以后伦理思维的发展。这就是吴澄经朱熹之后纂疏《礼经》的意义。因此，吴澄在天道心性的理学上，虽然遭人物议，但他的经学，尤其是三《礼》，却一直为人所肯定。直到近代治经学的钱基博，也认为"南宋入元"，其礼学"最著者崇仁草庐吴澄"，"疏解二礼，继往开来"。③

---

① ② 《宋元学案》卷九二，《草庐学案》。
③ 《经学通志·三礼志》。

吴澄早年曾从学于饶鲁的弟子程若庸，饶鲁又是黄榦的再传弟子。饶鲁虽为朱熹的嫡传，但学术思想已略异于朱熹，而倾向于陆氏心学。吴澄后来又从学于程绍开。绍开为学的宗旨在企图会合朱陆两家之学。因此，吴澄的理学虽近于朱，但也采纳了陆氏心学的观点。他曾对学者言："朱子于道问学之功居多，而陆子静以尊德性为主。问学不本于德性，则其敝必偏于言语训释之末，故学必以德性为本，庶几得之。"因而当时有人遂以吴澄为陆氏之学。①

第二节 明代理学的式微

一、程朱理学官学地位的确立

封建社会进入明朝，君主集权专制统治达到登峰造极的地步。从明太祖到明成祖，不仅在政治上废除丞相制度，设立内阁，把朝廷大权集中到皇帝一人之手，而且还设立厂、卫，大搞特务政治，对民众乃至百官大臣进行监视和镇压。政治专制必然造成学术思想领域的文化专制局面。明朝统治者除了大兴文字狱，对士人大开杀戒以外，更重要的是加强对学术领域的控制，使学术为集权专制统治服务。朱元璋删《孟子》便是其最典型的表现。据《明史·钱唐传》，"帝尝览《孟子》，至'草芥'、'寇仇'语，谓非臣子所宜言，议罢其配享，诏有谏者以大不敬论"。洪武五年（1372年）遂罢孟子配享，拆去孔庙中孟子的神位。由于钱唐等人的强谏，朱元璋才于洪武七年（1374年）下诏："孟子辨异端，辟邪说，发明孔子之道，配享如故。"② 但他对《孟子》书中"君

① 《元史》卷一七一，《吴澄传》。
② 《明史》卷五〇，《礼一》。

之视臣如草芥，则臣视君如寇仇"等于君主大不敬的言论深为反感，洪武二十七年（1394年），特敕命翰林学士刘三吾校《孟子》，删去"民为贵，社稷次之，君为轻"等不利于君主的言论共八十五条。"课试不以命题，科举不以取士"①。

明初统治者在实行文化专制统治时，非常重视程朱理学的作用。由于程朱理学主张存天理，灭人欲，强调从内心收敛欲望，把封建伦理道德和封建等级秩序当作天理而自觉服从，正人之心术，止息邪说暴行，因此备受明朝统治者的青睐。洪武三年（1370年）恢复科举，承袭元朝旧规，科举考试内容基本上以程朱理学为主。《四书》用朱熹的《章句集注》，《易》用《程传》和《朱子本义》，《书》用《蔡沈传》和夏僎《详解》，《诗》用《朱子集传》，《春秋》用《左氏》、《公羊》、《谷梁》三传及《胡安国传》、《张洽集注》，《礼记》用《陈浩集说》，初步确立了程朱理学的官方统治地位。

为了用程朱理学统一思想，洪武年间，解缙上奏朝廷，建议由官方修撰理学书籍，以关、洛、濂、闽上接唐、虞、夏、商、周、孔，随事别类，勒成一经，以为"太平制作之一端"②。但此事直到明成祖时才正式实施。永乐十二年（1414年）十一月，明成祖诏谕翰林院学士胡广、侍讲杨荣、金幼孜曰：

> 五经、《四书》，皆圣贤精义要道，其传注之外，诸儒议论，有发明余蕴者，尔等采其切当之言，增附于下。其周、程、张、朱诸君子性理之言，如《太极》、《通书》、《西铭》、《正蒙》之类，皆六经之羽翼，然各自为书，未有统会，尔等亦别类聚成编。二书务极精备，庶几以垂后世。命广等总其

---

① 黄佐：《南雍志》卷一八。
② 《明史》卷一四七，《解缙传》。

事，仍命举朝臣及在外教官有文学者同纂修。开馆东华门外，
命光禄寺给朝夕馔。①

于是由胡广、杨荣、金幼孜、叶时中等三十九人奉命集诸家传注而纂修
《五经大全》、《四书大全》和《性理大全》，"凡有发明经义者取之，悖
于经旨者去之"②。第二年九月成书，胡广等上表进书，成祖览而嘉之，
并亲撰序言；御奉天殿受之，命礼部颁布天下，并赐胡广等钞币有差。
这七部"大全"的纂修，所用时间不到一年，便仓促成书，因此受到清
朝学者顾炎武、朱彝尊等人的强烈贬斥，认为是"窃书"，充其量不过
是童蒙课本《兔园册》，是经学衰败的标志。现将几部《大全》的情况
简述如下，以见明代学术之陋，理学之式微。

《周易大全》二十四卷，乃取之于元朝董楷之《周易传义附录》、董
真卿之《周易会通》、胡一桂之《周易本义附录纂疏》以及胡炳文之
《周易本义通释》，刊除其重复而勒为成书。故朱彝尊《经义考》谓其
"就前儒成编，杂为钞录，而去其姓名"。董楷、胡一桂、胡炳文笃守朱
子，其说颇谨严，董真卿则以程朱为主而博采诸家，其说颇为赅备，胡
广等抄录诸家，"不免守匮抱残"，虽然其墨守程朱，"不敢放轶"，但也
"不免固陋"。③

《书传大全》十卷，以蔡沈《书集传》为主。蔡沈《书集传》虽源
于朱子，但其中颇多以己意解经，且有不少错误，其书初行之时即遭人
议论。宋末元初，张葆舒作《尚书蔡传订误》，黄景昌作《尚书蔡氏传
正误》，程直方作《蔡传辨疑》，余苞舒作《读蔡传疑》，予以诘难。元
仁宗延祐二年（1315 年）议复贡举，决定《尚书》用蔡沈注释，于是
张、黄、程、余之书废而不用。当时，陈栎初作《书传折衷》，颇论蔡

---

① 《明太宗实录》卷一五八。
② 《四书五经大全》御制序。
③ 《四库全书总目》卷五，《经部·易类五》。

氏之失，见朝廷法制已定，乃改作《尚书集传纂疏》，专门发明蔡义。明太祖洪武时，考验天象，亦知《蔡传》之误，故数敕翰林学士刘三吾等撰《书传会选》，其编纂的原则是"凡《蔡传》之合者存之，不预立意见以曲肆诋排，其不合者则改之，亦不坚持门户以巧为回护"①。计所纠正《蔡传》之失凡六十六条。顾炎武以为该书"虽不及先儒，而尚有功于后学"②。但是，胡广等人所修之《书传大会》则专主《蔡传》，乃抄陈栎之《尚书集传纂疏》和陈师凯《书蔡旁通》，完全墨守《蔡传》。不过，在几部"大全"中，《书传大全》还算是比较好的一部。

《诗经大全》二十卷，乃以元人刘瑾所著《诗传通释》为本而稍加损益，小变其例而已。刘氏之书因专为《朱传》而作，故对《朱传》之矛盾抵误者，多委曲迁就，一一回护。胡广修《大全》乃"剽窃旧文以应诏"，"采刘瑾之说太滥"。③ 顾炎武《日知录》、朱彝尊《经义考》、陈启源《毛诗稽古编》等并抉摘其文而大加贬斥。四库馆臣也认为该书没有保存的价值。

《礼记大全》三十卷，以元朝陈澔之《礼记集说》为宗。陈氏之书疏于考证，舛误相仍，既"浅显"，又"简便"，"用为蒙训则有余，求以经术则不足"。④ 胡广等据以为主，根柢先失，其价值也就可想而知。其中虽然也援引诸家之说，但不过笺释文句，与陈澔之说相发明而已。四库馆臣对此书予以严厉的批评，认为胡广等人"抱残守匮，执一乡塾课册以锢天下之耳目"⑤。

《春秋大全》七十卷，也以元朝汪克宽之《春秋纂疏》稍为点窜而成。该书《凡例》云："纪年依汪氏《纂疏》，地名依李氏（廉）《会通》，经文以胡氏（安国）为据，例依林氏"。据考证实际上全部抄袭汪

---

① 《四库全书总目》卷一二，《经部·书类二》。

② 《日知录》卷一八，《书传会选》。

③ 《四库全书总目》卷一六，《经部·诗类二》。

④⑤ 《四库全书总目》卷二一，《经部·礼类三》。

氏之《纂疏》而成书，"虽奉敕纂修，实未纂修也"。汪克宽之书以《胡安国传》为宗，而《大全》也"惟凭胡氏定去取，而不复考论是非"，因此，此书"原可覆瓿置之"。①

《四书大全》三十六卷，因元朝倪士毅《四书辑释》稍加点窜而成，只是稍有增删，其详其简，反而不如倪氏，甚而还有舛误。倪氏之书本因科举考试为经义而作，所以四库馆臣讽刺"广等以夙所诵习，剽剟成编"②。

《性理大全》七十卷，胡广等采宋儒之说一百二十家而成。其中前二十六卷为周敦颐《太极图说》一卷、《通书》二卷、张载《西铭》一卷、《正蒙》三卷、邵雍《皇极经世书》七卷、朱熹《易学启蒙》四卷、《家礼》四卷、蔡元定《律吕新书》二卷、蔡沈《洪范皇极内篇》二卷；自二十七卷以下，乃捃拾群言，分为十三目。该书"大抵庞杂冗蔓，皆割裂襞积以成文，非能于道学渊源真有鉴别"③。

综上所述，明代的七部《大全》几乎全是抄录元人的著作，毫无学术价值。有明一代二百多年科举考试俱从此出，其学问根柢已如此不济，故明人之不学无术和理学之式微从明朝初年就基本确定了。

明人科举考试之《四书》、五经、《性理大全》既如此鄙陋，而其考试之法以八股文取士的制度则更使理学成为毫无生气的僵尸，其禁锢士人之害尤为酷烈。《明史·选举志》曰："科目者，沿唐、宋之旧，而稍变其试士之法，专取四子书及《易》、《书》、《诗》、《春秋》、《礼记》五经命题取士，盖太祖与刘基所定。其文略仿宋经义，然代古人语气为之，体用排偶，谓之八股，通谓之制义。"它规定了一套极为严格而又机械的文章程式：一是模仿宋人经义，即在内容上要代圣贤立言，不能阐发自己的见解；二是用骈体排偶的形式；三是用古人的语气。一篇八

---

① 《四库全书总目》卷二八，《经部·春秋类三》。
② 《四库全书总目》卷三六，《经部·四书类二》。
③ 《四库全书总目》卷九三，《子部·儒家类三》。

股文可以分为六段，包含八股：第一段为破题承题；第二段为小讲，用一、二股；第三段为提比，也叫提股，用三、四股；第四段为中比，也叫中股，用五、六股；第五段为后比，也叫后股，用七、八股；第六段为束比，又叫落下或大结。其中二至五段为正文，每一段都有两股对偶的文字，合计八股，故名八股文。八股取士之制度虽为刘基所创，但当时的主要目的在于重视宋儒之讲学，以矫唐宋科举专尚词赋之弊，经义之文不过敷衍传注，或对或散，初无定式，成化以后乃演变成固定的八股文程式。文章本无定格，如行云流水，行于所当行，止于所不得不止，"立一格而后为文，其文不足言矣。唐之取士以赋，而赋之末流，最为冗滥；宋之取士以论策，而论策之弊，亦复如之；明之取士以经义，而经义之不成文，又有甚于前代者"①。"自八股行而古学弃，《大全》出而经说亡。"② 顾炎武之论，可谓切中明代经学之要害。

二、明代理学的衰微

《明史·儒林传》曰："明初诸儒，皆朱子门人之支流余裔，师承有自，矩矱秩然。曹端、胡居仁笃践履，谨绳墨，守先儒之正传，无敢改错。"清人莫晋也说：明初理学家"大抵恪守紫阳家法，言规行矩，不愧游、夏之徒。专尚修，不尚悟，专谈下学，不及上达也"③。都指出了明初理学家所共同具有的特点，就是一秉宋人成规，不敢稍越樊篱。明初诸儒认为，周、程、张、朱之书乃道统正传，六经、《四书》的微词奥义已被他们说尽，所以一切学问皆须从此入，舍此而外，并无学问。另一方面，他们都强调躬行践履，不事著述，一意修持。其中较著名的理学家有方孝孺、曹端、薛瑄、胡居仁。

---

① 《日知录》卷一六，《程文》。
② 《日知录》卷一八，《书传会选》。
③ 《重刻明儒学案序》。

方孝孺（1357—1402 年），字希直，浙江宁海人，人称"正学先生"。二十岁时从学于宋濂。宋濂乃朱学后裔金华学派的传衍人物，既是元明之际的理学家，又是明朝"开国巨公，首倡有明三百年钟吕之音"①。方孝孺乃宋濂的入室弟子，尽传其学。建文帝召为翰林博士，进侍读学士。君臣之间，同于师友。"时当世文章共推先生为第一"，称其为程朱复出。明成祖篡位，欲利用他的名望，令其草拟诏书以塞天下之人心。他投笔大骂，被成祖杀害，株连十族，死者凡八百四十七人。刘宗周称其"以九死成就一个是，完天下万世之责。其扶持世教，信乎不愧千秋正学者也"②。

方孝孺力主为学必宗于朱熹，"为学不以宋之君子为师而欲达诸古，犹面山而欲趋适乎海也"。而朱熹学问的根底在"博文以致其知，主敬以笃其行，而审于义理之辨"③。方孝孺特别强调践履，通过洒扫应对、处世接物等"小学"之功夫，以养其心志，乃作《幼仪》二十首；认为化民必始于正家，作《宗仪》九篇；谓治理国家应尚德而缓刑，作《深虑论》十篇；又作《杂诫》以自警。故黄宗羲谓其一生"持守之严，刚大之气，与紫阳真相伯仲，固为有明之学祖也"④。

曹端（1376—1434 年），字正夫，号月川，河南渑池人，学者称"月川先生"。永乐六年（1408 年）举人。五岁时见《河图》、《洛书》，产生浓厚兴趣。年岁稍大，即专心性理之学。后读周敦颐《太极图说》、《通书》和张载《西铭》，乃叹道："道在是矣。"遂潜心研究，"坐下着足处，两砖皆穿"⑤。

曹端认为，周敦颐的《太极图说》经二程和朱熹的解说而至于"极

①　《宋元学案》卷八二，《北山四先生学案》。
②　《明儒学案·师说》。靖难之变后，朱棣屡召方希直不至，乃令其门人廖镛往召，先生曰："汝读几年书，还不识个'是'字。"
③　《逊志斋集》卷一四，《赠卢信道序》。
④　《明儒学案》卷四三，《诸儒学案上》。
⑤　《明史》卷二八二，《儒林一·曹端传》。

明备"，是宋代理学的根本。因此，"学欲至乎圣人之道，须从太极上立脚根"。而太极就是"性"，就是"理"，就是"至诚"，就是"至善"，"名不同而道则一"。只要事事都从心上做功夫，坚守"诚"与"敬"，摈弃私欲，便可达于圣道。他一生以力行为主，守之甚确，一事不容假借。故《明史·儒林传》谓："明兴三十余载，而端起崝、涩之间，倡明绝学，论者推为明初理学之冠。"黄宗羲也认为："方正学而后，斯道之绝而复续者，实赖有先生一人。薛文清亦闻先生之风而起者。"① 其著作有《孝经述解》、《四书详说》、《周易乾坤二卦解义》、《太极图说通书西铭释文》、《性理文集》、《儒学综统谱》、《存疑录》等。

薛瑄（1389—1464 年），字德温，山西河津人。性颖敏，十二岁时即以诗赋为人所称道。后闻礼学，乃尽焚所作诗赋，究心理学渊源，达到废寝忘食的地步。为永乐十八年（1420 年）进士。其为官清廉公正，刚直不阿，因此获罪于宦官王振，被下狱论死。他视死如归，临刑之前，读《易》自如。获免后，起为大理寺臣。死后谥"文清"。

薛瑄的学问一本于程朱，恪守宋人规矩，不敢稍有逾越。他认为，从《四书》、五经到周程张朱之书，都是道统正传，舍此而他学，即非学问。他说："自考亭以还，斯道已大明，无烦著作，直须躬行耳。"② 因此修己教人，讲求"复性"，即强调在日常生活中不断反省自己，"事事不放过，而皆欲合理，则积久而业广矣"。"人能于言动事为之间，不敢轻忽，而事事处置合宜，则浩然之气自生矣。"③ 他平时读书，凡有心得，即随手记下，以备反省之用。久而成帙，遂辑为《读书录》二十卷。其主要内容大致是对《太极图说》、《西铭》、《正蒙》的义疏，平易而简切。他的门弟子遍及北方诸省，被视为朱学的传宗。

胡居仁（1434—1484 年），字叔心，号敬斋，江西上饶余干人，学

---

① 《明儒学案·师说》。
② 《明史》卷二八二，《儒林一·薛瑄传》。
③ 《明儒学案》卷七，《河东学案上·读书录》。

者称"敬斋先生"。弱冠时即有志于圣贤之学。遂投于吴与弼门下，弃绝科举之意，筑室于梅溪山中，除事亲讲学以外，不干人事。曾主白鹿书院，讲学桐源书院。他严毅清苦，言行举动皆以古礼自规，每日必立课程，详书得失以自考。家世为农，虽处贫寒，而萧然有自得之色。以布衣终其身。"其学以主忠信为先，以求放心为要，操而勿失，莫大乎敬"。他曾作《进学箴》曰："诚敬既立，本心自存，力行既久，全体皆仁。举而措之，家齐国治，圣人能事毕矣。"① 可见他的治学功夫乃严守主敬之道，而注重持守，贯彻始终。他谨守程、朱理学，在一事一物上穷究体察。故《明史·儒林传》认为，"薛瑄以后，粹然一出于正，居仁一人而已"。其实，胡居仁的理学已经不纯粹了。他主张"心与理一"，"心理不相离，心存则理自在，心放则理亦失；理明则心必明，心明则理亦著"。② 这显然已是陆九渊心学的观点，可见胡居仁在治学中已经在不自觉地调和朱、陆。黄宗羲指出，胡居仁"主言静中之涵养，尤为学者津梁"，与陈献章的"静中养出端倪，日用应酬，随吾所欲，如马之御衔勒"，乃"同门冥契"，③ 实质上是一致的。这一事实充分显示出程朱理学的衰退之势与心学的兴起乃历史的必然。

从上面的叙述可以看出，明朝前期的理学家基本上没有什么建树。他们拾宋元之余唾，袭前人之糟粕，师承有自，恪守家法，不敢稍越樊篱，遵从宋儒之言，躬行践履，一意修持，不事著述，更不愿像汉唐的儒者一样从事经学的研究。所以《明史·儒林传》指出："至专门经训授受源流，则二百七十余年间，未闻以此名家者。"虽然如此，但也还是有一些理学家运用汉唐的方法从事对儒家经典的研究，下面择要略作介绍，以见明代经学确实已"非汉、唐之精专"④ 了。

---

① 《明史》卷二八二，《儒林一·胡居仁传》。
② 《居业录》卷一。
③ 《明儒学案》卷二，《崇仁学案二》。
④ 《明史》卷二八二，《儒林一》。

汪克宽，字德一，安徽祁门人，元末明初的经学家，其经学著作主要有《春秋胡传附录纂疏》三十卷、《诗集传音义会通》、《经礼补逸》九卷。《春秋胡传附录纂疏》主要以胡安国《传》为主，而博考众议，荟萃成书。此书内容"详注诸国纪年谥号，可究事实之悉；备列经文同异，可求圣笔之真；益以诸家之说，而裨胡氏之阙疑；附以辨疑权衡，而知三传之得失"①。《经礼补逸》乃取《仪礼》、《周官》、大小《戴记》、《春秋三传》以及诸经中有关于礼的论述，而分属于吉、凶、军、宾、嘉五礼，其"议论尚不失醇正"②。

赵汸，安徽字子常，休宁人，元末明初的学者。在经学上造诣较为精深，于诸经无不贯通，特别是对《春秋》用力最深。他关于《春秋》的论著较多，《四库全书》存录者就有《春秋师说》三卷、《春秋集传》十五卷、《春秋属辞》十五卷、《春秋左氏传补注》十卷、《春秋金锁匙》一卷。赵汸解经，淹通贯穿，条理秩然，持论平允，"据传求经，多由考证得之，终不似他家之臆说"，"可谓得说经之要领矣"。③他另有《周易文诠》四卷，该书大旨源出程、朱，主于略数而言理，兼用邵雍之学。其中诠释义理，大都为宋儒之说，不及其《春秋》学之深邃。

季本，字明德，号彭山，会稽（今浙江绍兴市）人。明正德年间（1506—1521年）进士。其经学著述颇为丰富，主要有《易学四同》、《诗说解颐》、《读礼疑图》、《庙制考仪》、《乐律纂要》、《春秋私考》等。其《易学四同》乃依从吴澄旧说，割裂经文，并无多少新意。最有价值的要算《诗说解颐》四十卷。该书"大抵多出新意，不肯剽袭前人，而征引该洽，亦颇足以自申其说。凡书中改定旧说者，必反复援据，明著其所以然"④。虽然不免于穿凿之弊，但在当时王学盛行，以狂禅解经

---

① ③　《四库全书总目》卷二八，《经部·春秋类三》。

②　　《四库全书总目》卷二〇，《经部·礼类二》。

④　　《四库全书总目》卷一六，《经部·诗类二》。

的流风下，作为王阳明高足的季本，能如此研求经传，考究训诂，实在难得。

梅鹭，字致斋，安徽旌德人。明正德年间（1506—1521 年）举人。官至国子监助教。著有《尚书考异》、《尚书谱》、《古易考原》、《春秋指要》、《仪礼翼经》、《太玄图注》等书。其中最值得一提的是《尚书考异》。该书从七个方面揭发了东晋梅颐所奏之《古文尚书》为皇甫谧所伪造。第一，《史记》没有记载伏生失其本经，晋人创伏生失其本经之说实诞妄而不足信；第二，据《后汉书•儒林传》载，马融、郑玄所注的《古文尚书》，与东晋梅本古文篇数不合，可见东晋梅本不可信；第三，《史记》、《汉书》都没有记载孔安国作《书传》一事，东晋梅本序说："安国承诏作传"，实属妄说；第四，汉代学者从来没有引用过东晋梅本古文，可证其伪（这一点朱熹也曾提出来过）；第五，伪古文《尚书》篇名与《孟子》、《史记》等古书记载不合；第六，文体问题，伏生今文典、谟、誓体裁分明，而伪古文如《大禹谟》则混典、谟、誓三体为一；第七，伪古文文义可疑。梅鹭的考证尽管还没有达到完善的地步，但基本上将伪古文《尚书》的作伪痕迹都指出来了。《尚书考异》是《尚书》辨伪的首创之作，表现了梅鹭在明代经学史上的重大成就。清人皮锡瑞在《经学历史》中说："明梅鹭《尚书考异》，辨古文之伪，多中肯綮，开阎若璩、惠栋之先。皆铁中铮铮、庸中佼佼者也。"①

郝敬，字仲舆，号楚望，湖北京山人。万历年间（1573—1620 年）进士，明代大经学家。郝敬所著经解颇多，主要有《周易正解》、《易经》、《尚书辨解》、《毛诗原解》、《仪礼节解》、《周礼完解》、《礼记通解》、《春秋直解》、《孟子说解》、《谈经》等。不过，郝敬解经，依然爱主观臆测，凭空发挥。如《周易正解》释蛊卦为武王之事，而以先甲后

---

① 《经学历史•经学积衰时代》。

甲为取象甲子昧爽；《尚书辨解》解释周公居东为就管叔以兄弟之义感之。这些与先儒不同的立说，似乎都缺乏依据。所以四库馆臣批评道："盖（郝）敬之解经，无不以私意穿凿，亦不但此书为然也。"[①]

三、心学的兴起

明代理学的变化可以追溯到吴与弼。

吴与弼（1391—1469 年），字子傅，号康斋，抚州崇仁（今属江西）人。十九岁入京师，见《伊洛渊源录》，慨然向慕于道学，遂弃科举之业，谢绝人事，独居小楼上，潜心研究《四书》、五经及程、朱诸子《语录》，体贴于身心，不下楼者二年。归乡后，以耕读讲学为业，非其义，则一介不取。弟子从游者甚众。陈白沙自广来学。晨光初辨，与弼即起床亲自簸谷。白沙未起，先生大声曰："秀才，若为懒惰，即他日何从到伊川门下？又何从到孟子门下？"[②] 他认为，历代笺注之学太过繁芜，有害无益，故不轻易著述。在朝人士多次向朝廷推荐他，请授以文学高职，他俱推辞不出仕。他说："宦官、释氏不除，而欲天下之治，难矣。吾庸出为！"英宗天顺元年（1457 年）曾受诏赴阙，但拒不受职，居二月即归。其所著《日录》，皆自言其生平所得。明季学者顾允成谓其"乐道安贫，旷然自足"。"一团元气，可追太古之朴。"

吴与弼之学，上无所传，皆自家身体力行，"刻苦奋励，多从五更枕上，汗流泪下得来"。七十年如一日，"可谓独得圣贤之心精者"。其为学之道，"在涵养性情，而以克己安贫为实地。此正孔、颜寻向上工夫，故不事著述而契道真，言动之间，悉归平淡"。[③] 此所谓"寻向上工夫"，即主张心境湛然虚明，克去血气之刚，躁急之态，心定气清，

---

① 《四库全书总目》卷一三，《经部·书类存目一》。
② 《明儒学案》卷一，《崇仁学案一》。以下所引同。
③ 《明儒学案·师说》。

方知天地自阔，日月自长。显然，这种治学之道，乃兼采朱陆之长，调合理学与心学，而自成一路径。其学最强调一个"敬"字。他说："大抵圣贤授受，紧要惟在一敬字，人能衣冠整肃，言动端严，以礼自持，则此心自然收敛。虽不读书，亦渐有长进。但读书明理以涵之，则尤佳耳。"① 黄宗羲评价他说："康斋倡道小陂，一禀宋人成说。言心，则以知觉而与理为二；言工夫，则静时存养，动时省察。故必敬义夹持，明诚两进，而后为学问之全功。"

吴与弼门弟子中最著名者有胡居仁、陈献章、娄谅。除胡居仁仍坚持朱学樊篱外，娄谅与陈献章则更自觉地背离程、朱理学而转向心学。故胡居仁骂娄、陈二人"陷入异教去"②，可谓深悉二人之学术宗旨。对于吴与弼在明代由理学向心学转变的启迪之功，黄宗羲给予了充分的肯定。《明儒学案》是一部以王氏心学为中心内容的明代学术史著作，黄宗羲把《崇仁学案》列为该书的第一卷，明确指出："椎轮为大辂之始，增冰为积水所成，微康斋，焉得有后时之盛哉。"

当然，明代理学明显地转向心学，则是从陈献章开始的。《明史·儒林传》曰："（明代）学术之分，则自陈献章、王守仁始。宗献章者曰江门之学，孤行独诣，其传不远。宗守仁者曰姚江之学，别立宗旨，显与朱子背驰。门徒遍天下，流传逾百年，其教大行，其弊滋甚。嘉、隆而后，笃信程、朱，不迁异说者，无复几人矣。"

陈献章（1428—1500 年），字公甫，号石斋，广东新会白沙里人。二十七岁时从学于吴与弼。归白沙后，乃杜门不出，专求问学用力之方。既无师友指引，惟向古圣贤之书中寻求，废寝忘食，数年如一日，而终未有所得。于是舍繁求简，由博返约，"惟在静坐"，终于"从静中养出端倪"，"然后见吾此心之体，隐然呈露，常若有物，日用间种种应

---

① 《康斋先生集》卷二。
② 《明儒学案》卷二，《崇仁学案二》。

酬，随吾所欲，如马之御衔勒也；体认物理，稽诸圣训，各有头绪来历，如水之有源委"，① 达到了"鸢飞鱼跃"的境界。成化二年（1466年），他入京师，游太学，遂名动京城，以为真儒复出。

陈献章之学，"以虚为基本，以静为门户，以四方上下、往古来今穿纽凑合为匡郭，以日用、常行、分殊为功用，以勿忘、勿助之间为体认之则，以未尝致力而应用不遗为实得"②。他说："终日乾乾，只是收拾此理而已，此理干涉至大，无内外，无终始，无一处不到，无一息不运会，此则天地我立，万化我出，而宇宙在我矣。"③ 他的这一思想显然与陆九渊的心学思想是一致的。他把心与理融为一体，心为世界的主宰，天地皆由我立，万事万物的变化皆由我出，宇宙即是我心，我心即是宇宙。达到这种境界，就叫做"物我两忘，浑然天地气象"④，"不累于外物，不累于耳目，不累于造次颠沛，鸢飞鱼跃，其机在我"⑤。

陈献章为学的经历，走过了一段由理学到心学的艰难过程。这一过程充分反映了程朱理学被陆氏心学取代的历史必然性。陈献章为追求圣贤之道，曾以数年时间，严格遵循朱子为学之方探求心与理的关系，但始终未有所得。他说："所谓未得，谓吾此心与此理未有凑泊吻合处也。"⑥这实际上道出了程朱理学的内在矛盾。朱熹的为学之道在"居敬穷理"。"穷理"的方法是通过"格物"而"致知"，最后达到物我一体，心与理的契合为一。由于朱熹强调"理一分殊"，每一事物有每一事物之理，所以应以吾心之知逐一格物而穷尽其理；一物不格，就缺了一物的道理。这样一来，对"理"的认识就是一个永不止息的过程，心与理永远不可能契合为一。朱熹虽然也认为"理即是心，心即是理"，但心性由于受外物蒙蔽而离开了"理"，流荡放佚，不能穷究理，所以又要

---

① ② ⑥ 《明儒学案》卷五，《白沙学案上》。
③ 《明儒学案》卷五，《白沙学案上·论学书·与林缉熙》。
④ 《明儒学案》卷五，《白沙学案上·论学书·与贺克恭》。
⑤ 《明儒学案》卷五，《白沙学案上·题跋·赠彭惠安别言》。

通过"居敬涵养"来存养性理，使心性与天理统一。这就把道德修养和认识过程糅合在一起了。"居敬"与"穷理"紧密相关，"居敬"既是"穷理"的条件，又是"穷理"的目标，尊德性与道问学二者不可偏废。很显然，朱熹的这一套为学之方既烦琐又复杂，学者照此格物致知，结果往往是心性与天理未能凑泊吻合。正是在这种情况下，陈献章才决定放弃朱熹的为学之方，舍繁求简，从虚静中体认到"作圣之功"。因此，陈献章的心学体系虽然与陆九渊一致，但他并不是从陆九渊那里直接继承来的，而是在"既无师友之指引"下，通过自己的艰苦探寻而获得的。故刘宗周评价他"独开门户，超然不凡"①。

陈献章的弟子中最著名者为湛若水。湛若水与王阳明同时讲学，各立门户，也是明代心学颇具影响的一位人物。

湛若水（1466—1560 年），字元明，号甘泉，广东增城人。他从学于陈献章，深得献章之学的精蕴。陈献章非常器重他，把他比作禅宗衣钵的传人，对他寄予了很大的期望。他历任礼部侍郎、南京礼、吏、兵三部尚书，其门生遍及天下。他每到一处，必建书院以祀陈白沙，以光大其学。

湛若水的学术思想主要是继承了陈献章的心学，以"随处体认天理"为宗旨。他说："所谓随处体认天理者，随未发已发，随动随静，盖动静皆吾心之本体，体用一原故也。"② "天理二字，圣贤大头脑处，若能随处体认，真见得，则日用间参前倚衡，无非此体，在人涵养以有之于己耳。"③ 这种动静合一、体用一致的修养方法是对陈献章"以自然为宗"的思想的发展，通过这样的修养，就真能找到心与理的"凑泊吻合处"。当时，他与王阳明共同讲学，以"倡明圣学为事"。王阳明以"致良知"为宗旨，批评湛若水的"随处体认天理"是"求之于外"。湛

---

① 《明儒学案·师说》。
② 《明儒学案》卷三七，《甘泉学案一·论学书·答孟津》。
③ 《明儒学案》卷三七，《甘泉学案一·论学书·上白沙先生》。

若水则批评王阳明的"格物"为"正念头"，"苟不加学问思辨行之功，则念头之正否未可据"。① 当然，湛、王两家的分歧只是心学内部的分歧，两者之间有很多共同之处，而且二人交往甚深，相互敬重。湛若水曾致力于调和两家之说。王阳明也说："吾与甘泉友意之所在不言而会，论之所及不约而同。"② 故他们的弟子往往出入二家，"学于湛者，或卒业于王；学于王者，或卒业于湛"③，并无门户之见。

湛若水一生著述甚丰，有《甘泉先生文集》传于世。他考定儒家经典的经学著作有《四书训测》、《古本小学》、《春秋正传》、《古乐经传》等。他著这些书目的在正古人之谬，如《春秋正传》，就最能体现这一宗旨。他认为《春秋》本鲁史之文，史家因报而书之，孔子因史而存之，并未予以增益和刊削，因此解《春秋》者不可强立义例，以臆说而乱之，唯当考之于事，求之于心，事得而后圣人之心、《春秋》之义皆可得。他以这一思想为指导，取诸家之说予以厘正，其体例乃先引三传，次列诸儒之言而以己意为之折中，其间虽不免有矫枉过正之弊，但他"能举向来穿凿破碎之例，一扫空之，而核诸实事以求其旨"④。

第三节　风靡百年的王学

一、"经学即心学"

陈献章开启了明代学术由朱学向心学的转变。继之而起的王守仁集心学之大成，建立起一套完整的心学体系，显然与朱学背驰。其门徒遍

---

① ③　《明儒学案》卷三七，《甘泉学案一》。
②　《王文成公全书》卷七，《别湛甘泉序》。
④　《四库全书总目》卷二八，《经部·春秋类三》。

及天下，王学风靡百余年，成为明代中叶以后最重要的学术流派。

王守仁（1472—1529 年），字伯安，浙江余姚人。别号阳明子，学者称"阳明先生"。他年少时，性格豪迈不羁，十五岁时纵观塞外山川形势，经月始返。十八岁，从吴与弼弟子娄谅问学，慨然以圣人可学而至。登弘治十二年（1499 年）进士第。后因得罪宦官刘瑾，被廷杖四十，贬谪为贵州龙场驿丞。在龙场，他彻悟格物致知之旨，曾主贵阳书院。刘瑾诛后，他改知庐陵县，历任南京刑部主事、鸿胪卿等职。后曾率兵破农民起义，平定朱宸濠之叛，以功封新建伯，拜南京兵部尚书。

黄宗羲在《明儒学案·姚江学案》中指出，王守仁心学体系的形成，分别经过了两个阶段的三个变化：第一阶段以龙场悟道为界，"先生之学，始泛滥于词章，继而遍读考亭之书，循序格物，顾物理吾心终判为二，无所得入，于是出入于佛、老者久之。及至居夷处困，动心忍性，因念圣人处此更有何道，忽悟格物致知之旨，圣人之道，吾性自足，不假外求。"其间，经过了由信奉朱子之学，到出入佛、老，最后悟透格物致知之旨三次变化。龙场悟道，初步建立了心学体系。其后，他的心学思想又经历了三次变化：起初"以默坐澄心为学的"，"大率以收敛为主"；"江右以后，专提'致良知'三字"，而主动静合一，知行合一；"居越以后，所操益熟，所得益化"，达到了纯熟的境界。其心学体系的核心就是"去人欲而存天理，进之以知行合一之说，其要归于致良知"。[①] 其著作有《五经臆说》四十六卷、《大学古本旁释》一卷、《朱子晚年定论》一卷，以及门人所记《传习录》三卷等。后人辑为《王文成全书》三十八卷。

王阳明在建构心学体系的过程中，对传统的经学进行了重新探讨和评价，其基本命题便是"经学即心学"。其经学思想主要表现在下面几个方面：

---

① 刘宗周：《阳明传信录序》，见《明儒学案》卷一〇，《姚江学案》。

第一，"六经皆史"。

《传习录》记载了王阳明答徐爱问六经的一段对话：

> 爱曰："先儒论六经，以《春秋》为史，史专记事，恐与五经事体终或稍异。"
>
> 先生曰："以事言谓之史，以道言谓之经。事即道，道即事。《春秋》亦经，五经亦史。《易》是包牺氏之史，《书》是尧舜以下史，《礼》、《乐》是三代史，其事同，其道同，安有所谓异？"
>
> 又曰："五经亦只是史，史以明善恶，示训戒。善可为训者，特存其迹以示法；恶可为戒者，存其戒而削其事以杜奸。"
>
> 爱曰："存其迹以示法，亦是存天理之本，然削其事以杜奸，亦是遏人欲于将萌否？"
>
> 先生曰："圣人作经，固无非是此意，然又不必泥着文句。"①

王阳明把"六经皆史"的论点表述得非常明确而清晰。这里的"史"不是一般史学意义上的记录事实，搜罗材料，排比现象，而是指"敦本尚实，反朴还淳之行"，是探索治世规律的历史意识。王阳明认为，治世之道在于求真。所谓"道"，就是社会治乱的规律和根本法则。所谓"经"，就是对道的揭示和表述，其言简而意赅，直接揭示"道"的本旨。所以"经"是"道"之"实行"的展现，文字不足为轻重。孔子删述六经，其目的在于去虚文以求明实道于天下。如《易》经的删订，孔子是有鉴于天下好文之风日盛，"纷纷籍籍，不知其几，《易》道大乱"，"于是取文王、周公之说而赞之，以为惟此为得其宗。于是纷纷

---

① 《王文成公全书》卷一，《传习录》上。

之说尽废，而天下之言《易》者始一"。《书》、《诗》、《礼》、《乐》、《春秋》都是如此，因虚文淹溺大道，"孔子皆删削而述正之，然后其说始废。如《书》、《诗》、《礼》、《乐》中，孔子何尝加一语？今之《礼记》诸说，皆后儒附会而成，已非孔子之旧。至于《春秋》，虽称孔子作之，其实皆《鲁史》旧文。所谓'笔'者，笔其旧；所谓'削'者，削其繁，是有减无增。孔子述六经，惧繁文之乱天下，惟简之而不得，使天下务去其文以求其实，非以文教之也"。① 孔子述正六经，旨在"明道"，通过伦理道德、治世方略的传授，使人"敦本尚实，反朴还淳"，而非教人拘泥于文字章句、名物度数之类。简言之，孔子删述和传授六经，都是为了"明道"，故唯在"简易"。

从这一认识出发，王阳明大胆肯定秦始皇焚书的作用，并褒扬王通而贬低韩愈在经学史上的地位。他说："春秋以后，繁文益盛，天下益乱。始皇焚书得罪，是出于私意，又不合焚六经。若当时志在明道，其诸反经叛理之说，悉取而焚之，亦正暗合删述之意。"② 王阳明肯定秦始皇焚书是去繁文，有禁毁"反经叛理之说"的客观作用，只是不该焚毁六经。他的意图十分明显，就是要把六经以外诠释经义的虚文附会之书一概焚毁，免得以假乱真，以虚掩实。这实际上全盘否定了汉唐之儒以及宋儒理学的价值。他认为孔子删述六经的本意是"正人心"，"存天理，去人欲"。六经已把"道"讲得非常清楚，不需要浮文虚词的诠释。还认为，"道"是政治、伦理的原则，而"经"则是解释与说明这个原则的。有了"道"，国就可治，民就可安，而国家之所以不安定，就是因为"文盛实衰，人出己见，新奇相高，以眩俗取誉，徒以乱天下之聪明，涂天下之耳目，使天下靡然，争务修饰文词，以求知于世，而不复知有敦本尚实，反朴还淳之行"。③ 可见，王阳明对汉唐以来经的演化是持批评与否定态度的。

---

① ② ③ 《王文成公全书》卷一，《传习录》上。

王阳明对韩愈虚文作风大为不满，认为他远不如王通。他认为，文中子拟经以图明道，而韩愈却倡古文复兴，兴繁文以乱实；王通求实反朴还淳，注重道德修养，而韩愈却提倡"文以载道"，重在著述道德文章。王阳明甚至认为宋明繁文求名之风的根源就在韩愈。显然，王阳明的思想是受了陆九渊的影响。陆氏曾说："读书固不可不晓文义，然只以晓文义为是，只是儿童之学，须看意旨所在。""二帝三王之书，先圣先师之训，炳如日星，传注益繁，论说益多，无能发挥而只以为蔽"。①综上所述，王阳明极力反对繁文传注，认为经即史，经本身反映的就是儒家史学意识。因此学者只要直学直通就行了，根本用不着徒费精力于礼乐名物上的考察和词章字句上的训诂。他反对宋儒乱加穿凿和妄加添补的经学"法式"，而提倡"正经"，即抛弃朱熹《四书集注》和《性理大全》一类的著作，重新返回到原始五经上来，正确而贴切地理解儒家经典中的"道"，以发挥它"存天理，去人欲"的作用和齐家治国平天下的特殊功能。

第二，"圣人之学，心学也"。

王阳明大力论述了关于经学的旨趣和作用问题。所谓经学的旨趣，在他看来，就是对"道"的认识和解释，在于求真求实，把握社会与人伦的基本法则。经学应该以关心社会和人生为目的，特别要突出关于人伦道德的主题。他说：

> 经，常道也，其在于天谓之命，其赋于人谓之性，其主于身谓之心。心也，性也，命也，一也。通人物，达四海，塞天地，亘古今，无有乎弗具，无有乎弗同，无有乎或变者也，是常道也。②

---

① 《陆九渊集》卷三五，《语录下》。
② 《王文成公全书》卷七，《稽山书院尊经阁记》。

也就是说，常道是人心固有的，它就是"良知"，包括了恻隐之心、
羞恶之心、辞让之心和是非之心等等；人正是有了这种"常道"，才
产生了"良知"，也就是父子之亲、君臣之义、夫妇之别、长幼之序、
朋友之信等等。"道"不是客观外在的东西，更不是载于文字书籍而
不发生作用的僵死的东西，用它来谈论阴阳消息之行，便成了《易》；
用它来谈论政事纲纪的施行，便成了《书》；用它来歌咏抒情，便成
了《诗》；用它来谈论人的行为规范，便成了《礼》；用它来歌舞升
平，便成了《乐》；用它来明辨诚伪与邪正，便成了《春秋》。所以，
六经是常道，与心、性、命的关系是统一的，而不是心、性、命之外
的。王阳明在这里作出界定："六经者，非他，吾心之常道也。"① 也
就是说，经学即"心学"或"道学"，经学的旨趣即求道与弘道，即
"致吾心之良知"。

　　但是，这种求道与弘道的作用，与朱熹所讲的通过治经而产生由外
向内的作用正好相反。王阳明说：

　　　　君子之于六经也，求之吾心之阴阳消息而时行焉，所以尊
　　《易》也；求之吾心之纪纲政事而时施焉，所以尊《书》也；
　　求之吾心之歌咏性情而时发焉，所以尊《诗》也；求之吾心之
　　条理节文而时著焉，所以尊《礼》也；求之吾心之欣喜和平而
　　时生焉，所以尊《乐》也；求之吾心之诚伪邪正而时辨焉，所
　　以尊《春秋》也。②

　　六经之治在于治心。在王阳明看来，"六经皆史"，六经之"常道"
是一种历史意识，也是祖传的宝贵遗产，后人学习它，必须首先明白圣
人述经的意图和经学的治世作用。形象地说，圣人述六经，如同一个有

————————————————

①②　《王文成公全书》卷七，《稽山书院尊经阁记》。

钱的富人积蓄起了满满的财富，后人的责任并不在于继续充实这笔财富，而是实实在在地守好这笔财富，治经就如同治产业，在"用"而不在学，即用来治乱世、正人心、明人伦、扶纲纪。既然经有如此作用，就既不可失，又不可废，经学即治经之学，学为实用救世。

第三，"主张日用"与"主观臆断"的经学方法。

当时反对王学的人认为，王阳明攻击朱熹的经学是鼓吹读经无用。其实不然。王阳明像朱熹一样是极力主张治经的，所不同者有二：一是不满朱熹的章句考训；二是不满朱熹的读经方法和治经的狭隘目的。王阳明的经学方法有其自身的特点。首先是注重日用，深造自得。如徐成之笃信好学，乡党中因其刻励自立，众皆非笑，以为迂腐。针对这种情形，王阳明说：

> 近为成之思，进学之功，微觉过苦。先儒所谓志道恳切，固是诚意，然急迫求之，则反为私己，不可不察也。日用间何莫非天理流行。但此心常存不放，则义理自熟。孟子所谓勿忘勿助，深造自得者矣。学问之功何可缓，但恐着意把持振作，纵复有得，居之恐不能安耳。①

所谓"日用间何莫非天理流行"，是指要把治经的工夫放在日用生活之间，使学以致用。治经本身同治心一样，是求乐的。"乐"是心的本体，同时也是经的要旨，学贵得于心，所以经的学习也应当从容愉快，有锻炼、陶冶、培养身心的作用。王阳明说：治经时要做到"恬淡其心，专一其气，廓然而虚，湛然而定"②。

其次是主观臆断，心为准的。王阳明认为圣人删述六经是"先得吾

---

① 《王文成公全书》卷四，《答徐成之》。
② 《王文成公全书》卷七，《别张常甫序》。

心"，而经就是"吾心之记籍"，因此应当根据吾心的良知去发明经的意蕴，此即求本。王阳明说：

> 《诗》、《书》六艺皆是天理之发见，文字都包在其中。考之《诗》、《书》六艺皆所以学存此天理也。①
>
> 圣人无所不知，只是知个天理；无所不能，只是能个天理。圣人本体明白，故事事知个天理所在，便去尽个天理。不是本体明后却于天下事物都便知得，便做得来也。天下事物，如名物、度数、草木、鸟兽之类，不胜其烦，圣人须是本体明了，亦何缘能尽知得。但不必知的，圣人自不消求知；其所当知的，圣人自能问卜。……圣人于礼乐名物，不必尽知，然他知得一个天理，便自有许多节文度数出来。不知能问，亦即是天理节文所在。②

这就是说，经学方法需求本体明了，先立其本，先明了自我本心的天理与圣人之心的天理和经书中的"常道"合一，不必汲汲于求理外之节文度数。他说："好古敏求者，好古人之学，而敏求此心之理耳。心即理也，学者学此心也，求者求此心也。"③

由于经学价值在于治心存理，经学是身心之学，所以王阳明主张以主观臆断的方法来治经。他在龙场著有《五经臆说》四十六卷，虽然这部书没有全部传于后世，但从其序中可以窥见王阳明臆说五经的经学方法。他说："默记旧所读书而录之，意有所得，辄为之训释。期有七月，而五经之旨略遍，名之曰《臆说》。盖不必尽合于先贤，聊写其胸臆之见。"又说："五经圣人之学具焉，然自其已闻者而言之。其于道也，亦

---

① ② 《王文成公全书》卷三，《传习录》下。
③ 《王文成公全书》卷二，《答顾东桥书》。

筌与糟粕耳。窃尝怪夫世之儒者，求鱼于筌，而谓糟粕之为醪也。"①
他针对世儒治经沉溺于训诂、得筌忘鱼的错误方法，而主张以臆说即
"以心证道"的方法来治经。主观臆断的方法实际上就是王阳明主张的
致良知方法。致良知本来是道德修养的方法，但他化作经学方法，其意
旨在于使读经成为道德修养的实践活动，而不是脱离道德修养的单纯的
知识学问功夫。

诚然，主观臆断的方法是治经与治心合一的方法，那么释经的正误
标准就不是外在的"求同"标准，而是依赖自我心中的"良知"作为判
断是非正误的尺度。王阳明认为，"良知"不仅本身是判断释经正误的
准则，而且它还有本能性的判断能力，"随他千言万语，是非诚伪，到
前便明，合得的便是，合不得的便非"②。这种主观臆断、心为准的经
学方法，在当时确实具有打破圣经贤传思想传统的进步性和追求真理的
良好动机，强调了自我主观能动性在认识中的作用，突出了学习主体在
学习中的独立人格和精神。王阳明提倡这种治经方法，实质上是对人的
智力发现和对人与人的生命价值的觉悟。他力图使人们从烦琐的经院哲
学和无益于身心修养的经学桎梏中解放出来，冲破朱学思想樊笼，获得
个体身心自由，不做文字的奴隶，要做道德的主人。但是，作为一种经
学方法，却又缺乏经学实证精神和严肃的治学态度，其流弊所及，往往
错谬百出，故使得阳明学派固有的斗争精神和求真的意愿未能起到革新
经学传统的冲力，相反却刺激了明末考据学的勃兴。

第四，学经明道以正心。

王阳明十分注重经学教育的价值，认为："圣人述六经，只是要正
人心，只是要存天理，去人欲。"③ 因此，经学教育的根本目的与作用
就是"正人心"，"存天理，去人欲"。经学反映的是治世规律的历史意

① 《王文成公全书》卷二二，《五经臆说序》。
② 《王文成公全书》卷三，《传习录》下。
③ 《王文成公全书》卷一，《传习录》上。

识与善良的道德意识，通过经学教育，就可以唤醒人们，使人们归之于"正"。王阳明力主革新经学，使经学教育的目的与作用从对书本知识的探讨和传统道学的狭隘圈子中突破出来，成为"正人伦"、"示法"、"杜奸"的实用政治和修身手段。

王阳明批评后世经学教育失去了圣人教育的本旨，认为后世经学教育纯是功利之习，它混同于佛老之说，间杂于群儒之见，自汉代一直到当今，"功利之毒，沦浃于人之心髓，而习以成性也，几千年矣"①。王阳明指责其败坏人心，丧失了"天理"而滋长了"人欲"，完全与圣人之教即"以成德为务"背道而驰。王阳明对汉宋及明代的经学教育予以彻底否定。他指出后世经学教育只教人在名物上钻研，事迹上考索，嘴巴里虽然说出了美妙动人的词句，实质上却是矫行饰伪，不过是骗人的套术而已。他指出，经学之士表面上道德文章，而内心深处却"济其私而满其欲"，都是怀有一颗没有道德的功利之心。因此，这类以功名利禄为目的的经学教育不仅毫无价值，而且严重地败坏了人心与经学，使经学成为充满阴谋诡计的功利霸术。

由此，王阳明大胆地指出，后来的儒者所传习的经学已经不是"孔子之旧"了。因为孔子述正的六经是删削了那些无益于道德的史料繁文，孔子立教的本意正是要去繁文之病而"存天理，去人欲"。而后世的儒者所传习的经书正好相反，充满繁文缛节。王阳明认为，《诗》、《书》六艺都是纯精纯一的道德规范，"思无邪"不仅是对三百篇诗义的概括，而且"六经只此一言便可该贯，以至穷古今天下圣贤的话，'思无邪'一言，也可该贯，此外更有何说"？② 王阳明认为如今的《礼记》诸说，都是后代儒家附会而成的，并非孔子所撰；至于《春秋》，虽然被称为是孔子所作，其实完全是《鲁史》的旧文；而《左传》本是孔子

---

① 《王文成公全书》卷二，《答顾东桥书》。
② 《王文成公全书》卷三，《传习录》下。

删削掉的《鲁史》繁文，后代的儒者却偏偏要重新加上，这无疑是违背了孔子述经的原意，破坏了经的本来面目。孔门家法是"无道桓文之事"的，但后代的儒者却偏要大讲"伯者的学问，所以要知得许多阴谋诡计，纯是一片功利的心"。① 至于《诗》，也"非孔门之旧本矣"。此必秦火之后，"世儒附会以足三百篇之数"。② 怀疑和断定《诗》中存在掺假成分，这当然是一种臆断。他由对《诗》的怀疑而推及到其他经典，以为《书》、《礼》、《乐》、《春秋》皆然。《书》自"典谟"之后，《诗》自"二南"之后，如九邱八索，"一切淫哇逸荡之词，盖不知其几千百篇，礼乐之名物度数，至是亦不可胜穷，孔子皆删削而述正之"③当然，王阳明并不是肯定只有圣人才能知"道"，述经也并非孔子的专利权，就孔子所述六经而言，也是因为时弊而不得已为之，并没有穷尽人伦"天理"。孔子之所以为圣人，只是他使"良知"发明流行，对具体问题和具体事件用"良知"予以应照了。孔子具有这种人生智慧，所以就把握了"人心天理"的基本准则。

王阳明说："义理无定在，无穷尽。"④ 所以经学教育应当教人"求真"、"明道"。然而后世经学教育死守陈规祖训、文章训诂，而不知"求真"、"明道"之本。这种章句之学只"将圣人所画摹仿誊写而妄自分析加增，以逞其技，其失真愈远矣"。⑤ 在经学和经学教育史上，王阳明极推重隋儒王通。他多次论及王通对经学的贡献，肯定其续经是在于"求真"，合于圣人述经之意，用心良苦。他之所以推重王通，是因为他的"六经皆史"的思想与王通的经学思想有相承袭与吻合之处。第一，两个人都认为经即史；第二，经史的界定也大致相同；第三，两个人都认为经是"王道"而不是"霸道"，它的价值在于道德而不在"功利"，因此经学教育的价值是教人成就道德，"明道"做人。所不同的是，王阳明推而广之，概述六经皆史，并指出经是反映治世规律的历史意识；

①②③④⑤ 《王文成公全书》卷一，《传习录》上。

此外，王通认为儒、佛、道三教可以合一，而王阳明则认为只有儒经的价值能正人心纪纲，存理灭欲，经世致用，而佛道则"自私自利"、"断灭种姓"，伤风败俗。因此，在教育地位上只能独尊儒经，表现出强烈的反佛道倾向。

第五，改革经学的主张。

王阳明上述思想涉及经、经学、经学教育等重大问题，是针对明代经学和经学教育的时弊而阐发的。尽管他没有明确说明是在对程朱理学和传统道学进行批判，但字里行间的旨意是十分明确的，体现了他革新道学和提倡经世致用的战斗精神。

明代的经学实际上就是理学，经学教育实际上就是对程朱理学的传授。当时天下的学子们似乎只知道《四书大全》、《五经大全》，只知道做八股文章以"代圣人立言"，而不知道"续经"来发展儒学；只知道名物度数虚文，而不知道反本敦实之行。王阳明对此大发感慨，他说：

> 呜呼！六经之学，其不明于世，非一朝一夕之故矣。尚功利，崇邪说，是谓乱经。习训诂，传记诵，没溺于浅闻小见，以涂天下之耳目，是谓侮经。侈淫辞，竞诡辩，饰奸心盗行，逐世垄断，而犹自以为通经，是谓贼经。若是者，是并其所谓记籍而割裂弃毁之矣，宁复知所以为尊经也乎！①

有鉴于此，他提出要"正经"，"经正则庶民兴，庶民兴则无邪慝矣"。如何"正经"呢？王阳明提出三条措施：

其一，重新返归到"孔子之旧"的古经上去，抛弃当时流行的所有后儒章句支离末学，进之以"圣贤之道"。他说："后世大患，全是士夫以虚文相诳，略不知有诚心实意，流积成风，虽有忠信之质，亦且迷溺

---

① 《王文成公全书》卷七，《稽山书院尊经阁记》。

其间。……今欲救之，惟有返朴还淳，是对症之剂，故吾侪今日用工，务在鞭辟近里，删削繁文始得。"① 所谓"删削繁文"，主要是指扬弃汉宋诸儒的传注，特别是程朱理学著作。

其二，大胆革新学风，继承和发展儒家"求真"的经学传统，在日用之间的"天理流行"之处求真明道。求真明道的办法就是自我体认"良知"，大胆地以"吾心之良知"去"臆断"经义，不要拘泥于汉代以后儒者们的成见。因为，自己的"良知"本来与圣人是一样的，如果对自己的"良知"能够明白无误地认识到，那么圣人的思想也就不在圣人那里而在自己这里了。所以，"学贵得之心。求之于心而非也，虽其言之出于孔子，不敢以为是也，而况其未及孔子者乎？求之于心而是也，虽其言之出于庸常，不敢以为非也，而况其出于孔子者乎"②？他告诫学生尤其要注意日常的所见所闻。他说："大抵学问功夫，只要主意头脑是当。若主意头脑，专以致良知为事，则凡多闻多见，莫非致良知之功。盖日用之间，见闻酬酢，亦无良知可致矣。"③ 主张大胆实践，在日用事物间致良知，在功用中去"求真"、"明道"，"反朴归淳"，而不要在传注册子上徒费精神。他常用孟子"尽信《书》不如无《书》"的话来鼓励学生放弃记诵《大学》，学习王通发扬光大儒经义理的实践革新精神，大胆怀疑和批评朱熹之学及传统道学。

其三，扭转当时空谈心性和摧残身心的科举教育，使之走向面对现实社会和人生的实学轨道，以便起到"整治人心"的政治作用与最大限度地使人生得到快乐。他认为，经学本是有所作为的治世之学，但如果离开了百姓日用，就变成了异端邪说。天下不治是由于学术不明，学术不明便会产生教育的种种弊病，搞得人心不正，私欲横流。因此，正学术在于"正经"，"正经"在于正经学教育，而正经学教育就在于突出人

---

① 《王文成公全书》卷五，《寄邹谦之》。
② 《王文成公全书》卷二，《答罗整庵少宰书》。
③ 《王文成公全书》卷二，《答欧阳崇一》。

伦道德，"存天理，去人欲"。王阳明反对程朱那种死板教条的经学教育方法，他认为：　"圣人之学不是这等捆缚苦楚的，不是装做道学模样。"①"乐是心之本体"，经学教育既然是教人"做人"的，那么就应当使学生在学习中享受"做人"的乐趣。而当时的教育不因人而施，却让学生"视学舍如囚狱而不肯入"，把学生逼上了折磨受苦以致丧伦失德的道路。因此，王阳明主张改革这种教育方法和教育内容，尊重学生的主体人格，减轻学生的学习负担，甚至让学生走出死气沉沉的学校到大自然中去游戏，去活动，在日常"事上磨练"，在"知行合一并进"的学习过程中去致其"良知"，以实现人生价值。

王阳明充满革新精神的经学思想对后世产生了深远影响，它不仅猛烈冲击了自明初以来死守朱学的理学教育传统，而且开启了阳明学派的经学风气。从此，自求心得、主观臆断、注重日用的经学趋势日益发展，它打破了圣经贤传的神秘感和权威性，反映了明中叶以来封建商品经济的发展所产生的市民阶级意识的觉醒。明中叶以后，经学不仅以臆说方式来求实用，而且还有人利用阳明学派发起的返本求真的经学革新思潮及其所刺激起来的社会心理，从中伪造经书出售，以牟取私利，使经学成为商品。它反映了明代中叶以来商品经济意识深刻地影响到学术界，同时也反映了明代学者在心学影响下对经学的反动态度。

王阳明的心学原本为了矫正程朱理学的僵化之弊，以维系人心，维护封建统治秩序，也的确起过一定的作用。但是，阳明心学将"天理"移置到人的心中，把一切外在的天理、天命之性都转化为内在心中的感性欲求，认为"天理"便是人欲，"天心"便是人心，充分肯定了人欲的合理性，高扬了人性的主体意识。这些观念显然是与传统的价值观相悖的崭新的思想要素。特别是他提倡独立思考，反对盲从迷信，使人们

---

① 《王文成公文集》卷三，《传习录》下。

"一时心目俱醒，恍若拨云雾而见白日"①，在客观上起到了思想解放的作用。这样，阳明心学发展的趋势，就正好走上了与其主观愿望相反的历程，引发和开启了作为封建社会后期占统治地位的意识形态——宋明理学的解体。

二、王门后学

王阳明龙场悟道以后，他的心学理论在学术界引起了强烈反响。随着他讲学规模和影响的日益增大，四方学子纷纷投其门下，执弟子礼。王阳明去世以后，王门弟子竞相以己意阐发师说。他们对阳明之学或恪守，或发展，或修正，有的竟至"悬崖撒手"而无所羁络，形成了王门后学驳杂斑离的局面。黄宗羲《明儒学案》按地域把王门弟子划分成浙中、江右、南中、楚中、北方、粤闽、泰州七大学案，予以论述的学者近百人，特别是浙中乃王阳明家乡，江右乃王阳明长期为官讲学之地，故二地王门弟子众多，影响也最大。现将各派著名的学者择要介绍如下。

浙中王门弟子著名的有徐爱、王畿、钱德洪等。

徐爱（1487—1517年），字曰仁，号横山，浙江余姚人。他是王守仁的妹夫，也是王守仁最早的及门弟子。他初闻阳明之学，认为与朱子之学相背驰，"骇愕不定，无入头处；闻之既熟，反身实践，始信为孔门嫡传，舍是皆旁蹊小径，断港绝河矣"②。王阳明对他非常器重，称他为"吾之颜渊也"。可惜徐爱寿仅三十一岁，故其所得阳明之学，乃龙场悟道之后处南中之时的学问，大率以收敛为主，以默坐澄心为学的，而对江右以后的"致良知"则未及得闻。

王畿（1498—1583年），字汝中，别号龙溪，浙江山阴（今浙江绍

---

①　顾宪成：《小心斋札记》卷三，《顾端公遗书》。

②　《明儒学案》卷一一，《浙中王门学案一》。

兴市）人。二十五岁时始受业于王阳明，为王阳明最著名的弟子。嘉靖十一年（1532 年）赴廷试，授南京职方主事。后罢官归里，居林下四十余年，主要以讲学为主，足迹遍东南，吴、楚、闽、越、江、浙皆有讲舍。他善谈说，讲学时听者云集。著作有《王龙溪集》二十卷行于世。

嘉靖六年（1527 年）九月，王守仁奉命征思、田前夕，王畿与钱德洪因对其"无善无恶心之体，有善有恶意之动，知善知恶是良知，为善去恶是格物"四句的理解不同而发生争议。王阳明临行前夕，二人侍于天泉桥上，各举所见以求证。王畿认为："此恐未是究竟话头；若说心体是无善无恶，意亦是无善无恶的意，知亦是无善无恶的知，物是无善无恶的物矣。若说意有善恶，毕竟心体还有善恶在。"德洪则认为："心体是天命之性，原是无善无恶的；但人有习心，意念上见有善恶在，格、致、诚、正、修，此正是复那性体功夫，若原无善恶，功夫亦不消说矣。"王阳明则折中二人之说，指出："二君之见，正好相资为用，不可各执一边。"① 王畿的"四无"之说是"为上根人立教"；德洪的"四有"之说是"为中根以下人立教。上根者，即本体便是功夫，顿悟之学也。中根以下者，须用为善为恶功夫以渐复其本体也"。② "天泉证道"表明，王畿之学主顿悟，偏于禅学，直把良心作佛性看。他讲学时，每"杂以禅机，亦不自讳也"③。故黄宗羲评价王畿之学近于禅、老，"悬崖撒手，茫无把柄"，"于儒者之矩矱，未免有出入矣"。④

钱德洪（1496—1574 年），本名宽，字德洪，后以字行，改字洪甫，号绪山，浙江余姚人。王阳明平宸濠后归故里，德洪率同邑数十名学者执贽门下请从受学。后来，四方之士来求学者甚众，德洪与王畿乃疏通王学大旨，共为教授师。王阳明出征广西思、田时，他又与王畿共主越

---

① 《传习录》下。
②④ 《明儒学案》卷一二，《浙中王门学案二》。
③ 《明史》卷二八三，《儒林二》。

中书院。登嘉靖十一年（1532 年）进士，累官刑部郎中。因被劾不习律名而下狱。后斥为民，凡在野三十年，以讲学为生，历江、浙、宣、歙、楚、广等地讲舍。著作有《绪山会语》等。

他因亲受阳明之教时间最长，甚得良知学说之真谛，而又能固守师说，不失儒者之矩矱。其学注重于事物上实心磨炼，反对学问落空，强调"行着习察，实地格物之功"，认为"于此体当切实，著衣吃饭，即是尽心至命之功"。① 黄宗羲在比较了他与王畿之学后评价说："故先生之彻悟不如龙溪，龙溪之修持不如先生。乃龙溪竟入于禅，而先生不失儒者之矩矱，何也？龙溪悬崖撒手，非师门宗旨所可系缚，先生则把缆放船，虽无大得亦无大失耳。"②

江右王门弟子著名的有邹守益、聂豹、罗洪先、刘文敏等，他们"皆能推原阳明未尽之旨。是时越中流弊错出，挟师说以杜学者之口，而江右独能破之，阳明之道赖以不坠"③。

邹守益（1491—1562 年），字谦之，号东廓，江西安福人。正德六年（1511 年）进士，曾官至南京国子监祭酒。他主张"道器无二，性在气质"，反对"裂心体而二之"。其学"得力于敬"。他认为敬即"良知之精明而不杂以尘俗者也"。以敬作为修养的方法，戒慎恐惧，常精常明，不为尘俗所障蔽。故黄宗羲指出："阳明之没，不失其传者，不得不以先生为宗子也。"④

聂豹（1487—1563 年），字文蔚，号双江，江西永丰人。正德十二年（1517 年）进士，官至尚书，加至太子少傅。他以御史巡按闽时，拜会王阳明，相与论学而深为悦服。阳明死后，他设位北面再拜，始称门生。他为学主静极，"归寂以通感，执体以应用"。同门学者王畿、黄弘纲、陈九川、邹守益、刘文敏等各致难端，他一一申辩。当时唯有罗

---

① 《明儒学案》卷一一，《浙中王门学案一·论学书·与陈两湖》。

② 《明儒学案》卷一一，《浙中王门学案一》。

③④ 《明儒学案》卷一六，《江右王门学案一》。

洪先与他深相契合，谓"双江所言，真是霹雳手段，许多英雄瞒昧，被他一口道着，如康庄大道，更无可疑"。① 其"归寂"之说虽近于禅，但从根本上讲并未背离阳明之说。因阳明在南中时就以默坐澄心为学的，以收敛为主，后见学者有喜静厌动之弊，故提出致良知而救其弊。

罗洪先（1504—1564 年），字达夫，别号念庵，江西吉水人。十五岁时读王守仁《传习录》而好之，欲往从受业，因父亲反对而止。乃师事同邑李中而传其学。登嘉靖八年（1529 年）进士，授修撰，拜春坊左赞善，后被除名归里。洪先虽未及守仁之门，但一生苦志寻求阳明之学。其为学"始致力于践履，中归摄于寂静，晚彻悟于仁体"②。其于阳明进学次第，洞然无间，而后得阳明学之真髓。故钱德洪对他说：先生"非徒得其门，所谓升堂入室者，子且无歉焉，于门人乎何有？"于是乃改称门人。③

刘文敏（1489—1572 年），字宜充，号两峰，江西安福人。年二十三，读《传习录》而好之，乃躬身实践，唯觉动静未融，乃入越而从学于守仁。"自此一以致良知为鹄，操存克治，瞬息不少懈。"④ 他赞同聂豹的"归寂"说，认为"吾心之体，本止本寂，参之以意念，饰之以道理，侑之以闻见，遂以感通为心之体，而不知吾心虽千酬万应，纷纭变化之无已，而其体本自常止常寂。"⑤ 故与聂双江相视为莫逆。他不喜科举，朝廷曾以贡士征聘，也辞而不起，以处士终其身。

在王门后学中，泰州学派是一个很重要的学派。黄宗羲说：

> 阳明先生之学，有泰州、龙溪而风行天下，亦因泰州、龙溪而渐失其传。泰州、龙溪时时不满其师说，益启瞿昙之秘而归之师，盖跻阳明而为禅矣。然龙溪之后，力量无过于龙溪

---

① 《明儒学案》卷一七，《江右王门学案二》。
②③④ 《明儒学案》卷一八，《江右王门学案三》。
⑤ 《明儒学案》卷一九，《江右王门学案四·论学要语》。

者，又得江右为之救正，故不至十分决裂。泰州之后，其人多
能以赤手搏龙蛇。传至颜山农、何心隐一派，遂复非名教之所
能羁络矣。①

也就是说，泰州学派不满于王守仁之说，对其学说予以新的解释，
并逐渐发展成为与正宗"圣学"相背离的异端之学。

泰州学派的创始人为王艮。王艮（1483—1541 年），原名银，王阳
明为其改银为艮，字汝止，号心斋，江苏泰州人。出身盐丁，少贫不能
竟其学。他随父往山东经商，常怀《孝经》、《论语》、《大学》于袖中，
逢人便请教质难，积久而能信口谈解。他研读经学，常"默默参究，以
经证悟，以悟释经"②。后受业于王阳明，遂得其宗旨。然其持论高远，
往往驾师说而上之，出入于佛、老二氏。

王艮之学以讲"格物"为宗旨。他认为，物有本末之分，吾身为
本，天下国家为末，故安身为格物之本。"身未安，本不立也。知安身
者，则必爱身敬身。爱身敬身者，必不敢不爱人不敬人。能爱人敬人，
则人必爱我敬我，而我身安矣。""知得身是天下国家之本，则以天地万
物依于己，不以己依于天地万物。"③ 基于此，他还提出"百姓日用即
道"之说，认为"圣人之道无异于百姓日用，凡有异者皆谓之异端"。
百姓日用条理处，即是圣人之条理处。④ 此即"良知"。

王艮把理学家的"道"降到百姓日用中去，提出"百姓日用即道"
的命题，不仅否定了作为封建等级秩序和伦理道德观念的"道"的神圣
性，而且也从根本上取消了"道"，正如他认为人人都可以成为圣人，
"满街人都是圣人"，实际上就否定了圣人贤人。因此，王艮之学上已与
正宗宋明理学相背离。其再传弟子何心隐、颜钧则表现出强烈的与儒学

---

① 《明儒学案》卷三二，《泰州学案》。
②③ 《明儒学案》卷三二，《泰州学案一》。
④ 《明儒学案》卷三二，《泰州学案一·心斋语录》。

离异的倾向，具有封建叛逆者的性格，另一再传弟子李贽更是"好为惊世骇俗之论，务反宋儒道学之说"①。总之，泰州学派及其后学沿着阳明"致良知"说的逻辑发展，终于走到了"掀翻天地"、"非名教之所能羁络"的地步，成为王学及整个宋明理学的对立面，构成一股对封建社会的离心力。这说明作为封建社会后期理论形态的理学已经走到了尽头，盛极而衰，崩溃之势已是不可逆转的了。

到了晚明时期，王学末流更把心学入于禅学，以"无念为宗"，以"悟性为宗"，主张静坐敛心，虚寂无欲，走到了束书不观、空言性命的死胡同，道学家们虚骄欺诈，名流学士放诞风流。他们置国艰民危于不顾，只知谈心性、诵语录、参话头、背公案。诚如顾炎武所痛斥的"置四海之困穷不言，而终日讲危微精一之说"②。嘉靖、隆庆以后，心学逐渐成为科举考试的主要内容，"举业所用，无非释、老之书"③。八股文僵化死板的形式和空言心性的王学末流的结合，使空疏无用的学风大肆泛滥。

王学末流侈言性命、不言时事的空疏学风，激起了一批正直的儒学之士的强烈不满，他们纷纷著书立说，批评王学末流谈玄论空、引儒入禅的学风，特别是对王学"无善无恶"之说予以极严厉的批评和纠驳，对王学末流的空谈"性命"大张挞伐。他们批评当时的道学家是一批"乡愿"，任你天崩地陷，他也不管，只管讲求如何明哲保身的所谓学问。东林党的领袖高攀龙，把阳明之学与明前期的薛瑄之学进行比较后，明确提出薛瑄之学笃实，阳明之学虚浮，极力推崇笃实之学。他说："我朝学脉唯文清（薛瑄）得其宗。百年前宗文清者多；百年后宗文成（阳明）者多。宗文成者谓文清病实，而不知文成病虚。毕竟实病易消，虚病难补。今日虚病见矣。吾辈稽弊而返之于实。"④

① 沈瓒：《近事丛残》。
② 《亭林文集》卷三，《与友人论学书》。
③ 顾炎武：《日知录》卷一八，《破题用庄子》。
④ 《高子遗书·景逸高先生行状》。

第八章
清代前期经学的异彩

第一节　明末清初的思想解放潮流

一、经世致用的实学思潮

明清之际是一个天崩地解的时代。1644 年 3 月，农民军的浩大洪流涌入北京，崇祯皇帝自缢于煤山；不久，满清的金戈铁马破关而入，华夏之地又遭受到更为惨烈的浩劫。接踵而来的巨变，震撼了一批正直的士大夫。国家的乱亡，社稷的倾覆，民生的涂炭，个人的颠沛流离，促使他们对政治、历史、学术思想等方面进行深刻的反思。他们对封建末世种种弊端有深切的了解，对王学末流空谈心性之弊更有切肤之感。他们痛定思痛，愤激地把明之覆亡归因于王学末流的空谈误国，掀起了一股批判王学的思潮。清顺治初年，有人在北京大明门上张贴红纸，上书"奉送大明江山一座"，落款为"八股朋友同具"①。顾炎武沉痛地指出：

> 刘石乱华，本于清谈之流祸，人人知之，孰知今日之清

---

① 蔡尔康：《纪闻类编》卷四。

谈，有甚于前代者。昔之清谈谈老、庄，今之清谈谈孔、孟。未得其精而已遗其粗，未究其本而先辞其末，不习六艺之文，不考百王之典，不综当代之务，举夫子论学论政之大端，一切不问，而曰一贯，曰无言，以明心见性之空言，代修己治人之实学，股肱惰而万事荒，爪牙亡而四国乱，神州荡覆，宗社丘墟。①

直斥晚明王学流于狂禅的祸毒甚于西晋王衍辈的清谈。颜元也以辛辣的笔触鞭挞理学"以空言乱天下"。他嘲笑道学家的空谈性命犹如画鬼，"不做费力事"，"习成妇女态，甚可羞，无事袖手谈心性，临危一死报君王"，自以为是"上品"，其实都是废品，不仅误己，而且误人。②唐甄把那些以毕生精力追求"明心"、"明道"、"明性"的儒者称为"虚而不实"的"三败类"，他们空言"性"、不讲"功"的学风，"将使刚者韦弱，通者圆拘，忠信者胶固，笃厚者痹滞，简直者丝棼"，其结果"学则败之矣"。③陆陇其更把对王学末流的批判直指其祖师王阳明，认为他的"致良知"说为清谈学风大肆泛滥打开了闸门，"风俗之坏，实始姚江"。④

　　明清之际的思想家们在批判王学末流的空疏之弊时，大力提倡经世致用的笃实之学，并以切实的躬身践履，倡扬刻苦、坚贞、强毅、笃实、博综的风气。他们大都历经个人的艰辛和国家的丧乱，并在诸多磨难中追求着完满的人生，"其为人立身与成学著书，皆卓然有以起后世之敬慕"⑤。钱穆指出："到晚明诸儒起来，激于王学流弊，又受时代刺激，颇想由宋明重返到先秦。他们的思想，显然从个人转向于社会大

① 《日知录》卷七，《夫子之言性与天道》。
② 颜习斋：《颜元集》，《存学编》卷一。
③ 《潜书》上篇上，《辨儒》。
④ 《三鱼堂文集》卷五，《答同年臧介子书》
⑤ 钱穆：《国史大纲》（修订本），台湾商务印书馆1994年修订本，第852页。

群，由心性研讨转向到政治经济各问题。由虚转实，由静返动。由个人修养转入群道建立，这是晚明儒思想上一大转变。"①

首开这一大转变之先河的是东林学派。明朝末年，宦官专权，朝政腐败，天下倒悬，重鼎将移。以顾宪成、高攀龙为领袖的东林学派首先挺身而出，他们以天下国家为己任，反对宦官专权，评议时政，裁量人物，放言高论而无所畏惧；在学术上也决然抛弃空疏不实的王学，以富国强兵为学问的根本目标，务求实用。他们认为，儒者之道不从悟入，应讲求人生之实用，力主为学之道以日用常行为主，提倡治国济世的务实之学。顾宪成在《东林会约》中提出为学的"四要"，即"知本"、"立志"、"尊经"、"审几"，充分反映了他注重读书修养，注重实用的朴实学风。由于他们的倡导，在东林学子中开始兴起经世致用的学风。这一风气迅速蔓延及全社会，在明末清初之际形成一股实学思潮。最杰出的思想家有黄宗羲、方以智、顾炎武、王夫之、颜元、李颙等人。这一实学思潮的内容主要表现在以下十个方面②：

1. 气一元论的宇宙观，与以"理"为本体的宇宙观相对立。这是明清之际思想家们相当一致的看法。黄宗羲说："通天地，亘古今，无非一气而已。"③ "理为气之理，无气则无理"④。王夫之认为："气者，理之依也，气盛则理达。"⑤

2. 道器非二与离器无道。王夫之说："天下惟器而已矣。道者器之道，器者不可谓之道之器也。无其道则无其器，人类能言之。虽然，苟有其器矣，岂患无道哉？君子之所不知，而圣人知之；圣人之所不能，而匹夫匹妇能之。人或昧于其道者，其器不成；不成，非无器也。无其

---

① 钱穆：《中国思想史》，台湾学生书局1983年版，第244页。
② 以下所引，系采纳韦政通之说，见韦著《中国思想史》（下册），台湾大林出版社1981年版，第1272—1280页。
③ 《宋元学案》卷一二，《濂溪学案下》。
④ 《明儒学案》卷七，《河东学案上》。
⑤ 《思问录·内篇》。

器则无其道，人鲜能言之，而固其诚然者也。"① 这个说法已排除传统的形而上学论，表现出实用主义的见解。

3. 人欲即天理。宋明理学皆主张理欲不相容，明末清初的思想家提出"人欲即天理"，与理学相对立，认为"天理正从人欲中见，人欲恰好处，即天理也"②。"饮食男女皆性也"，"理皆行乎其中也"③。

4. 明清之际的思想家提出"气质是善"说，反对程朱理学视气质为恶。

5. 重视知识。明清之际的思想家重视知识有两种含义，一是提出关于知识的理论，这主要表现为方以智"藏知于物"说，认为能还物者为真知，不能还物者为假知。另一种含义是重视读书与文献的知识。顾炎武说："愚所谓圣人之道者如之何？曰博学于文。""自一身以至于天下国家，皆学之事也。""非好古而多闻，则为空虚之学"④。王夫之则更强调通过闻见而获得外在的客观的知识。他说："内心合外物以启觉，心乃生焉，而于未有者知其有也；故人于所未见未闻者不能生其心。""欲闭内而灭外，使不得合，则虽圣人不能舍此而生其知觉"⑤。

6. 重视功利与实用。明清之际，在经世致用的要求下，重视功利与实用，成为这一时期思想最大最显著的特征之一。顾炎武说："窃以为圣人之道，……其用之身，在出处、辞受、取与；其施之天下，在政令、教化、刑法；其所著之书，皆以为拨乱反正，移风易俗，以驯致乎治平之用，而无益者不谈。"⑥ 李颙说："道不虚谈，学贵实效，学而不足以开物成务，康济时艰，真拥衾之妇女耳，亦可羞已。"⑦ 颜元说得更为通彻："以义为利，圣贤平正道理也。尧舜'利用'，《尚书》明与

---

① 《周易外传》卷五，《系辞上传》第十二章。
② 《陈确集》别集卷一四，《瞽言四·无欲作圣辨》。
③⑤ 《张子正蒙注》卷九，《乾称篇下》。
④ 《亭林文集》卷三，《与友人论学书》。
⑥ 《亭林文集》卷六（补遗），《答友人论学书》。
⑦ 《二曲集》卷七，《体用全学》。

'正德''厚生'并为三事。……孟子极驳'利'字，恶夫掊克聚敛者耳。其实义中之利，君子所贵也。后儒乃云'正其谊不谋其利'，过矣。宋人喜道之，以文其空疏无用之学。予尝矫其偏，改云'正其谊以谋其利，明其道而计其功'。"①

7. 重视民生。明清之际的思想家发扬儒家民本主义的优良传统，重视民生，关心民生疾苦，提出通过"均平"的手段使人民足衣足食。在传统的权力结构和生产技术落后的情形下，他们提不出更积极的办法，有的人甚至重新抬出古代的井田制，使民有常产。

8. 重商。传统的儒家大都持重农抑商、重本抑末的经济价值观，而明清之际的几位大思想家则明显地表现出重商的思想。黄宗羲说："世儒不察，以工商为末，妄议抑之；夫工固圣王之所欲来，商又使其愿出于途者，盖皆本也。"②

9. 反对君主专制。清初思想家在明亡之后对中国传统的政治文化进行深刻的反省，认为君主专制危害极大，故大力抨击君主专制。黄宗羲说：为人君者，"以为天下利害之权皆出于我，我以天下之利尽归于己，以天下之害尽归于人，亦无不可；使天下之人不敢自私，不敢自利，以我之大私为天下之公。始而惭焉，久而安焉，视天下为莫大之产业，传之子孙，受享无穷。……然则为天下之大害者，君而已矣"③。顾炎武说："今之君人者，尽四海之内为我郡县，犹不足也，人人而疑之，事事而制之……而无肯为其民兴一日之利者，民乌得不穷，国乌得不弱?"④ 唐甄说得最为直接："自秦以来，凡为帝王者皆贼也。……杀一人而取其匹布斗粟，犹谓之贼，杀天下之人而尽有其布粟之富，而反不谓之贼乎?"⑤

---

① 《四书正误》卷一，《大学》。

② 《明夷待访录·财计三》。

③ 《明夷待访录·原君》。

④ 《郡县论一》。

⑤ 《潜书》下篇下，《室语》。

10. 颂扬革命。歌颂汤武革命，原本是早期儒家的一个命题，自汉景帝以后，这一问题被当作"马肝"而很少涉及。明清之际的思想家们又重提这一命题。他们强烈抨击君主专制，必然要颂扬革命。黄宗羲说："今也，天下之人怨恶其君，视之如寇雠，名之为独夫，固其所也。而小儒规规焉以君臣之义无所逃于天地之间，至桀、纣之暴，犹谓汤、武不当诛之，而妄传伯夷、叔齐无稽之事，乃兆人万姓崩溃之血肉，曾不异夫腐鼠；岂天地之大，于兆人万姓之中独私其一人一姓乎？"① 王夫之说得最为简洁明了："革命者，应乎天，顺乎人，乃以永世。"② 他们抨击封建君主专制、颂扬革命，固然与他们的反满思想不无关系，但其思想光辉却是永存的。

这一经世致用的实学思潮表现在经学研究上，就体现为以朴实考证的方法，细致深入地研究儒家经典，发掘其内圣外王的意旨，反对宋明理学束书不观、游谈无根的空疏之弊，试图以经学去取代理学。晚明时期，焦竑、归有光等倡导"通经学古"，呼吁治经"必以汉学为宗"，焦竑学问非常广博，自经史至稗官无不淹贯。他治经力图恢复古经本色。为了求得对经典的真解，经世致用，曾着力于小学，对文字、音韵、训诂下了一番工夫。他通过搜集和分析大量文献语言材料，分类、引证，从中探寻古代语言文字的规律性，据此订正古书的讹误，并进而考辨古书之真伪。明清之际的大学者顾炎武以复兴经学为旗帜，力扫理学流于狂禅的弊病，倡言理学即经学，实际上是以经学取代理学，义理皆在经文中，经典中的义理，只有在经学的研究中才能取得。因此，他提倡用朴实的考据方法，以达到通经致用的目的。

---

① 《明夷待访录·原君》。
② 《尚书引义》卷四，《泰誓·牧誓》。

二、清初王门后学的崇实经世思想

清初阳明心学仍有很大影响，但与晚明王学末流不同的是，他们主张务实，经世致用。这种崇实经世的思想主张，乃是一定历史条件下阳明心学演变与发展的结果。王阳明在世时，王门弟子即分化出注重工夫的主事说与主敬说一派，以及强调良知现成、"无工夫中真工夫"的一派。明朝末年，刘宗周极力阐扬的注重工夫一派的主事说与主敬说，倡言本体工夫合一和"道不离器"说，以慎独为宗，突出强调本体在工夫的思想。及至清初王门后学孙奇逢、李颙、黄宗羲等大儒继起，这种务实重行之风在王门后学中昂扬，使阳明心学发展至一个新的阶段。这里仅以孙奇逢、李颙、唐甄为例，阐明王门后学的实学思潮。

孙奇逢（1584—1675 年），字启泰，号钟元，直隶容城（今河北保定市北部）人，晚岁移居苏门山之夏峰，故世称"夏峰先生"。明万历时举人，与左光斗、魏大中、周顺昌以气节相尚。后宦官魏忠贤当道，迫害忠良，左、魏、周先后被捕入狱，奇逢倾身营救。左、魏、周三君子死狱中，他又一手操办丧事，分别奉棺椁归故里，因此义声满天下。

崇祯九年（1636 年），清兵入关劫掠，"直隶诸城皆陷"，孙奇逢率学生与官民一道共守容城，清兵屡攻不下，容城得以保全。明亡后，他率弟子入易州五公山避难、讲学，躬耕陇亩以自资，学业、德行为时人交口称颂。时清廷欲笼络汉族士大夫，巡按御史柳寅东、侍郎刘余佑、祭酒薛所蕴等先后推荐其学行，他都坚辞不就。不久，清廷下圈地令，他家田园庐墓被侵夺，被迫南迁河南辉县苏门山之夏峰，一住二十五年，终年九十有二。他一生著作很多，经学方面的主要有《读易大旨》五卷、《四书近指》二十卷、《理学宗传》二十六卷、《尚书近旨》六卷。其他有《夏峰先生集》十六卷等，凡百余卷。

孙奇逢的学说原本于陆、王，以体认天理为第一要义，认为"天理"两个字是自己体贴出来的，做学问的功夫也全在体贴二字，历代圣贤无不如此。他说："明道曰：'天理二字，是自己体贴出来'，是无时无处莫非天理之流行也。精一执中，是尧舜自己体贴出来；无可无不可，是孔子自己体贴出来；主静无欲，是周子自己体贴出来；良知是阳明自己体贴出来。能有此体贴，便是其创获，便是其闻道；恍惚疑似据不定，如何得闻？从来大贤大儒，各人有各人之体贴，是在深造自得之耳。"① 显然，这种见解颇似陆、王"心即理"、"格物之功只在身心上去做"的观点，而与朱熹"即物穷理"的观点有较大的距离。但他并不以此为限，同时又主张治学以慎独为宗，以日用伦常为实际，以补陆、王之失。所谓慎独，就是不自欺；所谓以日用伦常为实际，就是讲求实行，强调切实办事。孙奇逢认为，学者虽以体认天理为第一要义，但不可侈言千古，远谈当世，而要付诸实践，从眼前一言一行做起，"吃紧处只要不虚当下一日"，"日用食息间，每举一念，行一事，接一言，不可有违天理"。② "阳明良知之说，着力在致字"，致良知"不离日用常行内"③。孙奇逢强调"致"，并把它与"日用常行"联系起来，这样日用常行一类眼前之事，就成为了"致良知"的源头。他同王阳明一样，坚持"知行合一"的观点，但又与王阳明有不同。他把"行"与"日用常行"联系起来，特别强调"行"的重要性，在《答魏石生》的信中说："盖行足以兼知，未有能行而不知者；知不足以兼行，耻躬不逮，圣人固虑之矣。"从此引申出力行、慎独、讲求实际、学在躬行等主张。

孙奇逢一生严守气节，饱经丧乱，厌恶空虚之论，主张务切实际。史书称他"大本主于穷则励行，出则经世，其治身务自刻励"④。对程、朱、陆、王，孙奇逢各道其长而又不讳其短，立论平实切理，全无门户之见，在肯定朱熹学术上的成就时，指出其过分强调"反而求诸事物"造成的弊病；在崇奉王阳明时，也指出其过分追求"反而求诸心性"引

---

① 《夏峰先生集》卷二，《语录》。
②③ 《夏峰先生集》卷一，《语录》。
④ 《清代七百名人传》下册，第1537页。

起的恶果。晚年，他倾慕朱熹，力图调和朱、陆两派，抹去其异而证其同，有所谓"理气之分，种种互起争长，然皆不谬于圣人"①，"文成之良知，紫阳之格物，原非有异"②。

孙奇逢一生并未越出理学门庭，但他高尚的人格、笃实的学问，尤其是敢于号召"不开眼界，不大心胸，不去取圣贤，未许读书"③ 的气概，更显一代英才本色，其学术成就与为人均为后人所称道。他的门生弟子遍天下，感召力极大，被时人推许为北学的"泰山北斗"。

李颙（1627—1705 年），字中孚，号二曲，陕西周至人。其父李可从壮年从军，死于战事。家贫，刻苦自学，常就途人叩字义，终于遍读经史、诸子及佛、道典籍。年十九，只身赴襄城访父遗骸。顾炎武为作《襄成纪异》诗，名动海内。成年后学业大进。一度到无锡、江阴、武进、宜兴等地讲学，很受欢迎。后主讲关中书院。他极重气节，明亡后宁死不为清廷所用。康熙年间，数次荐为"山林隐逸"，又征为"博学鸿儒"，均极力推辞。"大吏亲至其家促之起，举床至省，绝粒六日，至拔刀自刺，大吏骇去"。因署曰"二曲土室病夫"，学者称"二曲先生"。晚年杜门不与人交，唯顾炎武来访才破例相见，纵谈天下大事。终身七十九岁。其著述有《四书反身录》七卷、《二曲集》二十二卷、《历年纪略》一卷、《潜确录》一卷，以上集为《二曲全集》。此外曾著《十三经注疏纠谬》、《廿一史纠谬》、《易说象数蠡测》等。

李颙学术源于陆、王，也教人读陆、王学派的书，以明陆、王学派之道。他极重视个人自身修养，主张为学以"静坐观心"为始，以"悔过自新"为宗。他认为，人生之初，本无愚贤，由于物欲引诱，积而为过，致有后天差别；只要知过、知悔、知改，改之又尽，就可恢复本原，成为圣人。悔过自新的办法又在于"静坐观心"，使心静而明过、

---

① 《夏峰先生集》卷一，《语录》。
② 《四书近指·大学之道章》，晚年批定本卷一。
③ 《四书近指·不如无书章》卷一七。

改过。他的见解与王阳明"致良知"说并无区别，但他主张悔过自新，却十分强调实行，强调反身求己，强调言归于实践。他在《四书反身录》中告诫说，圣人成《四书》，是要人"体诸身见诸行"，"有补于世"；如果"诵读虽勤，阐发虽精，而入耳出口，假途以干进"，则"于世无补"，有违圣人立言之初衷。① 他与孙奇逢一样，也强调"行"的重要性，认为"真知乃有实行，实行乃为真知"②，"行步要脚踏实地，慎勿凭虚蹈空，若低视言行而高谈性命，便是凭空蹈虚，究非实际"③。因此，他主张："最上道理，只在最下修能，不必骛高远，说精微，谈道学，论性命，但就日用常行，纲常伦理，极浅极近处做起。"④ 他进而提出"明体实用"的主张，提倡实学，力图修正理学的空谈。他所说的"体"，指陆王心学；所说的"用"，指经世致用一类实学。所谓"明道存心以为体，经世宰物以为用"⑤，就是要以陆王所说的发明天理为本体、为根本，以实用之学为补充，以救王学末流空谈心性的弊端。他以"体用兼赅"相标尚，认为体和用应相互依赖，缺一不可。"明体而不适于用，便是腐儒；适用而不本明体，便是霸儒。"⑥ 他曾开列一读书单，一为明体类，一为适用类。在适用类中还开列了《农政全书》、《水利全书》、《泰西水法》、《地理险要》等，认为"以上数种，咸经济所关，宜一一潜心"⑦，显示出强烈的实用性，有近代社会经济色彩，与传统士大夫思想已有很大不同，与空谈心性的王学末流更是不可同日而语。

针对当时社会"昧义命，鲜羞恶"、礼义廉耻荡然无存的种种现象，

---

① 《四书反身录·识言》。
② 王心敬：《新刻二曲先生集序》，《二曲集》附录四。
③ 《四书反身录》卷三，《论语》。
④ 《二曲集》卷六，《传心录》。
⑤ 《二曲集》卷一六，《答顾宁人先生》。
⑥ 《二曲集》卷一四，《盩厔答问》。
⑦ 《二曲集》卷七，《体用全学》。

李颙提出"救世而济时"的主张，力扶义命，力振廉耻，为救世而治学。他著《匡时要务》一文，就明学术、正人心立论，推崇东林党的学风，把当时的八股辞章比之为洪水猛兽，为束缚人心的枷锁。他主张通过自由讲学来破除八股文对思想的束缚，达到"君子为学贵博不贵杂，洞修己治人之机，达开物成务之略"的境界。这种下学上达，修齐治平，就是"实学"。它的提出，乃是对中世纪道学束缚的一种反动力，表现出希望学术解放、积极用世的良好愿望。正是在这一点上，才显出了李颙在清初学术史上的地位。

唐甄（1630—1704 年），初名大陶，字铸万，号圃亭，四川达州（今达川市）人。父唐阶泰，曾任吴县令。他随父宦游，后定居吴江。顺治十四年（1657 年），回川于阆中中举，曾任山西长子知县，因与上司不合，任职十月即弃官家居，困厄守志，萧然四壁，著书以终。他曾说："君子当厄，正为学用力之时。穷厄生死，外也，小也，岂可求诸外而忘其内，顾其小而遗其大哉！"有时，他穷得没饭吃，就采废圃中枸杞叶做饭，衣服典尽，败絮褴褛，犹"陶陶焉振笔著书不辍"①。唐甄积三十年而成《潜书》八卷，其他尚有《毛诗传笺合义》、《春秋述传》、《圃亭集》等。

唐甄对王阳明极为推崇，以为"阳明子有圣人之学，有圣人之才，自孟子而后无能及之者"。他认为王氏"致良知"说，可以与孔子忠恕之教并论，"若仲尼复起，必不易阳明子之言矣"②。唐甄反对理学家空谈心性、"不言事功，以为外务"③ 的致命弱点，提出了"性功"的主张，认为"事功"出于心性的修养，而心性的修养应表现为"事功"，二者不可分裂。他打了一个生动的比方：点燃烛火，发出光明；没有烛火，则没有烛光。而烛火也必发出烛光，才能照亮四壁，显示它的功

---

① 王闻远：《西蜀唐圃亭先生行略》，《潜书》中华书局 1963 年增订版，第 227 页。
② 《潜书》上篇上，《法王》。
③ 《潜书》上篇下，《良功》。

用。"车取其载物，舟取其涉川，贤取其救民。不可载者，不如无车；不可涉者，不如无舟；不能救民者，不如无贤。"① 物之价值，在于功用。圣贤之所以为圣贤，就在于能讲求"事功"，能"定乱、除暴、安百姓"。如无圣贤之"功"，圣贤也就失去存在的价值，也就无所谓圣贤了。唐甄认为，宋儒的理学不是明事物之"理"，而是引导自我的认识于无用之处。"束书不观"，"坐禅格物"，事实是放弃了现实的努力，缺乏与时俱进的奋斗精神。因此，他认为崇奉道学不求事功的结果，只能培养出盲目的追求明道、明心、明性的"三败类"，只会使一代学人如奄奄病夫，气尽而毙，将会造成整个民族的危亡。

唐甄的"性功"思想在政治上表现为强烈的"入世"态度。他在《潜书·潜存》中用设问的方式，说自己如能跻身明主之侧，为之出谋划策，"任官、足民、弭乱"，在十年之间，必能使天下大治。但是，这种"平民干政"精神与封建专制主义是格格不入的，所以他猛烈抨击封建专制制度，认为"自秦以来，凡为帝王者皆贼也"，一语道破了封建帝王的本质。他主张应将这些"过里而墟其里，过市而窜其市，入城而屠其城"的大小众"贼"统统处死，"有天下者无故而杀人，虽百其身不足以抵其杀一人之罪"。② 唐甄否定君主专制，虽然还没有提出明确的民主主义纲领，但是确已闪耀出人权平等的光辉，对传统的封建士人无疑有新的启蒙作用。

唐甄猛烈抨击理学末流，猛烈抨击封建专制制度，放言高论，无所忌惮，为当时学者中所少有。他的思想集中反映在《潜书》中。

《潜书》分上下二篇，上篇讲学术，计五十目，下篇谈政治，计四十七目，共九十七篇。该书初名《衡书》，定本后更名《潜书》，比《衡书》多八十四篇，因此《四库全书总目》误为两个人的著作（《衡书》

---

① 《潜书》上篇下，《有为》。
② 《潜书》下篇下，《室语》。

署名唐大陶）。《清史稿》本传评《潜书》曰："上观天道，下察人事，远正古迹，近度今宜，根于心而致之行，非虚言也。"当时学者梅文鼎见《潜书》，尽录之，曰："此必传之作，当藏之名山以待其人耳。"其后潘次耕评论道："论学术，则尊孟宗王，贵心得，贱口耳，痛排俗之陋；论治道，则崇简尚朴，损势抑威，省大吏，汰冗官，欲君民相亲如一家，乃可为治。皆人所不及见、不敢言者。"①

三、王夫之、颜元等对理学的全面清算

王夫之（1619—1692 年），字而农，号姜斋，湖南衡阳人。清兵南下，夫之在衡山举兵抵抗，战败退至肇庆，任桂王行人司行人，因反对王化澄，几陷大狱。后到桂林依瞿式耜，不久桂林复陷，式耜殉难，夫之知事已不可为，遂决计隐遁。最后归衡阳之石船山，筑土室曰"观生居"，潜心著述四十年，至死不臣清，得"完发以终"，世称"船山先生"。他对经学、史学、文学、天文、历法、数学、地理都有贡献，特别是在哲学方面，总结和发展了中国传统的唯物论和辩证法，达到了当时所能达到的最高水平。他一生著述甚多，同治初，曾国藩广为搜辑，汇刻成《船山遗书》七十种、三百二十四卷，散佚者犹不在内。其主要著作有《周易外传》七卷、《尚书引义》六卷、《读四书大全说》十卷、《张子正蒙注》一卷、《思问录》二卷、《黄书》一卷、《老子衍》一卷、《庄子通》等。

宋明理学是一个哲理化了的经学派别。明清之际对理学的批判，主要着重于理学的空疏不实、空谈误国，虽言辞慷慨激切，但少有触及理学的根本问题，如理与气、体与用、心与物、理与欲、知与行等，真正从哲学上较为系统地对理学进行清算的，则首推王夫之。

在自然观方面，王夫之正确论述了理气、道器关系。他指出："阴

---

① 《清儒学案》卷二○七，《铸万学案·唐先生甄》。

阳二气充满太虚，此外更无他物，亦无间隙，天之象、地之形，皆其所范围也。"①"气者，理之依也。"② 认为宇宙间气无所不在，由气生理，气先理后，理依附于气，离气即无理。在道器关系上，他认为"天下惟器而已矣。道者器之道，器者不可谓之道之器也。……无其器则无其道"③。"道"离不开"器"而存在，无器则无道，器在道先。在"形而上"和"形而下"这一对哲学范畴中，他的观点也与程朱针锋相对，他说："形而上者，非无形之谓。既有形矣，有形而后有形而上。无形之上，亘古今，通万变，穷天穷地，穷人穷物，皆所未有者也。"④

王夫之的哲学体系包含有丰富的朴素辩证法思想。他认为"阴阳异撰，而其絪蕴于太虚之中"⑤，宇宙间都是阴阳二气的对立统一，运动变化。阴阳二气充塞于宇宙，无处不包含有阴阳的对立，因而引起整个世界的运动变化。他说："天地之德不易，而天地之化日新"⑥，"今日之日月非用昨日之明也"⑦，天地间的生化是宇宙中不可移易的规律。

在认识论上，王夫之肯定认识来源于客观对象，通过人的感觉器官而引起人的思维活动。在历史观方面，他认为历史的发展总是后代超过前代，三代超过唐虞，盛唐又远胜于三代。在社会观方面，他批判宋明理学"存天理，灭人欲"的观点，提出"天理"就在"人欲"中的见解："礼虽纯为天理之节文，而必寓于人欲以见"，"随处见人欲，即随处见天理"。⑧"是故天地之产，皆有所用，饮食男女，皆有所贞。"⑨

王夫之曾于其所居之处题"六经责我开生面，七尺从天乞活埋"的诗句，表达他的治学特点及人生态度。从其治学来看，他以儒家"六经"为依据，从先秦诸子到两汉经学、魏晋玄学、隋唐佛学、宋明理

---

①⑤ 《张子正蒙注》卷一，《太和篇》。
②⑥ 《思问录·内篇》。
③④ 《周易外传》卷五，《系辞上传》第十二章。
⑦ 《周易外传》卷六，《系辞下传》第五章。
⑧ 《读四书大全说》卷八，《孟子·梁惠王下篇》。
⑨ 《诗广传》卷二，《陈风》。

学，无不淹通。"于六经皆有发明"，通过对六经的笺说，对传统的儒学体系进行全面的总结，提出了许多"别开生面"的精彩观点，其"理趣甚深，持论甚卓，不徒近三百年所未有，即列之宋明诸儒，其博大闳阔，幽微精警，盖无多让"。①

与王夫之大体同时的反理学的经学家还有潘平格和陈确。

潘平格（1610—1677 年），字用微，浙江慈溪人。一生孜孜于学术而不求仕进，只做过塾师。著作有《求仁录》十卷、《著道录》十卷、《四书发明》二卷、《孝经发明》二卷、《辨二氏之学》二卷、《契圣录》五卷。

潘平格早年治程朱学，后又潜心于阳明学，也喜读释道书，经过深入研究，他认为均不切实用。在他看来，明清以来诸家秉承朱、王遗绪，倡导主静、养心，真可谓"不知真心"。他指出，天地万物应和人心浑然一体，决不能在天地万物之外求本心，百业日用，才是学者的本心所在。他激烈抨击宋明以来的所谓道统，揭露程、朱、陆、王各派糅杂佛老借以炫世的面目；坚决主张"力行"，认为它是"究理之学"，是"致用之本"，只有通过"力行"，才能达到格通身家国天下的目的。

潘平格对宋明理学猖獗并垄断中国思想界的现象极其不满。他说，程朱利用"颜子殁而圣学亡"为口实，大悖曾子、孟子之道，以致后代诸儒群趋附和，出现"敢于悖先圣，而不敢于悖后世诸贤"的弊病。他认为，正是由于理学泛滥，才使学术界万口一声，不敢对道统遗绪有丝毫异言，如果有人敢于指责程、朱、陆、王之学背离孔子之道，就会被视为狂妄之徒。而造成这种局面的主要原因是清王朝的专制统治，是朱熹及其语录、《四书注》极大地束缚了人们的思想，造成了思想界的专制局面。

潘平格的反理学言论，反映了市民阶层要求平等、要求被社会承认

① 钱穆：《中国近三百年学术史》上册，中华书局 1986 年版，第 96 页。

的观念，显示了他们攻击僧侣主义的精神，有着重要的实践伦理的内涵，在清初思想界中发出了异彩。① 潘平格本一介书生，毫无名位，却为当时士林所推重，认为"儒门之有潘子，犹释氏之有观音"。

陈确（1604—1677 年），字乾初，浙江海宁人。年轻时师事大儒刘宗周，本为阳明学派。南明福王时，行鬻爵令，童试者纳银免郡县考试，陈确大不以为然，认为：此输银就试之心，即异日迎贼献降之本也！明亡，杜门息影，足不出户二十年，隐居著述以终。主要著作有《性解》、《禅障》、《大学辨》、《葬书》等。

陈确对宋明理学空谈心性极为反感，对王学之误国误人，更是深恶痛绝，不仅弃业不从，而且予以猛烈抨击。他经过考证，公然宣布，《大学》这部理学家们公认的经典著作，既非孔子所作，也非孔子所述，而是朱熹信口雌黄炫惑于人的产物，"其言似圣，而其旨实窜于禅"②。这不仅给理学家戴上了禅学异端的帽子，而且将理学们借以立论的基石彻底推翻。这对当时学界震动之大可想而知。他的惊世骇俗之论遭到时人反对。他的学友黄宗羲、张履祥、刘伯伦、沈甸等也纷纷作文辩难。但他却不顾利害，义无反顾。临死前一年，他致书黄宗羲说："弟愚人也，何敢言学。惟是世儒习气，敢于诬孔、孟，必不敢倍程、朱，时为之痛心。"③ 他死后，黄宗羲翻检他的遗稿，发出了沉重的慨叹："详玩遗稿，方识指归，有负良友多矣。"④

比王夫之稍后则有颜李学派对理学的全面清算。

颜元（1635—1704 年），字易直，又字浑然，号习斋，河北博野（今属保定市）人。三岁时，清兵入关大掠，父被掳，母改嫁，他贫居乡村，用力农事，然读书习武不辍，刻苦尚学，终成大家。颜元本有济

---

① 侯外庐：《中国思想通史》第五卷，人民出版社 1956 年版，第 201 页。

② 《陈确集》别集卷一四，《大学辨一》。

③ 《陈确集》文集卷四，《与黄太冲书》。

④ 《陈确集》首卷，《陈乾初先生墓志铭》。

世之大志，他常对友人说："如天不废予，将以七字富天下：垦荒、均田、兴水利；以六字强天下：人皆兵、官皆将；以九字安天下：举人才、正六经、兴礼乐。"① 当时学界知道颜元的人不多，他的思想因其弟子李塨而得以广传，也因李塨一传而绝。后人将他们合称为"颜李学派"，二人的著作后人合编为《颜李丛书》。颜元一生反对著书，故著作不多，有《四书正误》六卷、《四存编》十一卷、《朱子语类评》一卷、《礼文手抄》一卷、《习斋记余》十卷。

颜元一反宋明以来空谈心性的流弊，主张"正其谊以谋其利，明其道而计其功"②，力倡凡学一事都要着重于实地练习，讲求具体功效。他"热心用世"，力排明末士人高谈性命、静坐读书的空疏，慨然以天下事为己任，"而以弘济苍生为心"③。

颜元的代表作为《四存编》（《存学编》、《存性编》、《存治编》、《存人编》）。《存学编》说孔子以前教学存法，大旨在主张习行六艺，而对于宋儒中的静坐与读书两派痛加驳斥，以读书为吞砒，静坐为入禅，均为无用之说。《存性编》基本上可以概括颜元一生的哲学主张。在该书中，他力主孟子的性善论，反对理学家的机械伦理观。在《四书正误》、《朱子语类评》中，他强调习行对于认识的重要性，反对理学的唯心主义先验论，反对空谈，提倡富国强兵的功利主义。他直斥程朱理学为"禅子"、"虚文"，以为"去一分程、朱，方见一分孔、孟"，主张将程朱与孔孟分开，认为二者判然两途，有霄壤之别，说程朱集汉晋释道之大成则可，谓是尧舜周孔之正派则不可。他甚至大声疾呼："程、朱之道不熄，周、孔之道不著。"④ 面对道学猖獗的现实，他敢于直指道学为虚妄，是"误人才而败天下事"。颜元为学的根本宗旨是强调实践，

----

① 转引自《清代七百名人传》下，第1549页。
② 《四书正误》卷一，《颜元集》上册，第161页。
③ 王源：《颜习斋先生年谱序》，《颜元集》下册，第697页。
④ 《习斋记余》卷一，《未坠集序》，《颜元集》下册，第398页。

强调因做事而求学问，做事即学问，舍做事外别无学问，表现出富于时代先驱精神的特点。

李塨（1659—1733年），字刚主，号恕谷，河北蠡县（今属保定市）人。康熙二十九年（1690年）举人。其父与颜元善，奉父命拜颜元为师，尽得其学。又学琴于张而素，学射于赵思光，学数于刘见田，学书于彭通，学兵法于王余佑，学业于毛奇龄。他数度往来于京师，与名士万斯同、胡渭、阎若璩均有交往。李塨在京师，多次于大庭广众讲授颜氏为学宗旨，世人深为折服。颜元的反理学思想由于他的宣布而发扬光大。年六十选通州学正，居官八十余日，以病告归，潜心著述。主要著作有《小学稽业》五卷、《大学辨业》四卷、《周易传注》七卷、《论语传注》二卷、《阅史郄视》五卷、《恕谷后集》十三卷等近四十种。

李塨对颜元思想既有继承，也有补充，还修正了颜氏为学的一些偏颇处，在一些基本的学术问题上，也背离了颜元的思想，但在反对理学空谈误国方面则基本上是一致的。李塨发扬颜氏力倡实学的思想，明确指出宋明之亡，就在于"纸上"、"笔墨"功夫花费太多，实际问题着力太少所致。他认为知识离不开实践，治学必归于致用。如果大家都像当时士人只埋头读书，不问世事，不知"刑名钱谷"，一味搦管呻吟，还以"有学"自居，则必然导致国破家亡。

颜李学派公开直斥宋明道统，力倡实功实学，对理学进行全面清算，在当时是冒着极大风险的。颜元本人就曾说过：当年韩愈因反对佛教，几遭杀身之祸，何况是反对当今的尧舜周公——程朱理学大师。但是他勇敢地宣称，他不会因惧祸怕死而不言，更不会坐看社会风气因理学流弊而败坏，充分反映了他的雄健气魄和磊落心胸。但遗憾的是，由顾炎武、黄宗羲、王夫之、颜元、李塨等人倡导的"经世致用"、"实功实学"思想，虽然在当时颇具声势，清中叶以后相当长一段时间却销声匿迹、默默无闻了。究其原因，主观上是这个学派的宗旨在力耕实践，不求闻达于当世，含有默然苦修的内蕴，自然与"学而优则仕"的士人方向是逆行的。客观上，清统治者尊奉理学为官方正学，自然容不得有人对它进行攻击。因此清廷一方面实行文化专制政策，大兴文字狱，钳制士人口舌；另一方面，则大力提倡考证之学，引导士人入故纸堆，于是"经世致用"的实学转而为古经籍考证训诂的"汉学"。

第二节　理学的务实倾向

一、程朱理学的复起

满清入主中原之后即大力提倡程朱理学，下令将朱熹"配祠十哲"。官方的提倡，是程朱理学复起的重要原因。另外，王学流弊为士林所厌，故学者多矫其空疏以求"博习穷理"，自唐以后好谈理性之风不可猝止，而相比之下，程朱学派弊端稍轻，于是大盛。这派人中，趋炎附势、追名逐利者众，但也有伏处岩穴、阇然自修，以气节德行相砥砺的学者，他们为矫王学末流之空谈误国而倡程朱，其中以张履祥、陆世仪、王懋竑、陆陇其为代表。

张履祥（1611—1674 年），字考夫，号念之，浙江桐乡（今属嘉兴市）人，因居桐乡之杨园村，故世称"杨园先生"。少时家贫，无力就读，其母以"孔孟皆无父儿"相勉，授以《论语》、《孟子》诸书，三十岁后受学于名儒刘宗周。当时东南文社各立门户，复社声势浩大，士人争相依附并互相标榜，他对此极为反感。他立身端直，甘居平淡，不与当时名士应酬，对于来学之士，也未尝受其拜，一以友道处之。明亡，他躬耕陇亩，杜门谢客，以授徒为生，康熙十三年（1674 年）卒。其著述主要有《问目》一卷、《愿学记》三卷、《备忘录》四卷、《读易笔记》一卷、《读史偶集》一卷、《言行见闻录》四卷、《经正录》一卷、《初学备忘》二卷、《近鉴》一卷，《近古录》四卷、《训子语》二卷、

《补农书》二卷、《丧葬杂录》一卷、《训门人语》三卷、《文集》二十四卷，以上集为《杨园先生全集》，另有《张杨园先生遗集》十五卷。

张履祥虽然受业于阳明后学刘宗周，但他不囿于师门之见，而倾向程朱理学。他批评王阳明的《传习录》，说它助长了明末文人文过饰非、恃才傲物的坏习气。他曾辑录过一部《刘子粹言》，系专门汇集刘宗周修正王阳明思想的言论。在明末清初的学者中，他是第一个系统批判王学流弊的人，故为其后的程朱学派所推重。

张履祥论学以"祖述孔孟、宪章程朱"为宗旨，力驳王阳明"致良知"之说，认为正是由于"坐至圣贤"的思想，致使近世学人不愿耐心读书，结果是"礼教陵夷，邪淫日炽"。他主张通过读书、思索以穷理而致格物，通过读书"维持此心，而不使其或怠也"，通过思索"检点其身，而不使其有阙也"，[①] 显见他已远离阳明学派而归附程朱了。

陆世仪（1611—1672 年），字道威，江苏太仓人。少时喜言兵，有济天下之志。曾参加反清义举，事罢还家，避世隐居，不通宾客，凿地十亩，筑亭其中，自号桴亭，人称"桴亭先生"。后在东南各地讲学，历主东林、毗陵、太仓诸书院讲席，从游者甚众，与陆陇其并称二陆。清廷官吏曾多次举荐他，均力辞不出，著书终志。及卒，门人私谥尊道先生，亦曰文潜先生。其代表作为《思辨录》三十五卷，其他有《论学酬答》四卷、《宗礼典礼折衷》、《礼衡易窥》、《诗鉴》、《书鉴》、《春秋考礼》、《三吴水利志》、《明季复社纪略》等四十余种。

陆世仪对片面强调"心性"、"致良知"的阳明学派颇为不满，认为强调"悟性"充满禅学成分，"终属聪明用事"。中年后，他特别推重程朱的"居敬穷理"，倡导做学问应循"周子之主静，张子之万物一体"，而统一于"程朱之居敬穷理"。他说："居敬穷理四字，是学者学圣人的

---

① 《杨园先生全集》集五，《与何商隐》。

第一功夫，彻上彻下，彻首彻尾，总只此四字。"① 他释"居敬"为
"心为严师"，释"穷理"为"随事精察"。他又解释"格物致知"说：
"有一事一物之格致，有彻首彻尾之格致"，前者即指"随事精察工夫"，
后者指"用力之久而一旦豁然贯通"的"一贯工夫"②，与朱熹见解基
本相同。

从"随事精察"格物致知的观点出发，陆世仪尤重实学，大胆对程
朱理学进行修正。他认为学者不应局限于《四书》、五经或六艺，天文、
地理、河渠、农学、医药、兵书等古代一切"切于世用"的学问，都当
在研习范围内。在"体"、"用"关系上，他强调要着力于"用"，着力
于"人事"。他在《与陈言夏论〈易〉书》中说：

> 学《易》者，当尽人以合天。……孔子赞《易》体用兼
> 明，然而四圣人之意，尝在于用。……专用力于人事，而天道
> 则俟其自合；……用力天道，而人事不修，即致极精微，未有
> 不堕于术数空冥之学者。③

显然这与程朱理学大相径庭。在"气"、"性"观上，他更是旗帜鲜明地
批评宋儒"义理之性、气质之性"的说法，认为程朱之说有与孟子不合
者。他认为"天地亦气质也"，"论性离不得气质"④，明确提出天地宇
宙均是物质（气质）所构成，人性是离不开物质的，显然已具有唯物论
倾向。

陆世仪治学范围极广，上自周秦诸子、天象律历，下而礼乐政事、
考证疏析，都有深入研究。其平生心得，备见于《思辨录》一书。该书

---

① 《思辨录辑要》卷之二，《居敬类》。
② 《思辨录辑要》卷之三，《格致类》。
③ 《论学酬答》卷一，《与陈言夏论〈易〉书》，《陆桴亭先生遗书》二十二种。
④ 唐鉴：《学案小识》卷二，《太仓陆先生》。

以《大学》八条目为则，经学、史学及天文、地理、河渠、兵法、封建、井田、学校等无不论列，主旨在敦守礼法，不虚谈诚敬，施行实政，不空为心性之功。当时学者对他甚为推重，清初诸大儒中，他也有一定影响。

王懋竑（1668—1741 年），字子中，江苏宝应（今属扬州市）人，其居处名白田草堂，故学者称为白田先生。康熙年间中进士，官安庆府教授，雍正初应召特授翰林院编修，上书房行走，不久即乞病归，杜门著书。他生性恬淡，自谓"老屋三间，破书万卷，平生志愿矣"。为人谨严方正，一言一行，以至平生大节都堪为楷模。著作有《朱子年谱》四卷、《考异》四卷、《附录》二卷、《白田杂著》八卷、《白田草堂集》二十四卷、《读史记疑》等。

王懋竑一生致力于朱熹之学，《朱子年谱》为其毕生勤苦得意之作，用时二十余年，曾四易其稿。他详订年谱的目的，是为了廓清长期以来所谓"朱陆异同"之争，维护朱学。《朱子年谱》前人早已写过，一是宋人李晦，二是明人李默，三是清人洪璟。李晦本不存，洪本系就李默本增删，无甚见地，而李默本成书于王学正盛之时，多有援朱入陆之嫌。王氏《年谱》一洗前书"援朱入陆"之说或无端谩骂，而是客观地搜寻史实，公正客观地论述了朱熹在学术方面的各种观点及形成过程，真正起到了维护朱学的作用。《清儒学案》说该书"条析精研"，"俾有志朱学者不致为异说所迷眩"。

王氏除《年谱》为学界所重外，其以研究朱子为主的《白田杂著》也为学人所称道。该书通过翔实考订，指出《易本义》前九图、《筮仪》为后人伪托朱子所作，《文公家礼》、《通鉴纲目》、《名臣言行录》等朱子未写完而由后人续成。其学术研究讲求科学性，实事求是，给后人做出了极好的榜样。

陆陇其（1630—1692 年），字稼书，浙江平湖（今属嘉兴市）人。康熙九年（1670 年）进士，历官嘉定、灵寿知县，极有政声，被荐行取为四川道试监察御史。他一再上疏痛斥捐纳保举之非，为朝臣所怨。后引疾归，卒谥清献。其著述有《古文尚书考》一卷、《读礼志疑》六卷、《礼经会元》，以上汇为《陆清献公全书》；又有《四书大全》四十卷、《四书困勉录》三十七卷、《四书讲义》二十卷、《松阳讲义》十二卷、《战国策去毒》二卷、《灵寿县志》、《读朱随笔》四卷、《三鱼堂文集》十二卷、《外集》六卷、《附录》一卷、《三鱼堂剩言》十二卷、《松阳钞存》二卷、《呻吟语质疑》、《卫滨日钞》、《问学录》四卷、《治家格言》一卷、《莅宾遗迹》一卷、《日记》十卷等。

陆陇其在思想上、学术上都极力推崇朱熹，谨守"居敬穷理"。他宣称，当世学者如不尊朱熹为师，就不能算为正学。他认为，朱熹学术思想的精髓为"居敬穷理"，学者不守"居敬穷理"的宗旨，必将流于佛老，或猖狂放恣不为自束。他甚至号召仿效当年"罢黜百家，独尊儒术"的政策，使"非朱子之说者，皆绝其道，勿使并进"。①

陆陇其力斥王学是"以禅之实而托儒之名"，因空讲性理而造成"荡轶礼法，蔑视伦常，天下之人恣睢横肆"的局面②，直把明王朝的覆灭归于王学所致，故强调由学问思辨以归于笃行，而以徒事空言为大戒。他被后人视为正统朱学传人。

二、官方正学的确立

满清入关以后，一方面以极严酷的武力手段镇压汉族人民的反抗斗争，厉行剃发令，摧折汉人的民族意识；另一方面又极力拉拢汉族中的名流贤达参与其政权，并袭用传统的儒学作为思想统治的工具，开设科举，罗致明朝遗老和社会名流。因此，从顺治到乾隆前期，清王朝在思想文化方面以"崇儒重道"为基本国策，"表章经学，尊重儒先"，以儒

---

① 《三鱼堂外集》卷四，《道统》。
② 《三鱼堂文集》卷二，《学术辨上》。

家思想作为政治的及道德的信条，用来纲纪人心，巩固统治地位。但当时王阳明的心学早已流入狂禅的虚诞和空疏，王学末流的弊病为士大夫所深恶痛绝，相比较而言，程朱理学的弊端稍轻一些，于是儒学之士由王返朱，大张复兴程朱理学的旗帜。一批有成就、人格高尚的理学家在社会上也赢得了很高的声誉。在这种情况下，清朝统治者当然会抛弃空疏无用的王学而推崇程朱理学。理学最核心的内容就是正纲常之道，严君臣之别，它的封建等级观念、伦理道德思想以及道统观和大一统思想等，正适合了清初统治者的需要，有利于维护清王朝的统治，这就是他们大力提倡理学的原因所在。特别是康熙皇帝，对程朱理学有着浓厚的兴趣。他说，朱熹的文章与言谈中，全是天地间的正气、宇宙间的道理，读了朱熹的书，才知道施仁政、揽人心以治国平天下的方法。① 康熙二十二年（1683 年），他谕大学士等："凡所贵道学者，必在身体力行，见诸实事，非徒托之空言。"二十五年（1686 年）谕礼部："自古经史书籍，所重发明心性，裨益政治，……实有关系修齐治平、助成德化者，方为有用。"

为了树立朱学的正统地位，康熙年间命以朱熹配享孔庙，勘订《朱子全书》，又以皇帝名义令大学士库勒纳、牛纽等编写《日讲四书解义》、《日讲书经解义》、《日讲易经解义》、《春秋传说汇纂》、《诗经传说汇纂》、《性理精义》等，均以朱熹注为准。科场士子应试作答不得逾越朱注，程朱理学被推到无以复加的地步。于是，一大批在朝士大夫，出于各种目的，动言"天道"、"人道"、"天理"、"人欲"，程朱理学成为官方正宗学术，炙手可热，一些位居显宦的理学家，被清廷尊为"理学名臣"，树为士民的楷模。其中较著名的有汤斌、李光地、张伯行等人。

汤斌（1627—1687 年），字孔伯，号潜庵，河南睢州（今商丘市睢县）人。顺治九年（1652 年）进士，任国史院检讨。时清廷准备组织

---

① 参见戴逸主编：《简明清史》（二），人民出版社 1984 年版，第 228—229 页。

人员纂修明史，汤斌上书，引用宋史、元史成例，对于明朝死于国难的大臣不可一概称为"叛逆"，应对他们"抗节不屈，临危致命"的风尚予以表彰。汤斌此举，正合程朱"为臣尽忠，为子尽孝"的纲常伦理。清王朝为巩固统治，亟图以儒学收揽人心，康熙帝遂不顾一些朝臣对汤斌的攻击，特于南苑召见，"温谕移时"，并擢为陕西潼关兵备道。后乞病养亲，从孙奇逢于苏门山讲学，专攻程朱理学达十一年，名声日振。康熙十七年（1678 年）再次入仕，历任翰林院侍讲、浙江乡试正考官、明史总裁官等职。他虽居高位，生活却很俭朴。康熙帝知其俭朴，特委派他为江宁巡抚，希望他能以俭朴之风影响当地士民，一改奢侈浮华的现状。汤斌果然不负重托，治理江宁期间，革当地敛财聚会、迎神赛社之风俗，深得当地士民悦服。后升任礼部尚书，离开江宁时，市民挡道相泣，焚香送别。晚年，以工部尚书职死于任上，享年六十一岁。著述有《洛学篇》、《睢州志》、《潜庵语录诗文集》。此外，有辑本《汤子遗书》十卷。

　　汤斌在清初诸大臣中以力主程朱理学著称。他在《答陆稼书书》中说："某少无师承，长而荒废，茫无所知。窃尝泛滥诸家，……反复审择，知程朱为吾儒之正宗，欲求孔孟之道，而不由程朱，犹航断港绝潢，而望至于海也，必不可得矣。故所学虽未能望程朱之门墙，而不敢有他途之归。"[1] 他认为，治学全在"涵养工夫"，亦即"收拾此心，此心不曾收拾，毋论声色货利，皆戕害我心之具，即读书诵诗亦为玩物丧志"[2]。"涵养"的内容为"惩忿窒欲"、"迁善改过"，要像驯鸡驯鹰一样地有耐心，以达到勿躁勿迫的境界。他极力推崇"涵养工夫"为治学的本原，而"居敬穷理"则是每日的积累，认为做学问如不把握本原，是难以成功的，达到如此"涵养"的学者自然应该无棱无角，"作不得

---

① 《汤潜庵集》卷上。

② 《清儒学案》卷九，《潜庵学案·语录》。

一些聪明，执不得一些意见，逞不得一些精采"。① 理想的"涵养工夫"应该是"宁拙毋巧，宁朴毋华，宁方毋圆"②。他强调所谓"涵养工夫"，其实就是强调要用经术来正人心。他提倡朱熹的"格物致知"，主张从日用伦常躬行实践，体验天命流行。以如此"涵养工夫"要求自己及下属，统治者自然喜欢。清初最高统治者所以提倡理学，从汤斌的治学宗旨中，似乎已可以窥见些许奥秘了。

汤斌虽以程朱之学为依归，却并不十分反对王学。他认为王阳明在矫正理学后期弊病上是有贡献的，王阳明的"致良知"也不失为达到圣学真脉的一条途径。只是王学后辈过分强调"良知"、"良能"，以至流于猖狂。因此他针对程朱与陆王在学术上的分歧，提出"愿学者捐成心，去故智，法古人为学之诚而得其用心之所在，由濂洛关闽以达于孔孟，则姚江、梁溪皆可融会贯通而无疑矣"③。汤斌治学主张的要旨，大概也就在这里了。

李光地（1642—1718 年），字晋卿，号榕村，又号厚庵，福建安溪（今属泉州市）人。康熙九年（1670 年）进士，改庶吉士，授编修，后充会试同考官。"三藩"之乱时，福建因靖南王耿精忠的响应而陷入战火之中。李光地正在乡探亲，他遣人暗藏蜡丸进京密送情报，提出平叛建议，得康熙帝的赞赏，平乱后，官升侍讲学士。上密疏一事，据载是李光地与老友陈梦雷共谋。事成后，他将功劳攫为己有，陈梦雷却因附贼之罪被流放，为此他颇遭物议。康熙三十三年（1694 年），李光地受命督顺天学政，闻母丧，康熙帝命他在任守制。光地乞假九月回里治丧，御史沈恺曾、杨敬儒交章论劾。上令遵初命，给事中彭鹏复疏论光地十不可留，目为贪位忘亲，排诋尤力。康熙帝乃令李光地解任，不准回籍，在京守制。不久，康熙帝即以《理学真伪论》命题，试翰林官，

---

① 《汤潜庵集》卷上，《答耿逸庵书》。
② 《汤潜庵集》卷上，《重修苏州府儒学碑记》。
③ 《清儒学案》卷九，《潜庵学案·学言》。

极有可能是为李光地而发。由于李光地尊程朱，崇正学，辨道统，著书立说，致力甚勤，深合帝旨，故康熙帝虽识其伪，但欣赏其学问，依然恩遇独隆。康熙帝曾对人说："知光地者莫若朕，知朕者亦莫若光地。"[①] 正反映出君臣二人之间在政治思想上的默契。其次，李光地历任内阁学士、兵部右侍郎、直隶巡抚、吏部尚书等要职，在统一台湾、兴修水利、改革科举等方面，都有相当建树。他精经学，通乐律、历算、音韵，著述宏富。经学著作主要有《周易通论》四卷、《周易观象》十二卷、《周易观象大旨》二卷；《诗所》八卷、《古乐经传》五卷；《尚书七篇解义》二卷、《洪范说》一卷；《周礼纂训》二十一卷；《春秋毁余》四卷；《孝经注》一卷；《大学古本说》一卷、《中庸章段》一卷、《中庸余论》一卷、《论孟子札记》四卷；《通书注》一卷、《正蒙注》二卷；《经书源流》等。

李光地一生提倡程朱理学。他在康熙时期将理学推为官学的过程中起了中坚作用。他奉旨主编《性理精义》、《朱子全书》，作为士人研讨程朱理学的范本。他极力鼓吹程朱理学的正统地位，认为孔子自春秋以来，虽有子思、孟子的提倡，一直未能昌明大著，而程、朱二人将孔学发扬于"已坏之后"，尤其是朱子，堪称"继绝学，承圣统"的圣人。[②] 他吹捧康熙帝将朱熹之学抬上了大统大圣的地位："自朱子而来，至我皇上，又五百岁，应王者之期，躬圣贤之学。……伏惟皇上承天之命，任斯道之统，以升于大猷。"[③] 不难看出，清初理学所以能上升到如此地位，除统治者因自身目的而提倡外，也与李光地等"理学名臣"的"投缘逢迎"有很大关系。

李光地对理学基本命题"理"、"气"等的阐述并无新义，多弥缝而少发挥，模棱两可，犹如反刍。他主要是从政治的立场上，以一副正统

---

① 章梫：《康熙政要》卷四，《任贤下》。

② 《清儒学案》卷四〇，《安溪学案上·中庸章段序》。

③ 《榕村全集》卷一〇，《进读书笔录及论说序记杂文序》。

理学大家的姿态抬高孔孟程朱的教义，为巩固封建专制统治服务。他以献身理学自许，以光大二程、朱子为己任，撰写了《大学篇》、《大学古本私记序》等文章，批驳王阳明在格物、诚意、知行等问题上的看法，以此证明朱子学的正确。李光地虽然声称"汉宋兼采"，却又在文章中极力攻击专门考据学仅为"文字训诂"，不能领会先哲的义理所在。故《清儒学案》评价他的学术成就，认为他"不主训诂名物，主于涵泳文字，得其美刺之旨而止"，似有几分得当。

当时的理学得君之宠而获致高位者还有熊赐履。熊、李二人本有师生之谊，二人皆以理学为邀宠之工具，并因争宠而相轧有隙，"故人品皆不纯，然上有好者，下必甚焉，天下不敢以佻达之见菲薄道学，熊、李遂得居招致之功，要为人君好尚的标帜。熊、李皆伪道学，然官至极品，盖处于清之盛世，亦时势使然也"[①]。

张伯行（1651—1725 年），字孝先，号敬庵，又号恕斋，河南仪封（今兰考县东）人。康熙二十四年（1685 年）进士。任山东济宁道职时，以善治运河著称，他还用自己的俸银买粮食救济百姓，颇得当地人士的称道。康熙四十六年（1707 年），皇帝巡视南方，点名召张伯行予以表彰。他任江苏巡抚时，跟总督噶礼因科举事发生冲突，张伯行揭露总督收受考生贿赂，噶礼也上书弹劾伯行。按清朝成例，满汉官员发生矛盾，多以汉官遭罚告终。此次却出人意料，噶礼被革职，张伯行竟保住了官职。康熙帝所以能在这件事上不分满汉畛域，公平处理，除了比较欣赏张伯行居官清廉外，更重要的是在以"持敬、诚意"为号召，作为澄清吏治的手段。从这一方面来讲，将理学提升为统治阶级的"官学"，在当时也有其积极的一面。

晚年，张伯行历任仓场侍郎、礼部尚书等职，多次将自己辑录的理学著作呈奏给皇帝，很得皇帝的青睐。死后，诏加太子太保、谥"清

---

① 杨向奎：《清儒学案新编》第一卷，齐鲁书社 1985 年版，第 690 页。

恪"。这位"名臣"兼"名儒",生前死后享受到了一般臣下不能得到的荣誉。著述主要有《道统录》二卷、《附录》一卷、《二程语录》十八卷、《朱子语类辑略》八卷、《濂洛关闽书》十九卷、《伊洛渊源续录》二十卷、《性理正宗》四十卷、《小学集解》六卷、《正谊堂文集》十二卷、《续集》八卷。

张伯行提倡程朱理学不遗余力,曾主持建立了福州鳌峰书院,而最大的贡献在于搜集、整理理学名儒文集著作,汇集成《正谊堂全书》共四百七十八卷,为研究程朱一派学说提供了莫大的方便。

张伯行治学的特点,主要在于通过对理学的提倡,探讨学者立身之本、做人之道。他将朱子之学总结为"主敬以立其本,穷理以致其知,反躬以践其实"①,把这三句话视作学问的准则。他认为程朱理学的精髓在"敬"字上,只要真正做到了"敬",就能达到致知、力行、成德的境界。清朝初年,由于统治阶级的提倡,很多利禄之徒都把标榜程朱理学作为追逐名利的手段。张伯行对此颇为反感,他在《困学录》中多次谈到,真正做学问的人应敢于根除自己的货利之心、嗜欲之愿、骄奢之性,人只要有一丝一毫求名之心,做事情生怕人家不知道,在学问上就不容易长进。针对这种情况,他在文章中反复强调为学者对人应"厚生正德",对己应"存理遏欲",做学问要"致知力行",处世应"守正不阿"。他针对时人群趋理学以媚世的弊端而倡导"守敬"、"力行",是具有积极意义的,应当予以充分肯定。

张伯行治学以"专宗程朱,笃信谨守"著称于世,他称朱子学"发前人之所未发","大有功于前贤,大有功于后学,故至今学者称朱子集诸儒之大成,无异孔子集群圣之大成"。②但他对于明后期流行的王学则大张挞伐,将阳明学斥为"非圣贤之正学",认为王学与朱子学如白

---

① 《正谊堂文集》卷六,《与毛心易》。
② 《清儒学案》卷一二,《敬庵学案·困学录》。

黑之两途，是正路与邪道的分歧所在，告诫世人断不可惑于其说。他在
与友人的书信中以陆陇其为例，申明"尊程朱，黜阳明，使天下已读阳
明之书者不至迷溺其中而不返，而未读阳明之书者亦不至误入其中而不
觉"①。他以廓清"异学"为己任，竭力排斥李贽、颜元以及佛道之学。
张伯行笃信程朱，力排阳明，过分囿于门户之见，自不足取，但他为官
清正，生活俭朴，在清初理学名臣中有一定的地位。

第三节　汉学的发端

一、顾炎武、黄宗羲的汉宋兼采

清朝前期学术思潮的主要内容，一为反对宋明理学，二为复兴汉代
经学的传统。学术界的有识之士对明末王学空疏空谈深恶痛绝，对宋明
理学进行全面的清算，力矫其弊，返于沉实；主张恢复、发扬汉代经学
家的研究方法，从训诂文字、考证名物、典章制度入手，阐释经义，学
风趋于朴实，并启考据之风。人们称这种朴实的考证之学为"汉学"。

"汉学"以实事求是相标榜，不空谈义理，学主实证。他们以经学
为中坚，旁及小学、历史、地理、天文、音韵、乐律、金石、校勘及目
录诸学，力矫理学虚妄之弊，求实求是，以"复古"为解放，促成诸子
学的复兴，对千古独尊的儒学形成巨大的冲击。他们中最杰出的代表人
物就是顾炎武、黄宗羲。顾、黄政治上坚持反清，终身不屈；学术上知
识渊博，力倡经世致用，著述宏富。在经学方面，他们严厉批评王学末
流的"束书不读，但从事于游谈"、"空谈性命，不论训诂"，强调"读
书穷理"，认为"读书不多，无以证斯理之变化"，明确提出由训诂考证

---

① 《正谊堂续集》卷五，《与友人书》。

入手以治经的主张，治汉宋兼采之学。关于"穷经"以"经世"，"明道"以"救世"的治实用之学，他们关于"穷究经史"、"经世致用"的主张及其实际所进行的研究工作，开启了清代汉学的学风。

顾炎武（1613—1682年），本名继坤，更名绛，字忠清，明亡后改名炎武，字宁人，江苏昆山亭林镇人，人称"亭林先生"。年十四补诸生，落落负大志，曾参加复社。明亡，奉继母王氏避兵常熟。昆山人杨永言起义师，炎武归之，事不克而幸脱。王氏绝食而死，留遗言曰："我虽妇人，身受国恩，与国俱亡，义也。汝无为异国臣子，无负世世国恩，无忘先祖遗训，则吾可以瞑于地下。"[1] 为避祸，乃乔作商贾，客游江浙，之金陵，屡哭于孝陵，居神烈山下，自署曰"蒋山佣"。旋之山东，垦田于长白山下，后入关中，至榆林，垦牧于山西雁门之北、五台之东，累致千金。他十谒明陵，遍游华北，广交豪杰，考察山川形势，念念不忘反清复明。六十岁后至陕之华阴，认为"华阴绾毂关河之口，虽足不出户，而能见天下之人，闻天下之事。一旦有警，入山守险，不十里之遥；若志在四方，一出关门，亦有建瓴之势"[2]，遂定居于此。炎武精力绝人，自少至老，无一刻离书。所至之地，以骡马载书自随，过边塞亭障，必呼老兵询其曲折，有与平日所闻不合，即发书检勘。炎武晚年，名动天下，清政府竭力笼络他。康熙十七年（1678年）开博学鸿词科，"诸公争欲致之，炎武作书与门人之在京师者，曰：'刀绳具在，无速我死！'"[3]次年（1679年）修明史，大学士熊赐履荐主馆事，他回答说："愿以一死谢公。"至死不事清，抱志以终。他的严守气节，最为清末资产阶级革命派推崇，引为反清志士的楷模。

顾炎武学识宏富，除经学外，对诸子、音韵训诂、历史、典制、地理、天文仪象、河漕、兵农等学都有研究。他著作极丰，除《亭林诗文

---

① 《亭林余集·先妣王硕人行状》。
②③ 江藩：《国朝汉学师承记》卷八，《顾炎武》。

集》外，主要有《天下郡国利病书》一百二十卷、《肇域志》一百卷、《音学五书》三十九卷、《金石文字论》六卷、《左传杜解补正》三卷，其他尚有《九经误字》、《石经考》、《五经异同》、《二十一史年表》、《历代帝王宅京记》、《山东考古录》、《求古录》等。平生代表作为《日知录》三十二卷，是书以"明道"、"救世"为宗旨，包括了他的全部学术、政治思想，自称"平生之志与业皆在其中"①，是他一生的研究心得所在。

顾炎武严厉批评阳明心学，对于王学末流的空言心性更是予以猛烈抨击。他针对明末清初思想学术界的种种弊端，提出了理学即经学的著名论断。他在《亭林文集》卷三《与施愚山书》中说：

> 古之所谓理学，经学也，非数十年不能通也。故曰："君子之于《春秋》，没身而已矣。"今之所谓理学，禅学也，不取之五经而但资之《语录》，较诸帖括之文而尤易也。又曰："《论语》，圣人之语录也。"舍圣人之语录而从事于后儒，此之谓不知本矣。

又《亭林文集》卷四，《与人书四》：

> 经学自有源流，自汉而六朝而唐而宋，必一一考究，而后及于近儒之所著，然后可以知其异同离合之指。

对此，钱穆在《中国学术思想史论丛·顾亭林学述》中说得极为简明："是亭林所谓经学，乃自汉至宋通言之。古之所谓理学，指宋。以其合于经，同于经，故曰即经学。后之所谓理学，指明，亭林谓其不取之五

---

① 《亭林文集》卷三，《与友人论门人书》。

经，但资之《语录》，亦如释氏之有禅，可以不诵经典而成佛也。"语录之书，始于二程。顾炎武认为，明末王学的空疏，其源盖出于二程，把批评的矛头指向了理学的创始人。顾氏学出程朱，但对程朱学派的空疏也不回避，表现出了可贵的求实精神。

宋明理学越发展，其空疏之弊越突出，根本原因在于其哲学上的唯心主义体系。程朱认为"理在气先"，陆王则进而断言"心即理"。顾炎武批评理学，自然要力辨理气、道器关系。他继承张载的观点，提出了"盈天地之间者气也"①的唯物主义命题，肯定"气"是物质性的实体，天地间充满了"气"，天地万物的存亡都因"气"的聚散而成。抽象的"道"就是规律，离不开有形的"器"（事物）而独立存在。"形而上者谓之道，形而下者谓之器。非器则道无所寓。"②程朱认为，仁、义、礼、智等封建道德观念，是人与生俱来的。顾炎武批评说："仁与礼，未有不学问而能明者也。"③明显表现出唯物主义认识论因素。

理学家们大多"不习六艺之文，不考百王之典"，而顾炎武则"笃志六经，精研深究"。他著《左传杜解补正》，校勘经文，补杜注之阙，正杜注之误；著《日知录》，凡经义、史学、官制、吏治、财赋、典礼、舆地、艺文，一一疏通其源流，考证其谬误，有疑义必反复参考，归于所当至，有独见必援古证今，畅其说而后止；著《音学五书》，考订古音，离析《唐韵》，分古韵为十部，阐明音学源流，辨析古韵部目，有承先启后之功。《四库全书总目》说他"学有本原，博赡而能通贯，每一事必详其始末，参以证佐而后笔之于书，故引据浩繁，而牴牾者少"④。

顾炎武笃志六经，引据浩博，但是他的立足点在于经世致用。他在《亭林文集》卷四《与人书二十五》中说：

---

① 《日知录》卷一，《游魂为变》。
② 《日知录》卷一，《形而下者谓之器》。
③ 《日知录》卷七，《求其放心》。
④ 《四库全书总目》卷一一九，《子部·杂家类三》"日知录"条。

> 君子之为学，以明道也，以救世也。徒以诗文而已，所谓"雕虫篆刻"，亦何益哉！某自五十以后，笃志经史，其于音学深有所得，今为《五书》以续《三百篇》以来久绝之传，而别著《日知录》上篇经术，中篇治道，下篇博闻，共三十余卷。有王者起，将以见诸行事，以跻斯世于治古之隆，而未敢为今人道也。

这段话把他平生之志说得最为清楚，他治经是为了"明道"，"明道"是为了"救世"。顾氏的著作多以崇实致用为宗旨，像《天下郡国利病书》之类更是考证与经世相结合的典范之作。

顾炎武对清谈误国的心学深恶痛绝，而对宋学，特别是对朱子，则多推崇之语。顾氏晚年卜居华阴，与王山史同修朱子祠堂，亲撰《华阴县朱子祠堂上梁文》曰：

> 宣气为山，众阜必宗乎乔岳；明微在圣，群言实总于真儒。……两汉而下，虽多抱残守缺之人；六经所传，未有继往开来之哲。惟绝学首明于伊雒，而微言大阐于考亭。不徒羽翼圣功，亦乃发挥王道，启百世之先觉，集诸儒之大成。①

其对朱熹的推崇，诚可谓高山仰止。江藩在《国朝汉学师承记》中说亭林"辨陆、王之非，以朱子为宗"。确是至平之论。顾炎武提出"博学于文"、"多学而识"，认真读书，立论广泛搜求例证，重视文字训诂。这种治学方法，开启了清代"汉学"之风。综合起来，这就是皮锡瑞在《经学历史》中所说的"汉宋兼采"②。

---

① 《亭林文集》卷五。
② 《经学历史·经学复盛时代》。

梁启超在《中国近三百年学术史》中说："我生平最敬慕亭林先生为人，想用一篇短传传写他的面影，自愧才力薄弱，写不出来，但我深信他不但是经师，而且是人师。"[1] 确实如此，顾炎武的学识人品皆可成为后人楷模。

黄宗羲（1610—1695 年），字太冲，号南雷，浙江余姚人，学者称"梨洲先生"。其父尊素，东林名士，以劾权奸魏忠贤死于狱。思宗即位，十九岁的黄宗羲入都讼冤，时魏阉已诛，即具疏请诛曹钦程、李实。会廷审许显纯、崔应元，宗羲对簿，出所袖锥刺显纯，流血被体；又殴应元，拔其须归祭尊素神主前。二十一岁在南京应试落第，加入复社。不久，复社诸子闻朝廷将起用阮大铖，遂由陈贞慧、吴次尾草《南都防乱揭》，由黄宗羲、顾果领衔签名，黄、顾均被陷下狱，因清兵围攻南京，混乱中始得脱还乡。后追随鲁王朱以海抗清，官至左副都御史。兵败，辗转四处流亡。其后隐居著述，终至大成。康熙十七年（1678 年）征博学鸿儒，大学士叶方蔼荐之，为其坚拒。翌年，徐元文荐修《明史》，以病辞。梨州学问渊博，著述宏富，除经学、史学、文学之外，涉及天文、地理、历算，共达八十余种，一千余卷。主要代表作有《明夷待访录》、《宋元学案》一百卷、《明儒学案》六十二卷。后人编有《黄梨洲文集》。

黄宗羲师承刘宗周，本来于明儒中最尊王守仁。但是由于他亲自看到了明末政治的黑暗，目睹了满清贵族的暴虐，故对明末王学空谈误国深恶痛绝，使其经学研究走上了求实道路。

黄宗羲认为，"学者必先穷经，经术所以经世，乃不为迂儒"[2]。"穷经"、"经世"，概括了黄氏的经学思想。所谓"穷经"，就是认真读书，穷究深研。他认为，"读书不多，无以证斯理之变化，多而不求于

---

① 《中国近三百年学术史》，北京中国书店 1985 年影印本，第 55 页。
② 江藩：《国朝汉学师承记》卷八，《黄宗羲》。

心，则为俗学"①。"穷经"之路有三：一是通诸经而不专通一经；二是从历代传注的重围中解脱出来；三是直入虎穴，钻研经文，以经解经。黄宗羲强调"穷经"的目的在于"经世"济用。他在《南雷文定》后集卷三《赠编修弁玉吴君墓志铭》中说：

> 儒者之学，经纬天地，而后世乃以《语录》为究竟，仅附答问一二条于伊洛门下，便厕儒者之列，假其名以欺世。治财赋者则目为聚敛，开阃捍边者则目为粗材，读书作文者则目为玩物丧志，留心政事者则目为俗吏。徒以生民立极，天地立心，万世开太平之阔论，铃束天下，一旦有大夫之忧，当报国之日，则蒙然张口，如坐云雾。世道以是漰倒泥腐，遂使尚论者以为立功建业，别是法门，而非儒者之所与也。

很明显，对于徒尚空谈、不务实事的人和学风，黄宗羲都认为是不足取的。

黄宗羲从长期学术工作中建立起来的求实思想，与他哲学上的"无气则无理"认识密切相连。他认为："天地之间只有一气充周，生人生物。人禀是气以生。"②"气"的流行规律就叫"理"或"道"。他反对程朱"理先气后"的唯心主义观点，针锋相对地提出："理为气之理，无气则无理。"③ 很明显，其宇宙观具有唯物主义因素。但是由于他早年得之于师门的心学立场，使他宇宙观中的唯物主义因素不仅不彻底，甚而又陷入唯心主义之中。他把意志、性等精神现象也看作"气"，在承认物质性的"气"流行的同时，又提出了"性体""周流"的观点，认为"理气是一"，人既禀气而生，人身自然就具备万理，最后自然得出

---

① 全祖望：《鲒琦亭文集》卷一一，《梨洲先生神道碑文》。
② 《孟子师说》卷上，《浩然章》。
③ 《明儒学案》卷七，《河东学案上》。

和陆、王相同的结论："穷理者尽其心也，心即理也。"① 他在《明儒学案序》中指出：

> 盈天地皆心也，变化不测，不能不万殊。心无本体，工夫
> 所至，即其本体。故穷理者，穷此心之万殊，非穷万物之万殊
> 也。是以古之君子，宁凿五丁之间道，不假邯郸之野马，故其
> 途亦不得不殊。奈何今之君子，必欲出于一途，使美厥灵根
> 者，化为焦芽绝港。夫先儒之语录，人人不同，只是印我之心
> 体，变动不居。若执定成局，终是受用不得。此无他，修德而
> 后可讲学。今讲学而不修德，又何怪其举一而废百乎？

黄宗羲既主张"穷经"、"经世"，重知识，讲求实，同时又不能摆脱心学的束缚，这就使得他难免自相矛盾。

黄宗羲反对王学末流的束书不读，专事游谈，主张弘扬汉代经师讲求训诂考证的学风，同时又主张吸取理学义理之长，从经典中吸取解救时弊的思想资料，经世应务，即所谓"取近代理明义精之学，用汉儒博物考古之功"②，也即是汉宋兼采。

黄宗羲主张穷经经世、汉宋兼采，在其学术实践中尽力身体力行。他的著述包罗万象，长于考证。其《易学象数论》辨"河图洛书"之非，为后来胡渭《易图明辨》一书之先导；《授书随笔》辨古文《尚书》之伪，为后来阎若璩《古文尚书疏证》一书之先导。他的《明夷待访录》成"经世"之作的范本。他矢志反清，终身不渝。他猛烈抨击封建专制制度，张扬民本思想。他同顾炎武一样，是明清之际卓越的启蒙思想家，备受后人的景仰和推崇。

---

① 《孟子师说》卷下，《尽其心者章》。
② 《南雷文定》前集卷一，《陆文虎先生墓志铭》。

二、阎若璩、胡渭等的考据学

顾炎武、黄宗羲之后，阎若璩、胡渭、毛奇龄、陈启源、万斯大、姚际恒、顾祖禹、臧林、黄仪等人，潜心经义，强调读书，注重考证，成为清代汉学的先驱。

满清入主中原之后，对知识分子施行威柔交用的文化政策。大大小小的文字狱案，使儒士不寒而栗，非谨小慎微不足以存身。同时，清廷又特开博学鸿词，设编书局，把士人引向脱离现实、埋头整理诠释古籍的狭窄道路，于是士人多埋头于学术，埋头于考据，终于导致由顾炎武、黄宗羲首倡的考证与经世相结合的学风，开始向单纯的考据学方向过渡。

阎若璩（1636—1704年），字百诗，号潜邱，山西太原人，乔寓淮安。生而口吃性钝，读书千遍不能成诵。年十五，冬夜寒甚，读书"扞格不通"，忧思不能寐，漏四下，仍"坚坐沉思，心忽开朗"，自此颖悟异常，而读书更发奋，不论寒暑，从不间断。他曾集陶宏景、皇甫谧语为联，题其柱曰："一物不知以为深耻，遭人而问少有宁日。"[①] 以此策励自己。他治学长于考证，穷本溯源，一义未解，反复穷思，饥不食，渴不饮，必得其解而后止。侧侍者往往头晕目眩，他却愈益振奋，神智涌溢，眼烂如电，常谓"读书不寻源头，虽得之殊可危"。二十岁，读《尚书》至古文二十五篇，即疑其伪，沉潜三十余年，乃尽得其症结所在，于是著《古文尚书疏证》以发其覆。康熙十七年（1678年），应博学鸿儒科落第，后参加徐乾学修《大清一统志》。晚年应召入京，胤禛（即后雍正帝）握手赐坐，称先生而不名。康熙四十三年（1704年）卒，胤禛派人治丧，亲制挽诗四章，有"三千里路为余来"之句，祭文有"读书等身，一字无假，孔思周情，旨深言大"之句，极为赏识。[②]

---

①② 江藩：《国朝汉学师承记》卷一，《阎若璩》。

阎氏平生著述，除《古文尚书疏证》八卷外，尚有《毛朱诗说》一卷、《四书释地》六卷、《释地余论》一卷、《孟子生卒年月考》一卷、《潜邱札记》六卷、《丧服翼注》、《博湖掌录》、《宋刘敞、李焘、马端临、王应麟四家逸事》、《眷西堂集》等。而其义最精、影响最大的是《古文尚书疏证》，其于篇数、篇名、章句、书法诸端列据一百二十八条，反复论证，判定《古文尚书》及《尚书孔氏传》均为伪书，遂成铁案。

阎若璩首辨《古文尚书》篇数的不等。《汉书·艺文志》载，汉武帝末年鲁恭王坏孔子壁，得《古文尚书》，孔安国将之与伏生所传《今文尚书》相校，多得十六篇。《楚元王传》亦载散失篇目为十六。而东晋梅赜所献《古文尚书》却多出二十五篇。

次辨篇名之不合。杜林、马融、郑玄皆传《今文尚书》。郑玄谓增多之篇目为：舜典、汩作、九共、大禹谟、益稷、五子之歌、胤征、典宝、汤诰、咸有一德、伊训、肆命、原命、武成、旅獒、囧命。其中"九共"有九篇，故又称二十四篇。而梅赜所献书却没有汩作、九共、典宝。

再辨章句之互异。古文经传自孔子，惟郑注得其真；今文传自伏生，惟蔡邕《石经》得其正。梅书"宅嵎夸"，郑作"宅嵎鐵"；"昧谷"，郑作"柳谷"；"心腹肾肠"，郑作"忧肾阳"；"劓劅黥"，郑作"膑宫劓割头庶黥"。此与真《古文尚书》不同。《石经》残碑文载于洪适《隶释》者凡五百四十字，与梅书不同者甚多。可知，梅书既非《古文尚书》，也非《今文尚书》；既非传自孔子，也非传自伏生，只能是另外一家之学。后清人丁晏著《尚书余论》，考定其出自魏人王肃之手。

再次辨史实、地名之不符。古文有合族皆诛之法，阎氏考定，合族论罪之刑始于秦文公，梅则将其窜入《泰誓》中。又，金城郡乃汉昭帝时所设，孔安国死于武帝时，而《尚书孔氏传》谓"积石山在金城西南"，足证梅书为后人伪造。

最后辨文体书法之不同。《五子之歌》与夏代诗文体不类；《胤征》"玉石俱焚"一语，实出魏晋之词，等等。

梅氏伪《古文尚书》出，即与《今文尚书》并行于世，陆德明据以撰《经典释文》，孔颖达据以作《尚书正义》，遂与伏生二十九篇混而为一，成为儒家经典之一。宋吴棫始有异议，朱熹、吴澄、梅鷟等也有所疑。至阎氏"引经据古，一一陈其矛盾之故"①，梅书之伪始大白于天下，一千五百年之疑案自此了结。而辨伪之风亦自阎氏始而大行于世。

阎若璩《古文尚书疏证》当然是一部考证学的名著，但它的影响却远远超过了考证学。伪古文《尚书》一千多年来被奉为儒家经典，上自皇帝经筵进讲，下至士人讽诵，无不认为是神圣不可侵犯的，现被确证为赝品，自然会在封建统治者和盲目迷信的封建士人中引起极大震动。首先，它猛烈冲击了宋明理学。被理学家视作"孔门心传"的十六字，即"人心惟危，道心惟微，惟精惟一，允执厥中"，就是出自伪古文《尚书》的《大禹谟》，这一来，理学家所谓的"孔门心传"就失去了文献学的依据。其次，对儒家经典给以极大的冲击，启迪人们重实学，重实据，推动了学术研究的发展。梁启超在《中国近三百年学术史》中对此有一段生动的论述：

> 学问之最大障碍物，莫过于盲目的信仰。凡信仰的对象，照例是不许人研究的。造物主到底有没有？耶稣基督到底是不是人？这些问题，基督教徒敢出诸口吗？何止不敢出诸口，连动一动念也不敢哩！若使做学问的都如此，那么，更无所谓问题，更无所谓研究，还有什么新学问发生呢？新学问发生之第一步，是要将信仰的对象一变为研究的对象。既成为研究的对象，则因问题引起问题，自然有无限的生发。中国人向来对于

---

① 《四库全书总目》卷一二，《经部·书类二》。

几部经书，完全在盲目信仰的状态之下，自《古文尚书疏证》出来，才知道这几件"传家宝"里头，也有些靠不住，非研究一研究不可。研究之路一开，便相引于无穷。自此以后，今文和古文的相对研究，六经和诸子的相对研究，乃至中国经典和外国经典的相对研究，经典和"野人之语"的相对研究，都一层一层的开拓出来了。所以百诗的《古文尚书疏证》，不能不认为近三百年学术解放之第一功臣。

胡渭（1633—1714 年），初名渭生，字朏明，号东樵，浙江德清人。年十二丧父，其母携之避难山中，虽遭流离，仍手不释卷。年十五为县学生员，后入太学，专攻经义，尤精舆地之学。徐乾学奉诏修《大清一统志》，他与黄仪、顾祖禹、阎若璩应聘分部纂辑，得博览天下郡国书，又与黄仪等互相切磋，学问更为精善。康熙四十三年（1704 年），皇帝南巡，胡渭献书行在所，受皇帝嘉奖，并御书诗扇及"耆年笃学"四字相赠，一时传为"旷典"。康熙五十三年（1714 年）卒，年八十二。

胡渭虽是经学家，而于地理学造诣特深，远非时人所能及。其主要著作有《禹贡锥指》二十卷、《易图明辨》十卷、《洪范正论》五卷、《大学翼真》七卷。

胡渭素习《尚书·禹贡》，精舆地之学。《禹贡》载九州山川、地形地势、河流湖泊、交通、物产、贡赋等。历代治《禹贡》者，于地理多疏舛。胡渭博稽典籍及古今注释，考其异同，依经立解，著《禹贡锥指》。他认为，地理应有图，但汉王景和晋裴秀为《禹贡》作的图皆已失传，仅存者亦与实际不符，于是据《禹贡》，参稽历代地志水经及传记，为图二十七篇。他治《禹贡》不同于过儒，不为注疏而注疏，而以国计民生为出发点和归宿，开启了后世研究地理沿革的专门学问。

《易图明辨》乃专辨宋儒所谓"河图洛书"及"太极"、"先天"、

"后天"之说。《周易》本无图，只有爻、卦一类符号。《易·系辞》说：
"河出图，洛出书，圣人则之。"于是传说：伏羲时，有龙马从黄河出，
背负河图，有神龟从洛水出，背负洛书；伏羲据此图、书，画成八卦，
后文王作卦辞、爻辞，遂成《周易》。三国时王弼著《周易注》，援老入
儒，《易》学与老庄之言相混。五代末，华山道士陈抟阐《易》理，造
太极图，传者故神其说，谓图始自伏羲，而《易》则因图而作；又因
《系辞》"河出图，洛出书，圣人则之"之语，乃取大衍之数，作五十五
点之图以当"河图"，取《乾凿度》太乙行九宫法，造四十五点之图以
当"洛书"，并谓伏羲由此而有先天之图。此说经种放、穆修传李之才、
刘牧、邵雍、周敦颐。周敦颐著《太极图说》，于是有先天、后天和太
极、无极之说杂入《易经》，《易》学遂与道教相混。朱熹著《周易本
义》，谓"河图洛书"出自伏羲、文王，并据以讨论理欲心性，宣扬虚
妄玄妙之说，于是道教迷信与理学合流而支配思想界。

元陈应润作《爻变义蕴》，始指先天诸图为道家假借，吴澄、归有
光诸人也相继排击，清黄宗羲著《易学象数论》、黄宗炎著《图书辨
惑》、毛奇龄著《图书原舛》，攻之尤力，然皆各据己见，未能穷溯本
末。胡渭的《易图明辨》引证详博，给所谓"河图洛书"、先天后天之
说以无情扫荡，足钳依托者之口。他说："《易》之为书，八卦焉而已。"
伏羲仰天俯地，中观两间之万物，"三才之道（天道、地道、人道）默
成于心，故立八卦以象之"。"河图"之象自古无传，故《周易》经及注
疏未有列"图书"于其前者，有之自朱子始。朱熹《周易本义》首列
"河图"、"洛书"，其弟子蔡元定撰《易学启蒙》，又列"图"于前，附
卦于后，似乎"《易》之作全由'图书'，而舍'图书'无以见《易》
矣。学者溺于所闻，不务观象玩辞，而唯汲汲于'图书'，岂非《易》
道之一厄乎"①？他认为，《诗》、《书》、《礼》、《春秋》，不可无图，唯

---

① 《易图明辨一·河图洛书》，见《皇清经解续编》卷三七。

《易》无所用图，如言有图，则"六十四卦、二体、六爻之画，即图也"。至于"先天""后天"，则"八卦之次序方位，乾坤三索，出震齐巽，二章尽之矣，安得有先后天之别哉"？[①]"河图"、"洛书"一向被奉为儒家经典，目为神圣不可侵犯的先贤圣哲遗言，是理学家谈理欲心性的依据。《易图明辨》对理学冲击之大可想而知。

胡渭又作《洪范正论》，驳斥汉儒的五行灾异之说，抨击宋儒任意窜改经典的作伪行为。这对笃信儒经的学人士子，无疑是晴天霹雳，人们对儒家经典不得不怀疑了。

胡渭求真理、辟邪说的胆识和重实证的学风，既启迪人们解放思想，也促进了学风由崇古到"信而有征"的转变。

毛奇龄（1623—1716 年），字大可，一字齐于，号初晴，浙江萧山县人，学者称"西河先生"。明末秀才。明亡，断发山中，读书土室。康熙十七年（1678 年）荐举博学鸿儒科试，中二等，授翰林检讨，充《明史》纂修官。康熙二十四年（1685 年），充会试同考官，寻假归，不复出，终年九十四岁。一生著作甚丰，共达二百三十四卷。有《西河全集》行世。

毛奇龄极有才华，诗词歌赋兼擅，尤工度曲，结识阎若璩后转而治经，并以此自负。他治经立论锋说，抨击宋儒，其言辞之激烈，态度之坚决，为阎、胡所不及。他将道学、经学分开，谓六经"不称道学"，与道学无涉。道学始自《鹖子》、《老子》，其书凡七十八部、五百二十五卷，不立于学官，唯在民间私相传授以为教。有《道学传》一书，专载道学人分居道观之事。至北宋，华山道士及种放诸人张大其说，竟搜道书《无极尊经》，及张角《九宫》，伪造太极河洛之教，以著《道学纲宗》。周敦颐、邵雍、程颢兄弟授受相传，遂纂道学于儒书中，南宋朱熹、洪迈进而倡之，道学即变成宋学。毛氏认为，道学本道家之学，始

---

① 江藩：《国朝汉学师承记》卷一，《胡渭》。

于两汉，历代因之，至华山而张大其学，而宋人则又死心塌地依归之，故宋人之"道学"绝非圣学。

毛奇龄著《河图洛书原舛编》、《太极图说遗议》，以辨"河图、洛书"之伪，其时尚在胡渭之前。他攻讦朱熹尤力，著《论语稽求篇》、《四书剩言》、《大学证文》、《圣门释非录》，以驳朱注。晚年更集平生精力讲四书，著《四书改错》，攻讦宋儒，使其无地自容。他说："《四书》无一不错：……日读《四书注》，而就其注义以作八比，又无一不错。人错，天类错，地类错，物类错，官师错，朝庙错，邑里错，宫室错，器用错，衣服错，饮食错，井田错，学校错，郊社错，禘尝错，丧祭错，礼乐错，刑政错，典制错，故事错，记述错，章节错，句读错，引书错，据书错，改经错，改注错，添补经文错，自造典礼错，小诂大诂错，抄变词例错，贬抑圣门错，真所谓聚九州四海之铁铸不成此错矣。"① 朱熹《四书集注》，自南宋以来，历元、明两朝，奉为取士标准。晚明以来，虽有学者述朱、王之异，也不乏批评之言，但如毛氏如此激烈攻击者却未曾有。其傲睨之气，纵横之辨，实足以振聋发聩。廓清宋明理学，复兴汉学，毛奇龄功不可没，虽有《古文尚书冤词》之失，仍不失为清代汉学先驱。

毛奇龄才气纵横，好为驳辩，凡他人所已言者，必力反其词，肆为排击，故言古音则诋顾炎武，言《尚书》则斥阎若璩，恃才倨傲，多为汉学家不取。全祖望《萧山毛检讨别传》，谓其"有造为典故以欺人者，有造为师承以示人有本者，有前人之误已经辨正而尚袭其误而不知者，有信口臆说者，有不考古而妄言者，有前人之言本有出而妄斥为无稽者，有因一言之误而诬其终身者，有贸然引征而不知其非者，有改古书以就己者"②，深讥其著书之不德。

---

① 转引自钱穆：《中国近三百年学术史》上册，第230页。
② 《鲒埼亭集》外编卷一二。

　　姚际恒（1647—约 1715 年），字立方，一字首源，安徽桐城人，寄籍浙江仁和。少折节读书，泛览百家。后尽弃辞章之学，专治经学。年五十，曰：向平婚嫁毕而游五岳，予婚嫁毕而注九经。遂屏绝人事，阅十四年而成《九经通论》。对汉儒传经，他始而疑之，继而考之辨之，撰《尚书通论辨伪例》，攻击伪古文《尚书》。又撰《古今伪书考》，列伪书数十种，如《易传》、古文《尚书》、《尚书孔氏传》、《诗序》、《孝经》等，对之一一考证，论据翔实，论证严密。他认为，辨伪为读书人第一义。他在《古今伪书考自叙》中说："造伪书者，古今代出其人，故伪书滋多于世，学者于此真伪莫辨，而尚可谓之读书乎？是必取而明辨之，此读书第一义也。"阎若璩对其著述大为赏识，谓其识见"多超人意外"，在著《古文尚书疏证》时对其作多有摘录。其著述之价值由此可见一斑。

　　除上述四人之外，陈启源的《毛诗稽古编》，万斯大的《周官辨非》，臧林的《经义杂记》、《尚书集解》、《尚书考异》，钱晓诚的《壁书辨伪》、《中庸辨》、《孟子疑义》，以及顾祖禹的《读史方舆纪要》，都是清初有影响的考据学专著。《四库全书总目》评《毛诗稽古编》说："训诂一准诸《尔雅》，篇义一准诸《小序》，而诠释经旨则一准诸《毛传》，而《郑笺》佐之，其名物则多以陆玑《疏》为主。……其间坚持汉学，不容一语之出入。虽未免或有所偏，然引据赅博，疏证详明，一一皆有本之谈。"《周官辨非》怀疑《周礼》非周公所作，系后人伪撰。《周官》一书，历代学者疑之者不少，然著专书攻击者，万斯大乃第一人。《读史方舆纪要》详于山川险要及古今战守之迹，凡职方广舆诸书承讹袭谬者，均一一驳正之，于后世之地理学研究颇有影响。

　　一种学风的转移非一人之力，一种思潮的兴起更非一人之功。在众多的清代汉学奠基者中，阎若璩、胡渭等是杰出代表。他们继承了顾炎武、黄宗羲勤学苦钻、学识广博的特点，摒弃其致用精神，全力从事具体而深入的考证研究。阎若璩《古文尚书疏证》、胡渭《易图明辨》，开了辨伪学之先河，树立了考证的典范。他们以怀疑的精神回顾过去，对宋明乃至魏晋以来流传的经籍、传注、经说提出种种疑问，力图探究经籍的本来面目。这种疑古与实证、求是的精神，对宋明理学乃至孔学都是极大的冲击。一代才士，不期而谋，渐趋一轨，终于使斥宋宗汉成为时尚，阎若璩、胡渭等自然也就成了清代汉学的前驱。但他们均未完全摆脱宋明理学的影响。他们于宋学是斥而未弃，于汉学是崇尚而未专门户。到乾嘉盛世，汉学终于在学术界占据了统治地位。

第九章
乾嘉时期经学的兴盛

第一节　汉学的形成

一、汉学形成的条件

由顾炎武、黄宗羲等人开创的朴学新风，经过百余年的酝酿、发展，终于在乾嘉时期达到了极盛阶段，出现了"家谈许郑，人说贾马"的盛况，经学研究的浓厚风气笼罩着学术界。高踞学术统治宝座的程朱之学被人弃之若遗，于是拔宋帜而立汉帜，在中国学术史上形成了堪与先秦诸子、两汉经学、魏晋玄学、隋唐佛学、宋明理学相媲美的清代乾嘉之学。这一学派注重考据，提倡朴实学风，主张"实事求是"，"无征不信"，论必有据，反对空谈。他们以经学为中心，而衍及小学、音韵、史学、天算、水地、典章制度、金石、校勘、辑逸等，一时名家辈出，硕果累累，并在学术界占据了统治地位。因这一学派的经学研究以追崇汉代经学为特色，而与宋明理学相对立，故又称为汉学；因其学风质直朴实，以考据见长，所以也称它为"朴学"或"考据学"。

汉学之所以能在乾嘉时期成为占支配地位的学术思潮，是由各方面的条件所促成的。

　　首先，康、雍、乾时期政治上的稳定统一，社会经济的繁荣发展，为乾嘉之学的形成提供了和平安宁的社会环境和充足的物质基础。经过清初激烈的阶级斗争和民族斗争，到了康熙时期，清王朝已建立了比较强固的统治秩序。康熙二十年（1681 年）平定三藩之乱，二十二年（1683 年）收复统一台湾。随后在康、雍、乾三朝，清政府又抵制了沙俄在东北边境的侵扰，平定了准噶尔在西北边境的叛乱，统一了新疆、喀尔喀蒙古和西藏，在这些地区有效地建立了行政机构，使统一多民族国家在政治体制上得到确立和巩固。另外，满清统治者为缓和民族对抗情绪，在康熙执政后，逐步修正和废止了民族歧视政策，荐举山林隐逸，开博学鸿儒，吸收汉族传统文化，选拔汉族上层参加统治机构，使阶级矛盾和民族矛盾都有所缓和，取得了政治上相对稳定的局面。政治上的安定统一，必然为学术文化的发展创造适宜的条件。

　　在康、雍、乾时期，满清统治者在求得国家政治上安定统一的同时，也采取了一系列恢复生产的政策和措施，促进了社会经济特别是农业生产的发展。乾隆末年，人口与耕地面积有了大幅度的增长，手工业和商业也日趋活跃，清政府财政收入增加，国帑大有盈余。如昭梿所云："本朝轻薄徭税，休养生息百有余年，故海内殷富，素封之家，比户相望，实有胜于前代。"[①] 经济上的繁荣发展，为乾嘉汉学蓬勃兴盛地发展提供了物质经济基础。

　　其次，清统治者大力倡导"稽古右文"、"崇儒重道"，重视发展传统的汉族封建文化，对汉学的兴盛，起了直接的推动促进作用。康、雍、乾等帝王都比较自觉地倡导汉族封建文化。他们从维护统治地位出发，政治形势稍加安定，便提出"振兴文教"的措施。康熙十七年（1678 年）开博学鸿儒，以网罗天下"硕彦奇才"。对于当时著名的学问家，康熙都十分尊重，如胡渭、阎若璩都曾受到隆重礼遇。康熙本人

---

① 《啸亭续录》卷二，《本朝富民之多》。

也非常醉心于汉族传统文化，他"留心艺文，晨夕披阅"，从经传诗词，到天文历算，无不涉猎，即使军政事务繁忙，日理万机，也不废讲读。他刻苦自励，汉学修养非常精深。康熙还下令广为搜寻各种图书，并钦定编辑各种书籍。雍正、乾隆皇帝也同样重视对古籍的搜集编纂和整理。乾隆即位后，即下诏搜访遗书，并令儒臣校勘十三经、二十一史，以嘉惠后学，复开馆纂修《纲目三编》、《通鉴辑览》及续、渚《三通》诸书。从康熙到乾隆，曾多次组织人员，几乎对所有儒家经书都进行了疏解，刻印成书，实为后来乾嘉学者大规模的训诂、校勘、注释儒家典籍开了先河。此外，还编纂刊印了各种丛书、类书与工具书，书类之多，规模之大，均为历史上所罕见。特别是《四库全书》，把我国古代各种重要典籍，分编于经、史、子集四部，丰富浩瀚，包罗宏大，可谓古代文化遗产的总汇。虽然在编书过程中也查禁、销毁、删改了大批"违碍"书籍，但实事求是地衡量其功过得失，整理保存文化典籍的功绩却不可磨灭。

在清朝中央政府的大力提倡下，朝中的一些要员和封疆大臣也都热心于提倡学术，他们在幕府中养了大批学人，创办学堂精舍，主持编纂书籍。一时间，搜书、编书、校书、刻书、藏书蔚然成风，学术气氛极为浓厚。在上下热心提倡学术的流风影响之下，甚至一些穷奢极欲的淮南盐商也附庸风雅，招养名士，竞相刻书、藏书。乾嘉汉学正是在这样的条件和土壤里发展起来的。

第三，乾嘉时期学术界摒弃宋明理学，倡导、发扬汉儒重视踏踏实实的训诂、注重名物考证的学风，反映了当时学术发展的历史必然趋势。宋明理学一向以讲究"心性"、"天理"为务，尚空疏而弃实用，学者说经往往强经就我。有的连经书中的文辞、句读、名物制度都尚未弄清便空发议论，甚至将伪书奉为经典。这一脱离实际、故弄玄虚的研究经学之风，必然步入死胡同。明末清初，错综复杂的阶级斗争和民族斗争日益尖锐，大批有志于民族、国家、学术的知识分子，痛感空谈误国之害，强烈的匡时救世的政治抱负，随之自然转化为"经世致用"的学术要求。因此，摆脱宋明理学的束缚，开启新的学风，创立新的学派，已成为一股巨大的历史潮流，成为大批知识分子的共同呼声。当时的社会背景是：资本主义已在国内某些角落有所萌芽，但这种新兴的社会力量还十分稚弱，不能给这种思想解放的潮流指出崭新之路，这就决定了这一潮流只能在经学的研究中去实现自身的要求。正如戴逸所说："有头脑的知识分子从笼罩数百年之久的宋儒说经的迷雾中冲出来，将走向何处？新的近代知识的宝库的大门还是紧闭着的，他们不可能打开它。于是探本寻源，回到古代，希望从遥远的过去寻找到思想依据。在他们看来，汉代去古未远，遗说尚存，是求知的宝藏，要寻求古代经籍的本来面目，只有回复到汉儒的经说。……从反宋走向复汉，这是清代前期学术思想的趋势。"[①]

二、惠栋与汉学的奠基

清代汉学，以顾炎武为其开山和先驱，直到惠氏，才公开打出汉学的旗帜，与宋学分庭抗礼，奠定了汉学的基础。江藩《国朝汉学师承记》中说："本朝为汉学者，始于元和惠氏"。"汉学之绝者千有五百余年，至是而粲然复章矣"。梁启超也认为，"汉学"一词，最早出于惠栋的《易汉学》。因惠氏及其挚友、门人、弟子多为苏南人，故被称之为乾嘉学派中的吴派。

吴派导源于惠栋的祖父惠周惕而成于惠栋。惠氏三代传经，功力皆极深厚。惠周惕长于经学，精于考证，尤以研究《易经》见长。撰《易传》二卷，摒弃宋儒《易》学而专宗汉儒《易》说。另著有《诗说》、《春秋问》、《三礼问》等。惠栋之父惠士奇传父周惕之学，治经力主由诂训以明经义。他认为，"经之义存乎训，识字审音，乃知其义，故古

---

① 戴逸：《履霜集》，中国人民大学出版社1987年版，第85页。

训不可改也。康成注经，皆从古读，盖字有音义相近而讹者，故读从之。后世不学，遂谓康成好改字，岂其然乎!"① 乃搜集汉儒经说，征引古代史料，予以缜密考证和解释，撰有《易说》六卷、《礼说》十四卷、《春秋说》十五卷。但从总的来看，他们都尚未专宗汉学，到了惠栋才高举汉学的旗帜，信古尊汉，说经一依汉儒而旁求于周秦诸子。

惠栋（1697—1758 年），字定宇，号松崖，惠士奇次子，江苏元和（今苏州市）人。乾嘉学派中吴派的开创者。一生以教授和著述为业。他自幼笃志向学，自经史诸子、百家杂说及释道二藏，无不泛览。二十岁便考取秀才，其后却屡试不第。五十岁后专注于经学，闭门读书，对诸经皆有研究，尤邃于《周易》。撰有《周易述》二十三卷、《易汉学》七卷、《易例》二卷、《明堂大通录》八卷、《禅说》二卷、《周易本义辨证》五卷；另有《九经古义》十六卷、《古文尚书考》二卷、《左传补注》六卷等。

惠栋以善治《易》学著称，其治《易》虽有家学渊源，但方法与其父各异。惠士奇尚能发表自己见解，而惠栋的《易》学主旨在于钩稽考证汉儒各家《易》说，对郑玄、虞翻、荀爽、京房等治《易》诸说，一一采集，为之疏通证明。他很推崇唐代李鼎祚的《周易集解》，以为该书尚能保存孔子《易传》微言大义之概略。《周易述》是他精研三十年，于五十岁后所作，是其《易》学代表作。该书四五次易稿，未卒业而谢世。其《易汉学》亦追考汉儒《易》学，掇拾其论以见大端。

惠栋的经学，主要有以下特点：

第一，尊古崇汉。关于经籍的注释，他认为只有汉代的才可信，魏晋以后的都靠不住。正如梁启超所说："惠派治学方法，吾得以八字蔽之，曰：'凡古必真，凡汉皆好。'"② 惠氏在其《九经古义述首》中，明

① 江藩：《国朝汉学师承记》卷二，《惠周惕》。
② 梁启超：《清代学术概论》，朱维铮校注：《梁启超论清学史二种》，复旦大学出版社1985 年版，第 26 页。

确阐述了自己治经的基本思想："汉人通经有家法，故有五经师；训诂之学，皆由师所口授，其后乃著竹帛。所以汉经师之说，立于学官，与经并行。五经出于屋壁，多古言古字，非经师不能辨。经之义存乎训。识字审音，乃知其义。是故乃知古训不可改也，经师不可废也。"此段话的大意有二：其一，汉经师之说与经并行；其二，古训不可更改。这就决定了他治经的大方向。他大体上将汉代经学家的说解加以搜集、整理，不加辨别，不分精华与糟粕，全盘继承。不问真不真，唯问汉不汉。由好古、信古，乃至佞古、媚古。四库馆臣评论惠氏说："其长在博，其短亦在于嗜博；其长在古，其短亦在于泥古也。"[①] 王引之也曾说："惠定宇先生考古虽勤，而识不高，心不细，见异于今者则从之，大都不论是非。"[②] 这些评论，实不为过。

第二，固守旧说，述而不作。惠氏治经，不仅汉儒之说皆尊崇，且以述说前人见解为宗旨，不发表自己观点。以为如此方能保存先贤旨意，纠正理学家之妄说。这样固然有助于倡导务实学风，避免歪曲古人原意，但又不免有泥古不化、不求义理之弊。

第三，从文字音韵入手以探求经义。惠栋继承顾炎武的治学方法，主张治经从研究古文字入手，从文字上弄通经义，并重视以声音贯穿训诂，提倡由小学训诂上溯义理。这是以惠氏为代表的吴派学者治学的特点，也是乾嘉学者共同信奉的原则。从顾炎武开始，到惠栋，以及稍后的戴震，均一反明人主观主义的治经方法，批评他们尚未明了经书中的文字句读，不晓古音古训，妄谓通其语言，通其心志；都强调从音韵、训诂的基本功出发以求经籍的本来意义。这一治经方法，既表现了溯本求源，实事求是的治学精神，又真正抓住了经文的真义。不仅使经学的研究由此获得巨大成就，而且使以语言文字为研究对象的小学相应得到

---

① 《四库全书总目》卷二九，《经部·春秋类四》"左传补注"条。
② 《王文简公文集》卷四，《与焦理堂先生书》。

空前发展，由经学的附庸而"蔚为大国"。当然，训诂考证只能是研究的手段，不能以此代替对经籍思想内容的探求。

惠栋治经，唯汉是信，无论是非，均视作珍宝，不遗余力地采辑散佚的汉儒旧说，耙梳整理。这对恢复、保存古籍作出了重要贡献，且重视经籍文字考证，为后世考据学作出了示范。以惠氏为首的吴派，以尊汉为标帜，壁垒森固，旗帜鲜明，与宋学分庭抗礼，标志着清代汉学的形成。

三、吴派其他学者

吴派学者，除惠氏祖孙外，著名的有沈彤、余萧客、江声、王鸣盛、钱大昕、江藩等，而尤以钱大昕的成就最高，影响最大。

沈彤（1688—1752 年），字冠云，又字果堂，江苏吴江人。惠栋挚友，知名较惠栋为早。沈氏博闻广见，专研诸经，尤精于三《礼》。乾隆时有人推荐他参与编修三《礼》和《大清一统志》，议授以九品官。沈彤耻而不仕，遂归吴江，闭户治经。撰有《周官禄田考》三卷、《仪礼小疏》一卷、《尚书小疏》一卷等。著述汇为《果堂全集》。其治经虽以先儒之说为宗，但犹能核其异同，订正旧注。《周官禄田考》一书，详究周制，对周代的官爵、公田、禄田之数详加考核，以辨欧阳修《周礼》官多田少、禄且不给之疑，其说精密淹通。可见其治学风格与惠栋并不尽同。

余萧客（1732—1778 年），字仲林，号古农，江苏吴县（今属苏州市）人。惠栋弟子。他家贫，自幼聪颖好学，年十五即攻群经，日日手不释卷，遍读经史子集，且过目成诵。成人后以经术教授乡里。他长于辑佚，以为汉唐诸儒旧经注多有散佚，于是从史传、类书中广泛采辑，考辨排比，分条纂录，编成《古经解钩沉》三十卷。只因病危急欲成书，搜罗尚不完备。另著有《尔雅别抄》八卷、《尔雅释》、《畿辅水利志》、《文选纪闻》三十卷、《文选杂题》三十卷、《文选音义》八卷、《选音楼诗拾》等。

　　江声（1721—1799 年），本字鳡涛，后改字叔沄，号艮庭，江苏元和（今苏州市）人。惠栋弟子。他自幼聪慧过人，唯好经义古学。服膺汉儒经说，精于训诂。三十五岁时师事惠栋，得以阅读惠氏《古文尚书考》及阎若璩《古文尚书疏证》，方知少时所读《古文尚书》及孔安国传皆为伪作。于是专攻《尚书》，仿其师惠氏《周易述》，搜讨古学，撰成《尚书集注音疏》十二卷。他首先采《尚书大传》、《说文》及经子诸书所引《尚书》之文予以校勘，然后辑集郑玄《尚书注》及其他汉儒逸说，以己见为之疏，积十余年之功，四易其稿乃成。其说多在惠氏之上，发惠、阎二氏所未及。江藩在《国朝汉学师承记》中称之为《尚书》学的集大成者。但因一味泥古，其论也时有欠当之处。因生性好古，该书经文与注疏，以及与人来往信札，皆依《说文》古篆字体书之。为人耿介，不为利禄所诱；平素结交虽多达官显宦，但仅以学问相推重，从未以私事相求，因此为时人所敬重。其著述另有《释名疏证》八卷、《补遗》一卷、《续释名》一卷、《论语竢质》三卷、《尚书逸文》二卷、《六书说》一卷等。

　　王鸣盛（1722—1797 年），字凤喈，一字礼堂，别字西庄，晚年号西　，江苏嘉定（今属上海市）人。乾隆十九年（1754 年）进士，曾任翰林院编修、侍讲学士、内阁学士兼礼部侍郎、光禄寺卿等职。三十六岁离官归家，钻研经史，以教授著述为业。他认为："经以明道，而求道者不必空执义理以求之也，但当正文字、辨音读、释诂训、通传注，则义理自见，而道在其中矣。"主张"古训必以汉儒为宗"，"治经断不敢驳经"，"但当墨守汉人家法，定从一师，而不敢他徙"。[①] 至于汉以后经注，他以为未为醇备。其所撰《尚书后案》三十卷，附《尚书后辨》二卷，写作目的和内容与江声书略同。此书专宗郑玄、马融之学，不得已间采王肃注与伪孔传，而于唐宋诸儒之说，一概不取。该书

————————

① 《十七史商榷序》。

花二十余年之功乃成。王氏对此著甚为自负，以为存古之功可与惠栋《周易述》相比。但因王氏之泥古崇汉过于惠栋也甚于江声，墨守家法，不敢越雷池一步，故其考据虽博，却一无新意。又《十七史商榷》一百卷，乃其史学代表作，以汉学的考证方法研究历史，对舆地、职官、典章制度等多所创获，是清代史学名著之一。另有《蛾术篇》一百卷、《周礼军赋说》四卷、《耕养斋诗文集》四十卷、《西沚居士集》、《西庄始存稿》等。

钱大昕（1728—1804 年），字晓征，号辛楣，又号竹汀，江苏嘉定（今属上海市）人。乾隆十九年（1754 年）进士，选庶吉士，累进至少詹事，多次充任外省乡试考官，并曾任提督广东学政。四十七岁时丁忧返里，后称病不复出，以潜研学术及讲学为业三十年。先后主讲钟山、娄东、紫阳等书院。他治学面广，精于经史、音韵、训诂之学，对天文、历算、金石、辞章以及古人爵里、事迹、年齿等，也无不博综而深究。突破汉学家"专治一业"的樊篱，时人推之为通儒。江藩称他"不专治一经，而无经不通；不专攻一艺，而无艺不精"。[1] 钱氏治经，仍宗汉儒之说，以为"汉儒说经，遵守家法，诂训传笺，不失先民之旨。自晋代尚空虚，宋贤喜顿悟。……谈经之家，师心自用。"[2] 并与惠栋一样，重视以诂训通经，特别强调"诂训者义理之由出，非别有义理出乎训诂之外者也"[3]。不过，他并不像惠栋等那样将汉儒之说绝对化，认为为学目的在于求真，强调实事求是，他说："学问乃千秋事，订讹规过，非以訾毁前人，实以嘉惠后学。"[4] 又说："唯有实事求是，护惜古人之苦心，可与海内共白。"[5] 正因为如此，其经说时有突破惠氏汉学束缚的大胆论断。他与王鸣盛一样，把汉学的考据方法用于历史研

[1]　江藩：《国朝汉学师承记》卷三，《钱大昕》。
[2][3]　《经籍纂诂序》。
[4]　《潜研堂文集》卷三五，《答王西庄书》。
[5]　《潜研堂文集》卷二四，《廿二史考异序》。

究，成《二十二史考异》一百卷，该书多有创见，为清代史学名著之一。主要著述另有《潜研堂文集》五十卷、《十驾斋养新录》二十三卷、《潜研堂跋尾》二十五卷、《金石文字目录》八卷、《附识》一卷。全部著述皆收入《潜研堂全书》中。

江藩（1761—1830 年），字子屏，号郑堂，江苏甘泉（今扬州市）人。他"绾发读书，受经于吴郡通儒余古农（余萧客）、同宗艮庭（江声）二先生，明象数制度之原，声音训诂之学"①，为惠栋再传弟子。他博通群经，精于训诂，旁及诸子佛老。一生著书不倦，其传播最广、影响最大的是《国朝汉学师承记》八卷（附《国朝经师经义目录》一卷、《国朝宋学渊源记》二卷、《附记》一卷）。该书用写传记的方式来张大门户，为汉学大张旗帜，他说："经术一坏于东西晋之清谈，再坏于南北宋之道学。元明以来，此道益晦。至本朝三惠之学盛于吴中，江永、戴震诸君继起于歙，从此汉学昌明，千载沉霾，一朝复旦。暇日诠次本朝诸儒为汉学者，成《汉学师承记》一编，以备国史之采择。"其主旨、内容由此可知。此书曾受到阮元极力推崇，并收入《粤雅堂丛书》中，为之作序，镂刻行世。该书的问世，诚能使人了解汉儒经说家法之承授，以及清代学者经学之渊源。不过，江氏把清代前期研究经学的学者一律冠之以"汉学"之名，显然不够恰当，曾引起当时学界非议。同时，对书中所收录人物的取舍及其评价，往往流露出偏执之情，不尽公允。其著述另有《周易述补》四卷、《尔雅小笺》三卷等。

---

① 江藩：《国朝汉学师承记》卷一。

第二节 汉学的鼎盛

清代汉学，与吴派并称的是以戴震为代表的皖派。皖派的出现，标志着汉学进入鼎盛期，此后汉学以其独特的优势支配学术界，取代了宋学。

皖派的形成稍晚于吴派。两派学者有许多共同点，往往互为师友，相互影响，交相推重。不过，两派在经学研究上也确实各具特色，存在着歧异之处。从治经的侧重点看，吴派多治《周易》、《尚书》；皖派多治三礼，尤精小学、天文、历算等。但是两派最显著的歧异之处乃在治经的方法上。吴派提倡复古，唯汉是好，每采集汉儒经说，述而不作，鲜有理解贯通。皖派强调求真，方法严密，识断精审，以考据详博见长，敢于突破汉人成说，提出己见，明断是非。章太炎指出："吴始惠栋，其学好博而尊闻；皖南始戴震，综形名，任裁断，此其所异也。"①梁启超在评论吴派和皖派的区别时也说："戴、段、二王之学，其所以特异于惠派者，惠派治经也，如不通欧语之人读欧书，视译人为神圣，汉儒则其译人也，故信凭之不敢有所出入。戴派不然，对于译人不轻信焉，必求原文之正确，然后即安。惠派所得，则断章零句，援古正后而已。戴派每发明一义例，则通诸群书而皆得其读。是故惠派可名之曰汉学，戴派则确为清学而非汉学。以爻辰纳甲说《易》，以五行灾异说《书》，以五际六情说《诗》，其他诸经义，无不杂引谶纬，此汉儒通习也。戴派之清学，则芟汰此等，不稍涉其藩，惟于训诂名物制度注全力焉。"② 二人的评论是很有见地的。

皖派的出现，是清代学术发展的高峰。吴派虽然已和宋学分庭抗

———

① 《訄书·清儒》。
② 《清代学术概论》之十二《戴门后学》，上海古籍出版社1998年版，第43页。

礼，但还不能排挤宋学。自皖派出，汉学之帜大张，局面为之一变。
"（戴）震始入四库馆，诸儒皆震竦之，愿敛衽为弟子。……震为《孟子
字义疏证》，以明材性，学者自是薄程朱。"①

一、江永——开皖派经学研究风气之先

江永（1681—1762 年），字慎修，安徽徽州府婺源县（今属江西）
人，皖派经学研究风气的开导者。江氏家境清寒，一生不求功名，不入
仕途，闭门授徒和著述。二十岁时考取县学生员（秀才），随即设馆教
授，三十岁时成为廪膳生，从此一边教学，一边著书立说。乾隆帝崇尚
实学，命大臣举荐经学名士，有人推举他，力辞不就。享年八十一，终
老为秀才，不曾入官。江永待人和气，平易近人，居乡里每以孝悌仁让
为先，深受乡人敬重。他据《春秋》丰年补败之义，劝乡人输谷设立义
仓，行之三十年，颇有成效。

江氏好学深思，长于比勘，精于三礼、声韵、步算和钟律之学。三
礼之学，自郑玄之后罕有发明，朱熹晚年虽欲提倡《礼》学，却未能成
书，其《仪礼经传通解》由他人续撰，阙漏颇多。江永仿《仪礼经传通
解》体例，广摭博讨，补充朱氏所著之不足，数易其稿，撰成《礼书纲
目》八十八卷。该书颇受时人推崇。清廷开馆定三礼义疏，四库馆臣闻
知此书，下令郡县录送四库馆。四库馆臣评价此书说："其书虽仿《仪
礼经传通解》之例，而参考群经，洞悉条理，实多能补所未及，非徒立
异同。""永引据诸书，厘正发明，实足终朱子未竟之绪。视胡文炳辈务
博，笃信朱子之名，不问其已定之说未定之说，无不曲为袒护者，识趣
相去远矣。"②

江永研究声韵学的成果尤为突出，著有《古韵标准》六卷、《四声

① 《訄书·清儒》。
② 《四库全书总目》卷二二，《经部·礼类四》"礼书纲目"条。

切韵表》四卷、《音学辨微》一卷。古音学的研究，始于宋人吴棫。顾炎武遍考周秦典籍，分古韵为十部，为古音学奠定了基础。江永认为顾氏考古之功多，审音之功浅，纠正顾氏分十部之疏，而分平、上、去三声皆十三部，入声八部。江氏的声韵学经戴震等人的传播和阐发，对后世影响颇大。

江永年高学勤，学识广博，征实而有根柢，以考据见长，开皖派经学研究的风气。他一生著述甚丰，除以上所述外，其他主要的有《近思录集注》十四卷、《周礼疑义举要》六卷、《仪礼释例》一卷、《仪礼释宫增注》一卷、《礼记训义择言》六卷、《深衣考误》一卷，《春秋地理考实》四卷、《乡党图考》十卷、《四书典林》三十卷、《群经补义》五卷等。其学所涉极博，戴震称赞他的学问"自汉经师康成后罕其俦匹"①。

江永执教六十年，弟子数百，桃李芬芳，其著名者有戴震、金榜、程瑶田等。金榜（1735—1801 年），字蕊中，又字磐斋，安徽歙县人。少有过人之资，与戴震相亲善，承师友之训，学有根柢。乾隆时召试举人，授内阁中书，在军机处行走。后又以第一名及第，授修撰之职。散馆后即乞假告归，以著书自娱。金榜专治三礼，以郑玄为宗，谨守绳墨，绝不杂以后人之说。他博采旧闻，撷密撷要，著《礼笺》十卷，可补江、戴之缺。程瑶田（1725—1814 年），字易田，一字易畴，号让堂，亦安徽歙县人。其著述长于旁搜曲证，不稍依傍前人传注，援据经史疏通证明，常有创见。他对《仪礼》的研究尤其精深，著《仪礼丧服文足征记》，规正郑玄所注之误。对《周礼》尤其是其中《冬官·考工记》的研究，多有精当之见。撰《禹贡三江考》，谓扬州的三江实只一江，以订正郦道元《水经注》。又著《论学小记》，多推衍《大学》之义。其著述另有《九谷考》、《磬折古义》、《数度小记》、《宗法小记》、《释宫小记》、《释草小记》、《释虫小记》、《果蠃转语记》等，涉及训诂、名物、

---

① 《戴震集》卷一二，《江慎修先生事略状》，上海古籍出版社1980年版。

象数、水地、声律、谷实之学，议论之精当，较之戴震、焦循并无逊色。其治学风格以目验为重，不轻信陈言，尊重客观事实，实事求是，甚至不惜向"奴子"请教，并采用"奴子"之言以参订毛郑诸家之失，堪称乾嘉时期考证正名核实之学的典型代表。

二、戴震——汉学之集大成者

戴震（1723—1777 年），字东原，安徽休宁人。自幼聪明好学，十岁从师问学，过目成诵，日诵数千言不肯休。塾师授以《大学章句》右经一章，他问其师曰："此何以知为孔子之言而曾子述之？又何以知为曾子之意而门人记之？"师应之曰："此朱文公所说。"即问："朱文公何时人？"曰："宋朝人。""孔子、曾子何时人？"曰："周朝人。""周朝、宋朝相去几何时矣？"曰："几二千年矣。""然则朱文公何以知然？"师无以应，曰："此非常儿也。"十六七岁以前，凡读书，每一字必求其义。塾师略举传注训诂相告，每不释意。塾师因取近代字书及东汉许慎《说文解字》授之，他大感兴趣，学之三年，尽通其义。又取《尔雅》、《方言》及汉儒之传注参互考究，一字之义，必本于六书，贯穿群经以为定诂。于是十三经注疏能全举其辞。[①]

戴震学问虽精，但一生仕途坎坷，二十八岁方为县学生员，三十九岁才中举，尔后六次会试皆不第。五十一岁时清廷开四库馆，奉诏以举人身份充《四库全书》纂修官。五十三岁时会试仍不第，特准参加殿试，赐同进士出身，授翰林院庶吉士。两年后因积劳成疾而病逝。

戴震一生刻苦治学，长于考证，学术上早熟而卓有成就。他以经学研究为中心，衍及文字、音韵、训诂、天文、历算、史地、礼制、哲学等。二十岁时得识同郡著名学者江永，自此从江氏受业。二十二岁始著书立说，至三十二岁的十年间，相继有《筹算》（后更名《策算》）、《考

---

① 段玉裁：《戴东原先生年谱》，《戴震集》附录三。

工记图》、《转语二十章》、《尔雅文字考》、《屈原赋注》、《勾股割圜记》、《诗补传》问世，引起当世学者瞩目。三十三岁时因避仇逃至北京，在京著名学者纪昀、王鸣盛、钱大昕、王昶、朱筠等争先叩访，"听其言，观其书，莫不击节叹赏。于是声重京师，名门公卿争相交焉"①。三十四岁时被礼部尚书王安国请至家中，教授其子王念孙。三十五在扬州结识吴派大师惠栋。四十一岁时段玉裁从其受业。汪中在论清代前期学术时，曾对戴震学术上的成就给予很高评价，他说："古学之兴也，顾（炎武）氏始开其端；《河》、《洛》矫诬，至胡（渭）氏而绌；中西推步，至梅（文鼎）氏而精；力攻《古文（尚书）》者，阎（若璩）氏也；专言汉儒《易》者，惠（栋）氏也。凡此皆千余年不传之绝学，及戴氏出而集其成焉。"②。

戴震的学术成就一是在考据学，二是在哲学思想。戴震是一位卓越的考据学家，在音韵、训诂、名物、制度、天算、地理学方面的研究都有突出的贡献。在音韵学的研究方面，他把古韵分为九类二十五部，并创造了阴、阳、入对转的理论，这方面的著作主要有《声韵考》四卷、《声类表》十卷、《书卢侍讲所藏宋本广韵后》、《顾氏音论跋》、《书玉篇卷末声论反纽图后》、《转语二十章序》、《答段若膺论韵》、《书广韵目录后》等。

戴氏在训诂学上的贡献最为突出。魏晋以后，训诂学进展滞缓，隋唐人谨守汉注，宋人朱注也大体不出汉注范围，元明人更是谨守宋注，把训诂之书束之高阁，空谈义理。戴氏一反宋明理学空疏之弊，力求追溯古代圣贤经典之真与实，开辟了一条从字音中求求词义的新途径。他对于声韵、文字和训诂三者之间的关系具有非常精到的认识。他在《转语二十章序》中指出："人之语言万变，而声气之微，有自然之节限。

① 段玉裁：《戴东原先生年谱》，《戴震集》附录三。
② 凌廷堪：《汪容甫墓志铭》，《校礼堂集》。

是故六书依声记事，假借相禅，其用至博，操之至约也。学士茫然莫究。今别为二十章，各从乎声，以原其义"，"疑于义者以声求之，疑于声者以义正之。"① 他在《答江慎修先生论小学书》中说："文字既立，则声寄于字，而字有可调之声；意寄于字，而字有可通之意。是又文字之两大端也。"② 正基于这样的认识，他提出了"于声音求训诂"的原则。他说："古人之小学亡，而后有故训；故训之法亡，流而为凿空。""由文字以通乎语言，由语言以通乎古圣贤之心志，譬之适堂坛之必循其阶，而不可以躐等。是故凿空之弊有二：其一，缘词生训也；其一，守讹传谬也。缘词生训者，所释之义，非其本义。守讹传谬者，所据之经，并非其本经。"③ 由于戴震精通小学，从音韵、训诂的基本功夫入手，所以治经的成绩较大。例如《尚书·尧典》"光被四表"，郑玄训光为光耀《孔传》训光为充。戴氏据孙炎本《尔雅》"光，充也"，郭本《尔雅》、许氏《说文》"桄，充也"为证，独取《孔传》之训。又据《礼记·孔子间居》有"横于天下"，《祭义》有"横乎四海"之文，郑注训横为充，义出《尔雅》，断定《尧典》古本必有作"横被四表"者。④ 其后数年中，他的朋友、同学果然从各种古籍中找到了"横被四表"或"横被"的例子，俱服其神。

戴震对名物、制度以及古文献的校勘、考证也做了很多工作。他著《考工记图》，为《考工记》一书一一绘图说明，对郑玄注多所订正，使《考工记》这本难读的古籍图文并茂，一目了然。他在古天算、古地理的研究方面也有不少成绩。他把古代天文理论和古籍中的有关资料结合起来，解决了天文学上的一些疑难问题。在算学方面，他从明代的《永乐大典》中整理出《九章算术》、《海岛算经》、《孙子算经》、《夏侯阳算

---

① 《戴震集》卷四。
② 《戴震集》卷三。
③ 《戴震集》卷一○，《古经解钩沈序》。
④ 《戴震集》卷三，《与王内翰凤喈书》。

经》等，总结了我国古代数学成就；采用西方数学对勾、股、弦与圆的关系作详尽论述，撰《勾股割圜记》一书；著《策算》，专讲乘、除、开方。他重校《水经注》，使经、注分明，开创了以山川为主而求其郡县的地理考据法。段玉裁说，据此法读《水经注》，迎刃而解，如庖丁之解牛，故能正千年经注之互讹，基本上恢复了《水经注》原书的面貌。

戴震不但是个卓越的考据学家，更是个杰出的思想家。他较之当时其他汉学家尤为特出的是，他不仅从治学方法上力破宋学之弊，恢复汉代朴学之风，更对程朱理学的思想体系进行了全面清算，无情地揭露了封建理学"杀人"的本质。这方面的代表作为《孟子字义疏证》、《原善》、《论性》等。段玉裁在《戴东原先生年谱》中曾谈到他写作《孟子字义疏证》的原委："盖先生《原善》三篇、《论性》二篇既成，又以宋儒言性、言理、言道、言才、言诚、言明、言权、言仁义礼智、言智仁勇，皆非'六经'、孔孟之言，而以异学之言糅之。故就《孟子》字义开示，使人知'人欲净尽，天理流行'之语病。"戴震自己也说："六书、九数等事，如轿夫然，所以异轿中人也。以六书、九数等事尽我，是犹误认轿夫为轿中人也。""仆生平著述之大，以《孟子字义疏证》为第一，所以正人心也。"①

《孟子字义疏证》以疏证孟子学说的方式，阐发戴震的政治见解和哲学观点；而《原善》，则阐述了善的内容及其与天道、人性的关系，试图用唯物主义的自然观来解释社会道德，并批判理学的先验道德论。在哲学上，戴震继承了清初思想家的唯物主义传统，对唯心主义理学展开了激烈的批判。他反对理学家所说的"理在气先"，认为"气"是万物的本源，"理"只是"气"的运动变化的法则。"气"是第一性的，

---

① 段玉裁：《戴东原集序》，《戴震集》附录二。

"理"是第二性的。他说："就事物言，非事物之外别有理义也。"① 在理与欲的关系上，理学家根据"理在气先"的唯心论，提出了"存天理，去人欲"的道德观。戴震则针锋相对地指出："理者存乎欲者也"② 。人生而有欲，欲即饮食男女，人欲是人自然的生理要求，使人欲得到合乎规律的发展，就是顺从天理。"人与物同有欲，欲也者，性之事也。"③ "圣人治天下，体民之情，遂民之欲而王道备"④ 。他大胆地揭露理学家的"理"不过是强者欺凌弱者，扼杀人民生存权利的一块遮羞布。他说："后儒不知情之至于纤微无憾，是谓理。而其所谓理者，同于酷吏之所谓法。酷吏以法杀人，后儒以理杀人，浸浸乎舍法而论理，死矣，更无可救矣！"⑤ 这是对封建礼教的悲愤控诉和猛烈抨击，在当时文网罗织的高压时代，能如此直率而激烈地批判占统治地位的程朱理学，充分显示了他大无畏的战斗精神。可见他的经学是在解经说经的外衣下，把批判的锋芒直指封建专制主义。因此，戴震不仅是一位汉学家，更是杰出的思想家。

戴震学识渊博，思想敏锐，见解深刻，不论是考据之学还是义理之学都超拔于时人，影响极为深远。就其治学风格而言也有独特之处，概括起来，主要有以下特点：

第一，广博精深，融会贯通。儒家经典是一个庞大的体系，涉及多方面知识。戴氏对此深有体会，他说："至若经之难明，尚有若干事：诵《尧典》数行至'乃命羲和'，不知恒星七政所以运行，则掩卷不能卒业。诵《周南》、《召南》，自《关雎》而往，不知古音，徒强以协韵，则龃龉失读。诵《古礼经》，先《士冠礼》，不知古者宫室、衣服等制，则迷于其方，莫辨其用；不知古今地名沿革，则《禹贡》、《职方》失其处所。不知'少广'、'旁要'，则《考工》之器不能因文而推其制。不

---

① ② ④ 《戴震集》，《孟子字义疏证》卷上《理》。
③ 《戴震集》，《原善》卷上。
⑤ 《戴震集》卷九，《与某书》。

知鸟、兽、虫、鱼、草、木之状类名号，则比、兴之意乖。而字学、故训、音声未始相离。……凡经之难明右若干事，儒者不宜忽置不讲。"①正因为如此，他对许多学科都加以涉猎，精密研究，并有独到见解。

第二，由文字训诂入手以明经义。戴震主张将语言文字与经学结合起来，以文字为始基，通过语言的考证，达到通经明道的目的。他说："经之至者，道也；所以明道者，辞也；所以成辞者，字也。必由字以通其辞，由辞以通其道，乃可得之。"②强调治经须在语言文字的考证上狠下工夫，不能主观臆断。他劝人"援《尔雅》以释《诗》、《书》，据《诗》、《书》以证《尔雅》，由是旁及先秦以上"③。他在文字、音韵、训诂三方面的研究中都有开创性的建树，尤其重视音义关系的考求，由古音以求古义。从语言文字入手以治经学，顾炎武已开其端，惠栋等继之，而戴震成就更大。纪昀称赞他："深明古人小学，故其考证制度字义，为汉以降儒者所不能及，以是求之圣人遗经，发明独多。"④

第三，信古有征，疑古不妄。戴震治学，实事求是，不专主一家。对古人之说，既不轻信胶执，也不凭空疑弃。无论何人之言，必求其所以然之故。"不以人蔽己，不以己自蔽"⑤。这是他高出惠栋之处。他认为，汉儒、宋儒治学，各有所得，各有所失。宋儒学风空疏，"恃胸臆为断"，固须反对；而"汉儒故训有师承，亦有时傅会"，⑥同样不能盲从。对于治经，他评论说："汉儒得其制数，失其义理；宋儒得其义理，失其制数"⑦，二者皆各执其一，偏而不全。他强调义理必须以文字训

---

① 《戴震集》卷九，《与是仲明论学书》。
② 江藩：《国朝汉学师承记》卷五，《戴震》。
③ 《戴震集》卷三，《尔雅文字考序》。
④ 《纪文达公遗集》卷八，《考工记图序》。
⑤ 《戴震集》卷九，《答郑丈用牧书》。
⑥ 《戴震集》卷九，《与某书》。
⑦ 《戴震集》卷九，《与方希原书》。

诂的考证为基础，"故训明则古经明，古经明则贤人圣人之理义明"①。
而考证的目的，在于探究经义，在于"闻道"。治学只是手段，闻道才
是目的。

第四，考证严谨，善断己意。戴震长于考据之学，其考证精审过
人。他重视实证，注意博赡贯通，每一事必核其始末，究其异同，占有
大量材料，反复推求，尔后断以己意。他说："仆闻事于经学，盖有三
难：淹博难，识断难，精审难。三者，仆诚不足与于其间，其私自持，
暨为书之大概端在乎是。"② 戴震治学，不仅淹博，且善识断而精审，
这又是他优于惠栋之处。章太炎说："凡戴学数家，分析条理，皆密
严瑮，上溯古义，而断以己之律令。"③ 其说得当。

戴震为后人留下了丰富的学术遗产。除上面所列外，主要著述另有
《毛郑诗考正》四卷、《诗经补注》二卷、《尚书义考》二卷、《仪礼考
正》一卷、《大学补注》一卷、《中庸补注》一卷、《声韵考》四卷、《声
类表》十卷、《方言疏证》十三卷、《六书论》三卷、《原象》一卷、《续
天文略》二卷、《古历考》二卷、《历问》一卷、《水地记》一卷、《直隶
河渠书》一百一十卷、《汾州府志》、《汾阳府志》、《东原集》十二卷。
合集有《戴震集》，收入文集十二卷及《孟子字义疏证》、《原善》等。

三、戴震的后继者

戴震的后继者可分为两派：一派继承其考据之学，方法更加严密，
成就更加突出，但不谈义理；一派除考据之外还兼谈义理，较全面地继
承其治学途径。前者如段玉裁、王念孙、王引之等，后者如汪中、凌廷
堪、焦循、阮元等。

----

① 《戴震集》卷一一，《题惠定宇先生授经图》。
② 《戴震集》卷九，《与是仲明论学书》。
③ 《訄书·清儒》。

戴震的弟子段玉裁、王念孙及其子王引之等，继承了戴震的考据之学。他们学识渊博，治学严谨，成就十分突出。

段玉裁（1735—1815 年），字若膺，号茂堂，江苏金坛人。乾隆五年（1740 年）举人，曾在贵州、四川等地任知县，晚年辞官居家，潜心著述。他自幼喜好文字、音韵、训诂之学，二十八岁师事戴震，学问大进。他一生好学不倦，凡三代秦汉之文，历代字书、韵书，均谙熟于心；经学、小学、文献校勘，无不深究，是皖派著名的经学家、文字训诂学家。

段氏擅长古音韵，三十三岁时撰成《诗经韵谱》、《群经韵谱》二稿，后经多年注释增补，撰为《六书音均表》，分古韵为十七部。在此之先，顾炎武分古韵为十部，江永增为十三部。段氏博稽文献，析其异同，创为十七部。后来诸家分部学说，都是对段氏的增补。

《说文解字注》是段玉裁的代表作，也是他尽其毕生心血而成的体大思精、传世不朽的著作。该书是为东汉许慎的《说文解字》作注，始于乾隆四十一年（1776 年）。他先用十九年时间写成长编性质的《说文解字读》五百四十卷；后因文字过繁，又经十三年努力，加工剪裁，简练成注，方最后写成。八年后刊刻成书。自属稿到印行，前后达四十年之久。段氏在书中校正《说文解字》讹误脱失，全面阐发该书条例；博采古代群书所使用的字义及前人的训诂，以阐明许慎的说解，推寻说解的根据；对于字的引申义、假借义以及文字的分化、文字间的音义联系等，都有科学的阐发。由于取材丰富，考证详备，内容广博，识见精深，它一问世，便受到当时学术界的极端推崇。王念孙称赞此书是许慎之后，"盖千七百年来无此作矣"①。

段玉裁一生著述极富，除《六书音均表》和《说文解字注》外，另有《古文尚书撰异》三十二卷、《毛诗故训传定本》三十卷、《诗经小学

---

① 王念孙：《说文解字注序》。

录》三十卷、《周礼汉读考》六卷、《声韵考》四卷、附《仪礼汉读考》一卷、《春秋左传古经》十二卷、《汲古阁古文订》一卷、《经韵楼集》、《戴东原先生年谱》等。

王念孙（1744—1832年），字怀祖，号石臞，江苏高邮人。乾隆三十年（1765年）钦赐举人，四十年（1755年）考中进士，累官至给事中、永定河道。六十七岁离任退休后，留居其子王引之寓所，专事著述。他幼年承家学，随父入京。十岁即通读"十三经"，对史书也多有涉猎。十三岁从戴震受业，奠定治学基础。一生笃好经术，尤精小学，是一位学养深厚、治学专精的学者。

王念孙治学的最得力之处，是以声音贯穿训诂。他认为"诂训之旨，本于声音"，提出"声近义同"说以及"就古音以求古义，引申触类，不限形体"①的训诂原则，并运用这一理论于训诂实践，取得了超越前人的成就。其《广雅疏证》一书，最能代表他的学术体系和学术成就。他最初写《说文考正》，见段玉裁《说文解字注》先成而舍弃；又拟疏证《尔雅》，因邵晋涵《尔雅正义》在前而作罢；三十六岁时一度校正《方言》，闻戴震有《方言疏证》又辍笔。转而综其学以疏证《广雅》，七年始成《广雅疏证》二十三卷，其主旨是"假《广雅》以证其所得"②。该书博搜秦汉古训疏通证明《广雅》，由古音以求古义，以音同或音近义同之字相互比证，寻求同源关系。此书的价值、作用远远超过《广雅》，对词汇史、汉语词族、文字假借和通用的研究，都有极大参考价值。王氏又著《读书杂志》八十二卷，考订古籍《逸周书》、《战国策》、《史记》、《汉书》、《管子》、《晏子春秋》、《墨子》、《荀子》、《淮南内篇》等书，阐发古书义例，对文字谬讹、句读错乱、音训异同，一一加以考辨，为校勘和训诂学经典名著。另有《毛诗群经楚辞古韵谱》、

---

① 段玉裁：《广雅疏证序》。
② 王念孙：《广雅疏证序》。

《释大》、《方言疏证补》、《说文解字校勘记残稿》、《尔雅郝注刊误》、《古韵辨》等。

王引之（1766—1834 年），字伯申，号曼卿，王念孙之子。嘉庆四年（1799 年）进士，授翰林院编修，累官至工部尚书、礼部尚书。曾受学于阮元，又承其家学。一生治学以其父为师，继承其父研究方法，世称"高邮二王"。《经义述闻》是王引之的代表作。该书三十二卷，对《周易》、《尚书》、《毛诗》、《周礼》、《仪礼》、《大戴礼记》、《礼记》、《左传》、《国语》、《公羊传》、《谷梁传》、《尔雅》等古书详加考辨，审订文字、句读，驳正汉唐旧注一千七百余条。其中训释多述其父王念孙之说，故名"述闻"。书末有"通说"二卷，是王氏父子治学经验的总结，极具理论意义。又著《经传释词》十卷，此为研究虚词专著，搜集周秦、两汉古书中的虚词一百六十个，对各字先说明意义和用法，再举例证；追溯其原始，明其流变，"前人所未及者补之，误解者正之，其易晓者则略而不论"[①]，发明虚词条例和规律颇多。另撰有《周秦古字解诂》二卷、《字典考证》八卷等。

传戴震典章制度之学者有任大椿。

任大椿（1738—1789 年），字幼植，又字子田，江苏兴化人。乾隆三十四年（1769 年）进士，曾任《四库全书》纂修官。他少工文辞，后专研经史传注，精于考据，尤长于典章制度之学。他受戴震影响较大，从名物、制度的考证入手以求儒家经典义理；对《礼》颇有研究，著有《弁服释例》、《深衣释例》、《释缯》、《释色》等，就古代礼制中的名物，搜集材料，加以综合、考证。另撰有《字林考逸》、《小学钩沉》等书。

继承戴震兼治考据、义理之学的有汪中、凌廷堪、焦循、阮元等。

汪中（1745—1794 年），字容甫，江苏江都（今扬州市）人。他少

---

① 王引之：《经传释词自序》。

孤贫好学，十三四岁时入书店做学徒，得阅经史百家书，遂博综典籍，谙究儒墨。治学实事求是，不尚墨守，"汇通前圣微言大义，而涉其樊篱"①。其治经虽推重汉学，但又不为汉学狭小天地所囿。生平不信宋明理学，力砭其空疏、陈腐之弊。他曾博考先秦典籍，研究古代学制兴废；又努力从周秦诸子中去考察儒家经典本意，开拓研究范围。他敢于离叛众说，独辟蹊径，大胆创立新意。作《荀卿子通论》，肯定荀卿之学出于孔子，而尤有功于诸经，以孔荀并提代替孔孟，否定宋儒的道统说。他多次校订《墨子》，作《墨子叙》、《墨子后叙》，以孔墨并称，对已成绝学的墨学推崇备至，认为墨学是当时之显学，墨子是救世之仁人，儒墨相互为用，力辨孟子辟墨为过枉。他为荀子、墨子翻案，曾遭当世人谴责，被视为大逆不道。其主要著述另有《经义知新记》一卷、《尚书考异》、《今文尚书卫包未改本》、《仪礼》校本、《大戴礼记正误》一卷、《周官征文》、《春秋述义》一卷、《左氏春秋书释疑》、《尔雅》校本、《说文求端》以及《述学》内篇三卷、外篇一卷、补遗一卷、别录一卷。

凌廷堪（约 1755—1809 年），字次仲，安徽歙县人。乾隆间进士，曾任知县和府学教授。他推崇江永、戴震之学，长于考辨，学识广博，经史、地理、骈散文无所不通，尤专于《礼》学，撰《礼经释例》十三卷。该书将《仪礼》全部拆散，比例贯通一番，分为饮食、宾客、祭例、器服等八类，每类若干条例。掌握这些条例，各种礼节仪式便可迎刃而解。他反对宋明理学，以"礼"代"理"，认为"礼"是身心准则，"圣人之道，一礼而已"。② 另著有《燕乐考原》六卷、《校礼堂文集》三十六卷、《校礼堂诗集》十四卷、《元遗山年谱》二卷。

焦循（1763—1820 年），字理堂，一字里堂，江苏江都（今扬州市）

---

① 阮元：《传经图记》，《国粹学报》第三期。
② 《校礼堂文集》卷四，《复礼》上。

人。嘉庆六年（1801 年）举人，以教馆授徒为业。焦氏治学，主张融合众说，兼容并包，对汉学、宋学的缺失均给以批评，反对固守旧说，迷信古人。他对经史、历算、音韵、训诂都有研究，尤精于《易》学。其曾祖父焦源即精研《周易》，祖父、父亲继之，到焦循已是四世相传。焦循治《易》，凭借自己精湛的文字、音韵、训诂知识和精审的历算之学，抛弃古来一切传注，专就《易》古经、彖传、象传、系辞贯穴钩稽，错综探讨，创造了一套研究《易》学的很好方法和"旁通"、"相错"、"时行"等几条原则，把《易》学的研究推向了新的境界，深得当世学者好评。焦氏对《孟子》的研究也很著名，所撰《孟子》正义三十卷，列入清代十三经新疏。该书征引宏富，仅卷末所列清代学者评注《孟子》者就达六十余家。全书注释以训诂名物为主，也阐发义理，简要精当。焦氏一生著书数百卷，主要的另有《易章句》十二卷、《易图略》八卷、《易通释》十二卷、附《易话》二卷、《易广记》三卷、《周易王氏注补疏》二卷、《易余篇录》十二卷；《尚书孔子传补疏》二卷、《禹贡郑注释》一卷、《书义丛抄》四十卷；《毛诗郑笺补疏》五卷、《毛诗地理释》四卷、《毛诗鸟兽草木虫鱼释》十一卷、《诗陆氏疏》二卷；《春秋左氏传郑氏补疏》三卷、《礼记郑氏补疏》三卷、《论语何氏集解补疏》三卷、《论语通释》一卷、《雕菰集》二十四卷。著述多收入《焦氏丛书》。

阮元（1764—1849 年），字伯元，号芸台，江苏仪征人。乾隆五十四年（1789 年）进士，历任翰林院编修，浙江、江西、河南巡抚，湖广、两广、云贵总督，体仁阁大学士，加太傅等要职。生平以兴办教育、提倡学术为己任。曾在杭州立诂经精舍，在广州创立学海堂。又罗致学者从事编书刊印工作，在浙江主编《经籍纂诂》，在江西校刻《十三经注疏》，在广东汇刻《皇清经解》。汉学之帜，由他的政治地位及收罗了许多名士而大张。他学识渊博，由经籍训诂，求证于古代吉金、石刻，并扩大到天文、历算、地理。阮元治学，主张从文字训诂入手以明经之义理，重视字的本义，并推重汉儒之学。他说："圣贤之道存乎经，经非诂不明。汉儒之诂，去圣贤为尤近。……有志于圣贤之经，惟汉人之诂，多得其实者，去古近也。汉许（慎）郑（玄）集汉诂之成者也。"① 又说："古圣人造一字必有一字之本义，本义最精确无弊。"② 但他宗汉而不拘泥于汉，对汉学与宋学的弊病均有批判，认为宋儒但立宗旨，卑视章句，于圣人之道"未实窥"；汉儒精校博考，但求名物，不论圣道，"无复知有堂室"；主张治经但求其是。③ 撰有《积古斋钟鼎彝器款识》、《十三经注疏校勘记》、《诗书古训》、《四库未收书目提要》、《学海堂经解》等，其著述收入《研经室集》中。

四、朱筠、纪昀及其他汉学家

朱筠、纪昀二人不属于吴、皖两派，但他们二人提倡汉学，影响很大，与汉学兴盛直接相关。

朱筠（1729—1781 年），字竹君，又字美叔，号笥河，祖籍浙江萧山，后迁居顺天大兴（今属北京市）。十三岁时即通七经，十五岁作诗文，才气浩瀚。与弟朱珪读书，同卧起，手抄默诵，鸡鸣不已。少年即名重于京师。进士及第后，为翰林院侍读学士，充日讲起居注官。曾四度任会试同考官。督学安徽时，以古学教士子，重刻许慎《说文解字》，并为其作序。归纳《说文》之要旨，约有四端：一曰部分之属而不可乱；二曰字体之精而不可易；三曰音声之原可以知；四曰训诂之遗可以补。

朱筠最大的贡献在于开启《四库全书》的编纂。当时，乾隆帝诏求遗书，他即上奏："请访天下遗书以广艺文之阙，而前明《永乐大典》

---

① 《研经室二集》卷七，《西湖诂经精舍记》。
② 《研经室续集》卷一，《释敬》。
③ 《研经室一集》卷二，《拟国史儒林传序》。

中古书有仅存，宜选择写入于著录。"又请立校书之官，参考得失，并令各州县所有钟鼎碑碣悉拓进呈，俾资甄录。乾隆帝"乃命纂辑《四库全书》，于《永乐大典》中，采辑逸书五百余部，次第刊布，流传海内。"① 乾隆帝特授以编修之职，在《四库全书》处行走。

朱氏博闻宏览，于学无所不通，说经宗汉儒，不取宋元诸家之说。于十七史及《资治通鉴》等，皆考其是非，证其同异。对于诸子百家，都有自己独特的见解。最为可贵的是，他好议论天下，"激扬清浊，分别邪正，慷慨激昂，闻者悚然"。"足不诣权贵门，惟与好友及门弟子考古讲学，酾酒尽醉而已"。②

他历任学官，悉心搜罗人才，提倡风雅，振拔单寒。天下学士仰慕风采，望风归附，陆锡熊、程晋芳、任大椿、戴震、汪中、孙星衍、洪亮吉、武亿、吴鼎、李威等一大批著名的汉学家，或是他所取之士子，或供职其幕府。其于汉学的兴盛，实在功不可没。主要著述有《十三经文字同异》、《纂诂》、《方言》、《礼意》、《仪礼释例》、《笴河文集》等。

纪昀（1724—1805年），字晓岚，又字春帆，晚年自号石云，直隶献县（今属河北）人。二十四岁为进士，授编修，翰林院侍读学士。因故革职逮问，发乌鲁木齐戍边。释还后，命为《四库全书》馆总纂官，历官至礼部尚书、内阁学士、兵部尚书、加太子少保管国子监事。他学问淹通，贯穿群经，尤精于《易》学，力辟《河图》、《洛书》之非。乾隆三十八年（1773年）任总纂《四库全书》之职，倾注十余年心血，校订整理，用功甚勤。《四库全书》是我国最大的一部丛书，清政府先后选派了全国知名的学者近三百人从事编修。对所著录各书皆撰提要，冠于卷首。提要由各方面专才如戴震、邵晋涵、周永年、翁方纲等分别撰著，最后由纪昀一手修改。他综览全局，斟酌体例，综合平衡，润饰

---

① ② 江藩：《国朝汉学师承记》卷四，《朱笴河先生》。

文字，显示出超群的才识；对经籍考订精核，对史、子、集各部也有见地。其治学精神在于屏除门户之见，一洗纠纷；反对空谈，提倡经世致用的崇实学风。《四库全书总目·凡例》指出："圣贤之学，主于明体以达用。凡不可见诸实事者，皆属卮言。……并辟其异说，黜彼空言。庶读者知致远经方，务求为有用之学。""汉唐儒者，谨守师说而已。自南宋至明，凡说经、讲学、论文，皆各立门户。""朋党一分，千秋吴越"，"名为争是非，而实则争胜负也。人心世道之害，莫甚于斯。""儒者著书，往往各明一义。或相反而适相成，或相攻而实相救。""今所采录，惟离经畔道、颠倒是非者，掊击必严。怀诈狭私、荧惑视听者，屏斥必力。至于阐明学术，各撷所长，品骘文章，不名一格。兼收并蓄，如渤澥之纳众流。"可见其识见之高。

他在《四库全书总目·经部总叙》中，评论经学两千年的发展史说：

> 自汉京以后，垂二千年，儒者沿波，学凡六变。其初专门授受，递禀师承，非惟训诂相传，莫敢同异，即篇章字句，亦恪守所闻，其学笃实谨严，及其弊也拘。王弼、王肃稍持异议，流风所扇，或信或疑，越孔、贾、啖、赵以及北宋孙复、刘敞等，各自论说，不相统摄，及其弊也杂。洛、闽继起，道学大昌，摆落汉、唐，独研义理，凡经师旧说，俱排斥以为不足信，其学务别是非，及其弊也悍。学脉旁分，攀缘日众，驱除异己，务定一尊，自宋末以逮明初，其学见异不迁，及其弊也党。主持太过，势有所偏，材辨聪明，激而横决，自明正德、嘉靖以后，其学各抒心得，及其弊也肆。空谈臆断，考证必疏，于是博雅之儒，引古义以抵其隙，国初诸家，其学征实不诬，及其弊也琐。要其归宿，则不过汉学、宋学两家互为胜负。夫汉学具有根柢，讲学者以浅陋轻之，不足服汉儒也。宋

学具有精微，读书者以空疏薄之，亦不足服宋儒也。消融门户之见而各取所长，则私心祛而公理出，公理出而经义明矣。

他对经学发展史的总结富有创见，基本可信，对各时代经学是非得失的评价也持论平允，切中肯綮。特别是他在清代能看出当时汉学的缺点流于烦琐，尤为可贵。

纪氏能诗文，又好为稗官小说，其著述另有《沈氏四声考》、《审定风雅遗音》、《阅微草堂笔记》等。

乾嘉时期，名儒辈出，成就巨大，仅《国朝汉学师承记》一书所录学者即达数十家，除上述经学家外，著名于世者尚多，如褚寅亮、王昶、洪亮吉、张惠言、卢文弨、邵晋涵、陈厚耀、程晋芳、李惇、顾九苞、刘台拱、钟褱、徐复、汪光羲、李钟泗、孙星衍等。褚寅亮精于礼学，主要著作有《仪礼管见》四卷、《公羊释例》三十篇、《周礼公羊异义》二卷等。王昶治经通汉儒之学，理学则宗朱熹，但不分门户。好金石，撰《金石萃编》，考订精博，为学者所珍视。洪亮吉学问渊博，著述繁富，于经学、史学、地理学及文字学，皆有精论。主要著述有《左传诂》二十卷、《公羊谷梁古义》二卷、《汉魏音》四卷、《比雅》十二卷、《六书转注录》八卷、《补三国晋书地理志》、《十六国疆域记》等。张惠言的主要著作有《周易虞氏义》九卷、《虞氏消息》二卷、《仪礼图》六卷。卢文弨是著名的校勘学家和经学家，既服膺宋儒，又潜心汉学，一生所校之书甚多，汇刻为《抱经堂丛书》。校勘时不墨守一家，不专主一说，博采众说，择善而从。邵晋涵既通经学，又精于史学，其学以黄宗羲、万斯同为宗，凡古今政治之得失，人心之消长，莫不究心。主要著作有《尔雅义疏》二十卷、《孟子述义》、《谷梁正义》、《韩诗内传考》、《旧五代史考异》等。陈厚耀通经学和历算之学，所著书有《春秋战国异辞》五十六卷、《孔子家语注》、《左传分类》、《礼记分类》、《十七史正讹》等。程晋芳治经，特究心于训诂，著有《周易知旨》、

《尚书今文释义》、《左传翼疏》、《礼记集释等》。李惇深于《诗》及《春秋》之学，兼通历算，著有《卜筮论》、《尚书古文说》、《毛诗三条辨》等。顾九苞长于《毛诗》、三《礼》，著作有《毛诗集解》、《楚词韵考》、《入声韵考》。刘台拱治经，于汉、宋诸儒之说，不专主一家，唯求其是，尤深于《论语》、三《礼》的研究。著有《汉学拾遗》、《方言补校》、《经传小记》等。钟襄治经笃实，务求于是，著有《汉儒考》、《祭法考》等。徐复明于经史之学，主要著作有《论语疏证》。汪光羲博通经史，其遗著阮元刻入《瀛舟笔谈》、《淮海续英灵集》中。李钟泗深于《左氏春秋》，著有《规规过》。孙星衍博极群书，于经史、文字、音韵、诸子百家无不涉猎，尤深于《尚书》，著有《尚书今古文疏证》三十九卷，最为著名。另有《周易集解》、《夏小正传校正》、《名堂考》。汇刻丛书有《平津馆丛书》、《岱南阁丛书》。

第三节　今文经学的崛起

一、今文经学复兴的原因

今文经学兴盛于西汉，其后渐趋衰落，东汉以后若潜流于地下，默默无闻。乾嘉时期，当汉学垄断一时、风靡天下之际，今文经学却奇峰突起，形成常州学派。鸦片战争前后，龚自珍、魏源极力推崇，以抨击时政。晚清康有为大张其帜，利用今文倡变法以图强，于是今文经学又家喻户晓。

今文经学的复兴，与清代中叶的学术及社会经济、政治发展变化的客观条件有关。

第一，汉学的崇古尊汉倾向及烦琐弊端。

汉学是作为理学的对立物而产生的。汉学家切齿于明末理学的空疏不稽，转而主张敦厚朴实的学风。顾炎武提倡注疏之学，由推崇魏晋隋唐经学，进而推崇东汉许郑之学。惠栋更一意崇古尊汉，信守"凡古必真，凡汉皆好"的信条；自皖派出，东汉训诂之学盛极一时，家家谈许、郑，人人说贾、马，崇古疑宋，成为学术界的风尚。既然宋学可以怀疑，则东汉古文经学也未必真正存在；既然崇古，则西汉今文经学先于东汉古文经学，比古文经学更古。于是一些人便沿着这样的思维路径，进而提倡西汉的今文经学。在乾嘉时期，除了常州学派公开标榜今文经学以外，就是在汉学家中，也出现了研究今文经学的著作。可见今文经学的复兴，乃是汉学崇古尊汉思潮的逻辑发展，这种倾向，至清末进而导致了先秦诸子学的复兴。

皖派以求是为旗帜，注重考据，言言有据，字字有考，他们把注意力集中于小学训诂，名物考证，章句注疏，佚文钩辑，局限在古代儒家经典的范围里，孜孜矻矻，其研究对象十分狭窄。其结果是烦琐破碎，泥古墨守，思想僵化，短于会通的研究、大义的探讨，进而至于思想方法上的静止、孤立、片面性。清初顾炎武虽提倡考据，但他是以考据作为工具以明经义，而通经的目的在于致用，因此他关心政治，究心于实学，欲拨乱世而反之正。但其他的汉学家，无论吴派，还是皖派，都失却了顾炎武通经致用的精神，缺乏积极的政治思想和爱国主义热情。虽然他们在考据、声韵、文字、训诂学上成就卓著，但却不关心社会现实，这样，汉学作为一种学术思潮，必然走上狭隘、偏枯、烦琐、僵化的死胡同。对此，就连汉学家本人也直言不讳。如段玉裁就自称："喜言训诂考核，寻其枝叶，略其本根，老大无成，退悔已晚。"[①]

乾嘉之际正是清朝的极盛时期，这盛世下面却潜伏着深刻的社会危机。当一般文人沉溺于太平盛世时，一些具有忧患意识的士大夫却思图对社会有所补救，他们率先起来转变学术界的风气。生当嘉道时期的魏

---

① 段玉裁：《经韵楼集》卷八，《朱子小学恭跋》。

源说道："自乾隆中叶后，海内士大夫兴汉学，而大江南北尤盛。……争治诂训音声，爪剖釽析……锢天下聪明知慧使尽出于无用之一途。"[①]

第二，资本主义萌芽发展，社会矛盾日趋复杂。

中国封建社会自明中叶以后，已孕育着资本主义的萌芽。明末清初，由于战乱频仍，资本主义萌芽遭到极大破坏，历经康、雍、乾三朝，资本主义萌芽又逐渐恢复和发展起来，其规模和水平都超过了前代。丝绸、棉织、制瓷、造纸、榨油、冶铁、采煤等手工业部门中，具有一定程度的资本主义生产关系的手工工场和工坊逐渐增多；包买商控制小生产的活动也次第有所扩大；农业中出现了富农式的经营，富农从地主手中承佃土地，再转租给农民。资本主义虽然仍处于萌芽状态，但它是一种崭新的经济关系，是一种最终必然发展起来并取代封建制度的经济力量。封建政府历来对工商业采取排挤、压迫的政策，随着工商业的发展，市民阶层在政治、经济领域的力量有所加强，他们反对封建政府重本抑末的政策，要求发展工商业；他们抨击君主专制，要求议政、参政的呼声有所提高。清朝社会在其固有矛盾之外，又增加了新的矛盾，社会矛盾日益复杂化了。清代今文经学的创始人、官居乾隆朝礼部左侍郎的庄存与就忧心忡忡地写道："民舍本而事末则不令，不令则不可以守，不可以战；民舍本而事末则其产约，其产约则轻迁徙，轻迁徙则国家有患，皆有远志，无有居心；民舍本而事末则好智，好智则多诈，多诈则巧法令，以是为非，以非为是。"[②] 这说明封建统治阶级已意识到民"事末"以后人心开化，会危及封建统治，使"国家有患"，因此，他们需要寻求对策以自救。于是，多变的今文经学就成了处于危亡时代的封建地主阶级首先注目的思想武器。

第三，农民与地主的阶级矛盾尖锐化，农民起义不断爆发。

① 《武进李申耆先生传》，《魏源集》上册，中华书局1976年版，第358—359页。
② 《周官记》五，《司空记》，见《皇清经解续编》卷一六五。

康、雍、乾三朝，社会较为安宁，经济繁荣。但自乾隆中期以后，吏治败坏，因循成习，贪贿公行，奢侈成风，土地兼并更为严重。和珅任军机大臣二十四年，有田地八十万亩，家产值银二亿二千余万两，相当于当时四年半的国库收入。大多数农民被迫成为佃农而衣食不济。乾隆前期就有一位官僚在奏议中指出："近日田之归于富户，大约十之五六，旧日有田之人，今俱有佃耕之庄。每岁收入难敷一家口食。"① 其时"农民最为苦，无田可耕则力佃人田，无资无佃，则力佃自活……以苟免饥寒，即为乐岁"②。这就使农民与地主之间固有的阶级矛盾又紧张起来，农民被迫揭竿而起。据不完全统计，1774—1840 年间，民众起义即达二十五次之多。甘新回民起义，川楚白莲教起义，闽浙渔民起义，一波未平，一波又起。特别是 1796 年爆发的白莲教起义，历时九年半，席卷今湖北、四川、重庆、陕西、甘肃、河南六省市的广大地区，沉重地打击了清王朝，成为清朝由盛而衰的转折点。清朝统治出现了危机，地主阶级深感急需寻求新的思想统治方式，以挽救自己的命运，而今文经学正适应了这一需要。

今文经学侧重于探索儒家经典的微言大义，以适应时政的需要，往往援经议政。今文经典中最擅长于讲微言大义的是《春秋》，尤其是《春秋》中的《公羊传》。清代今文经学之初期，则专言《公羊传》而已，未及他经。因此，今文经学派又称"公羊学派"。董仲舒的《春秋繁露》，何休的《春秋公羊解诂》，是汉代注释《春秋》及《公羊传》、发挥微言大义的代表作，也是今文经学家依据之书。《易经》含有变易思想，也常为今文经学家所引用。这一学派不株守古籍中的章句文字，摒弃烦琐的考证，思想活跃而少受羁束。在社会动荡不安的时代，它显得更能适应地主阶级的需要，就是乾隆帝也说："中古之书，莫大于

① 《皇清名臣奏议》卷四四，《乾隆十三年杨锡绂疏》。
② 《皇清名臣奏议》卷四五，《乾隆十四年杨锡绂疏》。

《春秋》"，"麟经之微言大义，炳若日星"，① 对今文经学表现出了浓厚的兴趣。

由上可知，今文经学的复兴绝非偶然。同时，这一时期的今文经学并不等于西汉的今文经学。他们不过是利用对经文的解释以寻求维护其阶级统治而已。

二、常州学派的崛起

今文经学的中心在《公羊传》，而《公羊传》一书，"其中多非常异义可怪之论"②，自魏晋以降，无人深入研究、阐发。今《十三经注疏》本，《公羊传》虽用何休之注，而唐代徐彦的疏对何注却无发明。《公羊》学之成为绝学，先后近二千年。至乾嘉时期，汉学家中有人开始研究《公羊》学，如褚寅亮的《公羊释例》、《周礼公羊异义》，洪亮吉的《公羊谷梁古义》，孔广森的《春秋公羊通义》等，为今文经学的复兴作了很有利的酝酿和准备。不过，今文经学的真正复兴，以常州学派的出现为标志。这一学派以庄存与、刘逢禄、宋翔凤为代表。因该派创始人庄存与、刘逢禄都是江苏常州人，故称常州学派。

庄存与（1719—1788 年），字方耕，号养恬，江苏武进（今常州市）人。乾隆十年（1745 年）进士，授翰林院编修，历任乡试正考官、学政、内阁学士、礼部左侍郎。是清代今文经学的启蒙大师和首倡者。主要著述有《春秋正辞》十一卷，附《春秋举例》一卷、《春秋要指》一卷；《彖传论》一卷、《象传论》一卷、《系辞传论》一卷、《八卦观象解》二卷、《卦气解》一卷；《尚书既见》二卷、《书说》一卷。所撰各书后人汇为《味经斋遗书》。

庄氏虽与戴震同时代，但其治经方法大相径庭。他不注重经书中字

---

① 《清高宗实录》卷五六八。
② 何休:《春秋公羊解诂序》。

句的考证，而着力于发挥其中的微言大义，即发挥隐藏于书中的精微的语言和深奥的含义。他兼采汉学而不拘门户之见，吸取理学以弥补《公羊》学之不足。后人评论他说："方耕于六经皆有撰述，深造自得，不斤斤分别汉宋，但期融通圣奥，归诸至当。在乾隆诸儒中，实别为一派。"① 其所著《春秋正辞》，是常州学派的第一部著作。该书仿元末明初学者赵汸《春秋属辞》体例，专门发挥《春秋》的微言大义，探求圣人的经世思想，以经世致用为指归。同时引进宋代理学解《春秋》，如在该书《奉天辞》中，引用了二程的话："人理灭矣，天运乖矣，阴阳失序，岁功不成矣，故不具四时。"他对今古文经学兼容并包，也治古文经，其《周官记》、《周官说》、《毛诗说》等，便是这类作品。他治《周礼》的目的是借研究其中的典章制度，以供统治者借鉴，维护封建等级秩序。

庄存与敏锐地觉察到当时复杂的社会矛盾，其所治经学，对社会问题有所触及。在《春秋正辞·天子辞》中，发挥孔子的"讥世卿"之说，以为"君不尊贤则失其所以为君；彼世卿者，失贤之路，蔽贤之蠹"，谴责世袭贵族，阐明君主尊尚贤人之必要。在《周官记》中，认为"民舍本而事末则不令，不令则不可以守，不可以战"，主张重农轻商，"王事惟农是务"。② 他又发挥《公羊》学家"大一统"思想，主张加强以皇帝为代表的中央集权统治，并一针见血地说："天无二日，士无二主，国无二王，家无二尊，以一治之也。"③ 不过，庄氏所处的时代，还是封建社会崩溃的前夕，封建政权内外交困的时代还在未来；加之他毕竟是一个经师，不是变法图强的政治家。因此，他直接牵涉政治问题的理论很少，未能提出在政治上进行变革的要求。他鼓吹今文经学，只是做维护旧基础的打算，而缺乏崭新内容。尽管如此，他在乾嘉

---

① 《清儒学案》卷七三，《方耕学案》。
② 《春秋正辞·内辞第三》。
③ 《春秋正辞·奉天辞第一》。

汉学风靡一时之际竖起了今文经学的旗帜，开一代学风。其后研治今文经学的重要人物，或与他有师承关系，或受其影响，开创之功不可埋没。梁启超以他为"今文经学启蒙大师"①。龚自珍称他"以学术自任，开天下知古今之故，百年一人而已矣"②。

庄存与之后，其侄庄述祖、族孙庄有可均传其学。庄述祖著述皆义理宏达，重视《易》学的研究，所著《夏小正经传考释》及《古文甲乙篇》，乃探求古《易》之作。其书瑰玮蔓衍，多新奇怪异之说。在常州学派中，他起着承前启后的重要作用，刘逢禄、宋翔凤皆受其影响。庄有可于各经均有研究，著述甚多，尤醉心于《春秋》。研究《春秋》的专著计十余种，三百余卷。刘逢禄、宋翔凤更大张庄存与之说，鲜明地举起今文经学旗帜，成为常州学派的代表人物。

刘逢禄（1776—1829年），字申受，号申甫，江苏武进（今常州市）人，庄存与的外孙。嘉庆十八年（1813年）进士，曾任礼部主事。常州学派的奠基人。他自幼从外祖父庄存与、从舅庄述祖学经。其治经专主今文，严守家法。于《易》，专治今文虞氏；于《书》，匡正马融、郑玄之失；于《诗》，好齐、鲁、韩三家。尤精于《春秋公羊传》，著有《公羊经何氏释例》十卷、《公羊春秋何氏解诂笺》一卷、《申何难郑》四卷、《春秋论》上下篇、《左氏春秋考证》二卷、阐发《春秋公羊》学的微言大义。

刘逢禄极力强调《春秋》为五经之管钥。他在《春秋公羊经何氏释例叙》中写道："学者莫不求知圣人，圣人之道备乎五经，而《春秋》者，五经之管钥也。"他认为，《春秋》始元终麟，天道浃，人事备，以《春秋》网罗众经，如数一二，辨白黑一般。但孔子以后，"传《春秋》者言人人殊，惟公羊氏五传，当汉景时，乃与胡毋子都等记于竹帛"，因而《公羊》学在西汉盛极一时。然而两汉之际，古学兴起，又使《公

---

① 梁启超：《清代学术概论》，《梁启超论清学史二种》第61页。
② 《资政大夫礼部侍郎武进庄公神道碑铭》，《龚自珍全集》，上海人民出版社1975年版，第141页。

羊》学几绝其绪，直到东汉末何休起，审决白黑，而定寻董、胡之绪，补庄、颜之缺，研精覃思十七年，厘正义例，深得《春秋》奥旨，公开揭示出今文经学的统绪，坚守家法。

他在推崇《公羊传》的同时，又极力排斥《左传》。在汉代，今古文两派曾围绕《春秋》三传中的《公羊传》与《左传》展开过长期的争论。魏晋以降，郑学兴盛，今文学家偃旗息鼓，沉寂了一千多年。刘逢禄重新发难，又挑起了这场争论。他著《左氏春秋考证》，对《左传》进行抨击，作了全盘否定，以为其中的义法凡例均出自刘歆的伪造。他通过考证，得出结论说，《春秋左传》的名称本来为《左氏春秋》，司马迁《史记》中就是这样称呼的，它如同《晏子春秋》、《吕氏春秋》一样，是记事的史书，而不是解释《春秋经》的。西汉末年刘歆为了助王莽篡汉，仿效《公羊传》，缘饰书法、凡例、"君子曰"等于《左传》，又推衍史实，伪改内容，才被称作《春秋左氏传》。他说："余年十二读《左氏春秋》，疑其书法是非多失大义。继读《公羊》及董子书，乃恍然于《春秋》非记事之书，不必待左氏而明。左氏为战国时人，故其书终三家分晋，而续经乃刘歆妄作也。"① 因此他主张删去刘歆的伪改，把《春秋经》与《左氏春秋》区别开来，还《左氏春秋》的本来面目，把《左传》从经典中剔除出来。它的《考证》完全出于今文经学的立场，议论未免武断，鲁莽灭裂。

刘逢禄研究《春秋公羊传》的宗旨在于追寻圣人的"微言大义"。他最为推崇董仲舒和何休，认为他们阐抉公羊奥旨，"五经之师，罕能及之"。因此，他对董、何之言"宝持笃信"，坚守不移。他撰《春秋公羊经何氏释例》、《公羊何氏解诂笺》，反复申述"圣人微言大义所在"。鼓吹何休的"三科九旨"，特别阐扬"张三世"、"通三统"、"大一统"、"内诸夏而外夷狄"等幽深微妙的旨意。

---

① 《左氏春秋考证》，见《皇清经解》卷一二九四。

刘逢禄的时代，清朝统治的危机已渐次显露。西方资本主义列强正挟着坚船利炮，在东南沿海虎视眈眈；沙俄帝国已在北部边疆屡兴事端；国内农民起义风起云涌。在这种情况下，刘逢禄大谈《春秋》微言大义，显然不单纯是学术问题，而是企图从中寻找解救社会危机的良方。他说，《春秋》治国之法，万世不朽，可以决断天下疑难，可以"救万世之乱"。他发挥《春秋》大一统，强调首先从皇帝开始清除弊端，巩固大一统："欲正士庶，先正大夫，欲正大夫，先正诸侯，欲正诸侯，先正天子京师。"① 尤其值得注意的是，他引申公羊家"王鲁"的说法，开始表达出要求改革的愿望。"王鲁者即所谓以《春秋》当新王也"②。他讲"王鲁"，盼望"新王"出现，实际上是针对清政府面临的局面，希望进行一场自上而下的改革，以消除危机，稳定统治秩序。他的"王鲁"说，已经具有了"变"的因素，较庄存与前进了一步。不过，他盼望的"新王"，仍然是现存的封建王朝，并不是要求建立一个新的社会制度。

刘逢禄是乾嘉时期第一个鲜明地举起今文经学旗帜的学者，大力揭橥公羊学说，一改汉学家"详于诂训，略于大义"的学风，否定大部分古文经籍，唯宗五经，特别致力于《春秋公羊传》的研究，阐抉其微言大义，这就为今文经学的复兴奠定了坚实的基础。他的经学著作除上面所引之外，尚有《易虞氏变动表》、《六爻发挥旁通表》、《卦象阴阳大义》、《虞氏易言补》各一卷，以及《易象赋》，《卦气颂》；《尚书今古文集解》三十卷，《书序述闻》一卷；《诗声衍》二十七卷、《论语述何》二卷。

常州学派中另一位重要人物是宋翔凤。宋翔凤（1776—1860 年），字于庭，江苏长洲（今苏州市）人，庄存与外孙。嘉庆五年（1800 年）举人，官湖南新宁县知县，以老乞归，后加知府衔。他年轻时随舅父庄

---

① ② 《春秋公羊经何氏释例》，见《皇清经解》卷一二三八。

述祖受业，得常州学派真传。其经学著作主要有《周易考异》一卷、《卦气解》一卷；《尚书略说》二卷、《尚书谱》一卷；《论语说义》十卷、《论语郑注》十卷、《大学古义说》二卷；《孟子赵注补正》六卷、《孟子刘熙注》一卷；《四书释地辨正》二卷、《四书纂言》四十卷；《小尔雅训纂》六卷、《尔雅释服》一卷；《五经要义》一卷、《五经通义》一卷；《过庭录》十六卷。著述汇集为《浮溪精舍丛书》。

今文学家历来比较注意对《春秋》的研究，但对记载孔子言行的《论语》却较少问津。宋翔凤独辟蹊径，着力于《论语》的研究，著《论语说义》十卷。他认为："子夏六十四人共撰仲尼微言，以当素王。微言者，性与天道之言也。此二十篇，寻其条理，求其旨趣，而太平之治、素王之业备焉。"① 汉初传《论语》者共有三家，东汉郑玄对《鲁论》的篇章作了考证。但郑玄考证之书在五代时就已亡佚。于是宋翔凤搜集整理征引古书中郑玄注文，辑为《论语郑注》。

宋翔凤继承刘逢禄《左传》不传《春秋》的观点，认为《左传》是记史之书，对于《春秋》的微言大义"盖阙而不言"。因此，他贬斥古文经学，进而把攻击的矛头指向古文《孝经》。他考证说，《孝经》亦为孔子所作，但古文《孝经》早佚，后世所传孔安国传古文《孝经》，乃"近儒欲崇古学，妄作此传"②。宋翔凤成年后又向段玉裁问学。受汉学家影响，今文经学之外，兼治训诂之学。他认为《小尔雅》乃《尔雅》的别流，经学的旁支。该书成书年代甚早而作者名氏已不可知。后来撰伪书者把《小尔雅》辑入《孔丛子》时原本亡佚，李轨《略解》也已失传。于是他疏通证明，补其佚文，成《小尔雅训纂》六卷。

他讲今文经学也是感于现实而有所发的。针对当时吏治败坏、民不聊生的社会现实，他发挥经典大义，反复申讲为君之道、为臣之道。在

① 《论语说义序》，见《皇清经解续编》卷三八九。
② 《过庭录》卷五，《孝经》，见《皇清经解续编》卷四一五。

《大学古义说》中写道，王者治天下，首要的在于施德政、亦即施仁政，而仁政的主要内容为亲民爱民。圣人要施仁政，必须先修其身，从自身做起，才能为臣下树立楷模。他抨击无休止掠夺民财的行为，认为"德者本也，财者末也"，如果不体恤百姓，"外本内末，争民施夺"，一味聚敛，总有一天会"财敛民散而身随以之"。他警告说："有天下者不益当知所慎哉！"①

宋翔凤同刘逢禄一起，把今文经学推进了一大步。庄述祖曾说："吾诸甥中，刘（逢禄）甥可师，宋（翔凤）甥可友。"对两人的学业倍加肯定。不过就今文学而言，宋氏之学不如刘氏精绝。

常州学派的共同特点，就是尊奉《春秋》，独崇《公羊》。其原因主要有以下两点：第一，他们认为《春秋》是古代圣王经世之书，可以举往以明来，传之万世而不乱。而《春秋》的微言大义又以公羊家发挥得最为透彻。要了解《春秋》"微旨"，就必须研究公羊学。第二，在公羊学中有所谓"通三统"、"张三世"的说法，认为夏、商、周三代各有自己的系统，三代在相继替代的过程中，制度各有因革，并非一成不变。历史的发展依循据乱世、升平世、太平世三个阶段，越变越进步。在清朝统治面临危机的时候，经学研究必须为现实服务，不能拘泥于章句、笺注，必须效法《春秋》，发挥"微旨"，比迹"三统"，推衍"三世"，因革损益，以维护清王朝的大一统。

总的说来，常州学派在当时并未引起人们广泛注目，影响也不大。它的历史地位，在于竖起了今文经学的大旗，提倡讲微言大义，提倡经世致用，开始了学风的转变，为后来的今文学家借经言政、进行改革的活动奠定了基础。他们的研究主要还是学术性质的：讲微言大义，但尚未与社会现实密切联系，进行深入的发挥；讲经世致用，但多限于提倡，对社会现实问题不过有所触及而已。利用今文经学，深刻揭露和批

---

① 《大学古义说二》，见《皇清经解续编》卷三八八。

判社会的黑暗和腐朽并提出社会改革方案，这个任务落在了其后继者龚自珍、魏源等人肩上。但常州学派对今文经学发展的开启之功和奠基工作却是不可抹杀的。

乾嘉时代治今文经学的，除常州学派以外，较有成就者还有孔广森和凌曙。孔广森（1752—1786 年），字众仲，一字㧑约，号㢷轩，山东曲阜人，是"袭封衍圣公"孔传铎之孙。乾隆三十六年（1771 年）进士。官翰林院检讨。少受经戴震，尽传其学，经史训诂，六书九数，无不贯通。后又从庄存与受《春秋公羊》学。长于《春秋》、《大戴礼记》，尤用力于《春秋公羊传》。他认为孔子有帝王之德而无其位，见世衰道微，乃因《春秋》以寄托自己的政治思想，因此著《春秋公羊经传通义》十二卷，阐发其义例。他虽然从庄存与讲公羊学，但其治学宗旨和方法均与庄氏不同。他是一位汉学家，因此常以朴学精神治《公羊》，而不本于何休。例如，他不相信何休的"三科九旨"，而从《公羊传》中归纳出自己的"三科九旨"："《春秋》之为书也，上本天道，中用王法，而下理人情。不奉天道，王法不正；不合人情，王法不行。天道者：一曰时，二曰月，三曰日。王法者：一曰讥，二曰贬，三曰绝。人情者：一曰尊，二曰亲，三曰贤。此三科九旨既布，而壹裁以内外之异例，远近之异辞，错综酌剂，相须成体。"①

孔广森是著名的声韵学家。他以古韵学治《公羊传》，在训诂上多有创获。如隐公"五年春，公观鱼于棠"。《公羊传》云："公曷为远而观鱼，登来之也。""登来"二字，颇难索解。孔广森曰："登来之者，犹言得之也。齐鲁之间无入声，呼得声如'登来'之合。郑司农注《大学》引《春秋传》云：'登戾之'，即此文也。来古音狸，又转为戾。故《易》曰：'震索索中未得也，虽凶无咎，畏邻戒也。'……彼'得'字以'登戾反'读之，乃正协韵"。这是一篇精致的音韵训诂，在《公羊》

---

① 《春秋公羊经传通义序》。

学中为仅见，实非《公羊》传统。① 孔广森虽以汉学的传统治《公羊传》，但又非乾嘉学派的正统。正统乾嘉学派不谈义理，孔氏却发挥公羊义理，但其义理又与何休相左：对今文经学，存其精粹，删其支离，破其拘窒，增其隐幽。对汉晋以来治《春秋》之书，莫不综览，又兼采《左传》、《谷梁》传，择善而从。总之，凡有可通于公羊者多著录之。

凌曙（1775—1829 年），字晓楼，一字子升，江苏江都（今扬州市）人。家贫，十岁起为人作佣役谋生。无资就读，夜晚到邻家偷听塾师讲解，为先生斥骂。愤而自学，白日做工，夜晚苦读，通宵达旦，终于自学成才。初治《礼》，主郑学，后读到刘逢禄《春秋公羊经何氏释例》，遂转而宗今文经学。他认为《春秋》之义存于《公羊》，《公羊》之学传于董仲舒。其《春秋繁露》一书，"体大思精，推见至隐，可谓善发微言大义者。然旨奥词颐，未易得其会通"，乃旁征博引，梳节章句，作《春秋繁露注》十七卷。又以宋元以来，学者往往徒托空言，认为要救正此弊，唯有实事求是，而事之切实，无过于《礼》，乃发明《公羊》中的礼制，著《春秋公羊礼疏》十一卷、《公羊礼说》一卷、《公羊问答》二卷、《礼说》四卷、《仪礼礼服通释》六卷等。

第四节　理学的衰落

一、乾嘉理学的特点

康、雍、乾时期，程朱理学被列为官方的正宗之学。乾隆中期，多次下令各地荐举经明行修之士，被标榜为一时"旷典"。选中拔擢的多

---

① 《春秋公羊经传通义》，参见杨向奎：《绎史斋学术文集》，上海人民出版社 1983 年版，第 339—340 页。

是程朱理学一派人物。其实，清统治者提倡程朱之学，乃是"利用了元明以来做八股应举的程朱招牌，他们绝不愿学者认真效法程朱，来与闻他们的政权"①。我们在第五章曾经提出，宋代士大夫在内忧外患的形势下，具有强烈的忧世济民的忧患意识，他们以天下国家为己任，大力提倡经世致用的儒学传统，努力从儒学元典中探寻治国救民的良方。清统治者对此是深所忌讳的。乾隆皇帝就曾公开批驳宋代士大夫"以天下为己任的"精神。他在《御制书程颐论经筵札子后》中说：

> 夫用宰相者，非人君其谁？使为人君者，以天下治乱付之宰相，己不过问，所用若韩（琦）、范（仲淹），犹不免有上殿之相争；所用若王（安石）、吕（惠卿），天下岂有不乱？且使为宰相者，居然以天下之治乱为己任，而目无其君，此尤大不可也。

在乾隆帝看来，天下治乱之权只能操于君主之手，若宰相以天下之治乱为己任，这就是极端的目无君上。他还说："昔程子云，'天下治乱系宰相'，止可就彼时阃冗而言。"由此可见清统治者的尊朱，并非尊宋学的精神，而只是用程朱的招牌，把士大夫牢笼在八股文的科举应试中。

由于清统治者的政治意向，故当时学者对程朱理学敢于肆意嘲讽谩骂。实际上，当时所拔擢的程朱理学人物，也大都是鹦鹉学舌的御用学者，他们摇唇鼓舌，献媚邀宠，只知觅官求职，志节日衰，不顾廉耻。另一方面，八股文的科考制度，也使该派人物并无扎实的学问根基。

由于上述原因，乾嘉时期的理学实际上在走向衰落，很少成就可言。如果说在宋代，理学还具有一定的积极意义的话，那么，在封建社

---

① 钱穆：《国史大纲》（修订本），第861页。

会末世的清代，作为封建统治精神支柱的程朱理学则基本上没有积极意义可言，它桎梏着人们的思想，因而从总的来看是应当否定的。

但是，作为一个学派，理学在这一时期仍有它的特点。简言之，宋学本身在经历着变化。当时故步自封者自然不少，但在汉学极盛之际，一些有远见的理学之士开始汲取汉学之长，在阐发"义理"的同时也注意考据，并以考据为义理服务。其次，有的理学家开始摒弃门户之见，善于综诸家之长，不论汉、宋。应当说，这种学风是值得肯定的。当然，也有一些顽固的程朱学派人物，他们门户之见极深，或摒陆王，或猛辟汉学，不遗余力，殊不足训。

二、翁方纲、姚鼐的"义理、考据、辞章"之学

翁方纲、姚鼐、汪绂等，是这个时期理学家中持论较公允的人物。

翁方纲（1733—1818 年），字正三，号覃溪，直隶大兴（今属北京市）人。乾隆十七年（1752 年）进士。他曾将陶潜的《桃花源记》翻译为满文，效果甚好，深得皇帝赏识，被录为一等一名。担任过编修、少詹事、鸿胪卿，官至内阁学士。他一生精研经术，笃守程朱。他累司文柄，门生颇多，于学术界影响很大。其著述主要有《经义考补正》十二卷、《通志常经解目录》一卷、《十三经注疏姓氏考》一卷、《春秋分年系传表》一卷、《汉石经残字考》一卷、《两汉金石记》二十二卷、《粤东金石略》十二卷、《复初斋集》三十五卷。著述汇为《复初斋全集》。

翁方纲对宋明理学相当推崇。他对汉学家批评理学非常反感，撰文为宋儒辩护。他认为，戴震将理学家的"性道"论斥为释老之谈是错误的。[1]"考订，古之立言者，欲明义理而已"[2]，汉学家的考订之学，也是为义理服务的，主张"考订之事，必以义理为主"，表现出了相当的

---

① 参见《清儒学案》卷九〇，《苏斋学案·理说驳戴震作》。
② 《清儒学案》卷九〇，《苏斋学案·考订论中之一》。

保守成分。他还撰文对阳明学派进行批评，认为王守仁以"致良知"论来否认朱学的"格物致知"论，是极为错误的。他尤其不能容忍的是王守仁将"致良知"提于"格物"之前，鼓吹心学，认为这完全是对先圣先贤思想的篡改，也就是"失古人所以为学之实"。①

不过，翁方纲并不否认汉学在名物考订方面的贡献，曾多次论及明清两朝专守宋儒章句之辈蔑视《说文》、《尔雅》的陋习，认为那是门户之见。他说："平心而论，《说文》、《尔雅》之训诂，《释文》之音义，厘然具存，惟在学者善取尔"，强调只是由于部分人夸大训诂的作用，将考订置于本经之上，才造成了"欲穷经而反害于经"②的弊病。应当承认，这是平实公允的论断。

翁方纲持论的公允，还表现在他对理学本身的弊病也并不忌讳。他在《丧服小记》中对"妇死，夫三年不娶"之制颇有异词。他认为，如果遇到子女幼小，不能自立，必须娶妇代哺的特殊情况，按丧礼规定又不能娶，则为"抑其情"；而"抑情"，正是作伪的表现，从人之常情来看，是不足为训的。③

由于翁方纲不排拒考证，故其考订之著颇丰。除了对古代典籍、名物、制度的研究外，还长于金石，所著《两汉金石记》，考定有据，断制详明，审慎精核。

姚鼐（1732—1815 年），字姬传，又字梦谷，安徽桐城人，学者称"惜抱先生"。乾隆进士，曾任兵部主事、礼部主事，山东、湖南乡试考官。会试同考官，四库馆开，充任纂修官。晚年主讲江南，历任梅花、紫阳、钟山书院山长。待人接物和蔼可亲，不分贵贱，平等交往，很受时人推重。其经学著述主要有《春秋补注》四卷、《笔记》四卷、《九经说》十七卷。有《惜抱轩全集》。

---

① 《清儒学案》卷九〇，《苏斋学案·姚江学致良知论上》。
② 《清儒学案》卷九〇，《苏斋学案·附录·复初斋集诗考异字笺余序》。
③ 《清儒学案》卷九〇，《苏斋学案·丧服小记》。

姚鼐治经，汉、宋兼采，而以程朱理学为宗。他对程朱之学非常推崇，认为朱子学的兴盛，绝不能只归于皇帝的提倡，关键还是宋学"上当于圣人之旨，下合乎天下人之公心"，这样才得到了后代学者的尊奉，成为经久不衰的圣学。① 为此，他极力攻击着重训诂、考证的汉学派，认为他们将学问畸形发展，崇尚鸿博，考证一字一事，动辄数千言不能止，还诬宋学为"空谈"，其实汉学家所作才是真正的空谈。② 他着意抬高程朱的地位，称誉他们"于古人精深之旨，所得为多"；至于程朱学派的"审求文辞"，更能深体先圣先贤的精神，绝非两汉儒者的"拙滞"所能比拟的。他特别欣赏二程、朱子的道德观念，认为他们"生平修己立德，又实足以践行其所言"。③ 其朱子学派的卫道地位非常明显。可贵的是，姚鼐对程朱也并不盲目推崇，并不讳言朱熹在学术上的错误。例如，他在肯定朱熹刊误《孝经》的历史功绩的同时，批评了朱熹全凭己意增删的行为，认为这种"比附而强取"、对经书章节随意掉换的态度是极不可取的。

姚鼐虽以理学为宗，但他生当汉学极盛的时代，汉学家们提倡的求实、考证学风，为众多的学者所接受，理学受到极大冲击。为了理学的生存，姚鼐开始注意吸取汉学的考据所长，以弥补理学所短，提出了义理、考据、辞章相结合的主张："义理、考据、辞章不可偏废，必义理为质，而后文辞有所附，考据有所归。"④ 又谓："为时文之士，守一先生之说而失于隘者矣。博闻强识以助宋君子之所遗则可也，以将跨越宋君子则不可也。"⑤他的宋学立场是很鲜明的。然而他标义理、考证、辞章三者并重为宗旨，却不是那些严守门户、故步自封的理学家所能相比的。

---

① 《惜抱轩文后集》卷一，《程绵庄文集序》。
② 《清儒学案》卷八八，《惜抱学案上·欧阳生文集序》。
③⑤ 《惜抱轩文集》卷六，《复蒋松如书》。
④ 《清儒学案》卷八八，《惜抱上·姚先生鼐》。

汪绂（1692—1759年），初名烜，字灿人，婺源（今属江西）人。幼年贫困，父亲外出谋生，贫不能归。他在家侍奉母亲，煎药煮饭，数年不懈。母亲病逝后，他流落四方，为陶窑画碗为生。尽管生活贫苦，但仍坚持读书，每日苦吟不辍，不近酒食，工匠都视他为"怪人"。后因不堪群小之迫害，前往福建。他衣衫褴褛，白天乞食，夜宿野庙。后被当地总兵官陈某收留，聘请他教授子弟，生活才安定下来，学业也有了较大的进展。其著述主要有《易经诠义》、《诗经诠义》、《尚书铨义》各十五卷、《春秋集论》十六卷、《礼记章句》十卷、《礼记或问》四卷、《读礼志疑》二卷、《孝经章句》一卷、《乐经或问》三卷、《乐经律吕通解》五卷、《理学逢源》十二卷。

汪绂一生读书广博，治学严谨，专守程朱。年轻时曾著书十余万言，三十岁以后全部焚毁，表示潜心研究、弘扬程朱的志向。他在《周易诠义初稿序》中解释说，现在尽弃前学，重加研求，虽不敢说能发掘先圣先贤之所未见，但希望能正确地阐述朱子精神。时下说经邪风四起，有人穿凿附会，诋毁程朱，实在令人义愤。他写是书的目的，就是为了洗涤上述流弊。从这点出发，他积极倡导理学的"读书穷理"，对那种怀侥幸求进之心，"因时艺而讲经学"，或企盼一举成名而著书诽谤先圣先贤的学风，痛加鞭笞。① 他大呼扭转世道人心，表现了正统的程朱学立场。为此，他撰文宣传朱子思想，提出"经制庶礼"，"不逾其分"，"治丧不用浮屠，微独不惑于异端"。② 在个人修养方面，他也以朱子理学中的"主敬"、"观理"为准则，认为只有"主敬"，才能"观理"，才能"忘怒"，以超越庸人俗辈"情易发而难制"的境况。汪绂虽然身为宋学家，但他对宋、明以来的八股狂潮非常不满，认为八股之泛滥，绝非朱子本意，只是元、明以来士人迎合时局，"移朱子之说以役

① 《清儒学案》卷六三，《双池学案·三与江慎修书》。
② 《清儒学案》卷六三，《双池学案·读近思录》。

辞章，而讲章家治经，亦多为八股计，便于八股者收之，不便于八股者弃焉，而投疵抵隙，讲讼益繁"。为了扭转世风，他极力主张"贯通"、"训绎"，以达到详研群经的目的。[1] 他的学说，"涵泳六经，博通《礼》、《乐》，不废考据"[2]，与汉学家有一定程度的共同之处。

汪绂学问渊博，自六经至乐律、天文、舆地、阵法、术算等，无不究畅，"而一以宋五子之学为归"。生平著述，精力所聚则为《理学逢源》一书。书分内、外篇，内篇"明体"，外篇"达用"，前后着力二十余年。"凡十二卷，自天人性命之微，以及夫日用伦常之著，自方寸隐微之地，以达之经纶斯世之献，亦庶几井井有条，通贯融彻，所以反求身心，以探夫天命之本源者。"他对律吕的推究很精。认为："移风易俗，莫善于乐，乃经生家纸上空谈，未尝亲执其器；工丝竹者，徒守其器，又不能察其所以然。夫理寓于声，而律显于器，器以成声，以合律，则器数又不容以不考。因合《乐记》及《律吕新书》而疏通其意，更上采《周礼·考工》、先儒注疏及论《乐》者，为《乐经律吕通解》。"[3] 他在律、历方面的一些见解，亦得到汉学家江慎修的赞同。

以上三人，可以说是程朱学派在汉学极盛的局面下，为了维护本派的门面，不得不奋起寻求出路的人物，可说是程朱学派的佼佼者。

三、唐鉴、方东树的固守门户

唐鉴（1778—1861年），安镜海，湖南善化人。嘉庆十四年（1809年）进士，曾任翰林院检讨、浙江道监察御史、广西平乐知府、贵州按察使、江宁布政使、太常寺卿等职。他在少数民族地区担任知府时，勘平冤狱，勉励读书，颇有政声。任监察御史时，又以直言著称，曾上疏

---

① 《清儒学案》卷六三，《双池学案·四书诠义序》。
② 《清儒学案》卷六三，《双池学案》。
③ 《清儒学案》卷六三，《双池学案·汪先生绂》。

弹劾湖南巡抚保荐贪酷知县，并纠弹吏部选法不公；后海疆事起，严劾琦善、耆英等，直声震天下，风节凛然。

唐鉴三十岁后致力于程朱之学，潜研性道，为学力主省身持敬，精思力践。于宋宗程、朱，于明宗薛、胡，于清宗陆、张，排斥陆、王不遗余力。当时京师的官僚如倭仁、曾国藩、何桂珍辈，都深受其影响。其著述主要有《学案小识》十五卷、《朱子年谱考异》、《易牖》、《读易识》、《读易反身录》、《读礼小事记》、《四经拾遗》。

唐鉴对朱熹极为推崇，认为朱熹得二程之嫡传，集诸子之大成，对孔子以心法传授后学的精神理解得最深；朱熹的"居敬穷理"、"尊德性、道问学"，正是继承儒家精神，以"救万世之沉溺"。唐鉴进而批评明清之际不能深体朱子之用心，只想攀"南山捷径"，求学问怕下工夫。① 其所以如此，在于受阳明学派影响所致。他的卫道立场非常鲜明。

明清之际，王阳明的"心学"颇为流行，到清中叶，虽经清初诸大儒指斥摈弃，仍有相当影响。唐鉴抬高朱子，有着批判阳明学派的作用。他在文章中指出，明清以来，大批文人以阳明后学自居，借"推阐师说"而各逞所欲，各便所私，随意引申，乱立宗旨，日益流于荒诞、轻狂，造成伦理丧亡的悲惨结局，最终导致了明王朝的灭亡。② 他这里将明王朝的崩溃完全归于阳明心学的泛滥，自然言之过分，但因阳明学派"致良知"论而造成的空谈成风，也的确应对此负一定的责任。唐鉴针对上述弊病，力斥阳明学派对朱子学的排斥，称朱子为千古一圣人。③

唐鉴以朱学后继自居，力排汉学，认为读经的目的在于了解先圣寓于经传中的"道"，即宋学家的"义理"，至于辞章文句只是载道之器，

---

① 《清儒学案》卷一四〇，《镜海学案·学案小识·自序》。
②③ 《清儒学案》卷一四〇，《镜海学案·后序》。

"远搜而旁猎之"，用数百数千的文句研考，极尽穿凿附会之能事，完全忘记了读经的要义在求道。[①] 他认为，朱子的思想正是对两汉经学的最好发展，考证学派以勘研文句自炫，以追求两汉而排宋，是极端错误的行为。唐鉴的顽固卫道立场，在清中叶颇有影响，不少达官学士皆出其门下。

方东树（1772—1851年），字植之，安徽桐城人。师事姚鼐，相从多年。后客游安徽、广东，参加过《江宁府志》、《广东通志》的编纂工作，主讲广东廉州、韶州书院，安徽庐州、亳州书院，晚年回到故乡，主讲祁门书院，从学者甚多。

方东树治学，力主程朱，以反汉学为旗帜。当时，达官名儒多以考证之学为指归，他颇有异词，认为近世崇尚考据，"专与宋儒为水火，而其人类皆以鸿名博学，为士林所重，驰骋笔舌，贯穿百家，遂使数十年间承学之士，耳目心思为之大障"[②]。为了阐明自己对考据学的看法，他作《汉学商兑》一书，专攻汉学。书中指出，近世士人以汉学相标榜，孜孜著书，以考订群经为名，大攻朱子。名卿巨公从而应之，递相传颂，罗列罪名，必欲置程朱于死地而后快。顾炎武等人激于明亡之义愤，将过错归于程朱理学，言论虽然失当，心情可以理解；而稍后的焦竑、毛奇龄等辈，沽名钓誉，肆意谩骂，完全属于"愚智不足以识真"之徒；至于惠栋等人，自囿于汉学壁垒，"专与宋儒为水火"，孜孜以训诂考证标榜，结果是"弃本贵末，戾诋诬于圣人躬行求仁、修齐治平之教"。方东树痛诋汉学"名为治经，实足乱经；名为卫道，实则畔道"。[③]他声称，汉学之害，甚于洪水猛兽，此害专及学士大夫。

方东树企图一棍子将汉学打倒，完全抹杀其学术价值，自然失之过苛。不过，客观地看，他对汉学的批评，反对钻故纸堆，以为著书立说

---

① 《清儒学案》卷一四〇，《镜海学案·后序》。
②③ 《汉学商兑》卷首，《汉学商兑序例》。

应结合社会实际需要，学者的才能要以勇于贡献为目标，也还是有几分道理的。

四、许宗彦的兼长宋、汉

清代中叶，理学内部出现了变化，他们中一些人开始表现出在阐发"义理"的同时，注重考据和训诂的趋势。但是，长义理、考据，而且能跳出门户局限，对清中期壁垒森严的汉学、宋学从根本上进行批判的却只有许宗彦等极个别人，他们在一定程度上为新学风的崛起作出了开拓性的贡献。

许宗彦（1768—1818 年），初名庆宗，字同生，号积卿，浙江德清人。嘉庆四年（1799 年）进士，授兵部主事，赴任仅两月，即以家中父母年老为由，辞官回家，杜门不出，著述终身。遗著唯有《鉴止水斋诗文集》二十卷。

许宗彦生当乾嘉汉学极盛时期。他讲义理，却很少门户之见，讨论经史"皆稽古证今，独具神识"①。他主张通经致用，勇于实践。在《原学》一文里，开宗明义指出："古之所谓学者，将以明道而行之也。所谓道者，内足以善其身心，外推之家国天下而无弗达，民咸被其利，可文可武可经可权，莫有窒于行者。"②他把孔子设六经、设学校的主旨都归结为"用"和"行"，批评理学家"研究心性"，而陷于"虚无惝怳而无所归"，汉学家考证训诂名物"不务高托"，而陷于"琐屑散乱无所统纪"，都不合"圣贤之学"；甚至把《诗经》说成是"明德之学"，其终极的目的在于齐家、治国、平天下。在他的著述中，"经世致用"的思想非常突出。他为学"持汉宋学者之平，不屑校雠文字，辨析偏旁训诂，不乐掇拾零残经说，不惑于百家支离蔓衍迂疏寡效之言"③。他反对把有限的生命局限在训诂校勘方面，认为对一个字、一句话的考订、

———————————

①②③　《清儒学案》卷一二二，《仪征学案中·许先生宗彦》。

改错，动辄要写上几万言，花上十多年工夫，结果是人将老而尚未读通一经，长此以往，何日才能"明道"？这不是典型的"以文害辞，以辞害志"吗？他指出，读书不务经世，不明事务，不推之家国天下，才是真正的"空疏"。真正的圣人之道，就是要使为学治事不忘天下百姓得所养，就是要抑贪伪，扶风教，使天下大治。不然，食民俸禄，于世无补，还有什么面目立于天地之间？这些议论，入木三分。清代汉学虽对中国古代文献的清理与保存做了大量工作，但研究范围太狭，局限在古代儒家经典著作中，离变化中的现实社会太远。发展的结果，造成泥古不化，造成了思想界长期僵滞封闭的状态。许宗彦的批评，正是针对走上歧路的汉学而发的。应当怎样看待考据训诂之学呢？他认为，汉学只能是"明道"的手段，只能是为学的一个部分。[①] 关于汉学的缺失，也并非许宗彦一个人看到了，稍前时期的著名史学家章学诚就针对汉学泥古守旧的弊病提出过批评，认为不应把儒家经典神圣化，更不应埋头研读，以渊博自炫，对国计民生不闻不问。汉学大家段玉裁也看到了这种学风导致的恶果，晚年叹息自己"喜言训诂考核，寻其枝叶，略其本根，老大无成，退悔已晚"[②]。但他们的批评都不及许宗彦系统。他们的见解，反映出变化着的时代向学术界提出了新的要求，鼎盛至极的清代汉学已经面临下滑的境况了。

许宗彦虽然对汉学进行了批评，但他也承认训诂考据作为一种研究历史典籍的方法具有科学性。他晚年研究《说文》，写下了相当数量的考据文章，论证"周五庙二祧及世室之制"的是否存在，并指出朱子某些观点的错误。[③]他尤其对"礼"制感兴趣，写下了《礼论》三篇，认为清代自康熙、乾隆两朝以来，太平日久，社会中弊端日滋，应当根据情况，斟酌礼法，以绳百姓，以佐治乱，而不应一以复古为意，不察民

---

① 《清儒学案》卷一二二，《仪征学案中·许先生宗彦·原学》。
② 段玉裁：《经韵楼集》卷八，《朱子小学恭跋》。
③ 《清儒学案》卷一二二，《仪征学案中·许先生宗彦·附录》。

情，终会造成作法自毙的恶果。有关"礼"的讨论，从戴震等人开始大盛，许宗彦的特殊之处在于他虽言古礼古制，但力主从今不从古，从社会舆情而不从帝王朝廷，足见他不落汉学窠臼的特点。

许宗彦的学术主张在某种程度上说来，是明末顾、黄、王思想的继承。这一强调"事功"的治学思想，经清代百余年来考据学的大盛而几乎湮没无闻，到许宗彦生活的时期，又因汉学流弊的暴露而再现它的积极作用。应当看到，当许宗彦对汉学作出系统批评时，汉学在学术界仍占统治地位，对它进行批评是需要相当的勇气和胆量的。不过，许宗彦一生没有做过大官，年仅中寿，他的思想在当时没有产生多大的影响，只能称黎明前东方的一抹红霞而已。但是，他死后二十年，列强西来，海禁大开，动乱的社会形势迫使思想界作出反应，僵化的训诂考据已完全不能适应新的形势，"经世"主张再一次被时代呼唤到前列。此时，回过头来看许宗彦，这个生于"盛世"而怀有"衰世"之感的人物的积极意义就一目了然了。很多伟大的思想家因其思想的超越性，不被同时代人所理解，只得将希望寄托于后世，许宗彦可算是一个例证。

第十章
晚清的正统经学与经学异端

第一节　今文经学的兴盛

一、龚自珍与魏源

嘉庆元年（1796 年）爆发而延续了九年的白莲教大起义，成为清朝由盛至衰的转折点。嘉道两朝，社会矛盾尖锐，吏治腐败日甚，河、漕、盐、币诸大政弊窦丛生，严重的社会问题急需解决；而西方资本主义国家为打开中国大门作着种种尝试：遣使访华，偷运鸦片，武装挑衅；最后，英国挑起鸦片战争，迫使清政府订立城下之盟，中国的领土与主权完整遭到了破坏。面对如此严峻的社会现实，一批忧国忧民的儒学之士，毅然冲出汉宋营垒，投到庄存与开创的常州学派大旗之下，按今文家"张三世"的理论，探索太平盛世的道路，并利用今文经学的"微言大义"抨击时弊，倡言经世致用。这样，今文经学走向兴盛，清初大儒提倡的经世致用的学风再度兴起。龚自珍、魏源乃是这一时期今文学派的代表人物。梁启超指出："今文学之健者，必推龚、魏"，"故后之治今文学者，喜以经术作政论，则龚、魏之遗风也。"①

---

① 梁启超：《清代学术概论》，《梁启超论清学史二种》第 63 页。

龚自珍（1792—1841 年），字璱人，号定庵，一名易简，字伯定，更名巩祚，浙江仁和（今杭州市）人。嘉庆二十五年（1820 年）以举人入仕为内阁中书，道光九年（1829 年）成进士，官任礼部主事。后因忤其长官，又动触时忌，被迫辞官，不复出仕。道光二十一年（1841 年），暴卒于江苏丹阳。自珍一生，困厄下僚，不得志于宦海。① 然学问优长，于诸子学、经学、史学、舆地学、文字学、金石学、佛学、诗词均有研究。他的挚友魏源评论其学问说："于经通《公羊春秋》，于史长西北舆地。其文以六书小学为入门，以周、秦诸子吉金乐石为崖郭，以朝章国故世情民隐为质干。晚犹好西方之书，自谓造深微云。"② 其有关经学的著作主要有《六经正名》、《六经正名答问》、《五经大义终始论》、《五经大义终始答问》、《春秋决事比答问》、《大誓答问》、《说中古文》等。龚氏著作现编为《龚自珍全集》。

龚自珍出身于官僚家庭，自幼接受传统的儒学教育。十二岁从其外祖父、著名汉学家段玉裁学《说文解字》，这是他"以经说字，以字说经"的开始。十四岁考古今官制，十六岁开始读《四库全书总目提要》，为目录之学，二十一岁为校雠掌故之学，从小受到经文训诂的严格训练。他生长于乾嘉之际，"康乾盛世"已成过眼云烟。面对日益严峻的社会问题，他少年时代即"慨然有经世之志"。至二十五岁时，尽量搜集典籍，"益肆意箸述，贯串百家，究心经世之务"。③ 嘉庆二十四年（1819 年），龚自珍赴京会试未中，滞留京师，从刘逢禄学《公羊春秋》，这是他正式研究今文经学的开始。讲经书"微言大义"的今文经学，十分便于议论时政。他为能从刘学今文而欣喜若狂，赋诗道："昨日相逢刘礼部，高言大句快无加；从君烧尽虫鱼学，甘作东京卖饼

---

① 参见《跋某帖后》，《龚自珍全集》第 302 页。
② 《定庵文录叙》，《魏源集》上册，第 239 页。
③ 《定庵先生年谱》，《龚自珍全集》第 599 页。

家".[1] 表现出他对今文经学之服膺和决然研习今文之情，并以刘逢禄继承者自任。

龚自珍对社会的批判与《公羊》学关系甚密。他从刘逢禄学《公羊》之后，引《公羊》义以讥切时政自不必说；就是在此以前写的《明良论》、《乙丙之际箸议第九》，与《公羊》学的关系也有迹可寻。他在《乙丙之际箸议》中说："吾闻深于《春秋》者，其论史也，曰：书契以降，世有三等，三等之世，皆观其才；才之差，治世为一等，乱世为一等，衰世别为一等".[2] 这些说法，含有三代因革损益与"公羊三世说"之微义。他又在一篇书序中说："《传》不云乎？三王之道若循环，圣者因其所生据之世而有作。"[3] 从中也可见其三统循环的思想。可见，在师从刘逢禄之前，龚自珍就受到了今文经学的影响。

龚自珍从刘逢禄学《公羊》之后，其今文学派的观点日益明显，主要表现在两个方面：

首先，是对今文经学的阐发。今文经学的重要内容是孔子作新王，张三世，存三统，兴灭继绝等。龚自珍对这些内容皆有所阐发、宣扬。他说："孔子以布衣修百王之业，总群言之归，承群圣之后"，与以往圣贤相比，"夫以孔子为海，而先贤、先师则河也；以孔子当兴王，而先贤、先师则二王也。"[4] 照此说，孔子素王的地位是无可怀疑的了。他论及三统、三世时认为，夏、商、周相继，有因革损益，其后之王者，则可师法其有益者以决国事。历史是循着"三世"而发展变化的。对于宣扬今文"微言大义"之作，龚自珍大加赞许："《春秋纬》于七纬中，最遇古义矣。《元命苞》尤数与董仲舒、何休相出入。凡张三世，存三统，新周故宋，以《春秋》当兴王，而托王于鲁，诸大义往往而在，虽

---

① 《杂诗，己卯自春徂夏，在京师作，得十有四首》，《龚自珍全集》第441页。
② 《龚自珍全集》第6页。
③ 《江子屏所著书序》，《龚自珍全集》第193页。
④ 《祀典杂议五首》，《龚自珍全集》第103页。

亦好言五行灾异，则汉氏之恒疾，不足砭也。"①

其次，是对古文经传的辨伪驳难。龚自珍对《左传》、《周官》等古文经典都加以排击。他"于《左氏春秋》，审为刘歆窜益显然有迹者，因撰《左氏决疣》一卷"②。虽然《左氏决疣》已佚，但从这段记载中可知，龚自珍继承并阐发了刘逢禄《左传》为"刘歆窜益"的观点。他又攻击《周官》说："《周官》晚出，刘歆始立。刘向、班固灼知其出于晚周先秦之士之掇拾旧章所为，附之于《礼》，等之于《明堂》、《阴阳》而已。后世称为经，是为述刘歆，非述孔氏。"③ 因此，他明确表示，"余生恶《周礼》"④。贬斥《左传》、《周官》，正反映出龚自珍今文学家的立场。

不过，龚自珍却不拘守今文学派"家法"，他有自己的特点。他不唯经是遵，主张"不必泥乎经史"，以能否经世作为取舍的标准。他认为，只有"通乎当世之务"，方可知经、史"施于今日之孰缓、孰亟、孰可行、孰不可行"。⑤ 他宣扬、阐释西汉的今文经学，但却不盲从。对于西汉董仲舒的"天人感应"、五行灾异说，东汉的谶纬之学，都取反对态度。他最厌恶谶纬化了的京房的《易传》、刘向的《洪范五行传》，甚至认为班固的《五行志》都不必写。他认为，如果根据资料，找出了彗星出现的规律，就可以摧毁汉儒"天人感应"、谶纬迷信等谬说。⑥ 龚自珍对今文家奉为经典的《公羊春秋》和东汉的今文大师何休也敢于根据史实指出其失误。他说："公羊氏失辞者二，失事实亦二；何休大失辞者一"⑦。这和今文经师奉《公羊春秋》为金科玉律显然不同。

① 《最录〈春秋元命苞〉遗文》，《龚自珍全集》第 250—251 页。
② 张祖廉：《定庵先生年谱外纪》，《龚自珍全集》第 641 页。
③ 《六经正名》，《龚自珍全集》第 37 页。
④ 《龚自珍全集》第 483 页。
⑤ 《对策》，《龚自珍全集》第 114 页。
⑥ 参见《与陈博士笺》，《龚自珍全集》第 346 页。
⑦ 《春秋决事比问答第三》，《龚自珍全集》第 59 页。

　　龚自珍不拘泥于今文家法，还表现在他有些看法与今文学派的传统观点相左，而且并不绝对排斥古文经学。今文经学派的传统观点之一，是孔子之前没有经。龚自珍却说："孔子之未生，天下有六经久矣。"①他的六经皆史的观点，也是与今文家的传统看法相悖的。他不绝对排斥古文经典，如其所说："予说《诗》以涵泳经文为主，于古文、毛、今文三家，无所尊，无所废。"②他对今、古文的解释，更是置今文家法于不顾。他说："今文、古文同出孔子之手，一为伏生之徒读之，一为孔安国读之。未读之先，皆古文矣，既读之后，皆今文矣。惟读者人不同，故其说不同。源一流二，渐至源一流百"③。他主张把经与解释经的传、记，以及诸子等书籍区别开来。只有"六经"才是经，其余的都不是经；《春秋》三传不是经，《周官》、《礼记》、《论语》、《孝经》、《孟子》等也不是经。总之，"以经还经，以记还记，以传还传，以群书还群书，以子还子"④。对文字训诂，龚自珍反对汉学家式的研究，但却主张把它作为研究经典、探求微言大义的一种工具。

　　龚自珍在学术上表现出的这些特点，与他所处的时代、所受的教育以及他的个性都有关系。乾嘉学派在清代经学上的影响太大了，要彻底摆脱这种影响，使今文经学进于纯粹，还需要有一个过程。而龚自珍自少年时代起即从段玉裁学《说文》，所受汉学的影响，不是一般的熏陶，而是受到汉学名家的系统教育。这不能不对其学术思想产生影响。同时，龚自珍性格豁达狂放，不愿受过多的旧思想程式的羁绊。如梁启超所说，龚自珍"既受训诂学于段，而好今文，说经宗庄、刘。……喜为要眇之思"⑤。因此，龚自珍和严守今文家法的经师并不相同。此外，

① 《六经正名》，《龚自珍全集》第 36 页。
② 《己亥杂诗》，《龚自珍全集》第 515 页。
③ 《大誓答问第二十四》，《龚自珍全集》第 75 页。
④ 《六经正名答问五》，《龚自珍全集》第 40 页。
⑤ 《清代学术概论》，《梁启超论清学史二种》第 61、63 页。

当时清朝国势陵夷，少怀经世之志的龚自珍欲利用今文经学的思想形式，指斥时弊，议论当时的政治、经济、边事，"指天画地，规天下大计"，经世致用，故"其精神与正统派之为经学而治经学者则既有以异"。①

随着今文经学走向兴盛，将"经术"与"经世"相结合的经世致用的学风蔚然兴起。龚自珍是开此风气的代表人物。他用今文经学的微言大义，议论时政，倡言改革。

龚自珍"以其言裨于时"，"往往引《公羊》义讥切时政，诋诽专制"。②他无情地揭露和批判封建衰世的矛盾、腐败和黑暗。在他的诗文中，"伤时之语，骂坐之言，涉目皆是"。"甚至上关朝廷，下及冠盖，口不择言，动与世迕"。③他指出，中国人口日益增多，黄河为患甚巨，皇帝、官吏只知以开捐例、增田赋、加盐价来解决这些问题。他还抨击当时的官僚士子，多是一些寡廉鲜耻之徒；又指出这些人的无耻，是皇帝权力太大并待臣下如犬马造成的。龚自珍也看到了由于土地兼并、贫富悬殊造成的尖锐的社会矛盾，并警告说："小不相齐，渐至大不相齐；大不相齐，即至丧天下。"④他在揭露、批判时弊的同时，援引今文经学中的变易思想，倡言社会改革。他说，商、周享国几百年而最后灭亡，不足为奇，因为"无八百年不夷之天下"。因此他指出："一祖之法无不敝，千夫之议无不靡，与其赠来者以劲改革，孰若自改革？抑思我祖所以兴，岂非革前代之败耶？前代所以兴，又非革前代之败耶？"⑤当一个朝代、一个社会出现弊端和法纪废弛的时候，就要变通、改革，方可长久。

龚自珍用今文经学的"微言大义"，讥切时政，倡言改革，力主经世致用，开了将今文经学与经世致用相统一的新风，对晚清思想的解

---

① ② 《清代学术概论》，《梁启超论清学史二种》第61、63页。
③ 《定庵先生年谱外纪》，《龚自珍全集》第648页。
④ 《平均篇》，《龚自珍全集》第78页。
⑤ 《乙丙之际著议第七》，《龚自珍全集》第5、6页。

放，对以后的维新思想家，均产生了积极的影响。诚如梁启超所说："晚清思想之解放，自珍确与有功焉。光绪间所谓新学家者，大率人人皆经过崇拜龚氏之一时期。初读《定庵文集》，若受电然。"①

崇尚今文而与龚自珍齐名的魏源，虽然在对社会弊端的批判方面不如龚氏猛烈，但却提出了远比龚自珍切合实际的改革方案；在学术上，也具有他的特色。

魏源（1794—1857年），字默深，湖南邵阳（今属邵阳市隆回县）人。道光二年（1822年）举人。道光五年（1825年）入苏藩贺长龄幕，为其编《皇朝经世文编》。次年与龚自珍同赴会试，皆不中，刘逢禄赋《两生行》以惋惜之，"龚魏"齐名自此始。以后，又先后入陶澍、陈銮幕。鸦片战争爆发，赴浙江前线入裕谦幕。战争结束不久，即写成《圣武记》、《海国图志》。道光二十五年（1845年），五十二岁的魏源才考中进士，以知州分发江苏试用。先后任东台、兴化县令、高邮知州。咸丰三年（1853年），以"迟误译报"被革职。此后不复出而潜心著述。七年（1857年）殁于杭州。魏源学识渊博，对文字学、经学、中外史地学、诸子学、佛学、诗文等均有研究，著作宏富，现存其编、撰的著作即有七百万字左右。主要的经学著作有《诗古微》二十卷、《书古微》十二卷、《董子春秋发微》七卷、《公羊春秋论》、《孝经集传》、《礼记别考录》、《易象微》、《大戴礼记微》、《论语类编》、《孟子类编》、《禹贡说》、《古微堂四书》、《大学古本》、《小学古经》、《两汉经师今古文家法考》、《庸易通义》等。其中现存的只有《诗古微》、《书古微》、《古微堂四书》，其他经学著作已佚，只留下了一些序文。现有《魏源集》、《书古微》等行世。《魏源全集》正在整理中。

魏源幼年聪颖好学。十五岁，究心阳明之学。后来向姚学塽问理学，请执弟子礼。二十一岁，在京从胡承珙问汉儒家法，同时向刘逢禄

① 《清代学术概论》，《梁启超论清学史二种》第61页。

学《公羊春秋》。在这些经学大师中，刘逢禄对他的影响最大。魏源从其问《公羊》大义，"故后谈经，一本今文家法，轶而不决"①。

魏源于汉学、宋学均有研究，又都有所批判，最崇尚的是今文经学。他批评宋学的空疏，只知谈心性义理，"上不足制国用，外不足靖疆圉，下不足苏民困"，完全是一批无用的腐儒。② 他又引东汉末徐幹的话批评汉学说："鄙儒之博学也，务于物名，详于器械，矜于志训，摘其章句，而不能统其大义，以获先王之心，此无异乎女史诵诗，内竖传令也。"他称许庄存与复兴的今文经学为"真汉学"，言外之意，那些搞训诂名物的乾嘉之学为伪汉学。③ 他认为，西汉经师，则承七十子微言大义，以《易》占变知来，以《书》匡世主，以《诗》当谏书，以《春秋》决狱，以《礼》议制度，这样通经致用才有意义。然而，"西京微言大义之学，坠于东京；东京典章制度之学，绝于隋、唐；两汉故训声音之学，熄于魏、晋"。因此，要使经书的微言大义显扬于世，使之对社会产生有益的影响，就须恢复西汉的今文经学："今日复古之要，由诂训、声音以进于东京典章制度，此齐一变至鲁也；由典章、制度以进于西汉微言大义，贯经术、故事、文章于一，此鲁一变至道也。"④这是魏源治经的总纲领，即直求西汉经学的微言大义。他在其《书古微》、《诗古微》及有关《春秋》的著作中，充分阐述了这种学术观点。

《书古微序》说："《书古微》何为而作也？所以发明西汉《尚书》今、古文之微言大谊，而辟东汉马、郑古文之凿空无师传也。"⑤ 魏源经过仔细研究，"深悉东汉杜林、马、郑之古文依托无稽，实先东晋梅《传》而作伪，不惟背伏生，背孔安国，而又郑背马，马背贾，无一师

---

① 参见李柏荣：《魏源师友记》，岳麓书社1983年版，第19页。
② 《默觚下·治篇一》，《魏源集》上册，第36页。
③ 《武进庄少宗伯遗书序》，《魏源集》上册，第237—238页。
④ 《两汉经师今古文家法考叙》，《魏源集》上册，第151—152页。
⑤ 《书古微序》，《魏源集》上册，第109、113页。

传之可信"①。于是"尽发马、郑之覆而阐西汉伏、孔、欧阳、夏侯之幽"，使绝学复"大光于世"。"夫黜东晋梅赜之伪以返于马、郑古文本，此齐一变至鲁也；知并辨马、郑古文说之臆造无师授以返于伏生、欧阳、夏侯及马迁、孔安国问故之学，此鲁一变至道也。"②

魏源对《诗》今、古文的态度，较之对今古文《尚书》的态度虽有不同，但是阐扬西汉今文三家《诗》之微言大义则是坚定不移的。他"初治《诗》，于齐、鲁、韩、毛之说初无所宾主"；可"入之既久，碍于此者通于彼，势不得不趋于三家"而力排《毛诗》。③ 他在《诗古微序（初稿）》中说："《诗古微》何以名？曰：所以发挥齐、鲁、韩三家《诗》之微言大谊，补苴其罅漏，张皇其幽渺，以豁除《毛诗》美、刺、正、变之滞例，而揭周公、孔子制礼正乐之用心于来世也。"④ 后来，魏源不再排斥《毛诗》，而是提高三家《诗》的地位。他在《诗古微》二刻本的补序中说："以汉人分立博士之制，则《毛诗》自不可废，当以齐、鲁、韩与毛并行，颁诸学宫，是所望于主持功名者。"⑤。这种新看法，与他对三家《诗》、《毛诗》的新认识有直接关系。他认为："三家特主于作诗之意，而《毛序》主于采诗、编诗之意，似不同而实未尝不同也。""齐、鲁、韩、毛各有所得。观其会通，以逆其志，未尝不殊途同归也。三家之得者，在原诗人之本旨，其失者兼美刺之旁义；《毛诗》之得者，在传与序各不相谋，其失者在《卫序》、《郑笺》，专泥序以为传，是故执采诗者之意为作诗者之意。"⑥ 如此，则关于《诗》的今古文之争也就迎刃而解了。

---

① 《书古微序》，《魏源集》上册，第 109、113 页。

② 《书古微例言上》，《魏源集》上册，第 115、116 页。

③ 《诗古微序》（初稿），《魏源集》上册，第 120 页。

④ 《魏源集》上册，第 119—120 页。

⑤ 《诗古微·目录书后》，杨守敬重刊本，转引自李汉武：《魏源传》，湖南师范大学出版社 1988 年版，第 221 页。

⑥ 《诗古微·齐鲁韩毛异同论中》，转引自李汉武：《魏源传》，第 224 页。

魏源治《春秋》，则直求西汉董仲舒之大义，宣扬《公羊》的"三科九旨"。他在《董子春秋发微序》中说：此书"何为而作也？曰：所以发挥《公羊》之微言大谊，而补胡毋生《条例》、何邵公《解诂》所未备也"。他对何休只依胡毋生而无一言及董仲舒，以及孔广森、刘逢禄只为何休拾遗补缺而未详董仲舒之书，颇为不满。他极力称颂董氏《春秋繁露》在阐释《公羊春秋》上的崇高地位："其书三科、九旨灿然大备，且弘通精淼，内圣而外王，蟠天而际地，远在胡毋生、何邵公《章句》之上。盖彼犹泥文，此优柔而餍饫矣；彼专析例，此则曲畅而旁通矣。故抉经之心，执圣之权，冒天下之道者，莫如董生。"① 他对公羊学的"三科九旨"、"张三世，通三统"的说法坚信不疑；对孔广森讲"三科、九旨，不用汉儒之旧传"而标新立异大不以为然。孔广森以为，通三统之义不见于传文，仅见于何休的《公羊解诂》，因而怀疑不是《公羊春秋》之本义。魏源反驳说，何休明明白白地说过，他所讲的《公羊》义是依据胡毋生的《条例》；董仲舒、司马迁的著作也都是"《公羊》先师七十子遗说，不特非何氏臆造，亦且非董、胡特创也。无三科、九旨则无《公羊》，无《公羊》则无《春秋》"，哪里还谈得上什么"微言"呢！② 可见，魏源以是否尊崇汉儒所讲的"三科九旨"，作为是否讲《公羊》微言大义的试金石。

魏源通过《书古微》、《诗古微》、《董子春秋发微》等著作，进一步阐发了今文经的微言大义，使常州学派的旗帜大张，促使今文经学走向兴盛。

魏源并未使今文经学归于纯粹。他与后来康有为之绝对排斥古文经学是有区别的。如前所述，他说《诗》，就由排斥《毛诗》变为将其与三家《诗》平列。此外，他对小学也进行过研究，甚至以小学家自许。

----

① 《董子春秋发微序》，《魏源集》上册，第135页。
② 《公羊春秋论下》，《魏源集》上册，第133页。

他因为"以谊分类，合《说文》、《尔雅》为一者，世间尚无成书"，于是以治经的余力，用三个月的时间写成《说文拟雅》。他认为，以《说文》为宗的"小学"，历代很少有人研究。顾炎武专门研究了音韵学，段玉裁、王念孙父子对《说文》、《广雅》又进行了研究，但"转注之说尚有疏舛，予特为发明之"①。不过，魏源之对小学，只是把它作为通经的基础。他认为，只有了解文字的读音、训释，才能进而了解经义，所谓"由诂训、声音以进于东京典章制度"，再"由典章、制度以进于西汉微言大义"，这才是最重要的。同时，他坚决反对那种不关心现实而埋头搞文字训诂的小学家。总之，魏源是站在今文家的立场去研究小学的。

"贯经术、故事、文章于一"，以经术为治术，这是魏源处理经学与历史、政治关系的原则，也是他经学思想的核心。他发挥《公羊》学的变易思想，提出历史变易进化的观点，为他"援经议政"的经世改革思想提供了理论依据。

魏源认为，历史在不断变化，"三代以上，天皆不同今日之天，地皆不同今日之地，人皆不同今日之人，物皆不同今日之物"。制度也在不断变化，"租、庸、调变而两税，两税变而条编"，而且愈变愈好。既然一切都在变，而且愈变愈好，那么就不能泥古不化，要"为治"，就不能"执古以绳今"，就要改变过去的成法。只要进行改革，就会有成效，改革得愈彻底愈好，"变古愈尽，便民愈甚"。② 在经世致用方面，魏源不仅主张"以经术为治术"，提倡经学经世，史学经世，而且身体力行。为了给经世提供借鉴，魏源受贺长龄之托编辑《皇朝经世文编》一百二十卷。有人将此视为经世思潮兴起的标志。他自己又编了《明代食兵二政》七十八卷。他向当政者提出"利弊之所薮"的漕、盐、河三

---

① 《两汉经师今古文家法考叙》，《魏源集》上册，第153页。
② 《默觚下·治篇五》，《魏源集》上册，第47—48页。

大政的具体改革方案，写了《筹河篇》、《筹漕篇》、《筹鹾篇》、《淮南盐法轻本敌私议》等。当"海警飚忽，军问沓至"，中国在鸦片战争中战败之际，为"师前圣前王"，从清朝"烈祖神宗"那里去寻找一些可资借鉴和鼓舞士气的东西而编著了《圣武记》十四卷；为让国人了解外情，"师夷长技以制夷"① 而编撰了《海国图志》一百卷。

魏源经世思想中最具时代意义的，就是在《海国图志》中明确提出的学习西方的主张。当时，清朝统治者和士大夫中的绝大多数人，对外国情况茫无所知，把外国先进技术和器物斥为"奇技淫巧"，认为向外国学习是"示弱"、"多事"；即使一些通达之士，虽主张把目光投向世界，但对学习西方却颇多訾议。魏源的识见却较时人高出一筹。他在坚决反对英国侵略的同时，承认"夷人"之所长与自己之落后，鲜明地提出"师夷长技以制夷"的主张，对中国传统的"夷夏"观首先提出了挑战。这一主张，是中国经世思潮向西学思潮转变的一个起点。

魏源的经学思想和经世致用的主张，对后世均有不可低估的影响。以经学论，庄存与、刘逢禄虽为清代复兴今文经学的开路先锋，但并未使今文经学大显于世。大张常州学派旗帜的，是从刘逢禄学《公羊》的龚自珍和魏源。魏源治经，直探西汉经文的微言大义，较之庄、刘，有所发展。加之他著述多，又以诗文名于世，两者相得益彰，影响更大。魏源的经学思想与学风，实为以后康有为等遍伪群经、"托古改制"之先导。至于经世思想，对当时和后世，对不同学派的人，都产生了相当大的影响。由于龚自珍、魏源的倡导，道咸年间，经世致用之风大兴，并形成经世思潮。同光时期办洋务的头面人物，如曾国藩、左宗棠等，在经世方面，都受益于魏源。梁启超说，魏源在《海国图志》中提出的"师夷长技以制夷"等"三大主义"，"其论实支配百年来之人心，直至

---

① 《海国图志叙》，《魏源集》上册，第207页。

今日犹未脱离净尽，则其在历史上关系，不得谓细也"①。又说，魏源"好言经世之术，为《海国图志》奖励对外之观念"，"数新思想之萌蘖，其因缘固不得不远溯龚、魏"。②

二、今文经学的兴盛及延续

在龚自珍、魏源高扬今文经学旗帜的同时，研究今文经学的人越来越多，使今文经学开始出现兴盛的局面。在研究今文经学的学者中，有的成为专门的今文学家，如陈立、陈寿祺父子、柳兴恩、迮鹤寿等。有的虽不是今文经学家，但对今文经学进行了卓有成效的研究，如刘宝楠、刘恭冕、冯登府、钟文烝、侯康、许桂林、梅毓、戴望、邵懿辰等。他们研究的对象，除了《春秋公羊传》外，还把精力转向不大为人们所留意的《春秋谷梁传》、齐鲁韩三家《诗》以及与《春秋》学密切相关的《论语》。这些学者都曾受到乾嘉汉学的熏陶，有的虽成了今文学家，但治学中不免有考据学的痕迹；未成今文经学家的学者，则直接用汉学家的考据方法研究今文典籍。

陈立（1809—1869 年），字卓人，江苏句容人。道光二十一年（1841 年）进士，历官主事、郎中、知府。先后师从今文家凌曙、古文家刘文淇，通晓《春秋公羊传》、《说文解字》和郑玄三《礼》注，特别致力于《公羊》学。他认为，前人注疏《公羊传》，或只知道疏通字义，不知阐明微言大义；或疏通大义，但对"三科九旨"多异议。于是搜集唐以前及清代注疏《公羊传》的著作，摘其精要，历三十年成资料长编，然后分类排列，融会贯通，著成《公羊义疏》七十六卷。又认为《公羊传》多言礼制，故治《公羊传》必治三《礼》，而《白虎通德论》乃集礼制之大成，书中多是公羊家言，于是著《白虎通疏证》十二卷。

---

① 梁启超：《中国近三百年学术史》，第 323 页。
② 梁启超：《论中国学术思想变迁之大势》，《饮冰室合集·文集上·学术》。

　　陈寿祺（1771—1843年），字恭甫，号左海，福建闽县（今福州市）人。嘉庆四年（1799年）进士，改庶吉士。散馆，授编修。后任乡试副考官、会试同考官。自父死守制后不再出仕，而先后讲学于杭州诂经精舍、泉州清源书院、福州鳌峰书院。陈寿祺青年时期从同县孟超然游，为宋儒之学。会试为朱珪、阮元门生，乃专为汉儒之学，曾为阮元校《十三经注疏》，与同年张惠言、王引之齐名。但他最终转向了今文经学，"解经得两汉大义。每举一义，辄有折衷。两汉经师，莫先于伏生"①。他对这位西汉今文经学的创始人大加推崇，认为伏生的《尚书大传》"条撰大义，因经属旨，其文辞尔雅深厚，最近大小《戴记》、七十子之徒，所说非汉诸儒传训之所能及也"②。可《尚书大传》基本亡佚，为了弘扬伏生学说，陈寿祺搜集汉代典籍所引《尚书大传》文字，详加审校，成《尚书大传辑校》四卷、《补遗》一卷。又著《尚书大传笺》三卷、《序录》一卷、《订误》一卷。他也推崇郑玄，认为东汉经学大师中，只有郑玄为《尚书大传》作注。他在阐释三《礼》时，每援引郑玄之《尚书大传》注。可见他所推崇的，是郑学中的今文经学部分。他尤为欣赏今文学家的阴阳五行说，认为据此可以推知吉凶祸福，明天人感应之兆，于是著《洪范五行传辑本》三卷。他关于今文经学的著作还有《三家诗遗说考》、《今文尚书经说考》，但未完稿，由其子乔枞续成。此外主要有《五经疑义疏证》三卷、《左海经辨》二卷、《左海文集》十卷、《绛跗草堂诗集》六卷。

　　陈乔枞（1809—1869年），字朴园，寿祺长子。嘉庆举人，七次会试皆不第，以大挑分发江西，历任知县、知府。其父对他期望甚殷，遗训说："吾生平疲于文字之役，纂述匆匆未尽就。尔好汉学，治经知师法，他日能成吾志，九原无憾矣！"③他继承父志，治今文经学。他充

---

① ② 《清代七百名人传》下，第1666页。
③ 《清代七百名人传》下，第1691、1692页。

分肯定今文经学在延续、维持"圣经"上的巨大功绩说："凡古文
《易》、《书》、《诗》、《礼》、《论语》、《孝经》所以传，悉由今文为之先
驱。今文所无辄废。如《书》有欧阳、大小夏侯，《诗》有齐、鲁、韩，
各守师法。苟能得其单辞片义以寻千百年不传之绪，则今文之维持圣经
于不坠者实非浅鲜"①。三家《诗》中，他特别推崇《齐诗》，说："《齐
诗》之学，宗旨曰四始、五际、六情，皆以明阴阳终始之理，考人事盛
衰得失之原。顾先亡，最为寡证。独翼奉传其百一，且其说多出《诗
纬》"。《诗纬》亡佚，《齐诗》遂为绝学。② 他以发掘绝学为己任，用汉
学家辑佚考证的特长著《齐诗翼氏学疏证》二卷、《诗纬集证》四卷、
《今文尚书经说考》三十四卷、《欧阳夏侯遗说考》一卷、《鲁诗遗说考》
六卷、《齐诗遗说考》四卷、《韩诗遗说考》五卷、《鲁齐韩毛四家诗异
文考》五卷。此外尚有《礼记郑读考》六卷、《毛诗郑笺改字说》一卷、
《礼堂经说》二卷。其著作在当时颇有影响，论者谓"凡所论列，一时
名公硕彦莫不钦服焉。《尚书说》最后成，其时宿学渐芜，微言衰落，
而曾文正公见之，独许以为可传"③。

连鹤寿（1773—?），字青厓，号兰宫，江苏长洲（今吴县）人。道
光六年（1826 年）进士，官府学教授。他认为，《齐诗》最早亡佚，独
赖《诗纬》存其梗概，但《诗纬》又有误，后世很少有人论及。翼奉研
习《齐诗》，常借天文变异以警君主，不愧通儒，班固视其为方士之流，
未免过分，乃著《齐诗翼氏学》四卷，发挥西汉今文家微言大义，推衍
阴阳灾异天人感应之说，并纠正《诗纬》之误。

冯登府（1780—约 1840 年），字柳东，号云柏，浙江嘉兴人。嘉庆
二十五年（1820 年）进士，历官知县、府学教谕。他长于考证，通金
石文字，兼治三家《诗》及《论语》。著有《三家诗遗说翼证》二十卷、

---

① 《清代七百名人传》下，第 1691、1692 页。
②③ 《清代七百名人传》下，第 1692 页。

《三家诗异文疏证》六卷、《补遗》四卷、《论语异文疏证》十卷。此外尚有《十三经诂答问》十卷、《石经补考》十二卷。

柳兴恩（1795—1880 年），字宾叔，江苏丹徒人。举人出身。他受学于阮元，治《毛诗》，著《毛诗注疏纠补》三十卷。他认为，毛公受业于荀子，荀子受业于谷梁。汉以后，《春秋》三传中，《左传》、《公羊传》都有专家世代相传，唯独《谷梁传》少有专家，唐以后更成为绝学，遂发愤续此绝学，于经史子集之涉及《谷梁传》者，依次摘录，断以己意，并详考《谷梁传》的研究历史，阐明其兴废源流，成《谷梁大义述》三十卷。此书开了清代《谷梁传》研究的先河。阮元赞其为扶翼孤经，为之作序。陈澧叹其精博，放弃了著作《谷梁笺》及《条例》的打算。柳兴恩其他经学著作有《群经异义》四卷、《周易卦气补》四卷、《虞氏易象考》二卷、《尚书篇目考》二卷、《仪礼释宫考辨》二卷。

与柳兴恩同时研究《谷梁传》的，有钟文烝、许桂林、侯康、梅毓等。

钟文烝（1818—1877 年），字展才，号子勤，浙江嘉善人。举人出身。一生不愿做官，专意著述。少通小学，长于考证，据《经典释文》及汉代石经残碑、两汉及唐以前典籍，写定今文本《鲁论语》二十篇。治经崇尚汉儒，精力主要放在《谷梁传》上。他认为，《谷梁传》独得《春秋》遗意，但后世不显，至唐初已被视为小书。赖晋人范宁作《春秋谷梁传集解》，唐杨士勋作《春秋谷梁传疏》，《谷梁传》才得以保存下来，而未如《逸礼》、三家《诗》那样完全散失。但范宁《集解》简略而多有舛误，杨士勋《疏》则庞杂。清代汉学虽盛极一时，却没有专门巨篇发前人之未发。遂繁称广引，发凡起例，网罗诸家，折中一是，历二十余年，成《谷梁补注》二十四卷。《谷梁补注》是清代学者注解《谷梁传》较为完备的一种，收入《皇朝经解续编》。

许桂林（1778—1821 年），字同叔，号月南，江苏海州人。嘉庆举人。于诸经皆有发明，对《易》研究颇深而笃信谷梁学。他认为，《春秋》三传中，"《左氏》似因《谷梁》、《公羊》而成，《谷梁》似以《公羊》为外传，说《春秋》者其唯《谷梁》为优欤。汉郑君硕学大儒，作《六艺论》，独称《谷梁》善，于《左氏》、《公羊》，其必有所见矣"。又以为"《谷梁传》与《公羊传》皆谓《春秋》书法以时月日为例，而《谷梁》尤备"①，乃著《春秋谷梁传时月日书法释例》四卷。《易》学著作有《易确》二十卷。其他尚有《毛诗后笺》八卷、《四书因论》二卷、《春秋左传地名考》等。

侯康（1798—1837年），字君谟，广东番禺人。道光举人，对经史皆有研究。治经推崇《谷梁传》，著《春秋古经说》二卷，认为《春秋》三传中，《谷梁传》、《左传》最好，而《谷梁传》又最早问世，讹误较少。《公羊传》最晚，讹误较多。又著《谷梁礼证》二卷。

梅毓，生卒年代不详，字延祖，江都甘泉（今江苏省扬州市）人。道光举人。其父梅植之立志治《谷梁传》，仅完成了发凡起例的工作。梅毓继之，成《谷梁正义长编》一卷而卒。

刘宝楠（1791—1855年），字楚桢，号念楼，江苏宝应（今属扬州市）人。道光二十年（1840年）进士，官知县。初治《毛诗》、郑玄《礼》学，后全力治《论语》。他与刘文淇、柳兴恩、陈立、梅植之为友，相约各治一经。他治《论语》，认为《论语》注本，以郑玄所作最好，"魏人《集解》于郑注多所删佚，而伪孔、王肃之说反藉以存，此其失也。梁皇侃依《集解》为疏，所载魏晋诸儒讲义，多涉清玄，于宫室衣服诸礼缺而不言。宋邢昺又本皇氏别为之疏，依文衍义，益无足取。我朝崇尚实学，经学昌明，诸家说《论语》者，彬彬可观，而于义疏之作尚未遑也"②。遂以三国魏何晏《论语集解》为主，搜集汉儒说解，辅以宋学家的注疏以及清代经学家的考订训释成果，先成长编，再

---

① 《春秋谷梁传时月日书法释例·总论》，《皇朝经解续编》（缩印本）卷一〇一。
② 《论语正义·后序》，《皇朝经解续编》（缩印本）卷一五五。

荟萃而折中之，不为专已之学，撰《论语正义》，未卒业而逝，由其子刘恭冕续成。此外有《释谷》四卷、《汉石例》六卷等。他虽是汉学家，但为学不坚持门户，兼采宋学。

刘恭冕，生卒年不详，字叔俯，江苏宝应人，宝楠子。光绪五年（1879 年）举人。曾主讲湖北经心书院，崇尚朴学，继其父续成《论语正义》二十四卷。又以何休深好《论语》，遂搜集何休《春秋公羊解诂》、《左氏膏肓》、《谷梁废疾》所引《论语》文字，成《何休论语注训述》一卷。

戴望（1837—1873 年），字子高，浙江德清人。科举仅秀才而止。他最初好考据辞章之学，后谒见陈奂，学习声音训诂，复从宋翔凤学《公羊春秋》，遂以求微言大义为职志。他由《春秋》而延及《论语》，"以为欲求素王之业、太平之治，非宣究其说不可"①。何休曾为《论语》作注。他是《公羊》大师，其注中必多七十子相传大义，而孤文碎句，百不遗一。刘逢禄作《论语述何》，宋翔凤作《论语发微》，但都是约举，大都不列章句。戴望博稽众家，依篇立注，作《论语注》二十卷，以《公羊》大义解说《论语》。他"留心兵农礼乐诸务，晓然于民生利病所在"②，力主治经以致用，贯经术、政事、文章于一，以救时弊。曾师从陈奂，通音韵训诂之学，故治经仍不免汉学的影响。他主张"征之古训，求之微言"，正是一种折中今、古的做法。

邵懿辰（1810—1861 年），字位西，浙江仁和（今杭州市）人。道光十一年（1831 年）举人，曾任内阁中书、军机章京、刑部员外郎等职。他博览群籍，每谓汉、宋诸儒，学问不可偏废。实际上，他在理学上宗程朱而反陆王，对汉学则崇今文而薄古文。他著《礼经通论》一卷，认为《仪礼》十七篇就是《仪礼》原本，并无残缺，所谓古文《逸

---

① 戴望：《论语注序》，转引自汤志钧《近代经学与政治》，中华书局 1989 年版，第 145 页。
② 《清代七百名人传》下，第 1590 页。

礼》三十九篇乃系刘歆伪作。《乐》本无经，《乐》即包括在《诗》、《礼》之中。这显然是今文学派的观点。邵懿辰的《礼经通论》，开古文《逸礼》伪经说之先河，在刘逢禄攻《左传》为刘歆伪作，宋翔凤攻古文《孝经》之伪，龚自珍贬《周官》，魏源攻古文《尚书》的基础上，扩大了今文学派对古文经学的攻击范围。邵氏其他著作有《尚书通义》、《孝经通义》等。

上述今文经学家以及研究今文经学的学者，把研究的范围从《春秋》学扩大到《诗》学、《论语》学，壮大了今文经学的声势和影响。他们恢复今文经学的微言大义，也不摒弃汉学之所长，采用考据的办法来研究今文经，或辑佚，或辨伪，或考订，或笺注，诚所谓"征之古训，求之微言"，以救时弊。学术上的兼收并蓄，是鸦片战争前后今文经学能够站住脚并扩大阵地的一个重要原因。

十九世纪中期以后，颇为著名的今文经学家有皮锡瑞、廖平等。

皮锡瑞（1850—1908 年），字鹿门，一字麓云，湖南善化（今长沙市）人。光绪八年（1882 年）举人。三次会试不中，遂专意讲学著述。曾主讲于湖南龙潭书院、江西经训书院。光绪二十四年（1898 年），被湖南南学会延为学长，主讲学术，宣传变法，虽遭叶德辉等顽固派攻击而初志不改。戊戌政变后，因参与南学会活动而被劾，革去举人，交地方官管束，三年后方得开复。其主要经学著作有《经学通论》五卷、《经学历史》一卷、《今文尚书考证》三十卷、《尚书大传疏证》七卷、《古文尚书冤词平议》二卷、《尚书中侯疏证》一卷、《古文尚书疏证辨正》一卷、《王制笺》一卷，收入《师伏堂丛书》和《皮氏八种》。此外有《驳五经异议疏证》一卷、《发墨守箴膏肓释废疾疏证》一卷、《郑志疏证》八卷、附《郑记考证》、《答临孝存周礼难》、《孝经郑注义疏》二卷、《春秋讲义》二卷、《左氏浅说》、《礼记浅说》等。

皮锡瑞与古文经学家争论的主要问题之一，是六经为谁所作；由此又关涉如何评价周公与孔子的问题。古文经学家认为，《易》的卦辞和爻辞分别为文王、周公所作；《春秋》凡例、《周礼》、《仪礼》均出自周公之手；孔子对六经只是传授而已。因此，周公是创法改制的"先圣"，孔子不过是传道授业的"先师"。皮锡瑞则认为，经为孔子所定，在孔子之前没有经。《易》、《礼》、《春秋》皆为孔子所作，《诗》、《书》则为孔子所删定。"其通天人，持元会之旨，尤在《易》与《春秋》二经"。《春秋》有"素王改制之义"和"圣人之微言"。① 因此，孔子是改制之素王，"制经之圣人"。前者尊周公而抑孔子，后者尊孔子而抑周公，这两种看法均失之偏颇武断。六经之成书，经历了很长时间，并非出自一人之手。皮锡瑞在学术上持论比较公允，并不绝对排斥汉、宋。他说："平心而论，汉学未尝不讲义理，宋学未尝不讲训诂，同是师法孔子，何必入室操戈？"他认为，学派宗旨不可强合，不妨有异同，但不必争门户。无论何项学术，不要务虚名，而要切实用。讲汉学者要讲微言大义方有实用；破碎支离，不成片段者无用。讲宋学者要能身体力行方有实用；空谈性命，不求实践者无用。② 反对支离破碎的考证，反对空谈义理性命，讲究微言大义与实用，都是今文家的主张，但皮氏持论却不偏执。在对待古文经典上，皮氏的态度也是如此。他论《易》，虽尊孔子，但也不排斥古文费氏《易》；说《尚书》，尊崇伏生《大传》，却不排斥古文《尚书》；讲《诗》，认为三家《诗》胜过《毛诗》，但对《毛诗》并不排斥；治《礼》，推崇《礼记·王制》篇为今文大宗，但也不认为《周礼》是刘歆伪作，而认为是战国时期的作品；治《春秋》，尊《公羊》而不排斥《左传》。认为《春秋》有大义，有微言。大义在诛乱臣贼子，微言在为后人立法。只有《公羊传》兼明大义微言，《谷梁传》不传微言而明大义，《左传》不传义，但记事翔实，有可以证《春秋》之义者。"三传"并行不废，学者可以斟酌选择。

---

① 《皮鹿门学长南学会第十一次讲义》，转引自汤志钧《戊戌变法人物传稿》（增订本）上册，中华书局1982年版，第455页。
② 汤志钧：《戊戌变法人物传稿》（增订本）上册，第450页。

皮锡瑞是积极参与维新运动的人物之一。甲午战争后，面对严重的民族危机，他极言变法之不可缓。他在南学会先后讲演十余次，主要内容是：学术必须切合实用，保种保教须先开民智，孔子之创教改制和《春秋》之微言大义，抵拒洋人经济与宗教侵略之法，变法为天地之气运使然等。他讲变法图存说："今中国微弱，四夷交侵，时事岌岌可危，迥非乾隆以前之比"。"欲易贫弱为富强，非翻然一变，必不能致"。如果顺应时势的发展，"迎其机而自变者，其国必昌，不能迎其机而变者，其国必亡"。①他在反驳叶德辉之流的信中，阐明自己的学术与政治观点道："弟学本兼汉、宋，服膺亭林、船山之书，素主变法之论。今讲已十余次，所说非一端，其大旨在发明圣教之大，开通汉、宋门户之见，次则变法开智，破除守旧拘挛之习"。又说："此次所讲，皆为变法，先举董子之义，以为道不变，法当变。其后说到应变宋、明之陋，复汉、唐之规。弟平日所见本如是"。他表明自己坚持变法的立场及其原因说，对于顽固派的诟詈，"弟明知之而不避者，以时急如救焚拯溺，即焦毛发、濡手足所不辞也"，②再次表现出经术与政事之紧密结合的新学风。

当然，皮锡瑞的学术与变法主张同康有为是有差别的。康有为讲维新变法，加进了新的因素，即要改变封建君主专制为资产阶级的君主立宪；而皮锡瑞所主张的变革是不触及封建制度的变革。在学术上，康氏排击汉、宋，是为了给维新变法扫清道路；而皮氏则主汉、宋调和，开通门户之见。所以说，皮锡瑞虽然主张变法，但还称不上是一位资产阶级的改革家，而只是一个今文经学的经师。范文澜评价皮氏的学术地位说："今文学中，真正算得上是今文学的经师的是皮锡瑞。皮是个进步的举人。""他作的《经学历史》是一部比较好的书。他有点偏于今文学，但他对各家的评价基本上是公允的"。③

---

①② 汤志钧：《戊戌变法人物传稿》（增订本）上册，第449、454、455、456—457页。
③ 《范文澜历史论文选集》，中国社会科学出版社1979年版，第335、336页。

廖平（1852—1932 年），原名登廷，字旭陔，后改名平，字季平，四川井研人。同治十三年（1874 年），学政张之洞从落选的院试试卷中将廖平卷提出，并将其拔置第一。两年后，廖平被张选入刚建成不久的成都尊经书院，此后又多次受到张之洞的关照，故廖平一生对其恩师感激不尽。光绪十五年（1889 年）廖平中进士，以亲老不欲远出为官，请就教职。历任府学教授、县学教谕、尊经书院襄校。因其今文经学对康有为产生过影响，戊戌政变后，廖平受到牵连。锡良督川，仍延其主讲学堂。辛亥革命后，曾任国学专门学校校长。1921 年，兼高等师范华西大学教授。1924 年回籍，不复出。一生志在学术研究，著述集为《六译馆丛书》，共一百零四种，二百三十五卷。

廖平入尊经书院前，崇信程朱理学；进尊经书院后，在张之洞倡导的以汉学为宗的办学精神影响下，转向文字训诂。光绪五年（1879 年）起，今文学家王闿运主讲尊经书院，廖平受其影响，认为文字训诂只是枝叶，而微言大义才是根本，于是由古文经学转向今文经学。此后，张之洞曾一再劝诫廖平放弃今文，回到古文经学的道路上来，但廖平却坚持今文经学。

廖平主张"为学须善变，十年一大变，三年一小变，每变愈上，不可限量"。"若三年不变，已属庸才，至十年不变，则更为弃才矣。然非苦心经营，力求上进者，固不能一变也"。① 廖平自治今文后，其学说经历了六次变化，因此自号"六译"，意即他对孔子经书的微言大义进行了六次"翻译"。通过这六次"翻译"，就将孔经中的微言大义阐发得愈来愈深刻、明白、精微。

第一变（时间在 1883—1886 年）为平分今、古学，即采取平等的态度来对待今文经学和古文经学。代表作是《今古学考》。该书认为，今、古两派的对立在于礼制的不同，而非文字的差异。今文经学

---

① 转引自陈德述：《廖平论孔子托古改制思想评述》，《西南师范大学学报》1986 年第 3 期。

的礼制出于《礼记·王制》。《王制》是今文经学的根本。古文经学的礼制出自《周礼》。《周礼》是古文经学的根本。今、古文原皆出自孔子，都是孔子的学说。古文经学是孔子早年之学，以沿袭周制为主旨，因而又称为"从周"之学。孔子早年的学生都研究古文经学，因此，孔子早年从周之学为古文经学所本。孔子晚年之学为今文经学。孔子晚年看到周文的弊病而改文从质，其学以改革周制为主旨，因而又称为"改制"之学。孔子晚年的学生所研究的就是今文经学。孔子晚年改制之学即为今文经学所宗。总之，今、古两派学说都出自孔子，都是经学的大宗，对其不应有所轩轾。但两派学说又有严格区分，判然两途，不能混合。

第二变（时间在1887—1897年）为尊今抑古，即推崇今文经学，贬抑古文经学，其代表作为《辟刘篇》（后修订为《古学考》）、《知圣篇》。关于此二书，廖平在《经学四变记·二变记》中说："考究古文家渊源，则皆出许、郑以后之伪撰，所有古文家师说，则全出刘歆以后据《周礼》、《左氏》之推衍。又考西汉以前，言经学者，皆主孔子，并无周公。六艺皆为新经，并非旧史。于是以尊今者作为《知圣篇》，辟古者作为《辟刘篇》"。此时，他已抛弃了"平分今古"的观点，不再认为今、古文学皆出自孔子，而认为古文经典都是刘歆等人所伪造。为了迎合王莽篡汉的需要，刘歆以《周礼·官职篇》为底本，或增删文句，或改动文意，伪造了《逸礼》。刘歆的弟子推衍《周礼》之意，解说诸经，伪造了古文《尚书》、《毛诗》、《论语》、《孝经》。古文《逸礼》部分内容属于今文经，其余为刘歆伪窜。《左传》是在刘歆伪造《周礼》以后，才将它强行视作古文经典。只有今文经才是真经。今文与古文，是真与假、孔学与新学的对立，必须去伪存真，罢黜古文经学。今文经各经皆备，都为孔子所作。孔子是有帝王之德而无天子之位的"素王"。他受命创法改制，六经即为其创法改制而作。孔子为了使自己的改制取信于人，具有权威，故托之于文王"以取征信"。孔子改制著六经，不仅是为汉立法，而且也是为唐、宋立法，为整个中国立万世法。因此阐述孔子经典微言大义的今文经学应该受到尊崇。

第三变（时间在 1898—1901 年）为大统小统。大统也称皇帝、大同。小统也称王伯、小康。廖平认为，孔子所创之法，不仅为中国立万世法，而且为治理世界的万世法。孔经为中国所立的万世法，适用于方三千里的小九州的中国，是世界开通以前小康时代的法典，经传称之为王伯，故称小统，以《春秋》为经，以《王制》为传；而孔经治世界之法，则适用于方三万里的大九州的全世界，是世界开通以后大同时代的法典，经传称之为皇帝，故称大统，以《尚书》为经，以《周礼》为传。这与二变时攻《周礼》的观点完全不同，而是举《王制》与《周礼》并重。而且，《王制》讲王伯的疆域，是小疆域，小一统；《周礼》讲皇帝的疆域，是大疆域，大一统。照此说来，孔子既是中国万世圣人，也是"全球之神圣"；孔经是中国万世法典，也是世界的万世法典。

第四变（时间在 1902—1912 年）为天学人学。廖平认为，大统小统，只不过是适用于六合以内的人类社会，故属人学范围。孔子为整个宇宙立有法度，它适用于六合以外的整个空间，包括星辰、灵魂、仙佛世界，此则属于天学范围。《尚书》、《春秋》是讲人学的，《诗》、《易》是讲天学的。《黄帝内经》、《楚辞》、《山海经》也是讲天学的。于是，孔子又上升为整个宇宙的立法者，孔经又成了无限天体的法则。

第五变（时间在 1912—1918 年）为融合天、人、大、小为一。廖平认为，《春秋》、《尚书》、《礼》为人学三经。其中，《春秋》是讲王伯的，范围局限于中国，是为小统；《尚书》是讲皇帝的，《周礼》是《尚书》的传本，范围遍及全球，是为大统。《诗》、《易》、《乐》是天学三经。其中，《诗》为神游学，专言梦境；《易》则能形游。三变时专讲大统小统，四变时专讲天学人学，并把范围扩大至六经以外的典籍。五变则把三变、四变的观点统一起来，范围仍限于六经，取消了今、古文学的对立，经典分属天学、人学、大统、小统。

第六变（时间在 1919 年以后）为天、地、人合一。其代表作为《诗经经释》、《易经经释》。他以《灵枢》、《素问》、《齐诗》翼氏学解说《诗》、《易》，阐明《诗》、《易》之天学哲理，阐明天、地、人互相感通，天文、地理通于人气之变化就是人事的道理。他认为，天之寒、热、燥、湿、风五气，地之水、火、金、土、木五行，化生成了人之五脏五体。他又以《素问》的"五运（指五行之运行）六气（指寒、热、燥、湿、风、火）"说《诗》，分别把《诗经》中的一些篇章配为"五运"、"六气"。并认为，天之"六气"与地之"五行"（即"五运"）反应在人的身体上就会产生各种疾病。还认为，天地之"九野"（指方位，即中央及四正、四隅）化生成人之"九藏"（即"九脏"）。"九藏"又分为"形藏四"（指"头角、耳目、口齿及胸中"）和"神藏五"（即心、肝、脾、肺、肾五脏）。"五脏已败，其色必夭，夭必死矣。"这些都在讲天、地、人合一。

廖平的经学思想在近代有相当大的影响。他的《辟刘篇》和《知圣篇》，对康有为《新学伪经考》、《孔子改制考》产生了一定的影响。[①]他的疑古思想对考订史实的真伪也具有一定的价值，对史学的影响很大。他的经学思想多变，就不断探索的治学精神而言，是值得肯定的。但其三变以后，"愈变愈离奇，牵强附会，不知所云"[②]。廖平的经学虽以今文经学为立足点，但是几变之后，他打破了今文经乃至整个经学的基本原则，为神化孔子和六经而对其任意改造，孔子实际成了他阐述自己学术观点的傀儡，并把他认为能阐发经义的古今中外各种学说都杂糅进他的经学思想之中。这样，无论是形式还是内容，廖平所讲的经学已不再是传统意义的经学了。

在今文经学延续时期，皮锡瑞援引今文经宣传变法，对戊戌维新运

---

① 关于康有为《新学伪经考》、《孔子改制考》受廖平影响的问题，请参阅本章第二节。
② 《范文澜历史论文选集》，第 296 页。

动起了积极作用。廖平认为古文经典是刘歆伪作及孔子托古改制的思想，成为戊戌维新运动的理论先导。然而，与康有为利用今文经学为资产阶级变法开道不同，皮、廖的立足点主要是在学术上，其研究未能从根本上脱离封建的樊篱。

第二节　康有为的"托古改制"

一、康有为与今文经学

自庄存与开创的常州学派复兴今文经学以来，今文经学犹如异军突起，中经龚自珍、魏源，直到康有为，逐渐把今文经学推向顶点。康有为借助今文经学作为鼓吹变法改制的武器，把正统今文经学引向异端，并宣告了它的基本终结。

康有为（1858—1927 年），原名祖诒，字广厦，号长素，又号更生，广东南海人。其先世为粤中名族，世以理学传家。他自六岁开始读经，十九岁从学于粤中大儒朱次琦。朱治经杂糅汉宋今古，不讲家法，论事论学扫去汉宋之门户，而归宗于孔子。又提倡"经世致用"，痛恶汉学的烦琐考据。康有为"于时捧手受教，……一意归依"，深受其影响。①康有为的治学道路虽按照朱次琦的学术门径，但却有自己的独特爱好。朱次琦是理学大师，治学以程朱为主，间采陆王；康有为则独好陆王，进而潜心佛典，由阳明学以入佛学。

随着时势的演变，康有为"乃哀物悼世，以经营天下为志"②，专意于经世之学。为拯救灾难深重的祖国，他在传统学术中进行长期探索。康有为崇奉今文经学，不是师承有绪，而是以经世救世为目的，经过冥思苦索作出的抉择。在他专主今文经学以前，曾经汉宋兼采，今古杂糅，尚无固定的学术思想体系。根据《康南海自编年谱》记载，康有为早年曾攻读《周礼》、《王制》等书，对今古文经籍都有所研究，但"于时舍弃考据帖括之学"①，对古文经的烦琐考据已经有所不满。又"著《何氏纠缪》，专攻何邵公者，既而自悟其非，焚去"②，开始认识到今文经学尚有可取之处，不可加以否定。此后，他大购西书，大讲西学，在中西文化的会通融合中，寻求变法救国的途径。

光绪十年（1884 年），他参中西之新理，"以三统论诸圣，以三世推将来"③。次年，又"以几何著人类公理。……乃手定大同之制"④。这都说明他已经重视今文经学的"三统"、"三世"说。直到光绪十二年（1886 年），康有为著《教学通义》，仍在各种传统学说中继续抉择吸取。梁启超在《清代学术概论》中说："有为早年，酷好《周礼》，尝贯穴之著《政（教）学通义》"⑤，于是论者多以为《教学通义》是宣扬古文经学的著作，其实不然。在《教学通义》中，康有为既尊周公，崇《周礼》，也尊孔子，崇《戴记》，更列专章《尊朱》，基本上还是汉宋兼采，今古杂糅。值得注意的是，他在书中已经提出了"六经出于孔子"⑥，"《春秋》为孔子改制之书"⑦，《公羊》、《谷梁》"实为孔子微言"⑧，"《王制》者，素王之制也"⑨，经学"变乱于汉歆"⑩等观点。这些观点都不失为今文经学家的语言，表明康有为的今文经学观正在形成中。次年，他又"推孔子据乱、升平、太平之理"⑪。可见康有为在专主今文经学以前，早已顾及今文经学。

光绪十四年（1888 年），康有为首次上书皇帝，请求变法图治，因

---

①②③④⑪　《康南海自编年谱》，《戊戌变法》（四），第 115、117、118、119 页。
⑤　　梁启超：《清代学术概论》，《梁启超论清学史二种》第 63 页。
⑥⑦⑧⑨⑩　《教学通义》，《康有为全集》第一集，上海古籍出版社 1987 年版，第 121、124、125、137 页。

顽固大臣阻挠，上书不达。为冲破顽固守旧势力的阻碍，他决心从今文经学中去找寻变法维新的理论依据，因此，他"复事经说，发古文经之伪，明今学之正"①，遂由杂糅汉宋今古而转向致力于今文经学。

康有为深研今文经学是出于推动变法维新事业的需要。其间，虽得到廖平的启示和帮助，但不能夸大廖平对他的影响。廖平说："广州康长素，奇才博识，精力绝人，戊己间，从沈君子丰处得《学考》，谬引为知己"②。这是说在光绪十四年至十五年（1888—1889 年）间，康有为得见廖平所著《今古学考》，便将廖平视为知己。既然视为知己，两人在学术思想上必有相通之处。廖平的《今古学考》与康有为的《教学通义》都撰著于光绪十二年（1886 年）。廖平的《今古学考》旨在分辨今古，是从礼制上来区分今古文经学的不同，视《王制》为今学之主，《周礼》为古学之主。康有为的《教学通义·六艺（上）》说："欲决诸经之讼，平先儒之争，先在辨古今之学。""古学者，周公之制；今学者，孔子改制之作也。……孔子改制之作，《春秋》、《王制》为宗，而《公》、《谷》守之。"③ 两部书都在分辨今古，其论基本相合。著书时，康、廖两人并未相会，说不上谁影响谁，只能是英雄所见略同。因此，康有为一见《今古学考》，便将廖平"引为知己"。

光绪十六年（1890 年）初，康有为与廖平在广州相会，康得到廖平所著《知圣篇》和《辟刘篇》，可以说康有为接受了廖平的影响，但影响有多大，应该实事求是。廖平说："《改制考》即祖述《知圣篇》，《伪经考》即祖述《辟刘篇》"④。但是康有为不予承认。根据《康南海自编年谱》记载，该年他不仅著《王制义证》阐发今文经学，又著《毛诗伪证》、《周礼伪证》、《说文伪证》、《尔雅伪证》等，对古文诸经发起

① 《康南海自编年谱》，《戊戌变法》（四），第 121 页。
② 廖平：《六译馆丛书》，《经话甲编》卷一。
③ 《教学通义》，《康有为全集》第一集，第 147 页。
④ 廖平：《六译馆丛书》，《经话甲编》卷二。

攻击。其后才相继撰著了《新学伪经考》和《孔子改制考》。这时，尽管康、廖二人都攻击刘歆，推崇孔子，两者的基本观点有相合之处，但不能认为康学完全出于廖，只能说康受到廖的启示，在自己学术思想的基础上加以充实，或者说吸取了廖平的一些成果。梁启超说："康先生之治《公羊》、治今文也，其渊源颇出自井研（廖平），不可诬也。"① "后见廖平所著书，乃尽弃其旧说"②。许多论者也认为康学源于廖，其实这是夸大了廖平对康有为的影响，而忽视了康有为自身学术思想的发展。只要注意到康有为在他光绪十二年（1886 年）所著《教学通义》中早已阐明的今文经学观，此一问题就容易理解。应该说，康有为是继承了自董仲舒以来所有今文经学家的成果而加以改造和发展的。我们认为，康有为曾经综合包括廖平在内的今文经学家的成果，才是比较符合实际的。③

光绪十九年（1893 年）后，康有为还相继撰著了《孟子为公羊学考》、《论语为公羊学考》、《春秋董氏学》、《春秋学》、《春秋考义》、《礼运注》、《中庸注》、《春秋笔削大义微言考》、《孟子微》、《论语注》、《大学注》等今文经学著作。据《万木草堂丛书》目录所列，康有为的经部著作共有十九种。康有为不愧是清末杰出的今文经学家。

康有为推动变法维新事业，其所以要借用今文经学，是由于今文经学中有许多可以运用的资料。一是今文经学主张变易思想，可以用来倡言变革。其次，今文经学认为《春秋公羊传》中有许多"非常异义可怪之论"，包含着深奥的大道理，即所谓微言大义，这最便于穿凿附会，可以利用孔圣人的招牌来推动变法维新。第三，今文经学中有所谓"三统"、"三世"说，更可以用来铸造变法维新的理论。

康有为虽是今文经学家，但不是经师，他研究今文经学主要是用来

①　梁启超：《论中国学术思想变迁之大势》，《饮冰室合集·文集上·学术》。
②　梁启超：《清代学术概论》，《梁启超论清学史二种》第 63 页。
③　吴雁南：《儒学与维新》，河南大学出版社 1991 年版，第 222 页。

鼓吹变法维新，其学术思想是与政治实践相结合的。这一点，他与廖平有所不同。廖平治今文主要是争孔子的真传，争经书的真伪，属纯学术性，康有为则是着眼于政治。梁启超说："畴昔治《公羊》者皆言例，南海则言义"①。他"不龁龁于其书法义例之小节，专求其微言大义"②。故"以改制言《春秋》，以'三世'言《春秋》者，自南海始也"。③ 近人祖述何休以治《公羊》者，虽"皆言改制，而有为之说，实与彼异。有为所谓改制者，则一种政治革命、社会改造的意味也"④。这就说明康有为借用今文经学，目的在于变法改制。

康有为是向西方寻找救国真理的先进人物，他所构筑的变法维新思想体系，虽然披上了今文经学的外衣，但其核心内容却是西方的社会政治学说。所以康有为一再声明他的学说是"渗合中西之新理"，即中西文化会通融合的产物。显然，康有为已在今文经学中注入了西学的内容。这种利用西学改造了的今文经学，已经不再是传统的今文经学。说它是"异端"，说它是正统今文经学的基本终结，其理由在此。

二、《新学伪经考》与《孔子改制考》

康有为的经学著作虽然较多，但是最有代表性而又影响深巨的则是《新学伪经考》和《孔子改制考》。《新学伪经考》刊行于光绪十七年（1891年）。《孔子改制考》于同年开始编纂，至光绪二十四年（1898年）在上海大同译书局刊行。在这两部著作中，康有为举起了"托古改制"的大旗，正面提出了变法维新的理论根据。

康有为在《春秋笔削微言大义考序》中说："既著《伪经考》而别其真赝，又著《改制考》而发明圣作"⑤。前者旨在揭露刘歆伪造经典，

①　梁启超：《论中国学术思想变迁之大势》，《饮冰室合集·文集上·学术》。
②③④　梁启超：《清代学术概论》，《梁启超论清学史二种》第64、65页。
⑤　汤志钧编：《康有为政论集》上册，中华书局1981年版，第469页。

湮灭了孔子改制的"微言大义";后者是要正面阐发孔子的"改制大义"。两书前后呼应,互为补充,奠定了康有为"托古改制"、变法维新的理论基础。

《新学伪经考》不是一般的辨伪专著,而是站在今文经学的立场,对古文经学发起总攻击,并借以鼓吹变法维新的重要理论著作。该书的内容,梁启超的概括是:

> "伪经"者,谓《周礼》、《逸礼》、《左传》及《诗》之《毛传》,凡西汉末刘歆所力争立博士者;"新学"者,谓新莽之学;时清儒诵法许郑者,自号曰"汉学",有为以为此新代之学,非汉代之学,故更其名焉。《新学伪经考》之要点:一,西汉经学,并无所谓古文者,凡古文皆刘歆伪作;二,秦焚书,并未危及六经,汉十四博士所传,皆孔门足本,并无残缺;三,孔子时所用字,即秦汉间篆书,即以文论,亦绝无今古之目;四,刘歆欲弥缝其作伪之迹,故校中秘书时,于一切古书多所羼乱;五,刘歆所以作伪经之故,因欲佐莽篡汉,先谋湮乱孔子之微言大义。①

总的说来,该书是用考证的方法说明自东汉以来的古文经典,多出自刘歆伪造,不是孔子的真经,湮灭了孔子作经以托古改制的原意,即所谓"乱改制之经,于是大义微言湮矣"②。

《新学伪经考》不守经师家法,而以考证辨伪见长,在考辨古籍方面有独到之处。由于康有为治经不同于一般的经师,他不是单纯地从学术上去争经籍的真伪,而是披着经学的外衣为其政治目的服务,所以该

---

① 梁启超:《清代学术概论》第 77—78 页。
② 康有为:《中庸注序》,《康有为政论集》上册,第 466 页。

书虽有许多精确的论断，但也有不少强史就我的武断之处。梁启超说，有为"往往不惜抹杀证据或曲解证据，以犯科学家之大忌"①。尽管如此，该书在经学史上仍有不可低估的学术地位。

首先，康有为在《新学伪经考》中的不少论辩，具有重要的学术参考价值。如他考证"秦焚'六经'未尝亡缺"，推翻了《汉书》中"秦焚诗书，六艺从此缺焉"，以及"书缺简脱"等旧说。此外，他还考证出河间献王及鲁共王无得古文经之事，以及他对《经典释文》所列《毛诗》传授的怀疑，对古文经学传授的表列等，都是有学术价值的。

其次，在康有为著《新学伪经考》前，虽然有一些今文学家如刘逢禄、龚自珍、魏源、邵懿辰、廖平等人，已对古文经传发生怀疑，但是他们对古文经传的抨击还是部分的片断的，康有为这部书则是"网落一切，对于古文学下总攻击"②。因此，《新学伪经考》是打击古文经学的综合性著作，它对两千年来的今古文问题作了一次总清算。

再次，经过康有为的考辨，尖锐地提出了古籍真伪的问题，从而打破了盲目信古的传统观念，对以后学术界出现的"疑古"、"辨伪"之风，起了开路先锋的作用。因此，《新学伪经考》不仅在经学史上，乃至在整个学术思想上都产生了深远的影响。

然而，《新学伪经考》的价值主要不在学术，而在于政治，因为它是康有为鼓吹"托古改制"、变法维新的理论武器。

首先，康有为在《新学伪经考序》中明确地宣告了他的著书宗旨。"始作伪，乱圣制者，自刘歆；布行伪经，篡孔统者，成于郑玄。"揭露刘歆伪造古文经典，湮灭了孔子改制的"微言大义"。他愤慨地指出，二千多年来成千上万的读书人，二十个王朝的礼乐制度，统统把这种伪经奉为圣法，"诵读尊信，奉持施行，违者以非圣无法论，亦无一人敢

---

① 梁启超：《清代学术概论》第 78 页。
② 朱维铮编：《周予同经学史论著选集》第 21 页。

违者，亦无一人敢疑者"。结果却是"夺孔子之经以与周公，而抑孔子为传"，使"孔子改制之圣法"扫荡无遗，造成"六经颠倒，乱于非种，圣制埋瘗，沦于雾雾"。他认为"刘歆之伪不黜，孔子之道不著"，决心要"摧廓伪说"，借以"起亡经，翼圣制"，力翻二千年成案，还孔子学说的本来面目。所谓"起亡经"，就是要恢复今文经学的正统地位。所谓"翼圣制"，就是要维护"孔子改制之圣法"。显然，康有为是要借用今文经学和打着孔子的旗号，来为他的"托古改制"、变法维新开辟道路。

其次，康有为在《新学伪经考》中宣称自东汉以来历代封建统治者所尊奉的古文经典不是孔子的真经，而是刘歆助莽篡汉所编造的伪经。清儒所服膺的汉学也不是孔子的真传，而是新莽一代之学。即使是宋儒所尊奉的经典，也多是伪经。这就使当时居于统治地位的汉学（古文经学）和宋学（程朱理学）受到致命的打击，使封建专制主义的理论基石发生动摇。这不仅打击了"恪守祖训"的封建顽固派，而且为康有为的变法改制作了舆论准备。

再次，康有为著《新学伪经考》虽是披着经学的外衣，且打着"起亡经，翼圣制"的招牌，但是顽固派仍然嗅出了其中的政治意义。晚清著名的封建纲常卫道士叶德辉指出："康有为……新学伪经之证，其本旨只欲黜君权伸民力以快其恣睢之志"。① 所以它一问世，就引起了顽固守旧势力的强烈反对和责难。如御史安维峻上奏朝廷，宣称"六经如日月经天，江河行地"，而康有为却要"力翻成案"，实在是"圣人之蟊贼，古今之巨蠹"，不仅请求焚禁，而且要求"遏炽焰而障狂澜"。② 给事中余晋珊奏劾康有为"惑世诬民，非圣无法"，"请焚《新学伪经考》，而禁粤士从学"。③ 清政府竟先后三次下令毁版。由此可知，《新学伪经

① 叶德辉：《輶轩今语评》，《翼教丛编》卷四。
② 《翼教丛编》卷二。
③ 《康南海自编年谱》，《戊戌变法》（四），第128页。

考》绝不是一般的经学著作，它所掀起的一场政治风波，实质上是掩盖在经学外衣下的一场尖锐的政治斗争。

《孔子改制考》是从正面阐发孔子的"托古改制大义"，并借以鼓吹资产阶级变法革新理论的著作。在书中，康有为尽量发挥了今文学"绌周王鲁"等论点，从各方面论证孔子的"托古改制"。全书的要点如下：

第一，该书首先说明中国上古的历史茫昧无稽，"六经以前，无复书记。夏、殷无征，周籍已去，共和以前，不可年识，秦、汉以后，乃得详记"①。于是先秦诸子百家纷纷起来创立教义，"改制立度，思易天下"②。他们都想建立自己理想的社会制度，并假托于古人。如墨子假托夏禹，老子假托黄帝，许行假托神农，目的是要证明他们所主张的这些制度古已有之，借以争取人们的信仰。特别是孔子创立儒教，提出一整套他自己所创造的尧、舜、禹、汤、文、武的政教礼法。历史上有无尧、舜其人，亦不可知，即使有也极为平常。经典中尧、舜之盛德大业，都是孔子为了"托古改制"所编造的。孔子亲自编著六经，作为"托古改制"的典章。当时诸子争教互攻，其后儒、墨成为显学，终因孔子所创儒教最为完善，而天下归往。从战国历秦汉，到汉武帝时，儒教便取得一统地位，孔子也就成为"万世教主"。因孔子有帝王之德而无帝王之位，故称改制立法的"素王"。

第二，书中运用今文经学的"三统"、"三世"说，宣扬变易进化的历史观点和资产阶级变法维新的理论。康有为强调"三统"、"三世"说，就是"孔子口授"的"微言大义"，是孔子"托古改制"的中心和主旨。他论证夏、商、周三代是有因革损益的，绝非沿袭旧制。根据"三世"说，他阐明历史是沿着据乱世、升平世、太平世三个阶段由低级向高级发展。他说："孔子拨乱升平，托文王以行君主之仁政；尤注

---

① 康有为：《孔子改制考》卷一，《上古茫昧无稽考》。
② 康有为：《孔子改制考》卷二，《周末诸子并起创教考》。

意太平，托尧、舜以行民主之太平"①。又说："《春秋》始于文王，终于尧、舜。盖拨乱之治为文王，太平之治为尧、舜，孔子之圣意，改制之大义，《公羊》所传微言之第一义也。"② 他认为春秋为乱世，尧舜为民主、为太平，但尧舜是孔子理想的境界。孔子处在乱世，欲致升平，向往太平。他是"拨乱救民"，"行权救患"。

康有为变法维新的现实目标是变君主专制为君主立宪，以期将来实现"大同"。因此，他不仅把资产阶级的民权、议院、选举、民主、平等这些政治概念都附会到孔子身上，宣称是孔子所创，而且将资产阶级的社会政治学说与《公羊》"三世"说相附会，声称据乱世即君主专制，升平世即君主立宪，太平世即民主共和，认为人类社会必须沿着这三个阶段有序不乱地向前发展。他强调，当时的中国必须由据乱世进入升平世，即由君主专制进入君主立宪，从而说明维新派要求实行君主立宪符合历史发展的规律。

第三，书中歌颂人权民主，抨击君主专制。康有为宣称人民有"自主自立"之权，热情地歌颂"尧、舜为民主，为太平世，为人道之至"③，是民主制度的典范，孔子之所以为圣人，是因为他主张仁者爱人。同时又指出："一画贯三才谓之王，天下归往谓之王。天下不归往，民皆散而去之，谓之匹夫。以势力把持其民谓之霸，残贼民者谓之民贼。"④ 认为凡为民贼者，人人得而杀之可也。他说："汤武革命，顺天应人"，他们诛杀桀纣，不是弑君犯上。"《史记》立项羽为本纪，陈涉为世家，见秦王无道，人人皆得而诛之，而陈涉、项羽首先亡秦，可以代秦，是亦一汤、武也。"⑤ 由此可见，《孔子改制考》中不仅宣扬了资产阶级的人权民主思想，而且对君主专制进行了猛烈的批判。

---

①③　康有为：《孔子改制考》卷一二，《孔子改制法尧舜文王考》。
②　康有为：《孔子改制考》卷一二，《孔子改制法尧舜文王考·孔子法尧舜》。
④　康有为：《孔子改制考》卷八，《孔子为制法之王考》。
⑤　康有为：《孔子改制考》卷一七，《儒攻诸子考·皆不知名杂教荀子攻之与孟子同》。

《孔子改制考》比之《新学伪经考》，其政治气息更为浓厚。它是一部借用今文经学作为资料，以西方的进化论作为指导，企图以资产阶级的政治学说来改造中国社会的理论著作，在近代中国的变法运动中具有重大的政治意义。

第一，在《孔子改制考》中，康有为认定六经都是孔子为"托古改制"而作，这就推翻了孔子只是"删述六经"、"述而不作"的古文经说。在过去，儒家总认为孔子"信而好古"，"言必称三代"，"世愈远而治愈甚"，形成历史退化论。康有为则不同，他认为三代之圣是孔子"托之以言其盛"，孔子"祖述尧舜，宪章文武"，是寄托未来太平世的理想。康有为把孔子描绘成为维新运动的祖师，其面貌与古文经学派的孔子迥然有别。古文学派的孔子是"述而不作"的保守主义者，康有为塑造的孔子则是"托古改制"的维新主义者。既然孔子托古是为了改制，那就不能泥古守旧，"恪守祖训"必然阻碍历史的进化，这就为变法维新制造了舆论。

第二，历代封建统治者所尊奉的孔圣人既然是"托古改制"的大师，那么维新派主张变法改制，正是继承和发扬了孔子的"托古改制"思想，并没有违背古训。把孔子打扮成"托古改制"的祖师，正是为自己的"托古改制"制造历史的根据。康有为在"孔子圣意改制"的旗号下，对抗着"离经叛道"、"非圣无法"的压力，证明自己的变法主张合乎古训，无可非议。这不仅给自己的变法主张涂上保护色，而且可以争取一些开明官吏和士大夫的支持。

第三，康有为在《孔子改制考》中竭力宣传"布衣改制"的观点。他指出孔子本是民间一"布衣"，"布衣改制，事大骇人，故不如与之先王，既不惊人，自可避祸"。[①] 孔子是布衣，却能"托古改制"，以"绌周王鲁"，"借鲁以行天下法度"来"为后王立法"。除孔子以外，与孔

———

① 康有为：《孔子改制考》卷一一，《孔子改制托古考》。

子同时还有许多布衣，都在改制立教，"不惟孔子而已。周秦诸子罔不改制，罔不托古"。这就说明孔子与先秦诸子都是无爵位、无权势的布衣，皆因"生当乱世"，都想"拨乱反正"，所以都创立学说来"改制立教"，可见"布衣改制"古已有之，且属寻常。在历史上，凡是关心民瘼国事的仁人志士都可以改制立法，"乃大地教主无不改制立法矣"。既然作为圣人的孔子和历史上的一些贤良、学者，都可以"觉当时之制度有未善而思以变通之"①，进而"改制立教"，那么康有为要变法改制，也就是顺理成章、极为平常的事情，用不着大惊小怪。这样，康有为又利用"布衣改制"的理论，为自己现实的政治活动找到了合理的历史依据。

第四，康有为在《孔子改制考》中借用今文经学来宣传资产阶级的变法革新理论，虽然打着圣经贤传的旗号，但顽固守旧势力仍然有所识破。如叶德辉指出："作者隐持民主之说，煽惑人心而犹必托于孔孟"②。文悌认为，康有为"明似推崇孔教，实则自申其改制之义"③。因此，他们对康有为的"孔子改制"说进行了恶毒的攻击。不仅咒骂康有为"无父无君"，要求清政府将他处死，而且要求清政府下令将《孔子改制考》毁版。此书所产生的社会影响，正如梁启超所说，是晚清思想界的"火山大喷火"。④

总之，康有为在《新学伪经考》中否定了封建主义的孔子，在《孔子改制考》中塑造了一个资产阶级化的孔子，把孔子描绘成为维新运动的祖师，进而打着孔子的旗号来鼓吹变法改制。这两部书引起了封建顽固势力的仇恨和恐惧。苏舆在《翼教丛编序》中攻击说："邪说横溢，人心浮动。其祸始肇于南海康有为……其言以《新学伪经考》、《孔子改

---

① 梁启超：《读春秋界说》。
② 叶德辉：《輶轩今语评》，《翼教丛编》卷四。
③ 文悌：《严参康有为折稿》，《翼教丛编》卷二。
④ 梁启超：《清代学术概论》，《梁启超论清学史二种》第64页。

制考》为主，而平等、民权、孔子纪年诸说辅之。伪六籍，灭圣经也；托改制，乱成宪也；倡平等，堕纲常也；伸民权，无君上也；孔子纪年，欲人不知有本朝也。"由此可知，顽固派是要维护封建主义的孔子，反对康有为假托孔子来进行资产阶级性的改革。这场斗争，已不是经学史上单纯的今古文之争，而是资产阶级和封建势力之间维新与守旧的政治思想斗争。

三、《大同书》

康有为的《大同书》是贯通中西文化阐述他未来社会政治理想的一部著作。其思想来源，非常复杂。尽管如此，《大同书》仍然吸收和运用了今文经学，还是"托古改制"。

康有为的大同思想形成较早，而正式成书较迟。康有为在《自编年谱》中说他早在光绪十一年（1885 年）就"手定大同之制，名曰人类公理"。其后两年，又继续"作公理书"，"编人类公理"。同时又著有《康子内外篇》，稍后还著有《实理公法全书》等。在这些著作中，已经孕育着康有为的大同思想。梁启超在光绪二十七年写的《康有为传》中说，康有为"论三世之义"，"乃著《春秋三世义》、《大同学说》等书，以发明孔子之真意"。① 次年写的《三十自述》中又说，康有为在万木草堂讲学时，"方著《公理通》、《大同学》等书，每与通甫商榷辨析入微"②。光绪三十四年（1908 年），梁启超在《南海先生诗集》手写本《大同书题辞》下注道："先生演《礼运》大同之义，始终其条例，折衷群圣，立为教说，以拯浊世，二十年前，略授口说于门人弟子。"梁启超在《康有为传》中，还将康有为"口说"的"大同学说"概括为四个部分，即"原理"、"世界的理想"、"法界的理想"、"理想与现在之调和及其进步之次第"。③ 并且说康有为演绎《礼运》大同之义，"以组织所

①②③ 《戊戌变法》（四），第 16—17、21、22 页。

谓大同学说者，其理想甚密，其条段甚繁。"① 这些记载都说明，在戊戌变法之前，康有为的大同思想已经形成。至于《大同书》的正式成书，梁启超说是"辛丑、壬寅间避居印度，乃著为成书"②。这就是说康有为于光绪二十七年至二十八年（1901—1902 年）避居印度大吉岭期间，在原有大同思想的基础上，正式撰著成为《大同书》。据汤志钧考证，这时尚未完全定稿，"在此以后，康有为又曾屡次修改"③。1913年，康有为在《不忍》杂志上发表了《大同书》的甲、乙两部，后于1919 年印成单行本。直到 1935 年，在康有为去世八年之后，才由他的弟子们将其全书出版。由此可见，康有为大同思想的酝酿、形成和著为成书，以及最后定稿出版，经历了一个很长的过程。

康有为的大同思想与儒家今文经学有着密切的联系。康有为著追求"平等公同"的《人类公理》时，其思想来源主要是接受西学和陆王心学以及佛学的影响，尚未吸收儒家今文经学。此后，康有为崇奉今文经学，在万木草堂时期正式形成"秘不示人"的大同学说，除了接受西学、佛学的影响外，主要渗透了今文经学。梁启超说，康有为"论三世之义，春秋之例，分十二公为三世，有据乱世，有升平世，有太平世。据乱升平，亦谓之小康，太平亦谓之大同，其义与《礼运》所传相表里焉。小康为国别主义，大同为世界主义，小康为督制主义，大同为平等主义；凡世界非经过小康之级，则不能进至大同，而既经过小康之级，又不可以不进至大同；孔子立小康义以治现在之世界，立大同义以治将来之世界"④。由此可知，康有为是把今文经学的《公羊》"三世"说和《礼运》的小康、大同说相糅合，从而构成了一个"大同三世"的思想体系。

----

① 《戊戌变法》（四），第 16—17、22、21 页。
② 梁启超：《南海先生诗集》手写本《大同书题辞》下注。
③ 汤志钧：《康有为与戊戌变法》第 117 页。
④ 《戊戌变法》（四），第 16—17 页。

今文经学典籍中的《礼运》篇有："大道之行也，天下为公，选贤与能，讲信修睦。故人不独亲其亲，不独子其子，使老有所归，壮有所用，幼有所长，鳏寡孤独废疾者皆有所养，男有分，女有归。货恶其弃于地也，不必藏于己；力恶其不出于身也，不必为己。故谋闭而不兴，盗窃乱贼而不作，故外户而不闭，是谓大同。"梁启超说这就是康有为"大同学说"的"论据之本"，康有为的"大同学说"就是"演绎此义"。① 显然《礼运》篇所论述的"大同之道"，给康有为原来想象的未来社会提供了一个现成的、条理清楚而又言简意赅的纲要。康有为在万木草堂时期形成的大同思想，大体上是按照《礼运》篇的"大同之道"的框架来构造的，当然在内容上有大的突破且有性质上的区别。

反映康有为大同思想由酝酿到形成的著述与最后撰成的《大同书》在内容上虽然有差别，但其思想的发展则是连续一贯的。可以说，《大同书》是在早期的《人类公理》以及万木草堂时期的"大同学说"和"口说"的基础上发展形成的更为完整的大同思想体系。《大同书》（今本）全书二十一万余字，对大同思想的系统有明确的表述。全书分为甲、乙、丙、丁、戊、己、庚、辛、壬、癸共十部，对他追求大同之道的根源，实现世界大同的基本步骤，以及每一个阶段的社会制度状况，均有所论述，而且对于人类平等、种族平等、男女平等、家庭、婚姻问题以及取代家庭的各类组织机构、大同世界的经济制度、社会管理制度、人类与其他生物之间的关系等问题，也都有详尽的论述。最后以大同之世人生所享受之极乐作为全书结语。其内容极为庞杂。显然，《大同书》虽然是推演《礼运》大同之义，但其内容已经完全摆脱了《礼运》篇狭隘内涵的束缚，也大大超过了万木草堂时期"口说"的框架。可见《大同书》的思想体系，比之原有的大同学说更加完备。

集中表达康有为大同思想的《大同书》，是依据《礼运》大同之义，

---

① 《戊戌变法》（四），第21页。

博采中西文化，经过冥思苦索，描绘出的一幅人类未来理想社会大同（太平）世界的美好蓝图。康有为所描述的这个大同世界，就其实质而言仍然是典型的民主共和制的资本主义社会，在某些方面却又超过资本主义而具有空想社会主义的色彩。

在《大同书》里，康有为以中国传统的人本主义、仁爱思想，以及西方资产阶级的人道主义、天赋人权思想为理论武器，对现实的黑暗社会作了无情的揭露。他把落后的封建社会视为一个"大杀场大牢狱"①。他列举现实世界有人生之苦、天灾之苦、人道之苦、人治之苦、人情之苦、人所尊尚之苦六项共三十八种苦难。认为造成这些苦难的总根源都是来自"九界"。这"九界"就是"国界"、"级界"、"种界"、"形界"、"家界"、"业界"、"乱界"、"类界"、"苦界"。为了拯救人类的苦难，康有为主张彻底破除"九界"。他说："吾救苦之道，即在破除九界而已"。②他设想，这"九界"破除之后，人类就可以解除缠缚，"超然飞度，摩天戾渊，浩然自在，悠然至乐，太平大同，长生永觉"。③

康有为所设计的大同世界的社会结构是人人平等，关键是男女平等，其途径是"去家界，为天民"④。他认为："故家者，据乱世人道相扶必需之具，而太平世最阻碍相隔之大害也。"⑤在《大同书》里提出，以个人作为社会构成单位和基础，破除以家族为基础和单位的封建社会结构，从而实现资产阶级的人权、自由、平等、独立和个性解放。所以梁启超说：《大同书》的"最要关键，在毁灭家族。有为谓佛法出家，求脱苦也，不如使其无家可出；谓私有财产为争乱之源，无家族则谁复乐有私产？若夫国家，则又随家族而消灭者也。有为悬此鹄为人类进化之极轨。"⑥

康有为设计的大同世界的政治制度，是彻底的资产阶级民主共和

---

①②③④⑤　康有为：《大同书》，辽宁人民出版社1994年版，第3、66、67、225页。
⑥　梁启超：《清代学术概论》，《梁启超论清学史二种》第67页。

制。他主张用这种真正的民主制度来保证大同世界的幸福生活。康有为在《大同书》里反复论证"有国之害"，故主张"去国界，合大地"。①他认为，要救生民的惨祸，进至太平极乐，求大同的公益，必先自破国界去国义开始。"国界"去除以后，全世界设一"公政府"，将地球分成一百个度，每度设立"度政府"，下设地方自治局。"公政府"是全世界的总政府，"度政府"是地方政府。各度政府通过地方自治局同居民保持联系。大同公政府和各度政府都设立上下议院。大同世界，全世界均为自治，官即民，民即官。康有为设计的大同社会，其政治原则，基本上是以美国和瑞士的联邦制和民主共和制为楷模。

康有为设计的大同社会的经济制度，是废除生产资料的私有制，实行公有制，将生产变成社会化的大生产。他认为："今欲至大同，必去人之私产而后可；凡农工商之业，必归之公"②。其具体规划是，对于农业："举天下之田地皆为公有，人无得私有而私买卖之"。③对于工业："使天下之工必尽归于公，凡百工大小之制造厂、铁道、轮船皆归焉，不许有独人之私业矣"。④对于商业："不得有私产之商，举全地之商业皆归公政府商部统之"。⑤社会生产和分配，都由各级度政府按照全体人们的需要加以统一计划和安排，无重复产品，更无多余浪费的劳动成果，"是以地无遗利，农无误作，物无腐败，品无重复余赢"⑥。大同世界的物质文明和精神文明都高度发达，人皆幸福极乐。在这些方面，康有为设计的大同社会则超出了资本主义的范畴，具有空想社会主义的性质。

在《大同书》里，康有为深信："孔子之太平世，佛之莲花世界，列子之甄甄山，达尔文之乌托邦，实境而非空想焉。"⑦到那时，全世界无邦国，无帝王，人人平等，人人相亲，天下为公，是谓大同。

①②③④⑤⑥ 康有为：《大同书》第66、280、287、290、286页。
⑦ 康有为：《大同书》第86—87、21、41页。

　　总之，在《大同书》里，康有为对封建君主专制深恶痛绝，既充满对资本主义的无限向往，又鉴于资本主义已经出现的弊端，而幻想一种比资本主义更美好的社会。

　　值得注意的是，康有为的"大同三世"说，在《大同书》成书时比之戊戌变法前有所变化。① 在戊戌变法前，康有为的"大同三世"说是指据乱、升平（小康）、太平（大同）。这就是把《公羊》三世中的"升平世"，说成是《礼运》的"小康"，把《公羊》的"太平世"，说成是《礼运》的"大同"。他结合中国的历史发展，认为"吾中国两千年来，凡汉、唐、宋、明，不别其治乱兴衰，总总皆小康之世也"②。这就是以中国两千年来的封建社会为"升平世"（小康）。认为通过变法维新，实行君主立宪的资本主义，就可以逐渐进入"大同"。《大同书》则以君主专制为"据乱世"，以君主立宪为"升平世"，以民主共和为"太平世"。认为中国的封建社会只是"据乱世"，并非"小康"。康有为说："孔子生当据乱之世。今者大地既通，欧美大变，尽进至升平之世矣。"③ 具体说，英、德、日本是"民权共政之体"，是"升平"。④ 而美国、瑞士则"近于大同之世"⑤。《大同书》说："欧、美诸国近号升平"⑥，而中国则"伤矣哉！乱世也"⑦。显然，《大同书》是以中国封建社会为"乱世"，以君主立宪的资本主义为"升平"，以民主共和制的资本主义为"太平"。这种变化，与康有为的政治实践密切相关。康有为所追求的是变中国的君主专制为君主立宪，戊戌变法失败后，他仍坚持这种主张不变，所以在戊戌变法失败后流亡印度所著成的《大同书》中，视君主立宪为"升平"，中国只能通过变法维新由君主专制（据乱）

---

① 　参见汤志钧：《康有为与戊戌变法》第153—160页。

② 　汤志钧编：《康有为政论集》（上册），第193页。

③ 　康有为：《论语注》卷二，第11页。

④⑤ 　康有为：《孟子微》卷一，第12、13页。

⑥⑦ 　康有为：《大同书》第86—87、21、41页。

进至君主立宪（升平），而实现民主共和（太平）则是将来的事情。基于这种理念，所以他坚持保皇立宪、反对革命共和就不是偶然的了。

第三节　汉学的衰落和异端的突起

一、汉学的延续与衰落

汉学经过乾嘉的鼎盛时期后，逐渐走向下坡路。然而，清朝中期的汉学经过了数十年的发展，学有渊源，人才辈出，嘉庆以后，代有传人，不绝如缕。其中的一些名家，在学术上也取得了令人瞩目的成绩。

道咸时期，著名的汉学家有刘文淇、刘毓崧、丁晏、王筠、陈奂、郑珍、莫有芝等。

刘文淇（1789—1854 年），字孟瞻，江苏仪征人。嘉庆二十四年（1819 年）贡生。他出身贫寒，年轻时即受到舅父凌曙的照顾和教导。凌曙是著名的今文经学家，刘文淇则醉心于《春秋左氏传》。刘文淇虽与舅父的学术志趣有异，却继承了舅父献身学术的精神。他问学于阮元，又与刘宝楠等友善，相约各治一经，并从各方面吸收扬州大儒治学成果，从而继承了皖派学者的治经方法，成为扬州学派自江永、阮元之后的第三代传人。他精研古籍，贯串群经，与陈立、刘宝楠等立志继乾嘉学者之后，补疏十三经中没有新疏的经典。他以整理《左传》自任，认为杜预《春秋左氏经传集注》对《左传》的本义剥蚀已久，其稍可观者，不过袭取旧说而已，决心搜集旧注，编纂《左氏旧注疏证》。他先取贾逵、服虔、郑玄之注，疏通证明。凡杜预所排击者纠正之，所抄袭者注明之，其沿用韦昭《国语注》者，亦一一疏记。他指出，许慎《五经异义》、《说文》所引《左传》说解及《汉书·五行志》所载刘歆的说解，都是《左传》师说；经疏、史注、《太平御览》等书所引《左传注》

不载姓名而与杜预注不同者，也都是贾逵、服虔的《左传》旧说。他把以上这些都称为旧注，加以疏证。清初顾炎武、惠栋及近人专释《左传》的著作，凡是可以用的，也予采录，最后断以己意，定其从违。上稽先秦诸子，下考唐以前史书，旁及杂家笔记、文集，皆取为佐证，期于实事求是，使《左传》大义炳然著明。历时四十年，先成长编，然后依次排比成书，著《春秋左氏传旧注疏证》，只成一卷而卒。唐孔颖达编《五经正义》，其中的《春秋左传正义》多沿袭刘光伯《述议》、《隋经籍志》及《孝经疏》旧说，而未注明旧说姓氏。刘文淇细加剖析，成《春秋左传旧注考证》八卷。

刘毓崧（1818—1867 年），字伯山，文淇子。道光优贡生。从父学经，致力于《左传》研究，旁通经史诸子百家。他继其父著《春秋左氏旧注疏证》，未成而卒。又仿刘文淇《春秋左传旧注考证》体例，著《周礼尚书礼记旧疏考证》四卷。此外主要有《春秋左氏大义》二卷、《经传通义》十卷。他的长子寿曾（1838—1882 年）亦继承家学，着力于《左传》、校勘之学，继其祖、父撰《春秋左氏传旧注疏证》，至襄公四年而卒，亦未卒业。另著《读左札记》、《春秋五十凡例表》等。

丁晏（1794—1875 年），字俭卿，号柘堂，江苏山阳人。道光举人，官内阁中书。生平笃好郑学，于《毛诗传笺》、三《礼》注研讨尤深。他认为，毛公诗学得古圣先贤正传，其所称道，与周秦诸子相出入；郑玄申畅毛说，为《毛诗》作笺；孔颖达作《毛诗正义》，不能探究真义，反而指斥郑玄破字改毛，援引疏漏，多失郑玄旨意。因此，博稽互考，撰《毛郑诗释》四卷。以郑玄三礼注为精当，确有依据，发前人之所未发，乃撰《三礼释注》八卷，阐发郑说。又以顾炎武称梅赜伪古文《尚书》非梅赜所作，遂根据《家语后序》、《经典释文》、《尚书正义》等书，断定为三国魏王肃伪作，撰《尚书余论》二卷。他虽崇尚郑学，却不掊击宋儒，认为经学分汉学、宋学，乃是门户之见，二者是统一的。汉儒讲求训诂，训诂明而义理亦明；宋儒剖析义理，义理明而训诂方可精当。二者不可偏废。平生著述一百五十余卷，集为《颐志斋丛书》。

王筠（1783—1854年），字贯山，号菉友，山东安丘人。道光元年（1821年）举人。先后任山西乡宁、徐沟、曲沃知县，皆有治绩。无论县事简繁，均未尝废学。少喜篆籀，及长，博涉经史，尤长于《说文》。对于研究《说文》的专家桂馥、段玉裁的著作，皆有所批评。王筠认为，桂馥的《说文义证》，"专庐古籍，取足达许说而止，不下己意，惟是引据失于限断，且泛及藻缋之词"。段玉裁的《说文解字注》，"体大思精，所谓通例，又前人所未知。惟是武断支离，时或不免"。许慎《说文》，自北宋后，窜乱不堪，王筠欲加厘正，"乃标举分别，疏通证明"，著《说文释例》二十卷，阐明《说文》中的条例，其识见不在段玉裁之下。继又采桂馥、段玉裁等诸家之说，著《说文句读》三十卷。此二书及其《说文补正》、《说文系传校录》、《句读补正》，合称"王氏说文五种"。王筠治《说文》达三十年之久，独辟门径，折中一是，不依傍于人，评论者称其为"许氏之功臣，桂、段之劲敌"。经通《公羊》、《尔雅》的潘祖荫见到王筠所著《说文句读》后评论道："筠书晚出，乃集厥成，补弊救偏，为功尤钜"[1]。

段玉裁、王筠、朱骏声（1788—1856年，嘉庆举人，道咸名士，著述甚博）、桂馥（1736—1805年，乾隆进士，与段玉裁生于同时，同治《说文》，学者以"桂段"并称）被称为清代研究《说文解字》四大家。他们的著作《说文解字注》、《说文句读》、《说文通训定声》（四十卷）、《说文义证》（五十卷），是清代研究《说文》最有名的著作，代表了清代研究《说文》的水平。

陈奂（1786—1863年），字硕甫，号师竹，晚号南园老人，江苏长洲（今吴县）人。陈奂从江沅治古文经学时，段玉裁称其"学识出孔、贾上"，于是陈奂师从段氏。段刻《说文解字注》，多数为陈奂所校订。

---

① 《清代七百名人传》下，第1673、1674页。

后与王念孙父子、郝懿行、胡培翚、胡承珙、金鹗缔交，相互切磋学术，并替他们补校著作。陈奂认为，大毛公的《毛诗诂训传》，言简意赅，汉儒不遵行，锢蔽已久，遂殚精竭虑，专攻《毛传》。乃博征古书，发明其义，著《诗毛氏传疏》三十卷。乾隆时无专治《诗》者。嘉道时治《诗》名著有陈奂的《诗毛氏传疏》、胡墨庄的《毛诗后笺》、马元伯的《毛诗传通释》。论者以陈著为最佳。胡、马皆为《毛传》、《郑笺》并释，而陈奂则专解释《毛传》。他之所以如此，是因为"自《传》与《笺》合并，而久失原书之旧。今置《笺》而疏《传》者，宗《毛诗》义也"。有人评《诗毛氏传疏》说："剖析同异，订证阙讹，有功毛氏不浅"①。陈奂的其他著作主要有《毛诗说》一卷、《毛诗音》四卷、《毛诗义类》一卷、《郑氏笺考证》一卷等。

郑珍（1806—1864 年），字子尹，晚号柴翁，贵州遵义人。道光十七年（1837 年）举人。曾四次出任训导、学正，均未超过一年，仕途失意。同治二年（1863 年），因大学士祁寯藻推荐，特旨以知县分发江苏补用，未出。次年（1864 年）卒。郑珍著述甚勤，成为晚请著名经学家和诗人，有"西南巨儒"之誉。著作一百二十卷，主要有《巢经巢经说》一卷、《仪礼私笺》八卷、《考工轮舆私笺》三卷、《说文逸字》二卷、附录一卷、《说文新附考》六卷、《凫氏图说》一卷、《汗简笺正》八卷。著述集为《巢经巢全集》七十三卷。

郑珍受知于汉学家程恩泽，从其问学，走上治汉学的道路。程曾对郑说："为学不先识字，何以读三代秦汉之书?"② 郑遂更加致力于文字、音韵、训诂及典章制度之学。在研究汉学中，他不立异，不苟同，实事求是，探悉诸儒者之得失。后又从学于遵义府学教授莫与俦，学术益进，卒以经学家名于世。

---

① 《清代七百名人传》下，第 1804 页。
② 《清代七百名人传》下，第 1692 页。

郑珍治经，以汉学为宗，长于考证。他服膺郑玄、许慎，为郑学辨诬、释疑，以《说文解字》为治小学之圭臬。他在文字学、考据学上都取得了令人瞩目的成就。他的《说文新附考》，就徐铉新附于《说文解字》的四百零二文所谓汉以后新出现的"俗字"一一进行考证，阐明其演变原委，解释字义，比钮树玉《说文新附考原》更详尽、准确。《说文逸字》增补《说文解字》原有而后遗漏之字一百六十五文，并详证其所以为逸字，比徐铉所补十九文、段玉裁所补三十六文更完备。《汗简笺正》就郭忠恕《汗简》一书搜录的所谓的先秦"古文"三千五百零八文逐字考证，辨明其真伪正误，填补了清代文字学研究的空白，至今仍是文字学研究的重要参考书。郑珍"于经最深三《礼》"，于"《仪礼》十七篇，皆有发明"。所著《仪礼私笺》，考释《仪礼》四章。《轮舆私笺》、《凫氏图说》，考释《周礼·考工记》中的车制、钟制。《经说》一卷，考证古文《孝经》、古文《尚书》之伪和《礼记》、《尔雅》文句的错乱。他治经不迷信前说，对贾公彦、朱熹、敖继公、戴震、阮元等各家的解说，表示了很多不同的见解。广征博引，言必有征，是郑珍说经的特点。

郑珍虽为汉学家，但对汉学、宋学皆有所不满。他批评汉学烦琐破碎，也批评汉、宋学者的偏执与门户之见。他说："程朱未始不精许郑之学，许郑亦未始不明程朱之理，奈何歧视为殊途？偏执之害，后学所当深戒！"① 委婉地表示了融合理学义理之长以改造汉学的愿望。

莫友芝（1811—1871年），字子思，号郘亭，晚又称眲叟，贵州独山人。道光十一年（1831年）举人。其父莫与俦为遵义府学教授时，郑珍从学于与俦，莫友芝与郑珍相处五六年，同好许、郑之学。彼此相互研讨，学业大进，士林以"郑莫"并称。莫友芝曾主讲遵义府湘川书院十五年，四次会试不售，晚年绝意仕途。先后入胡林翼、曾国藩幕。

---

① 《敕授文林郎征君显考子尹府君行述》，《巢经巢全集》卷首。

在曾国藩处当幕宾时，奉派到江南官书局校勘典籍的十余年内，游走于江淮吴越间，尽识其魁儒硕彦，并尽力搜求古籍，写成专著。莫友芝长于版本目录学、小学，兼及经学、史学、地理学、历算，并工诗善书。其著作主要有《唐写本说文木部笺异》一卷、《韵学源流》一卷、《宋元旧本书经眼录》三卷、附录一卷、《郘亭知见传本书目》十六卷等。

莫友芝版本目录及小学著作具有很高的学术价值。《宋元旧本书经眼录》著录宋元明善本古籍一百三十种。《郘亭知见传本书目》收录《四库全书简明目录》以外古籍近七百种，对《四库全书简明目录》作了大量补充，比同时代人邵懿辰所著《四库简明目录标注》所补书目还多。《书目》注语，或解题，或介绍内容及注疏情况，或考订版本时代，评论版本优劣，或录其序跋及收藏情况。这些著作，填补了目录学的空白，在目录学史上享有很高的地位。《唐写本说文木部笺异》补正了大、小徐本《说文解字》数十处。《韵学源流》则以不到两万字的篇幅，勾画出中国音韵学演变的历史，考核精审，有独到的见解，是继万斯同《声韵源流考》、潘成《音韵源流》之后又一有价值的音韵学史专著。

道咸以后，汉学逐渐衰落下去。汉学不仅越来越支离破碎，而且争论于不可究诘的名物制度，走到了与理学同样"空"的可悲境地。由于其不关涉世事，受到今文经学的攻击和贬斥。今文派以复西汉之古来反对古文经学复东汉之古。经世致用的学风更对汉学的无补世事造成巨大威胁。加之社会动荡，自金田起义后延绵二十余年的战火，农民起义军对孔学儒经的打击焚毁，使士大夫皓首穷经的社会环境不复存在。在这种情况下，汉学衰落，学风日下，过去治学严密、博大精深的优点业已失去。汉学成为一些不学无术之辈附庸风雅的装饰品。

在汉学衰落中，也出现了少数学有成就的学者。俞樾、黄以周、王先谦、孙诒让就是当时汉学家中的佼佼者。

俞樾（1821—1907 年），字荫甫，号曲园，浙江德清人。道光三十年（1850 年）进士，改庶吉士。散馆，授编修。咸丰五年（1855 年）

放河南学政。七年（1857 年）秋，因试题割裂经义案，被劾罢官，永不叙用。此后四十余年内专意治经授徒，曾主讲苏州紫阳书院及上海求志、德清清溪、归安龙湖等书院，主杭州诂经精舍达三十一年之久。凡所造就，蔚为通材，戴望、黄以周、朱一新、章太炎等著名学者都是他的弟子。又总办浙江书局，建议江、浙、扬、鄂四书局分刻二十四史，并于浙局精刻子书二十二种，国内称为善本。俞樾学识渊博，晚年声名扬溢海内外。日、朝学者与之有学术交往，并对其学术大为称赞。所著书凡五百余卷，集为《春在堂全书》。其经学著作主要有《群经平议》五十卷、《易贯》五卷、《诗名物证古》、《礼记郑读考》、《春秋名字解诂补义》、《四书辨疑》、《论语注择从》、《孟子高氏学》各一卷、《诸子平议》五十卷、《古书疑义举例》七卷、《群经音义》、《广雅释古疏证拾遗》各一卷。

俞樾曾受学于陈奂。罢归后在苏州居住时见过宋翔凤，"得闻武进庄氏之说，故治经颇右《公羊》"[1]。读高邮王氏《读书杂志》、《广雅疏证》和《经义述闻》，深为佩服，产生了治经继承王氏之学的志向。他称赞王氏《经义述闻》："治经之道，大要在正句读，审字义，通古文假借。三者之中，通假借为尤要。王氏父子所著《经义述闻》，用汉儒'读谓'、'读曰'之例者居半，发明故训，是正文字，至为精审"[2]。他治经、子、小学以王氏父子为宗，仿王引之《经义述闻》著《群经平议》，研究经典音韵训诂，订正讹误；又仿王念孙《读书杂志》而撰《诸子平议》，考证古书音训句读，纠正文字讹误。两《平议》在清代学术界引起巨大反响，祁寯藻称为"诚覃思精义，有功经传者也"[3]。俞樾通过对"九经"、诸子百家书中用字造句以及文字、篇章的错乱、衍缺的研究，总结出八十八条公例，每条举数事相证，写成《古书疑义举

---

① 《清代七百名人传》下，第 1655 页。

② 《清史稿》卷四八二，《俞樾传》。

③ 周云青：《俞曲园先生年谱》。

例》。论者称该书"条理毕贯，视《经传释词》变而愈上，且益恢廓矣"①。以上三书，史称"尤能确守家法，有功经籍"②。章太炎亦极加称许，谓可与王氏父子所著三书相颉颃，并评其治学说："为学无常师，左右采获，深疾守家法违实录者。说经好改字，末年自救为《经说》十六卷，多与前异"③。

黄以周（1828—1899 年），字元同，浙江定海人。同治九年（1870 年）举人，由大挑而任教职，先后任训导、教授。江苏学政黄体芳曾聘其主讲南菁书舍十五年，又兼宁波辨志精舍讲席。其父黄式三，博综群经，为学不立门户，治《易》、《春秋》，尤长于治三《礼》。以周传其父学，初治《易》，著《十翼后录》。治群经，著《读书小记》，更致力于三《礼》的研究。其著作尚有《礼书通故》一百卷、《经训比义》三卷、《群经说》四卷、《经说略》二卷、《礼说》六卷、《礼说略》、《礼义通诂》、《尚书讲义》、《子思子辑解》七卷、《军礼司马法考证》二卷等。

黄以周以为，三代以下的经学，以郑玄、朱熹为代表。而汉学家破碎大道，宋学家弃经臆说，对于郑、朱所传之经学，已属不合，又怎么谈得上合于孔、孟？他治经遵从顾炎武"经学即理学"的训示，上溯孔丘及七十子之"博文约礼"。他读秦蕙田《五礼通考》，认为其言"吉礼"过分非难郑说，言"军礼"又完全附庸郑说，颇感不满，于是著《礼说略》。后又用十九年时间写成《礼书通故》一百卷。其自叙称："高密（指郑玄）笺《诗》而屡易，毛传注《礼》而屡异，先郑识已，精通乎六艺，学不专守于一家。是书之作，窃取兹意"。该书参考过去经学著作，考释中国古代礼制、学制、封国、职官、田赋、乐律、刑法、名物、占卜等，纠正了旧注的一些谬误。清代学者贯通群经的礼学

---

① 《清代七百名人传》下，第 1655 页。
② 《清史稿》卷四八二，《俞樾传》。
③ 章太炎：《俞先生传》，《章太炎全集》（四），上海人民出版社 1985 年版，第 211 页。

著作，最早的一部是徐乾学的《礼学通考》一百二十卷，言礼最为详备。第二部为秦蕙田所著《五礼通考》二百六十二卷。该书是为续补徐著而作，内容丰富，是一部很好的类书。而治礼学之集大成者，就是黄以周的《礼书通故》。《五礼通考》缺乏作者的主见，黄著博征古说并下以判断，结论多谨慎通明。论者评《礼书通故》说："博学详说，去非求是，足以窥见先王制作之谭奥。比秦蕙田书，博虽不及，精或过之。"他的《经训比义》是仿阮元《性命古训》而作，造诣颇深。有人将其与同类名著比较说："陈北溪《字义》，墨守师说。戴震《孟子字义疏证》，专难宋儒。是书详引诸经各注，异于陈、戴之自立一帜，有益后学。"

黄以周晚年决心辑解子思的著作。他认为"子思承孔圣以启孟子"，子思所述孔子之教必始于《诗》、《书》，终于《礼》、《乐》。故要了解孔、孟的师承关系，子思是关键。到他六十九岁时，终于完成了《子思子辑解》七卷。

黄以周"生平以明经传道为己任"，治学实事求是，不立门户，"以执一端、立宗旨为贼道"，反映出汉学在当时的新变化。[①]

王先谦（1842—1917年），字益吾，号葵园，湖南长沙人。同治四年（1865年）进士，改庶吉士。散馆，授编修。历官国子监祭酒、江苏学政。光绪间，先后主讲湖南思贤讲舍、岳麓书院，任城南书院山长。曾疏请惩戒太监李莲英之招摇。戊戌变法期间，上书湘抚，攻击康、梁，请停《湘报》，极力反对维新运动。其后又反对辛亥革命。任江苏学政期间，奏设书局，踵阮元《皇朝经解》之后，校刻《皇朝经解续编》二百一十种，一千四百三十卷。该书虽不如《皇朝经解》精粹，而有清一代经师经说却赖以流传。他又仿姚鼐，编《续古文辞类纂》二十八卷。王闿运曾评此二书道："《经解》纵未能抗衡芸台（阮元号芸

---

① 以上均见《清代七百名人传》下，第1696、1698页。

台），《类纂》差足以比肩惜抱（指姚鼐）。"① 另著有《汉书补注》一百
卷、《水经注合笺》四十卷、《荀子集解》二十卷、《庄子集解》、《诗三
家义集疏》、《十朝东华录》、《虚受堂诗文集》等。

王先谦曾师从曾国藩，学习古文词。后博览群籍，颇识制度名物。
治经循乾嘉遗轨，重考证，却疏于小学。所著《荀子集解》，用王念孙
《读书杂志》体例，取诸家校本，参稽考订，补正杨倞注数百事，其中
颇有精辟之见，对清末诸子学研究有一定影响。

孙诒让（1848—1908 年），字仲容，号籀高，浙江瑞安人。同治六
年（1867 年）举人，援例得主事。后称病归里，潜心著述四十年。晚
年曾主温州师范学校，任浙江教育会会长，同情、掩护过革命党人。主
要著作有《周礼正义》八十六卷、《周礼政要》二卷、《周礼三家佚注》
一卷、《墨子后语》二卷、《古籀拾遗》三卷、《余论》一卷、《契文举
例》二卷、《名原》二卷、《札迻》十二卷、《周书斠补》四卷、《九旗古
义述》一卷、《墨子闲诂》十五卷等。

孙诒让少好六艺古文。稍后，其父孙依言授以《周官》。他随父做
官至江宁时，与戴望、唐仁义、刘寿增等交往，学业更加长进。他通
经、子、小学。经学代表作为《周礼正义》。《周礼》是今古文争讼的焦
点之一。古文家认为它是周公所作，今文家则认为它是六国阴谋之书。
清代专治《周礼》的人很少。孙诒让认为，"典莫备于《周官》"，故注
疏《周礼》。他取《尔雅》、《说文》正其训诂，用《礼》大小戴记证其
制度，并博采汉、唐、宋以来迄于乾嘉诸儒旧诂，参互稽绎，藉以阐郑
玄《周礼注》之渊奥，补贾公彦《周礼注疏》之遗缺，用二十年时间，
屡易其稿，著为《周礼正义》八十六卷。诒让极尊崇郑《注》，却不墨
守其说。他在《周礼正义》中匡正郑《注》缺失至数十百事之多。学者
对此书评价极高，谓其"博采宋元明清诸家之说，疏通证明，折衷至

----

① 《清代七百名人传》下，第 1707 页。

当，在清人诸经新疏中，没有超过此书的。在目前，可以说是《周礼》学最后的一次总结。当然，由于历史的局限性，不能说此书没有错误；不过错误很少"①。孙氏治《周礼》，受到西学的影响，并注意经学之致用。他"鉴于国势浸弱，谋所以致富强者，作《政要》二卷"②。他在《周礼政要》中，鼓吹泰西致富强之道在中国两千年前即已发其端，并说："国家之富强，从政教入，则无论新旧学均可折衷于是书"③。

孙诒让在学术上造诣很深，章太炎称誉说："诒让学术，盖龙有金榜、钱大昕、段玉裁、王念孙四家，其明大义，钩深穷高过之。""诒让治六艺，旁理墨氏，其精专足以摩撤姬、汉，三百年绝等双矣。"④

二、汉学异端的突起

清代汉学作为传统经学的重要组成部分，无疑是封建统治阶级的精神支柱，但同时又在它的内部萌发、孕育着异端因素。及至清末，章太炎、刘师培等国学大师，以古文经学服务于资产阶级民族民主革命，已非传统意义上的汉学。它虽然保留汉学的形式，其内核则已注入与传统汉学相对立的资产阶级民主主义；它虽然以汉学相标尚，却力图摆脱其束缚，反映时代的新要求。这种异端思想经历了漫长的酝酿阶段，可上溯到明清之际求是"复古"之风。顾炎武以"经学自有源流，自汉而六朝而唐而宋，必一一考究，而后及于近儒之所著，然后可以知其异同离合之指"⑤。为了通经，不但注重从经义本身求得解释，以经证经，而且旁及诸子，力求对经籍求得合理的解释。他说："子书自孟、荀之外，

---

① 金景芳：《经书浅谈·周礼》，中华书局1984年版，第49页。
② 《清代七百名人传》下，第1656页。
③ 孙诒让：《周礼政要序》。
④ 《孙诒让传》，《章太炎全集》（四），第213页。
⑤ 《亭林文集》卷四，《与人书（四）》。

如老、庄、管、商、申、韩，皆自成一家言。"① 在《日知录》里亦曾引用《老子》、《墨子》之文，倡导研究诸子，暗示"以孔子还诸春秋，以百家还诸战国，以秦汉学者还诸秦汉的时代"②。及至乾嘉时期，汪中"箴砭俗学"，于周秦诸子中推崇墨、荀，著《墨子表微》、《荀子通论》等书，大做翻案文章。论证墨子为救世仁人，儒、墨均为周秦显学；声称六经为周公所著，孔子所述，荀子所传。汪中复兴诸子学，至少会给孔学带来两种不利影响：一是如果承认儒、墨并为显学，则孔学只不过是诸子百家中的一家，必将危及当时孔学独尊的地位；二是如果承认荀子是孔学的真正传人，则将以孔荀之道代替孔孟之道，孟子的地位即受到极大威胁，从而对孔学不利。

清代的一些经学大师标榜实事求是，无征不信，追溯周秦，力图还历史本来面目。这对封建统治者所神圣化了的孔学不能不给以震动。与汪中所处时期稍有先后的惠栋、戴震等一大批汉学家，长期致力于古籍的校订，由解释经义扩大到考订历史、地理、天文、历法、音律等，整理了大量古籍和史料，客观上为诸子学的复兴作了极其有益的铺垫工作。进入十九世纪之后，治诸子学而闻名于世的有俞樾、孙诒让等人。俞樾著《诸子平议》，肯定周秦两汉诸子之书"亦各有所得"③。在为孙诒让的《墨子闲诂》所作的序里指出孟子把墨子同杨朱相提并论是不妥当的；称赞墨子"达于天人之理，熟于事物之情"，"儒墨并为世之显学，至汉世犹以孔墨并称"，"实千古之有心人也"。他在文章中把十九世纪的中国比作春秋战国时期，认为墨学的复兴对内忧外患的中国将大有裨益，④ 充分肯定孙诒让作《墨子闲诂》的积极作用。这些论点，已开始逐步越出了学术的范围；但清代汉学大师们复兴"古学"的社会意义，至二十世纪初始显示出

---

① 《日知录》卷一九，《著书之难》。
② 侯外庐：《中国思想通史》第五卷，第222页。
③ 俞樾：《诸子平议·序目》。
④ 俞樾：《墨子闲诂序》。

来。国学大师章太炎、刘师培在新的历史条件下，将传统汉学加以熔铸改造，锻炼成理论上刺向封建专制主义的投枪，于是古色古香的汉学被赋予新的时代内容与历史使命，章、刘手中的汉学已成为他们宣传民族民主革命的工具，成了传统汉学的异端。梁启超曾对这一"复古"思潮评价说："复先秦之古，对于一切传注而得解放。夫既已复先秦之古，则非至对于孔孟而得解放焉不止矣。"① 就是说，以汉学异端为核心的"复兴古学"思潮，乃是清朝末年新的社会力量要求冲击封建网罗的一次思想解放潮流。就此而论，这个意见是很精辟的。

众所周知，章太炎、刘师培既是汉学异端的举旗人，又是国粹主义学派的举旗人。章太炎"复兴古学"的活动始于十九世纪末。戊戌变法前后即已发表了一系列评论先秦诸子之作。光绪二十六年（1900 年）定稿、出版的《訄书》初刻本，即是其自成体系的学术著作。他在书中通过对历史的回顾，高举"尊荀"的旗帜，为墨子辨诬，指斥孟子"诋其'兼爱'而谓之'无父'，则末流之嚭言，有以取讥于君子，顾非其本也。……夫墨家宗祀严父，以孝视天下，孰曰无父"？② 急剧发展变化的时局，推动人们的思想迅速进步。《訄书》初刻本发行不久，章氏即开始怀疑自己在该书中所陈述的观点，于是再有《訄书》重订本的出版。大概在光绪二十八年（1902 年）初他最终实现了"《訄书》体系由初刻本向重订本的转变"。从形式上看，《訄书》重订本与初刻本的结构大体相似，"然而从思想内容来看，却是立场大变，由'尊清'变为反清；主题大变，由宣传社会改良变为提倡民主革命；体系大变，由康有为改良主义的异端理论变为以'光复旧物'相号召的资产阶级革命理论。因此，《訄书》重订本的问世，首次为当时还是幼小的革命民主派，提供了一个比较完整的理论体系。"③

① 梁启超：《清代学术概论》，《梁启超论清学史二种》第 6 页。
② 章太炎：《訄书初刻本》，《章太炎全集》（三），上海人民出版社 1984 年版，第 8—9 页。
③ 以上参见朱维铮《章太炎全集（三）·前言》。

如果说，章氏在十九世纪末对诸子的评议尚属于维新变法思潮的范畴，在一定意义上开始具有汉学异端的性质，那么，二十世纪初《訄书》重订本的结集与出版，则标志着章氏手中的汉学同清末资产阶级民主革命结下了不解之缘。在《订孔》、《学变》、《学蛊》等篇对诸子的评论中，他直截了当地批评孔学"虚誉夺实"[1]，"儒不可任"[2]。他曾在《订孔》篇里引用远藤隆吉批判孔子之言：孔子"实支那之祸本也"，虽表示对其中的"祸本成，其胙尽矣"一词，不尽赞同，却未曾否定孔子是中国之"祸本"的论点。他承继和发展前人"六经皆史"的观点，在文中只称孔子为"古良史"，其学识甚至不及荀子。[3]于是孔子及儒经遂大失其价值。《訄书》重订本对儒学及其始祖孔子的批评同初刻本相比，实大大前进了一步，并成为近代中国批孔的先声。他进而把对诸子学的研究、复兴古学同反清革命结合起来。他"哀焚书"，"序种姓"，并以古今中外历史为例说明灭人国者必使被征服者易其语言，变其风俗，毁其历史，要"发愤自立"，光复"宗国"，"排满"、反帝，必然要思故怀古，复兴古学。[4]宣称"上天以国粹付余，……惟余亦不任宅其位，繄素王素臣之迹是践"，以弘扬中华文化为己任。[5]

光绪三十一年（1905 年），国学保存会的机关报《国粹学报》的创刊标志着国粹主义思潮的兴起。[6]它以"发明国学"、"保存国粹"、仿效欧洲文艺复兴"复兴古学"，以求民族的振兴相标尚。此后，不少进步报刊也都加强了对国粹的宣传。"保存国粹"、"复兴古学"成为当时流行的话语。《国粹学报》创刊前后，章氏因《苏报》案尚在狱中，却冒着风险在该刊第一至第三期连续发表作品，为发扬"国粹"呐喊。当

[1][2][3] 《訄书重订本》，《章太炎全集》（三），第135—144页。
[4] 以上参见《訄书重订本》、《章太炎全集》（三），第324、189页。
[5] 章太炎：《癸卯狱中自记》，《章太炎全集》（四），第144页。
[6] 最早以较大篇幅从事国粹主义宣传的进步刊物为1902年创刊于上海的《政艺通报》，可视作国粹主义思潮的发端，但当时尚未形成一种令人瞩目的社会思潮。

时，章太炎既是一个享有盛名的革命思想家和活动家，又是一位学识渊博的国学大师，人们多视为国粹学派的泰斗。该报连续刊载章氏之作，亦有"继承太炎遗志的寓意"①。章太炎亦曾多次撰文宣称："彼意大利之中兴，且以文学复古为之前导，汉学亦然，其于种族固有益无损已。"②《国粹学报》最主要的撰稿人刘师培更宣称战国诸子思想与欧洲文艺复兴产生的原因之一，即"学兴于下，一扫学术专制之风"③。他们均以西方文艺复兴的"古学复兴"相标尚。在汉学异端、国粹主义、文艺复兴之间以"古学复兴"为纽带，画上令人瞩目的等号。

从广义看，汉学异端、国粹主义乃属同一学术渊源。梁启超有句名言："综观二百余年之学史，其影响及于全思想界者，一言蔽之，曰'以复古求解放'。"④ 梁氏在此所谓的"复古"，实际上是将神化了的儒家道统中人物从神还原为人，一步步地从其所炮制的教条桎梏下解放出来。但就汉学异端与国粹主义思想的形成看，却有其先后。从上所述，章氏手中的汉学在十九世纪末即为变法维新的异端理论，其后又为为资产阶级民主革命服务的异端理论。从时间上看，汉学异端则早于光绪三十一年（1905年）前后兴起的国粹主义思潮，在一定意义上讲，汉学异端实为清末国粹主义思潮的先导。就其所卷入的人群看，虽然主张保存国学、发扬国粹的君子们，远远超过深通汉学而投身革命的国学学人，但他们却颇受国学大师章太炎、刘师培等汉学异端举旗人的影响，或言维新，或投身革命，而卷入当时不同层次的改造中国的大潮。在一定意义上讲，汉学异端又为国粹主义思潮的核心或主干。但就二者产生与兴起的历史原因而言，则大体相同。就辛亥革命时期汉学异端为何与

① 以上参见范明礼《国粹学报》，《辛亥革命时期期刊介绍》Ⅱ，人民出版社1982年版，第330页。
② 章太炎：《革命道德说》，《章太炎全集》（四），第277页。
③ 刘光汉：《补古学出于史官论》，《国粹学报》第17期。
④ 梁启超：《清代学术概论》，《梁启超论清学史二种》第6页。

资产阶级民主运动结下不解之缘而论，简言之，有以下数端：

首先，汉学异端的出现是传统文化在新的历史条件下转型的表征之一。

汉学中异端因素从酝酿到形成，最根本的因素确乎植根于社会经济的发展变化之中。明朝中期以后，在我国商品经济较为发展的个别地区，已出现了资本主义的萌芽。从明朝后期到清代末年三百多年的漫长岁月里，中国社会经历着巨大的变化，其共同点都是中国封建社会逐渐走向崩溃，资本主义生产关系缓慢地发展着。汉学异端萌发于清初，而又经过相当漫长的酝酿阶段，终于到清朝末年形成为与维护封建统治精神支柱的传统汉学的对立物，为资产阶级民主主义改造中国的社会运动服务。这是同中国社会内部经济的发展变化、阶级关系的变化相适应的。

早在明代和清朝前期，西学的传入就同中国的传统文化相交融。1840 年鸦片战争把中国卷入资本主义世界的旋涡，封建的中国开始逐渐陷入半殖民地半封建社会的深渊。这对中国的思想文化不能不产生巨大的影响。冲突、反思、融合，构成了近代思想文化转型中的一大特色。西方资本主义文化的输入，既同传统文化发生了严重的冲突，同时又引起一切不甘受奴役、凌辱的中国人的反思：堂堂的天朝大国为何横遭凌辱？中华民族怎样才能自立于世界民族之林？"师夷长技以制夷"与西人争雄，振兴中华，成为整整一个历史时代的强烈要求。在中国传统文化转型的过程中，中国内部孕育着反映新的社会经济因素和市民阶层要求的进步文化，与西方资本主义文化相结合，卷起一浪高过一浪的学习西方的热潮。在今文经学、汉学、理学中所出现的异端，即是以传统学术的形式在不同程度上接纳西学的民主主义思想的产物。以汉学而论，无论是章太炎，还是刘师培，都曾涉足西学，成为民主共和的拥护者。汉学异端的出现，反映了古老的中国传统文化处于急剧的转型之中。

其次，清末汉学异端乃东西文化碰撞中发生的火花。

二十世纪初年，除了许多资产阶级小资产阶级知识分子满怀爱国激情向西方寻找真理外，还有买办文人也以西方文明相标榜，散布民族自卑感和崇洋媚外思想。甚至在一部分资产阶级小资产阶级知识分子当中，在学习西方的过程中，也存在醉心欧化、盲目崇拜欧美和日本的偏向。正如章太炎所说的那样："近来有一种欧化主义的人，总说中国人比西洋人所差甚远，所以自甘暴弃，说中国必定灭亡，黄种必定剿绝。因为他不晓得中国的长处，见得别无可爱，就把爱国爱种的心，一日衰薄一日。"① 面对着这种盲目崇外以至完全否定传统文化的民族虚无主义，不能不引起这位旧学根柢很深的革命家的警觉和愤慨，不能不使他奋臂高呼："用国粹激动种姓，增进爱国的热肠。"②

同时，在学习西方的过程中，由于资本主义和资产阶级议会政治在帝国主义时代已经百病丛生，也使得许多爱国知识分子迷惘和困惑。本来，处于半殖民地半封建社会的中国，在当时进行资产阶级民主革命，发展资本主义，应该是中国旧民主主义革命的方向，而面对着西方资本家与劳动者之间的尖锐对立，少数人对多数人的残酷压榨，资产者之横暴，政府之专制，政治之腐败，社会革命之不可避免，等等，不能不在人们的脑海里画几个大问号：为什么经过英、法资产阶级革命者浴血奋战建成的先进制度并非乐土？如何修补西方资本主义的漏洞，避开这一制度可怖的黄昏景象？在革命营垒中一些熟悉中国古代政治制度、学术思想并有几分留恋的国学家章太炎、刘师培等人，就很自然地把希望寄托于中国古代文明，企图从中找到灵丹妙药。章太炎宣称：

> 方今华夏凋瘁，国故沦胥，西来殊学，荡灭旧贯。怀古君子徒用旧伤，寻其病残，岂诚无故。老聃有言，物壮则老，是

---

① ② 章太炎：《演说录》，《民报》第6号。

谓不道，不道早已，然则持老不衰者，当复丁壮矣。①

　　他怀着对古代传统文化的深厚感情，希望中国的古老文明能复为"丁壮"，为其改造中国的政治方案服务。他在《代议然否论》一文里，历数西方议会政治的弊端，指出："美国之法，代议士在乡里有私罪，不得举告其尊，与帝国之君相似，猥鄙则如此，昌披则如彼。震旦尚不欲有一政皇，况欲有数十百议皇耶？他国未有议员时，实验未著，从人心所悬揣，谓其必优于昔。今则弊害已章，不能如向日所悬拟者。汉土承其末流，琴瑟不调，即改弦而更张之尔，何必刻画以求肖？"② 他"借观明代法制"，认为"政刑分权"可行，又考察清朝官制，认为"政学分权"可取。从而设计出一套颇有点古色古香的行政、司法、教育三权分立的总统制方案。

　　再次，汉学异端在辛亥革命时期的兴起是适应反清、反帝的需要。

　　光绪二十六年（1900 年）章太炎发表《解辫发》一文，以汉学的笔法宣称："支那总发之俗，四千年亡变更，满洲入，始髡其四周，交发于项，下及髋髀。……余年已立，而犹被戎狄之服，不违咫尺，弗能剪除，余之罪也。"③ 他毅然断发辫，易装束；指斥清政府之无道，以至国力衰微，"四维交攻"，民族危机空前严重；勇敢地树立反清的旗帜，同孙中山领导的兴中会相呼应。次年在《正仇满论》一文里鲜明地批驳了梁启超的保皇论，强调说："夫今之人人切齿于满洲，而思顺天以革命者，非仇视之谓也。……而就观今日之满人，则固制汉不足亡汉有余，载其眚窳，无一事不足以丧吾大陆。"因此，要振兴中华，不能不革命。他指斥梁启超所谓的建立君主立宪政体，实际是害怕革命，反

---

① 章绛：《国故论衡》第三卷，《国粹学报》第 66 期，1909 年 5 月。
② 《章太炎全集》（四），第 306 页。
③ 《訄书重订本》，《章太炎全集》（三），第 347 页。

对革命,"为其圣明之主耳"![①] 声名仅次于章太炎的刘师培亦标尚严"夷夏之防",于光绪二十九年(1903 年)著《攘书》十六篇,主张排满革命。上文已经论及,清末汉学异端是适应中国民族资本主义发展需要传统学术转型的产物,因而其排满革命主张,第一是同其创建资产阶级民主国家的要求相结合的,第二是同当时的反帝运动、建立独立的民族国家相结合的。章太炎在《亚洲宜自为唇齿》一文里,即号召亚洲各民族联合起来,防御白种人的侵略。其后,又在《亚洲和亲会约章》里引人注目地提出:"本会宗旨,在反抗帝国主义,期使亚洲已失主权之民族,各得独立。"[②] 刘师培在《中国民族志》一书里把外国帝国主义侵略者称作"欧族",声言要"保卫中邦,排斥殊类",就必须反对"欧族"入侵。在他看来,西祸东渐,使中华民族遭受到前所未有的危机,"故忧亡国,更忧亡种"。[③] 面对严重的民族危机,为了重振民族精神,把中国文化学术的精华发扬光大,他们同其他国粹学派君子们一样,均以西欧的文艺复兴的"古学复兴"相标尚。

汉学异端的出现,说明了传统汉学已基本上走到了它的尽头,但志士仁人们打着"复兴古学"的旗帜,批判孔学,宣传民族民主革命思想,从而使汉学在辛亥革命时期又突然出现了短时期的兴盛局面。这些旧学根柢很深的资产阶级革命党人,把汉学作为宣传资产阶级民族民主革命的工具,服务于当时推翻清朝统治、建立资产阶级共和国的运动。章太炎、刘师培可谓是其中杰出的代表。归纳起来,这些志士仁人治学有很多相似之处:

(一)他们都崇尚古文经学,攻击今文经学不遗余力,辛亥革命时期,更是猛烈抨击康有为的今文经学及其君主立宪主张。

---

① 《国民报》第 4 期,《辛亥革命前十年间时论选集》第一卷上册,三联书店 1960 年版,第 94、97 页。
② 《亚洲和亲会约章》,《章太炎选集》注释本,上海人民出版社 1981 年出版,第 430 页。
③ 《中国民族志·白种之侵入》,《刘申叔先生遗书》第十七册。

（二）他们治经均以文字学为基点，对文字学深有研究；擅长于经籍考证和经义的阐释。他们学识渊博，治学范围广泛，从校订经书扩大到史籍和诸子，从解释经义扩大到考究哲学、历史、地理、天文历法、音律、典章制度，以至佛道之学。

（三）他们都通过对传统文化（包括经学、小学、史学、地理学等）的研究，吸收其中的"攘夷"思想来鼓动推翻满族贵族为代表的清朝专制统治，吸收其中的"民本"思想来鼓吹资产阶级的民主。

（四）他们由于受传统文化的影响很深，对近代西方资产阶级文化的认识又过于肤浅，因而都不同程度地存在着复古倒退的现象。例如，章太炎在民国以后渐致颓唐，刘师培在辛亥革命前就堕落为革命的叛徒。

三、章太炎与刘师培的汉学

章太炎（1869—1936年），名炳麟，字枚叔，号太炎。因他所敬仰的明末清初思想家顾炎武初名绛，曾一度改名绛。浙江余杭人。他出身世代书香门第。六岁开始读书，由其父章濬亲自教读。章濬淡泊名利，博通经史，严于自律。对太炎教育很严格。其《家训》有云："妄自卑贱，足恭谄笑，为人类中最佣下者。吾自受业亲教师外，未尝拜谒他人门墙。汝曹当知之。""精研经训，博通史书，学有成就，乃称名士。徒工词章，尚不足数，况书画之末乎？然果专心一艺，亦足自立，若脱为之，以眩俗子，斯即谓斗方名士，慎勿堕入。"[1] 这对幼小的太炎产生了很深的影响。

他九岁时，其外祖父朱有虔来余杭章家闲居，即"躬自督教"其学习"小学"、经籍，并授以《春秋》大义，谓夷夏之辨，严于君臣。自

---

[1] 《章氏笔述》，《制言》第43期，转引自汤志钧编：《章太炎年谱长编》上册，中华书局1979年版，第3—4页。

此至二十二岁，他驰骋学海，研读经史、《说文解字》段注本、《尔雅义疏》、《十三经注疏》、《经义述闻》、《明季稗史》十七种、《黄书》以及周、秦、汉代之书，"一以荀子、太史公、刘子政为权度"。[①] 在学术思想上崇尚古文经学派的开创者刘歆的思想主张。

光绪十六年（1890年），章太炎二十三岁，其父辞世。他到杭州诂经精舍，受业于著名的汉学大师俞樾。自此至光绪二十三年（1897年）从俞樾问学达七年之久，埋头"稽古之学"，"分别古今文师说"，成《膏兰氏室记》、《诂经札记》、《春秋左传读》等书。以文字学为基点，从训诂、音韵、典章制度等方面阐释儒家经典、先秦诸子书，奠定了坚实的汉学基础。至此，他已成为相当杰出的青年汉学家。

光绪二十年（1894年）中日甲午战争后，章太炎受到空前严重的民族危机的刺激和变法维新运动的影响，毅然走出书斋，参加政治运动。二十三年（1897年）初他离开诂经精舍赴上海，任职《时务报》馆，以变法维新为当世之急务。二十四年（1898年）戊戌政变"六君子"的惨遭杀害和二十六年（1900年）义和团运动的兴起、八国联军的入侵，使有志于改造中国的新型知识分子迅速分化，章太炎也逐渐由变法维新转向革命共和。他割发辫，"谢本师"，成《七略别录佚文征》、《春秋左传读叙录》、《驳箴膏肓评》，重订《訄书》，与孙文"定交"，发起"支那亡国二百四十二周年纪念会"，为邹容的《革命军》撰序，发表《驳康有为论革命书》，迅速把自己的思想纳入资产阶级革命共和的轨道。二十九年（1903年），《苏报》案发生，他慷慨就逮。三十二年（1906年）出狱赴日本东京，任中国同盟会机关报《民报》主编，积极宣传民主主义革命。与此同时，他在日本讲学，并为《国粹学报》等报刊撰写论文，又先后撰成《小学答问》、《新方言》、《文始》、《齐物论释》、《庄子解诂》、《国故论衡》等专著。辛亥革命后，逐渐退居为宁静

---

① 《上李鸿章书》，《章太炎政论选集》上册，中华书局1977年版，第53页。

的学者。他著述宏富，除刊入《章氏丛书》、《章氏丛书续编》外，部分遗稿刊入《章氏丛书三编》。1982 年开始出版《章太炎全集》。

章氏崇奉古文经学，学识渊博，兼融西学，形成了庞杂而颇具特色的思想体系。章氏治经，自中日甲午战争后，其着重点莫不紧紧同当时救亡图存、改造中国的时代脉搏息息相关。从他青年时代起，直至1911年辛亥革命爆发，治经重点为《春秋》与《左传》。他还把治诸子学视作稽古之学的基本内容；将古学中的精华（主要是爱国思想、求是致用精神、民本思想等）同西方的民主主义学说结合起来，宣传革命，倡言自由民权。而其论著往往以今古文之争的形式出现，或打下此种争议的印迹。十九世纪末康有为承继龚自珍、魏源、王　运、皮锡瑞、廖平一系，治今文经学，制造变法维新的理论依据。章氏在未走上反清道路、同康、梁一派人决裂以前，虽同康有为在今古文观上截然两立，他却从大局出发，对变法维新运动持支持态度。而他在这前后却完成了同今文经学对立的学术体系。一当他在光绪二十六年（1900 年）走上反清道路，在政治上同康、梁一派人决裂，其以今古文经学争论的形式对康有为的批驳之论，有如涌泉喷发，形成革命同改良之争的种种异彩。

今古文之争，常常集中于《春秋》经传上。今文家以成于西汉时的《公羊传》为传《春秋》的"微言大义"之作，今文经学的鼻祖董仲舒就是《公羊》学大师。古文家则认为成书较早（一说与《春秋》同时，一说在战国时期）的《左氏传》最能体现《春秋》之义。"章太炎一开始就主要接受古文家影响，所以他自称视《左氏传》为'鸿宝'。"① 发生于十九世纪末二十世纪初的今古文之争主要有以下诸端：

（一）今古文优劣与对刘逢禄的驳议。章太炎在杭州诂经精舍就读时，即著《春秋左传读》，运用前人文字音韵学成果，广泛地对《左传》和周秦、两汉典籍进行比较研究，在考订诠释《春秋左氏传》古字古

---

① 唐文权、罗福惠：《章太炎思想研究》，华中师范大学出版社 1986 年版，第 337 页。

词、典章名物、微言大义方面提出了不少独到的见解，与其后发表的《春秋左传读叙录》、《左氏春秋考证砭》、《驳箴膏肓评》三书同为驳斥刘氏之姊妹篇。章氏《左氏春秋考证砭》至今尚未发现。《春秋左传读叙录》为反驳刘逢禄《左氏春秋考证·后证》而作。《驳箴膏肓评》为反驳刘逢禄《箴膏肓评》而作。章氏曾谓："刘逢禄本《左氏》不传《春秋》之说，谓条例皆子骏所窜入，授受皆子骏所构造，箸《左氏春秋考证》及《箴膏肓评》，自申其说。彼其摘发同异，盗憎主人。诸所驳难，散在《读》中。"① 章氏论证"左氏、公羊氏皆不在七十子中。而左氏亲见素王，则七十子之纲纪，公羊末师，非其比也"。"孔子言'与左同耻'，则是朋友而非弟子，易明也。"② "寻桓谭《新论》以为《左氏》传世后百余年，鲁谷梁赤为《春秋》，又有齐人公羊高缘经作传"。"则《谷梁》在六国，《公羊》起于秦末，为得其情。"既然左氏为孔子之朋友，所传《春秋》自然得其本真，所作之《传》，不仅胜于《谷梁》，而且远胜于《公羊》。于是，他指斥《公羊》"或剽窃《左氏》而失其真"。③ "武进刘氏……乃至以《左氏》工在文字，而无说经之语。买椟则还珠，受藏则却璧，其见浅不见深，亦已明矣。诸举凡例及所论断，以为刘子骏所增，而不知墨迹有异，不可欺人。事异《公羊》，以为不见宝书，而不知望文生谊，诬造最甚。"④

（二）今古文辨义与对廖平之驳诘。章太炎的《今古文辨义》一文是针对廖平《群经凡例》、《经话》、《古学考》等文所阐发的论点而作。章氏指出，孔子祖述尧、舜，宪章文、武，制作六经，廖氏"则尽谓尧、舜事为虚"，而以六经之制作皆归于孔子；又谓逸经皆刘歆所伪撰，"而孔子乃尊无二上矣"。《左氏》述当世事，丑恶与嘉美并存。廖氏既

---

① 《春秋左传读叙录·序》，《章太炎全集》（二），第808—809页。
② 《春秋左传读叙录》，《章太炎全集》（二），第810、812页。
③ 《春秋左传读叙录·后序》，《章太炎全集》（二），第864、866页。
④ 《驳箴膏肓评·叙》，《章太炎全集》（二），第898页。

以春秋为乱世，则臆断必不得有此美谈，于是谓《左氏》亦自造事迹，而非征实之史。"九流自儒家而外，八家所说古事，虽与经典不无龃龉，而大致三代以上，圣帝明王名臣才士亦略不异于群经。且魄琐小事，亦有与群经合者。使其各为一术，则孔子以前，坟典具在，孔子不能焚去其籍也，彼诸子者，何为舍实事不言而同于孔子虚拟之事乎？于是词穷，则不得不曰庄、墨、申、韩皆宗孔子也。"章太炎强调指出，按廖氏孔子自造《六经》托古改制之说的逻辑，孔、孟、荀、汉儒书均可谓人所自造。① 不难窥见这位国学大师对今文经学所谓的"托古改制"说的极大愤慨。章氏极其敏锐地觉察到，这种为托古改制而自造所谓"伪经"以外的经传、历史人物事迹的逻辑，将引发出民族虚无主义的征兆，固属卓见；然而他却未料到，今文经学此说却同他所发展了的章学诚"六经皆史"的论说和复兴诸子学所引发的对孔学的批判，对挖掘孔子神圣的宫墙正有着异曲同工之妙。

（三）标尚真儒学，倡言革命共和，驳诘康有为的保皇论。章太炎的今古文辨，有如剥竹笋一般，从远到近，由外及里，最后才把矛头指向显赫一时的康有为。这固然与章太炎在戊戌维新期间和康的政见大体相同，在学术争端上有意维护康氏有关，但亦同章氏在学术思想的发展进程有一定关系。

光绪二十五年（1899 年），章太炎在台湾和日本期间，接触到西方进化论、社会学和机械唯物论等，在哲学思想上起了新的变化。这种变化突出地表现在《儒学真论》及所附录的《视天论》、《菌说》等文。其在形式上采取疏释经文、辨析荀学和墨、法两家的异同，实际上是对康有为、谭嗣同哲学见解的有关自然部分论说的批驳。其后他又在《征信论》一文里阐发"实事求是，无征不信"的观点，对康有为等的主观主义研究方法提出异议，并借《老子》八十一章"信言不美，美言不信。

① 《今古文辨义》，《章太炎政论选集》上册，第109页。

善者不辩，辩者不善。知者不博，博者不知"之语，以告康有为等，要真做智者，就必须求真求实，少说漂亮话，不卖弄渊博，不立巧说。①

光绪二十八年（1902年），章太炎第二次东渡日本，与孙中山"定交"，进一步接纳了西方资产阶级民主共和、天赋人权等一类理论，其突出成果即为《訄书》重订本的结集和《驳康有为论革命书》的发表，其思想发展到一个新阶段。《驳康有为论革命书》气势雄伟，充满民主革命精神。他倡言革命，礼赞共和，充满必胜信念，使革命者鼓舞，使中外反动派极为恐慌。章氏亦因此被捕入狱。

光绪三十二年（1906年），章太炎被释出狱，他第三次东渡日本，主编《民报》，博览西书，从柏拉图直到康德、黑格尔、叔本华等一大批西方哲学家的著作无所不窥，其思想趋于成熟而独具特色。章氏这一时期的论著范围很广，涉及政治、哲学、法律、道德、历史、国家制度等领域，形成独具特色的思想理论体系。尽管他立论以经史之书、老庄、佛学之言为根据，其中却贯穿民主主义精神。他《在〈民报〉纪元节大会上的演说》中力主"平民革命"，提倡实现平等，倡言"亚洲和亲"，反抗帝国主义侵略，争取民族独立，并始终坚持《民报》的"六大主义"。由于他主编的《民报》坚持革命宗旨，以鲜明的立场，同保皇派论战，民主共和方案战胜了君主立宪方案，赢得了胜利，才被人视作革命的旗帜。"尤其章太炎的文辞渊雅，立论以经史为根据，这样，就使当时的士大夫阶级在思想上发生了很大振动"②。章太炎的活动自始至终都带有学问家、革命家双重特色。他的昂扬爱国精神、鼓吹革命、批判帝国主义和封建主义之作，不仅引经据典、古色古香，而且往往同今古文经之争相交织。其于光绪三十二年（1906）年发表的《论诸子学》既属于章氏"稽古之学"的范畴，又把对孔子的批评推到一个高

① 参见《征信论》，《章太炎全集》（四），第55—60页。
② 汪东：《辛亥革命前后片断回忆》，转引自王有为《章太炎传》，广东人民出版社1984年版，第79页。

峰,成为近代中国"打倒孔家店"的先声,并从一个侧面对康、梁以某种讥刺。为了保存国学、发扬国粹,他诲人不倦,勤于笔耕。"其授人国学也,以谓国不幸衰亡,学术不绝,民犹有所观感,庶几收硕果之效,有复阳之望"①。

章太炎论著达百数十种之多。其中通论性的专著有《国故论衡》。该书分上、中、下三卷,在学术上企图总结清代学术的成就,给予一定的批评,并提出自己的体系。该书上卷小学十篇,指出小学是国学之本,同时又着重提出音韵学以补救清代学者偏重字形的缺陷。中卷文学七篇,主张大文学的概念,凡一切"著于竹帛者"都可以称作"文"。其基本的文学思想在于反对浮华、崇尚"名实"(他所谓的"名"实际上就是逻辑性和思想性)。主张学习先秦诸子,并推重魏晋"持论之文",指摘唐宋之文不尚"名实"而流于虚浮、谲诡。这都是章氏对当时文字空疏的弊病而痛下针砭。下卷诸子学九篇,主张诸子皆出于王官,九流皆言"道"。着重将佛教哲学中"成唯识论"一派的观点和名家哲学糅合起来,企图建立自己的哲学体系。这在当时是一个大胆尝试。该书在政治上痛斥康有为假借孔子改制、附会《公羊》三世说借以宣传君主立宪、反对革命的主张。在此前后,章氏还写了不少批驳今文经学派的文章,其最著者为《驳皮锡瑞三书》。他还在自诩为"一字千金"的《齐物论释》一书中阐发了独具特色的自由、平等思想。这时期,他在学术上始终表现出汉学大师的主要特色,在政治上不愧是一位民主主义革命家。

刘师培(1884—1919年),字申叔,又名光汉,号左庵,江苏仪征人。他出生于世代治《左传》的书香门第。从其曾祖父刘文淇起,即以注疏《左传》而名闻于世,到刘师培是第四代。他年少中举,引人瞩目。光绪二十九年(1903年)卷入当时正在兴起的民主革命运动,先

---

① 黄侃:《太炎先生行事记》,转引自汤志钧编《章太炎年谱长编》上册,第295页。

后参加光复会，任《警钟日报》主笔。次年参与创办国学保存会，其后为《国粹学报》撰述。二十一年（1905 年）赴日本入同盟会，为《民报》撰述。与张继举办"社会主义讲习所"，又与其妻何震创办《天义报》，宣传无政府主义。在此期间，他撰著《攘书》、《中国民约精义》、《周末学术史序》、《群经大义相通论》、《读左札记》、《小学发微补》、《国学发微》、《两汉学术发微论》、《南北朝学派不同论》、《汉宋学术异同论》、《中国民族志》、《古政原始论》、《伦理学教科书》、《经学教科书》、《中国文学教科书》、《中国历史教科书》、《中国地理教科书》、《荀子词例举要》、《古书疑义举例补》、《尔雅书名今释》、《晏子春秋补释》、《法言补释》、《周书王制篇补释》等，规模宏大。就其学术而论，他既是一位汉学大师，又具有通儒气质。三十三年（1908 年）冬回国，叛变革命，继入端方幕。民国九年（1920 年）病逝于北京大学任教期中。著述甚丰，有《刘申叔先生遗书》传世。

刘氏治经，承继清初以来汉宋兼采、匡时经世的通儒学风，标尚不立门户，立足古文，兼取今文，荟萃汉宋，治通儒之学。其《群经大义相通论》一书，一一论列"《公羊》《孟子》相通"、"《公羊》《齐诗》相通"、"《毛诗》《荀子》相通"、"《左传》《荀子》相通"、"《谷梁》《荀子》相通"、"《公羊》《荀子》相通"、"《周官》《左氏》相通"、"《周书》《周礼》相通"，一句话，群经大义是相通的，要做通儒、大儒，就必须旁通群经。他旁征博引，抒发己见，认为荀子治《春秋》以《左传》为宗，亦同时兼通《公羊》、《谷梁》，孟子治经也未仅治《公羊》而废《左传》。及至两汉，贾谊治《左传》，其所著《新书》亦引今文；董仲舒治《公羊》，其名篇《天人三策》亦引古文；刘向治《谷梁》，兼通《左传》、《公羊》，东汉经生虽守家法，兼治今、古文者亦占多数。他礼赞郑玄不拘守一家之言，旁通兼取，集学术之大成。他认为，守一家之说，则见闻有限，易陷于墨守偏执、抱残守缺；治通儒之学，则视野开阔，取长舍短，而有所成。他向人们提示经学各派皆同一源。"孔子之以六经教授也，大抵仅录经文以为课本，而参考之语，诠释之词，则大抵以口耳相传。而讲演之时或旁征事实以广见闻，或判断是非以资尚论，或杂引他说以证异同。弟子各记所闻，故所记互有详略，或详故事，或举微言，详于此者略于彼。所记既有详略，因之而即有异同。然溯厥源流，咸为仲尼所口述。"孔子整理"六籍"，即后所称的"六经"，在流传过程中发生歧异，及至"著于竹帛，字各不同"，才出现经名同而经文不同，或经同而传本不同等现象。这都是后来发生的事情。从整个经学历史演变的角度来考察，不仅今、古文经同源，而且汉学与宋学亦同源。[①] 在他看来，经学各派，即今文经学、古文经学、宋学，均有着相通兼采的基础。他反对门户之见，明确提出"群经大义相通"这一议题，在经学发展史上，不能不说是一种进步。长期以来，在中国学术界迷漫着一种"攻乎异端"的重云黑雾。刘氏此见，无疑是对历史上长期存在着的文化专制主义的一种突破。

应当看到，这种突破是清初以来经学演变的产物。清代以前的经学，或为两派对峙，或为一派独尊。及至清代，出现了经学历史上三大派别——今文经学、古文经学、宋学先后复兴，各派相互对垒又相互融合的局面。清初大儒顾炎武、黄宗羲等倡导匡时经世，大体汉、宋兼采。乾嘉时期，汉学鼎盛，汉学家中戴震、汪中一派人物，除考证外，亦言义理；理学家中姚鼐则以义理、辞章、考证相标榜，道咸间曾国藩等大张其帜，务使理以明道，言之有据，吸取汉学家考据求是之长，避免蹈空虚覆辙，义理、辞章、考证遂为士子治学不易之道。黔中名儒郑珍治古文经学，则以考证、辞章、义理为定式。清末，今、古文经学两派势如冰炭，而康有为的名著《新学伪经考》所用方法却是汉学家的考证。特别是他们同属传统经学的异端，共同之处都是为资产阶级民主主义运动增添砖瓦。古文经学巨子刘师培进而倡言群经大义相通，主张不

---

① 以上见《汉代古文学辨证》，《刘申叔先生遗书》第四十四册。

分门户，融合今文、古文、宋学，反映中国经学已进至总结阶段。

由于中国民族资本主义发展很不充分，在辛亥革命时期，近代思想文化很不发展，民主观念在人们的心目中还很淡薄，在一个人甚至一个派别上往往出现十分矛盾的现象。刘师培和他的国粹学派学友们，一方面为冲破狭隘的门户之见而大声疾呼，并见诸行动；另一方面又难以脱门户之见的樊篱。刘师培可说是一个典型。尽管他欲兼融各家，却始终站在汉学立场，斤斤于古文优于今文之论，而对宋学亦多偏激过当之评。如果说，刘氏对今文经学的批判出于政治因素，那么对宋学的过多指摘则同当时的斗争似乎无多大关联，他之所以对今文、宋学的不客观态度，实与其门户之见有关。

当刘师培步入革命之际，正值康有为、梁启超一派人以"保皇"、"立宪"为旗帜，公开同孙中山为首的革命派对立。刘师培同章太炎一样，较早投入了同康、梁的论战，并以今、古文经论战的形式呈现于人们的面前。首先对康有为的《新学伪经考》、《孔子改制考》等书所宣扬的今文经是唯一真经、孔子托古改制说迎头痛击。他广稽经史，钩罗例证，作《读左札记》、《小学发微补》、《西汉今文学多采邹衍说考》、《孔子无改制之事》、《汉代古文学辨诬》等文，论证刘歆以前，古文经已同今文经并存，秦代以前经文皆古文，汉代古文经是没有更改成秦文字的春秋典籍；指出康氏"伪经说"论断之"不足信"、"不可信"，打破了今文经学独尊的说教。他强调今文经晚出、荒诞等弊病，斥其为俗师之学、利禄之学，声称古文经优于今文经。他力辨孔子是"从周制"的守旧派，而非"改古制"的改革派。指斥康氏利用今文傅会"新法"，结果必然是凡政治与孔学不合者将不论其得失，悉屏而不行。声称从其对古文经的研究中，即可"验人群进化之迹"。① 这个"进化之迹"即是刘氏《攘书》中主张的"排满"革命，在《中国民约精义》中主张的民

---

① 《社会学史序》，《刘申叔先生遗书》第十四册。

权、自由，建立民主国家。这些思想主张，在当时的知识分子中有着极大的吸引力。[①]

刘氏读书很多，好以古书证新义。他的民族主义思想，以古文经学中的严"华夷之防"和今文经学中的"用夏变夷"论为基石，吸收了西方的进化论和天赋人权论，作为其"排满"革命和反对帝国主义侵略的理论基础。在他看来，之所以要革清政府的命，是因为它是帝国主义的走狗。他在《中国民族志》一书里指出，中国的危机十分严重，中华民族已到最危险的关头。他裂嗓稽头，慷慨陈词：

> 嗟乎！廿纪以前之中国，为汉族与蛮族竞争时代，廿纪以后之中国，为亚种与欧种竞争时代。故昔日之汉族迭为蛮族之奴隶，今后之中国又将为欧种之奴隶矣！
>
> 今太西哲学大家创为天择物竞之说，……中国当蛮族入主之时，夷族劣而汉族优，故有亡国而无亡种。当西人东渐之后，亚种劣而欧种优，故忧亡国，更忧亡种。[②]

刘师培的民族主义思想虽带有传统的狭隘的种族思想的杂质，但其革命反帝的思想主张却显现出异彩。他的民主主义思想，在当时知识分子中达到了较高的水平。他将传统经学中的民本思想同卢梭《民约论》所阐发的民主思想相嫁接，与林懈合著《中国民约精义》。他在该书里，满怀革命激情宣传"天赋人权"思想，鲜明地提出合群力、去人君、建立共和政府的主张。在他看来，为了振兴中华、外抗强敌、内争民主，就必须推翻清朝政府，驳斥康有为一派人的"保皇"言论。刘师培同章太炎一样，对康有为等的批判，为民主共和优于君主立宪、革命优于改

[①] 以上参见吴雁南等主编：《清末社会思潮》，福建人民出版社1990年版，第382页。
[②] 《中国民族志·白种之侵入》，《刘申叔先生遗书》第十七册。

良的资产阶级革命宣传作出了重要贡献。他的一些作品多为海内传诵，时人将他与章太炎（字枚叔）并称为"二叔"①。

但是，这位年少中举、思想多变、负有才名的革命青年，同章太炎相比，却缺乏章氏那种不畏追捕、能傲霜雪的骨气。在刘师培身上有许多封建主义的糟粕，他在笔头上有时表露了很革命的词句，而在灵魂深处的改良主义和封建的霉菌却自觉不自觉地流露于言谈之中。由于上述弱点的恶性膨胀，这位以"激烈"自诩的士子终至被反动逆浪席卷而去，投到他先前所切齿的满族大吏端方的幕下。

汉学异端，是传统文化向近代转型中的产物。从其萌芽孕育至清末的形成，经过了漫长的过程；而传统文化要完成这种转型，可能还需有一个长过程。因而有人将中国的所谓"文艺复兴"的下限延至二十世纪四十年代。这也反映出传统文化向近代转型是很缓慢的。汉学异端的出现，说明汉学已走到它的尽头。但这种异端又是近代转型时期的传统文化不可避免的瑕瑜互见，耀目的异彩与传统的杂质并存。这都应从历史条件来予以说明。在此恕不一一列举。

第四节　理学的复兴与异端的萌发

一、曾国藩与湖湘学派

咸同年间，中国社会剧烈动荡。外则资本主义国家侵华步伐一阵紧似一阵，内则农民起义的狂飙席卷大半个中国，特别是太平军夺取半壁江山，对清朝的统治造成极大的威胁。为了维护清朝岌岌可危的统治，收拾人心，士大夫中一部分人再度高举起理学的旗帜，并对其进行改

---

① 《钱玄同序》，《刘申叔先生遗书》第一册。

造，以适应变化了的新形势。他方面则如梁启超所说："乾嘉以来，汉学家门户之见极深，'宋学'二字，几为大雅所不道。而汉学家支离破碎，实渐已惹起人心厌倦。罗罗山泽南、曾涤生国藩在道咸之交，独以宋学相砥砺，其后卒以书生犯大难成功名。他们共事的人，多属平时讲学的门生或朋友。自此以后，学人轻蔑宋学的观念一变。"① 于是，出现了理学"复兴"的局面。

理学的复兴首先起于湖南。湖南地处中南，当时交通不甚发达，又远离全国的政治文化中心，与经济文化发达省区的联系较少，消息比较闭塞，士人思想趋于保守。故道咸以前，湖南士人中知名者甚少。在学术渊源方面，北宋著名理学家周敦颐籍隶湖南道州。北宋初年创建的长沙岳麓书院，是当时著名的四大书院之一，南宋大理学家朱熹、张栻都曾在这里讲学，门生达千人以上。因此，理学在湖南的影响很大。虽然王阳明的心学对程朱理学有不小的冲击，清中叶的汉学又极力排拒理学，但对于较为闭塞、保守的湖南影响都不大。加之湖南善化学者唐鉴以提倡理学为己任，他既批判阳明心学，又力排汉学，且主张经世致用，这对湖南学子影响不小。因此，湖湘士人多习理学。程朱理学一直在湖南占着统治地位。太平天国兴起，一些湖南士人为保卫"圣道"，走上理学经世的道路。他们学宗程朱，却又强调务实，讲究"事功"，对汉宋门户之对立取调和态度，从而形成影响颇大的湖湘理学派别。其精神领袖是曾国藩，中坚分子则有罗泽南、刘蓉、胡林翼等。

曾国藩（1811—1872 年），原名子城，字伯涵，号涤生，湖南湘乡人。道光十八年（1838 年）进士，改庶吉士。二十年（1840 年）散馆，授检讨。从二十七年（1847 年）擢内阁学士兼礼部侍郎衔起，五年之内，先后任和署礼、兵、工、刑、吏五部侍郎。后丁母忧回籍。在守制期间，组练成湘军，成为清廷镇压太平天国的主力。因其镇压太平天国

---

① 梁启超：《中国近三百年学术史》第 26 页。

而升任总督，封一等毅勇侯，授大学士。其著述集为《曾国藩全集》。

曾国藩自幼从父读书，九岁读完五经，十五岁读《周礼》、《仪礼》、《史记》、《文选》。后入湘乡涟滨书院、长沙岳麓书院就读。岳麓书院学风严谨，历届山长多以治程朱理学著称，这对曾国藩学术思想的形成产生了影响。不过，在道光二十年（1840 年）以前，其读书主要在应付科举考试，尚无明确的学术主张。他自称，道光二十年以来稍事学问，涉猎明、清诸大儒之书，但尚不能品评其得失。在得知姚鼐的学术主张后，茅塞顿开。"国藩之粗解文章，由姚先生启之也"①。姚鼐是桐城派的宗师，他认为义理、考证、文章，缺一不可，"所为文，高简深古，尤近司马迁、韩愈。其论文根极于性命，而探原于经训"②。桐城派家法是以清真雅正之文载孔孟程朱之道。曾国藩师法姚鼐，不仅学其为文之道，而且结缘于性理之学。稍后，他又从唐鉴"讲求为学之方"③。唐鉴学宗朱子，笃信谨守，但并不只讲求修身养性的"内圣"之道，而且主张儒者对礼乐兵刑、典章名物、政事文章、法制度数均应重视，提倡"守道救时"。这使曾国藩深受启发。此外，善化贺长龄与唐鉴相友善，倡为经世之学，与曾国藩同邑的孙鼎臣亦力诋汉学而倡经世致用。这些师友的教导和影响，使曾国藩在学术上"一宗宋儒"，并主张经世致用。

曾国藩之治学与为人皆以理学为归依。他按照理学的要求，非常注意自身的道德修养，甚至对自己在梦中艳羡他人得利也深深自责，自斥为"卑鄙"、"下流"④。他外出做官时暗自发誓，又在给州县的信中说过自己"不要钱不怕死"的话，为"不欲自欺其志"，他在外做官后即

---

① 《圣哲画像记》，《曾国藩全集·诗文》，岳麓书社 1986 年版，第 250 页。
② 《清代七百名人传》下，第 1787 页。
③ 黎庶昌：《曾国藩年谱》，岳麓书社 1986 年版，第 7 页。
④ 《曾国藩全集·日记一》，岳麓书社 1987 年版，第 116 页。

不"付银至家"。① 可见他不是一个口是心非的假道学先生，也不是一个空谈性理的腐儒。他倡言做人要"忠诚"，为政要综核名实，为学须学以致用。他说："君子之道，莫大乎以忠诚为天下倡"②，认为"天地之所以不息，国之所以立，贤人之德业之所以可大可久，皆诚为之也。故曰：诚者，物之终始，不诚无物"。而当今之大弊即为不诚。无论是言考据、言"经济"的学者，还是为官之人，都在"转相欺谩"，"彼此涂饰"。"故每私发狂议，谓今日而言治术，则莫若综核名实；今日而言学术，则莫若取笃实践履之士"。③ 要如此，就不能流于空疏，就须将学术用于实践。因而他主张将所讲的"理"用来经邦济世，主张讲求"事功"。这就为理学注入了经世的内容。

曾国藩经世的思想产生得比较早，随着时势的变化而愈来愈强烈。早在做京官时即究心于朝章国故，细心观察官场积弊、社会问题，为其经世积累了素材。一旦有机会，他就将经世的主张付诸实践。咸丰初，他先后上《应诏陈言疏》、《议汰兵疏》、《敬呈圣德三端预防流弊疏》、《备陈民间疾苦疏》、《平银价疏》等奏折。在这些奏折中，他痛陈官场退缩、琐屑、敷衍、颟顸之积弊，要求皇帝开放言路，重视人才，提醒皇帝不能无视民间疾苦，甚至委婉地指责皇帝。这正是他讲"忠诚"、讲"践履"与"事功"的表现，是其将学术与政事相结合的表现。正如他在给人的信中所说："国藩从宦有年，饱阅京洛风尘，达官贵人优容养望与在下者软熟和同之象，盖已稔知而惯尝之，积不能平，乃变而为慷慨激烈，轩爽肮脏之一途，思欲稍易三四十年来不白不黑，不痛不痒，牢不可破之习"④。当太平天国事起，曾国藩出而组织湘军后，他的"忠诚"与"事功"的思想，即表现为对太平军毫不留情的屠杀。在

_____

① 《致沅弟》，《曾国藩全集·家书一》，岳麓书社1985年版，第388页。
② 《湘乡昭忠祠记》，《曾国藩全集·诗文》第304页。
③ 《复贺耦庚书》，《曾文正公全集·书札》卷一。
④ 《复黄子春》，《曾文正公全集·书札》卷四。

这个过程中，也充分表现出他维护封建伦理道德的理学家立场。他在《讨粤匪檄》中宣称："自唐虞三代以来，历世圣人，扶持名教，敦叙人伦，君臣父子，上下尊卑，秩然如冠履之不可倒置。粤匪窃外夷之绪，崇天主之教，……举中国数千年礼义人伦、诗书典则，一旦扫地荡尽。此岂独我大清之变，乃开辟以来名教之奇变，我孔子、孟子之所痛哭于九原！凡读书识字者，又乌可袖手安坐，不思一为之所也。"① 曾国藩披肝沥胆向皇帝上书，以极残忍的手段镇压太平天国，表现形式虽然迥异，但从中表现出的"忠诚"、用世思想却完全相同。这和那种"平时袖手谈心性，临危一死谢君恩"的陋儒是大相径庭的。

曾国藩崇尚理学，对汉学的琐碎支离持批判态度。他针砭汉学道："嘉道之际，学者承乾隆季年之流风，袭为一种破碎之学。辨物析名，梳文栉字，刺经典一二字，解说或至数千万言。繁称杂引，游衍而不得所归。张己伐物，专抵古人之隙。或取孔孟书中心性仁义之文，一切变更故训，而别创一义。群流和附，坚不可易。有宋诸儒周、程、张、朱之书，为世大诟。间有涉于其说者，则举世相与笑讥唾辱；以为彼博闻之不能，亦逃之性理空虚之域，以自盖其鄙陋不肖者而已矣。"②

曾国藩之批判汉学，是批判它的支离破碎，无裨实用和门户之见，而对其功用则加以肯定，并表示作为一种学问，他是喜好的。他说："余于道光末年，始好高邮王氏父子之说"③。他赞扬汉学家江永《礼书纲目》、秦蕙田《五礼通考》二书"自天文、地理、军政、官制，都萃其中。旁综九流，细破无内。国藩私独宗之"④。他叮嘱儿子不必别标汉学之名目，但却一定要了解汉学的门径。⑤ 因此，他在"一宗宋儒"

----

① 《曾国藩全集·诗文》第 232 页。
② 《朱慎甫遗书序》，《曾国藩全集·诗文》第 222—223 页。
③ 《谕纪泽》，《曾国藩全集·家书二》第 809 页。
④ 《孙芝房侍讲刍论序》，《曾国藩全集·诗文》第 256 页。
⑤ 参见《谕纪泽》，《曾国藩全集·家书一》第 477 页。

的同时，"不废汉学"。另一方面，他也反对宋学的空疏。他主张会通两者，汉宋兼容。他说："乾嘉以来，士大夫为训诂之学者，薄宋儒为空疏。为性理之学者，又薄汉儒为支离。鄙意由博乃能返约，格物乃能正心。必从事于《礼经》，考核于三千三百之详，博稽于一名一物之细，然后本末兼该，源流毕贯，虽极军旅战争，食货凌杂，皆礼家所应讨论之事"①。又说："有汉学、宋学之分，断断相角，非一朝矣。仆窃不自揆，谬欲兼取二者之长"，"于汉宋二家构讼之端，皆不能左袒，以附一哄，于诸儒崇道贬文之说，尤不敢雷同而苟随"②。汉学讲名物训诂，实事求是。宋学谈天理人性，即物穷理。曾国藩主张二者兼容、会同，他说："近世乾嘉之间，诸儒务为浩博，惠定栋、戴东原之流钩研古训，本河间献王实事求是之旨，薄宋贤为空疏。夫所谓事者非物乎？是者非理乎？实事求是，非即诸子所谓即物穷理乎？"③可见汉、宋可以会通，可以消除彼此的门户之见。曾国藩以为二者会通的契合点是儒家的"礼"，"故尝谓江氏《礼书纲目》，秦氏《五礼通考》，可以通汉、宋二家之结，而息顿渐诸说之争"④。

曾国藩把宋学所讲的"义理"、修身养性、治国平天下等具体化为"礼"。他说："古之君子之所以尽其心、养其性者，不可得而见。其修身、齐家、治国、平天下，则一秉乎礼。自内焉者言之，舍礼无所谓道德；自外焉者言之，舍礼无所谓政事。"⑤又说："古无所谓经世之学也，学礼而已"⑥。总之，道德、政事、经世之学、治世之术，这一切都离不开"礼"，都表现在"礼"上。"先王之道，所谓修己治人，经纬万汇者，何归乎？亦曰礼而已矣"⑦。"圣人经世宰物，纲维万事，无

---

①④　《复夏弢甫》，《曾国藩全集·书信二》第 1576 页。

②　《致刘孟容》，《曾文正公全集》第三册，《书牍》。

③　《与刘孟容》，《曾文正公全集·书札》卷三。

⑤　《杂著·笔记二十七则·礼》，《曾国藩全集·诗文》第 358 页。

⑥　李鸿章：《神道碑》，《曾国藩年谱·附二》第 91 页。

⑦　《圣哲画像记》，《曾国藩全集·诗文》第 250 页。

他，礼而已矣"①。可见，曾国藩崇尚理学，实际上是崇奉礼，即把人们的思想、行为以及治术，全都规范于封建的纲常伦理、典章制度即"礼"之中，正其所谓"内之莫大于仁，外之莫急于礼"②。而所谓"仁"，按孔子的一种解释："克己复礼为仁"，也是以礼为指归的。故人们把曾国藩所宣扬的理学称为"礼学"。

曾国藩重礼，也重辞章。他师从桐城派古文家，在处理汉学、宋学、辞章的关系上，继承了桐城派的主张而有发展。他在姚鼐"义理、考据、辞章，三者不可偏废"的基础上又加上了"经济"。他说："为学之术有四：曰义理，曰考据，曰辞章，曰经济。义理者，在孔门为德行之科，今世目为宋学者也。考据者，在孔门为文学之科，今世目为汉学者也。辞章者，在孔门为言语之科，从古艺文及今世制义诗赋皆是也。经济者，在孔门为政事之科，前代典礼、政书，及当世掌故皆是也。人之才智，上哲少而中下多；有生又不过数十寒暑，势不能求此四术遍观而尽取之。是以君子贵慎其所择，而先其所急。择其切于吾身心不可造次离者，则莫急于义理之学。"③ 将义理置于最急要的首位，表明他的学术归依；将经济入于"为学"的内容，表明他对事功、政事的重视；把考据列为第二位，表明其"一宗宋儒"而"不废汉学"，反对狭隘的门户之见；重视辞章，不仅表明其重视文学，其志更在"立言"。如其所说："凡仆之鄙愿，苟于道有所见；不特见之，必实体行之；不特身行之，必求以文字传之后世"④。所谓"道"，即义理，义理以"立德"为事；所谓见道后身体力行，则是以理学经世，此为"立功"。而要将所立之德、所立之功传诸后世，则须借助于辞章以"立言"。文以载道，传之于后世，这正是曾国藩将辞章与义理、考据、经济并列之意蕴所

---

① 郭嵩焘：《墓志铭》，《曾国藩年谱·附二》第94页。
② 《王船山遗书序》，《曾国藩全集·诗文》第278页。
③ 《劝学篇示直隶士子》，《曾国藩全集·诗文》第442页。
④ 《致刘孟容》，《曾文正公全集》第三册，《书牍》。

在。曾国藩将此四者汇于礼学之中，就贯通了久已变为儒学内外两端的道德与事功、经与史、道与文，从而发扬了儒学"内圣外王"和用世的精神。

曾国藩不仅对儒家各派兼收并蓄，而且对诸子百家也采取集众家之长于一体的态度。他说："周末诸子各有极至之诣，其所以不及仲尼者，此有所偏至，即彼有所独缺，亦犹（伯）夷、（柳下）惠之不及孔子耳。若游心能如老、庄之虚静，治身能如墨翟之勤俭，齐民能以管、商之严整，而又持之以不自是之心，偏者裁之，缺者补之，则诸子皆可师也，不可弃也。"① 把老庄的虚静、墨子的勤俭、管仲、商鞅齐民之严整这些诸子"极至之诣"都吸收过来，儒学就更加完美了。"诸子皆可师"的思想，就使过去被视为儒学异端的诸子百家的长处，也包容在曾国藩崇奉的礼学中了。

曾国藩理学经世、会通汉宋、师法诸子等学术主张，发扬了儒学中的积极精神，表现出在新形势下理学的特点。这就为清末僵死的理学注入了一定的活力，对晚清学风的转变起了促进作用。

与曾国藩同时的湖湘理学派人物主要有罗泽南、刘蓉、胡林翼等。

罗泽南（1807—1856 年），字仲岳，号罗山，湖南湘乡人，年四十方补廪生。他是曾国藩麾下湘军悍将，因与太平军作战而屡被擢升，直至赏加布政使衔。后在武昌被太平军击毙。其著述主要有《小学韵语》一卷、《西铭讲义》一卷、《周易附说》、《太极衍义》一卷、《姚江学辨》二卷、《读孟子札记》二卷、《方语要览》等。

罗泽南为道咸湖南名士，与刘蓉、贺长龄、唐鉴、郭嵩焘等人关系密切。他宗法程朱，反对陆王心学，认为朱熹是孔孟之道的传人，"孔、孟之精微，非朱子无以发；濂、洛之蕴奥，非朱子无以明。扫功利，排

---

① 《曾国藩全集·日记一》，第 652—653 页。

佛老，摧陷廓清，义精仁熟，此功真在万世"①。他攻击王学说，佛老之学之所以历久不衰，是因为王守仁以"致良知"为幌子，将佛老之说羼入孔孟之道中，大加张扬，蛊惑人心。因此，要破佛老，必破王学；破一分王学，则进一分孔孟。②

罗泽南排击王学，主张舍弃名利；排击佛老，主张士大夫勇于任事。他在《小学韵语序》中说，他在乡间教授生徒时，平居无事，总以宋儒义理之学相策励，力倡不以利害动己心。当时人们都笑他迂阔。及至粤事大起，敢以身赴险者，多是他的弟子；其余人等则噤若寒蝉。这是因为后者受了"致知性命"的不良影响。③他不墨守理学陈规，提出"道"在日用事物之端的命题。他说："舍日用事物之端而求道于荒茫微渺之域，无怪其不知道也。"④他主张"事功"，主张所学的东西要"有用"。在他受伤临死之时，还握住胡林翼的手说："危急时，站得定，才算有用之学"⑤。他舍命与太平军作战，成为维护清朝统治的"中兴名将"。这正是在义理及事功思想指导下的自觉行动。

刘蓉（1816—1873年），字孟容，号霞仙，湖南湘乡人。道光十四年（1834年）赴京应试途中结识曾国藩，遂成至交。由于镇压太平军、李永和起义军有功，不十年间，由训导而知县、知府、布政使，最后升至陕西巡抚（咸丰四年任训导，同治二年授陕抚）。同治五年（1866年）十二月，上谕责其不"出省督剿"，"以致官军挫失"，将他革职。刘蓉在不遗余力地镇压农民起义的同时，也比较关心民瘼。他在陕抚任上，力保贤能牧令以举善效能，使关心民瘼的州县官能得到奖叙。他又订立周详章程，督责地方官招徕游民垦荒屯田，以苏民困。⑥镇压起义与体恤民情，这两种看似对立的行为，统一于湖湘理学派"事功"主张之中。

①②③④　《清儒学案》卷一七〇，《罗山学案》。
⑤　《清代七百名人传》中，第991页。
⑥　参见《清代七百名人传》中，第1165—1166页。

刘蓉为学力主程朱，并对古往今来的利病得失、风俗人情极感兴趣，很希望有机会一展才智，以兴三代之学。他非常推崇朱熹，认为朱熹是孔孟的传人。他称誉朱熹的《易》说：“见之而凡羲、文以后，周、孔、程子诸圣贤之说，亦可类推引伸，无不各尽其妙，此朱子之功所以为大，而列圣之制所以并垂。”① 和罗泽南一样，他也反对阳明心学，认为明以后程朱学说难以大倡，圣道之祚未能大明，皆因王学流行之故。他在复曾国藩的信中说，自己也曾被阳明之学所惑，“尝读其书，亦恍若有得焉，以为斯道之传，果出语言文字之外”②，甚至对研习义理之必要都产生了怀疑。只是后来“徐检孔孟程朱之训，逐日玩索，乃粗得其所以蔽”。他指出，王守仁以“良知”、“顿悟”之神通妙用为诱惑，鼓吹“一超而立悟”，完全背弃了理学应以“强探力索之劳，履规蹈矩之苦，铢积寸累之勤”始能“入圣”的艰辛进程。③ 从这里可以窥见其事功思想的端倪。

刘蓉少年时即有“以天下为己任”的大志，出山之后，孜孜以求建立“事功”，并与同乡友人曾国藩、罗泽南、胡林翼、左宗棠互相策励，对湖湘学派“事功”思想的形成有一定的推动作用。

胡林翼（1812—1861 年），字贶生，号润芝，湖南益阳人。道光十六年（1836 年）进士，改翰林院庶吉士。十八年散馆，授编修，后外放至贵州任知府。因镇压苗民起义、李沅发起义和太平军，由知府擢升道员、按察使、布政使，直至湖北巡抚。有《胡文忠公遗集》行世。

胡林翼对湖湘学派的崛起起了很大作用。他为湘军联络人才，并力荐曾国藩、左宗棠、刘蓉、李元度等湖湘人物，说他们或材堪大用，或晓畅兵机，或胆识远大。他非常重视“事功”，于镇压太平军，调度筹划，不遗余力。曾国藩称，湘军攻陷安庆，当推胡林翼为首功。他还在湖北整顿漕弊，革除衙门陋规。曾国藩在咸丰四年（1854 年）的奏折

①②③《清儒学案》卷一七八，《湘乡学案下·刘先生蓉·复曾涤生检讨书》。

中曾称:"林翼才胜臣百倍"①。故时人以"曾胡"并称。

胡林翼有关义理之学的著作甚少,可否称为理学家还是个问题。不过,彭玉麟在光绪初的奏折中说,胡氏"与曾国藩、罗泽南等,讲学则同方同术,讨贼则同力同心"②。可见他与曾、罗在学术思想上是同调的。同时,他大力提倡"事功"思想,在友人中颇有影响。他在《读史兵略序》中说:"天下之治常肇于忧勤,而其乱也皆由于逸乐。君子妣其禄而不忧其职,小人溺于俗而不忧其不可常,顾屑屑焉。上下偷薄,幸其苟且安乐以没其世,此召祸之最巨者也。"士大夫当敢于任事,不忘武备,时时以任重道远自警,否则将国亡家破。③ 在太平天国运动席卷南方前夕,这种思想,于两湖地区士人中很有代表性。

二、湖湘以外的理学家

在湖湘学派以外,治程朱理学的大家有倭仁,对汉学大加批评的学者有陈澧、沈垚等。

倭仁(1804—1871年),字艮斋,一字艮峰,乌齐格里氏,蒙古正红旗人。道光九年(1829年)进士,改庶吉士。十二年散馆,授编修。历官道、咸、同三朝,曾任大理寺卿、工部尚书、文渊阁、文华殿大学士等职。有《倭文端公遗书》行世。

倭仁师从理学家唐鉴,与曾国藩、何桂珍等人讲求宋儒之学,以卫道者自居,是咸同年间的理学大师。他对阳明学派的"心即理"极为反感,认为追随程朱,钻研"性理",即使无大进,犹不失为谨学之士;追随陆王,就会被"良知"说蛊惑而步入"狂禅"迷途。咸丰帝继位,他连续上书,言修齐治平之理,规谏刚登位的年轻皇帝,要如程朱所说的那样,"命老臣贤儒,日亲便座,讲论道义,以辅圣德";又要像熊赐

---

① ② 《清代七百名人传》中,第950页。
③ 《清儒学案》卷一七八,《湘乡学案下》。

履上康熙帝的奏折中所说的那样，将《大学衍义》一书，视"为万世有天下者之律令格例"，要"延访真儒，讲求研究，务尽其理"。这些都是"人君修养身心之要，用人行政之原"。希望咸丰帝"择同德之臣，讲求治道，切劘身心，由穷理修身，以至于治平天下"。① 这些奏折，表现出倭仁以理学辅佐人君、治理天下的思想。倭仁在学术上反对"自辟一解"，有所发明。在政治上顽固守旧，盲目排外。同治六年（1867 年），奕訢等请设天文算学馆。次年，倭仁即上折极力反对。他说："立国之道，尚礼义不尚权谋；根本之图，在人心不在技艺"。如果请夷人为师，让正途出身者从其学习，就会"正气为之不伸，邪氛因而弥炽，数年以后，不尽驱中国之众咸归于夷不止"。② 这种空谈礼义、无裨实用之论，再次表现出理学之陈腐空泛。倭仁之论，与曾国藩等讲"事功"的湖湘学派相比，有着明显的差异。

陈澧（1810—1882 年），字兰甫，别署东塾，广东番禺人。道光十二年（1832 年）举人。六次会试皆不中。曾任河源县训导，仅二月即辞归，不再出仕。在广州学海堂为学长数十年。晚年主讲菊坡精舍。陈澧兴趣广泛，举凡天文地理、乐律、算术、古文骈文、诗词书法、诸经注疏、诸子、史书，无不研究。主要著作有《东塾读书记》十七卷、《汉儒通义》七卷、《声律通考》十卷、《切韵考》六卷、《外篇》三卷、《说文声表》十七卷、《水经注提纲》四十卷、《水经注西南诸水考》三卷、《三统术详说》三卷、《东塾集》六卷等。

在学术上，陈澧于汉学宋学，能会其通，"谓汉儒言义理无异于宋儒，宋儒轻蔑汉儒者非也。近儒尊汉儒而不讲义理，亦非也"③。他对于只重考据训诂之汉学大不以为然，批评说："百余年来说经者极盛，然多解其文字而已，其言曰：'不解文字，何由得其义理？'然则解文字

---

① 中国史学会主编：《洋务运动》（二），上海人民出版社 1961 年版，第 30—31 页。
② 王之春：《国朝柔远记》卷一六。
③ 《清代七百名人传》下，第 1695 页。

者，欲人之得其义理也，若不思其义理，则又何必纷纷然解其文字乎？"他认为，士人读经，应该养成先读、后思、再整理以贯穿内容、发明义理的习惯，这才是有助于古人、有益于后世的学习方法。① 他对那种动言"纠错"、"勘误"，从古书中翻检出一两处错误大做文章，以证明自己才能的做法颇不以为是，劝告人们，"收敛聪明，低头读一部注疏，勉为读书人。若十三部注疏未读一部，辄欲置喙于其间，此风断不可长"②。在关于如何治《诗》、《礼》、《春秋》等经的问题上，他认为，"说《诗》者解释辨驳，然不可无绅绎词意之功"。"读《礼》者，既明《礼》文，尤明《礼》意"。《春秋》三传各有得失。"知三传之病，而后可以治《春秋》。知杜、何、范注，孔、徐、杨疏之病，而后可以治三传。三传注疏之病，动关圣人之褒贬，宜弃其所滞，择善而从"。他颇推重郑玄之注，认为"郑氏诸经注有宗主，复有不同，中正无弊"；并以为郑玄之学在保存、传续"圣人之道"上起了极大的作用。③

陈澧主张学术与政治结合。他认为，"吾之书，但论学术，非无意于天下事也。以为政治由于人才，人才由于学术。吾之意专明学术，幸而传于天下，此其效在数十年后"④。他认为，读经决不仅是体会先圣先贤的思想，更重要的是从中领会出有关世道人心的义理，以警醒世人，有补于社会。汉学所以有弊，正在于它虽然训释甚精，考据甚博，却无关乎世道人心。他将清王朝于承平之后渐呈衰世的颓状归咎于汉学家埋头书斋、不理世事所致，认为如此则倒不如不读书。⑤ 矫弊之法是重返朱子学的传统，使考据、义理两不偏废，考据服务于义理，义理来源于考据。并认为，清代学人没有理解先贤思想，将道学、辞章、经济、经史诸科分而异之，甚至各立门户，互相攻击，这大悖于先贤的主张。他主张将这些学科合为一体，而不能"有其一亡其三"。这些表现

①② 《清儒学案》卷一七五，《东塾学案下·陈先生澧·附录》。
③④ 《清代七百名人传》下，第1696、1695—1696页。
⑤ 参见《东塾读书记》。

出他重视"事功"的思想。所以,他认为,当务之急在会通汉宋,取二者之长以用世。如果仍然持门户之见,森严壁垒,万千论著反复辩论两派得失,于世事何补?那么,只会使汉、宋二学均流为魏晋时期清谈,唐宋两朝的禅宗。

这一时期,对汉学大胆提出批评的学者尚有沈垚。

沈垚(1798—1840年),字敦三,号子惇,浙江乌程人。他一生坎坷,科举不第,仅及优贡终志。生活的艰辛,使他有较多的机会接触到社会的黑暗面,对现实有清醒的认识。他在京师滞留时,看到"都下衣冠之会,无有一人言及四方水旱者。……其间有文雅者,亦不顾民生之艰难,惟有访碑评帖,证据琐屑而已"①。他对此深恶痛绝。可惜大厦将倾,独木难支,衰颓之世非一二寒士以"经世"为号召所能力挽。他入京六年后,于科举不第之际病逝。这个年轻时以学识称浙江第一、入京后以舆地之学使徐松、程恩泽等京师儒士大吏叹服的奇才,就这样因"为学与世常格格不相入"而埋没于科举制度。②

沈垚长于地理学,尤擅西北水利地形。乾隆以来,学术界唯以训诂校勘古籍为能事,于国计民生、世道人心不闻不问,他对这种风气极为不满,认为:"乾嘉以来,士务训诂,意欲矫明人空疏之病。然明人讲学尚知爱民,今人博览专为谋利。"③他在与人书中,批评当时学风,将略窥语录以欺人的理学派和东抄西撮、以淹博自许的汉学家一概推倒,揭露他们欺世盗名的面目。

陈澧、沈垚等对考据学派不问世事、埋头古籍等弊端的批评,可谓一针见血。这些批评虽然由于他们人微言轻而反响不大,却从一个侧面预示新学风的兴起。由此可以看到,理学派"事功"思想的出现绝非偶然,陈澧、沈垚等人的历史功绩是不可磨灭的。

---

①②③ 《清儒学案》卷一六三,《敦三学案》。

三、理学异端与清末政潮

理学异端的酝酿可以追溯到很久远的年代。明代，王阳明力图昂扬人的主体精神，不以孔子或其他任何人的是非为是非。清初顾炎武、黄宗羲、孙奇逢、李颙、唐甄、陈确等大儒，或汉宋兼采，或宗陆王，尽管其学术倾向有所不同，而其所抒发的思想主张，却放出引人注目的异彩，同其他思想家的论说相互激荡起思想解放的波涛。鸦片战争前后，经世之风的兴起，程朱理学中人亦以经邦济世相标尚，陆王心学在力挽狂澜、以改革维新为己任的志士仁人中亦起着积极的影响。① 龚自珍、魏源、徐继畬，洪秀全、洪仁玕、王韬、郑观应、左宗棠等不同阶层的人物，亦多受到心学的影响。及至清末，可称得上理学家的极其罕见。关中学人刘光蕡以理学见称于世，可谓孑然独立；在清末政潮中，刘光第则多从程朱理学作为其立论的依据。

刘光蕡（1843—1903 年），字焕唐，号古愚，陕西咸阳人。他一生从事教育，曾任甘肃大学堂总教习。有《烟霞草堂文集》、《烟霞草堂遗书》传世。其父早逝，贫苦殊甚。虽夜磨面屑，昼售饼饵，"食粥度日"，却诵读不辍。"学术推宗姚江，会合闽洛，常曰：'程朱内外交养，是圣门自小学至大学周详绵密工夫，陆王重内轻外，是教后世少壮废学者直捷。一《论语》教法，一《孟子》教法也。阳明以救程朱末流之弊耳。当识圣贤救时苦心，何尝不殊途同归。"② 他致力王氏"致良知"之学。清初以降，士人"鉴王学末流空疏之失，欲矫正之，遂痛诋阳明"，对此他颇不以为然。他说："夫矫末流之空疏可也；以空疏诋阳明不可也。诋阳明而以'致良知'一语为遁于虚尤不可也。"他认为王氏的良知说本于孟子，即世俗之所谓"良心"，"致良知"即是教人做事

---

① 以上参见吴雁南主编：《心学与中国社会》，中央民族学院出版社 1994 年版，第 163—223 页。
② 以上见刘瑞骥：《〈刘光蕡〉行状》，《烟霞草堂文集》附录。

"不昧良心",① 大声疾呼要以"圣言治我今日之心",使"能治我今日之事而应其变"。他指斥人们肆意攻击心学,造成今日"世变亟而人才不出的局面"。②

刘光蕡主张儒学内部各派相通,而且称许杨、墨亦知尧舜之道,声称:"孟子拒杨、墨,正是欲用杨、墨以救乡愿民贼之祸。"③ 认为"九流皆吾道之支"。他说:"今日讲学,万不宜自隘程途。悬一孔子之道为的,任人择途而往,不惟不分程朱、陆王,即墨、杨、管、申、韩、孙、吴、黄、老、杂霸、辞章以及农工商贾,皆孔教之人。苟专心向道,皆能同于圣人。"并责问道:"则何必学圣人者,仅朱子一途为正也!"④ 其冲破狭隘门户之见的呼声,同刘师培一派士人交相辉映。

刘光蕡潜心讲学,却又十分留心时局。他认为读书人绝不能只埋首于学术,必须关心国家民族的兴亡。只要国人"各为富强之事,而又有殊异之材,挺然出于群练、群谨、群勤、群巧、群智之中,以率此练、谨、勤、巧、智之群,自立于今日之世界,不惟不患贫弱,而富强且莫中国若矣"⑤。他以兴办教育、实业为经邦济世、振兴国家民族之根本:游说当道建崇实书院,讲授西方科学;派遣高才生到湖北、上海等地学习科学技术,拟建纺织公司与书院相辅相成,使学归实用;试办白蜡厂、轧花厂,制造人力纺纱车,开辟桑园。他这种教育与实业、生产相辅而行的思想主张与实践,继承发展了阳明学重践履的精神,是很值得称道的。

刘光蕡热爱祖国,深谋远虑。"当日本之陷琉球也,谓日人意在朝鲜,今特小试兵端以窥朝旨,不速张挞伐,将来羽翼既成,吞噬朝鲜,

---

① 《烟霞草堂文集》卷五,《与门人王含初论致良知书》。
② 《烟霞草堂遗书》之五,《论语时习录·序》。
③ 《烟霞草堂遗书》之三,《大学古义》。
④ 《烟霞草堂文集》卷五,《与门人王伯明论朱陆同异书》。
⑤ 《烟霞草堂遗书》之二,《学记臆解·序》。

俄南下而与之争，辽海之间恐不堪设想。后十余年，果有中日之战。"①
他力主放眼世界，贯通古今，"而于外洋各国立国之本末，亦兼综条
贯"，以"应今日之变"。②他同当时不少具有维新思想的士人相似，将
西方政艺说成是中国自古有之。他振振有词地写道："吾中国宪法，尧
舜禹皋创之，汤文武周公承之，孔孟修之，……经祖龙虐焰，消蚀沉
晦，遂至湮埋二千余年之久。今为西人所迫，道始大明，乃求宪法于西
国，……岂非大可痛心之事哉！"虽然在文中摇首浩叹：学西国宪法是
"弃祖父膏腴之业而不耕，而甘行乞于市，以求苟延残喘也"。③但从以
上引文看，一则称宪法本为中国古圣先贤所创制的传家宝，惜乎后世湮
埋无闻；二则称近代中国在西力的冲击下，"道始大明"，人们又从西方
学习宪政，是肯定宪法、宪政，即肯定资产阶级民主主义的。在戊戌维
新期间，他以康有为为同志。康氏对刘光蒉亦深表敬意，他曾写道：
"先生感甲午之败，发愤救国。吾开强学会于京师，先生书吾序于讲堂，
率陕人士为桴鼓之应，遣门人陈涛、邢廷爽、张鹏一等十余人来问学，
其高弟李郎中、岳瑞、孟符，博学而高节以亲吾，牵于戊戌之难。先生
亦以党人被疑谤，避地躬耕于烟霞洞，忧愤既甚，目为失明，则吾之累
先生甚矣。"康氏继谓他写此文宣传刘著《烟霞草堂文集》这部书的目
的是："俾天下诵者知清末体用兼备之大儒不见用而亡其国也。"④从中
不难窥见这位"体用兼备"的大儒确乎具有某种维新思想，在他手中的
理学已萌发与传统学术对立的异端思想。

刘光第（1859—1898年），字裴村，四川富顺人。光绪进士，授刑
部主事。戊戌维新期间，由湖南巡抚陈宝箴推荐，加四品卿衔军机章
京，参与新政。他居官清廉，不媚权贵，戊戌政变时被捕，与谭嗣同等

---

① 刘瑞骙：《（刘光蒉）行状》，《烟霞草堂文集》附录。
② 《烟霞草堂文集》卷八，《时务斋学规》。
③ 以上参见《烟霞草堂遗书》之一，《立政臆解·序》。
④ 《烟霞草堂文集·康序》。

遇害，为"戊戌六君子"之一。他虽非专门的理学家，却是程朱理学的崇尚者。史称他"平居祈向朱子。以为此皆实践，非虚为精详"①。及被捕入狱"犹诵《朱子全书》及《周易》"②。梁启超称他为"有道之士"，于《刘光第传》的结尾称赞说："真古之人哉！古之人哉！"③ 这一切表明，这位维新派变法人士具有理学古君子的风貌。

首先，从刘光第的治学门径看，以朱学为入道之门。在《书赠唐晋渊》一文里，他写道：

> 玉山君曩曾问余当读何书，余曰：六经四子尚矣。六经，群书之扃钥；四子，六经之权衡也。此外当先读者，则莫如宋五子书，而朱子又集大成者。以朱子为入道之基，犹以四子为入德之门。由四子入，而群经有所折衷；由朱子入，不惟可款周、程、张、邵之关，其后之有见于四子也，亦倍亲切。主敬存诚以为本，而为学之要，作人之方，……圣贤教人，无非欲其体认躬行，以驯至乎其极而已，曷尝有他道哉！④

刘光第以"尚诚朴，去奢伪，正人心而厚风俗"⑤ 相标尚，发挥程朱理学"存心利物"观点，强调说："程子谓：'一命之士，苟存心以利物，于人必有所济。'按此念在得位时，尤宜刻刻不忘。后世功名势力身家妻子之念重，其存此念者几希矣。须知此念不存，便一切经济学问，都做不出去。"⑥ 于是他强调辨义利，铲除胸中私意，顶天立地，心肠要干净。他反对狭隘妒忌，倡言度量宽阔坦荡，"澄之不清，挠之

---

① 赵熙：《刘大夫传》，《刘光第集》，中华书局 1986 年版，第 441 页。
② 高楷：《刘光第传》，《刘光第集》第 440 页。
③④ 《刘光第集》第 437、51 页。
⑤ 《封奉政大夫刘公举臣六十暨配黄宜人五十寿序》，《刘光第集》第 56 页。
⑥ 《都门偶学记》，《刘光第集》第 169、171、167 页。

不浊，大海之度；斟之不盈，酌之不虚，大海之量"①。他赞颂张载《西铭》的"民吾同胞，物吾与也"的理想境界。他写道："静将张子《西铭》默会一过，真觉有天下一家，中国一人气象，呼吸痛痒，何曾著得些子隔膜。"②光绪九年（1883年），他在上海同吴某、赵某谈及"仆事主之道"时说："为主者以体恤为心，为仆者以勤慎为心，总在各尽其心而已。因为言及君臣、父子、夫妇、朋友之道，无不贵乎各尽各心，只是自责，不以相责，各尽各职。这便是自修，便是积德。"③虽然尚未突破三纲五常的伦理观，但强调人们要自责而不相责，各尽其心，这对卑者贱者及在下者的人格地位无疑是很大的抬举。进而他发挥了"民贵君轻"的观点，认为"圣人之道无人不可以为"④，"匹夫有重于社稷，一策之得，天下赖之。智识在贤不贤，而非在贵贱也"⑤。他置个人荣辱生死于度外，以天下国家为重，倡导王安石的"天变不足畏、祖宗不足法、人言不足恤"的精神，渴望变革，发愤图强，从而改变清朝统治阶级腐败、麻木不仁、文恬武嬉的状况。⑥他言行一致，笃实践履，可以说继承了中国传统儒学优良的一面。谭嗣同称许道："京师所见高品笃行之士，罕其匹也。"⑦正是这种对国家民族的责任感，以及刚直不阿的风骨和献身精神，驱使他投入救亡图存，改造中国的维新变法洪流中去。

其次，从穷则变、变则通、通则久的观点出发，刘光第主张改革弊政，酌采西法，进行变革，救亡图存。他对慈禧太后干预朝政、权臣贪位固宠、"坐视大局之坏而不措一心"的政治腐败现象痛心疾首，"含血

---

① ② 《都门偶学记》，《刘光第集》第 169、171、167 页。

③ 《南旋记》，《刘光第集》第 84—85 页。

④ 《彭君子文寿序》，《刘光第集》第 60 页。

⑤ 《近廉刘君寿序》，《刘光第集》第 57 页。

⑥ 参见《致刘庆堂书》，《刘光第集》第 223 页。

⑦ 梁启超：《刘光第传》引谭嗣同语，《刘光第集》第 436 页。

喷天，决眥切齿"。① 他强烈要求变法，发愤图强。早在甲午中日战争期间，他即上奏"将来所当变通者"四条，其中包括：乾纲独断以一事权；下罪己诏固结人心；惩处、罢斥李鸿章、李翰章、裕宽，别简贤能，"一意攘外"；加强近代化国防建设以振积弱。② 光绪二十四年（1898 年），戊戌变法维新运动进入高潮，他应命作《论〈校邠庐抗议〉》一文，比较系统地表述维新变法的主张。该文的起始就表明他要求变法的主张：

> 中国壅遏久矣。皇上赫然改图，惟智惟勇，尽除沮抑蒙蔽之害，言路大开。今者复诏大小臣工，考论《抗议》一书，是亦古人谋及卿士，外洋建设议院之意也。……其书有已行者，有尚宜遽行者，有未可遽行者，有直不必行者。谨竭愚者之虑而论说之，以备采择。其原议所未及，而今当变通者，亦间及焉，不敢隐也。在迂滞者，方谓轻弃吾中土之法而学外洋；自其通者观之，乃所以洗涤吾后世之弊政，而恢复吾古时之良法也。要在皇上参酌古今、博考中外、择善而行之，不为游言浅人所惑，则本朝之治，将跨越汉唐，直追三代，岂非由皇上毅然变法之一念为之哉！③

可以看出，刘光第同康有为一样，为了减少阻力，总是要把维新变法说成是"复兴古法"。他在该文中提出了政治、经济、文教诸方面的改革方案。这些方案虽未明确提出实行西方资产阶级民主的主张，但提出实行变法，整顿内政（特别是吏治），学习西方，讲求洋务，关税自由，独立自主（善于驭夷），发展近代工商业，实行具有民主主义的"大事

<hr>

① 《致刘庆堂书》，《刘光第集》第 255 页。
② 参见《甲午条陈》，《刘光第集》第 1—5 页。
③ 《刘光第集》第 5—6 页。

众议"、"京中庶僚会推之法",逐步对全国官吏实行"公黜陟",由老百姓或下级推举或保举。这一切说明,他已从封建士大夫的营垒迈向维新变法;他的言行中已具有变法维新因素,同洋务官僚的思想与立场已有不同,并为他所拥护和推行的变法运动献出了宝贵的生命。

就宏观而论,理学异端具有以下突出特点:(一)其酝酿时间极为漫长,几乎可以上溯唐宋疑经议经的社会思潮的兴起;(二)清代中叶以降可称得上理学大师者极少,至清末有志于以民主主义改造中国的理学家几乎是凤毛麟角,而在近代改造中国、振兴中华的学潮与政潮中,理学主要是心学异端的影响力却驾乎今文经学异端、汉学异端之上。

十九世纪末二十世纪初,无论是维新派还是革命派,推崇陆王心学的言论屡见不鲜。其中最突出者如康有为之偏"好陆王",梁启超之赞阳明学派恢复孔学"本真",谭嗣同以"合同志以讲明心学"为己任,宋教仁之"服膺王学",刘师培对王阳明的顶礼膜拜,章太炎之用佛学、王学铸造其独具特色的革命论,汪精卫之声称"膺服王阳明之言"等。他们都用心学的思想资料陶铸其改造中国,振兴中华的思想主张。其他受心学影响,抒发心力决定论,以增强自信力、自尊心、发挥主观能动性的言论的人物,更是不胜枚举。其影响的层面之深之广实为世所罕见。

那么,他们为什么对陆王心学如此顶礼膜拜呢?

首先,陆王心学有利于"促进学说之改良"。在他们的眼里,陆王心学可以赋予人们解释传统儒学的随意性,解放思想。刘师培声称:"自陆子讲学以顿悟为宗,禁依赖而除凭借,不复崇拜古人。……王阳明之言曰:'求诸心而得,虽其言之非出于孔子者,亦不敢以为非也。求诸心而不得,虽其言之出于孔子者,亦不敢以为是也。'"[①] 在康有为看来,心学,微言大义,托古改制,更是息息相通的。孟子既传孔门

---

① 刘师培:《伦理教科书·说良知下》,《刘申叔先生遗书》第六十四册。

"心学",又传《公羊》之学,讲微言大义,而今文经学的创始人董仲舒的微言大义则更超过孟子。[①] 二人"皆传孔子口说"[②]。这样,心学与微言大义,即颇出一源而并行不悖。特别是心学,讲扩充,从内出,从孟子的"万物皆备于我",到陆九渊的"六经皆我注脚",大有不可一世的气概。用这种主观唯心主义去阐发孔学的微言大义,更富有随意性,也便于将西方的种种事物、言论、制度说成是中国古已有之,从而使崭新的维新运动披上复古的色彩。梁启超曾指出,康有为"万事纯任主观,自信力极强,而持之极毅。其对于客观的事实,或竟蔑视,或必欲强之以从我"[③]。他协助康有为撰《新学伪经考》,"时复不慊于其师之武断,后遂置不复道。其师好引纬书,以神秘性说孔子,启超亦不谓然"[④]。康有为尊宗思孟而好陆王,实以其学"直捷"、"活泼",便于利用来制造维新理论的工具罢了。

其次,心学言扩充,而不倡言中庸,有利于维新派和革命派倡言变革。康有为说:"《孟子》一部书不道及'中和'字,惟言扩充,不防其过中也。"[⑤] "'汤武革命顺乎天而应乎人',此非常大义。孟子传孔子之说,故论每如此。"[⑥]他认为,陆王与孟子相近,"故陆弟子今日闻道,明日便饮酒骂人,不讲变化气质之故。惟孔子则以中和耳"[⑦]。其他言论如"陆、王近于高明而不中庸"[⑧],"陆子静不怕天,不怕地。"[⑨]康有为领导的戊戌维新运动,是要以资本主义代替封建主义,君主立宪取代君主专制,是破天荒的创举,实质是一场变革社会制度的革命。要完成如此重大的历史任务,就必须要有大刀阔斧、一往无前的开拓精神,克服中庸思想的束缚,敢想人所不敢想,言人所不敢言,为人所不敢为。他疾呼变法图强,救亡图存,召唤亿万同胞积极投入振兴华夏的伟大事业。

---

①② 《南海康先生口说》第58、20页。
③④ 梁启超:《清代学术概论》,《梁启超论清学史二种》第64、68页。
⑤⑥⑦⑧ 《南海康先生口说》第53、84、78、42页。
⑨ 《与沈刑部子培书》,《康有为遗稿·戊戌变法前后》第206页。

资产阶级革命派亦企图利用陆王心学振奋革命精神。他们认为，陆王心学使人以圣"自期"，果于自立，如此即可摆脱一切束缚，以天下为己任。凡建一议，任一事，都须出乎本人的心意，而决不为他人所指使。对于有利于国家和民族的事，不论有多少人指斥和反对，都要敢冲敢闯，"力行而不惑"①。在这种精神的鼓舞下，"不独促愚民奋发有为之气，且足促平民竞争权利之心"②，从而为争取资产阶级的民主权利而奋斗不已。

第三，心学言良心，恻隐之心，不忍之心，倡言仁义，有利于发动人们投身改造中国的洪流中去。康有为利用这些思想资料，阐扬扩充，熔铸其维新、大同学说的哲学基础，声言"目击苦道而思有以救之"。戊戌维新时期，他进一步加以发挥，宣称："孔、孟及佛、墨、宋研皆以救人为主，故能不朽，耶氏亦然。"推而广之，"不忍之心"成为康有为《大同书》的理论基础。在该书《绪言》里，他反复阐发"人皆有不忍之心"，指出："吾既生乱世，目击苦道而思有以救之，昧昧我思，其惟行大同太平之道哉！遍观世法，舍大同而欲救人生之苦，求其大乐，殆无由也。"他将"不忍之心"，同"大同"、"救人生之苦"、"仁"有机地结合在一起。梁启超曾指出："先生之论理，以仁字为唯一宗旨，以为世界之所以立，众生之所以生，家国之所以存，礼义之所以起，无一不本于仁，苟无爱力，则乾坤应时而灭矣。……故先生之论政论学，皆发于不忍之心。人人有不忍之心，则其救国救天下也，欲已而不能自已。……其哲学之大本，盖在于是。"③

资产阶级革命派在呼唤人们"以身为薪釜"，投入振兴中华的伟大事业时，亦常以"不忍之心"、"致良知"为立论根据。汪精卫发表在《民报》第二十六号上的《革命之决心》一文可算是典型一例。他强调

① 守约：《革命之决心》，《民报》第 26 号。
② 《伦理教科书·说良知上》，《刘申叔先生遗书》第六十四册。
③ 《康有为传》，《戊戌变法》（四），第 19 页。

说："君子敢以渺然之身任天下之重，鞠躬尽瘁，死而后已者，要皆为此恻隐之心所迫而使之然耳。"他呼吁人们"务致其良知"，发扬"不忍之心"，"恻隐之心"，献身于济世救民的革命洪流中去。

第四，心学倡言不为外物所移，独立不惧，可以做到视死如归。康有为把孟子所谓的"莫非命也，顺受其正"，子思所谓的"君子无入而不自得焉"，孔子所谓的"天下有道，某不与易"，分别解释成罗汉境界、菩萨境界、佛境界，强调说："正佛所谓'我不入地狱，谁当入地狱?'"[①] 这正是他处心积虑呼唤人们献身祖国和进步事业的精神。他进一步指出了心学与名节的关系："明人讲心学，故多气节，与后汉、南宋相埒。本朝气节扫地，不讲心学也。"[②] 认为"养心如枯木死灰，又使槁木如萌芽"[③]，使人具有"确乎不拔，独立不惧"[④] 的精神，做到视死如归。

应当看到，心学的异端在当时历史条件下对于增强民族自信心、发挥人的主体精神，解放思想，呼唤人们献身于救亡图存、振兴中华的事业，都起到了非常积极的作用。但是，过分地强调心力、精神的作用，却又助长了志士仁人过热过急的情绪，不利于实事求是地认清国情和形势，往往从理论和口号上提出过急的要求，不利于发展革命形势和中国的现代化。

为什么理学会对中国的维新、革命和近代化发生影响？为什么整整一个时代要求改造中国的志士仁人，在学习西方的同时，还从包括理学在内的儒学中去寻找积极因素？除他们代表的社会集团或阶级同封建主义有一定联系外，还有以下原因：

第一，不论是理学，还是汉学，今文经学，都把自己说成是儒学的正宗，儒学的真传。儒家之祖孔子，其渊源于史官，儒学具有悠久的历史，这就给儒家本身带来了十分复杂的情况。一方面，儒家的经典并非

———————————

①②③④　《南海康先生口说》第52、69、76—77、77 页。

儒家一家所得而私，而为"古代道术之总汇"①，内容十分丰富，其中有精华，也有糟粕。作为儒家始祖的孔子则活动于我国的春秋时期，这是一个大动荡大变革的时代。孔子及其门徒顺应了这一时代潮流，整理典籍，开创私学，对中国古代的文化教育事业作出了划时代的贡献。他祖述尧舜，称颂三代，企图呼唤出"古圣先贤"，演出历史的新场面。他崇拜古代圣君，却不主张盲从。尽管他宣称自己"述而不作"，却又主张对古代的典章制度"损益"变革；他倡导"仁道"就是要把人当成人看待。郭沫若曾指出"这也就是人的发现。"② 在当时的确是很了不起的大事。由于他所处的时代，尚是大变革的开端，在其思想中不可避免地有保守妥协的一面。但只要把他所创的学派同其后世的发展结合起来，就更易看出其思想的"两重性"。在战国时期，儒家最重要的继承者和大师——孟子和荀子，都是新兴地主阶级的政治思想家；这一时期的法家李悝、吴起、商鞅、韩非、李斯等，亦与儒家多少有些师承关系。从儒学有利于封建制度的确立与巩固而言，它具有进步作用；从延长封建制度、妨碍社会发展而论，又起了反动作用。否定、批判起反动作用的儒学，并不妨碍历史地肯定其在封建制度形成、确立和巩固时期的进步作用。曾经是"打倒孔家店"的积极参加者郭沫若，在《十批判书》中就充分肯定了孔子在春秋时期的历史地位。正因为儒学曾经是一个具有进步性的学派，儒学的始祖孔子是具有"两重性"的思想家，所以，孔子及儒学的言论，不断为后世进步学者、思想家、政治家所征引，受到赞扬。

第二，在儒家典籍中有一些富有人民性的内容，如民本思想、大同思想等，都为近代中国志士仁人所一再征引，并且尽可能在其中注入近代社会思想的新内容。王韬在《弢园文录外编》一书中写道：

---

① 蒋伯潜：《十三经概论》第 7 页。
② 《十批判书》，人民出版社 1996 年版，第 91 页。

"《书》有之曰：民惟邦本，本固邦宁。苟得君主于上，而民主于下，则上下之交固，君民之分亲矣，内可以无乱，外可以无侮，而国本有若苞桑磐石焉。"① 于是他提出"君民共主"的君主立宪的主张。至于"民贵君轻"、《礼运》篇的大同思想，更成为人民呼唤改革的话题。洪秀全、康有为、孙中山无不以实现大同的理想社会为己任，在历史上演出了一幕幕壮烈的伟大场面。他们称颂大同，绝不是掉过头去，走历史的回头路，而是为了唤起人们为反对等级森严、贫富悬殊、剥削和压迫极端严重的封建专制制度而斗争，建立起一个平等、民主、富强的国家。儒家典籍中的民主思想，对先进的中国人自然会具有某种吸引力。

第三，儒家典籍中具有损益变革的思想和其他优秀遗产。六经之首的《周易》，其所谓"易"，即有变易之义。特别是《系辞》，包含着的朴素的辩证法思想，范文澜曾提出：它是"装在形而上学的框子里的辩证法"②。《周易》的变易观和孔子的"损益"变革思想，常为近代中国志士作为制造改革舆论的经典依据。将儒学中的变革思想与西学糅合在一起，呼唤改革、维新变法以至革命共和，从而掀起举世震惊、具有划时代意义的变法维新运动和清末革命运动。

近代中国的志士仁人，站在资产阶级立场上，从中国古代的文化遗产中，吸取有用的东西，如孙中山曾明确提出要"恢复国粹"，恢复中华民族固有知识、固有能力、固有美德等等，同时，他们又猛烈抨击为封建专制主义服务的正统儒学，为振兴中华、改造中国服务，无疑是合理的。当然，他们也有不足之处，那就是在批判继承方面，继承多于批判，还不善于区分精华和糟粕。如孙中山虽然对古代文代遗产提出了"吸其精华"、"去其糟粕"等很有意义的观点，但在他的著作中，我们

① 《弢园文录外编》卷一，《重民下》。
② 范文澜：《中国通史》第一册，人民出版社1978年版，第173页。

不难发现，批资是多于批封的。这都应当从当时的历史条件来加以阐明，是不能苛求于前人的。

综上所述，清朝末年，经学中的三大派别——今文经学、汉学、理学的大家，大都成为经学异端的举旗人；经学的一些思想资料，为志士仁人用来作为把中国改造成为民主主义国家的思想武器，并对儒学、传统经学及孔子的独尊地位进行挑战。章太炎对"六经皆史说"的阐扬和对孔子的批评；康有为的孔子托古改制说以儒家道统为子虚；心学倡言不以孔子的是非为是非的言论，这些都为清末的思想解放潮流推波助澜，无不把矛头指向孔子、传统儒学和经学及其所维护的封建专制主义制度。至此，传统经学即告基本终结。